Fritz W. Scharpf

Interaktionsformen

Fritz W. Scharpf

Interaktions- formen

Akteurzentrierter
Institutionalismus in der
Politikforschung

Aus dem Amerikanischen
übersetzt von O. Treib

SPRINGER FACHMEDIEN WIESBADEN GMBH

Bibliografische Information Der Deutschen Bibliothek
Die Deutsche Bibliothek verzeichnet diese Publikation in der Deutschen
Nationalbibliografie; detaillierte bibliografische Daten sind im Internet über
<http://dnb.ddb.de> abrufbar.

1. Auflage 2000
Unveränderter Nachdruck der 1. Auflage Juni 2006

Alle Rechte vorbehalten
© Springer Fachmedien Wiesbaden 2006
Ursprünglich erschienen bei VS Verlag für Sozialwissenschaften | GWV Fachverlage GmbH, Wiesbaden 2006

Lektorat: Frank Schindler
www.vs-verlag.de

Das Werk einschließlich aller seiner Teile ist urheberrechtlich geschützt. Jede Verwertung außerhalb der engen Grenzen des Urheberrechtsgesetzes ist ohne Zustimmung des Verlags unzulässig und strafbar. Das gilt insbesondere für Vervielfältigungen, Übersetzungen, Mikroverfilmungen und die Einspeicherung und Verarbeitung in elektronischen Systemen.

Die Wiedergabe von Gebrauchsnamen, Handelsnamen, Warenbezeichnungen usw. in diesem Werk berechtigt auch ohne besondere Kennzeichnung nicht zu der Annahme, dass solche Namen im Sinne der Warenzeichen- und Markenschutz-Gesetzgebung als frei zu betrachten wären und daher von jedermann benutzt werden dürften.

Umschlaggestaltung: KünkelLopka Medienentwicklung, Heidelberg

Gedruckt auf säurefreiem und chlorfrei gebleichtem Papier

ISBN 978-3-8100-2709-2   ISBN 978-3-531-90029-2 (eBook)
DOI 10.1007/978-3-531-90029-2

Inhalt

Vorwort.. 13
Vorwort zur englischen Originalausgabe......................... 15

Einleitung... 17
Ein Beispiel... 19
Die Bedeutung spieltheoretischen Denkens...................... 24
Problemorientierte und interaktionsorientierte
Policy-Forschung... 32
Normative und positive Fragen in der Policy-Forschung.... 36
Überblick.. 41

Kapitel 1
Policy-Forschung unter den Bedingungen
der Komplexität.. 47
Intentionales Handeln: begrenzt rational und sozial
konstruiert.. 47
Viele Variablen und wenige Fälle...................................... 52
Beschreiben ist nicht genug.. 61
Ansätze, Partialtheorien und modulare Erklärungen......... 63

Kapitel 2
Der akteurzentrierte Institutionalismus..................... 73
Institutionen, nicht Annahmen verringern die
empirische Vielfalt... 76
Der grundlegende Erklärungsansatz................................... 84
   Akteure.. 86
   Akteurkonstellationen... 87
   Interaktionsformen.. 90
   Akteurkonstellationen und Interaktionsformen............. 92

Kapitel 3
Akteure 95
Individuen und komplexe Akteure 96
  Akteur-Aggregate und eigendynamische Koordination 98
  Kollektive und korporative Akteure 101
  Die Fähigkeit zu strategischem Handeln 107
Handlungsorientierungen 110
  Bezugseinheiten 111
  Kognitive Orientierungen 114
  Präferenzen 116
    Eigeninteressen 117
    Normative Rollenerwartungen 118
    Identität 119

Kapitel 4
Akteurkonstellationen 123
Politische Probleme und die Handlungsorientierungen
von Akteuren 124
Akteurkonstellationen 128
  Archetypische Spielkonstellationen 129
  Der Zwang zur Vereinfachung 141
Interaktionsorientierungen 148
Normative Aspekte 159

Kapitel 5
Einseitiges Handeln und wechselseitige Anpassung 167
Anarchische Felder und minimale Institutionen 168
Nicht-kooperative Spiele und das Nash-Gleichgewicht 171
Wechselseitige Anpassung 185
Negative Koordination im Rahmen minimaler Institutionen 192

Kapitel 6
Verhandlungen 197
Probleme, die von Verhandlungsteilnehmern gelöst
werden müssen 199
  Das Problem der vereinbarungsgemäßen Implementation ... 199
  Das Problem, eine Einigung zu erzielen 201
    Die Produktionsdimension 204
    Die Verteilungsdimension 205

Das Verhandlungsdilemma 211
Vier Verhandlungstypen 212
Spot-Verträge 213
Distributives Bargaining 214
Distributives Bargaining in
Zwangsverhandlungssystemen 214
Distributives Bargaining in freiwilligen
Verhandlungssystemen 216
Distributives Bargaining mit Hilfe von
Koppelgeschäften oder Paketlösungen 217
Problemlösen 221
Positive Koordination 225
Die Bedeutung institutioneller Rahmenbedingungen 229
Verhandlungen in anarchischen Feldern und minimalen
Institutionen 230
Netzwerke 231
Netzwerkbeziehungen als Sozialkapital 233
Netzwerke als Gelegenheits- und Machtstrukturen 236
Regime 241
Zwangsverhandlungssysteme 243
Schlußfolgerung 248

Kapitel 7
Mehrheitsentscheidungen 251
Kollektiv verbindliche Entscheidungen 251
Der Legitimationsbedarf 252
Zwei Arten von Legitimität 255
Mehrheitsentscheidungen 259
Egoistische Mehrheiten 260
Deliberative Demokratie? 269
Kollektive Identität als Voraussetzung 270
Gemeinwohlorientierte Bürger 273
Deliberation in Wettbewerbsdemokratien 276
Antagonistische Demokratie? 278

Kapitel 8
Hierarchische Steuerung 281
Hierarchische Steuerung 282
Die Leistungsfähigkeit hierarchischer Koordination 283

Das Informationsproblem 286
Das Motivationsproblem 293
Politische Verantwortlichkeit 300
Wettbewerbsdemokratie: Das Westminster-Modell 301
Verhandlungsdemokratie: Das Konkordanzmodell 309
Kombination von Wettbewerb und Verhandlungen 313
Innerparteiliche Verhandlungen 313
Koalitionsinterne Verhandlungen 314
Divided Government 315

Kapitel 9
Formen des verhandelnden Staates 319
Rückblick 319
Der Schatten der Hierarchie 323
Verhandlungen in bürokratischen Hierarchien 323
Selbstorganisation im Schatten des Staates 327
Der verhandelnde Staat 329
Policy-Prozesse im Schatten des Staates 334
Regieren in entgrenzten Räumen 336
Transnationale Interdependenz 336
Aufstieg und Niedergang der Kontrolle über die
nationalen Grenzen 338
Die Grenzen supranationaler Handlungsfähigkeit 342

Anhang 1
Inflation und Arbeitslosigkeit in Westeuropa:
Eine spieltheoretische Interpretation 353
Literatur 395

Anhang 2
Efficient Self–Coordination in Policy Networks:
A Simulation Study
Fritz W. Scharpf and Matthias Mohr 401
Bibliography 443

Literaturverzeichnis 447

Tabellen und Abbildungen

Tabellen

2.1	Interaktionsformen	91
3.1	Überblick: Aggregierte, kollektive und korporative Akteure	105
7.1	Das Abstimmungsparadoxon	261
A1.1	Veränderung des Bruttoinlandsprodukts und der Beschäftigung, Arbeitslosigkeit und Verbraucherpreis-Inflation 1963(1968)-1973 und 1973-1983	354
A1.2	Wirtschaftliche Erfolgsindikatoren 1973 (%)	360
A1.3	Durchschnittliche Erfolgsindikatoren 1974-1979	361
A1.4	Verbraucherpreis-Inflation und Anstieg der Lohnstückkosten im verarbeitenden Gewerbe, 1974-1980 (in %)	367
A2.1	Random Payoffs, 4 Players, 2 Options	421
A2.2	Nash Equilibria in Sequential Games	427
A2.3	Average Joint-Payoff Gains Through Negative Coordination	428
A2.4	Average Joint-Payoff Gains Through Bargaining	429

Abbildungen

E.1	„Monetaristisches" Spiel in normaler und extensiver Form	28
E.2	„Keynesianisches" Spiel in normaler und extensiver Form	30
1.1	Vorwärtsblickende Hypothesen	57

1.2	Rückblickende Hypothesen	59
2.1	Der Gegenstandsbereich der interaktionsorientierten Policy-Forschung	85
3.1	Arten kollektiver Akteure	102
4.1	Konstellationen reiner Koordination und reinen Konflikts	130
4.2	Vier Mixed-Motive-Konstellationen	131
4.3	Deadlock- und Rambo-Konstellationen	140
4.4	Sozialregulierungen in der Europäischen Union: Präferenzen der reichen und armen Länder für einheitliche europäische Regelungen auf hohem oder niedrigem Schutzniveau	145
4.5	Europäische Harmonisierung wohlfahrtsstaatlicher Regelungen	147
4.6	Fünf Interaktionsorientierungen	152
4.7	Individualistische, kompetitive und solidarische Transformation zweier Spielkonstellationen	155
4.8	Das Kaldor-Wohlfahrtskriterium	162
5.1	Nash-Gleichgewichte in vier Mixed-Motive-Spielen	173
5.2	Ein Spiel ohne Nash-Gleichgewicht in reinen Strategien	176
5.3	Negative Koordination	194
6.1	Zwei Implementationsspiele	198
6.2	Matrix und Verhandlungsdiagramm des Gefangenendilemmas	201
6.3	Der Verhandlungsraum	203
6.4	Verteilungskonflikt	206
6.5	Bezugspunkte der Verteilungsgerechtigkeit: Nullpunkt, Status quo oder Nichteinigung	208
6.6	Auswirkungen von Täuschungsversuchen	210
6.7	Vier Arten von Verhandlungsprozessen	212
6.8	Ausgleichszahlungen in einem Zwangsverhandlungssystem	215
6.9	Verhandlungen zur Vermeidung von Wohlfahrtseinbußen	217
6.10	Koppelgeschäfte	219
6.11	Die Abhängigkeit der Produktion von der Verteilung	228
6.12	Formen der Abhängigkeit in einer Beziehung zwischen A und B	238

6.13	Battle of the Sexes unter den Bedingungen wechselseitiger und einseitiger Abhängigkeit............	239
7.1	Präferenzverteilungen in einer Problemdimension........	263
7.2	Zyklische Instabilität in einem zweidimensionalen Problemraum..	264
7.3	Die Suboptimalität von Mehrheitsentscheidungen........	268
8.1	Hierarchische Koordination...	284
8.2	Sequentielles Spiel zwischen Regierung, Opposition und Wählern...	304
9.1	Verhandlungen in einer Hierarchie................................	325
A1.1	Inflation und Beschäftigungsänderung 1973–1983.......	355
A1.2	Typologie der makroökonomischen Problemlagen in den siebziger Jahren..	363
A1.3	Wirkungen der Geld- und Fiskalpolitik bei Stagflation...	363
A1.4	Wirkungen der Lohnpolitik bei Stagflation...................	364
A1.5	Inflation und Arbeitslosigkeit als Ergebnis staatlicher und gewerkschaftlicher Strategien unter Stagflationsbedingungen..	366
A1.6	Wirtschaftspolitische Koordination Staat/ Gewerkschaften 1974–1982...	367
A1.7	Makroökonomische Koordination aus Sicht der Gewerkschaften...	372
A1.8	Makroökonomische Koordination aus Sicht der Zentralbank...	372
A1.9	Das keynesianische Koordinationsspiel........................	374
A1.10	Das monetaristische Koordinationsspiel.......................	375
A1.11	Die Klassenbasis keynesianischer und monetaristischer Wirtschaftspolitik..............................	379
A1.12	Wählerreaktionen im Politikspiel auf die Ergebnisse des wirtschaftspolitischen Koordinationsspiels............	383
A1.13	Historische Folgen von Koordinations- und Politikspielen...	387
A2.1	Ideal Types of Negotiations..	412
A2.2	Bargaining over Divisible Outcomes	413
A2.3	Problem Solving...	414
A2.4	Positive Coordination	415
A2.5	Welfare Effects of Dictatorial Coalitions (Individual Simulation Runs, 8 Players, 3 Options)	430

A2.6	Joint Payoffs from Positive Coordination (Averages of 100 Simulation Runs, 8 Players, 3 Options)	431
A2.7	Positive Coordination plus Parametric Adjustment (Averages of 100 Simulation Runs, 8 Players, 3 Options)	432
A2.8	Positive plus Negative Coordination (Averages of 100 Simulation Runs, 8 Players, 3 Options)	433
A2.9	Positive plus Negative Coordination plus Bargaining (Averages of 100 Simulation Runs, 8 Players, 3 Options)	434
A2.10	Comparison of Welfare Effects when the Status Quo is at the Joint Payoff Minimum (8 Players, 3 Options)	435
A2.11	Welfare Effects with Random Status Quo (8 Players, 3 Options)	436
A2.12	Search Costs and Welfare Effects (8 Players, 3 Options)	439

Vorwort

Ebenso wie das amerikanische Original verdankt auch die deutsche Ausgabe ihre Entstehung fremder Initiative. Beschäftigt mit neuen Projekten hatte ich eher mit Erleichterung die Einschätzung unseres „Hausverlages" zur Kenntnis genommen, daß es für eine deutsche Übersetzung von „Games Real Actors Play" keinen Markt gebe. Dabei wäre es auch geblieben, wenn nicht an der Fernuniversität Hagen Roland Czada und Uwe Schimank zu einer positiveren Einschätzung der Marktchancen gekommen wären, von denen sie dann offenbar auch den Verlag Leske+Budrich überzeugen konnten. Nach langen Bemühungen ist es Herrn Budrich gelungen, eine Lizenz für die deutsche Ausgabe zu erhalten. Die Suche nach Fachübersetzern mit dem entsprechenden Spezialgebiet blieb zunächst erfolglos; schließlich konnten wir Oliver Treib, der schon die Entstehung des Originals als wissenschaftliche Hilfskraft mitbetreut hatte, für diese Aufgabe gewinnen. Er hatte gerade sein Examen abgeschlossen und war einverstanden, vor dem Einstieg in neue Projekte „Games Real Actors Play" zu übersetzen. Die weitere Erstellung des Manuskripts und der Grafiken lag im Max-Planck-Institut für Gesellschaftsforschung in den bewährten Händen von Cynthia Lehmann, Christel Schommertz und Sabine Melchior, während der Verlag noch für eine stilistische Glättung des Textes sorgte. Ihnen allen habe ich zu danken.

Köln, im Mai 2000   *Fritz W. Scharpf*

Vorwort zur englischen Originalausgabe

Dieses Buch hat von der Unterstützung vieler Personen profitiert. Den größten Dank schulde ich meiner Kollegin und früheren Mitdirektorin am Max-Planck-Institut für Gesellschaftsforschung, Renate Mayntz, die nicht nur mit mir zusammen den Ansatz des „akteurzentrierten Institutionalismus" entwickelt hat (Mayntz/ Scharpf 1995a), sondern die auch, mehr als irgendjemand sonst, mein Denken über sozialwissenschaftliche Forschung und meine Forschung selbst beeinflußt hat. Ich habe von unserer Zusammenarbeit und unseren Diskussionen, die uns nun schon seit drei Jahrzehnten verbinden, gerade deshalb so stark profitiert, weil unsere Ansichten immer so unterschiedlich waren, daß wir um eine Einigung ringen mußten, anstatt sie als Selbstverständlichkeit betrachten zu können. Daher kann ich auch nicht behaupten, daß Renate mit allem in diesem Buch einverstanden wäre, obwohl sie das gesamte Manuskript gelesen hat und ich von ihren Kommentaren sehr profitiert habe.

Zweitens habe ich für die Reaktionen und Anregungen der Studenten an der Universität Konstanz zu danken, denen ich die hier präsentierten Ideen im Rahmen zweier Seminare vorstellen konnte, wovon das eine vor Beginn der Niederschrift und das andere nach der Fertigstellung des ersten Entwurfs stattfand. In diesem Stadium habe ich auch wertvolle Anregungen von Kjell Hausken (damals Max-Planck-Institut für Gesellschaftsforschung) erhalten. Weitere Unterstützung wurde meiner Arbeit von Margaret Levi (Universität Washington in Seattle) und von Adrienne Héritier (damals am Europäischen Hochschulinstitut in Florenz) zuteil, die beide bereit waren, den zweiten Entwurf aus der kritischen, aber insgesamt wohlwollenden Perspektive der eigenen Forschungspraxis durchzusehen. Ihre Kommentare haben mich dazu ermutigt, die These stärker hervorzuheben, daß theoretisch disziplinierte Erklärungen auch dann möglich sind, wenn wir möglicherweise einmalige politische Interaktionen untersuchen, und daß ein Ansatz für die Policy-Forschung sowohl die normativen als auch die positiven Dimensionen des Gegenstands reflektieren muß. Etwa zu dieser Zeit hat mir Marlene Brockmann den Gefallen erwiesen, den gesamten Text mit dem geübten Auge der professionellen Autorin und Lektorin durchzusehen. Wenn das Ergebnis lesbar ist, dann ist dies vor allem ihr zu verdanken.

Den größten Einfluß auf den Inhalt und den Stil des Buches hatte Paul Sabatier, der Herausgeber der Reihe „Theoretical-Lenses", in der das Buch ursprünglich erschienen ist. Er hat mich überzeugt, das Buch in der vorliegenden Form zu schreiben, als meine eigenen Pläne noch nicht festgelegt waren, und er hat mir auch den großen Gefallen getan, den gesamten Text Satz für Satz durchzugehen. Seine exzellenten editorischen Fähigkeiten und seine stets taktvolle Beharrlichkeit haben meistens dazu geführt, daß ich seine Vorschläge schließlich übernommen habe. Mir bleibt nur zu hoffen, daß auch er mit dem vorliegenden Ergebnis zufrieden ist.

Dieses Buch hätte nicht ohne die Unterstützung zweier Institutionen fertiggestellt werden können. Die gesamte Forschung wurde am Max-Planck-Institut für Gesellschaftsforschung in Köln durchgeführt, wo ich von der effizienten bibliothekarischen Arbeit von Susanne Hilbring und ihren Mitarbeitern sowie von zahlreichen Diskussionen mit Kollegen und Gastwissenschaftlern profitiert habe. Als es darum ging, sich auf die Niederschrift zu konzentrieren, hat mir Yves Meny die Möglichkeit gegeben, vier Monate im Jahr 1995 und einen weiteren Monat im Frühling 1996 am Robert Schuman Center des Europäischen Hochschulinstituts in Florenz zu verbringen. Die Erstellung des Schlußmanuskripts lag dann in den kompetenten Händen von Christina Glasmacher, Christel Schommertz, Oliver Treib und Lars Schubert am Max-Planck-Institut für Gesellschaftsforschung.

Ich danke ihnen allen.

Fritz W. Scharpf

Einleitung

Politik hat viele Aufgaben. Aber in modernen politischen Systemen ist die wichtigste die Auswahl und Legitimation von Programmen, die mittels der Ressourcen des Gemeinwesens Ziele verfolgen und Probleme bearbeiten sollen, die weder durch individuelles Handeln noch durch Markttransaktionen oder freiwillige Kooperation bewältigt werden könnten. Auch die akademischen Disziplinen der Politikwissenschaft und der Politischen Soziologie haben viele Aufgaben. Aber zu den wichtigsten gehört ihr Beitrag zum Verständnis und zur Verbesserung der Bedingungen, unter denen die Politik effektive und legitime Lösungen für die Probleme des Gemeinwesens realisieren kann.

Dieses Buch behandelt eine Reihe konzeptioneller Werkzeuge, die sich hierfür als nützlich erwiesen haben. Sie werden hier im Rahmen eines Ansatzes diskutiert, den Renate Mayntz und ich in unseren gemeinsamen und getrennten Arbeiten seit den frühen siebziger Jahren implizit verwendet haben und den wir schließlich in einem gemeinsam verfaßten Aufsatz erläutert und mit dem Etikett „akteurzentrierter Institutionalismus" versehen haben (Mayntz/Scharpf 1995a). Der Ansatz geht von der Annahme aus, daß soziale Phänomene als das Produkt von Interaktionen zwischen intentional handelnden – individuellen, kollektiven oder korporativen – Akteuren erklärt werden müssen. Diese Interaktionen werden jedoch durch den institutionellen Kontext, in dem sie stattfinden, strukturiert und ihre Ergebnisse dadurch beeinflußt. Kapitel 2 und 3 geben einen Überblick über diesen Ansatz. Für die grundsätzliche Perspektive auf Akteure, die in institutionellen Kontexten interagieren, erheben wir keinerlei Anspruch auf Originalität. Ganz im Gegenteil: Wir sind überzeugt, daß viele Kollegen in der empirischen Policy-Forschung implizit mit ähnlichen Annahmen, Arbeitshypothesen und Forschungsstrategien arbeiten. Dennoch erschien es uns sinnvoll, unsere bisher impliziten Annahmen systematisch zu erläutern – und die positiven Reaktionen auf unseren Aufsatz deuten darauf hin, daß wir mit dieser Ansicht nicht allein stehen.

Ich muß jedoch darauf hinweisen, daß der gemeinsame Ansatz über das hier dargestellte hinaus reicht. Er enthält auch konzeptionelle Werkzeuge zur Analyse von Phänomenen der sozialen Differenzierung (Mayntz 1988) und der Funktionslogik großtechnischer Systeme (Mayntz/Schneider 1988; Mayntz 1993), auf die ich hier nicht eingehen werde. Statt dessen wird in diesem Buch mehr Gewicht auf die Anwendbarkeit von – im weiteren Sinne spieltheoretischen – analytischen Werkzeugen gelegt, als dies in unserem allgemeineren Ansatz der Fall ist.

Auch sollte der Leser wissen, daß die empirische Policy-Forschung nicht mit großem Enthusiasmus auf die – unter dem gemeinsamen Titel „Games Real Actors Could Play" veröffentlichten – Aufsätze reagiert hat, in denen ich zu zeigen versucht habe, wie und mit welchen Modifikationen spieltheoretische Modelle in der empirischen Policy-Forschung eingesetzt werden können (Scharpf 1990; 1991; 1994).[1] Ein Grund dafür mag gewesen sein, daß ich in diesen Aufsätzen zwei Ziele gleichzeitig verfolge. Zum einen wollte ich die Spieltheoretiker davon überzeugen, ihre analytischen Modelle zu modifizieren und zu vereinfachen damit ihre Anwendbarkeit in der empirischen Forschung erleichtert wird. Zum anderen wollte ich meine empirisch arbeitenden Kollegen davon überzeugen, daß es ihre Zeit und Mühe lohne, eine in der Tat abschreckend technische Literatur zu bewältigen. Dieses Buch ist ein weiterer Versuch, das an die empirischen Policy-Forscher gerichtete Argument auf einem weniger technischen Niveau zu explizieren und so zu erweitern, daß es nicht auf Konstellationen

---

[1] Ein weiterer Hinweis auf die vorherrschende Meinung in der Fachwelt ist die Tatsache, daß die Arbeiten der wenigen Politikwissenschaftler, die spieltheoretische Analysen empirischer politischer Interaktionen auf einem hohen Niveau technischer Kompetenz hervorgebracht haben, wie George Tsebelis (1990; 1994) und Otto Keck (1987; 1988), auf beiden Seiten des Atlantiks immer noch als methodologische Besonderheit angesehen werden, anstatt als Teil des Mainstreams der empirischen Policy-Forschung.

beschränkt bleibt, auf die sich die Theorie der nichtkooperativen Spiele unmittelbar anwenden läßt, sondern daß es für einen erheblich größeren Ausschnitt der Interaktionen Geltung beanspruchen kann, die wir in der empirischen Policy-Forschung erklären wollen.

Bevor ich jedoch zum Hauptgegenstand des Buches komme – der Erläuterung des akteurzentrierten Institutionalismus und der mit diesem Ansatz verbundenen analytischen Werkzeuge –, halte ich es für notwendig, die besonderen Charakteristika der empirischen Policy-Forschung und der Bedingungen, unter denen sie durchgeführt werden muß, etwas ausführlicher darzustellen. Sie unterscheiden sich erheblich von den üblichen Bedingungen empirischer oder theoretischer Forschung in den Sozialwissenschaften. Werden sie nicht richtig verstanden, besteht entweder die Gefahr, daß die Policy-Forschung vom Kanon der „normalen" empirischen Forschung in die Irre geführt wird oder daß sie nach falschen Maßstäben beurteilt und kritisiert wird. Im letzten Teil dieser Einleitung werde ich daher zwei dieser besonderen Merkmale diskutieren: den Zusammenhang zwischen positiver und normativer Forschung sowie das Verhältnis zwischen problemorientierter Policy-Analyse und interaktionsorientierter empirischer Forschung. Ein drittes Charakteristikum – das allgegenwärtige „Problem der kleinen Fallzahl" – wird dann in Kapitel 1 behandelt.

Ein Beispiel

Damit sich den Lesern die folgenden Überlegungen besser erschließen, möchte ich mit dem Beispiel der Studien beginnen, das mich selbst davon überzeugt hat, spieltheoretische Analysen in meiner eigenen empirischen Arbeit anzuwenden (Scharpf 1987). Eine Zusammenfassung dieser Studie findet sich in dem Aufsatz, der im Anhang abgedruckt ist. Für Leser, die Bücher nicht gerne mit dem Anhang beginnen möchten, hier zunächst eine Kurzversion dieser Zusammenfassung.

Zu Beginn der siebziger Jahre sahen sich alle westlichen Industrieländer mit dramatischen Veränderungen in der internationalen ökonomischen Umwelt konfrontiert, die zur Folge hatten, daß für das übrige Jahrzehnt Bedingungen der „Stagflation" vorherrschten: Im Durchschnitt war das Wirtschaftswachstum in den Ländern der Organisation für Wirtschaftliche Zusammenarbeit und Entwicklung (OECD) weniger als halb so groß wie im Jahrzehnt zuvor, während die Arbeitslosigkeits- und Inflationsraten doppelt so hoch lagen. Das interessante an dieser Tatsache ist aus der Sicht der Policy-Forschung, daß die einzelnen Länder hinsichtlich der beiden Indikatoren wirtschaftlicher Leistungsfähigkeit, denen in den siebziger Jahren die höchste politische Bedeutung zukam – Inflation und Arbeitslosigkeit –, deutliche Unterschiede zeigten (siehe Anhang, Tabelle A1.1). Dieser interessante Befund bedarf einer Erklärung.

Obwohl Inflation und Arbeitslosigkeit in den siebziger Jahren von großer politischer Bedeutung waren, ist es durchaus denkbar, daß der Einfluß staatlicher Maßnahmen gering war oder gar keine Rolle spielte, und daß die Unterschiede sich allein durch verschiedene ökonomische Startbedingungen und unterschiedliche Rahmenbedingungen erklären lassen. Daher war es zunächst notwendig, die Ursachen für den allgemeinen Verfall der wirtschaftlichen Leistungsfähigkeit herauszufinden sowie jene (Kombinationen von) Maßnahmen zu identifizieren, welche die jeweiligen Ergebnisse beeinflussen konnten und sie auch tatsächlich beeinflußten. Es war daher nötig, auf makroökonomische Analysen zurückzugreifen, die die erste Ölpreiskrise von 1973-1974 als eine Ursache für die Stagflation ausgemacht hatten. Die Tatsache, daß der Preis einer für moderne Volkswirtschaften wesentlichen Ressource binnen weniger Monate um das Zwölffache stieg, fügte den bereits vorhandenen hohen Inflationsraten notwendigerweise einen massiven Kostenschub hinzu, während die Kaufkraft, die an die erdölproduzierenden Länder übertragen werden mußte, zumindest kurzfristig eine riesige Lücke in der Nachfrage nach Gütern und Dienstleistungen aus den industrialisierten Ländern hinterließ. Das Ergebnis war eine Kombination von Kostendruck-Inflation und Nachfragemangel-Arbeitslosigkeit, für deren Bewältigung die nationale Wirtschaftspolitik schlecht gerüstet war. Durch den Einsatz ihrer traditionellen Werkzeuge – steuer- und geldpolitische Expansion oder Dämpfung der Nachfrage – konnte sie lediglich darauf hoffen, das eine Problem zu verbessern, indem sie das andere verschlimmerte. Attraktivere Ergebnisse waren nur dann möglich, wenn zusätzlich zur Steuerpolitik der Regierungen und zur Geldpolitik der Zentralbanken auch die Lohnpolitik der Gewerkschaften in eine gemeinsame Strategie gegen die Stagflation einbezogen werden konnte. In diesem Fall konnte die Lohnzurückhaltung der Gewerkschaften zur Eindämmung der Kostendruck-Inflation eingesetzt werden, während man mit Hilfe der Steuer- und Geldpolitik (sofern es gelang, beide unter einen Hut zu bekommen) dann eine Expansion der Nachfrage vornehmen konnte, um die Vollbeschäftigung aufrechtzuerhalten, ohne dabei übermäßige Inflationsraten zu produzieren.

Meine eigene Untersuchung konzentrierte sich auf vier Länder: Österreich, Großbritannien, Schweden und die Bundesrepublik Deutschland. Alle diese Länder waren zu Beginn der Krise 1973 ökonomisch in relativ guter Verfassung und alle wurden anfangs von sozialdemokratischen Parteien mit einem starken Interesse an der Aufrechterhaltung der Vollbeschäftigung und einem weniger starken Interesse an der Vermeidung hoher Inflationsraten regiert. Am Ende der siebziger Jahre war es jedoch nur Österreich gelungen, sowohl Vollbeschäftigung als auch relative Preisstabilität zu bewahren. Großbritannien hatte in beiden Bereichen schlecht abgeschnitten. Schweden schnitt in bezug auf die Beschäftigung am besten ab, litt aber an hohen Inflationsraten, und Deutschland hatte die niedrigsten Inflationsraten mit dem höchsten Anstieg der Arbeitslosigkeit.

Da die ökonomischen Forschungen gezeigt haben, daß die Steuer-, Geld- und Lohnpolitik Auswirkungen auf die in Frage stehenden Ergebnisse hatte, mußte die Suche nach Erklärungen sich auf diejenigen Akteure konzentrieren, die den Einsatz dieser Policy-Instrumente kontrollierten. Auf dem höchsten Abstraktionsniveau waren dies Regierungen, die über Steuern und Ausgaben bestimmten, Zentralbanken, welche die Zinsraten und die Geldmenge festlegten, und Gewerkschaften, in deren Hand die Lohnabschlüsse lagen.[2] Für jeden dieser Akteure konnte ebenfalls die Rangordnung der jeweiligen Präferenzen hinsichtlich der erreichbaren Ergebnisse angegeben werden. Da jedoch die Regierungen von Wahlergebnissen abhängig waren, mußten auch die potentiellen Reaktionen der Wähler in die Analyse mit einbezogen werden.

---

2 Im „keynesianischen" Klima der siebziger Jahre konnten Lohnsteigerungen auf die Konsumenten „überwälzt" werden, so daß die Unternehmen wenig Grund hatten, sich den Forderungen der Gewerkschaften zu widersetzen.

Die Basiserklärung stützt sich auf ein Modell zweier miteinander verbundener Spiele, wovon das eine zwischen der Regierung und den Gewerkschaften, das andere zwischen der Regierung und den Wählern gespielt wird. Im ersten Spiel werden sich die Gewerkschaften, solange die Regierung am Ziel der Vollbeschäftigung festhält, für hohe Lohnsteigerungen entscheiden, was dann die Inflation weiter steigen läßt. Im zweiten Spiel hingegen können die Wähler auf eine galoppierende Inflation dadurch reagieren, daß sie sich bei den Wahlen für eine „monetaristische" Oppositionspartei entscheiden, die der Preisstabilität Vorrang vor der Vollbeschäftigung einräumt. Für die Gewerkschaften wäre dies jedoch das schlechteste Ergebnis. Unter Antizipation dieser Möglichkeit könnten sie sich daher für Lohnzurückhaltung entscheiden, um das politische Scheitern einer Regierung zu vermeiden, welche die Vollbeschäftigung zu erhalten versucht.

Im Prinzip wurden diese beiden miteinander verbundenen Spiele in allen vier Ländern gespielt. Aber die Art des Spiels war offensichtlich nicht ausschlaggebend für die erreichten Ergebnisse. Vielmehr lag der Unterschied zwischen den Ländern in den institutionellen Rahmenbedingungen, in denen die Spiele tatsächlich gespielt wurden. Daher konzentriert sich die ultimative Erklärung auf drei Gruppen institutioneller Faktoren. Erstens gab es in den vier Ländern signifikante Unterschiede hinsichtlich der Beschaffenheit eines Akteurs: Die Lohnpolitik in Österreich, Schweden und der Bundesrepublik Deutschland wurde von einer begrenzten Anzahl zentralisierter Industriegewerkschaften kontrolliert, wohingegen die Lohnfestsetzung in Großbritannien im Rahmen stark dezentralisierter Tarifverhandlungen stattfand, an denen mehr als 100 verschiedene Gewerkschaften beteiligt waren, die oft im Wettbewerb um Mitglieder standen. Zweitens war der Interaktionsmodus zwischen der Regierung und der Zentralbank in Österreich, Schweden und Großbritannien asymmetrisch, was die hierarchische Koordinierung zwischen steuer- und geldpolitischen Entscheidungen erleichterte, wohingegen in Deutschland die Bundesbank als autonomer Akteur zu modellieren war, der seine Interessen einseitig verfolgen konnte. Schließlich mußten in Österreich, Großbritannien und Deutschland die Gewerkschaften fürchten, daß die relativ schwachen sozialdemokratischen Regierungen bei den Wahlen gegen Oppositionsparteien mit einer stärkeren Präferenz für Preisstabilität unterliegen könnten, wohingegen in Schweden die bürgerliche Regierungskoalition weiterhin am Ziel der Vollbeschäftigung festhielt, da sie nach vierzig Jahren sozialdemokratischer Herrschaft nicht die erste Regierung seit dem Krieg sein wollte, unter der es zu einem Anstieg der Massenarbeitslosigkeit käme.

Wenn wir diese Faktoren zusammenbringen, dann erhalten wir die folgende Skizze einer interaktionsorientierten Erklärung: In Schweden waren die Gewerkschaften stark und organisatorisch zentralisiert, aber sie hatten keinen Grund zur Lohnzurückhaltung, solange die neue bürgerliche Regierungskoalition sich politisch dazu genötigt sah, die Vollbeschäftigungsstrategie ihrer Vorgängerin unter fast allen Umständen fortzuführen, was die Koexistenz von Vollbeschäftigung und hohen Inflationsraten erklärt. Ganz anders die Situation in Großbritannien: Obwohl die Gewerkschaften Angst vor einem Regierungswechsel und einem Übergang zu monetaristischen Strategien haben mußten, machte ihre fragmentierte und dezentralisierte Organisation die Durchsetzung von Lohnzurückhaltung extrem schwierig. Aus Furcht vor negativen Reaktionen der Wähler auf die galoppierende Inflation nach dem Scheitern des „social compact" begann daher die Labour-Regierung ab 1977, die Inflation mit monetaristischen Strategien zu bekämpfen und wurde schließlich 1979 durch Margaret Thatchers konservative Regierung abgelöst. Das erklärt die Koinzidenz von hohen Inflationsraten und relativ hoher Arbeitslosigkeit in Großbritannien. In Österreich hingegen konnte eine politisch gefährdete Regierung auf die Unterstützung starker und zentralisierter Gewerkschaften bauen, um eine idealtypische „keynesianische Konzertierung" der Steuer-, Geld- und Lohnpolitik zu erreichen, die sowohl die Vollbeschäftigung als auch ein befriedigendes Maß an Preisstabilität aufrechterhielt. In Deutschland schließlich waren Regierung und Gewerkschaften gleichermaßen zu konzertierter Aktion fähig. Aufgrund der einseitig restriktiven Geldpolitik der unabhängigen Zentralbank jedoch[3] nahm die Arbeitslosigkeit hier erheblich zu, während die Inflation ihren niedrigsten Stand erreichte.

---

3 Die Erklärung impliziert, daß eine restriktive Geldpolitik alle Versuche der Regierung, die Wirtschaft über steuerpolitische Anreize anzukurbeln, zunichte macht.

Die Bedeutung spieltheoretischen Denkens

Die Erklärungen, die in der eben zusammengefaßten Untersuchung entwickelt wurden, waren spieltheoretischer Natur. Wie sich herausstellte, war es gerade dieser Aspekt, der selbst wohlwollenden Rezensenten und Kritikern Rätsel aufgab. Anscheinend waren viele an empirischer Policy-Forschung interessierte Kollegen sich entweder der Nützlichkeit solcher Erklärungen nicht bewußt oder hegten tiefe Zweifel an ihr. Darüber hinaus zeigten einige der Spieltheoretiker, deren Modell ich anzuwenden versucht hatte, ihrerseits nicht nur kein Interesse an empirischen Anwendungen, sondern wiesen den Anspruch, ihre analytischen Algorithmen sollten dazu genutzt werden, Interaktionen in realen Entscheidungssituationen zu erklären, ausdrücklich zurück (zum Beispiel Selten 1985; Binmore 1987).

Aus meiner Sicht ist dieser Zustand bedauerlich, da die spieltheoretische Konzeptualisierung von Interaktionen außergewöhnlich gut geeignet zu sein scheint, Konstellationen zu modellieren, die wir typischerweise in empirischen Untersuchungen politischer Prozesse vorfinden: Diese bestehen üblicherweise aus einer begrenzten Anzahl individueller und korporativer Akteure[4] – Regierungen, Ministerien, politische Parteien, Gewerkschaften, Industrieverbände, Unternehmen, Forschungsorganisationen und so weiter –, die zweckgerichtet sowie unter Bedingungen handeln, bei denen die Resultate das gemeinsame Produkt ihrer einzelnen Entscheidungen sind. Darüber hinaus sind sich diese Akteure normalerweise ihrer Interdependenz bewußt; sie reagieren gegenseitig auf ihre jeweiligen Schritte und versuchen häufig, diese zu antizipieren. Mit anderen Worten, die spieltheoretische Konzeptualisierung strategischer Interaktion hat dem ersten Anschein nach eine hohe Plausibilität für die Untersuchung politischer Interaktionen.

Gleichzeitig werden diese interaktiven Bedingungen sehr leicht von Disziplinen wie der Wohlfahrtsökonomie oder der System-

---

4 Es ist zwar richtig, daß am politischen Prozeß – und insbesondere an der Implementation politischer Entscheidungen – relativ viele Akteure beteiligt sein können, worauf mich Paul Sabatier immer wieder hingewiesen hat. Dennoch können häufig berechtigte Vereinfachungen benutzt werden (die in Kapitel 4 näher erläutert werden), um die Größe der Akteurkonstellation überschaubar zu halten.

forschung, die sich vor allem mit materieller Policy-Forschung beschäftigt, übersehen. Diese Disziplinen neigen dazu, politische Entscheidungen einem unitarischen „policymaker" oder „Gesetzgeber" zuzuschreiben und nicht den strategischen Interaktionen zwischen unabhängigen Akteuren. Selbst wenn politische Programme das Verhalten anderer Akteure verändern müssen, um wirksam zu werden, ist die Konzeptualisierung dieser Intervention zumeist entscheidungstheoretischer und nicht spieltheoretischer Natur. Der „Gesetzgeber" spielt mit anderen Worten ein „Spiel gegen die Natur", bei dem angenommen wird, daß politische Programme kausale Wirkungen in einer „politischen Umwelt" entfalten, die entweder passiv ist oder sich durch eine feststehende Reaktionsfunktion auszeichnet, welche durch gut konzipierte politische Programme antizipiert und manipuliert werden kann. Das bekannteste Beispiel für die Unzulänglichkeiten dieser entscheidungstheoretischen Perspektive liefert die keynesianischen makroökonomischen Theorie, die sich nicht für die frühzeitige Warnung von Michael Kalecki (1971) interessiert hat, der schon in den frühen 1940er Jahren darauf hingewiesen hatte, daß eine zunächst erfolgreiche Vollbeschäftigungspolitik dann Inflation und Stagnation nach sich ziehen müßte, wenn Kapital und Arbeit in Reaktion darauf ihre Lohnpolitik verändern. Wenn also die spieltheoretische Perspektive nicht von der Politikwissenschaft in die Policy-Forschung eingebracht wird, ist es unwahrscheinlich, daß andere Disziplinen dies tun werden.

Die Abneigung empirisch orientierter Politikwissenschaftler gegen den Einsatz von spieltheoretischen Konzepten scheint zwei Ursachen zu haben. Erstens ist die Spieltheorie ein Teilgebiet der angewandten Mathematik, so daß ein Großteil der Literatur, von Mathematikern für andere Mathematiker geschrieben, nicht nur abschreckend technisch *erscheint*, sondern tatsächlich für den Nichteingeweihten praktisch unzugänglich *ist*. Darüber hinaus werden empirisch ausgerichtete Forscher, die es nichtsdestotrotz auf sich genommen haben, hinter den Schleier der technischen Schwierigkeiten zu blicken, gemeinhin davon abgeschreckt, wie extrem unrealistisch die Annahmen sind, auf die sie dort stoßen.

Wie alle Varianten der Rational-Choice-Theorie geht die Spieltheorie zunächst von vollkommen rationalen Akteuren aus. Folglich wird in Einführungen in die nichtkooperative Spieltheorie unterstellt, daß Akteure egoistisch ihren eigenen Nutzen maximieren, daß dies unter Bedingungen vollständiger Information geschieht und daß ihre Fähigkeit zur Aufnahme und Verarbeitung von Informationen unbegrenzt ist. Das sind in der Tat genau die Annahmen, auf denen die neoklassische mikroökonomische Theorie basiert. Dort sind sie jedoch relativ harmlos, da der mathematisch raffinierte theoretische Mechanismus der „unsichtbaren Hand" seine Wirkung sozusagen „hinter dem Rücken" von relativ einfältigen Subjekten entfalten kann, deren quasi-automatische Reaktionen auf Veränderungen der relativen Preise dann zu theoretisch interessanten makroökonomischen Ergebnissen aggregiert werden. Die Spieltheorie hingegen, zumindest in ihrer rational-analytischen Version, die hier von Interesse ist, *muß den Akteuren selbst alle Informationen und alle Lösungsalgorithmen zuschreiben, die der Analytiker benutzt.* Lockert man darüber hinaus die ursprüngliche Annahme vollständiger Information und berücksichtigt unvollständige und asymmetrische Informationen, dann erhöhen sich die Anforderungen an die angenommene Informationsverarbeitungskapazität der Akteure erneut um ein Vielfaches und damit auf ein Niveau, das für reale Akteure vollkommen unerreichbar erscheint (Scharpf 1991).

An diesen extremen Anforderungen an die kognitiven Fähigkeiten der von der Theorie vorausgesetzten Akteure liegt es, daß Spieltheoretiker es im allgemeinen ablehnen, ihren Modellen erklärende (im Unterschied zu normativer) Validität zuzuschreiben. Aus demselben Grund scheint die Spieltheorie innerhalb der Politikwissenschaft hauptsächlich politische Philosophen und analytische Theoretiker angesprochen zu haben, kaum jedoch Praktiker aus dem Bereich der empirischen Policy-Forschung. Da ich diesen Umstand für bedauerlich halte, möchte ich nun einen Schritt weiter gehen als in den vorhin erwähnten „Games-Real-Actors-Could-Play"-Aufsätzen: *Um von der spieltheoretischen Perspektive zu profitieren, müssen Empiriker weder zu Mathematikern werden, noch müssen sie von Akteuren ausgehen, die entweder allwissend sind oder zumindest über unbegrenzte Informationsverarbeitungskapazitäten verfügen. Es genügt, daß die grundlegenden Konzepte des interdependenten strategischen Handelns und der Gleichgewichtsergebnisse explizit und systematisch in unsere Erklärungshypothesen einbezogen werden.* Wenn das den Bezugsrahmen für unsere Aufmerksamkeit und Interpretation bildet, dann kann alles andere prinzipiell der empirischen Forschung und der Entwicklung empirisch fundierter Theorien überlassen werden. Dennoch ist es hilfreich, einige wenige grundlegende Konzepte, Unterscheidungen und Darstellungskonventionen zu kennen.

Beginnen wir mit letzerem. Es ist nützlich, zwischen zwei äquivalenten Darstellungsformen eines einfachen Spiels hin und her wechseln zu können – der „normalen Form" und der „extensiven Form". Die erste, welche ich häufiger verwenden werde, stellt die Entscheidungssituation in einer Matrix oder Tabelle dar, in der die Strategien des einen Spielers in den Zeilen und die des anderen Spielers in den Spalten repräsentiert werden, während die Auszahlungen als Zahlen in die Zellen eingetragen werden, in denen sich die Strategien überkreuzen. Die extensive Form verwendet eine baumähnliche Darstellung für die Züge der Spieler und listet die Auszahlungen an den Endpunkten jeder Sequenz von Zügen auf. Sie ist am nützlichsten, wenn angenommen wird, daß die Spieler ihre Züge nicht gleichzeitig ausführen, sondern einer nach dem anderen, und sie eignet sich auch besser zur Darstellung der Züge von mehr als zwei Spielern.

Damit habe ich gleichzeitig die Grundkonzepte der Spieltheorie eingeführt – *Spieler*, *Strategien* und *Auszahlungen*. Das Konzept des Spielers kann auf jeden individuellen oder komplexen Akteur angewendet werden, der in der Lage ist, zweckgerichtete Entscheidungen zwischen alternativen Handlungen zu treffen; Strategien sind die Handlungsoptionen (oder Sequenzen von Zügen), die einem Spieler zur Verfügung stehen. Ein Spiel liegt vor, wenn diese Handlungsoptionen tatsächlich interdependent sind, so daß das erzielte *Ergebnis* von den Entscheidungen beider (oder aller) Spieler beeinflußt wird. Das dritte Grundkonzept, Auszahlungen, steht für die Beurteilung einer gegebenen Anzahl möglicher Ergebnisse auf der Grundlage der Präferenzen der beteiligten Spieler. In der hier verwendeten Darstellung werden diese Auszahlungen ordinal geordnet, so daß beispielsweise in Abbildung E.1 die Zahl 4 das beste Ergebnis aus der Sicht eines Spielers und die Zahl 1 das schlechteste Ergebnis darstellt. Zur Illustration werde ich das makroökonomische Koordinationsspiel zwischen einer monopolistischen „Gewerkschaft" und einer monetaristischen „Regierung" (oder einer unabhängigen Zentralbank) aus dem vorhin diskutierten Beispiel verwenden. Andere, vertrautere Spielkonstellationen und ihre strategischen Implikationen werden in Kapitel 4 ausführlicher diskutiert. Hier ist die generelle Herangehensweise an die spieltheoretische Darstellung von Interaktionen von Bedeutung.

Abbildung E.1: „Monetaristisches" Spiel in normaler und extensiver Form

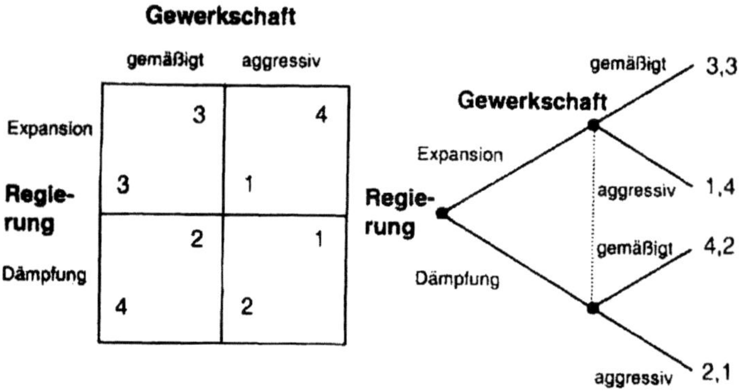

Gewerkschaft

	gemäßigt	aggressiv
Expansion	3 3	4 1
Dämpfung	2 4	1 2

Regierung

Regierung – Expansion – Gewerkschaft: gemäßigt 3,3; aggressiv 1,4
Regierung – Dämpfung – Gewerkschaft: gemäßigt 4,2; aggressiv 2,1

Auf der linken Seite von Abbildung E.1 befindet sich die normale oder Matrix-Form der Darstellung. Die beiden Spieler heißen „Regierung" und „Gewerkschaft". Jeder verfügt über zwei Strategien. Der Regierungsspieler kann zwischen der oberen Zeile (das heißt Expansion der Nachfrage) und der unteren Zeile (das heißt Dämpfung der Nachfrage) wählen, während die Entscheidung des Gewerkschaftsspielers zwischen einer gemäßigten und einer aggressiven Lohnpolitik durch die linke und rechte Spalte dargestellt wird. Die jeweiligen Auszahlungen der Spieler sind in den Zellen der Matrix aufgelistet, wobei die der Regierung in der unteren linken und die der Gewerkschaft in der oberen rechten Ecke zu finden sind. Ein Blick auf diese Auszahlungen ergibt folgendes Bild: Wenn die Regierung sich für eine Expansion der Wirtschaft (obere Zeile) und die Gewerkschaft sich für Lohnzurückhaltung (linke Spalte) entscheidet, erreichen beide Spieler ihre zweitbeste Auszahlung (3,3), aber wenn die Gewerkschaft sich für eine aggressive Lohnpolitik entscheidet, erhält sie ihr bestmögliches und die Regierung ihr schlimmstmögliches Ergebnis (1,4). Wenn jedoch die Regierung zu einer Dämpfung der Nachfrage wechselte, würde eine aggressive Gewerkschaft ihre schlechteste Auszahlung erhalten, und es läge dann in ihrem eigenen Interesse, sich für Lohnzurückhaltung zu entscheiden. Da es sich hierbei um das von der monetaristischen Regierung am meisten gewünschte Ergebnis handelt, kann das Spiel bei diesem Ergebnis in der linken unteren Zelle „steckenbleiben".

Genau die gleiche Information ist in der „extensiven Form" oder Baumdarstellung des Spiels auf der rechten Seite der Abbildung enthalten, wobei die Auszahlungen des Regierungsspielers zuerst aufgelistet sind. Bevor diese Spielkonstellationen jedoch für Voraussagen oder Erklärungen genutzt werden können, bedarf es zweier weiterer Unterscheidungen. Erstens können die Spieler ein *nichtkooperatives* oder ein *kooperatives* Spiel spielen. Diese Bezeichnungen werden häufig mißverstanden. Ein kooperatives Spiel ist schlicht ein Spiel, bei dem verbindliche Vereinbarungen zwischen den Spielern möglich sind, bevor jeder seine Entscheidungen trifft, wohingegen bei einem nichtkooperativen Spiel alles, was vor dem Zug gesagt werden mag, „cheap talk" darstellt und damit unverbindlich bleibt. Daher werden die Spieler in dem üblichen Fall eines Spiels mit „vollständiger" Information über alle Elemente des Spiels informiert sein – das heißt über die anderen beteiligten Spieler, die ihnen zur Verfügung stehenden Strategien und über die Ergebnisse, die aus jeder Kombination der Strategien resultieren –, aber sie können zum Zeitpunkt ihrer eigenen Entscheidung nicht wissen, welche Strategien die anderen wählen werden. Im kooperativen Spiel hingegen können Strategien gemeinsam und durch verbindliche Vereinbarungen gewählt werden. Ein Blick auf Abbildung E.1 zeigt, daß eine monetaristische Regierung ohne verbindliche Vereinbarungen allen Grund hat, sich eindeutig für eine Nachfragedämpfungsstrategie zu entscheiden, wodurch die Gewerkschaft dazu gezwungen wird, sich aus ihrem eigenen Interesse heraus für Lohnzurückhaltung zu entscheiden. Aus der Sicht der Regierung besteht deshalb überhaupt kein Grund, Vereinbarungen mit den Gewerkschaften anzustreben (und Margaret Thatcher hat das auch nie getan).

Die Situation für Thatchers Labour-Vorgänger stellte sich dagegen anders dar. Sie hätten es sehr begrüßt, mit den Gewerkschaften eine verbindliche Vereinbarung zu schließen, die es der Regierung erlaubt hätte, ihre Vollbeschäftigungsstrategie fortzusetzen, während die Gewerkschaft ihren Teil zur Bekämpfung der Inflation beigetragen hätte (Abbildung E.2). Aber zu dieser Zeit verfügten die britischen Gewerkschaften nicht über die institutionelle Kapazität, sich auf eine langfristige Lohnzurückhaltung festzulegen, während in Österreich die institutionellen Bedingungen den Abschluß einer effektiven Vereinbarung ermöglichten, in der die Strategien der Regierung und der Gewerkschaft in der linken oberen Zelle der Abbildung konvergierten.

Abbildung E.2: „Keynesianisches" Spiel in normaler und extensiver Form

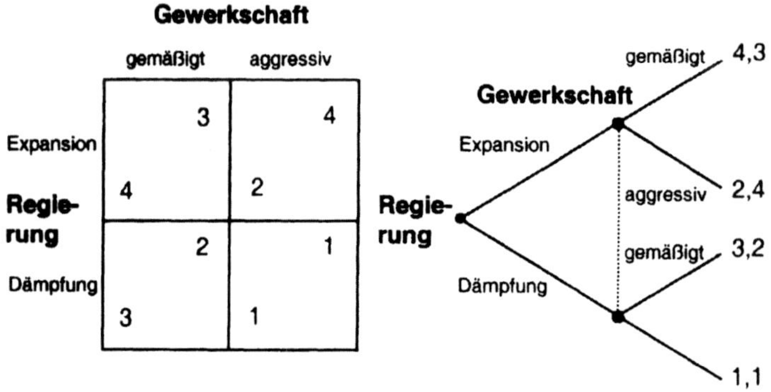

Gewerkschaft

	gemäßigt	aggressiv
Expansion	3 / 4	4 / 2
Dämpfung	2 / 3	1 / 1

Regierung

Extensive Form (rechts):
- Regierung: Expansion → Gewerkschaft: gemäßigt 4,3 / aggressiv 2,4
- Regierung: Dämpfung → Gewerkschaft: gemäßigt 3,2 / 1,1

Die zweite wichtige Unterscheidung, nämlich die zwischen *simultanen* und *sequentiellen Spielen*, bezieht sich nur auf nichtkooperative Spiele. In einem simultanen Spiel muß jeder Spieler seinen eigenen Zug auswählen, ohne die Strategieentscheidung des anderen Spielers zu kennen. In einem sequentiellen Spiel kann (oder muß) ein Spieler zuerst ziehen, und der andere Spieler zieht dann in Kenntnis dieser Entscheidung. Offensichtlich ist die extensive Form des Spiels auf der rechten Seite der Abbildung besonders gut dazu geeignet, sequentielle Spiele darzustellen. Wenn sie zur Darstellung simultaner Entscheidungen verwendet wird, bedeutet die gepunktete Linie zwischen den Wahlpunkten des zweiten Spielers in der Abbildung, daß dieser sich entscheiden muß, ohne den ersten Zug des anderen Spielers zu kennen.

Die Unterscheidung zwischen simultanen und sequentiellen Zügen kann das erzielte Ergebnis in einem nichtkooperativen Spiel verändern, muß es aber nicht. In dem monetaristischen Spiel, das in Abbildung E.1 dargestellt ist, macht sie keinen Unterschied. Die Regierung wird immer ihre Nachfragedämpfungsstrategie wählen, da aus ihrer Sicht die dadurch zu erreichenden Ergebnisse denen, die durch eine Expansionspolitik zu erreichen wären, in jeder Hinsicht überlegen sind. Im „keynesianischen" Spiel in Abbildung E.2 hingegen könnten sequentielle Züge einen Unterschied machen. Wenn z.B. die britischen Gewerkschaften zuerst ziehen und eine aggressive Lohnpolitik wählen, kann die Labour-Regierung dazu erpreßt werden, die Wirtschaft anzukurbeln, um Massenarbeitslosigkeit zu verhindern, auch wenn das zu übermäßigen Inflationsraten führen könnte. Wenn die Regierung stattdessen in der Lage ist, den ersten Zug zu machen, kann sie sich für eine Dämpfung der Nachfrage entscheiden, in der Hoffnung, daß die Gewerkschaft dann das schlechteste Ergebnis in der rechten unteren Zelle vermeidet, indem sie sich rechtzeitig vor den nächsten Wahlen für Lohnzurückhaltung entscheidet. Für Premierminister Jim Callaghan ging dieser Poker allerdings nicht auf.

Diese Hintergrundinformationen reichen aus, die Grundlagen spieltheoretischen Denkens zu verstehen, die nunmehr zwei Konzepten zugeordnet werden können: *strategische Interaktion* und *Gleichgewichtsergebnisse*. Das erste Konzept bedeutet, daß die Akteure sich ihrer Interdependenz bewußt sind und daß jeder von ihnen bei seinen eigenen Entscheidungen versuchen wird, die Entscheidungen der anderen zu antizipieren, wissend, daß die anderen genauso verfahren werden. In der nichtkooperativen Spielkonstellation könnte dies einen unendlichen Regreß von immer kontingenteren Antizipationen zur Folge haben. Das ist jedoch nicht der Fall, wenn das Spiel ein oder mehrere Gleichgewichtsergebnisse hat. Das sind Ergebnisse, bei denen kein Spieler seine eigenen Auszahlungen durch *einseitiges* Wechseln zu einer anderen Strategie verbessern kann. In der monetaristischen Spielmatrix der Abbildung E.1 liegt das Gleichgewichtsergebnis in der linken unteren Zelle. Obwohl die Auszahlungen (4,2) für den Gewerkschaftsspieler unattraktiv sind, kann die Gewerkschaft ihre Situation nicht einseitig verbessern, solange die Regierung an ihrer favorisierten Strategie festhält.

Im Zusammenhang empirischer Policy-Forschung sollte die Erklärungskraft dieser Konzepte nicht unterschätzt werden. Sie bieten die Grundlage für kontrafaktische „Gedankenexperimente", mit deren Hilfe systematisch diejenigen Ergebnisse ausgelotet werden, die erzielt worden wären, wenn die Parteien sich für andere, ebenso wahrscheinliche Handlungsverläufe entschieden hätten. Wenn gezeigt werden kann, daß das tatsächliche Ergebnis das Produkt der für alle beteiligten Parteien unter den gegebenen Umständen bestmöglichen Strategieentscheidungen war, dann hat diese Art der Erklärung eine Überzeugungskraft, die von alternativen Erklärungsstrategien nicht so leicht erreicht werden kann (Tetlock/ Belkin 1996).

Dieses Thema wird in den Kapiteln 4 und 5 noch ausführlicher behandelt. Hier weise ich nur darauf hin, daß die theoretische Bedeutung der Konzepte strategischer Interaktion und der Gleichgewichtsergebnisse weit über die ursprünglich in der Theorie nichtkooperativer Spiele entwickelte hinausgeht. Es gibt möglicherweise nicht viele reale Interaktionen, bei denen alle Annahmen der nichtkooperativen Spieltheorie vollständig erfüllt sind, und es gibt eine große Vielfalt anderer Interaktionsformen, die in politischen Prozessen eine Rolle spielen können. Ihre Diskussion wird Gegenstand des größten Teils dieses Buches sein. Aber unabhängig davon, welcher Interaktionsmodus tatsächlich zur Anwendung kommt, können die erzielten Ergebnisse immer im Hinblick auf ihre Gleichgewichtscharakteristika untersucht werden.

Problemorientierte und interaktionsorientierte Policy-Forschung

Dieses Buch konzentriert sich auf den potentiellen Beitrag der Politikwissenschaft und der Politischen Soziologie zur Policy-Forschung. Aber unsere Disziplinen sind weder die einzigen, die sich mit staatlicher Politik beschäftigen, noch wäre es sinnvoll, sie für die „Königsdisziplinen" im Bereich der Policy-Forschung zu halten – obwohl wir uns häufig damit beschäftigen, die Policy-relevanten Beiträge anderer Disziplinen für unsere eigene Forschung zu sichten, auszuwerten und zu diskutieren. Wir müssen uns deshalb darüber klar werden, welchen spezifischen Beitrag wir in einem Bereich leisten können, in dem es auf interdisziplinäre Zusammenarbeit oder zumindest auf eine wohlverstandene Arbeitsteilung zwischen den Policy-relevanten Disziplinen ankommt. Dabei unterscheide ich zwischen „problemorientierter" und „interaktionsorientierter" Policy-Forschung.

Die problemorientierte Forschung beschäftigt sich mit den Ursachen politischer Probleme, mit den möglichen politischen Lösungen sowie mit ihren wahrscheinlichen Auswirkungen auf die ursprünglichen Probleme und auf die weitere politische Umwelt. So mußte ich mich in der oben erwähnten Stagflations-Studie auf makroökonomische Untersuchungen stützen, um auf die problemorientierte Analyse zu stoßen, welche auf der einen Seite die Ölpreiskrise als Ursache für Kostendruck-Inflation und Nachfragemangel-Arbeitslosigkeit und auf der anderen Seite die Kombination von steuer- und geldpolitischer Expansion der Wirtschaft und gewerkschaftlicher Lohnzurückhaltung als effektivste politische Lösung für das Stagflations-Problem identifizierte. In anderen Bereichen können Beiträge zur problemorientierten Policy-Forschung von einer Vielzahl anderer Disziplinen kommen – von der Kriminologie im Fall der Verbrechensbekämpfung, von der Epidemiologie und Immunologie, wenn es um die Bekämpfung ansteckender Krankheiten geht, von der Soziologie und Psychologie, wenn ein „Krieg gegen die Armut" auf der politischen Tagesordnung steht, oder von der chemischen Analyse stratosphärischer Reaktionen, wenn es um die Zerstörung der Ozonschicht geht. In diesem Zusammenhang hat die Politikwissenschaft als Disziplin keine spezifische Aufgabe, auch wenn Policy-Forscher, die zufällig Politikwissenschaftler sind, gelegentlich multidisziplinäre Forschungsprojekte organisieren oder Beiträge anderer Disziplinen zusammenfassen und auswerten mögen.

Sobald aber das Problem analysiert ist und möglicherweise effektive Lösungen gefunden worden sind, kommt der spezifische Beitrag der Politikwissenschaft und der Politischen Soziologie zum Tragen, den ich „interaktionsorientierte Policy-Forschung" nenne.[5] Das oben erwähnte Beispiel konzentrierte sich auf die Fra-

---

5 Das Gegenteil trifft ebenfalls zu: Bevor die Politikwissenschaft ihren Beitrag leisten kann, muß die materielle Policy-Analyse ihre Arbeit getan haben. So habe ich gezeigt, daß Länder mit „neokorporatistischen" Institutionen unter den Bedingungen der Stagflation in den siebziger Jahren einen Wettbewerbsvorteil hatten, während dieser Vorteil im ökonomischen Klima der frühen 1980er Jahre verschwand (Scharpf 1987). Obwohl diese spezielle Behauptung angezweifelt

ge, warum man in manchen Ländern effektive Kombinationen makroökonomischer Strategien zur Bekämpfung der Stagflation gefunden hat und in anderen nicht. Seine Bedeutung wird am besten deutlich, wenn man ihm die vorherrschende (aber häufig nicht explizit gemachte) Perspektive des „wohlmeinenden Diktators" gegenüberstellt, von der die meisten Analysen der materiellen Policy-Forschung ausgehen. Seine Arbeit ist dann beendet, wenn die Ursachen eines Problems richtig erkannt und eine technisch effektive sowie kosteneffiziente Lösung vorgeschlagen worden ist. Die Verabschiedung und Umsetzung solcher Lösungen ist aus dieser Perspektive dann Sache der „Regierung" oder irgendeines anderen unitarischen „Gesetzgebers", der den Willen und die Fähigkeit besitzt, die besten politischen Empfehlungen zu verwirklichen.

Im Gegensatz dazu sollten sich Politikwissenschaftler und Soziologen dafür interessieren, daß viele oder sogar die meisten dieser Empfehlungen niemals in die Praxis umgesetzt werden. Der Grund dafür ist, daß staatliche Programme normalerweise nicht von einem unitarischen Akteur produziert werden, der über alle benötigten Handlungsressourcen verfügt und dessen Interesse sich ausschließlich auf das Gemeinwohl richtet. Vielmehr ist es wahrscheinlich, daß sie das Produkt strategischer Interaktionen zwischen mehreren oder einer Vielzahl politischer Akteure sind, von denen jeder ein eigenes Verständnis von der Natur des Problems und der Realisierbarkeit bestimmter Lösungen hat, und die weiter mit je eigenen individuellen und institutionellen Eigeninteressen sowie normativen Präferenzen und eigenen Handlungsressourcen ausgestattet sind. Mit anderen Worten: Das, was ich im vorangegangenen Abschnitt über die Bedeutung des spieltheoretischen Denkens gesagt habe, ist der Kern des spezifischen Beitrags, den die Politikwissenschaft und die Politische Soziologie zur Policy-Forschung leisten können.

Deshalb liegt der Schwerpunkt unserer Erklärungen auf der Interaktion zwischen zweckgerichtet handelnden Akteuren – was, wie das oben erwähnte Beispiel verdeutlicht, häufig bedeutet, daß wir es

---

wurde (Garrett 1995; vgl. jedoch Moses 1995), bleibt doch der Kern bestehen, daß wir wissen müssen, was das Problem ist und welche Lösungen dafür benötigt werden, bevor wir die Faktoren ausfindig machen können, die dafür verantwortlich sind, daß ein politisches System in dieser Hinsicht besser oder schlechter abschneidet. Dann und nur dann kann die politikwissenschaftliche Forschung einen sinnvollen Beitrag zur Policy-Analyse leisten.

mit hochorganisierten kollektiven und korporativen Akteuren zu tun haben. Gegen diese Perspektive können zwei grundlegende Einwände vorgebracht werden, der eine von Seiten der makrosoziologisch ausgerichteten Systemtheorie, der andere von Seiten des methodologischen Individualismus. Der erste Einwand bestreitet die theoretische Relevanz menschlichen Handelns und konzentriert sich stattdessen auf gesellschaftliche Makrophänomene wie die funktionale Differenzierung oder die „Autopoiesis" operational geschlossener Systeme funktionsspezifischer Kommunikation (Luhmann 1984). Als Makroperspektive hat diese Sichtweise für die Erklärung einzelner politischer Entscheidungen jedoch wenig zu bieten.

Wichtiger erscheint der Einwand des methodologischen Individualismus. Es ist richtig, daß letztlich nur einzelne Menschen zu intentionalem Handeln fähig sind, weiter ist aber auch richtig, daß die interaktionsorientierte Policy-Forschung unmöglich wäre, wenn die Erklärungen ausschließlich auf der individuellen Ebene gesucht werden müßten. Im politischen Prozeß handeln die wichtigsten individuellen Akteure jedoch typischerweise im Interesse und aus der Perspektive größerer Einheiten, und nicht für sich selbst. Deshalb können wir unsere Analysen vereinfachen, indem wir eine begrenzte Anzahl größerer Einheiten als komplexe (das heißt aggregierte, kollektive oder korporative) Akteure mit relativ einheitlichen Handlungsorientierungen und relativ großen Handlungsressourcen behandeln. Trotzdem müssen wir in der Lage sein, auf die individuelle Ebene zurückzukehren, wenn es empirisch notwendig ist. Daher ist die „Mikrofundierung" unserer auf der Meso- und Makroebene ansetzenden Analysen immer von Bedeutung. Die Bedingungen, unter denen das Konzept komplexer Akteure in interaktionsorientierten Analysen gewinnbringend eingesetzt werden kann, werden in Kapitel 3 diskutiert.

Darüber hinaus operieren diese größeren Einheiten – politische Parteien, Gewerkschaften, Ministerien, Zentralbanken und so weiter – in institutionellen Kontexten, die ihre Handlungen wesentlich stärker einschränken, als dies bei autonomen Individuen der Fall ist. Sie sind selbst zumeist durch institutionelle Normen konstituiert, die nicht nur ihre Kompetenzen und andere Handlungsressourcen definieren, sondern auch bestimmte Ziele vorgeben und die gemeinsamen kognitiven Orientierungen prägen. Folglich befinden sich diese politischen Akteure häufig in relativ stabilen

„Akteurkonstellationen", die mit Hilfe der weiter oben vorgestellten spieltheoretischen Konzepte analysiert werden können. Diese Akteurkonstellationen werden in Kapitel 4 genauer untersucht. Weiterhin definiert der institutionelle Kontext auch die Interaktionsformen – einseitiges Handeln, Verhandlung, Mehrheitsentscheidung oder hierarchische Steuerung –, durch welche die Akteure sich gegenseitig beeinflussen und auf die schließlich erzielten politischen Ergebnisse einwirken. Diese Interaktionsformen werden in den Kapiteln 5 bis 9 dieses Buches diskutiert.

Normative und positive Fragen in der Policy-Forschung

Policy-Forschung erfordert nicht nur eine spezifische Arbeitsteilung zwischen problemorientierten und interaktionsorientierten Analysen, sondern auch eine engere Verknüpfung zwischen normativen und positiven Fragestellungen, als dies normalerweise in den Sozialwissenschaften üblich ist. Im ersten Absatz dieser Einleitung habe ich darauf hingewiesen, daß die Politikwissenschaft und die Politische Soziologie im Rahmen der Policy-Forschung zum Verständnis und zur Verbesserung der Bedingungen beitragen sollen, welche die Politik in die Lage versetzen, effektive und legitime Lösungen für politische Probleme zu finden. Gewiß sind beide Kriterien evaluativ, aber das erste scheint einer rein positiv ausgerichteten Forschung eher zugänglich zu sein, während das zweite eher normativ zu sein scheint. Allerdings hängt, wie jeder Jurist weiß, die Gültigkeit einer Norm nicht nur von der richtigen Ableitung aus höherrangigen Normen ab, sondern auch von der positiven Frage, ob sie effektiv in die Praxis umgesetzt werden kann.[6] Um ein politisches Programm als effektiv einzustufen, benötigt man umgekehrt nicht nur Informationen über seine empirischen Folgen, sondern auch normative Annahmen darüber, was als Problem angesehen werden soll und was als gute Lösung gelten würde. Kurz, die klare Arbeitsteilung zwischen Politikwissenschaftlern, die sich mit empirischer Forschung und positiver Theo-

---

6 Auf einer philosophischeren Ebene kommt derselbe Gedanke in Kants Maxime „Sollen impliziert Können" zum Ausdruck.

rie befassen, und anderen, die sich mit normativer politischer Theorie beschäftigen, kann im Bereich der Policy-Forschung nicht aufrecht erhalten werden. Indem wir uns auf Effektivität *und* Legitimität beziehen, müssen wir uns notwendigerweise ebenso mit der Identifikation und Explikation angemessener normativer Standards wie mit der Sammlung und Interpretation empirischen Materials beschäftigen. Obwohl klar ist, daß wir das eine nicht mit dem anderen verwechseln dürfen, können wir doch nicht hoffen, normative Fragen dadurch zu vermeiden, daß wir uns ausschließlich auf die positiven Aspekte eines politischen Gegenstandes konzentrieren.

Zur Illustration wenden wir uns noch einmal dem oben erwähnten Beispiel zu. Auf den ersten Blick dreht es sich ausschließlich um ein empirisches Rätsel: Wie kommt es, daß unter den Stagflationsbedingungen der siebziger Jahre manche Länder an hoher Arbeitslosigkeit oder hohen Inflationsraten oder an beidem litten, während andere hinsichtlich beider Dimensionen gut abschnitten? Wenn man davon ausgeht, daß Vollbeschäftigung und Preisstabilität, sofern beide zu haben wären, allgemein als erstrebenswerte Ziele angesehen würden, und daß unumstrittene statistische Indikatoren zur Verfügung stünden, um den Grad des Erfolges oder Mißerfolges zu messen, würden normative Fragen keine große Rolle spielen. Wenn man – rein aus argumentativen Gründen – weiter annimmt, daß nur Länder mit „neokorporatistischen" Institutionen Erfolge erzielen können, die es der Regierung und den Arbeitgeber- und Gewerkschaftsverbände erlauben, Verhandlungsergebnisse über eine koordinierte Steuer-, Geld- und Lohnpolitik zu erreichen. Wenn dies empirisch zutreffend wäre – was ich annehme – dann führt uns dies zu Fragen der demokratischen Legitimität, ein zur damaligen Zeit heftig umstrittenes Thema (Brittain 1977; Panitch 1980): Wie kann die demokratische Verantwortlichkeit von Regierungen gesichert werden, wenn ihre Politik von der Zustimmung von Verbänden abhängt, die ihrerseits nicht dem demokratischen Souverän verantwortlich sind? Umgekehrt scheint bei der Frage, ob die Europäische Union (EU) an einem grundlegenden „Demokratiedefizit" leidet, ganz klar die normative Dimension zu überwiegen. Die empirischen Folgen dieser ungelösten Frage schränken jedoch faktisch die Fähigkeit der EU ein, eine Reihe kritischer politischer Probleme effektiv zu lösen (siehe Kapitel 9).

Diese beiden Beispiele sollen zeigen, daß politische Probleme im Rahmen der Policy-Forschung kaum vollständig behandelt werden können, wenn man nicht sowohl auf die positive als auch auf die normative Dimension des Problems achtet. Aber wie sollen wir mit diesen normativen Fragen umgehen? Ich lasse einmal die Möglichkeit außer Acht, daß wir lediglich unsere eigenen moralischen Werturteile und Präferenzen verfolgen wollen, was wir als Bürger natürlich tun könnten. In diesem Fall würde uns unsere Berufsethik vorschreiben, diese Präferenzen offenzulegen und eine klare Trennung zwischen positiven Erkenntnissen und persönlichen Werturteilen vorzunehmen (Kirchgässner 1996).

Das Problem bleibt, wie wir mit normativen Fragen umgehen sollen, wenn wir nicht versuchen wollen, Politik auf eigene Rechnung (oder zugunsten einer bestimmten Klientel) zu machen, sondern wenn wir uns ernsthaft an die Maxime „wissenschaftlicher Objektivität" oder wenigstens „Neutralität" halten wollen. Hier ist es sinnvoll, zwischen den *Kriterien „guter" Politik* auf der einen Seite und der *Legitimität des politischen Entscheidungssystems* auf der anderen Seite zu unterscheiden. Im ersten Fall können wir häufig auf allgemein anerkannte und unkontroverse Kriterien politischen Erfolgs oder Versagens zurückgreifen, wie dies in unserem Stagflations-Beispiel für Vollbeschäftigung und Preisstabilität in den siebziger Jahren angenommen wurde. Ist dies nicht möglich, so können wir von der oben erwähnten besonderen Arbeitsteilung zwischen problemorientierter und interaktionsorientierter Policy-Forschung profitieren. Wenn die materiellen Untersuchungen in der primären Verantwortung einer anderen Disziplin liegen sollten, wie etwa der Wirtschaftswissenschaften im Fall der makroökonomischen Politik oder der Naturwissenschaften im Fall der Umweltpolitik, dann brauchen Politikwissenschaftler sich nicht mit der Definition eigener Kriterien zu belasten.

Aber häufig wird das nicht reichen. Die Problemdefinitionen und die möglichen Lösungen können im wissenschaftlichen Diskurs ebenso wie in der politischen Debatte umstritten sein. In diesem Fall wäre die philosophisch angemessene Lösung eine prozedurale. Sie würde bedeuten, daß ein öffentlicher Diskurs unter der Grundbedingung einer „idealen Sprechsituation" (Habermas 1981; 1989) geführt würde, in dem Argumente, deren Ziel die Verwirklichung des privaten Eigeninteresses ist, keinen Platz hätten und in dem das einzig gültige Beurteilungskriterium das „Gemeinwohl" (Elster 1986) wäre. In der Praxis müssen wir jedoch oft Fragen untersuchen, bei denen nicht nur eigennützige Argumente, sondern auch verschiedene Ansichten des „Gemeinwohls" dauerhaft miteinander konkurrieren. Unter solchen Bedingungen kann die Policy-Forschung, analog zur Rolle der Rechtswissenschaft und der Rechtsprechung bei der Suche nach gerechten Rechtsnormen (Habermas 1992, 324-348), versuchen (und sie tut dies häufig auch), das Ergebnis eines hypothetischen idealen Diskurses zu antizipieren und die eigenen Kriterien daran anzunähern. In diesem Falle ist ihre Rolle jedoch eher die eines Anwaltes als die eines Gerichts letzter Instanz. Aber daran ist wohl nichts zu ändern.

Für Politikwissenschaftler verringert sich die Schwierigkeit jedoch aufgrund der Tatsache, daß sie sich nicht primär mit Auseinandersetzungen über die materielle Qualität staatlicher Politik befassen. Ihre professionelle Kompetenz wird hauptsächlich dann in Anspruch genommen, wenn Fragen der *Legitimität* umstritten sind. Außerdem ist daran zu erinnern, daß wir uns immer noch im Bereich der Policy-Forschung bewegen. Das Problem betrifft daher in der Regel nicht die Legitimität eines ganzen politischen Systems im weitesten Sinne, sondern vielmehr die Legitimität bestimmter Strukturen und Verfahren, in deren Rahmen politische Maßnahmen erarbeitet werden. Häufig werden solche Fragen als Probleme des Verfassungsrechts behandelt, das aber hierfür auf positive Theorien und empirische Informationen angewiesen ist, welche aber nicht im „autopoietischen" Kommunikationssystem des juristischen Diskurses erzeugt werden können (Teubner 1989; Teubner/Febbrajo 1992). Das Kriterium muß wiederum das „Gemeinwohl" sein. Aber was es jetzt zu beurteilen gilt, ist nicht die materielle Qualität einer bestimmten politischen Entscheidung, sondern vielmehr die *generelle* Fähigkeit bestimmter politischer Institutionen, politische Entscheidungen zu produzieren, die dem Gemeinwohl zu gute kommen. Das sind in der Tat Urteile, für welche die Politikwissenschaft und die Politische Soziologie eine besondere professionelle Kompetenz besitzen.

Um zu solchen Urteilen zu gelangen, müssen wir jedoch eine Reihe von Unterscheidungen einführen. Politische Maßnahmen, die im Interesse aller sind oder im Einklang mit den Präferenzen aller stehen, brauchen keine zusätzliche Legitimation. Die Legitimität politischer Maßnahmen wird erst dann zum Problem, wenn bestimmte Interessen verletzt werden oder wenn Bürger dazu gezwungen werden, gegen ihre eigenen Präferenzen zu handeln, wie es etwa im Bereich der Steuerpolitik und des Wehrdienstes der Fall ist. Um solche Maßnahmen zu legitimieren, muß gezeigt werden, daß sie dem Gemeinwohl dienen. Aber der Begriff des „Gemeinwohls" muß notwendigerweise umstritten bleiben, solange nicht die *gleichzeitige Relevanz zweier Dimensionen, Wohlfahrtsproduktion und -distribution*, anerkannt wird. Akzeptiert man dies, dann werden die Dinge wesentlich klarer, und es wird häufig relativ einfach sein, sich darauf zu einigen, welche Lösungen in der Wohlfahrtsdimension besser und welche schlechter sind. Wenn einmal feststeht, welche Dienstleistungen und Transfers steuerfinanziert sein sollen oder ob der Wehrdienst notwendig ist oder nicht, kann sich die Debatte auf die Definition angemessener Kriterien der Verteilungsgerechtigkeit konzentrieren. Ich werde auf diese Fragen am Ende des 4. Kapitel zurückkommen.

An dieser Stelle ist jedoch darauf hinzuweisen, daß wir diese Urteile nicht selbst fällen müssen. Wenn wir uns mit Legitimität beschäftigen, geht es uns nicht um die Richtigkeit einzelner politischer Entscheidungen, sondern um die Fähigkeit politischer Systeme, gute Entscheidungen zu treffen. Diese Fähigkeit kann mit Hilfe der in diesem Buch vorgestellten analytischen Werkzeuge auf einem abstrakteren Niveau beurteilt werden. Da uns diese Frage von Kapitel 4 bis 9 beschäftigen wird, soll hier nur gesagt werden, daß die Fähigkeit, gute Entscheidungen zu treffen, abhängig ist von der Art des zu lösenden politischen Problems, von der Konstellation der politischen Akteure und von den institutionalisierten Interaktionsformen. Daraus folgt, daß bestimmte Arten politischer Systeme grundsätzlich in der Lage sind mit bestimmten Problemkategorien fertig zu werden – aber grundsätzlich nicht in der Lage sind andere Problemkategorien zu lösen – und zwar so, daß sie dem doppelten Standard von Wohlfahrtsproduktion und Verteilungsgerechtigkeit genügen. So ermöglichte, um das oben erwähnte Beispiel zu benutzen, das österreichische System „korporatistischer" Verhandlungen die Konzertierung der Steuer-, Geld- und Lohnpolitik. Das deutsche System hingegen, in dem die Zentralbank einseitig handeln konnte, konnte nur in begrenztem Umfang, eine wohlfahrtsmaximierende Lösung der Stagflationskrise der siebziger Jahre erreichen. Das, so meine These, sind Erklärungen, die einzig und allein in der professionellen Kompetenz der Politikwissenschaft und der Politischen Soziologie liegen.

Überblick

Vorab sollte betont werden, daß in diesem Buch zwar immer wieder Beispiele verwendet werden, daß aber der Schwerpunkt auf Darstellung und Diskussion konzeptioneller Werkzeuge liegt, die in der empirischen Forschung eingesetzt werden können, und nicht auf der Präsentation bestimmter empirischer Ergebnisse oder spezifischer theoretischer Erklärungen.

In Kapitel 1 setze ich die in der Einleitung begonnene Erläuterung der besonderen Bedingungen der Policy-Forschung fort. Der Schwerpunkt liegt dabei auf dem besonderen Verhältnis von empirischer Arbeit und (positiver) Theorie, welches sich vom Kanon der „normalen Wissenschaft" im Bereich der empirischen Forschung unterscheidet. Die Schwierigkeit resultiert aus der extremen Komplexität der Faktoren, die politische Interaktionen beeinflussen. Das macht das Auffinden „empirischer Regelmäßigkeiten" schwierig und führt auch dazu, daß man selten genügend Fälle hat, um multivariate Hypothesen statistisch zu überprüfen. Wenn keine leistungsfähigen Verfahren der Hypothesenüberprüfung vorhanden sind, müssen wir uns stärker auf die theoretische Qualität unserer Arbeitshypothesen konzentrieren. Da wir unsere Arbeitshypothesen darüber hinaus nicht von umfassenden Theorien ableiten können, müssen wir begrenztere Partialtheorien oder wohlverstandene „Mechanismen" in modularen Erklärungen komplexer Fälle kombinieren. Diese Vorgehensweise wird durch einen „theoretischen Ansatz" unterstützt, in dem die Theoriebausteine, die für die interaktionsorientierte Policy-Forschung relevant sind, verortet werden können.

Kapitel 2 bietet einen Überblick über den Ansatz des akteurzentrierten Institutionalismus. Dieser Ansatz geht von der Annahme aus, daß politische Entscheidungen als das Resultat von Interaktionen zwischen individuellen, kollektiven und korporativen Akteuren anzusehen sind, die von dem jeweiligen institutionellen Kontext, in dem sie stattfinden, beeinflußt werden. Institutionalisierte Regeln, die in zeitlicher und räumlicher Hinsicht variabel, aber innerhalb ihres jeweiligen Bereiches relativ stabil sind, sind daher die Hauptquelle der Regelmäßigkeiten, die wir beobachten und in unseren Erklärungen verwenden können.

Kapitel 3 behandelt das Konzept des Akteurs. Es wird gezeigt, unter welchen Bedingungen und für welche Zwecke es sinnvoll ist, Konzepte komplexer Akteure – das heißt aggregierter, kollektiver oder korporativer Akteure – in analytischen Modellen und der empirischen Forschung zu verwenden. Darüber hinaus werden Kategorien zur Beschreibung der Handlungsressourcen und der Handlungsorientierungen der Akteure diskutiert. In bezug auf die Handlungsorientierungen weicht der akteurzentrierte Institutionalismus von den üblichen Annahmen rationaler Akteure ab, indem er auf die Bedeutung sozial konstruierter und institutionell geformter Wahrnehmungen hinweist und indem er drei Präferenz-Dimensionen unterscheidet, nämlich (institutionelles) Eigeninteresse, normative Orientierung und identitätsbezogene Präferenzen.

In Kapitel 4 wird das zentrale Konzept der Akteurkonstellationen vorgestellt. Es beschreibt das Verhältnis, in dem die an der politischen Interaktion beteiligten Akteure hinsichtlich ihrer Strategieoptionen und hinsichtlich ihrer Ergebnispräferenzen zueinander stehen. Das Konzept der Akteurkonstellation entspricht in seinem Informationsgehalt den Informationen, die in Spielmatrizen enthalten sind – jedoch ohne die Annahme, daß die Akteure ein nichtkooperatives Spiel spielen. Die Matrix kann deshalb als eine statische Repräsentation der Divergenz oder Konvergenz von Handlungspräferenzen und daher des Konfliktniveaus, das in einer bestimmten Interaktion vorherrscht, angesehen werden. Ein gründliches Verständnis der zugrunde liegenden Konstellation erscheint als unabdingbare Voraussetzung für die Erklärung und die Prognose von Interaktionsergebnissen. Die Untersuchung konzentriert sich auf die Erläuterung einer Reihe „archetypischer" Konstellationen und auf die Möglichkeiten, komplexe Konstellationen, wie wir sie in der realen Welt vorfinden, so weit zu vereinfachen, daß sie durch relativ simple Spielmatrizen dargestellt werden können. Das Kapitel schließt mit der Diskussion von „Interaktionsorientierungen". Dabei handelt es sich um subjektive Umdeutungen der Auszahlungen von Ego und Alter, die von der Art der Beziehung abhängig sind, in der beide zueinander stehen.

In den Kapiteln 5-9 werden vier verschiedenen Interaktionsformen behandelt: einseitiges Handeln, Verhandlung, Mehrheitsentscheidung und hierarchische Steuerung. Die These lautet, daß eine gegebene Akteurkonstellation durchaus unterschiedliche politische Ergebnisse hervorbringen kann, wenn der Interaktionsmodus sich verändert. Die Interaktionsformen ihrerseits müssen in struktureller und in prozeduraler Hinsicht beschrieben werden.

In Kapitel 5 geht es dann um „einseitiges Handeln" unter den strukturellen Bedingungen „anarchischer Felder" oder „minimaler Institutionen". Hier wird eine Unterscheidung zwischen drei verschiedenen Typen eingeführt: nicht-kooperative Spiele, wechselseitige Anpassung und negative Koordination. Sie unterscheiden sich hauptsächlich im Grad des Weitblicks, der den Akteuren zugeschrieben wird, und in der Notwendigkeit, geschützte Interessenspositionen zu respektieren. Das Kapitel schließt mit einer Diskussion der in hohem Maße problematischen Wohlfahrts- und Verteilungsfolgen aller Interaktionsformen, bei denen die Ergebnisse von den einseitigen Handlungen interdependenter Akteure bestimmt werden.

Kapitel 6 beschäftigt sich mit „Verhandlungen" unter den strukturellen Bedingungen von minimalen Institutionen, Netzwerken, Regimen und „Politikverflechtungssystemen". In der prozeduralen Dimension wird in diesem Kapitel die Unterscheidung zwischen „Spot-Verträgen", „distributivem Bargaining", „Problemlösen" und „positiver Koordination" eingeführt. Es wird gezeigt, daß die Auswirkungen von Verhandlungen auf die Wohlfahrtsproduktion generell positiv sind, während bei Standards der Verteilungsgerechtigkeit nur im begrenzten Sinne eine „Fairneß" erreicht werden kann, die dazu neigt, die ursprüngliche Verteilung der Verhandlungsmacht zu reproduzieren.

In Kapitel 7 geht es um Interaktionen, deren Ergebnisse durch Mehrheitsentscheidungen zustande kommen. Da es hier möglich ist, einer nicht einverstandenen Minderheit verbindliche Entscheidungen der Mehrheit aufzuzwingen, ist die Legitimität von Mehrheitsentscheidungen in hohem Maße problematisch. So kann analytisch gezeigt werden, daß Mehrheitsentscheidungen weder positive Wohlfahrtseffekte haben noch sich den Standards der Verteilungsgerechtigkeit annähern, wenn man von der Annahme egoistischer Akteure ausgeht. Normative Theorien der „deliberativen Demokratie", nach denen Abstimmungen lediglich die Ergebnisse gemeinwohlorientierter Diskurse zum Ausdruck bringen, können diese negativen Konsequenzen vermeiden. Auf der Ebene positiver Analyse kann aber gezeigt werden, daß die Theorie der deliberativen Demokratie zum Scheitern verurteilt ist, wenn die institutionalisierte Rolle kompetitiver Parteien und Interessenverbände in Betracht gezogen wird. Was hingegen sowohl in der normativen Theorie als auch in der Praxis funktionieren könnte, ist ein „Jury-Modell" der Demokratie, in dem gemeinwohlorientierte Wähler auf die Vorschläge egoistischer und kompetitiver politischer Parteien reagieren. Angesichts der inhärenten Begrenztheit öffentlicher Aufmerksamkeit könnte dieses Modell jedoch lediglich eine sehr kleine Anzahl wohldefinierter politischer Probleme zufriedenstellend bewältigen. Daraus folgt, daß das Mehrheitsprinzip im allgemeinen nicht in der Lage ist, kollektiv verbindliche Entscheidungen, die gegen die Präferenzen einer Minderheit verstoßen, zu legitimieren. Was es dagegen kann, ist den Gebrauch hierarchischer Autorität im demokratischen Staat zu legitimieren.

Kapitel 8 befaßt sich dann mit verbindlichen Entscheidungen, die durch hierarchische Steuerung in einer Organisation und im Staat zustande kommen. Wenn garantiert wäre, daß die Inhaber asymmetrischer Macht über vollständige Informationen verfügen und auf das Gemeinwohl ausgerichtet sind, dann könnte die hierarchische Steuerung sowohl Wohlfahrtsproduktion als auch Verteilungsgerechtigkeit sicherstellen. Es wird gezeigt, daß das mit hierarchischer Koordination verbundene Informationsproblem nur unter sehr restriktiven Annahmen gelöst werden kann, während die Mechanismen demokratischer Verantwortlichkeit tatsächlich sicherstellen können, daß die Regierenden in konstitutionellen Demokratien sich bei ihren Handlungen in einem akzeptablen Maße am Gemeinwohl orientieren.

Kapitel 9 schließlich diskutiert die Eigenschaften des „verhandelnden Staates". Nach innen wirkt sich die zunehmende Ersetzung hierarchischer Koordination durch „Verhandlungen im Schatten des Staates" positiv auf die Produktion gemeinwohlorientierter politischer Entscheidungen aus, die weniger stark unter Informationsdefiziten leiden als es bei hierarchischer Koordination der Fall wäre. Nach außen hingegen schwächen die zunehmende ökonomische Globalisierung und die wachsende transnationale

Interdependenz die hierarchische Autorität des Nationalstaates und daher auch seine Fähigkeit, Wohlfahrtsproduktion und Verteilungsgerechtigkeit sicherzustellen. Es ist unwahrscheinlich, daß dieser Verlust nationaler Handlungsfähigkeit durch transnationale Verhandlungen ausgeglichen werden kann.

Kapitel 1
Policy-Forschung unter den Bedingungen der Komplexität

Um von praktischem Nutzen zu sein, sollten die Erkenntnisse der interaktionsorientierten Policy-Forschung nicht nur fallspezifisch sein und aus einer rückblickenden Perspektive gewonnen werden, wie dies bei der historischen Forschung üblich ist. Vielmehr sollte es möglich sein, Lehren aus einem Fall auf einen anderen zu übertragen und im Idealfall zu gesetzesähnlichen Generalisierungen mit empirischer Gültigkeit zu gelangen. In den Sozialwissenschaften ist dieses Ideal jedoch schwer zu erreichen, und in der interaktionsorientierten Policy-Forschung fast unmöglich.

Intentionales Handeln: begrenzt rational und sozial konstruiert

Der Grund dieser Schwierigkeit ist leicht zu bestimmen: Politik wird von menschlichen Akteuren gemacht, die nicht einfach von natürlichen Impulsen oder durch externe Faktoren angetrieben werden. Stattdessen ist staatliche Politik das – unter externen Beschränkungen zustande kommende – Ergebnis *intentionalen Handelns*. Intentionen sind jedoch subjektive Phänomene. Sie sind abhängig von den Wahrnehmungen und Präferenzen der beteiligten Individuen. Menschen handeln nicht auf der Basis der objektiven Realität, sondern auf der Basis der *wahrgenommenen Realität* und auf der Grundlage angenommener Ursache-Wirkungs-Zusammenhänge, die in der von ihnen wahrgenommenen Welt zum Tragen kommen. Und die Menschen handeln nicht nur auf der Basis objektiver Bedürfnisse, sondern auch auf der Basis *subjektiv definier-*

ter Interessen und Wertungen und *normativer Vorstellungen* davon, wie richtiges, gutes oder angemessenes Handeln unter den gegebenen Umständen auszusehen hätte. Mit anderen Worten: Intentionales Handeln kann nicht ohne Bezug auf die subjektive „Bedeutung", die dieses Handeln für den fraglichen Akteur hat, beschrieben und erklärt werden.

Für die sozialwissenschaftliche Forschung ergibt sich daraus ein offensichtliches Problem, da subjektive Phänomene nicht direkt zu beobachten sind und man sich auf Informationen verlassen muß, die bestenfalls aus zweiter Hand stammen. Geht man aber von einer Subjektivität der Intentionen aus, besteht die Möglichkeit, daß sie idiosynkratisch sind und daß sie zwischen Individuen sowie in Abhängigkeit von Zeit und Raum differieren können. Wäre dies alles, worauf wir uns stützen können, dann wäre eine Sozialwissenschaft, die nach gesetzesähnlichen Regelmäßigkeiten und nach theoriegestützten Erklärungen sucht, nicht nur schwierig, sondern unmöglich. Wir könnten allenfalls Ereignisse im Rahmen historischer Erzählungen beschreiben und vielleicht nach Ad-hoc-Erklärungen auf der Grundlage von Informationen über die individuellen Motive und Weltbilder der beteiligten Akteure suchen, die wir aus so unzuverlässigen Quellen wie persönlichen Interviews, Memoiren und zeitgenössischen Dokumenten erschlossen haben. Und da es keine Möglichkeit gäbe, Erkenntnisse von einem Fall auf einen anderen zu übertragen, wäre unsere Arbeit auch nicht von praktischem Nutzen.

Wenn die Sozialwissenschaften dennoch den Anspruch erheben, Regelmäßigkeiten des menschlichen Handelns zu entdecken, die nicht nur interessante Beschreibungen vergangener Ereignisse ermöglichen, sondern auch theoriegestützte Erklärungen, die potentiell für praktische Zwecke genutzt werden können, dann setzt dieser Anspruch die Existenz von Mechanismen voraus, die geeignet sind, die individuellen Wahrnehmungen und Präferenzen, auf die wir bei der empirischen Forschung stoßen, auf irgendeine Art und Weise zu strukturieren oder zu standardisieren. Tatsächlich stützen sich die Sozialwissenschaften auf zwei solcher Mechanismen, die beide im Grunde auf einem evolutionären Argument basieren.

An einem Ende des sozialwissenschaftlichen Spektrums finden wir die Hauptströmung der Wirtschaftswissenschaften sowie jene

Richtungen der Politikwissenschaft und der Soziologie, die sich dem Ansatz des Rational Choice verschrieben haben. Die Evolution der menschlichen Spezies, so wird angenommen, muß die Fähigkeit der zutreffenden Umweltwahrnehmung und Verhaltensweisen, welche die Überlebenschancen des Individuums und seiner Nachkommen erhöhen, belohnt haben. Folglich wird unterstellt, daß egoistisch-rationales Handeln als universelles Charakteristikum des Menschen genetisch fixiert worden ist. Unter den Sozialwissenschaften im engeren Sinne basiert die neoklassische Ökonomie am stärksten auf dieser Arbeitshypothese. Von ökonomischen Akteuren wird angenommen, daß sie ausschließlich nach dem ökonomischen Nutzen streben – interpretiert als Maximierung der Gewinne bei Unternehmen und als Maximierung des Konsum-Nutzens bei Haushalten. Auf der kognitiven Ebene lautet die entsprechende Annahme, daß die Akteure ihre Umwelt auf genau dieselbe Weise wahrnehmen, wie sie vom wissenschaftlichen Beobachter wahrgenommen wird, und daß ihre Informationsverarbeitungskapazitäten insgesamt so beschaffen sind, daß sie in der Lage sind, sich für Handlungsweisen zu entscheiden, die ihren Nutzen tatsächlich maximieren. Wenn man diese Annahmen akzeptiert, dann werden die Entscheidungen durch externe Bedingungen bestimmt – nämlich durch die zur Verfügung stehenden Investitions- und Konsumtionsmöglichkeiten, durch deren relative Erträge und Preise und durch die Budget-Beschränkungen der Akteure. Da Daten über diese Faktoren zumindest prinzipiell dem Forscher zugänglich sind, erhebt die neoklassische Ökonomie den Anspruch, das Verhalten ökonomischer Subjekte auf der Basis allgemeiner Gesetze und objektiv zugänglicher Informationen erklären zu können.

In der Welt marktwirtschaftlich verfaßter Wettbewerbsökonomien mögen die Annahmen der neoklassischen Ökonomie tatsächlich annäherungsweise die Intentionen ökonomischer Akteure beschreiben – und bei zunehmendem Wettbewerb nimmt auch ihre empirische Plausibilität zu (Latsis 1972). Da die empirische Wirtschaftsforschung darüber hinaus normalerweise nicht versucht, individuelle Entscheidungen zu erklären oder vorherzusagen, sondern sich eher für die aggregierten Folgen einer Vielzahl einzelner Entscheidungen interessiert, wirken sich zufällige Abweichungen von der unterstellten Zentraltendenz nicht allzu gravierend aus, so daß die Wirtschaftswissenschaften im großen und ganzen die Reaktionen von Kapitalbesitzern, Unternehmen, Arbeitern und Verbrauchern auf Veränderungen der relativen Preise des Kapitals, der Rohstoffe und der Energie, der Arbeit sowie von Gütern und Dienstleistungen – unter *ceteris-paribus-Bedingungen* – mit hinreichender Genauigkeit erklären und vorhersagen können.

Am anderen Ende des sozialwissenschaftlichen Spektrums berufen sich die Kulturanthropologie und die Hauptströmung der Soziologie ebenfalls auf evolutionäre Grundlagen. Sie betonen aber nicht den Wert egoistisch-rationalen Handelns für das Überleben in der natürlichen Umwelt, sondern heben vielmehr die extreme Komplexität und Unsicherheit einer Umwelt hervor, die aus anderen Akteuren besteht, deren subjektive Weltbilder und Präferenzen nicht direkt beobachtet werden können. Sie weisen auf die enormen Schwierigkeiten hin, die Individuen bewältigen müssen, wenn sie miteinander kommunizieren und ihre Handlungen in sozialen Situationen aufeinander abstimmen wollen. Menschliche Gesellschaften konnten sich nur entwickeln, so wird argumentiert, weil diese Schwierigkeiten einerseits durch eine „gesellschaftliche Konstruktion der Wirklichkeit" (Berger/Luckmann 1966) überwunden werden, die für eine Konvergenz der kognitiven Orientierungen sorgt, und andererseits durch soziale Normen und institutionalisierte Regeln, welche die Motivationen oder Präferenzen aller Teilnehmer an sozialen Interaktionen beeinflussen und beschränken. Kultur und Institutionen sind, mit anderen Worten, notwendige Grundvoraussetzungen menschlicher Interaktion. Sie ermöglichen es den Individuen, ihre ansonsten chaotische Umwelt zu verstehen und die ansonsten unvorhersehbaren – und daher bedrohlichen – Intentionen derjenigen, mit denen sie interagieren müssen, bis zu einem gewissen Grad zu antizipieren. Was in unserem Zusammenhang am wichtigsten ist, sie sorgen auch für Regelmäßigkeiten des menschlichen Verhaltens, die dann von der sozialwissenschaftlichen Forschung entdeckt und in theoriegestützten sozialwissenschaftlichen Erklärungen verwendet werden können.

Diese beiden Paradigmen werden normalerweise als Gegensätze einander gegenübergestellt. Tatsächlich sind sie jedoch nicht unvereinbar. Auf der einen Seite würde, selbst wenn man die Annahmen kulturalistischer Ansätze akzeptiert, daraus nicht folgen, daß menschliches Handeln allein mit Hilfe kulturell „selbstverständlicher" Überzeugungen und institutionalisierter Regeln „angemessenen Verhaltens" erklärt werden kann. Menschliche Akteure handeln nicht allein nach den Anweisungen kulturell definierter „Skripte", noch sind sie regelbefolgende Automaten – sie sind intelligent und haben eigene Ansichten und eigene Präferenzen, was manchmal dazu führt, daß sie sich den Normen und Regeln, die sie eigentlich befolgen sollten, entziehen oder sie verletzen.

Auf der anderen Seite aber wäre es ebenso unrealistisch zu glauben, menschliche Akteure seien immer allwissende und zielstrebige Eigennutzmaximierer, die alle Gelegenheiten zur Steigerung des eigenen Vorteils rational und ohne Rücksicht auf die dadurch verletzten Regeln und Normen ausnutzten. Das menschliche Wissen und die menschliche Rationalität sind begrenzt, und daher basieren viele menschliche Handlungen nicht auf der unmittelbaren Wahrnehmung von Daten und Kausalgesetzen der realen Welt, sondern auf kulturell geformten und sozial konstruierten Überzeugungen über die reale Welt. Gleichzeitig finden die meisten menschlichen Handlungen im Rahmen sozialer und organisatorischer Rollen mit klar definierten Verantwortlichkeiten und Kompetenzen sowie mit zugewiesenen Ressourcen statt, die nur für bestimmte Zwecke eingesetzt werden können. Unter den Bedingungen dieser kulturell und institutionell definierten Rollen kann der reine Egoismus nicht viel mehr erklären als die Entscheidung, bestimmte Rollen zu übernehmen oder nicht. Aber sobald eine Rolle einmal übernommen wurde, ist es praktisch unmöglich, das Handeln im Rahmen dieser Rolle ohne Bezugnahme auf deren kulturelle und soziale Merkmale und ohne Rückgriff auf die institutionalisierten Regeln, die mit ihrer korrekten Erfüllung verbunden sind, zu erklären. Während das Paradigma des rationalen Handelns also die grundlegenden Triebkräfte sozialer Interaktion erfassen kann, tendiert sein Informationsgehalt in bezug auf die maßgeblichen Intentionen menschlicher Akteure außerhalb der wirtschaftlichen Sphäre gegen null – es sei denn, wir können bei der Bestimmung der Fähigkeiten, Wahrnehmungen und Präferenzen der Akteure auf institutionen-spezifische Informationen zurückgreifen. Darin besteht der Kern des Ansatzes des akteurzentrierten Institutionalismus, der in Kapitel 2 erläutert wird.

Viele Variablen und wenige Fälle

Von einer Generalisierbarkeit sind wir jedoch noch weit entfernt. Institutionelle Definitionen von Fähigkeiten, Wahrnehmungen und Präferenzen sind ja in ihrem materiellen Gehalt keineswegs universell. Die Kulturgeschichte und die Kulturanthropologie haben uns auf die enorme Vielfalt dessen hingewiesen, was zu bestimmten Zeiten und an bestimmten Orten kulturell für „selbstverständlich" gehalten wird, und ebenso lehren uns die Rechtsgeschichte, die Verfassungsgeschichte, die vergleichende Rechtswissenschaft und die vergleichende Regierungslehre wie unterschiedlich Institutionen zu verschiedenen Zeiten und an verschiedenen Orten sind. Wenn also das menschliche Verhalten durch Institutionen geformt ist, dann werden die Regelmäßigkeiten des menschlichen Verhaltens, die wir zu beobachten hoffen, ebenfalls zeitlich und räumlich begrenzt sein. Was wir also bestenfalls entdecken können, sind nicht die überall und immer geltenden Gesetze, nach denen die Naturwissenschaften streben, sondern, wie es James S. Coleman (1964, 516-519) ausgedrückt hat, „manchmal wahre Theorien" – das heißt Theorien, deren Erklärungen nur unter bestimmten institutionellen Bedingungen gültig sind. Um den Anwendungsbereich solcher Erklärungen auszuloten, müssen wir daher den institutionellen Kontext im Rahmen vergleichender Studien variieren.

Wenn wir das tun, dann stoßen wir darauf, daß die institutionellen Faktoren, die plausiblerweise einen Einfluß auf politische Ergebnisse haben können, nur in einem vieldimensionalen Eigenschaftsraum beschrieben werden können. Um ein Beispiel zu nennen: Selbst wenn wir unseren Vergleich lediglich auf hochentwickelte westliche Gesellschaften und demokratische politische Systeme beschränken, und selbst wenn wir nur politische Institutionen auf der nationalen Ebene in Betracht ziehen, können die institutionellen Rahmenbedingungen, die bekanntermaßen einen Einfluß auf politische Prozesse haben, immer noch in mehreren Dimensionen variieren. So kann es sich entweder um einen unitarischen oder um einen föderalen Staat handeln, um ein parlamentarisches oder ein präsidentielles Regierungssystem, um ein Zwei- oder Mehrparteiensystem, in dem die Interaktionen entweder kompetitiv oder kooperativ sind und in dem die Interessenvermittlung pluralistischen oder korporatistischen Charakter hat. In der vergleichenden Politikwissenschaft wird angenommen, daß diese Variablen von genereller politischer Relevanz sind, während andere – zum Beispiel die Autonomie oder Abhängigkeit der Zentralbank oder das Vorhandensein von versicherungsbasierten oder steuerfinanzierten Gesundheitssystemen – nur in bestimmten Politikfeldern in Betracht gezogen werden müssen. Schlimmer noch, wir müssen davon ausgehen, daß Interaktionseffekte zwischen den einzelnen Merkmalen von Bedeutung sind: In unserem Beispiel aus der Einleitung hat sich gezeigt, daß die positiven Effekte neokorporatistischer institutioneller Arrangements durch die Existenz einer unabhängigen Zentralbank konterkariert werden können. In ähnlicher Weise erzeugt der Föderalismus in einem Zweiparteiensystem andere Effekte als in einem Mehrparteiensystem (Scharpf 1995). So ergeben selbst die zuerst erwähnten fünf Dichotomien 2^5 oder 32 verschiedene institutionelle Konstellationen, die sich – nach allem, was wir wissen – in ihren Auswirkungen auf die staatliche Politik erheblich unterscheiden.

Aber das ist noch nicht alles. Der Einfluß von Institutionen auf die staatliche Politik ist ebenfalls abhängig von Veränderungen der äußeren Rahmenbedingungen. So konnte die neokorporatistische Konzertierung unter den Stagflationsbedingungen der siebziger Jahre sowohl Inflation als auch Arbeitslosigkeit erfolgreich verhindern, während dieselben institutionellen Faktoren unter den ökonomischen Rahmenbedingungen globalisierter Kapitalmärkte im folgenden Jahrzehnt den Großteil ihres Einflusses auf die Ergebnisse der Wirtschaftspolitik verloren haben (siehe Anhang). In ähnlicher Weise waren unter den günstigen ökonomischen Rahmenbedingungen der Nachkriegsjahrzehnte eine Vielzahl wohlfahrtsstaatlicher Institutionen gleichermaßen darin erfolgreich, soziale Sicherheit zu akzeptablen Kosten zu gewährleisten. Unter den ökonomischen Bedingungen der neunziger Jahre scheinen jedoch die kontinentalen Wohlfahrtsstaaten, die sich bei der Finanzierung von Transferzahlungen vorwiegend auf Sozialbeiträge stützen, mehr Schwierigkeiten zu haben als die skandinavischen Wohlfahrtsstaaten, die über das allgemeine Steueraufkommen finanziert werden und die stärker auf Dienstleistungen als auf Transferzahlungen ausgerichtet sind (Esping-Andersen 1990).

Für die vergleichende Policy-Forschung folgt daraus, daß die Zahl der möglichen Konstellationen situativer und institutioneller

Faktoren extrem hoch ist – sogar so hoch, daß es eher unwahrscheinlich ist, genau dieselbe Faktorenkombination in mehreren empirischen Fällen vorzufinden. In den Naturwissenschaften würde diese Schwierigkeit normalerweise durch experimentelle Forschungsdesigns bewältigt, die es erlauben, einen einzelnen Faktor zu isolieren und systematisch zu variieren – eine Vorgehensweise, die in der Policy-Forschung nur sehr selten möglich ist. In der empirischen Forschung sind vergleichende Studien, deren Fälle nach der Logik der „ähnlichsten Systeme" oder der „unterschiedlichsten Systeme" ausgewählt wurden (Przeworski/Teune 1970), das beste Äquivalent für experimentelle Forschungsdesigns. Wenn die untersuchten Fälle sich lediglich in einer Variable oder nur in einer sehr begrenzten Zahl von Variablen unterscheiden (oder gleichen), dann kann man daraus tatsächlich kausale Schlüsse von großer Verläßlichkeit ableiten.

Das Forschungsdesign der „ähnlichsten Systeme" wurde in der Untersuchung angewandt, die in der Einleitung diskutiert wurde. Alle vier Länder, Österreich, Großbritannien, Schweden und die Bundesrepublik Deutschland, wurden 1973–1974 von derselben Ölpreiskrise getroffen; alle waren 1973 ökonomisch in relativ guter Verfassung; alle hatten Regierungen, die dem keynesianischen Weltbild verpflichtet waren und sich eindeutig für die Erhaltung der Vollbeschäftigung einsetzten; und alle verfügten über starke und allgemein „kooperativ" ausgerichtete Gewerkschaften. Die Tatsache, daß diese Faktoren „konstant gehalten" werden konnten, eröffnete die Möglichkeit, den Einfluß von lediglich zwei institutionellen Variablen – Gewerkschaftsorganisation und Unabhängigkeit der Zentralbank – auf die tatsächlichen politischen Entscheidungen herauszufiltern. Quasi-experimentelle Forschungsdesigns können in der Policy-Forschung also durchaus erfolgreich angewendet werden. Zwei Einschränkungen müssen jedoch gemacht werden.

Erstens unterschieden sich die vier Länder, wie die Studie hinreichend demonstriert, in einer Vielzahl anderer Faktoren, die ich hier nicht erwähnt habe, und die tatsächlichen Entscheidungen wurden auch von historischen „Zufällen" beeinflußt, die nicht in einem einfachen theoretischen Modell wiedergegeben werden können (Scharpf 1987). Die Effektivität des quasi-experimentellen Designs hängt also davon ab, wie detailliert die angestrebten Erklärungen sein sollen. Der zweite und wichtigere Punkt ist, daß das hier verwendete Forschungsdesign von außergewöhnlichen Umständen abhängt, mit deren Vorhandensein die Policy-Forscher nicht generell rechnen können. Im allgemeinen werden wir Fällen begegnen, die sich nicht nur in einigen wenigen institutionellen Faktoren unterscheiden, sondern auch in den äußeren Rahmenbedingungen, den Identitäten und Fähigkeiten und den Wahrnehmungen und Präferenzen der Akteure. Unter solchen Bedingungen können auch die Forschungsdesigns der „ähnlichsten" und der „unterschiedlichsten" Systeme die Varianz nicht so weit reduzieren, daß quasi-experimentelle Lösungen realisierbar sind (King/Keohane/Verba 1994, 199-206).

Ähnliches gilt aber auch für die herkömmlichen sozialwissenschaftlichen Methoden induktiver Theoriebildung und statistischer Theorieüberprüfung. Selbst wenn wir die logischen Einwände gegen die induktive Generalisierung außer acht lassen (Willer/Willer 1973; John 1980), haben wir wenig Gelegenheit, durch die Beobachtung vieler ähnlicher Fälle empirische Regelmäßigkeiten zu entdecken, und wir haben sogar noch weniger Gelegenheit, Hypothesen, die wir durch induktive Generalisierung gewonnen haben, unter Verwendung von Daten, die sich von den ursprünglichen Beobachtungen unterscheiden, statistisch zu überprüfen. Angesichts der Vielzahl möglicherweise relevanter unabhängiger Variablen steht uns normalerweise nicht die erforderliche Anzahl von Fällen zur Verfügung, um statistische Tests durchzuführen, selbst wenn wir die Anzahl der Beobachtungen erhöhen, indem wir Quer- und Längsschnittdaten in „gepoolten Zeitreihen" kombinieren.[1]

Gary King, Robert Keohane und Sidney Verba (1994) haben zwar eine Reihe nützlicher und wohl durchdachter Forschungsstrategien entwickelt, die dazu beitragen, daß das Problem der zu

---

[1] Das trifft im allgemeinen zu, wenn wir uns mit der Politik*formulierung* auf der Makro- oder Meso-Ebene befassen. Bei *Implementations*studien hingegen können häufig Daten aus einer ausreichenden Anzahl lokaler Zuständigkeitsbereiche gesammelt werden, um den Effekt *lokaler Variablen* auf die Implementation eines nationalen Programmes zu bestimmen. Da alle diese Zuständigkeitsbereiche Teil desselben politischen, rechtlichen und kulturellen Systems sind, können viele der Variablen, die in länderübergreifenden Studien zu übermäßiger Komplexität führen würden, hier als konstant angesehen werden.

kleinen Fallzahl gelöst oder abgemildert werden kann. Ihre Vorschläge zielen darauf ab, die Fallzahlen durch zusätzliche Beobachtungen auf verschiedenen Ebenen oder in verschiedenen Segmenten komplexer Fälle zu erhöhen. Unglücklicherweise trägt diese wichtige Arbeit jedoch lediglich dazu bei, die grundsätzlicheren Schwierigkeiten zu verdeutlichen, denen wir begegnen, wenn wir versuchen, dem methodologischen Kanon empirisch gesicherter Kausalhypothesen zu folgen. Bei King und seinen Kollegen treten diese Schwierigkeiten am deutlichsten bei der Auswertung einer Studie zutage, die sich mit der Erklärung zwischenstaatlicher Zusammenarbeit auf dem Gebiet der Entwicklung von Hochtechnologiewaffen befaßt. Da nur drei Fälle untersucht werden konnten, während es sieben potentiell relevante unabhängige Variablen gab, kommen die Autoren zu dem Schluß, daß das Forschungsdesign für eine Erklärung ungeeignet sei: Es lasse sich damit nicht herausfinden, welche der Hypothesen zuträfen oder ob gar alle falsch seien. Da sie unterstellten, daß eine ausreichende Zahl zusätzlicher Fallstudien nicht durchgeführt werden kann, ist der beste Rat, den die Autoren zu bieten haben, „die Studie so umzugestalten, daß sie sich auf die Wirkungen bestimmter erklärender Variablen in verschiedenen Bereichen staatlichen Handelns konzentriert und nicht auf die Ursachen einer bestimmten Anzahl von Wirkungen, wie etwa des Erfolgs gemeinsamer Projekte" (King/Keohane/Verba 1994, 120; Übersetzung d. Verf.).

Insgesamt haben King und seine Kollegen eine Präferenz für Forschungsdesigns, die nach den *Wirkungen* einer gegebenen erklärenden Variablen und nicht nach den *Ursachen* eines gegebenen empirischen Ergebnisses suchen, und tatsächlich haben alle ihre methodologischen Empfehlungen zur Bewältigung des Problems der zu kleinen Fallzahl diesen „vorwärtsblickenden" Charakter. Diese methodologische Präferenz hat viel für sich. Wenn man von einer bestimmten unabhängigen Variablen aus nach ihren möglichen Wirkungen sucht, dann können die Hypothesen so formuliert werden, daß die Länge der Kausalkette, die durchlaufen werden muß, bevor eine bestimmte Wirkung als „abhängige Variable" festgelegt wird, kontrollierbar ist. Wenn die Kette kurz genug ist (zum Beispiel zwischen X und W_1 in Abbildung 1.1), dann sind Interaktionseffekte anderer Variablen von geringerer Bedeutung als bei Hypothesen, die längere Entfernungen zwischen Ursache und Wirkung überbrücken (zum Beispiel zwischen X und W_3). Daher ist die Zahl der für gültige empirische Überprüfungen benötigten Fälle kleiner, und gleichzeitig steigt die Zahl der verfügbaren Fälle, die hinsichtlich dieser beiden Variablen übereinstimmen.

Abbildung 1.1: Vorwärtsblickende Hypothesen

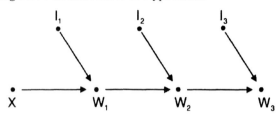

(X = unabhängige Variable; I_1, I_2, I_3 = intervenierende Variablen; W_1, W_2, W_3 = Wirkungen)

Es erscheint deshalb durchaus möglich, quantitative Tests für Hypothesen zu entwickeln, welche beispielsweise die Wirkung verschiedener Wahlsysteme auf die Anzahl der im Parlament vertretenen politischen Parteien vorhersagen (Sartori 1994). Es wäre aber sehr viel schwieriger, die Existenz oder Nichtexistenz längerer Kausalketten, die Wahlsysteme mit bestimmten politischen Entscheidungen oder zum Beispiel mit demokratischer Stabilität in Beziehung setzen, empirisch nachzuweisen (King/Keohane/Verba 1994, 189-191).

In der Policy-Forschung sind jedoch die Fragen, die von Politikwissenschaftlern beantwortet werden müssen, normalerweise *rückblickend*, das heißt sie gehen von einem *Explanandum* oder einer abhängigen Variablen am anderen Ende der hypothetischen Kausalkette aus. Hier ist das erwartete Endprodukt nicht die empirische Bestätigung oder Widerlegung monokausaler Hypothesen, sondern vielmehr die Erklärung bestimmter politischer Entscheidungen oder die Einschätzung der politischen Realisierbarkeit bestimmter Politik-Optionen. Folglich kann die in Betracht gezogene Kausalkette nicht willkürlich verkürzt werden, sondern sie muß so lang sein, daß sie von der abhängigen Variablen bis zu den praxisrelevanten unabhängigen Variablen zu reichen vermag – das heißt bis zu Erklärungen, die entweder auf politisch veränderbare kausale Faktoren hinweisen oder die nachweisen, daß das Ergebnis politisch nicht zu beeinflussen ist oder war. Es hätte also zum Beispiel im Rahmen der in der Einleitung diskutierten Studie nicht genügt zu zeigen, daß die Inflation in den siebziger Jahren durch gewerkschaftliche Lohnzurückhaltung im Zaum gehalten werden konnte, sondern es war auch nötig, die Faktoren zu ermitteln, die es den Gewerkschaften in manchen (aber nicht in allen) Ländern ermöglichten, Lohnzurückhaltung zu üben.

Noch wichtiger ist aber der Hinweis, daß rückblickende Forschungsdesigns nicht nur mit längeren Kausalketten zu kämpfen haben, sondern daß sie es auch mit einer größeren Anzahl solcher Ketten zu tun haben. Ein Gedankenexperiment kann dies verdeutlichen. Nehmen wir an, daß jedes Glied einer Kausalkette von zwei kausalen Faktoren beeinflußt wird und daß die Untersuchung, ob nun vorwärts- oder rückblickend, auf drei Schritte in jeder Kette begrenzt ist. In Abbildung 1.1, die ein vorwärtsblickendes Forschungsdesign darstellt, würde daher W_3 als die endgültige abhängige Variable betrachtet. Da es uns um die Wirkungen der unabhängigen Variable X geht, müßten wir nur die intervenierenden Variablen kontrollieren (aber wir würden diese nicht ebenfalls erklären). Unter diesen Bedingungen hätten wir es mit insgesamt sechs Variablen zu tun, die einen Einfluß auf W_3 haben könnten (nämlich X, W_1, W_2, I_1, I_2 und I_3). Im Gegensatz dazu müßten wir bei einem rückblickenden Forschungsdesign unter denselben Annahmen und für dieselben drei Schritte alle Kausalketten zurückverfolgen, die einen Einfluß auf die abhängige Variable haben. In unserem Gedankenexperiment hätten wir es auf diese Weise mit insgesamt 14 unabhängigen und intervenierenden Variablen zu tun (Abbildung 1.2).

Es gibt also gute Gründe, Forschungsdesigns mit vorwärtsblickenden Hypothesen zu bevorzugen, aber es ist auch klar, daß man dieser Empfehlung in der Policy-Forschung normalerweise nicht folgen kann. Deshalb sind die Schwierigkeiten, denen wir begegnen, größer als von King und seinen Kollegen angenommen, und wir können ihnen auch nicht mit Hilfe der (generell sehr überzeugenden) Vorschläge begegnen, die sie zur Bewältigung der Probleme der Komplexität und der kleinen Beobachtungszahl entwickelt haben.

Abbildung 1.2: Rückblickende Hypothesen

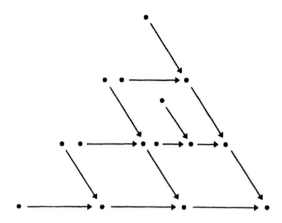

(W = zu erklärende Wirkung; alle anderen Punkte stellen unabhängige oder intervenierende Variablen dar)

Ein Vorschlag, der eher für Untersuchungen mit einer Vielzahl unabhängiger Variablen geeignet erscheint, ist die von Charles Ragin (1987) entwickelte Methode der „qualitativ vergleichenden Analyse". Sie stützt sich auf Wahrheitstabellen und Boole'sche Algebra, um die Wirkung *einer vollständigen Menge möglicher Kombinationen von „qualitativen" unabhängigen Variablen* auf eine einzelne abhängige Variable zu analysieren. Aus der Sicht der Policy-Forschung besteht der größte Vorteil dieser Methode darin, daß sie rückblickend ist. Sie erfordert die Beschränkung auf eine einzelne, gut abgegrenzte abhängige Variable (zum Beispiel auf erklärungsbedürftige Unterschiede der Politik verschiedener Länder), aber sie kann eine relativ große Anzahl unabhängiger Variablen bewältigen. Dadurch, daß sie auf Kombinationen von Variablen abstellt, trägt sie nicht nur der Multikausalität Rechnung, sondern sie macht darüber hinaus die Annahme überflüssig, daß die Variablen voneinander unabhängig sind. Ebenso stellen Äquifinalität und kausale Äquivalenz, die natürlich in der Policy-Forschung allgegenwärtig sind, für Ragins Methode kein Problem dar: Dasselbe politische Resultat kann oft in recht unterschiedlichen (aber nicht in allen) institutionellen Kontexten erzeugt werden, und die qualitative vergleichende Forschung ist fähig, solche Bedingungen auf einfache Weise zu analysieren.

Ein wichtiges Problem bleibt jedoch bestehen. Wenn die Zahl der unabhängigen Variablen steigt, erzeugt der kombinatorische Ansatz eine exponentiell ansteigende Zahl verschiedener (möglicher) Faktor*kombinationen*, mit der wahrscheinlichen Folge, daß sich diese nicht in den verfügbaren Fällen wiederfinden lassen. Da einige dieser „fehlenden Fälle" sehr wohl den Folgerungen, die aus den vorhandenen Fällen gezogen wurden, widersprechen könnten (was dann die Suche nach zusätzlichen Variablen erfordern würde), wird die Methode um so uneindeutiger, je höher die Zahl der Variablen und damit auch der Prozentsatz fehlender Fälle wird. Obwohl also die quantitativen Beschränkungen nicht so eng sind wie bei statistischen Tests, hängt der Boole'sche Ansatz ebenfalls von einem günstigeren Verhältnis zwischen der Zahl der untersuchten Variablen und der Zahl der vorhandenen Fälle ab, als wir es im allgemeinen im Bereich der empirischen Policy-Forschung erwarten können. Die Schlußfolgerung daraus kann also nur lauten, daß bei Anwendung normaler Standards unsere Fähigkeit, im Rahmen der interaktionsorientierten Policy-Forschung nicht nur Theorien durch empirische Generalisierung zu entwickeln, sondern diese auch empirisch zu überprüfen, relativ begrenzt ist.

Folglich scheinen wir mit einem höchst unerfreulichen Dilemma konfrontiert zu sein. Forscher, die den normalen methodologischen Grundsätzen zu folgen versuchen, sind gezwungen, die Komplexität ihrer Hypothesen drastisch zu reduzieren, indem sie sich auf eine deutlich verminderte Anzahl unabhängiger Variablen konzentrieren. Aus der Sicht der Hypothesenüberprüfung hat dieses Vorgehen den Vorteil, daß dadurch gleichzeitig die Zahl „vergleichbarer" Fälle erhöht und die Zahl der für die Anwendung statistischer Tests benötigten Beobachtungen verringert wird. Da jedoch die Wirkungen der außer acht gelassenen Variablen nicht kontrolliert werden können, sind die auf diese Weise gewonnenen Erkenntnisse von zweifelhafter Gültigkeit. Noch wichtiger ist die Tatsache, daß eine Methodologie, die von uns verlangt, einen Großteil dessen, was wir über die reale Welt wissen oder wissen könnten, zu ignorieren, weder viel zu unserem Verständnis der Vergangenheit beitragen kann noch uns dazu befähigen wird, praktisch verwertbare Vorhersagen über die politische Realisierbarkeit unterschiedlicher Politik-Optionen zu machen.

Beschreiben ist nicht genug

Als Alternative können Politikwissenschaftler sich für historisch-deskriptive Studien einzelner Fälle entscheiden, mit deren Hilfe die ganze Komplexität einer bestimmten Konstellation dargestellt werden kann. Die detaillierten Beschreibungen und narrativen Erklärungen, die sich auf die relationale Logik miteinander verbundener Ereignisse stützen und genau rekonstruieren, wie in diesem konkreten Fall ein Ereignis zum anderen führte, haben einen eigenen Erkenntniswert. Sie sind nicht nur vorläufige heuristische Hilfsmittel, die stärker systematisch und quantitativ ausgerichteten Untersuchungen vorausgehen (White 1973; Danto 1985). Die Erkenntnisse, die aus guten Fallstudien gewonnen werden, haben eine Überzeugungskraft, die von den Sozialwissenschaftlern in ihrem Streben nach dem unerreichbaren Ziel universeller „wissenschaftlicher Gesetze" nicht leichtfertig verworfen werden sollte.

Aber selbstverständlich muß die Betonung im vorangegangenen Satz auf „gut" liegen. Das heißt, die auf diese Weise gewonnenen Erkenntnisse sind nicht „selbstkorrigierend" (wie dies bei quantitativ überprüfbaren Hypothesen der Fall ist), sondern hängen von den persönlichen Fähigkeiten der Forscher ab, die diese Art von Untersuchungen durchführen – nicht nur von ihrem Fleiß und ihrem Einfallsreichtum bei der Datenerhebung, sondern noch viel mehr von ihrem intuitiven und auf Erfahrung gestützten Verständnis der Logik von Ereignissen in diesem Bereich der Realität, von ihrer Fähigkeit, das Wichtige vom Unwichtigen zu unterscheiden, von ihrer Begabung, aus den vorhandenen Erkenntnissen eine kohärente Geschichte zu konstruieren, von ihrer intellektuellen Redlichkeit bei der Abwägung alternativer Interpretationen und schließlich und endlich von ihrem Vermögen, das Erkannte auch literarisch vermitteln zu können.

Kurz: Fallstudien sind schwierig durchzuführen, nicht viele Forscher können sie gut machen, und die dazu erforderlichen Fähigkeiten lassen sich, sofern sie überhaupt gelehrt werden können, am besten in einem Lehrlings-Verhältnis vermitteln. Darüber hinaus tendieren Fallstudien durch ihre Ausrichtung auf narrative Erklärungen dazu, historisch kontingente Ereignisverläufe auf Kosten struktureller Argumente überzubetonen. Obwohl sie uns also dabei helfen, die Vergangenheit zu verstehen, verbessern sie nicht notwendigerweise unsere Fähigkeit, die Zukunft zu antizipieren. Und allgemein gesehen tragen sie nicht zum kumulativen Wachstum des systematischen Wissens über politische Strukturen und Prozesse und deren Wirkung auf die staatliche Politik bei (Lustick 1996).

Wenn wir also die praktische Verwertbarkeit und Kumulativität als wichtige Kriterien für die Policy-Forschung wie für die Sozialwissenschaften allgemein betrachten, müssen wir bei der Suche nach systematischem Wissen, das auch über den jeweiligen Einzelfall hinaus Gültigkeit beanspruchen kann, über deskriptive Fallstudien und narrative Erklärungen hinausgehen. Das bedeutet, daß wir auch die beiden Kriterien einer jeden wissenschaftlichen Erklärung akzeptieren müssen: Wir brauchen Hypothesen, die *ein Kausalmodell definieren, das angibt, wie und warum eine bestimmte Faktorenkonstellation die fragliche Wirkung hervorbringen könnte,* und wir brauchen *empirische Beweise dafür, daß die von der Hypothese vorhergesagte Wirkung tatsächlich erzeugt wird.* Da wir unsere Hypothesen nur selten quantitativen empirischen Tests unterziehen können, müssen wir die Richtung der methodologischen Diskussion ändern – weg von der dominanten Sorge um die Qualität der Testverfahren und hin zu *einer stärkeren Kontrolle der Qualität der Hypothesen, die wir an unser empirisches Material herantragen.*

In der Popper'schen Wissenschaftstheorie wird die Formulierung von Hypothesen als Problem von untergeordneter Bedeutung betrachtet; es kommt vor allem darauf an, daß diese Hypothesen Versuchen der empirischen Falsifikation standhalten können. Und obwohl King, Keohane und Verba (1994, 99–114) tatsächlich einen Abschnitt ihres Buches der Diskussion von Regeln zur Konstruktion von Kausaltheorien widmen, bleiben diese Regeln vollkommen formal in dem Sinne, daß sie sich auf die Falsifizierbarkeit, die interne Konsistenz, die Konkretheit oder die anzustrebende Allgemeinheit der Theorien beziehen, welche die Forscher konstruieren sollen – aber nicht auf die Substanz solcher Theorien oder auf das vorhandene Wissen, aus dem sie abgeleitet werden können. In einer methodologischen Abhandlung, die den Anspruch erhebt, die Maximen guter Forschungspraxis nicht nur im Bereich der Sozialwissenschaften, sondern der Wissenschaft insgesamt zu erläutern, kann dies wohl kaum anders sein. Dennoch scheint daraus zu folgen, daß die Substanz der Hypothesen irgendwie der ungeschulten Kreativität oder Intuition des einzelnen Forschers entspringen soll und nicht derselben professionellen Disziplin zu unterwerfen ist, die zu Recht bei der Überprüfung von Hypothesen verlangt wird. Diese Einstellung mag dort eine gewisse Berechtigung haben, wo empirische Tests tatsächlich eindeutige Ergebnisse haben können; wo dies nicht der Fall ist, ist sie jedoch fehl am Platz.[2]

Ansätze, Partialtheorien und modulare Erklärungen

Dieses Buch geht von der Annahme aus, daß wir in einer überkomplexen Welt, in der wir häufig einzigartige Fälle untersuchen, eine klare Vorstellung davon haben müssen, wonach wir suchen, wenn wir irgend etwas Interessantes entdecken wollen. Da ein einzelner Datenpunkt durch eine beliebige Zahl von Regressionslinien „erklärt" werden kann, lassen sich Post-hoc-Erklärungen zu leicht erfinden und sind normalerweise vollkommen nutzlos. Folglich muß unsere Suche nach Erklärungen durch starke Erwartungen gesteuert werden, und wir müssen die Widerlegung solcher Erwartungen als willkommenen Anlaß zur Entwicklung von besseren Erklärungen behandeln.

Aus dem Gesagten folgt jedoch, daß solche Erwartungen nicht aus deduktiven Theorien gewonnen werden können – diese müßten ja gleichzeitig die immense Unterschiedlichkeit und Komplexität unserer Fälle erfassen und so spezifisch sein, daß daraus Hypothesen abgeleitet werden können, die in der empirischen Arbeit unmittelbar anwendbar sind. Daraus folgt aber auch, daß wir nicht

---

2   Eine ähnliche Position nehmen Robert H. Bates, Avner Greif, Margaret Levi, Jean-Laurent Rosenthal und Barry R. Weingast in der Einleitung zu ihrem Buch über „Analytic Narratives" ein (Bates et al. 1998).

erwarten können, durch Induktion aus beobachteten „empirischen Regelmäßigkeiten" umfassende Theorien von allgemeiner Gültigkeit zu gewinnen. Darüber hinaus können wir unsere Erwartungen, wie auch immer sie entstanden sind, auch nicht eindeutigen statistischen Tests unterziehen. Doch was bedeutet das für unsere Suche nach Erwartungen, die unsere Erklärungen steuern können?

Wenn wir keine empirisch überprüften Theorien haben können, die große Reichweite und empirische Spezifizität in sich vereinen, so müssen wir dennoch nicht jedem neuen Fall naiv gegenübertreten – so als ob wir keine vorherigen Erwartungen darüber hätten, wie die Welt funktioniert. Stattdessen sollten wir explizieren können, was Autoren „guter" Fallstudien immer im Hinterkopf haben: einen „Ansatz", der unser bereits vorhandenes (wissenschaftliches und vorwissenschaftliches) Wissen darüber strukturiert, was wir in dem uns interessierenden Ausschnitt der Realität zu erwarten haben, der die Fragen hervorhebt, die es wert sind, beantwortet zu werden, der die Faktoren herausstellt, die wahrscheinlich ein hohes Erklärungspotential besitzen, und der uns auf die Daten hinweist, mit denen bestimmte Erklärungen belegt oder widerlegt werden können. In den Worten von Elinor Ostrom (1996, 4-5; Übersetzung d. Verf.):

Ansätze strukturieren die diagnostische und präskriptive Untersuchung. Sie stellen uns eine Liste von Variablen zur Verfügung, die zur Analyse institutioneller Arrangements verwendet werden sollten. Ansätze bieten eine metatheoretische Sprache, mit deren Hilfe Theorien verglichen werden können. Sie versuchen, die *universellen* Elemente zu benennen, die jede Theorie beinhalten müßte, welche sich mit denselben Arten von Phänomenen befaßt. Viele Unterschiede, die wir feststellen, wenn wir die Welt oberflächlich betrachten, können darauf zurückgeführt werden, wie diese Variablen miteinander kombiniert sind oder interagieren. Auf diese Weise helfen die Elemente eines Ansatzes dem Forscher bei der Formulierung der Fragen, die er zu Beginn seiner Untersuchung stellen muß.

Im Vergleich zu einer vollständig ausformulierten Theorie hat ein Ansatz weniger Informationsgehalt in dem Sinne, daß weniger Fragen schon vorab entschieden werden und mehr Fragen empirisch beantwortet werden müssen.[3] Dennoch ist ein ausformulierter An-

---

3   In diesem informationstheoretischen Sinne ist der Unterschied zwischen einem Ansatz und einer Theorie gradueller Natur. In einer Theorie werden mehr Variablen durch Konstanten ersetzt. So lieferte Kepler, im Vergleich zum Ansatz von Kopernikus, eine mit mehr Informationen angereicherte Theorie der

satz leichter zu vermitteln und zu kritisieren und daher auch leichter zu verbessern und zu optimieren als die stillschweigenden Erwartungen, die wir alle unserem empirischen Material entgegenbringen. Er sollte uns also mindestens eine deskriptiven Sprache zur Verfügung stellen, mit deren Hilfe wir feststellen können, ob wir über dieselben Dinge reden, und die uns dazu befähigt, die aus den von uns untersuchten komplexen und einzigartigen Fällen gewonnenen Annahmen, Hypothesen und Ergebnisse miteinander zu vergleichen.

Darüber hinaus sollte uns ein Ansatz ein Ordnungssystem an die Hand geben, mit dessen Hilfe wir die Vielzahl von Partialtheorien oder begrenzteren „Kausalmechanismen" (Little 1991, 15-17) ordnen können, auf die wir uns bei der theoretisch angeleiteten Rekonstruktion unserer einzigartigen Fälle stützen. Denn obwohl wir nicht auf umfassende Theorien hoffen können, fehlt es unserer Arbeit doch nicht an theoretischen Elementen, auf die wir uns bei der Erklärung von bestimmten, wenn auch begrenzten Aspekten unserer Fälle beziehen können. Jon Elster (1989, viii) hat dies folgendermaßen ausgedrückt: „Das Grundkonzept der Sozialwissenschaften sollte ein Mechanismus, und nicht eine Theorie sein.... [D]ie Sozialwissenschaften sind Lichtjahre davon entfernt, allgemeine, gesetzesähnliche Regelmäßigkeiten menschlichen Verhaltens formulieren zu können. Stattdessen sollten wir uns darauf konzentrieren, kleine und mittlere Mechanismen menschlichen Handelns und menschlicher Interaktion – plausible, häufig wiederholte Beobachtungen darüber, wie die Welt funktioniert – zu spezifizieren" (Übersetzung d. Verf.). Da wir uns also bei der Erklärung komplexer sozialer Phänomene nicht auf Theorien stützen können, in denen „allgemeine gesetzesähnliche Regelmäßigkeiten" fixiert sind, sollten wir das Kriterium der Allgemeinheit lockern und stattdessen mit „kleinen und mittleren Mechanismen" arbei-

---

Planetenumlaufbahnen. Auf ähnliche Weise postuliert der Rational-Choice-Ansatz lediglich, daß menschliche Akteure im Lichte ihrer vorgegebenen Interessen und Wahrnehmungen das unter den gegebenen Umständen jeweils Bestmögliche anstreben, während die Rational-Choice-Theorie (genauso wie die neoklassische Ökonomie) bestimmte Interessen (zum Beispiel Gewinnmaximierung) und Wahrnehmungen (zum Beispiel vollständige und zutreffende Informationen, die mit Hilfe unbegrenzter kognitiver Kapazitäten verarbeitet werden) festlegen würde. Aus diesem Grund werden sich Theorien auch häufiger als falsch erweisen.

ten. Aber daraus folgt auch, daß die komplexen Erklärungen, nach denen wir nach wie vor suchen müssen, nur modulare Konstrukte sein können, die verschiedene theoretische „Module" miteinander kombinieren und verbinden, um komplexe und möglicherweise einzigartige empirisch beobachtete Phänomene und Ereignisse verständlich zu machen. Die Verknüpfungen zwischen diesen Modulen können dann narrativer Art sein, oder sie können ihrerseits den Charakter von Partialtheorien tragen. Aber wie könnten diese „kleinen und mittleren Mechanismen" aussehen? Aus meiner Sicht gibt es dafür zwei brauchbare Interpretationen, wovon die eine eher analytisch, die andere eher empirisch ist.

Die analytische Variante könnte als eine Form von *unvollständigen Theorien* beschrieben werden – das heißt als abstrakte Modelle, die auf logischen und mathematischen Ableitungen von spezifizierten Annahmen, aber mit unspezifiziertem empirischem Geltungsbereich, beruhen. Da wir uns auf *zweckgerichtete Akteure* konzentrieren, werden die Modelle, auf die wir rekurrieren, im allgemeinen rational-choice-artig sein – das heißt, sie gehen von der Annahme aus, daß die Akteure auf der Grundlage ihrer (institutionell geformten) Präferenzen und Wahrnehmungen den unter den gegebenen Umständen für sie bestmöglichen Handlungsverlauf wählen werden. Da wir – aus Gründen, die in der Einleitung dargelegt wurden – darüber hinaus davon ausgehen, daß unsere Erklärungen sich auf *Interaktionen* zwischen zweckgerichteten Akteuren beziehen müssen, werden die nützlichsten analytischen Modelle spieltheoretischer Natur sein, was im Rahmen des in diesem Buch vorgestellten Ansatzes bedeutet, daß sie die Beschreibung einer bestimmten *Akteurkonstellation* und eines bestimmten *Interaktionsmodus* mit der Beschreibung eines bestimmten *institutionellen Kontextes* verbinden. Ein Beispiel für einen solchen Mechanismus ist Mark Granovetters (1978) „Schwellenmodell", welches das Auftreten von Mitläufer-Effekten mit der Verteilung der Präferenzen in einer Gruppe von Akteuren erklärt, die wechselseitig auf ihre Entscheidungen reagieren. Ein anderes Beispiel ist die „Tragödie der Allmende" (Hardin 1968), welche den Verbrauch gemeinschaftlicher Ressourcen mit der Existenz einer „Gefangenendilemma"-Konstellation erklärt, in der die Akteure im Modus eines nichtkooperativen Spiels und unter minimalen institutionellen Beschränkungen interagieren. Ein drittes Beispiel könnte die „Politikverflechtungs-Falle" (Scharpf 1985) sein, die eine Erklärung für die geringe Fähigkeit zu institutionellen Reformen liefert, wenn konfliktreiche Konstellationen im Rahmen von Zwangsverhandlungssystemen bearbeitet werden müssen.

Viele weitere Beispiele werden in den folgenden Kapiteln vorgestellt. Zwei Punkte müssen jedoch hier hervorgehoben werden. Wenn zum Beispiel von „Kausalmechanismen" die Rede ist, bedeutet dies, daß das Modell der jeweiligen Interaktion klare Verhaltensimplikationen enthält.[4] Aber wie wir in den folgenden Kapiteln sehen werden, haben viele Akteurkonstellationen mehrere mögliche Ergebnisse, oder sie verfügen über gar kein spieltheoretisches Gleichgewicht. Wenn das der Fall ist, dann hat das (theoretisch gültige) Modell nicht den Status eines „Kausalmechanismus", sondern erfordert die Einbeziehung narrativer Elemente, um eine vollständige Erklärung zu liefern. Überdies ist die Reichweite von Modellen mit hoher Vorhersagekraft häufig beschränkt, und sie repräsentieren oft nur bestimmte Teile der komplexen, mehrere Arenen und Ebenen umfassenden Interaktionen, wie sie für reale Prozesse der Politikformulierung und -implementation charakteristisch sind. Daher ist es normalerweise notwendig, mehrere solcher Module zu einer vollständigeren Erklärung zu kombinieren.

Als Beispiel kann erneut auf die in der Einleitung vorgestellte Studie zurückgegriffen werden. In ihrer Langfassung (Scharpf 1987) konnte die gesamte Erklärung der politischen Ergebnisse in den vier untersuchten Ländern sich nicht allein auf das Spiel zwischen „Regierung und Gewerkschaft" beschränken. Da „die Gewerkschaft" kein unitarischer Akteur ist, mußte das zentrale Modul durch ein „intergewerkschaftliches" Modul (mit Konstellationen zwischen verschiedenen Gewerkschaften, bei denen es sich entweder um Koordinations- oder um Wettbewerbsspiele handelte) und durch ein „Mitgliedschaftsmodul" ergänzt werden, das die Schwierigkeiten der Gewerkschaften bei der Sicherung der Loyalität ihrer Mitglieder reflektiert. Auf ähnliche Weise konnte in manchen Ländern „die Regierung" nicht als unitarischer Akteur modelliert werden, sondern mußte durch ein „Regierungs-Zentralbank-Modul" repräsentiert werden, das sich wiederum durch eine spezifische Akteurkonstella-

---

[4] Bates et al. (1998) haben eine gelungene Definition gefunden, die einen Mechanismus als eine „Anreizstruktur" beschreibt, durch die (in einem Modell) spezifische Ergebnisse erzeugt bzw. erreicht werden.

tion und einen spezifische Interaktionsmodus in einem spezifischen institutionellen Kontext auszeichnete. Schließlich wurden in allen Ländern die Präferenzen „der Regierung" stark von einem dreiseitigen „Wahlspiel" beeinflußt, das durch eine Nullsummenkonstellation zwischen den Regierungs- und Oppositionsparteien und ein damit verbundenes Positivsummenspiel mit den Wählern (das ausführlicher in Kapitel 8 diskutiert wird) charakterisiert war. Viele dieser Module sind in der vorhandenen sozialwissenschaftlichen Literatur sowohl theoretisch als auch empirisch fest verankert (Olson 1965; Crouch/Pizzorno 1978; Pizzorno 1978; Streeck 1982; Marin 1990), so daß sie mit großer Verläßlichkeit verwendet werden konnten, während andere mit Hilfe des Ansatzes, der in diesem Buch vorgestellt wird, neu konstruiert werden mußten.

Um das Beispiel wieder zu verlassen: Es ist klar, daß die kombinierte Erklärung der Ereignisverläufe meist für jedes Land anders ist, aber daß die dafür verwendeten Module häufig auch in anderen Fällen wieder auftauchen, so daß die Wahrscheinlichkeit hoch ist, daß sie den Status empirisch überprüfter theoretischer Feststellungen erlangen können. Selbst dann bleiben jedoch die *Verbindungen* zwischen diesen Modulen problematisch. Obwohl es vielversprechende Versuche gibt (Putnam 1988; Tsebelis 1990), ist doch die Feststellung nicht übertrieben, daß gute theoretische Modelle „verbundener Spiele" (häufig auch als „Zweiebenenspiele" oder „verkoppelte Spiele" bezeichnet) insgesamt noch nicht vorliegen. Wir müssen also häufig auf narrative, anstelle von analytischen Verbindungen zwischen Partialtheorien, die sowohl analytisch als auch empirisch verläßlich sind, zurückgreifen – was ebenfalls bedeutet, daß die kombinierte Erklärung als Ad-hoc-Konstruktion kritisiert werden kann.

Angesichts dieser Schwierigkeiten scheint es attraktiver, sich einer geringen Zahl stärker integrierter und historisch lokalisierter Erklärungsmodule zuzuwenden, die versuchen, die charakteristische Logik empirisch beobachtbarer politischer Interaktionen in realen institutionellen Kontexten einzufangen. In der Politikwissenschaft finden wir solche historisch fundierten Module häufig auf der Makro- oder Meso-Ebene politischer Systeme.[5] Beispiele

---

5 Selbst auf der Makro-Ebene fällt die Abwägung zwischen der Vielzahl und der Komplexität häufig schwer. Relativ „große" Konzepte – zum Beispiel das Westminster-Modell der Wettbewerbsdemokratie – mögen relativ viele Infor-

dafür umfassen so komplexe Konfigurationen wie das „Westminster-Modell" des britischen Parlamentarismus (Wilson 1994), das Modell der schweizerischen oder niederländischen Konkordanzdemokratie (Lehmbruch 1967; 1974; Lijphart 1968), das pluralistische Modell der amerikanischen Politik (Dahl 1967), das Politikverflechtungsmodell des deutschen Föderalismus (Scharpf/Reissert/Schnabel 1976; Scharpf 1985) oder das neokorporatistische Modell der Interessenvermittlung in den skandinavischen Ländern und in Österreich (Schmitter/Lehmbruch 1979). Diese „Idealtypen" lassen sich vielleicht am besten als induktive Generalisierungen der Erkenntnisse charakterisieren, die durch gründliche empirische Untersuchungen der komplexen Funktionslogiken bestimmter politischer Systeme gewonnen wurden.

Innerhalb des Kontextes, in dem sie ursprünglich entwickelt wurden, ist die Erklärungskraft dieser komplexen, empirisch fundierten Modelle relativ hoch, solange die ursprünglich identifizierten Bedingungen stabil bleiben.[6] Die Schwierigkeiten fangen an, wenn solche Makro-Modelle und die damit verbundenen Hypothesen auf andere Konstellationen übertragen werden, die zwar ähnlich scheinen, aber nicht völlig identisch sind. Ohne Formalisierung und strenge Definitionen ist es schwierig zu entscheiden, wann solche Übertragungen nicht mehr gültig sind, und die Versuchung ist groß, Modelle, die gerade in Mode sind, in der Empirie einfach überall wiederzufinden. Wenn dann die Hypothesen nicht in dem jeweiligen Fall bestätigt werden, wird dies häufig als „Falsifikation" der ursprünglichen Theorie und nicht als Hinweis für ihre fehlerhafte Anwendung angesehen.

Die Tendenz, den Anwendungsbereich nützlicher Konzepte auszudehnen und die Modelle dadurch zu korrumpieren, könnte

---

mationen enthalten, aber ihre Definitionen sind mehrdimensional und ihre Grenzen unscharf und umstritten (Sartori 1991; Collier/Mahon 1993). Aber wenn man stattdessen wesentlich einfachere und eindeutigere Konzepte – wie etwa die mehreren hundert Formen der „Demokratie mit Adjektiven", die Collier und Levitsky (1997) in der Literatur gefunden haben – benutzen würde, dann würde der explosionsartige Anstieg ihrer Zahl und ihrer Unterschiedlichkeit die induktive Generalisierung unmöglich machen.

6 Zu der Zeit, als Lijphart die Konkordanzdemokratie beschrieben und analysiert hat, löste sich das Modell in den Niederlanden bereits auf. Dasselbe trifft auf die meisten Studien zu, die den Makrokorporatismus der 1970er Jahre zum Gegenstand hatten.

bekämpft werden, in dem man von der empirischen Induktion zur analytischen Rekonstruktion mit Hilfe einfacher analytischer Modelle überginge.[7] So könnte zum Beispiel der Neokorporatismus im Bereich der makroökonomischen Politik analytisch als dreiseitiges Verhandlungssystem konzeptualisiert werden, wobei eine Seite eine demokratisch verantwortliche Regierung ist, während die anderen beiden Seiten monopolistische Gewerkschaften und Arbeitgeberverbände sind, deren Handlungsfähigkeit von der prekären Loyalität ihrer Mitglieder abhängt. Darüber hinaus zeichnet sich die Akteurkonstellation zwischen diesen Parteien dadurch aus, daß die Regierung über die Möglichkeit einseitigen hierarchischen Handelns verfügt, aber viel lieber eine kooperative Lösung erreichen würde, während die Konstellation zwischen den anderen beiden Seiten durch die Koexistenz von Verteilungskonflikten und einem gemeinsamen Interesse an der Kooperation gekennzeichnet ist. Ausgehend von dieser analytischen Rekonstruktion könnte man dann abwägen, ob es nützlich wäre, das Konzept so auszudehnen, daß es auch Formen des „Mesokorporatismus" und des „Mikrokorporatismus" umfaßt.[8]

Aber wie können wir dann wissen, ob die mit unserem empirischen Material konfrontierten Hypothesen tatsächlich richtig sind und generalisierbare Schlüsse zulassen? Die übliche Antwort ist, daß wir unsere Forschung immer als „kritische Fallstudie" (Eckstein 1975) ansehen sollten, welche die verwendeten Erklärungshypothesen auf ihre Gültigkeit hin überprüft. Aber auch dabei müssen wir wiederum mit Vorsicht vorgehen.[9] Da das Resultat eines Falles nur

---

7   In Kapitel 8 werde ich versuchen, dies sowohl auf das Westminster-Modell als auch auf andere konstitutionelle Modelle anzuwenden.
8   Wenn wir jedoch versuchen, eine größere Zahl interagierender analytischer Modelle zu endogenisieren, laufen wir Gefahr, unser ursprüngliches Problem übermäßiger Komplexität auf der Ebene des Moduls zu wiederholen: In analytischer Hinsicht könnten dann Interaktionseffekte zwischen den Elementen nicht mehr durchschaubar sein, und empirisch betrachtet wird die Gruppe der realen Phänomene kleiner, auf die das komplexere Makro-Modul in allen Dimensionen zutrifft, und es könnte im Extremfall wieder nur ein Element umfassen. Mit anderen Worten: Was wir durch stärker integrierte Makro-Module gewinnen, verlieren wir wieder in bezug auf ihre Transparenz und empirische Überprüfbarkeit.
9   Es ist offensichtlich, daß stochastische Hypothesen nicht mit Hilfe von Einzelfallstudien überprüft werden können. Daher bezieht sich alles im folgenden Gesagte auf Modelle, die deterministische Gültigkeit beanspruchen.

durch das kombinierte Modell als Ganzes erklärbar ist, kann eine fehlende empirische Bestätigung bedeuten, daß ein entscheidendes Element in dem Modell fehlt oder daß ein Element oder eine Verbindung zwischen den Elementen falsch ist. Angesichts dessen wäre es nicht klug, gleich das ganze kombinierte Modell zu verwerfen. So wäre in der Beispielstudie Deutschland als abweichender Fall erschienen, wenn das kombinierte Modell (das auf der Grundlage eines Vergleichs der britischen und österreichischen Fälle formuliert worden war) nur aus dem „Regierungs-Gewerkschafts-Modul" und dem „intergewerkschaftlichen" Modul bestanden hätte. Alle drei Fälle konnten jedoch erklärt werden, nachdem das Modell um ein „Regierungs-Zentralbank-Modul" ergänzt wurde.

Wenn also ein Modell in einem bestimmten Fall nicht zuzutreffen scheint, dann sollten wir zuerst nach zusätzlichen Faktoren suchen, die diesen Fall von den bisher erklärten unterscheiden. Aber nicht alle solche Unterschiede erlauben es uns, die Gültigkeit des ursprünglichen Modells aufrechtzuerhalten und lediglich seine Reichweite einzuschränken. Genauso wie Common-Law-Gerichte mit Präzedenzfällen umgehen, müssen unsere „Unterscheidungen" „einen Unterschied machen", was bedeutet, daß sie selbst auf einem Kausalmechanismus beruhen müssen, der das unterschiedliche Resultat *generell* bewirken könnte. Mit anderen Worten: Wir dürfen sowohl unsere Erklärungen als auch die Identifizierung von Ausnahmefällen ausschließlich auf Thesen stützen, die als gesetzesähnliche Aussagen mit allgemeiner Anwendbarkeit gedacht sind. Wenn wir also nicht in der Lage sind, eine allgemeine Regel zu definieren, die rechtfertigen könnte, ein empirisches Ergebnis als Ausnahmefall zu qualifizieren, sollten wir die ursprüngliche Hypothese in der Tat als falsifiziert ansehen.

Keine dieser Maximen kann uns sagen, welche Hypothesen wir aufstellen sollen, wenn wir nicht auf empirisch abgesicherte theoretische Modelle zurückgreifen können. Dafür brauchen wir einen Ansatz, der uns dabei hilft, möglicherweise relevante Faktoren, Kausalmechanismen und Kontextbedingungen zu finden. In den Sozialwissenschaften gibt es eine Vielzahl solcher Ansätze (die oft als Theorien bezeichnet werden) – von auf der Makro-Ebene ansetzenden Systemtheorien sowie materialistischen und strukturalistischen Theorien, über hermeneutische und sozialkonstruktivistische Theorien sowie verschiedene Formen von Rational-Choice-

Theorien, bis hin zu behavioralistischen Lerntheorien und vielen weiteren. Brauchbare und anschauliche Überblicksdarstellungen finden sich bereits an anderer Stelle, so daß ein Verweis auf sie genügt und ich an dieser Stelle keine weiteren hinzufüge (zum Beispiel Lave/March 1975; Greenstein/Polsby 1975; Little 1991; Finifter 1993). Stattdessen soll in diesem Buch ein Ansatz erläutert und veranschaulicht werden, den Renate Mayntz und ich im Laufe der Jahre entwickelt und in empirischen Studien angewandt haben – so in Studien über Politikformulierung und Implementation in staatlichen Institutionen (Mayntz/Scharpf 1975; Scharpf/Reissert/ Schnabel 1976; Mayntz 1980; 1983), in Studien über politische Interaktionen zwischen Regierungen, Gewerkschaften und Zentralbanken (Scharpf 1987), sowie in Arbeiten über Steuerungsstrukturen und -prozesse in einer Reihe von Dienstleistungssektoren (wie der Telekommunikation, dem Gesundheitswesen oder der Forschung), die durch ein hohes Maß an staatlicher Intervention gekennzeichnet sind (Mayntz/Scharpf 1995b). Der Ansatz des akteurzentrierten Institutionalismus zeichnet sich dadurch aus, daß er den strategischen Handlungen und Interaktionen zweckgerichteter und intelligenter individueller und korporativer Akteure dieselbe Bedeutung zumißt wie den ermöglichenden, beschränkenden und prägenden Effekten gegebener (aber veränderbarer) institutioneller Strukturen und institutionalisierter Normen. Seine Explizierung ist ein Hauptzweck dieses Buches. Ein Überblick über diesen Ansatz wird im nächsten Kapitel geboten.

Kapitel 2
Der akteurzentrierte Institutionalismus

Renate Mayntz und ich haben die Bezeichnung „akteurzentrierter Institutionalismus" für den Ansatz gewählt, der unsere Arbeit seit den frühen siebziger Jahren angeleitet hat und den wir erstmals in einem Sammelband vorgestellt haben, der einen Überblick über die Arbeit unseres Instituts bot (Mayntz/Scharpf 1995b). Das in diesem und dem nächsten Kapitel enthaltene Material ist daher ebenso Ausdruck ihres Denkens wie meines eigenen. Aber wir sind nicht die einzigen, die die Notwendigkeit erkannt haben, akteurzentrierte und institutionenzentrierte Herangehensweisen in einem Ansatz zusammenzufassen. Andere Forscher haben andere Bezeichnungen zur Beschreibung derselben Grundidee gewählt. Elinor Ostrom und ihre Kollegen (Ostrom/Gardner/Walker 1994) verwenden zum Beispiel den Ansatz der „institutionellen Analyse und Entwicklung" (Institutional Analysis and Development, IAD), um Probleme gemeinschaftlicher Ressourcennutzung zu untersuchen; Tom Burns und seine Kollegen (Burns/Baumgartner/Deville 1985) sprechen von „Akteur-System-Dynamik" (ASD); und Michael Zürn (1992) bezeichnet seinen Ansatz als „situationsstrukturell". Was diese Ansätze verbindet, ist eine Zusammenführung von handlungstheoretischen und institutionalistischen oder strukturalistischen Paradigmen, die aufgrund der üblichen Gegenüberstellung von „ökonomischen" und „soziologischen" Theorien normalerweise als unvereinbar angesehen werden.[1] Gewonnen wird

---

1 Tom Burns und seine Kollegen (1985, 7) machen die integrative Zielsetzung ihres eigenen Ansatzes zutreffend dadurch deutlich, daß sie ihre Arbeit der berühmten Bemerkung von James S. Duesenberry gegenüberstellen, in der er behauptet, daß „es in der Ökonomie darum geht, wie Menschen Entscheidun-

durch diese Paradigmenfusion eine größere Übereinstimmung zwischen den theoretischen Perspektiven und der beobachteten Realität politischer Interaktionen, die von den Strategien zweckgerichteter Akteure bestimmt sind, welche in institutionellen Kontexten handeln, die diese Strategien zugleich ermöglichen und beschränken. Was verloren geht, ist die größere „Parsimonie" von Theorien, die entweder die eine oder die andere Quelle empirischer Unterschiede vernachlässigen.

Aber wie ich bereits im vorigen Kapitel ausgeführt habe, ist das eine Vereinfachung, die wir uns in der empirischen Policy-Forschung nicht leisten können. Politik ist per definitionem intentionales Handeln von Akteuren, die ein großes Interesse daran haben, bestimmte Ergebnisse zu erzielen. Wir können daher, anders als in bestimmten soziologischen Theorien, nicht davon ausgehen, daß sie lediglich kulturellen Normen oder institutionellen Regeln folgen. Wir können aber auch nicht annehmen, wie dies in der neoklassischen Ökonomie oder der neorealistischen Theorie der internationalen Beziehungen der Fall ist, daß die verfolgten Ziele und Interessen immer und für alle Akteure gleich sind. Vielmehr wissen wir, daß Akteure unterschiedlich auf Drohungen, Beschränkungen und Möglichkeiten von außen reagieren, weil sie sich in ihren Wahrnehmungen und Präferenzen unterscheiden, aber auch weil ihre Wahrnehmungen und Präferenzen sehr stark durch den jeweiligen institutionellen Kontext, in dem sie interagieren, beeinflußt werden.

Wenn wir, wie in dem eingangs diskutierten Fall, die wirtschafts- und beschäftigungspolitischen Entscheidungen europäischer Regierungen in den siebziger und frühen achtziger Jahren erklären wollen, ist es wichtig, daß die Präferenzen und Wahrnehmungen keynesianischer Regierungen sich von denen monetaristischer Regierungen unterschieden (Hall 1992); aber es ist auch bedeutsam, daß die Politik der Zentralbank in manchen Ländern unter der Kontrolle der Regierung stand, in anderen aber autonom war, oder daß die Gewerkschaften in manchen Ländern ihre lohnpolitischen Strategien unter den Bedingungen einer hochkonzentrierten und zentralisierten institutionellen Struktur formulieren konnten und in anderen nicht.

---

gen fällen, während es der Soziologie darum geht zu zeigen, daß sie gar keine Entscheidungen zu treffen haben" (Übersetzung d. Verf.).

Darüber hinaus wurden nicht nur die externen Rahmenbedingungen für die nationale Wirtschaftspolitik durch die Ölpreiskrisen der siebziger Jahre und die Entstehung globalisierter Kapitalmärkte radikal verändert, sondern als Folge veränderte sich auch die Effektivität politischer Maßnahmen (Scharpf 1987). Ganz allgemein gesprochen brauchen wir also einen Ansatz, der politische Prozesse erfassen kann, die von den Interaktionen individueller und korporativer Akteure mit spezifischen Fähigkeiten und spezifischen kognitiven und normativen Orientierungen bestimmt werden und die in einem gegebenen institutionellen Kontext und unter gegebenen Bedingungen der Politik-Umwelt stattfinden.

Es ist jedoch daran zu erinnern, daß Ansätze keine Theorien sind. Theorien sind um so leistungsfähiger, je mehr sie in der Lage sind, Daten, die empirisch erhoben werden müßten, durch theoretisch begründete Annahmen zu ersetzen. Ansätze dagegen liefern nur Hinweise für die Suche nach Erklärungen. Die neoklassische Ökonomie zum Beispiel spezifiziert mit Hilfe von *Annahmen* die relevanten Akteure (Unternehmen und Haushalte), ihre Präferenzen (Gewinnmaximierung etc.), ihre Wahrnehmungen (der empirischen Realität entsprechend) und ihre Interaktionsformen (Tausch zwischen Konsumenten und Produzenten zu Marktpreisen, Spiele gegen die Natur zwischen den Produzenten). Ich habe jedoch bereits weiter oben gezeigt, daß für die interaktionsorientierte Policy-Forschung universelle Annahmen dieser Art nicht sinnvoll sind. Die Konstellationen sind zu variabel und die Forschungsinteressen zu speziell, als daß man großen Nutzen aus der Ersetzung empirischer Informationen durch hochgeneralisierte Substitute ziehen könnte.[2] Und da sich die Policy-Forschung im allgemeinen mit wenigen Fällen auf einmal befaßt, können wir uns auch nicht mit der Hoffnung behelfen, daß die Annahmen, auch wenn sie in ein-

---

2 Auch die neorealistische Theorie der internationalen Beziehungen verwendet Annahmen, welche die relevanten Akteure (Nationalstaaten), ihre Präferenzen (die Maximierung relativer Vorteile im Mächtegleichgewicht), ihre Wahrnehmungen (empirisch zutreffend) und ihre Interaktionsformen (nichtkooperative Spiele) bestimmen. Es ist klar, daß diese Annahmen, wenn sie denn allgemein zutreffend wären, den Bedarf an empirischen Daten erheblich reduzieren würden – aber es ist auch gezeigt worden, daß sie sich in der empirischen Forschung als schlechte Vorhersageinstrumente erwiesen haben (Moravcsik 1992 und die dort zitierten Untersuchungen).

zelnen Fällen falsch sind, dennoch die zentralen Tendenzen in einer großen Zahl ähnlicher Fälle bezeichnen (Friedman 1953). Daraus folgt, daß die interaktionsorientierte Policy-Forschung in stärkerem Maße auf empirische Daten angewiesen ist, die für jeden Fall gesondert erhoben werden müssen, als dies bei der neoklassischen Ökonomie (oder etwa bei den Naturwissenschaften) der Fall sein mag. Da akteurzentrierte Ansätze außerdem auf intentionale Erklärungen angewiesen sind, die von den subjektiven Präferenzen einzelner Akteure und von ihren subjektiven Wahrnehmungen der Realität abhängen (Dennett 1981; Rosenberg 1988), sind die benötigten Daten nicht nur schwer zu erheben, sondern können auch für jedes Individuum anders sein. Die Lösung kann jedoch nicht im totalen Empirismus liegen. Erklären bedeutet, das, was rätselhaft erscheint, mit dem, was wir bereits über die Welt wissen, in Verbindung zu bringen. Wenn also kein relevantes Vorwissen vorhanden wäre, könnten wir nur beschreiben, aber nicht erklären oder prognostizieren. Es ist daher auch eine Funktion unseres Ansatzes, auf bereits vorhandene Informationen hinzuweisen, auf die sich unsere Erklärungsmodelle stützen könnten. Da diese Informationen nicht aus generalisierten und unveränderbaren Annahmen bestehen können, betont der Ansatz des akteurzentrierten Institutionalismus den Einfluß von Institutionen auf die Wahrnehmungen, Präferenzen und Fähigkeiten individueller und korporativer Akteure und auf ihre Interaktionsformen.

Institutionen, nicht Annahmen verringern die empirische Vielfalt

Der Begriff „Institution" ist nicht eindeutig. Autoren der Rational-Choice-Richtung, darunter Douglass North (1990) sowie Elinor Ostrom und ihre Mitarbeiter (Ostrom/Gardner/Walker 1994), neigen dazu, den Begriff ausschließlich auf sanktionierte Regeln zu beschränken, welche die Kosten und den Nutzen, die ein Akteur zu erwarten hat, wenn er eine bestimmte Handlungsweise verfolgt, effektiv verändern (ebenso Bates et al. 1998). Andere erweitern die Bedeutung so, daß nicht nur soziale Normen und kulturell verfestigte Bedeutungssysteme, sondern auch soziale Entitäten, die über die Fähigkeit zweckgerichteten Handelns verfügen, damit erfaßt werden (March/Olsen 1989). Wir ziehen es vor, für die letztere Bedeutung Begriffe wie „Organisation" oder „korporativer Akteur" zu verwenden und das Konzept der Institution auf Regelsysteme zu beschränken, die einer Gruppe von Akteuren offenstehende Handlungsverläufe strukturieren. Diese Definition soll jedoch nicht nur formale rechtliche Regeln umfassen, die durch das Rechtssystem und den Staatsapparat sanktioniert sind, sondern auch soziale Normen, die von den Akteuren im allgemeinen beachtet werden und deren Verletzung durch Reputationsverlust, soziale Mißbilligung, Entzug von Kooperation und Belohnung oder sogar durch soziale Ächtung sanktioniert wird.

Alle diese Definitionen bleiben auf einem sehr hohen Abstraktionsniveau, das auch dann nicht wesentlich gesenkt wird, wenn man funktional definierte Unterkategorien wie „Begrenzungsregeln", „Reichweitenregeln", „Positionsregeln", „Informationsregeln" und dergleichen einführt (Ostrom 1986; Ostrom/Gardner/ Walker 1994). Solche Klassifikationsversuche (einschließlich derer, mit denen Harold Lasswell im späteren Teil seines beruflichen Lebens gearbeitet hat [Lasswell/Kaplan 1950]) werden angesichts der überwältigenden Vielzahl existierender Institutionen notwendigerweise überkomplex. Eine vollständige Systematisierung müßte alle Arten rechtlicher Regeln berücksichtigen – etwa das internationale öffentliche Recht, das Recht internationaler Organisationen, das nationale Verfassungsrecht, das Wahlrecht, das parlamentarische Verfahrensrecht, das Verwaltungsrecht und Verwaltungsverfahrensrecht, das Strafrecht und Strafprozeßrecht, das Zivilrecht und Zivilprozeßrecht, das Tarifrecht, das Arbeitsrecht, das Unternehmensrecht und so weiter –, und sie müßte ebenfalls die gesamte Bandbreite informeller Regeln, Normen, Konventionen und Erwartungen umfassen, wodurch die normativen Erwartungen des „harten Kerns" der formellen rechtlichen Regeln erweitert, ergänzt oder verändert werden. Doch auch wenn sie in abstrakte Kategorien eingeteilt werden können, bleibt das Problem, daß diese Regeln inhaltlich differieren und *daß sie nur in ihrer konkreten Form kausal wirksam werden*. Mit anderen Worten: Die abstrakteren Klassifikationen beschreiben keine realen Phänomene oder Aggregate realer Phänomene mit erklärungskräftigen Eigenschaften.

In unserem Ansatz hat deshalb das Konzept des „institutionellen Kontextes" nicht den Status einer theoretisch definierten Anzahl von Variablen, die systematisiert und operationalisiert werden könnten, um als erklärende Faktoren in der empirischen Forschung eingesetzt werden zu können. Vielmehr benutzen wir es als Sammelbegriff zur Beschreibung der wichtigsten Einflüsse auf jene Faktoren, die unsere Erklärungen eigentlich bestimmen – nämlich Akteure mit ihren Handlungsorientierungen und Fähigkeiten, Akteurkonstellationen und Interaktionsformen.

Für unsere Zwecke sind Institutionen die wichtigsten Einflußgrößen auf – und daher die nützlichsten Informationsquellen über – Akteure und Interaktionen, weil – wie ich in Kapitel 1 gezeigt habe – die Akteure selbst auf sozial konstruierte Regeln angewiesen sind, um sich in ansonsten chaotischen sozialen Umgebungen zurechtzufinden, und weil diese Regeln, sofern sie diese Funktion tatsächlich erfüllen, zum „gemeinsamen Wissen" aller Akteure gehören und daher auch dem Forscher relativ leicht zugänglich sein sollten. Institutionen verfügen über Erklärungskraft, weil sanktionierte Regeln die Bandbreite möglichen Verhaltens verringern, indem sie gebotene, verbotene oder erlaubte Handlungen definieren (Ostrom/Gardner/Walker 1994, 38). Wenn Härte und Gewißheit von Sanktionen hoch genug sind, um die Kosten alternativer Handlungsweisen prohibitiv steigen zu lassen, dann bedeutet dies in spieltheoretischen Begriffen, daß die Menge möglicher Strategien auf eine institutionell definierte Teilmenge reduziert wird. Im allgemeinen werden jedoch die von institutionalisierten Regeln ausgehenden positiven und negativen Anreize lediglich die Auszahlung bestimmter Strategien erhöhen oder vermindern, und damit auch die Wahrscheinlichkeit, daß sich rationale Akteure für diese Strategien entscheiden werden.

Wenn das alles wäre, was das Konzept der Institutionen ausmachte, dann könnten auch die meisten Rational-Choice-Theoretiker Mitglieder im Club der Institutionalisten werden. Aber der Institutionalismus hat mehr zu bieten. In der Policy-Forschung haben wir es meistens mit kollektiven und korporativen Akteuren zu tun, wie etwa mit politischen Parteien, Gewerkschaften, Ministerien, Zentralbanken oder internationalen Organisationen, und nicht mit Individuen, die in ihrem eigenen Namen handeln. Diese komplexen Akteure sind institutionell konstituiert – was in einem oberflächlichen Sinne zunächst bedeutet, daß sie gemäß bereits existierender Regeln errichtet wurden und daß sie für ihr weiteres Bestehen und Funktionieren auf Regeln angewiesen sind. In einem grundlegenderen Sinne kann man von der „Existenz" korporativer und kollektiver Akteure nur insofern sprechen, wie die Akteure, die in ihnen und in ihrem Namen handeln, ihre Entscheidungen in einem gemeinsamen, durch institutionelle Regeln konstituierten Bezugsrahmen koordinieren. Diese Regeln definieren nicht nur die Mitgliedschaft komplexer Akteure, die zur Verfügung stehenden materiellen und rechtlichen Handlungsressourcen und damit auch die Menge legitimer Handlungsweisen sowie die Kompetenzen der für sie handelnden Akteure, sondern auch die von diesen Akteuren zu verfolgenden Ziele oder die bei ihren Entscheidungen in Betracht zu ziehenden Werte. Institutionen erleichtern oder beschränken daher nicht nur eine bestimmte Menge von Entscheidungen, sondern sie legen auch weitgehend fest, wie die Ergebnisse, die durch solche Entscheidungen erreicht werden, von den beteiligten Akteuren bewertet werden – und sie bestimmen daher die Präferenzen der Akteure im Hinblick auf die möglichen Optionen.

Darüber hinaus üben institutionalisierte Verpflichtungen auch Einfluß auf die Wahrnehmungen aus. Aus der Organisationsforschung wissen wir, daß die Zugehörigkeit zu einer Organisationseinheit die „selektiven Wahrnehmungen" beeinflußt, indem sie nicht nur die Aufmerksamkeit von Akteuren auf unterschiedliche Phänomene lenkt, sondern auch deren Einschätzung der relativen kausalen Bedeutung gemeinsam wahrgenommener Phänomene formt (Dearborn/Simon 1958). Ein gutes Beispiel hierfür ist die Kuba-Krise, für die gezeigt wurde, daß die völlig unterschiedlichen Einschätzungen dessen, was vor sich ging und was im Interesse der Vereinigten Staaten sei, mit den Abteilungsidentitäten der beteiligten Akteure zu erklären ist (Allison 1971). Auf ähnliche Weise war bei dem in der Einleitung diskutierten Fall klar, daß die Regierungen, die unabhängigen Zentralbanken und die Gewerkschaften nicht nur unterschiedliche Präferenzen hatten, sondern daß sie ihr Augenmerk auch auf unterschiedliche Indikatoren ökonomischen Erfolgs richteten und die Wirkungsweise der von ihnen beobachteten Phänomene unterschiedlich interpretierten. In spieltheoretischen Begriffen ausgedrückt grenzen Institutionen nicht nur die Menge möglicher Strategien ein, sondern sie konstituieren ebenfalls die wichtigen Spieler und formen deren Wahrnehmungen und Bewertungen der Ergebnisse in der Auszahlungsmatrix. Kurz, die Spiele, die in politischen Prozessen tatsächlich gespielt werden, sind in hohem Maße durch Institutionen bestimmt.[3]

Alle Arten des Institutionalismus basieren also auf der Annahme, daß die „Regeln und Regelsysteme in jeder historisch vorhandenen Gesellschaft nicht nur das soziale Verhalten organisieren und regulieren, sondern es für diejenigen, welche die Regeln kennen, verstehbar und – in einem begrenzten Sinne – vorhersehbar machen" (Burns/Baumgartner/Deville 1985, 256; Übersetzung d. Verf.). Wie ich in einem früheren Aufsatz zu zeigen versucht habe (Scharpf 1990), ist dies eine extrem wichtige Voraussetzung fruchtbarer sozialer Interaktionen. Wenn die Akteure nicht wüßten, welche Optionen die anderen Akteure in Erwägung ziehen und wie diese die Ergebnisse bewerten, die durch die Interaktion erreicht werden könnten, wären sie gut beraten, auf der Basis der für sie schlechtesten Annahmen zu handeln und risikominimierende „Maximin"-Strategien zu wählen. In der Tat sind diese Strategien angemessen, wenn es sich um reine Nullsummen-Konstellationen handelt. Aber wenn die Akteure sich auch in anderen Konstellationen so verhielten, dann würden alle potentiellen Austausch- und Kooperationsgewinne ignoriert und die Wohlfahrtsproduktion wäre gleich null. Mit anderen Worten: Wir verdanken die Tatsache, daß Gesellschaften im allgemeinen produktiv sind und die soziale Wohlfahrt steigern können, der Existenz von Mechanismen, die

---

3 Es gibt eine philosophisch und psychologisch bedeutsame Debatte darüber, ob diese positiven Effekte als externe Beschränkungen (oder negative und positive Anreize) konzeptualisiert werden sollen, welche die intrinsischen Präferenzen egoistisch-rationaler Nutzenmaximierer nicht beeinflussen, oder ob Normen und Werte als eine bestimmte Art von Akteurorientierung angesehen werden sollen, die logisch vom Egoismus zu unterscheiden ist (Elster 1991) – mit der Folge, daß die intrinsischen Präferenzen der Individuen durch die Sozialisationseffekte von Institutionen verändert werden können. Freud (1915) zum Beispiel unterscheidet scharf zwischen der Kontrolle egoistischer Triebe durch positive und negative Anreize (die aufhören würde, wenn man die positiven und negativen Anreize wegnähme) und ihrer „Zivilisierung" durch die Internalisierung kultureller Normen. Da es uns jedoch nicht um individuelles Handeln, sondern um kollektive und korporative Akteure geht, deren Ziele ganz offensichtlich durch die Regeln, die sie konstituieren, beeinflußt werden können, ist die Lösung dieses Disputes zugunsten der einen oder der anderen Seite für die Policy-Forschung nicht von großer Bedeutung.

ein relativ hohes Maß gegenseitiger Vorhersehbarkeit oder „gemeinsamen Wissens" schaffen. Es gibt, wie ich gezeigt habe, mehrere solcher Mechanismen, aber unter diesen sind Institutionen die allgemeinsten und öffentlich am besten zugänglichen Quellen verläßlicher Informationen über die von anderen zu erwartenden oder nicht zu erwartenden Intentionen.

Auf der individuellen Ebene kann man die Wirkung von Normen mit dem Konzept einer „sozialen Produktionsfunktion" erklären: Selbst wenn die Individuen ausschließlich auf die Maximierung physischen Wohlergehens und sozialer Anerkennung ausgerichtet wären (wie Adam Smith das Eigeninteresse definiert hat), wären die Handlungen, welche die Erreichung dieser Ziele fördern, immer noch durch den institutionellen Kontext definiert, in welchem die Akteure diese egoistischen Ziele verfolgen. Daher gilt: „Um die soziale Anerkennung zu maximieren, muß ein Richter die Gerechtigkeit maximieren" (Lindenberg 1989, 191; Übersetzung d. Verf.), und deshalb müssen – wie in Kapitel 8 ausführlicher dargelegt wird – demokratisch verantwortliche Regierungen, um die Gefahr des Amtsverlustes zu minimieren, gemeinwohlorientierte politische Programme verfolgen.

Aus dem Blickwinkel der empirischen Forschung betrachtet, hilft uns daher die Annahme egoistischen Verhaltens allein nicht viel weiter. Dennoch stehen wir auch nicht vor der unerfüllbaren Aufgabe, für jeden Fall und für jeden Akteur empirische Daten über die möglichen Optionen und den jeweiligen Inhalt idiosynkratischer Wahrnehmungen und Präferenzen zu sammeln. Vielmehr können sich die Forscher derselben Informationen bedienen, die es auch den Akteuren ermöglicht, mit hinreichend sicherem Wissen darüber, was vor sich geht und was sie voneinander zu erwarten haben, zu interagieren. Die Tatsache, daß institutionalisierte Erwartungen Bedingungen „gemeinsamen Wissens" schaffen können, ist also nicht nur eine wesentliche Voraussetzung für produktive soziale Interaktionen, sondern sie verringert auch die Informationskosten der empirischen Forschung. Wenn wir einmal den institutionellen Kontext der Interaktionen kennen, wissen wir eine ganze Menge über die beteiligten Akteure, ihre Optionen und ihre Wahrnehmungen und Präferenzen. Ein institutionalistischer Ansatz nimmt also eine Mittelposition zwischen Theoriesystemen ein, die – wie die neoklassische Ökonomie – empirische Informationen durch universelle, standardisierte Annahmen ersetzt, und rein deskriptiven Studien einzelner Fälle. Zwei Einschränkungen müssen jedoch gemacht werden:

Erstens müssen wir uns immer vergegenwärtigen, daß sich Institutionen in verschiedenen Ländern und zu verschiedenen Zeiten unterscheiden. Die parlamentarischen Interaktionen im amerikanischen Kongreß sind völlig anders als die im britischen Unterhaus; die schwedischen Arbeitsbeziehungen unterscheiden sich grundlegend von den britischen (Crouch 1993); und die schwedischen Arbeitsbeziehungen waren in den achtziger Jahren erheblich anders als in den sechziger Jahren (Scharpf 1987). Allgemeiner ausgedrückt: Institutionen werden selbst durch menschliches Handeln geschaffen und verändert – entweder in Form von evolutionären Prozessen wechselseitiger Anpassung (Schotter 1981) oder durch zweckgerichtete Änderungen (Brennan/Buchanan 1985). In beiden Fällen haben wir jedoch keinen Grund, von einer Konvergenz auszugehen, die zu einer einzigen „besten" Lösung führt. Die institutionelle Entwicklung ist pfadabhängig in dem Sinne, daß der Ausgangspunkt großen Einfluß auf die erreichbaren Ziele hat. Wie Wirtschaftshistoriker gezeigt haben, können Prozesse wechselseitiger Anpassung überdies bei einem von mehreren Gleichgewichten „steckenbleiben", von denen manche Pareto-ineffizient sein können (das berühmteste Beispiel hierfür ist das QWERTY-Layout von Schreibmaschinen- und Computertastaturen [David 1985]), und dasselbe kann auch bei intentional geschaffenen Institutionen der Fall sein. Sind Institutionen einmal geschaffen und verlassen sich die Akteure auf ihre Koordinationsfunktion, sind Veränderungen mit hohen Kosten verbunden. Deshalb sind Institutionen schwer zu reformieren oder abzuschaffen, selbst wenn die Umstände, die ursprünglich für ihre Schaffung verantwortlich waren und die sie ursprünglich auch gerechtfertigt haben mögen, gar nicht mehr existieren (Scharpf 1986). In Ermangelung von Mechanismen, die minderwertige Lösungen automatisch eliminieren, sorgt das institutionelle Beharrungsvermögen also dafür, daß „die Geschichte nicht effizient ist" (Etzioni 1988; March/Olsen 1989; Pierson 1996; Hall/Taylor 1996). In unserem Zusammenhang folgt daraus, daß empirische Regelmäßigkeiten, die von der standardisierenden Wirkung institutioneller Arrangements abhängen, nicht universell sind, sondern zeitlich und räumlich begrenzt auftreten.

Deshalb haben die materiellen Theorien, die mit Hilfe eines institutionalistischen Ansatzes erzeugt werden können, bestenfalls den Charakter von „manchmal wahren Theorien" (Coleman 1964, 516; Stinchcombe 1968). Sie können Resultate innerhalb eines bestimmten institutionellen Kontextes erklären, aber sie sind nicht notwendigerweise außerhalb dieses Kontextes gültig.

Zweitens müssen wir uns der Tatsache bewußt sein, daß Institutionen – auch wenn sie Akteure konstituieren, Optionen erzeugen und beschränken sowie Wahrnehmungen und Präferenzen formen – Entscheidungen und Ergebnisse nicht auf deterministische Weise beeinflussen können. Selbst wenn sie beachtet werden, schreiben institutionalisierte Regeln selten nur einen einzigen Handlungsverlauf vor. Indem sie manche Handlungen verbieten und andere erlauben, definieren sie ein Repertoire mehr oder weniger akzeptabler Handlungsverläufe, was den strategischen und taktischen Entscheidungen der Akteure erheblichen Raum läßt.

Anders als Naturgesetze können überdies verbindliche Regeln von Akteuren verletzt werden, die bereit sind, den Preis der damit verbundenen Sanktionen zu bezahlen, oder die deren Anwendung für wenig wahrscheinlich halten. Allgemeiner formuliert: Der Einfluß von Institutionen auf die Wahrnehmungen und Präferenzen und daher auch auf die Intentionen von Akteuren kann niemals vollständig sein. In modernen Gesellschaften haben sich die individuellen sozialen Umfelder und Sozialisationsverläufe in zunehmendem Maße ausdifferenziert, und explizite Versuche, Organisationskulturen zu schaffen, die Individuen im Rahmen der Organisation „resozialisieren" sollen, sind möglicherweise weniger eine Lösung als vielmehr ein Symptom des Problems heterogener Orientierungen. Darüber hinaus ist allgemein bekannt, daß ein personeller Wechsel in Führungspositionen, selbst wenn der Nachfolger derselben Partei angehört wie sein Vorgänger, erhebliche Auswirkungen auf die politischen Entscheidungen und Ergebnisse haben kann. Die Kenntnis der Institutionen gibt uns also viel Aufschluß über die Optionen, Wahrnehmungen und Präferenzen bestimmter Akteure, aber sie kann gewiß nicht alle Fragen beantworten.

Dennoch sind institutionelle Informationen in vielen Fällen ausreichend, um zufriedenstellende Erklärungen zu erhalten, und es ist pragmatisch sinnvoll, auf der Suche nach theoretischen Erklärungen die Abstraktionsgrade nur schrittweise zu senken (Lindenberg 1991). Daraus folgt, daß wir mit institutionellen Erklärungen beginnen und erst dann nach idiosynkratischen Faktoren suchen sollten, wenn die sparsamere Erklärung scheitert. In manchen Fällen kann es daher z.B. genügen zu wissen, ob die Geldpolitik in der Hand einer unabhängigen Zentralbank oder einer gewählten Regierung liegt. In anderen Fällen mag es hingegen notwendig sein zu untersuchen, ob und seit wann die geldpolitischen Entscheidungsträger keynesianischen oder monetaristischen Ansätze der makroökonomischen Politik folgen (Hall 1989). Auf ähnliche Weise nimmt die Suche nach bestimmten Formen kognitiver Konvergenz oder kognitiven Wandels – „Gruppendenken" (Janis 1972), „Advocacy-Koalitionen" (Sabatier 1987), „epistemische Gemeinschaften" (Haas 1992) oder „Policy-Lernen" (Jenkins-Smith/Sabatier 1993) – einen wichtigen Platz im institutionalistischen Ansatz ein; aber es erscheint aus pragmatischen Gründen ratsam, diese methodologisch sehr anspruchsvolle Suche (Axelrod 1976; Vowe 1993) erst zu beginnen, wenn es klare Anzeichen dafür gibt, daß die übliche Zuschreibung institutionell geformter Wahrnehmungen und Präferenzen keine zufriedenstellenden Erklärungen bietet.

Die Informationsgewinnung ist jedoch nur der erste Schritt in der theorieorientierten Policy-Forschung. Wenn wir die nötigen Informationen über die Ausgangsbedingungen haben, müssen Hypothesen über die Transformation dieser Bedingungen in die zu erklärenden politischen Ergebnisse entwickelt werden. Das ist der Punkt, an dem analytische Modelle von großem Nutzen sein können – und das ist auch der Punkt, an dem die Auswahl geeigneter Modelle von entscheidender Bedeutung für den Erfolg oder das Scheitern der empirischen Policy-Forschung ist. Da der Ansatz, der diese Auswahl steuert, mehrdimensional und relativ komplex ist, werde ich in den folgenden Abschnitten einen kurzen Überblick darüber geben; die zentralen Elemente werden dann in den nachfolgenden Kapiteln genauer erläutert.

Der grundlegende Erklärungsansatz

Im Rahmen des akteurzentrierten Institutionalismus konzentriert sich die interaktionsorientierte Policy-Forschung auf die Erklärung vergangener politischer Entscheidungen, um so systematisches Wissen zu gewinnen, das der Praxis helfen könnte, realisierbare Problemlösungen zu entwickeln oder Institutionen zu entwerfen, die im allgemeinen die Formulierung und Implementation gemeinwohlorientierter Politik begünstigen.[4] In diesem Zusammenhang ist an die in der Einleitung diskutierte Verbindung zwischen unserem Ansatz und der problemorientierten Sichtweise der materiellen Policy-Analyse zu erinnern (siehe Abbildung 2.1).

Abbildung 2.1: Der Gegenstandsbereich der interaktionsorientierten Policy-Forschung

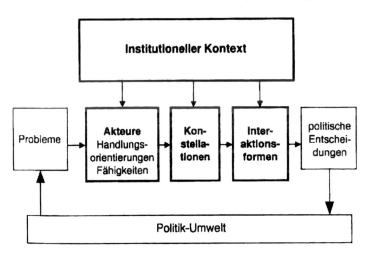

---

[4] Es kann dabei jedoch nicht darum gehen, politische Resultate vorhersagen zu können. Angesichts des häufigen Auftretens von „Cournot-Effekten" (das heißt der zufälligen Überschneidung separater Kausalketten) in sozialen und politischen Interaktionen (Lübbe 1975; Boudon 1984; Mayntz 1995), können sich selbst theoretisch gut fundierte Vorhersagen als falsch herausstellen – was jedoch nicht ausschließt, daß dasselbe Wissen für Designzwecke genutzt werden kann.

Akteure

Im Rahmen unseres Ansatzes müssen wir zuerst die Menge[5] der Interaktionen feststellen, welche die zu erklärenden politischen Ergebnisse tatsächlich hervorgebracht haben. Diese Menge bildet unsere Untersuchungseinheit. Erst dann können wir die – individuellen und korporativen – *Akteure* identifizieren, die an dem politischen Prozeß beteiligt sind und deren Entscheidungen schließlich das Ergebnis bestimmen. Diese Akteure zeichnen sich durch bestimmte *Fähigkeiten*, bestimmte *Wahrnehmungen* und bestimmte *Präferenzen* aus.

Die Fähigkeiten müssen mit Bezug auf bestimmte Anforderungen definiert werden. Mit dem Begriff sollen alle Handlungsressourcen bezeichnet werden, die es einem Akteur ermöglichen, ein Ergebnis in bestimmter Hinsicht und zu einem gewissen Grad zu beeinflussen.[6] Diese Handlungsressourcen umfassen persönliche Merkmale wie physische Stärke, Intelligenz, Human- und Sozialkapital (Coleman 1990, Kapitel 12), materielle Ressourcen wie Geld, Land oder militärische Macht, technologische Ressourcen, privilegierten Informationszugang und so weiter. Die wichtigsten Handlungsressourcen im Kontext der Policy-Forschung sind jedoch institutionelle Regeln, durch die Kompetenzen zugewiesen und Partizipationsrechte, Vetorechte oder das Recht zur autonomen Entscheidung für bestimmte Fragen verliehen oder beschränkt werden.

Akteure sind ferner durch ihre spezifischen Handlungsorientierungen gekennzeichnet. Diese charakteristischen Wahrnehmungen und Präferenzen können relativ stabil sein (wie es in Rational-Choice-Theorien angenommen wird), oder sie können durch Lernen oder Argumente verändert werden. In jedem Fall werden sie durch den Stimulus eines bestimmten Problems aktiviert und spezifiziert,

---

5 Häufig gibt es ja getrennte Interaktionen, die das Ergebnis gemeinsam hervorbringen, wie es etwa bei den mit Verhandlungen in einem Vermittlungsausschuß verbundenen Abstimmungen in den beiden Kammern eines Parlaments der Fall ist.

6 Darin eingeschlossen ist die Fähigkeit von Ego, der Einfluß auf Ergebnisse besitzt, die von Interesse für Alter sind, das Handeln von Alter zu beeinflussen, wenn dieser seinerseits Ergebnisse beeinflussen kann, an denen Ego interessiert ist. Das ist der Kern von Colemans Konzept des politischen Tausches (1990, Kap. 6), das die Forschung über Policy-Netzwerke stark beeinflußt hat.

und sie beziehen sich auf die Bewertung des Status quo, auf die möglichen Ursachen des Problems, auf die Wirksamkeit und Wünschbarkeit möglicher Handlungsoptionen und der damit verbundenen Ergebnisse. Die so zustande gekommenen Handlungsorientierungen werden darüber hinaus vom institutionellen Kontext beeinflußt. In Kapitel 3 werden sie ausführlicher diskutiert.

Akteurkonstellationen

Wenn ein Akteur sich ausschließlich mit einer natürlichen oder auf andere Weise festgelegten Umwelt auseinandersetzen würde, dann könnten wir mit Hilfe einer vollständigen Beschreibung der Wahrnehmungen, Präferenzen und Fähigkeiten dieses Akteurs den wahrscheinlich von ihm gewählten Handlungsverlauf ableiten – und mit Hilfe einer vollständigen Beschreibung der Umwelt und ihrer Kausalgesetze könnten wir das Resultat vorhersagen. Wie ich jedoch bereits in der Einleitung festgestellt habe, ist es unwahrscheinlich, daß irgendein zu einheitlichem Handeln fähiger Akteur (ein Konzept, das im nächsten Kapitel diskutiert wird) in der Lage sein könnte, politische Entscheidungen allein nach seinen eigenen Wahrnehmungen und Präferenzen und durch den Einsatz seiner eigenen Handlungsressourcen zu bestimmen. Entscheidend ist vielmehr die *Konstellation* zwischen der Vielzahl von Akteuren, die an politischen Interaktionen beteiligt sind. Der Begriff muß etwas näher erklärt werden, weil er von den üblichen spieltheoretischen Konventionen abweicht. Was normalerweise als „Spiel" bezeichnet wird, muß in unserer Terminologie als Kombination einer bestimmten „Akteurkonstellation" und eines bestimmten „Interaktionsmodus" beschrieben werden. Diese modulare Konzeptualisierungsweise erscheint sinnvoll, weil beide Aspekte des Spiels unabhängig voneinander abweichen können und weil beide über Erklärungskraft verfügen.

Die *Konstellation* beschreibt die beteiligten Spieler, ihre Strategieoptionen, die mit verschiedenen Strategiekombinationen verbundenen Ergebnisse und die Präferenzen der Spieler in bezug auf diese Ergebnisse. Diese Beschreibung ist in der Spielmatrix vollständig wiedergegeben. In dem Beispiel, das in der Einleitung vorgestellt wurde, werden also die Akteurkonstellationen (an denen als Spieler

Regierungen und Gewerkschaften beteiligt sind) durch die jeweilige Matrix des „monetaristischen" und des „keynesianischen" Spiels in den Abbildungen E.1 und E.2 beschrieben. In der spieltheoretischen Literatur werden die so beschriebenen Konstellationen jedoch normalerweise mit einer bestimmten Interaktionsform der Spieler verbunden – nämlich mit dem Modus eines „nichtkooperativen Spiels", bei dem alle beteiligten Parteien ihre eigenen Strategien einseitig wählen. Im Gegensatz dazu geht unsere Konzeptualisierung davon aus, daß im Prinzip jede Konstellation in einer Reihe unterschiedlicher *Interaktionsformen* gespielt werden kann – nicht nur als „nichtkooperatives Spiel", sondern auch als „kooperatives Spiel" (wenn die Strategien durch Verhandlungen ausgewählt werden), als „Abstimmungsspiel" (wenn die Strategien durch Mehrheitsvotum bestimmt werden) oder als „hierarchisches Spiel" (wenn die Strategien eines oder mehrerer Spieler durch die einseitige Entscheidung eines anderen Spielers festgelegt werden können). Andersherum betrachtet bedeutet dieser modulare Ansatz selbstverständlich auch, daß jeder Interaktionsmodus (zum Beispiel Verhandlungen) in einer großen Vielzahl unterschiedlicher Akteurkonstellationen eingesetzt werden kann. In jedem Fall wird das tatsächliche Ergebnis sowohl durch die Konstellationen als auch durch die Interaktionsformen beeinflußt. Die analytische Trennung der Dimensionen erleichtert jedoch die Identifikation und Diskussion der erklärungsrelevanten Faktoren und ihrer Wirkung.

In unserem Ansatz hat das Konzept der Akteurkonstellation zwei Funktionen. Mit Hilfe der spieltheoretischen Darstellung können wir extrem unterschiedliche reale Konstellationen auf einem sehr hohen Abstraktionsniveau, aber mit großer Genauigkeit beschreiben und miteinander vergleichen. Diese Beschreibungssprache erlaubt es, empirische Regelmäßigkeiten zu entdecken, die ansonsten vielleicht durch oberflächliche Unterschiede verdeckt blieben. Darüber hinaus können spieltheoretische Beschreibungen dazu benutzt werden, das Konfliktniveau und unterschiedliche Arten von Konflikten zwischen den Akteuren zu vergleichen. Da die Politikwissenschaft dem Konfliktniveau großen Einfluß auf die Problemlösungsfähigkeit politischer Systeme zuschreibt, ist diese präzisere Beschreibungssprache von großem Wert. Sie erlaubt es, Hypothesen darüber zu formulieren, welche Anforderungen unterschiedliche Politik-Probleme an die vorhandenen Konfliktlösungskapazitäten stellen. Damit wären wir auch in der Lage, Theodore Lowis (1964) Forderung nach einer politischen Theorie, die „policy" als unabhängige Variable behandelt, welche die beobachtbaren Arten von „politics" beeinflußt, neu zu formulieren und zu beantworten.

Noch wichtiger ist es für uns, daß die explizite Konzeptualisierung von Akteurkonstellationen das entscheidende Verbindungsglied zwischen materieller Policy-Analyse und interaktionsorientierter Policy-Forschung darstellt. Im Prinzip könnten wir die Problemdefinitionen und Lösungsvorschläge, die von der Policy-Analyse geliefert werden, nehmen und hinsichtlich der davon betroffenen gesellschaftlichen Gruppen auf eine Weise klassifizieren, die unseren Akteurkonstellationen entspricht.[7] Ein gegebenes politisches Problem könnte dann als „reines Koordinationsspiel", als Gefangenendilemma oder als „Redistributionsspiel" beschrieben werden.[8] Aber man darf dabei nicht vergessen, daß *diese gesellschaftlichen Problemkonstellationen nicht die Spiele sind, die im politischen Prozeß gespielt werden.* Politische Interaktionen finden normalerweise nicht zwischen Mitgliedern der sozialen Gruppen statt, die letztlich betroffen sind – selbst die Wählerschaft unterscheidet sich von der Gesamtbevölkerung –, sondern zwischen spezialisierten politischen Akteuren. Diese mögen sich bis zu einem gewissen Grad mit den direkt betroffenen Gruppen identifizieren oder mit ihnen sympathisieren, und sie sind wahrscheinlich auch selbst direkt oder indirekt von dem jeweiligen politischen Problem betroffen, aber *auf welche Weise* sie tatsächlich betroffen sein werden, hängt in hohem Maße von ihren institutionellen Rollen und ihren institutionellen Eigeninteressen ab.

---

7 In der Literatur ist auch vorgeschlagen worden, daß Theodore Lowis Typologie von distributiven, regulativen und redistributiven „policies" spieltheoretisch reformuliert und präzisiert werden könnte (Kellow 1988; Lowi 1988; Heckathorn/Maser 1990; Miller 1990). Aus unserer Perspektive bleibt jedoch unklar, ob sich diese spieltheoretische Reformulierung auf die betroffenen gesellschaftlichen Gruppen oder auf Konstellationen von Akteuren bezieht, die unmittelbar an den politischen Prozessen beteiligt sind.

8 Diese Beschreibungen sind von großem Nutzen zur Identifizierung jener Probleme, die *nicht* effektiv durch die Herausbildung einer *spontanen Ordnung* im Hayek'schen Sinne oder durch den *Markt* (definiert als freiwillige Vereinbarungen unter den Bedingungen minimaler Institutionen) gelöst werden können. In diesem Sinne spielen sie eine wichtige Rolle in der materiellen Policy-Forschung.

Um die materielle Policy-Analyse mit der interaktionsorientierten Forschung zu verbinden, müssen wir daher *das materielle politische Problem auf die Konstellation zwischen den beteiligten politischen Akteuren projizieren.* Bei dieser Projektion wird es sich niemals um eine vollkommene Eins-zu-eins-Repräsentation handeln, und der politische Prozeß wird sich notwendigerweise mit Gegenständen befassen, die sich von den materiellen Problemen unterscheiden, wie sie von der Policy-Analyse definiert oder von den direkt betroffenen Gruppen erfahren werden. Zum Beispiel mag der Klassenkonflikt zwischen Kapital und Arbeit in gewissen parlamentarischen Konstellationen als Koordinationsproblem zwischen Koalitionsparteien behandelt werden, während er in anderen als Nullsummenkonflikt zwischen Regierung und Opposition ausgetragen wird. Dennoch bleibt die normative Erwartung, daß politische Prozesse sich mit den „realen" Problemen der Gesellschaft befassen sollten. Empirisch gesehen ist der Grad, in dem die politischen Prozesse von der ihnen zugewiesenen Funktion „abweichen", auch sehr unterschiedlich.[9] Folglich hat die interaktionsorientierte Policy-Forschung eine evaluative Funktion, indem sie systematische Abweichungen zwischen gesellschaftlichen und politischen Problemdefinitionen sichtbar macht und erklärt, und sie hat vielleicht auch eine präskriptive Funktion, indem sie einen Beitrag zum Design weniger abweichungsanfälliger institutioneller Arrangements leistet.

Interaktionsformen

Institutionelles Design kann die Problemlösungseffektivität politischer Prozesse durch Regeln beeinflussen, welche die Konstitution der Akteure und deren institutionell definierten Handlungsmöglichkeiten bestimmen – und damit auch ihre Beteiligung an Akteurkonstellationen und ihre strategischen Optionen in diesen. Aber die Akteurkonstellation beschreibt ein statisches Bild und nicht die eigentlichen Interaktionen, aus denen die politischen Entscheidungen hervorgehen. Diese können erheblich differieren, und

---

9 Wir gehen also nicht von der Annahme aus, die Niklas Luhmann in seiner Theorie sozialer Systeme radikalisiert hat, daß das politische Systeme ohnehin nur seine eigenen politischen Probleme lösen könne (Luhmann 1984; 1986).

wir beschreiben die unterschiedlichen *Interaktionsformen* mit den Begriffen „einseitiges Handeln", „Verhandlung", „Mehrheitsentscheidung" und „hierarchische Steuerung", die in den Kapiteln 5 bis 8 ausführlich dargestellt werden.

Die Interaktionsformen werden natürlich von institutionellen Regeln beeinflußt, die ihren Einsatz steuern, oder – bei einseitigem Handeln – auch von der Abwesenheit solcher Regeln. Der jeweilige Charakter der Interaktion wird jedoch nicht allein durch bestimmte institutionelle Regeln definiert, welche zum Beispiel die für den Abschluß einer verbindlichen Vereinbarung erforderlichen formellen Schritte festlegen oder die Verfahren vorschreiben, die eingehalten werden müssen, um über eine bestimmte Frage abzustimmen. Sie werden darüber hinaus aber auch von dem weiteren institutionellen Kontext beeinflußt, in dem die Interaktion stattfindet. Um diese institutionellen Kontexte zu beschreiben, benutze ich die Begriffe „anarchische Felder und minimale Institutionen", „Netzwerke, Regime und Zwangsverhandlungssysteme", „Verbände und repräsentative Versammlungen" sowie „hierarchische Organisationen und der Staat". Hierbei handelt es sich weniger um analytische Definitionen als vielmehr um Beispiele, die für die (begrenzte) Vielfalt institutioneller Arrangements stehen, die *mindestens* für den Einsatz eines bestimmten Interaktionsmodus erforderlich sind.

Tabelle 2.1: Interaktionsformen

	Institutioneller Kontext			
	Anarchisches Feld	Netzwerk	Verband	Organisation
Einseitiges Handeln	X	X	X	X
Verhandlung	(X)	X	X	X
Mehrheitsentscheidung	–	–	X	X
Hierarchische Steuerung	–	–	–	X

Den theoretischen Grund für diese scheinbar überkomplexe Definition verdeutlicht Tabelle 2.1. Es wird angenommen, daß Interaktionsformen sich in ihren Anforderungen an die institutionelle Konfliktlösungsfähigkeit unterscheiden und daß institutionelle Strukturen in unterschiedlichem Maße geeignet sind, bestimmte Interaktionsformen zu stützen. So könnte einseitiges Handeln ohne jegliche institutionelle Struktur stattfinden, Verhandlungen hängen von Strukturen ab, die den verbindlichen Charakter von Vereinbarungen sichern, und Entscheidungen durch Mehrheitsabstimmung oder hierarchische Steuerung sind auf noch spezifischere und anspruchsvollere institutionelle Arrangements angewiesen. Dies impliziert die Idee einer Möglichkeitsgrenze, bei der der institutionelle Kontext die jeweils realisierbaren Interaktionsformen begrenzt. In hierarchisch strukturierten Organisationen können alle Arten von Interaktionsformen realisiert werden, wohingegen ein selbstorganisierendes Netzwerk weder die Ausübung hierarchischer Autorität noch Mehrheitsentscheidungen ermöglichen kann.

Aus theoretischer Perspektive interessanter ist die Möglichkeit, daß Interaktionsformen ihren Charakter – und ihre Fähigkeit zur Lösung politischer Probleme – je nach strukturellem Kontext verändern. Nehmen wir „Verhandlungen" als Beispiel: Im Kontext „minimaler Institutionen" (was bedeutet, daß Eigentumsrechte geschützt sind und die Möglichkeit rechtlich abgesicherter Verträge gewährleistet ist) ist ihre Problemlösungsfähigkeit sehr gering, während das Vorhandensein dauerhafter Beziehungen zwischen den Vertragsparteien innerhalb eines „Netzwerks" anspruchsvollere Vereinbarungen ermöglicht. Die Situation verändert sich wiederum, wenn die Verhandlungen „im Schatten der Mehrheitsentscheidung" oder „im Schatten der Hierarchie" stattfinden, wo eine Seite ihre bevorzugte Lösung durchsetzen könnte, wenn der Versuch einer Einigung auf dem Verhandlungswege scheitern sollte (Scharpf 1994). Diese Möglichkeiten werden in den Kapiteln 5 bis 9 näher beleuchtet.

Akteurkonstellationen und Interaktionsformen

Wenn wir nun Informationen über Interaktionsformen mit der Diskussion von Akteurkonstellationen im vorigen Abschnitt zusammenbringen, verfügen wir über die Anfänge eines konzeptionellen

Schemas zur Bestimmung der Problemlösungsfähigkeit unterschiedlicher Interaktionssysteme. Das Schema impliziert drei Schritte. Erstens müssen wir das von materiellen Policy-Analysen identifizierte Problem auf die Akteurkonstellationen zwischen den tatsächlich an den politischen Prozessen beteiligten Akteuren projizieren. In dem in der Einleitung diskutierten Beispiel wurde dies erreicht durch die Übersetzung der ökonomischen Analyse der Stagflationsprobleme in „Strategien" von Gewerkschaften und Regierungen und durch die Identifizierung der „Auszahlungen", mit denen jeder dieser Akteure die Ergebnisse bewertete, die durch die jeweiligen Kombinationen von Gewerkschafts- und Regierungsstrategien zu erreichen waren.

Diese Projektion liefert uns ein sehr abstraktes, gleichzeitig aber sehr präzises Bild davon, wie die beteiligten Akteure in ihren Präferenzen gegenüber der Menge möglicher Ergebnisse konvergieren oder divergieren. In unserem Beispiel war also das Spiel zwischen den Gewerkschaften und einer monetaristischen Regierung (Abbildung E.1) durch stärker divergierende Präferenzen charakterisiert als das keynesianische Spiel (Abbildung E.2). Das (wie auch immer gemessene) Konfliktniveau innerhalb einer bestimmten Akteurkonstellation erlaubt uns jedoch für sich genommen noch nicht, die Schwierigkeiten der Konfliktlösung oder das wahrscheinlich erzielte Ergebnis vorherzusagen oder zu erklären. Um dies zu tun, müssen wir auch den Interaktionsmodus zwischen den beteiligten Parteien in Betracht ziehen.

In dem Beispiel hatte ich angenommen, daß die Interaktionen zwischen der monetaristischen Regierung und den Gewerkschaften im Modus des einseitigen Handelns stattfanden, in welchem beide Seiten ihre Strategien unabhängig voneinander wählten. Unter diesen Bedingungen wurde das politische Problem quasi automatisch zugunsten der Regierung und zum Nachteil der Gewerkschaften gelöst, weil das Spiel auf das nichtkooperative „Gleichgewichtsergebnis" in der unteren linken Zelle der Matrix hinauslief. Nehmen wir aber für einen Moment an, daß die Koordination zwischen der Lohnpolitik und der Steuer- und Geldpolitik der Regierung durch Verhandlungen vorgenommen werden müßte (wie es in Großbritannien während der kurzen Zeit des „social compact" der Fall und in Österreich die Regel war). In diesem Fall hätte das Ergebnis in der unteren linken Zelle der Abbildung E.1 nicht die Zustimmung der Gewerkschaften gefunden, und der wahrscheinlichste Kompromiß wäre dann das Ergebnis in der oberen linken Zelle gewesen. Das Ergebnis wäre, zumindest in der keynesianischen Konstellation, wiederum anders ausgefallen, wenn die Regierung die Fähigkeit besessen hätte, hierarchisch Lohn- und Preiskontrollen festzulegen. Mit anderen Worten: Bei einer bestimmten Akteurkonstellation verändert sich das zu erwartende politische Ergebnis, wenn der institutionalisierte Interaktionsmodus variiert wird – und umgekehrt würde ein bestimmter Interaktionsmodus bei manchen Konstellationen zu effektiven politischen Lösungen führen, bei anderen jedoch nicht.

Das Beispiel soll das Erklärungspotential verdeutlichen, das wir mit dem akteurzentrierten Institutionalismus verbinden: Die systematische Kombination von Untersuchungen über Akteurkonstellationen mit der Analyse von Interaktionsformen gibt uns extrem leistungsfähige Werkzeuge zur Erklärung der Ergebnisse bestimmter politischer Interaktionen an die Hand. Wir sind sogar noch unbescheidener und erwarten darüber hinaus, daß uns diese Werkzeuge in die Lage versetzen, allgemeinere und praktisch nützliche Folgerungen über die Fähigkeit unterschiedlicher institutioneller Strukturen zur effektiven Lösung verschiedener Arten von Politik-Probleme zu gewinnen. Dies sind hohe Ansprüche, die nur durch die erfolgreiche Erklärung wichtiger Rätsel in der empirischen Policy-Forschung gerechtfertigt werden können. Das vorliegende Buch ist nicht dazu gedacht, dies zu leisten. Sein Hauptziel ist vielmehr die Vorstellung und Erläuterung von konzeptionellen Werkzeugen, die für diese Aufgabe eingesetzt werden können.

Kapitel 3
Akteure

Im Ansatz des akteurzentrierten Institutionalismus werden Akteure durch ihre Handlungsorientierungen (Wahrnehmungen und Präferenzen) und ihre Fähigkeiten charakterisiert. Was ich in bezug auf den Aspekt der Fähigkeiten in diesem Buch zu sagen habe, kann kurzgefaßt werden: Sie sind für jede Erklärung politischer Ergebnisse von entscheidender Bedeutung, da ohne Handlungsressourcen selbst die besten Wahrnehmungen und Präferenzen keine praktischen Auswirkungen haben können. Aus theoretischer Sicht erscheinen die Fähigkeiten jedoch als höchst kontingente Größe. Auf der einen Seite können politische Akteure unter bestimmten Umständen vom Einsatz aller acht Lasswell'schen „Werte" (Lasswell/Kaplan 1950) als Handlungsressourcen und Instrumente der politischen Einflußnahme profitieren, von „Wohlstand" und „Macht" bis zum Ruf der „Rechtschaffenheit".[1] Aber welcher dieser Werte unter welchen Bedingungen wirkungsvoll ist, hängt so sehr von den Besonderheiten des Falls und von situationsspezifischen Faktoren ab, daß nichts Brauchbares darüber im Rahmen eines allgemeinen Ansatzes ausgesagt werden kann.[2] Auf der anderen Seite werden in politischen Interaktionen wenigstens einige der vorpolitischen Ressourcen, mit denen die Akteure ausgestattet

---

1 Diese Werte bestehen aus vier „Beachtungswerten" (Macht, Respekt, Rechtschaffenheit und Zuneigung) und vier „Wohlfahrtswerten" (Wohlergehen, Reichtum, Können und Informiertheit), wobei auch die letzteren häufig in politischen Einfluß umgemünzt werden.

2 Das trifft sogar auf die organisatorischen Faktoren zu, die von der „Machtressourcen"-Schule innerhalb der politischen Ökonomie hervorgehoben werden (Korpi 1983). Deren Erklärungskraft hat unter den internationalen ökonomischen Rahmenbedingungen der achtziger und neunziger Jahre deutlich nachgelassen (Canova 1994).

sind, durch die Zuweisung von institutionalisierten Kompetenzen und Vetorechten neutralisiert oder überlagert. So verringert die Verteilung politischer Macht durch allgemeine Wahlen auf der Grundlage gleicher Stimmengewichte wenigstens einige der vorhandenen Machtunterschiede in der Gesellschaft, und die Schaffung einer spezialisierten Behörde innerhalb des Staatsapparates kann die Machtressourcen von politisch ansonsten schwachen Gruppen deutlich erhöhen. Diese institutionellen Aspekte sind innerhalb des Ansatzes des akteurzentrierten Institutionalismus natürlich von zentraler Bedeutung, und sie werden in diesem Buch immer wieder diskutiert, aber es erscheint nicht sinnvoll, an dieser Stelle eine allgemeine Klassifikation zu versuchen.

Was allerdings unter allgemeinen Gesichtspunkten diskutiert werden muß, sind die Bedingungen, unter denen es angemessen ist, akteurzentrierte Konzepte auf Einheiten anzuwenden, die mehrere oder viele Menschen umfassen. Diese Frage ist weder für auf die Mikroebene ausgerichtete Rational-Choice-Theoretiker von Bedeutung, die strikt den Prinzipien des methodologischen Individualismus folgen, noch für auf die Makroebene ausgerichtete Systemtheoretiker, die für akteurzentrierte Ansätze nur Spott übrig haben, da sie „Milliarden von gleichzeitig handelnden Akteuren" (Luhmann 1988, 132) in Betracht ziehen müßte. Für den akteurzentrierten Institutionalismus ist dieses Problem jedoch von zentralem Interesse. Im folgenden werde ich zunächst diese Frage erörtern und danach die Kategorien erklären, die wir zur Beschreibung der Wahrnehmungen und Präferenzen individueller oder komplexer Akteure anwenden.

Individuen und komplexe Akteure

Obwohl es eine Binsenweisheit ist, die vom methodologischen Individualismus zum Dogma erhoben wurde, daß letztlich nur Individuen handeln können, wissen wir, daß Individuen rechtlich und faktisch häufig im Namen und im Interesse einer anderen Person, einer größeren Gruppe oder einer Organisation handeln. In Kapitel 2 habe ich einfach angenommen, daß es empirisch sinnvoll ist, Ansammlungen von Individuen als komplexe Akteure zu behandeln und politische Ergebnisse mit Bezug auf deren Präferenzen und strategische Entscheidungen zu erklären. Die folgenden Abschnitte werden nun die Bedingungen untersuchen, unter denen diese Annahmen empirisch sinnvoll oder nicht sinnvoll sind. Dabei wird es jedoch notwendig sein, den Doppelcharakter jeder Konzeptualisierung von Akteuren oberhalb der individuellen Ebene zu beachten. Wenn er nicht nur als rhetorische Floskel benutzt wird, bedeutet der Begriff des komplexen Akteurs, daß eine Fähigkeit zu intentionalem Handeln oberhalb der beteiligten Individuen vorhanden sein muß. Da aber tatsächlich nur Individuen über Intentionen verfügen, muß die Fähigkeit zum Handeln auf der höheren Ebene bzw. den höheren Ebenen[3] durch interne Interaktionen erzeugt werden. Daraus folgt, daß dasselbe empirische Phänomen aus zwei Perspektiven untersucht werden muß: von außen, als komplexer Akteur mit bestimmten Ressourcen und einer größeren oder geringeren Fähigkeit, diese Ressourcen in strategischen Handlungen einzusetzen, und von innen, als institutionelle Struktur, innerhalb derer interne Akteure interagieren, um die Handlungen zu produzieren, die dem komplexen Akteur zugerechnet werden. In unserem Zusammenhang bedeutet dies, daß die Konzepte und Hypothesen, die zur Analyse externer Interaktionen entwickelt werden, im Prinzip auch auf die Ebene der internen Interaktionen innerhalb komplexer Akteure angewendet werden können. Das sichert unserem Ansatz eine größere konzeptionelle Geschlossenheit.

Das Konzept des komplexen Akteurs wäre jedoch in der Praxis nutzlos, und die Kritiker würden akteurzentrierten Ansätzen zu Recht einen Platz innerhalb der sozialwissenschaftlichen Theorie oberhalb der Mikroebene verweigern, wenn es in jeder Studie nötig wäre, die Untersuchung auf die Ebene der internen Interaktionen auszudehnen. Tatsächlich hängt die Möglichkeit, den akteurzentrierten Institutionalismus als empirisches Forschungsprogramm einzusetzen, ganz entscheidend von der Annahme ab, daß die „Architektur der Komplexität" (Simon 1962) realer Interaktionen es uns erlaubt, größere Einheiten als Akteure zu behandeln, deren Entscheidungen unter Hinweis auf Faktoren erklärt werden können, die auf der Ebene der größeren Einheit definiert werden.

---

3   Die Mitglieder eines korporativen Akteurs müssen nicht unbedingt Individuen sein, sondern können auch untergeordnete korporative Akteure sein.

Aber was folgt daraus, wenn wir eine Ansammlung von Individuen als komplexen Akteur behandeln? Die Antwort hängt von den Zielen der jeweiligen Untersuchung ab. Wenn es um die Fähigkeit zum Abschluß rechtlich verbindlicher Verträge geht, so legt das Recht die Arten von „juristischen Personen" fest, die mit der Fähigkeit ausgestattet sind, Rechte zu erwerben oder zu veräußern, und es legt ebenfalls fest, welche Individuen unter welchen Bedingungen das Recht haben, auf verbindliche Weise für eine bestimmte Einheit zu handeln, und welche Handlungen, von wem auch immer sie ausgeführt werden, welcher rechtlichen Einheit zugerechnet werden müssen. Wir tun gut daran, diese rechtlichen Grundregeln in unsere institutionalistische sozialwissenschaftliche Forschung mit einzubeziehen. Allerdings stehen sie nicht im Mittelpunkt unseres Forschungsinteresses.

Für uns geht es vor allem darum, daß Konzepte komplexer Akteure die Aufgabe erleichtern, politische Entscheidungen unter Verwendung von akteurtheoretischen Begriffen zu erklären und vorherzusagen. Selbstverständlich unterscheiden sich kollektive Einheiten erheblich im Ausmaß ihrer Integration und deshalb ist es auch in unterschiedlichem Maße möglich, zutreffende Erklärungen zu gewinnen, ohne daß man auf Informationen über individuelle Akteure und ihre Aktionen auf der Mikroebene zurückgreifen muß. Entsprechende Unterscheidungen werde ich später einführen. Aber selbst dort, wo eine solche Entkoppelung nicht angemessen ist, so daß die Erklärungen sich allein auf Informationen über die Entscheidungen auf der Mikroebene stützen müssen, können diese ähnlich genug sein, um im Rahmen von Untersuchungen auf der Meso- oder Makroebene Ansammlungen von Individuen als Einheit (wenn auch nicht als strategiefähigen Akteur) erscheinen zu lassen. Ich werde mich zuerst dieser Möglichkeit zuwenden.

Akteur-Aggregate und eigendynamische Koordination

Es ist eine sowohl in der Alltagssprache als auch in wissenschaftlichen Analysen übliche und vollkommen zulässige Praxis, aggregierte Kategorien zu benutzen, um die parallel verlaufenden Handlungen von mehreren Individuen zu beschreiben, die bestimmte wichtige Merkmale teilen. Es kann daher angemessen sein, in einer Untersuchung über die amerikanischen Präsidentschaftswahlen von der „farm vote" zu sprechen oder in einer Analyse der Steuergesetzgebung vom Risiko der „Kapitalflucht". Wenn man solche Quasi-Gruppen oder Klassen als Kürzel für die parallelen Entscheidungen vieler Individuen gebraucht, hängt die Erklärungskraft vollständig von Informationen über die Präferenzen und die situationsspezifischen Bedingungen der individuellen Akteure auf der Mikroebene ab, und die einfachere aggregierte Beschreibung läßt sich ausschließlich durch die unterstellte empirische Ähnlichkeit der individuellen Entscheidungen rechtfertigen.

Aber die Verbindung zwischen Mikro- und Makroebene kann auch komplexer und daher theoretisch interessanter sein als die bloße Aggregation. Das trifft auf Gruppen von Akteuren zu, die sich nicht unbedingt in ihren Eigenschaften oder Präferenzen ähneln, deren Nutzenfunktionen aber auf eine Weise interdependent sind, bei der bestimmte Handlungen einiger Akteure die Wahrscheinlichkeit erhöhen oder verringern, daß andere Akteure genauso handeln. Beispiele hierfür sind etwa Mitläufer-Effekte in Wahlkämpfen, „Hausse"- und „Baisse"-Phasen an den Börsen, „Schweinezyklen" der Überproduktion und der Warenknappheit auf Agrarmärkten oder Moden und Trends im Konsumverhalten. Die zugrundeliegenden Mechanismen auf der Mikroebene können als Formen zirkulärer Stimulation beschrieben werden, die *eigendynamische* Prozesse hervorrufen, die auf der aggregierten Ebene zu positiven und negativen Rückkopplungseffekten führen, was wiederum zur Folge haben kann, daß bestimmte Phänomene sich nach oben oder unten schrauben oder zyklisch fluktuieren (Maruyama 1963; Masuch 1985; Mayntz/Nedelmann 1987; Tsebelis/Sprague 1989).

Wenn die Präferenzen oder externen Bedingungen jedes Akteurs innerhalb einer Gruppe sich voneinander unterscheiden, kann das aggregierte Verhalten auch durch *Schwelleneffekte* bestimmt sein, so daß die Anzahl der Individuen, die sich leichter zum Handeln anregen lassen, einen bestimmten Grenzwert erreichen muß, bevor die resistenteren (oder ängstlicheren) Mitglieder der Gruppe ebenfalls reagieren (Granovetter 1978). Dieses Modell scheint besonders geeignet zu sein, um Revolutionen oder den Sturz scheinbar stabiler Diktaturen zu erklären.[4] Da die Ähnlichkeit der Handlungen einer größeren Zahl von Individuen nicht nur auf der ursprünglichen Ähnlichkeit ihrer Eigenschaften beruht, sondern auch durch die Rückkopplungseffekte verstärkt wird, kann die eigendynamische Koordination ein sehr viel höheres Maß an Kohärenz und eine höhere Persistenz und Dynamik erreichen, als man es von der bloßen Aggregation der Handlungstendenzen ähnlich ausgerichteter und unabhängig voneinander handelnder Individuen erwarten könnte. Aber obwohl der Erklärungsmechanismus sich auf strukturelle Informationen über die Beziehungen zwischen Individuen und über die Verteilung der Präferenzen innerhalb einer Gruppe von Individuen stützt, ist es doch nach wie vor so, daß nur individuelle Akteure betrachtet werden, von denen man annimmt, daß sie nur aus ihrer eigenen Handlungsperspektive und nur unter Berücksichtigung ihrer eigenen Auszahlungserwartungen handeln. Der aggregierte Effekt ist dann ein Ergebnis individueller Entscheidungen, aber er ist nicht selbst Gegenstand der zweckgerichteten Entscheidung irgendeines Akteurs. Man sollte sich deshalb davor hüten, in spieltheoretischen Analysen Akteur-Aggregaten wie „Wählern", „Bauern" oder „Stadtbewohnern" strategische Entscheidungen zuzuschreiben. Dennoch könnten sie so modelliert werden, daß sie auf vorhersehbare Weise auf Spielzüge anderer (individueller oder komplexer) Akteure reagieren, die zu strategischem Handeln fähig sind.

---

4   Ein aktuelles Beispiel für eine Abwärtsspirale unter den Bedingungen unterschiedlicher Präferenzen ist die Selbstzerstörung der Polikliniken im ostdeutschen Gesundheitssystem. Obwohl eine große Mehrheit der dort beschäftigten Ärzte sich dafür ausgesprochen hatte, ihre Tätigkeiten in der bisherigen Form fortzuführen, waren praktisch alle innerhalb eines Jahres nach der deutschen Einheit in Privatpraxen tätig. Die Erklärung liegt offenbar nicht in einem Wandel der intrinsischen Präferenzen der Mehrheit. Aber als die Minderheit der Ärzte, die schon immer Privatpraxen eröffnen wollten, damit begann, ihre Absichten in die Tat umzusetzen, schien der Fortbestand mancher Polikliniken nicht mehr sicher zu sein. Somit sahen sich mehr und mehr Ärzte dazu veranlaßt, dem Beispiel ihrer Kollegen zu folgen, was wiederum die Erwartungen der anderen Ärzte beeinflußte, bis schließlich alle Angst hatten, in verlorenen Polikliniken zurückgelassen zu werden, da in der Zwischenzeit die meisten Patienten zu den Ärzten in Privatpraxen gewechselt haben würden, die schon früh die Polikliniken verlassen hatten (Wasem 1992).

Kollektive und korporative Akteure

Der Begriff „komplexer Akteur" ist daher Konstellationen vorbehalten, bei denen die „Intention" intentionalen Handelns sich auf die von den beteiligten Individuen erwartete gemeinsame Wirkung koordinierten Handelns bezieht. Mit anderen Worten: Der Gebrauch von akteurtheoretischen Konzepten oberhalb der individuellen Ebene setzt voraus, daß die beteiligten Individuen die Absicht haben, ein gemeinsames Produkt zu schaffen oder ein gemeinsames Ziel zu erreichen. Bloße Tauschbeziehungen und Markttransaktionen würden dieses Kriterium nicht erfüllen, wohl aber Joint Ventures. Jenseits dieser definitorischen Minimalanforderungen variiert der Integrationsgrad verschiedener Arten komplexer Akteure jedoch deutlich. Sinnvollerweise sollte man weiter unterscheiden zwischen „kollektiven Akteuren", die von den Präferenzen ihrer Mitglieder abhängig sind und von diesen kontrolliert werden, und „korporativen Akteuren", die über ein hohes Maß an Unabhängigkeit von den letztendlichen Nutznießern ihres Handelns verfügen und deren Aktivitäten von Arbeitnehmern ausgeführt werden, deren eigene Interessen durch Arbeitsverträge neutralisiert werden (Coleman 1974; Mayntz 1986).

Für kollektive Akteure können weitere Unterscheidungen entlang zweier Dimensionen eingeführt werden. Die erste beschreibt das Ausmaß, in dem kritische Handlungsressourcen entweder im Besitz der einzelnen Mitglieder sind oder „kollektiviert" wurden und der Verfügungsgewalt des kollektiven Akteurs unterliegen. Ein wichtiger empirischer Indikator hierfür ist das Vorhandensein eines Mitarbeiterstabes und dessen relative Bedeutung bei der Ausführung der Aktivitäten des kollektiven Akteurs. Die zweite Dimension betrifft die Tatsache, daß kollektive Akteure, anders als individuelle oder korporative Akteure, nicht autonom über ihre handlungsleitenden Präferenzen entscheiden können, sondern von den Präferenzen ihrer Mitglieder abhängig sind. Diese können sich jedoch entweder auf die separaten Absichten dieser Mitglieder beziehen oder auf Ziele, die nur auf der Ebene des Kollektivs definiert werden können.[5] So ist eine „Logrolling"-Vereinbarung zwi-

---

5 Die Unterscheidung individueller oder kollektiver Handlungsorientierungen entspricht nicht der üblichen ökonomischen Unterscheidung zwischen „priva-

schen zwei Gruppen von Senatoren im amerikanischen Senat den separaten Absichten beider Gruppen förderlich, während die Mitglieder einer Anti-Abtreibungsbewegung ein gemeinsames Ziel anstreben müssen. Daraus ergibt sich eine Typologie, die „Koalitionen", „soziale Bewegungen", „Clubs" und „Verbände" umfaßt (Abbildung 3.1).

Abbildung 3.1: Arten kollektiver Akteure

Bezug der Handlungsorientierungen

		separate Ziele	kollektive Ziele
Kontrolle der Handlungs-ressourcen	separat	Koalition	Soziale Bewegung
	kollektiv	Club	Verband

Koalitionen werden hier als relativ dauerhafte Arrangements zwischen Akteuren definiert, die getrennte, aber im großen und ganzen miteinander vereinbare Ziele verfolgen, und die separate Handlungsressourcen im Rahmen koordinierter Strategien einsetzen. Normalerweise verfügen die Mitglieder über eine Austrittsoption. Obwohl in Koalitionen der gemeinsame Effekt des koordinierten Handelns aktiv angestrebt wird, ist die Bewertung der gemeinsamen Strategien auf den individuellen Nutzen der einzelnen beteiligten Mitglieder ausgerichtet. Im Prinzip müssen Koalitionen deshalb auf der Grundlage von Vereinbarungen handeln, und sie können sich nur auf Strategien einigen, von denen alle Mitglieder gleichzeitig glauben, daß sie ihren separaten Eigeninteressen förderlich sind. Dennoch können die langfristigen Vorteile der Mitgliedschaft in einer bestimmten Koalition die Zustimmung zu einzelnen Entscheidungen erleichtern, die – für sich betrachtet – den

---

ten Gütern" und „kollektiven Gütern", weil diese auf den „objektiven" Kriterien der Rivalität hinsichtlich des Gebrauchs und des Ausschlusses vom Gebrauch beruhen.

Interessen einzelner Mitglieder zuwiderlaufen. Obwohl Entscheidungen für bestimmte Handlungsverläufe von der Koalition als Ganzes getroffen werden, hängt ihre effektive Implementation in jedem Fall von den Entscheidungen der einzelnen Mitglieder ab, da die entscheidenden Handlungsressourcen in ihren Händen liegen.

Soziale Bewegungen sind ebenfalls vollständig auf die freiwillige Kooperation ihrer Mitglieder angewiesen, aber sie unterscheiden sich von Koalitionen in zwei wichtigen Aspekten. Einerseits ist ihre Mitgliedschaft normalerweise so groß und verstreut, daß die Koordination durch Verhandlungen oder sogar durch Abstimmungen praktisch unmöglich ist. Auf der anderen Seite zeichnen sich die Mitglieder einer Bewegung typischerweise durch das moralische oder ideologische Engagement für ein gemeinsames Ziel aus, das selbst bei hohen Opfern für einzelne Mitglieder verfolgt wird. Es gibt jedoch, wie bei Koalitionen, keine institutionalisierte Führungsstruktur[6], und obwohl ein hoher Grad an Übereinstimmung durch öffentliche Diskussionen über alternative Handlungsoptionen erreicht werden kann, verbleiben entscheidende Handlungsressourcen – insbesondere die aktive physische Teilnahme an gemeinsamen Aktionen – unter individueller Kontrolle. Daraus folgt, daß soziale Bewegungen sich auf relativ einfache, klar definierte Strategien einigen können, aber gegenüber einem Gegner, der über eine höhere strategische Flexibilität verfügt, im Nachteil sind. Das hat sich etwa am Beispiel der Pariser Kommune gezeigt, deren anfänglicher Triumph durch die Strategie der ursprünglich viel schwächeren staatlichen Ordnungskräfte doch noch in eine Niederlage verwandelt wurde (Haffner 1987).

Clubs teilen manche Eigenschaften von Koalitionen, aber sie profitieren auch von den Vorzügen kollektivierter Handlungsressourcen. Einerseits wird angenommen, daß Mitglieder eines Clubs, wie Mitglieder einer Koalition, durch individuelles Eigeninteresse motiviert werden und daß sie die Aktivitäten des Clubs dementsprechend bewerten; darüber hinaus ist die Mitgliedschaft freiwillig, und die Austrittsoption ist im allgemeinen nicht mit hohen Ko-

---

6 Soziale Bewegungen, an deren Spitze eine charismatische Führungspersönlichkeit steht, können wesentlich höhere strategische Fähigkeiten erreichen. Analytisch sollten sie als „Verbände" behandelt werden.

sten verbunden. Auf der anderen Seite bedeutet die Mitgliedschaft normalerweise, daß man verpflichtet ist, regelmäßige Beiträge zu den kollektiven Ressourcen zu leisten. Dementsprechend kann auch die Bereitstellung gemeinsamer Güter von einem Mitarbeiterstab übernommen werden. Die notwendige institutionelle Entsprechung ist eine formalisierte Entscheidungsstruktur, in der die Entscheidung über den Einsatz dieser gemeinsamen Ressourcen auf kollektive Entscheidungsprozesse übertragen wird. Beispiele für solche Clubs sind Interessengruppen und internationale Organisationen mit Dienstleistungscharakter (zum Beispiel die OECD), die über ein „Sekretariat" verfügen und ein zentrales Budget besitzen, aus dem die tatsächlich unternommenen Aktionen finanziert werden.

Verbände schließlich sind in beiden Dimensionen integriert (Streeck/Schmitter 1985). Die entscheidenden Handlungsressourcen befinden sich unter kollektiver Kontrolle[7], und die Entscheidungen werden auf der Grundlage von Präferenzen bewertet, die auf der Ebene des kollektiven Akteurs definiert werden – und sie können das Ziel haben, die Mitglieder zu beeinflussen und zu kontrollieren. Die Mitgliedschaft kann freiwillig oder obligatorisch sein (so im Fall „korporatistischer" Berufsverbände mit Zwangsmitgliedschaft). Dennoch sind Verbände normativ als „Bottom-up"-Organisationen definiert. Sie sollen den Interessen ihrer Mitglieder dienen, welche, in der Sprache der Principal-Agent-Theorie, die Position des „Auftraggebers" (*principal*) einnehmen, während die Führung und der zentrale Mitarbeiterstab als deren „Beauftragte" (*agents*) behandelt werden. Daher ist nicht nur das Führungspersonal gegenüber den Mitgliedern direkt und indirekt verantwortlich, sondern es haben auch die Präferenzen der Mitglieder, sofern sie geäußert werden, Vorrang vor denen der Führung. Die meisten Handlungsressourcen befinden sich jedoch im Besitz des Verbandes, und die faktische Kontrolle über ihren Einsatz liegt in den Händen der Führung.

---

7 Dennoch können die Mitglieder die Kontrolle über einige wichtige Handlungsressourcen behalten. In Tarifauseinandersetzungen ist der Arbeitgeberverband zum Beispiel dazu berechtigt, verbindliche Entscheidungen über Konfliktstrategien zu treffen, aber Aussperrungen müssen dennoch von einzelnen Unternehmen umgesetzt werden. Dasselbe trifft auf der Gewerkschaftsseite für Streikbeschlüsse zu.

„Korporative Akteure" hingegen sind typischerweise „Topdown"-Organisationen, die von einem „Eigentümer" oder, an dessen Stelle, von einer hierarchischen Führung kontrolliert werden, die Eigentümer oder Nutznießer vertritt. Selbst wenn sie „Mitglieder" im formellen Sinne haben, wirken diese Mitglieder nicht aktiv an der Festlegung der Handlungsoptionen des kollektiven Akteurs mit, sondern haben höchstens die kollektive Macht, das Führungspersonal auszuwählen und abzuberufen. Jedenfalls sind die Strategieentscheidungen von den Präferenzen der Mitglieder abgekoppelt. Darüber hinaus sollten sie auch unabhängig von den privaten Präferenzen des bürokratischen Stabes sein, der an der Vorbereitung dieser Entscheidungen beteiligt und für deren Durchführung verantwortlich ist. Von diesem Personal wird erwartet, daß es die Regeln befolgt, welche durch die zentralen Entscheidungsprozesse und die hierarchischen Anordnungen der Führung festgelegt werden. Es wird angenommen, daß ihre eigenen Sonderinteressen durch das Beschäftigungsverhältnis neutralisiert werden (March/ Simon 1958). Das Gesamtmuster der Eigenschaften aggregierter, kollektiver und korporativer Akteure ist in Tabelle 3.1 zusammengefaßt.

Tabelle 3.1: Überblick – Aggregierte, kollektive und korporative Akteure

	Aggregierte Akteure	Kollektive Akteure				Korporative Akteure
		Koalition	Club	Soziale Bewegung	Verband	
Handlung	individuell	gemeinsam	gemeinsam	gemeinsam	gemeinsam	Organisation
Ziel	individuell	individuell	individuell	kollektiv	kollektiv	Organisation
Ressourcen	individuell	individuell	kollektiv	individuell	kollektiv	Organisation
Entscheidungen	individuell	Vereinbarung	Abstimmung	Konsens	Abstimmung	hierarchisch

Korporative Akteure können daher Identitäten, Ziele und Fähigkeiten haben, die unabhängig sind von den Interessen und Präferenzen der Gruppen, denen sie dienen sollen. Auf der positiven Seite ermöglicht dies einen Grad an Effizienz und Effektivität, der von kollektiven Akteuren, die unmittelbar auf die Präferenzen ihrer Mitglieder angewiesen sind, nicht erreicht werden kann. Auf der negativen Seite ist die immer weiter um sich greifende Beherrschung der Welt durch große, mächtige und oft gegenüber niemandem verantwortliche korporative Akteure sicherlich eine Alptraum-Vision für die normative politische Theorie und Sozialphilosophie (Coleman 1974; 1986). Es muß jedoch angemerkt werden, daß die Unterscheidung zwischen kollektiven und korporativen Akteuren analytischer Art ist und Zwischenformen empirisch recht häufig vorkommen.

Aus theoretischer und praktischer Sicht sind Lösungen noch wichtiger, die Strukturen kollektiver und korporativer Akteure getrennt institutionalisieren und diese so miteinander kombinieren, daß sie komplementären Zielen dienen. Das bietet die Möglichkeit, sowohl die mitgliederorientierte Verantwortlichkeit des kollektiven Akteurs als auch die überlegene Effizienz und Effektivität des korporativen Akteurs optimal zur Geltung zu bringen. Das beste Beispiel hierfür ist der demokratische Staat. Er nutzt die verbandlichen Strukturen der allgemeinen Wahlen, der Parteienkonkurrenz und der parlamentarischen Verantwortlichkeit von Ministern, um die Macht des bürokratischen Apparates zu kontrollieren – der allerdings in der alltäglichen Arbeit gegenüber unmittelbaren Eingriffen von Seiten der Politik weitgehend abgeschottet ist. In einem anderen Modell kombiniert die Europäische Union die Struktur eines intergouvernementalen „Clubs", dessen zentrale Institution der Ministerrat ist, mit den Fähigkeiten des korporativen Akteurs der Europäischen Kommission (Schneider/Werle 1990). Ähnliche Kombinationen finden sich bei vielen Verbänden. Im typischen Fall legitimiert und kontrolliert die verbandliche Struktur eine Führung, von der wiederum erwartet wird, daß sie einen bürokratischen Mitarbeiterstab beaufsichtigt. Die bürokratische Organisation ist einerseits die wichtigste Handlungsressource des Verbandes, aber auf der anderen Seite ist sie auch das wirkungsvollste Instrument, mit dessen Hilfe die Führung den Verband und seine Mitglieder kontrollieren und ausbeuten kann. Diese Fragen werden im weiteren Verlauf des Buches behandelt. Um es zu wiederholen: Empirisch gibt es keine klare Trennlinie zwischen den analytisch definierten Kategorien der korporativen und kollektiven Akteure oder zwischen den verschiedenen Arten kollektiver Akteure. Dennoch sind diese Unterscheidungen nützlich, um zu verdeutlichen, daß der Integrationsgrad komplexer Akteure stark variiert und daß in jedem einzelnen Fall die Bedingungen geklärt werden müssen, unter denen die vereinfachende Annahme zulässig ist, daß eine Mehrzahl von Individuen für bestimmte Zwecke als einheitlicher, strategiefähiger Akteur behandelt werden kann.

Die Fähigkeit zu strategischem Handeln

Es ist jedoch nach wie vor notwendig, die Bedingungen genauer zu klären, unter denen akteurtheoretische Erklärungen tatsächlich auf komplexe Akteure angewendet werden können. Dem idealen individuellen Akteur, wie er uns in Rational-Choice-Modellen begegnet, wird unterstellt, daß er die Fähigkeit zu strategischem Handeln besitzt – was bedeutet, daß er in der Lage ist, auf der Grundlage wirklichkeitsgetreuer Wahrnehmungen und mit Hilfe ausreichender Informationsverarbeitungskapazitäten auf die Risiken und Chancen zu reagieren, die in einer bestimmten Akteurkonstellation enthalten sind. Er tut dies, indem er diejenigen Strategien auswählt, die seinen erwarteten Gesamtnutzen maximieren. Vor einer Anwendung dieses individualistischen Modells – oder einer „begrenzt rationalen" Version davon – auf komplexe Akteure müssen jedoch zunächst dessen kognitive und evaluative Mechanismen neu formuliert werden.

In der *kognitiven* Dimension sind komplexe Akteure auf interpersonale Informationsverarbeitung und Kommunikation angewiesen. Die strategische Fähigkeit ist gering, wenn die einzelnen Mitglieder unterschiedliche kognitive Orientierungen haben, und sie wird größer, wenn die Weltbilder und Kausaltheorien relevanter Untergruppen in gemeinsamen – und empirisch zutreffenden – Interpretationen einer bestimmten Situation und der darin enthaltenen Optionen und Beschränkungen konvergieren. Die Voraussetzungen, Risiken und Vorteile kognitiver Konvergenz werden in der Literatur über „Gruppendenken" (Janis 1972), „Advocacy-Koalitionen" (Sabatier 1987; Sabatier/Jenkins-Smith 1993) und über „epistemische Gemeinschaften" (Haas 1992) diskutiert. Doch die methodologischen Schwierigkeiten bei der Messung der Konvergenz oder Divergenz der „kognitiven Landkarten" individueller und kognitiver Akteure sollten nicht unterschätzt werden (Axelrod 1976).

In der *evaluativen* Dimension setzt die Fähigkeit zu strategischem Handeln eine Integration der Präferenzen voraus. Allgemein ausgedrückt bedeutet dies die Fähigkeit, einige Verluste hinzunehmen, um größere Gesamtvorteile zu gewinnen (oder um größere Gesamtverluste zu vermeiden). Integration hat eine intertemporale, eine intersektorale und eine interpersonale Dimension – sie umfaßt also die Fähigkeit, zugunsten späterer Gewinne auf sofort erreichbare Vorteile zu verzichten, die Fähigkeit, eine Interessenart gegen eine wichtigere einzutauschen, und weiterhin die Fähigkeit, die Interessen mancher Mitglieder dem Vorteil des gesamten Kollektivs zu opfern. Obwohl diese drei Aspekte der strategischen Handlungsfähigkeit sich konzeptionell unterscheiden, haben sie alle einen interpersonalen Charakter, wenn es um komplexe Akteure geht. Deren Mitglieder können von jeder der möglichen Handlungsoptionen unterschiedlich betroffen sein, und sie können im Hinblick auf diese Optionen unterschiedliche Präferenzen haben.

Zusammenfassend läßt sich also sagen, daß die Fähigkeit zu strategischem Handeln einerseits von der vorhandenen Konvergenz oder Divergenz der (politisch relevanten) Wahrnehmungen und Präferenzen zwischen den (politisch relevanten) Mitgliedern des komplexen Akteurs und andererseits von der Fähigkeit zur Konfliktlösung innerhalb der kollektiven Einheit abhängt. Da unterschiedliche Wahrnehmungen und unterschiedliche evaluative Kriterien schließlich zu unterschiedlichen Präferenzen über die möglichen Handlungsverläufe führen, können beide mit Hilfe der in Kapitel 4 (Akteurkonstellationen) diskutierten konzeptionellen Werkzeuge dargestellt werden.

Geht man von einem gegebenen Konfliktniveau aus, dann hängt die strategische Handlungsfähigkeit komplexer Akteure von institutionellen Bedingungen ab, die eine interne Konfliktlösung erleichtern oder erschweren. Diese Bedingungen werden größtenteils durch die Interaktionsformen bestimmt, die weiter unten noch genauer erläutert werden. Komplexe Akteure, die zur Beilegung interner Konflikte auf Verhandlungen angewiesen sind, haben eine geringere Fähigkeit zur Konfliktlösung als Akteure, die auf Mehrheitsabstimmungen und hierarchische Entscheidungen zurückgreifen können, um fortdauernde interne Uneinigkeit zu überwinden. Es muß aber eine Einschränkung gemacht werden: Mehrheitsabstimmungen und hierarchische Entscheidungen sind höchst effektiv bei der Sicherung der Handlungsfähigkeit angesichts von konfligierenden Präferenzen, aber sie können katastrophale Folgen haben, wenn sie zur Lösung kognitiver Konflikte benutzt werden, die auf unterschiedlichen Informationsquellen oder divergierenden Ursache-Wirkungs-Hypothesen beruhen. Da sich empirische Fälle hinsichtlich der relativen Bedeutung divergierender Präferenzen und Wahrnehmungen unterscheiden, können wir einem bestimmten Strukturtyp nicht generell eine höhere oder niedrigere strategische Handlungsfähigkeit zuschreiben.

Fälle, in denen die tatsächliche Konfliktregelungskapazität von kollektiven Akteuren den typischen Anforderungen nicht genügt, sind in der Praxis seltener als man theoretisch erwarten könnte. Zum Beispiel ist es unwahrscheinlich, daß überhaupt versucht wird, eine Koalition zu bilden, wenn die beteiligten Akteure nicht bereits im vorhinein davon überzeugt sind, daß ihre Interessen hinreichend übereinstimmen, um eine Zusammenarbeit für alle attraktiv erscheinen zu lassen. Wenn das zutrifft, dann werden die mit internen Verhandlungen verbundenen Transaktionskosten so gering sein, daß die Koalition gegenüber der Außenwelt als effektiver strategischer Akteur erscheint. Das schließt jedoch nicht aus, daß eine bestehende Koalition plötzlich mit einem Problem konfrontiert wird, bezüglich dessen die Interessen ihrer Mitglieder so stark divergieren, daß die schwachen Konflikregelungspotentiale überfordert werden. Aber das ist nicht der Normalfall, denn sonst würde die Koalition gar nicht existieren. Ähnlich verhält es sich bei sozialen und politischen Bewegungen. Sie verfügen über sehr geringe Konfliktregelungskapazitäten, aber sie können dennoch eine beachtliche strategische Handlungsfähigkeit erreichen, weil die Wahrnehmungen und Präferenzen ihrer Mitglieder aufgrund ihres starken ideologischen Engagements konvergieren. Im Gegensatz dazu können Organisationen mit stark ausgeprägten majoritären oder hierarchischen Kapazitäten, wie etwa die britischen politischen Parteien, auch Probleme bewältigen, bei denen die Präferenzen ihrer Mitglieder stark divergieren (und mit denen andere Organisationen überhaupt nicht fertig werden würden).

Es ist daher wahrscheinlich, daß wir in der Empirie zumeist komplexe Akteure vorfinden werden, die im großen und ganzen die Fähigkeit zu strategischem Handeln in den Bereichen besitzen, mit denen sie routinemäßig zu tun haben – woraus folgt, daß Unterschiede in der strategischen Handlungsfähigkeit in erster Linie dann auftauchen werden, wenn bestehende kollektive Akteure mit neuen Problemen konfrontiert werden, die im Rahmen des gewohnten Repertoires von Strategien nicht bewältigt werden können. In dem eingangs diskutierten Beispiel bedurfte es der Ölpreiskrise der frühen siebziger Jahre, um die charakteristischen Stärken und Schwächen der strategischen Handlungsfähigkeit der österreichischen, britischen, deutschen und schwedischen Gewerkschaften offenzulegen, die zuvor alle fähig erschienen, gemeinsame Interessen in ihrer jeweiligen Umwelt zu verfolgen (Scharpf 1987). In unserem Ansatz werden diese Unterschiede der strategischen Handlungsfähigkeit mit Hilfe institutioneller Faktoren erklärt, welche die internen Interaktionen kollektiver Akteure bestimmen. Da sie analytisch mit den Faktoren übereinstimmen, welche die externen Interaktionen beeinflussen, die in den nächsten Kapiteln behandelt werden, wird an dieser Stelle nicht weiter darauf eingegangen. Hier steht vielmehr die Frage im Vordergrund, wie damit umzugehen ist, daß sich akteurzentrierte Erklärungen notwendigerweise auf subjektive Bewußtseinsinhalte beziehen müssen, die der empirischen Forschung nicht unmittelbar zugänglich sind.

Handlungsorientierungen

Die Hauptschwierigkeit für akteurzentrierte Ansätze liegt darin, daß sie grundsätzlich auf intentionale Erklärungen zurückgreifen müssen, die sich notwendigerweise auf subjektive Phänomene beziehen (Dennett 1981; Rosenberg 1988). Die Ursachen und erwarteten Wirkungen einer Handlung liegen nicht in der realen Welt, sondern müssen im mentalen Abbild der Welt im Bewußtsein der Akteure lokalisiert werden; und die Motive der Handlungen basieren nicht auf den objektiven Interessen der Akteure, sondern auf ihren subjektiven Präferenzen. Darüber hinaus können wir aus den in Kapitel 1 diskutierten Gründen auch nicht davon ausgehen, daß Präferenzen und Wahrnehmungen intersubjektiv einheitlich oder intertemporal stabil sind.

Da die subjektiven Handlungsorientierungen nicht direkt beobachtet werden können, könnte man versucht sein, sie von den tatsächlich ausgewählten Handlungsverläufen abzuleiten – eine Versuchung, der in der Ökonomie durch das Konzept der „revealed preferences" methodologische Dignität verliehen wurde. Doch welchen Status eine solche Vorgehensweise in der ökonomischen Theorie auch immer haben mag (Sen 1977; 1986), als Instrument für die empirische Policy-Forschung könnte sie nur Tautologien anstelle von Erklärungen liefern.[8] In der retrospektiven Forschung mag es manchmal möglich sein, die effektiven Handlungsorientierungen mit Hilfe von Dokumenten oder Interviews mit beteiligten Personen zu rekonstruieren. Die verläßliche Rekonstruktion subjektiver Phänomene ist jedoch eine äußerst schwierige und arbeitsintensive Aufgabe in der empirischen Forschung (Vowe 1993). Deshalb versuchen wir erneut, so weit wie möglich mit vereinfachenden Annahmen und institutionell definierten Informationen zu arbeiten. Dabei hilft uns die Zerlegung des komplexen Konzepts der Handlungsorientierung in einfachere Bestandteile, deren Inhalt leichter durch institutionell geprägte oder empirisch beobachtbare Indikatoren bestimmt werden kann.

Bezugseinheiten

Obwohl es nach wie vor richtig ist, daß letztendlich nur Individuen zweckgerichtet handeln können, ist die Welt der empirischen Policy-Forschung von allen Arten kollektiver Akteure und insbesondere von korporativen Akteuren bevölkert. Dieser scheinbare Widerspruch löst sich auf, wenn man die Tatsache bedenkt, daß Individuen nicht immer für sich selbst handeln, sondern in repräsentativer Funktion agieren können, und daß sie in der Lage sind, sich mit größeren Einheiten – Familien, Gruppen, Nationen und vor allem mit Organisationen aller Art, wie zum Beispiel Unternehmen, Gewerkschaften, politischen Parteien, Ministerien und dem Staat – zu identifizieren und aus deren Perspektive zu handeln. Aus unserer Sicht löst sich daher die ewige Kontroverse innerhalb der Politikwissenschaft über die Frage, ob „der Staat" als theoretisch sinn-

---

8 Die Tautologie besteht darin, daß beobachtete Handlungen mit Hilfe von Präferenzen erklärt werden, die wiederum von beobachteten Handlungen abgeleitet wurden.

volles Konzept angesehen werden solle, in eine empirische Frage auf: Das Konzept ist sinnvoll, sofern es Akteure gibt, für deren Handlungsorientierung der Staat die entscheidende Bezugseinheit bildet.

Für die Policy-Forschung bedeutet dies, daß wir individuelles Verhalten – und nichts anderes können wir ja empirisch beobachten – auf die entsprechende (individuelle oder soziale) Einheit, in deren Namen gehandelt wird und aus deren Perspektive intentionale Entscheidungen erklärt werden können, beziehen müssen. Im allgemeinen ist das nicht schwer, da wir die Bezugseinheit von der sozialen Rolle, die der jeweilige Akteur ausfüllt, herleiten können. Soziale Rollen sind mit rollenspezifischen Normen und Erwartungen verbunden, die auch definieren, welcher sozialen Einheit rollenspezifische Handlungen dienen sollen. Gleichzeitig wird die Bereitschaft von Individuen, solche Rollen zu übernehmen, im allgemeinen durch Mitglieds-, Positions- und Karrierevorteile gesichert, die andernfalls nicht erreichbar wären. Ist eine Rolle erst einmal eingenommen, dann werden diese Erwartungen für gewöhnlich durch effektive Sanktionen unterstützt, angefangen von sozialer Mißbilligung über den Ausschluß von der jeweiligen Einheit bis zu strafrechtlicher Verfolgung. In den meisten Fällen nützt deshalb die Annahme individuellen Eigeninteresses wenig, wenn es darum geht, rollenbezogenes Verhalten vorherzusagen. Von Bedeutung sind vielmehr die normativen Erwartungen, die mit einer bestimmten Rolle verbunden sind, und vor allem die Wahrnehmungen und Präferenzen, die von der sozialen Einheit abgeleitet sind, in deren Namen die Handlungen ausgeführt werden. Wenn wir also wissen, daß eine bestimmte Person als Präsident der Zentralbank handelt und eine andere als Vorsitzender der Metallgewerkschaft, dann wissen wir schon sehr viel über die Positionen, die diese Personen einnehmen werden, wenn sie zu einer Sitzung der „konzertierten Aktion" eingeladen werden. Informationen über rollenspezifische Handlungsorientierungen sind natürlich leichter zu gewinnen als Informationen über idiosynkratische Handlungsorientierungen von Individuen.

Dennoch müssen wir zwei Schwierigkeiten beachten. Individuen nehmen häufig mehrere Rollen ein und handeln daher oft im Namen unterschiedlicher Bezugseinheiten. Normalerweise sind sie in der Lage, die mit diesen verschiedenen Rollen verbundenen

Handlungen voneinander zu trennen, zum Beispiel, wenn der Vorstandsvorsitzende eines großen Unternehmens gleichzeitig einen Sitz im Aufsichtsrat einer privaten Universität inne hat. Aber es kann auch Situationen geben, in denen die Entscheidung für einen bestimmten Handlungsverlauf notwendigerweise (und legitimerweise) aus der Perspektive mehrerer Bezugseinheiten bewertet wird. Und diese Bewertungen werden nicht unbedingt zu derselben Schlußfolgerung führen. Ein Beispiel hierfür ist die Doppelrolle von Mitgliedern des Bundesrates im deutschen Föderalismus (Scharpf 1995). Als Minister oder Ministerpräsidenten eines Bundeslandes müssen sie den Interessen ihres jeweiligen Landes dienen; als exponierte Parteimitglieder wird jedoch von ihnen erwartet, daß sie die Wahlchancen ihrer jeweiligen Bundespartei fördern und deren politische Positionen unterstützen. Diese Rollenkonflikte werden besonders akut, wenn die Opposition auf Bundesebene im Bundesrat über die Mehrheit der Sitze verfügt. Unter diesen Bedingungen des „divided government" wird die Oppositionspartei häufig versuchen, die Verabschiedung von Regierungsinitiativen zu blockieren, während den Interessen der Länder durch finanziell vorteilhafte Kompromisse besser gedient wäre als durch öffentlichkeitswirksames Scheitern von Regierungsprogrammen. Auf ähnliche Weise sind auch Landesregierungen aus dem Lager der Regierungsparteien auf Bundesebene den potentiell widersprüchlichen Erwartungen ausgesetzt, Initiativen der Bundesregierung parteipolitisch unterstützen und das Eigeninteresse ihrer jeweiligen Länder verteidigen zu müssen. Wenn diese Verpflichtungen sich widersprechen, wie es bei den Verhandlungen über die Neuordnung der Finanzverfassung nach der deutschen Vereinigung der Fall war, dann ist das Ergebnis nicht vorherzusagen, und jede Ex-post-Erklärung muß diese teils sich gegenseitig unterstützenden, teils widersprüchlichen Handlungsperspektiven entwirren (Renzsch 1994).

Darüber hinaus müssen wir immer mit der Möglichkeit rechnen, daß das individuelle Eigeninteresse oder die idiosynkratischen Handlungsorientierungen von Individuen (die ja niemals ganz von der Bildfläche verschwinden) in dem jeweils untersuchten Fall so wichtig werden, daß unsere Erklärungen zum Scheitern verurteilt sind, wenn wir sie außer acht lassen. Das ist am wahrscheinlichsten bei Führungspositionen der Fall, die weniger durch institutionalisierte Routinen, Kontrollen und Sanktionen eingeschränkt werden als andere organisatorische Rollen.[9] Wir schließen also die Möglichkeit nicht aus, daß die persönlichen Visionen von Charles de Gaulle oder Margaret Thatcher als wichtige Faktoren in der theorieorientierten Policy-Forschung angesehen werden müssen. Entsprechend unserer pragmatischen Orientierung an Lindenbergs (1991) „abnehmenden Abstraktionsgraden" versuchen wir jedoch, so weit wie möglich die leichter zugänglichen institutionellen Informationen zu nutzen, bevor wir uns auf die Suche nach idiosynkratischeren Handlungsorientierungen begeben.

Kognitive Orientierungen

In bezug auf *kognitive Orientierungen* gehen wir zunächst von der Arbeitshypothese aus, daß die Akteure direkt beobachtbare Tatsachen empirisch zutreffend wahrnehmen und daß ihre Hypothesen über nicht beobachtbare Sachverhalte und kausale Beziehungen von Theorien geleitet sind, die zu der jeweiligen Zeit und in dem jeweiligen institutionellen Kontext vorherrschen (Goldstein/Keohane 1993). Wir gehen also, anders als die neoklassische Ökonomie, nicht von allwissenden Akteuren aus, die über den Zustand der Welt und über alle objektiv möglichen Optionen vollständig informiert sind. Wir erwarten lediglich, daß die spezifischen Kombinationen von Wissen und Unwissen tendenziell bei allen Akteuren in institutionalisierten Interaktionen übereinstimmen – und daß sie eben deshalb auch dem Forscher zugänglich sind. Wir weichen von dieser Annahme des gemeinsamen Wissens und Unwissens nur ab, wenn wir spezifische Anhaltspunkte dafür haben, daß verschiedene Akteure beobachtbare Tatsachen auf der Grundlage unterschiedlicher Theorien interpretieren, was dazu führt, daß sie unterschiedliche strategische Entscheidungen treffen.

---

9   Dennoch sind auch die Inhaber von Führungspositionen durch die funktionalen Erfordernisse, die mit solchen Positionen verbunden sind, in ihrer Entscheidungsfreiheit eingeschränkt. Zu diesen gehören etwa die Notwendigkeit, die Staatseinnahmen und andere Handlungsressourcen zu sichern (Levi 1988), aber auch politische Erfordernisse, die am besten in Lyndon Johnsons berühmtem Diktum zum Ausdruck kommen, daß „man wiedergewählt werden muß, um ein Staatsmann zu sein".

Aufgrund unseres zentralen Interesses für die Problemlösungsfähigkeit politischer Prozesse müssen wir besonders auf Unterschiede in der empirischen Validität der Wahrnehmungen und Ursache-Wirkungs-Hypothesen achten, auf deren Grundlage tatsächlich gehandelt wird. Für unsere Erklärungen ist es von größtem empirischen Interesse, ob und wie Wahrnehmungen vom bestmöglichen Wissen abweichen (das oft nur aus der Retrospektive erkennbar ist). Insbesondere müssen wir überprüfen, inwiefern die möglichen Handlungsoptionen, ihre wahrscheinlichen Resultate und ihre Auswirkungen auf die jeweiligen Präferenzen korrekt wahrgenommen werden. Wenn Freiheit definiert wird als Wahrnehmung von wählbaren Optionen (Luhmann 1995), dann wird sie beschränkt, wenn mögliche Optionen unbekannt sind. Was noch wichtiger ist: In Konstellationen mehrerer Akteure hängt die Kompatibilität oder Inkompatibilität der Präferenzen und daher auch das Konfliktniveau entscheidend von den in Betracht gezogenen Optionen ab. In vielen höchst konflikthaften Situationen kann die Entdeckung bisher unbekannter „Win-Win-Lösungen" ausreichen, um eine politische Blockade zu überwinden und effektives gemeinsames Handeln zu ermöglichen (Pruitt 1981; Thompson 1992). Deshalb müssen Lernprozesse notwendigerweise eine wichtige Rolle spielen, wenn wir die Wahrnehmungen von Akteuren konzeptualisieren wollen (Argyris/Schoen 1978; Macy 1989; Selten 1991).

Selbst dann neigen wir jedoch dazu, die Bedeutung idiosynkratischer Wahrnehmungen zugunsten von Arbeitshypothesen zu vernachlässigen, die von der Annahme ausgehen, daß Policy-orientiertes Lernen zwar nicht universell verbreitet, aber doch ein gemeinsames Merkmal der Akteure in abgrenzbaren Gruppen ist, die als „Advocacy-Koalitionen" (Sabatier 1987) oder „epistemische Gemeinschaften" (Haas 1992) charakterisiert werden können. Innerhalb dieser Akteurgruppen bedeutet kollektives Lernen Kommunikation und häufig auch öffentliche Diskussion. Selbst wenn wir also den Faktor des Policy-Lernens in Betracht ziehen, halten sich die Schwierigkeiten für die empirische Forschung in Grenzen, da die interpretativen Theorien, auf denen die Strategieentscheidungen basieren, häufig ihren Niederschlag in öffentlich zugänglichen Dokumenten und Berichten finden, zumindest bei den Akteuren, die ihre Entscheidungen in öffentlichen Anhörungen, in parlamentarischen Debatten, in Rechenschaftsberichten oder in den Medien verteidigen müssen. Unsere Erfahrung hat jedenfalls gezeigt, daß die Daten, die über öffentliche Aufzeichnungen und qualifizierte Zeitungsberichte relativ einfach zugänglich sind, bemerkenswert gut mit Insider-Informationen übereinstimmen, die nur mit Hilfe interner Dokumente, vertraulicher Interviews oder teilnehmender Beobachtung hätten erschlossen werden können.

Präferenzen

Bei Präferenzen ist die Lage anders – hauptsächlich deshalb, weil der Begriff selbst mit komplexen und unterschiedlichen Konnotationen verbunden ist. Für unsere Arbeit haben wir eine Konzeptualisierung gewählt, die das komplexe Konzept in vier einfachere Komponenten aufgliedert: „Interessen", „Normen", „Identitäten" und „Interaktionsorientierungen". Damit ist die Erwartung verbunden, daß für jedes dieser einfacheren Konzepte eindeutige, empirische Indikatoren leichter zu finden sein werden (Mayntz/ Scharpf 1995a). Von diesen vier Konzepten werden die ersten drei hier diskutiert und das vierte im nächsten Kapitel.

Diese konzeptionelle „Modularisierung" erweist sich als vorteilhaft, wenn man die grundsätzliche Komplexität der Motivationen von Akteuren in der empirischen Forschung in den Griff bekommen will. Anders als reine Rational-Choice-Ansätze können wir nicht einfach egoistische Präferenzen voraussetzen. Dennoch erkennen wir an, daß dem (institutionellen oder organisatorischen) Eigeninteresse kollektiver und korporativer Akteure ein besonderer Platz in Erklärungen politischer Interaktionen eingeräumt werden muß. Indem wir die anderen Elemente, die bei der Formierung von Präferenzen ebenfalls eine Rolle spielen können, getrennt davon spezifizieren, sind wir in der Lage, ihre mögliche Bedeutung in einem gegebenen Fall herauszufiltern. Wenn diese Bedeutung gering ist, dann reicht es, unsere Erklärungen ausschließlich auf das institutionelle Eigeninteresse zu stützen, das empirisch leichter zu bestimmen ist als die anderen Aspekte.

Eigeninteressen

Die Komponente des Eigeninteresses soll die grundlegende Präferenz von Akteuren für Selbsterhaltung, Autonomie und Wachstum beschreiben. Was das für individuelle Akteure bedeutet, zeigt sich, wenn man Adam Smiths Definition des Eigeninteresses (physisches Wohlergehen und soziale Anerkennung) mit der „Produktionsfunktion" sozialer Institutionen verbindet, innerhalb derer dieses Eigeninteresse verfolgt werden muß (Lindenberg 1989; 1991). In ähnlicher Weise besteht das Eigeninteresse für korporative Akteure in der Sicherung des Fortbestands, der Autonomie und des Wachstums der Organisation[10] – was wiederum abhängig ist von der institutionellen Umgebung, in der die Organisation agiert. Das organisatorische Eigeninteresse hat also zum Beispiel unterschiedliche strategische Implikationen für ein Unternehmen, das sich in einem von starkem Wettbewerb gekennzeichneten Markt behaupten muß, für eine Gewerkschaft, die von der Loyalität ihrer Mitglieder abhängig ist, oder für eine Forschungsorganisation, die auf ihre Attraktivität für Nobelpreisträger ebenso angewiesen ist wie auf finanzielle Unterstützung von seiten des Staates oder industrieller Sponsoren.

Worauf es hier ankommt, ist die Tatsache, daß die spezifischen Erfordernisse, die aus dem Eigeninteresse von kollektiven und korporativen Akteuren[11] abgeleitet werden, sowohl für andere Akteure[12] als auch für den Forscher relativ transparent sind. Das heißt,

---

10 Wir haben keine Schwierigkeit mit der Annahme des methodologischen Individualismus, daß die Antriebskraft des organisatorischen Eigeninteresses das Eigeninteresse der Individuen sein muß, deren Lebensunterhalt und Karrierechancen vom Wohlergehen der Organisation abhängen. Aber zu wissen, wo der Motor sitzt, sagt uns noch nichts darüber, in welche Richtung der Wagen fahren wird.

11 Individuelle Akteure besitzen selbstverständlich sehr viel größeren Spielraum, ihre Eigeninteressen auf idiosynkratische Weise zu definieren, und sie können sogar grundlegende Überlebensinteressen ignorieren (eine Möglichkeit, deren Ursache von Biologen nicht auf der Ebene des Individuums, sondern auf der genetischen Ebene angesiedelt würde – vgl. zum Beispiel Dawkins 1976; Campbell 1986).

12 Uwe Schimank (1995) hat auf die „reflexive" Natur dieser Verbindung hingewiesen. Andere Akteure schreiben den individuellen und korporativen Akteuren, mit denen sie es zu tun haben, diese Grundinteressen gewohnheitsmä-

daß wir „Interessen" in einem quasi-objektiven Sinne definieren – was wir auch dürfen, da wir das Konzept nicht mit der gesamten Palette von Faktoren gleichsetzen, welche bei der Bildung der „Präferenzen" eine Rolle spielen, die schließlich die Entscheidung eines Akteurs für eine bestimmte Handlungsweise bestimmen.

Normative Rollenerwartungen

Die zweite Komponente, „Normen", ist ebenfalls quasi-objektiv definiert. Sie bezieht sich auf normative Erwartungen, die an Inhaber bestimmter Positionen gerichtet sind. Diese Erwartungen müssen nicht die formale Qualität rechtlicher Regeln haben, und für ihre effektive Sanktionierung könnte schon soziale Mißbilligung ausreichend sein. Entscheidend ist hier wiederum, daß es sich um Erwartungen handelt, die von allen Teilnehmern einer Interaktion geteilt werden und daher dem Forscher relativ leicht zugänglich sind.

Normen können entweder die notwendigen *Bedingungen* für bestimmte Handlungen definieren oder die *Zwecke*, die damit erreicht werden sollen (Luhmann 1966). Normalerweise ist die erste Bedeutung gemeint, wenn Regeln als Restriktionen definiert werden, die gewisse Handlungen (unter bestimmten Bedingungen) entweder verbieten, vorschreiben oder erlauben. Für korporative Akteure sind Normen des zweiten Typs jedoch mindestens genauso wichtig. Da Organisationen geschaffen und unterhalten werden, um bestimmten Zwecken zu dienen, sind normativ definierte organisatorische Ziele oder Mandate von offensichtlicher Bedeutung. Zwar mag es unmöglich sein, im voraus die Mittel – und noch weniger die genauen Handlungen – festzulegen, die zur Erreichung dieser Ziele eingesetzt werden sollen. Dennoch werden diese Ziele eine wichtige Rolle bei der Entscheidungsfindung von Organisationen spielen, die an politischen Prozessen beteiligt sind – und der Forscher kann deshalb auch ohne Erhebung großer Datenmengen annehmen, daß es zum Beispiel Gewerkschaften für gewöhnlich vor allem auf die Steigerung der Reallöhne und die Abwendung

---

ßig zu und verhalten sich dementsprechend – was auf Seiten dieser Akteure wiederum dafür sorgt, daß deren eigene Ausrichtung auf das Eigeninteresse gefestigt wird.

von Arbeitsplatzverlusten ankommt, während Zentralbanken sich in erster Linie am Kriterium der Preisstabilität orientieren (siehe Anhang).

Identität

Es gibt keinen Grund zu der Annahme, daß die verschiedenen Aspekte des Eigeninteresses oder die an einen bestimmten Akteur gerichteten Normen ein hierarchisch geordnetes, logisch konsistentes System bilden; und wir können Konflikte zwischen Handlungsoptionen, die das Eigeninteresse nahelegt, und solchen, die auf der Grundlage normativer Verpflichtungen angemessen erscheinen, gewiß nicht ausschließen. Akteure müssen sich also häufig zwischen unterschiedlichen Präferenzen entscheiden. Darüber hinaus gibt es Entscheidungssituationen, in denen weder das Eigeninteresse noch normative Erwartungen klare Handlungsleitlinien bieten. Schließlich besitzen Akteure auch die Fähigkeit, idiosynkratische Interessen zu entwickeln und ihren eigenen Regeln zu folgen. Aus all diesen Gründen können Forscher sich häufig nicht einfach auf standardisierte „institutionelle" Informationen verlassen, um die effektiven Präferenzen von Akteuren festzustellen. Aber auch hier gilt wieder: Was der empirischen Forschung Probleme bereitet, muß auch ein Problem für die Akteure selbst sein. Auch ihnen wird es nicht leicht fallen, jedesmal erneut zu überlegen, was sie tun sollen, und sie werden es noch schwerer haben, ihr Verhalten für die anderen berechenbar zu machen.

Eine teilweise Lösung für das Problem unbestimmter Präferenzen ist die Herausbildung einer bestimmten „Identität" – und damit sind wir bei der dritten Komponente unserer modularen Konzeptualisierung von Akteurpräferenzen. Individuelle und korporative Akteure können eigene Interessen und Normen definieren, und – was noch wichtiger ist – sie können spezifische Aspekte des Eigeninteresses selektiv hervorheben sowie spezifische Regeln und normative Ziele unter denen, die generell für Individuen oder Organisationen ihres Typs gelten, besonders betonen. Mit anderen Worten, Akteure haben die Fähigkeit, eine eigene Identität herauszubilden. Wenn man ihr folgt, dann erleichtert diese Identität die eigenen Entscheidungen. Und wenn sie anderen Akteuren vermittelt und von diesen auch verstanden wird, dann verringert sie die Unsicherheit für diese anderen Akteure (und auch für die Forscher). Die Herausbildung einer solchen selektiven Selbstbeschreibung kann als Wert an sich angesehen werden, aber sie besitzt auch utilitaristischen Nutzen. Für die jeweiligen Akteure verringert sie die Komplexität und Kontingenz ihrer Entscheidungen – oder im Falle von „Organisationsidentitäten" oder „Organisationskulturen" (Meek 1988; Kreps 1995) der Entscheidungen ihrer Mitglieder –, und sie liefert anderen Akteuren Informationen darüber, was diese von ihnen zu erwarten haben. In diesem Sinne verringert eine klar definierte individuelle oder organisatorische Identität die internen Such- und die externen Transaktionskosten und erhöht auf diese Weise die Effizienz von Interaktionen.

Aber diese größere Effizienz hat ihren Preis. Um wirksam zu sein, müssen Identitäten zeitlich relativ stabil sein, und sie müssen die Palette möglicher Entscheidungen stärker einschränken als dies durch das „objektive" Eigeninteresse und die von außen herangetragenen Normen erfordert würde. Aber was in einer stabilen, vorhersehbaren Umwelt von Vorteil sein mag, kann sich als Nachteil erweisen, wenn die Umwelt unbeständiger und bedrohlicher wird und höhere Flexibilität (einschließlich „moralischer" Flexibilität) dem Überleben dienlicher wäre. Ist dies der Fall, dann werden die Hürden, die Strategiewechseln immer im Wege stehen, zusätzlich durch die zu erwartenden Einbußen an personeller und organisatorischer Identität erhöht. So wäre Volkswagen in den frühen siebziger Jahren fast Bankrott gegangen, weil das Unternehmen nicht in der Lage war, seine identitätsbestimmende Beschränkung auf luftgekühlte Heckmotor-Autos abzuschütteln. Die Rettung kam erst in letzter Minute, als der Vorstandsvorsitzende von VW, der für den Welterfolg des „Käfers" verantwortlich war, durch einen Nachfolger abgelöst wurde, der von Audi kam, einer kurz zuvor erworbenen Tochterfirma mit einer ebenso stark ausgeprägten Unternehmensidentität, die für Autos mit Frontantrieb und wassergekühlten Motoren stand.

Das ist keinesfalls ein Extrembeispiel. Andere Unternehmen sind unter ähnlichen Umständen tatsächlich zugrunde gegangen, und dasselbe gilt für politische Parteien, Gewerkschaften, Unternehmensverbände, religiöse Organisationen, Forschungsorganisationen und viele andere korporative Akteure. Organisationsidentitäten zu ändern bedeutet, mühevoll aufgebaute moralische Werte und kognitive Sicherheiten verwerfen zu müssen, und das kann nicht leicht sein.[13] Normalerweise setzt das mindestens einen Wechsel des Führungspersonals voraus. Umgekehrt sind jedoch individuelle und korporative Identitäten als besonders erklärungskräftige Faktoren in Fällen anzusehen, in denen die tatsächlich getroffenen Entscheidungen nicht schon durch allgemeinere Interessen und Normen erklärt werden.

Damit beenden wir den Überblick über die Konzepte, welche zur *Beschreibung* der Handlungsorientierungen von Akteuren nützlich sind. Wir sprechen von „Beschreibung", weil wir – in der empirischen Forschung – nicht einfach bestimmte Wahrnehmungen und Präferenzen *unterstellen* können, wie dies bei Rational-Choice-Theorien normalerweise der Fall ist. Wir sehen es auch nicht als unsere Aufgabe an, eine allgemeine Theorie zu entwikkeln, welche die Formierung von Wahrnehmungen und Präferenzen *erklären* kann. Tatsächlich gehen wir normalerweise – ähnlich wie Rational-Choice-Ansätze – von gegebenen Präferenzen aus, mit dem Unterschied, daß wir es für nötig erachten, ihren Inhalt empirisch zu bestimmen, und uns zur Erleichterung dieser empirischen Bestimmung in erster Linie auf institutionelle Informationen stützen.

Das schließt jedoch die Möglichkeit nicht aus, daß sich die Wahrnehmungen und Präferenzen verändern – und wenn dies in der von uns untersuchten Periode geschieht, dann müssen wir diese Veränderung natürlich beachten. In dem Beispiel, das in der Einleitung vorgestellt wurde, war dies bei der „widerwilligen Bekehrung zum Monetarismus" der britischen Labour-Regierung unter Callaghan (Scharpf 1987) der Fall. Wo Wahrnehmungswandel eine Rolle spielt, müssen wir nach sich verändernden kognitiven Überzeugungen, kausalen Theorien und „Policy-Paradigmen" (Hall 1992; 1993) suchen. Wir schließen auch die Möglichkeit nicht aus, daß sich die Präferenzen von Akteuren im Verlauf von

---

13 Die „Populationsökologie"-Schule innerhalb der Organisationssoziologie hat diese Schwierigkeit zum Status einer allgemeinen Theorie erhoben. Sie geht davon aus, daß Organisationen fest verankerte Strategien haben, so daß ihr Erfolg oder Mißerfolg vom Zustand ihrer Umwelt abhängt, sie aber unfähig sind, zu lernen und sich an äußere Veränderungen anzupassen (Hannan/Freeman 1977; 1984).

politischen Prozessen verändern, weil sich die Beteiligten durch „Argumentieren" gegenseitig überzeugen (Elster 1986; Prittwitz 1996).[14] Aber aus pragmatischen Erwägungen heraus ziehen wir es vor, uns diesen Fragen erst dann zu stellen, wenn wir vor ihr stehen, anstatt das Problem exogener oder endogener Veränderungen der Handlungsorientierungen ganz oben auf unsere Forschungsagenda zu setzen.

---

14 Zu spät, um diesen Gedanken noch im Text diskutieren zu können, ist mir klargeworden, daß die Kontroversen über die Stabilität oder Veränderbarkeit von Präferenzen manchmal nur auf semantischen Unterschieden beruhen. Das Konzept der „Präferenzen", wie es hier verwendet wird, bezieht sich jedenfalls auf stabile *Bewertungskriterien*, und nicht auf die *Intention*, eine bestimmte Strategie zu wählen. Sicherlich können sich die Intentionen verändern, wenn durch argumentative Prozesse neue Informationen über die wahrscheinlichen Ergebnisse bestimmter Strategien zu Tage gefördert werden. Dies würde auch der radikalste Rational-Choice-Theoretiker nicht bestreiten. Im Vergleich dazu sind Präferenzwechsel zumindest seltener zu beobachten.

Kapitel 4
Akteurkonstellationen

In Kapitel 2 habe ich das Konzept der „Akteurkonstellationen" als das entscheidende Verbindungsglied zwischen materiellen Policy-Analysen und der interaktionsorientierten Policy-Forschung eingeführt. Die Grundidee war, daß die (von der materiellen Policy-Analyse identifizierten) Lösungen für ein bestimmtes politisches Problem durch die interdependenten Entscheidungen einer Mehrzahl politischer Akteure mit bestimmten Fähigkeiten sowie bestimmten Wahrnehmungen und Präferenzen in bezug auf die möglichen Ergebnisse erzeugt werden müssen. Da die Entscheidungen interdependent sind, ist es unwahrscheinlich, daß ein einzelner Akteur das Ergebnis einseitig bestimmen kann; entscheidend ist die Akteurkonstellation.

In diesem Kapitel werde ich zunächst eine Reihe charakteristischer oder „archetypischer" Akteurkonstellationen diskutieren. Da diese sich in Form von sehr einfachen und klaren Vierfelder-Spielmatrizen darstellen lassen, muß ebenfalls auf die Bedingungen eingegangen werden, unter denen diese radikale Vereinfachung von komplexen realen Konstellationen methodologisch zulässig ist. Danach werde ich auf eine Frage zurückkommen, die bereits im vorherigen Kapitel erwähnt wurde, deren Behandlung dort jedoch verschoben wurde: Spielmatrizen geben normalerweise die Weltbilder von Spielern wieder, die sich nur für ihre eigenen Auszahlungen interessieren. In realen Interaktionen kommt es jedoch häufig vor, daß Akteure sich – im positiven oder im negativen Sinne – sehr stark für die Auszahlungen der anderen interessieren. Es muß daher gezeigt werden, wie diese „Interaktionsorientierungen" in die Analyse von Akteurkonstellationen mit einbezogen werden können. Das Kapitel schließt mit einer Diskussion normativer Kriterien, mit deren Hilfe die Problemlösungsfähigkeit unterschiedlicher Arten politischer Interaktionen bewertet werden kann.

Politische Probleme und die Handlungsorientierungen von Akteuren

Ganz allgemein gesagt kann alles, was Ego für wünschenswert (oder für nicht wünschenswert) hält, zu einem politischen Problem werden, wenn Veränderungen in die gewünschte Richtung im Prinzip möglich sind, aber von Ego nicht allein erreicht werden können, weil andere entweder das Problem verursachen oder über bestimmte Handlungsressourcen verfügen, die für die Lösung des Problems erforderlich sind (Coleman 1990). Selbstverständlich bedeutet dies nicht, daß alle diese Probleme durch *staatliche* Politik oder überhaupt durch irgendeine Art von supra-individuellem Arrangement gelöst werden müssen. Sie können durch nichtkooperative oder kooperative Interaktionen zwischen den unmittelbar beteiligten Akteuren gelöst werden, und tatsächlich geschieht dies in der Realität zum großen Teil durch Markttransaktionen. Aber nicht alle Probleme können auf diese Weise aus der Welt geschafft werden, und der Markt ist selbst ein wichtiger Verursacher sozialer Probleme. Einige dieser Probleme geraten auf die Agenda staatlicher Politikprozesse, deren soziale Funktion ja gerade darin besteht, Probleme zu bearbeiten, die nicht durch individuelles Handeln oder durch andere Mechanismen sozialer Koordination gelöst werden können. Wenn wir unser Augenmerk auf den interpersonalen (und nicht auf den technisch-instrumentellen) Aspekt politischer Probleme[1] richten, dann können wir diese analytisch in drei unterschiedliche Kategorien einteilen: Koordinationsprobleme, Externalitäten- und Kollektivgutprobleme sowie Redistributionsprobleme.

---

1 Wie bereits gesagt, werden materielle Policy-Analysen vor dem Hintergrund einer entscheidungstheoretischen Perspektive durchgeführt (und damit implizit aus der Perspektive eines einheitlichen Akteurs). Folglich werden die interpersonellen Aspekte, die für Politikprobleme konstitutiv sind, nicht immer von Analysen unterschieden, die den Akteuren Hinweise dafür liefern, wie sie ihre eigenen Handlungsressourcen am vorteilhaftesten für eigene Zwecke einsetzen.

Koordinationsprobleme können entstehen, wenn alle Beteiligten davon profitieren würden, vorhandene Objekte (Güter und Dienstleistungen) auszutauschen, miteinander kompatible Objekte zu produzieren oder Objekte, die keine Partei alleine produzieren könnte, gemeinschaftlich herzustellen. Obwohl individuelle Akteure im Prinzip in der Lage sein sollten, solche Koordinationsprobleme durch ausgehandelte Vereinbarungen zu lösen, kann der Staat dennoch einen wichtigen Beitrag zum Abbau des Mißtrauens und zur Senkung der Transaktionskosten solcher Verhandlungslösungen leisten. Er kann beispielsweise Eigentumsrechte definieren, die durch das Schadensersatzrecht geschützt sind; er kann im Vertragsrecht Rückfallösungen für unvollständige Vereinbarungen bereitstellen; er kann Rechtswege eröffnen, auf denen die Einhaltung vertraglicher Verpflichtungen erzwungen werden kann, und er kann schließlich technische Standards zur Sicherung der technischen Kompatibilität von Produkten festlegen.

Externalitäten- und Kollektivgutprobleme können entstehen, wenn individuelles Handeln negative und positive Effekte für andere erzeugt, die von ausschließlich egoistischen Akteuren ignoriert werden – was dazu führt, daß rein einseitiges Handeln mehr negative und weniger positive Effekte erzeugt, als wohlfahrtsoptimal wäre. Wenn an diesem Zustand nichts geändert würde, könnte daraus eine Tragödie der Allmende (Hardin 1968) entstehen, bei der gemeinsame Ressourcen von egoistisch-rationalen Akteuren ausgebeutet und schließlich zerstört werden. Unter der Bedingung, daß es klar definierte Eigentumsrechte gibt und daß die externen Effekte auf eine kleine Zahl anderer Akteure konzentriert sind, kann das Schadensersatzrecht oder das Vertragsrecht zu befriedigenden Lösungen führen, die durch Verhandlungen zu erreichen sind. Wenn aber die Zahl der betroffenen Akteure ansteigt, werden Verhandlungslösungen schon bald unter exponentiell steigenden und schließlich prohibitiv hohen Transaktionskosten leiden. Um diese Externalitäten zu korrigieren, könnte der Staat intervenieren, indem er entweder Gesetze erläßt oder den Erzeugern negativer Externalitäten negative Anreize auferlegt beziehungsweise den Verursachern positiver Externalitäten positive Anreize bietet. Auf ähnliche Weise könnten Kollektivgüter, die durch egoistisches individuelles Handeln gar nicht erzeugt werden würden, durch organisiertes kollektives Handeln oder direkt vom Staat produziert werden. In jedem dieser Fälle könnte die staatliche Intervention auch in Form von Maßnahmen erfolgen, die zur Erleichterung und Stabilisierung von Kooperation und von Formen effektiver Selbstregulierung der direkt beteiligten Akteure beitragen (Ostrom 1990; Ostrom/Gardner/Walker 1994).

Redistributionsprobleme schließlich können unter zwei Bedingungen entstehen. Auf der einen Seite kann es Situationen geben, in denen (ansonsten attraktive) politische Ziele nur auf Kosten bestimmter Individuen oder Gruppen erreicht werden können; auf der anderen Seite kann die bestehende Verteilung von Wohlstand und Lebenschancen selbst zum Gegenstand politischer Auseinandersetzung werden. Im ersten Fall müssen die Verteilungsprobleme notwendigerweise auf die eine oder andere Weise im politischen Prozeß gelöst werden. Im zweiten Fall ist zu beachten, daß sich Gesellschaften erheblich darin unterscheiden, in welchem Maße Verteilungsungleichgewichte des Marktes politisch thematisiert werden. Aber sogar in Gesellschaften, die hohe soziale Ungleichheit tolerieren und in denen die individuelle Eigenverantwortlichkeit eine wichtige Rolle spielt, wird die Steuererhebungs- und Gesetzgebungsgewalt des Staates dafür eingesetzt, daß denjenigen, die sich nicht selbst helfen können – Kinder, Kranke und ältere Menschen –, ein Mindestmaß an Ressourcen zur Verfügung steht.

Diese verschiedenen Arten politischer Probleme können sehr gut als spieltheoretische Konstellationen zwischen den beteiligten Gruppen dargestellt werden. Wichtig ist jedoch an dieser Stelle, *daß es sich dabei nicht um die Spiele handelt, die im politischen Prozeß tatsächlich gespielt werden* – und genau um diese tatsächlichen politischen Prozesse sollte es uns ja gehen. Die Frage, ob und in welcher Form die verschiedenen Arten sozialer Konstellationen Eingang in den politischen Prozeß finden, hängt davon ab, inwiefern sie in den Akteurkonstellationen repräsentiert werden, in denen die staatliche Politik tatsächlich formuliert und implementiert wird.

Die Beziehung zwischen den Handlungsorientierungen und Fähigkeiten politischer Akteure und den zugrundeliegenden sozialen Interessen ist komplex. In Volksabstimmungen und anderen Formen der direkten Demokratie sind die Bürger direkt an politischen Prozessen beteiligt, aber in allen anderen Kontexten sind die betroffenen Akteure auf komplexe Strukturen der „Interessenvermittlung" angewiesen, damit ihre Interessen in politischen Interaktionen berücksichtigt werden. Für spieltheoretische Interaktionsanalysen kann diese Komplexität – anders als für die strukturelle Analyse von „Policy-Netzwerken" (Knoke et al. 1996) – ein Problem darstellen. Aus diesem Grund ist es angebracht, eine Unterscheidung einzuführen zwischen der Untermenge primärer politischer Akteure (von Knoke et al. als die „kollektive Entscheidungsinstanz" bezeichnet), die direkt und notwendigerweise an politischen Entscheidungen beteiligt sind, und allen anderen Akteuren, die die Entscheidungen dieser primären Akteure beeinflussen können.[2] Nur die ersteren werden in die Definition der „Akteurkonstellation" aufgenommen.

Obwohl diese Unterscheidung die Analyse vereinfacht, macht sie doch die Fragilität des Verhältnisses zwischen politischen Akteuren und sozialen Interessen deutlich. Manche Mitglieder der Akteurkonstellation können direkte Repräsentanten bestimmter sozialer Interessen sein – wie etwa die Bauernparteien in Schweden oder in der Schweiz oder der parteiübergreifende „farmblock" in beiden Häusern des amerikanischen Kongresses. Genereller kann gesagt werden, daß die Abhängigkeit von Wahlen eigentlich sicherstellen sollte, daß demokratisch verantwortliche Regierungen gegenüber allen sozialen Interessen aufgeschlossen sind, daß aber in institutionell fragmentierten politischen Systemen bestimmte politische Akteure in besonderer Weise auf die stimmenmäßige Unterstützung durch bestimmte Klientelgruppen angewiesen sind. Darüber hinaus können spezialisierte politische Akteure – wie das Bundesaufsichtsamt für den Wertpapierhandel oder das Umweltbundesamt – mit genau dem Ziel institutionalisiert worden sein, sich für bestimmte gesellschaftliche Interessen einzusetzen. Nicht alle Interessen sind jedoch auf die Institutionalisierung von „voice" angewiesen, um sich in politischen Prozessen Gehör zu verschaffen (Hirschman 1970). Mit dem Ansteigen der transnationalen wirtschaftlichen Mobilität und der damit einhergehenden „exit"-Option der Investoren wurde der bereits vorher überproportionale (Lindblom 1977) Einfluß von Kapitalinteressen auf die

---

2 Methodologisch bedeutet dies, mit „verbundenen Spielen" zu arbeiten, in denen die Interaktionen zwischen einer Gruppe von Akteuren die Interaktionen zwischen einer anderen Gruppe von Akteuren beeinflussen (Tsebelis 1990).

Präferenzen nationaler Entscheidungsträger noch weiter erhöht, und zwar unabhängig von der organisatorischen und politischen Stärke der Lobbygruppen, welche diese Interessen repräsentieren. Auf jeden Fall können wir bei der Projektion von politischen Problemen auf Akteurkonstellationen soziale Interessen nicht einfach als „Inputs" in ein undifferenziertes „politisches System" betrachten, das diese dann zu „Outputs" „umwandelt" (Easton 1965); vielmehr müssen wir zeigen, wie bestimmte politische Akteure mit bestimmten Handlungsorientierungen und Fähigkeiten diese sozialen Interessen in ihre eigenen Handlungsorientierungen einbeziehen bzw. nicht einbeziehen. Zum Beispiel wird die Tatsache, daß die Kapitalbesitzer Besorgnis über steigende Inflationsraten äußern, mehr Resonanz im politischen System finden, wenn die Zentralbank von der Regierung institutionell unabhängig ist, als wenn sie etwa vom Finanzministerium einer Labour-Regierung kontrolliert wird (siehe Anhang). Auf ähnliche Weise haben in Deutschland die Interessen von privat praktizierenden Ärzten mehr Einfluß auf die politischen Präferenzen der kleinen liberalen Partei als auf die der beiden großen Parteien, und ihr Einfluß ist am größten, wenn die Liberalen über eine starke Vetoposition innerhalb einer Koalitionsregierung verfügen (Rosewitz/Webber 1990). Dagegen fanden die ähnlich gut organisierten Ärzte in Schweden keine mächtigen Verbündeten innerhalb des „korporatistischen" politischen Entscheidungssystems (Immergut 1990; 1992).

Akteurkonstellationen

Interaktion ist ein komplexes und mehrdimensionales Konzept. Um die Darstellung und Analyse zu vereinfachen, erscheint es sinnvoll, zwischen *Akteurkonstellationen* und *Interaktionsformen* zu unterscheiden. Wie ich bereits in Kapitel 2 ausgeführt habe, erlaubt uns diese Unterscheidung, die analytische Leistungsfähigkeit von Spielmatrizen zu benutzen, ohne daß wir gleichzeitig gezwungen sind, die ganze Welt aus der Sichtweise nichtkooperativer Spiele zu betrachten. „Akteurkonstellationen" sollen das repräsentieren, was wir über die an bestimmten politischen Interaktionen beteiligten Akteure wissen – ihre Fähigkeiten (übersetzt in mögliche „Strategien"), ihre

Wahrnehmungen und Bewertungen der erreichbaren Ergebnisse (übersetzt in „Auszahlungen") und das Ausmaß der Kompatibilität oder Inkompatibilität ihrer Auszahlungswünsche. Die Akteurkonstellation beschreibt also das Konfliktniveau, aber sie enthält noch keine Informationen über den Interaktionsmodus, durch den diese Konflikte verarbeitet werden sollen – durch einseitiges Handeln, Verhandlung, Abstimmung oder hierarchische Steuerung.

Archetypische Spielkonstellationen

Akteurkonstellationen unterscheiden sich voneinander, und in der empirischen Forschung ist es wichtig, jede dieser Konstellationen auf der Grundlage des vorhandenen Datenmaterials sorgfältig zu konstruieren. *Dabei gibt es keine Möglichkeit, empirische Informationen durch generalisierte Annahmen zu ersetzen.* In der empirischen Forschung müssen die abstrakten „Strategien", die den Spielern zugeschrieben werden, als (physisch und institutionell) mögliche Handlungen identifiziert werden, die einer der Akteure tatsächlich ausführen könnte. Die Zellen der Matrix geben dann die (physischen) Ergebnisse wieder, die zu erwarten sind, wenn bestimmte Strategieentscheidungen interdependenter Akteure zusammentreffen. Erst wenn wir diese zu erwartenden Ergebnisse identifiziert haben, können wir damit beginnen, sie entsprechend der spezifischen Interessen, normativen Präferenzen und Identitäten der beteiligten Akteure zu ordnen. Die Spieltheorie selbst bietet bei der Identifikation der Ergebnisse und ihrer Bewertung durch die „Spieler" keine Hilfe; bevor es Sinn macht, Spielmatrizen zu analysieren, muß die empirische und theoretische Arbeit, die nötig ist, um sie zu beschreiben, bereits getan sein.

Erst nachdem wir die Auszahlungsmatrix aus unseren eigenen empirischen und theoretischen Informationen konstruiert haben, könnte uns die nichtkooperative Spieltheorie dabei helfen, mögliche Gleichgewichtslösungen zu finden. Aber, um es noch einmal zu sagen, wir müssen nicht annehmen, daß ein nichtkooperatives Spiel gespielt wird, um von der spieltheoretischen Form der Ordnung unserer Informationen profitieren zu können. Selbst wenn wir wissen, daß andere Interaktionsformen zum Einsatz kommen, wie etwa Verhandlungen oder Mehrheitsentscheidungen, beschreibt die Spielmatrix immer noch die „Logik der Situation" (Zürn 1992; Zintl 1995), in der sich die Akteure befinden. Darüber hinaus ist es bei der Konstruktion und Interpretation empirischer Konstellationen sehr hilfreich, eine Reihe wohlbekannter Spielkonstellationen zu kennen, die so viel analytische und experimentelle Aufmerksamkeit gefunden haben, daß ihre strategischen Implikationen in hohem Maße transparent sind. Die einfachsten dieser Spielkonstellationen sind *reine Konfliktspiele* (oder Nullsummen- bzw. Konstantsummenspiele), in denen die eine Seite das verliert, was die andere Seite gewinnt, und *reine Koordinationsspiele*, in denen alle Akteure ihre eigenen Auszahlungen maximieren können, wenn sie sich auf gemeinsame Strategien einigen (Abbildung 4.1).

Abbildung 4.1: Konstellationen reiner Koordination und reinen Konflikts

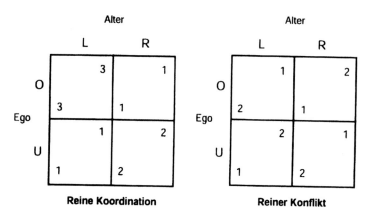

In realen Interaktionen sind diese beiden einfachen Konstellationen jedoch extrem selten anzutreffen. Von wesentlich größerer empirischen Bedeutung sind die sogenannten ‚mixed-motive-games' (oder Variabelsummen-Spiele), in denen die Präferenzen der Spieler teilweise harmonisieren und teilweise in Konflikt stehen. Von diesen ‚mixed-motive-games' verfügen vier „archetypische" Konstellationen über den größten Bekanntheitsgrad, sogar unter Sozialwissenschaftlern, die ansonsten der Spieltheorie fern stehen. Sie sind bekannt unter den Namen „Assurance", „Battle of the Sexes", „Gefangenendilemma" und „Chicken" (Abbildung 4.2).

Abbildung 4.2: Vier Mixed-Motive-Konstellationen

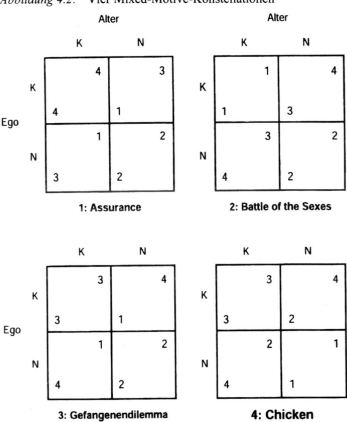

Bei der Diskussion der Implikationen dieser ‚mixed-motive-games' werden die möglichen Strategien normalerweise als „kooperieren" (K) und „nicht kooperieren" (N) bezeichnet, je nachdem, ob die Strategie darauf abzielt, das gemeinsame Interesse von Ego und Alter zu realisieren oder den Vorteil von Ego auf Kosten von Alter zu maximieren.

Im Assurance-Spiel[3] haben beide Spieler ein klares gemeinsames Interesse an Kooperation (K/K), wodurch sie beide ihre bestmögliche Auszahlung erhalten würden (4,4). In diesem Sinne ist die Konstellation einem reinen Koordinationsspiel ziemlich ähnlich. Es gibt jedoch ein gewisses Risiko: Wenn sich Alter, aus welchen Gründen auch immer, für N anstelle von K entscheidet, dann erhält Ego sein schlechtestes Ergebnis (1,3). Das Spiel erinnert uns daher an die entscheidende Bedeutung von Wahrnehmungen und wechselseitiger Vorhersehbarkeit in sozialen Interaktionen. Wenn Ego nicht darauf vertrauen kann, daß Alter die gemeinsame Situation richtig einschätzt, dann wäre es für ihn rational, N zu wählen, um das schlechteste der möglichen Ergebnissse nämlich K/N zu vermeiden, und wenn Alter aus derselben Unsicherheit heraus handeln würde, dann würden beide bei K/K landen, was für beide das zweitschlimmste Ergebnis darstellt.

Battle of the Sexes[4] gehört zu der großen Gruppe von „Koordinationsspielen mit Verteilungskonflikten", die in realen Verhandlungen sehr häufig vorkommen. Hierbei haben die Parteien ein gemeinsames Interesse an der Koordinierung ihrer Entscheidungen, um so eines der wohlfahrtssteigernden Ergebnisse (4,3 oder 3,4) zu erreichen – aber Ego würde die erste Option bevorzugen und Alter die zweite. Wenn das Spiel als nichtkooperatives Spiel mit simultanen Zügen und ohne die Möglichkeit vorheriger Kommunikation gespielt wird, dann könnten die Spieler nicht sicher sein, eines der beiden bevorzugten Ergebnisse zu erzielen. Wenn beide sich dafür entscheiden würden, zu „kooperieren", indem sie für das von der anderen Seite präferierte Ergebnis optierten, dann würden sogar beide ihre schlechtesten Resultate (1,1) erhalten.

---

3 Das Spiel wird häufig mit Hilfe eines Szenarios verdeutlicht, das Jean-Jacques Rousseau zugeschrieben wird: Eine Gruppe von Jägern macht sich auf, um einen Hirsch zu erlegen. Wenn sie alle zusammenbleiben, werden sie alle ausreichend Nahrung haben. Aber wenn einer von ihnen aufgrund der Chance, einen Hasen zu fangen, die Gruppe verläßt, dann wird er weniger Nahrung bekommen, und die anderen werden leer ausgehen. In diesem Fall ist es für die anderen besser, ebenfalls jeder für sich nach Hasen zu jagen.

4 Die Geschichte, auf die der Name für dieses Spiel zurückzuführen ist, geht von einem Paar aus, das einen Abend gemeinsam verbringen möchte, aber während sie zum Boxkampf möchte, würde er lieber in die Oper gehen. Dennoch würde jeder von ihnen lieber gemeinsam mit dem anderen zu der jeweils weniger geschätzten Veranstaltung gehen, als den Abend allein zu verbringen.

Darüber hinaus würden die Schwierigkeiten auch nicht verschwinden, wenn Kommunikation oder sogar verbindliche Vereinbarungen möglich wären, weil sich die Parteien dann darüber streiten würden, welche der beiden koordinierten Strategien, die sich in ihren Verteilungswirkungen voneinander unterscheiden, gewählt werden soll. Die Verhandlungen wären also mit hohen Transaktionskosten verbunden. Da jedoch beide Seiten das weniger attraktive koordinierte Ergebnis immer noch einer Nichtkoordinierung vorziehen würden, ist es wahrscheinlich, daß eine Einigung irgendwie erreicht werden kann.[5] Wenn eine solche Einigung erzielt wird, dann ist ihre Umsetzung unproblematisch, da selbst die benachteiligte Partei ein Interesse daran hat, sich an das Abkommen zu halten. Die Transaktionskosten würden jedoch deutlich sinken, wenn Battle of the Sexes als nichtkooperatives, aber sequentielles Spiel gespielt werden könnte. In diesem Fall könnte die Seite, die zuerst am Zug ist, ihr bestmögliches Ergebnis auswählen, und angesichts dieser Entscheidung läge es dann im vitalen Interesse der anderen Seite, sich für dasselbe Ergebnis zu entscheiden.[6] Battle of the Sexes zeigt also, daß Kommunikation und Verhandlungen nicht immer zu Ergebnissen führen, die einseitigem und egoistischem Handeln sozial überlegen sind (Genschel/ Pluemper 1996).[7]

---

5 Ein wichtiges empirisches Beispiel liefern die Untersuchungen von Adrienne Héritier und ihren Mitarbeitern über den „regulativen Wettbewerb" in der europäischen Umweltpolitik. Der Wettbewerb findet zwischen umweltpolitisch „aktiven" Mitgliedsstaaten statt, die alle ein Interesse an gemeinsamen europäischen Standards auf hohem Schutzniveau haben. Da sich jedoch ihre nationalen „Stile" der umweltpolitischen Regulierung erheblich unterscheiden (so operiert Deutschland z.B. mit Emmissionsstandards und Großbritannien praktiziert Luftreinhaltungsstandards), sind die Anpassungskosten für dasjenige Land deutlich geringer, das die Kommission davon überzeugen kann, sein eigenes regulatives System zu übernehmen. In der Praxis orientierte sich die Kommission in den 1980er Jahren an den deutschen Standards und ging in den 1990er Jahren zum britischen Modell über, aber in beiden Perioden wurde eine Einigung letztlich durch Verhandlungen erreicht (Héritier et al. 1994; Héritier/Knill/Mingers 1996; Héritier 1996).
6 Wie Philipp Genschel (1995) gezeigt hat, wird durch dieses Verfahren ein hoher Koordinationsgrad zwischen der Vielzahl internationaler Standardisierungsorganisationen im Bereich der Telekommunikation und der Informationstechnologie erreicht.
7 In einer dauerhaften Beziehung kann jedoch eine faire Lösung (wie zum Beispiel die Abmachung, daß abwechselnd die von jeder Seite präferierte Lösung

Als nächstes in Abbildung 4.2 kommt das Gefangenendilemma,[8] das so bekannt ist, daß eine Vorstellung seiner Funktionslogik weniger angebracht erscheint als die Warnung vor der Versuchung, alle sozialen und politischen Konstellationen als Dilemma zu interpretieren (Wildavsky 1992). Es ist zum Sinnbild für „soziale Fallen" geworden (Platt 1973; Messik/McClelland 1983), in denen individuell rationale Entscheidungen zu kollektiv irrationalen Ergebnissen führen. Wie ein Blick auf die Abbildung 4.2-3 zeigt, ist für beide Spieler Nichtkooperation die „dominante" Strategie (das heißt die Strategie, die unabhängig von den Handlungen des anderen Spielers bessere Ergebnisse einbringt), aber wenn sich beide für N entscheiden, dann erhalten sie ihr jeweils zweitschlimmstes Resultat. Darüber hinaus kann keiner von beiden einseitig aus dieser Falle entkommen, da die Wahl einer kooperativen Strategie mit dem Risiko verbunden wäre, von der anderen Seite ausgebeutet zu werden (K/N oder N/K), was zum schlechtesten Ergebnis für den Ausgebeuteten und zum bestmöglichen Ergebnis für den Ausbeuter führen würde (1,4 bzw. 4,1). All das ist wohlbekannt. Dennoch scheinen drei Anmerkungen angebracht zu sein.

Erstens wird in der Geschichte, die dem Spiel ursprünglich ihren Namen gegeben hat, die Tatsache hervorgehoben, daß die beiden Gefangenen *nicht miteinander kommunizieren können*, nachdem der Staatsanwalt das Angebot gemacht hat, daß ein einseitiges Geständnis belohnt würde. Daraus wird häufig geschlossen, daß das Gefangenendilemma leicht zu lösen sei, wenn vorherige Kommunikation möglich wäre. Obwohl dieser Schluß in Laborexperimenten weitgehende Bestätigung findet, ist er theoretisch unhaltbar. Kommunika-

---

gewählt wird) eine notwendige Voraussetzung für verläßliche Koordination sein. Andernfalls kann wachsende Unzufriedenheit die dauerhaft benachteiligte Partei dazu bringen, eine kompetitive Interaktionsorientierung anzunehmen, was ihre Wahrnehmung des Spiels verändern würde.

8 Das Spiel verdankt seinen Namen einer Geschichte, in der zwei Verbrecher, die im Verdacht stehen, eine Bank überfallen zu haben, in zwei getrennten Zellen eingesperrt werden. Der Staatsanwalt macht beiden unabhängig voneinander das folgende Angebot: Wenn einer, aber nicht der andere, den Überfall gesteht, wird er freigelassen und der andere muß für zehn Jahre ins Gefängnis. Wenn beide gestehen, werden sie beide für fünf Jahre eingesperrt. Wenn keiner gesteht, werden sie für eine andere, geringere Straftat verurteilt und müssen beide für ein Jahr ins Gefängnis.

tion erleichtert zwar in der Tat eine Einigung zwischen den Spielern auf die „kooperative" Lösung (K/K). Aber in einem nichtkooperativen Spiel wären solche Übereinkommen nicht verbindlich, und das Gefangenendilemma unterscheidet sich vom Battle of the Sexes dadurch, daß Vereinbarungen nicht aus eigenem Interesse eingehalten werden. Wenn die Einsätze, die real auf dem Spiel stehen, (anders als in Laborexperimenten) hohes Gewicht haben, bleibt die Versuchung, nicht zu kooperieren, nach einer Vereinbarung genauso hoch wie vorher. Solange es keinen Mechanismus gibt, der den Parteien den Abschluß *verbindlicher* Abkommen ermöglicht, bleibt die Kommunikation in Gefangenendilemma-Konstellationen nichts weiter als „cheap talk", der die Möglichkeit gegenseitiger Nichtkooperation nicht ausschalten kann.

Diese Schlußfolgerung wird von einem auf *wiederholte Spiele* bezogenen „Folk-Theorem"[9] angezweifelt. Dieses Theorem behauptet, daß der negative Charakter von Gefangenendilemma-Konstellationen verschwindet, wenn dieselben Interaktionen unendlich oft wiederholt werden. Während das Dilemma in einmaligen Interaktionen zwischen egoistisch-rationalen Fremden unumgehbar ist, kann bei wiederholtem Aufeinandertreffen jeder Spieler die früheren Züge des anderen belohnen oder bestrafen. Wenn diese endogene Sanktionsmöglichkeit dann im Rahmen von „Tit-for-Tat"-Strategien eingesetzt wird, bei denen Kooperation mit Kooperation belohnt und Nichtkooperation mit Nichtkooperation bestraft wird, dann können egoistisch-rationale Spieler im wiederholten Zweipersonen-Gefangenendilemma in der Tat stabile Kooperation erreichen (Axelrod 1984).[10]

Unglücklicherweise ist diese Tit-for-Tat-Lösung jedoch nicht mehr möglich, wenn man von Zweipersonen-Spielen zu *Multiakteurkonstellationen* übergeht. Wie bereits seit einiger Zeit bekannt ist (Hardin 1971), können das von Mancur Olson (1965) analy-

---

9 „Folk-Theoreme" sind Erkenntnisse, die in der Spieltheorie schon lange bekannt sind, auf deren ursprüngliche Entdeckung aber kein Autor Anspruch erhebt.
10 Allgemeiner gefaßt gibt es ein spieltheoretisches „Folk-Theorem", das postuliert, daß in allen unendlich oft wiederholten nichtkooperativen Spielen jedes Ergebnis, das für alle Spieler besser ist als das Gleichgewichtsergebnis des einmal durchgeführten Spiels, zu einem Gleichgewichtsergebnis werden kann – vorausgesetzt, die Spieler handeln auf der Grundlage eines ausreichend geringen Maßes an Zukunftsdiskontierung (Fudenberg/Maskin 1986).

sierte „Problem des kollektiven Handelns" und die von Garrett Hardin (1968) identifizierte Tragödie der Allmende, oder, allgemein ausdrückt, die Produktion von öffentlichen Gütern und öffentlichen Schäden, als Mehrpersonen- (oder „N-Personen"-) Gefangenendilemma-Spiele verstanden werden. In all diesen Konstellationen ist Trittbrettfahren eine dominante Strategie für jeden einzelnen Akteur. Wenn diese Strategie von allen Akteuren gewählt wird, muß dies zu kollektiv suboptimalen Ergebnissen führen. Und obwohl viele Konstellationen die Eigenschaft unendlich oft wiederholter Spiele haben, können hier Tit-for-Tat-Strategien das Problem nicht lösen. Dafür gibt es mehrere Gründe, aber der wichtigste besteht darin, daß die einzige endogen zur Verfügung stehende Sanktion – die Bestrafung von Nichtkooperation durch eigene Nichtkooperation – in Mehrpersonen-Situationen nicht direkt gegen den jeweils Schuldigen gerichtet werden kann: Wenn alle Spieler als Reaktion auf eine einzelne Nichtkooperation ebenfalls nicht kooperieren, dann wird Kooperation niemals zustande kommen; aber wenn diese Nichtkooperation ignoriert wird, dann wird eine anfängliche Kooperation nach und nach erodieren, weil immer mehr Spieler durch die Belohnung einseitiger Nichtkooperation veranlaßt werden, eine nichtkooperative Strategie zu wählen. Zur Stabilisierung von Kooperation in Multiakteur-Gefangenendilemma-Konstellationen reichen daher nichtkooperative Spiele, seien sie nun wiederholt oder einmalig, nicht aus. Gebraucht werden, wie Elinor Ostrom in ihren Untersuchungen über die Nutzung kollektiver Ressourcen in Multiakteurkonstellationen gezeigt hat, Interaktionsstrukturen und -prozesse, welche den Abschluß kollektiv verbindlicher Entscheidungen ermöglichen (Ostrom 1990; Ostrom/Gardner/Walker 1994).

Wenn aber verbindliche Vereinbarungen möglich sind, dann scheint eine Einigung im symmetrischen Gefangenendilemma kein Problem zu sein. Rationale Akteure sollten eine sichere und faire kooperative Lösung (3,3) der andernfalls unvermeidlichen allgemeinen Nichtkooperation (2,2) vorziehen. Jedoch basiert die Symmetrie, die der Matrix des archetypischen Zwei-mal-zwei-Gefangenendilemmas zugrunde liegt, auf einer relativ extremen (und vielfach in hohem Maße ideologischen) Annahme. Reale Konstellationen verfügen häufig über mehrere „kooperative" Lösungen, die unterschiedliche Verteilungswirkungen haben können (Heckathorn/Maser

1987). Wenn das der Fall ist, dann nimmt die Konstellation einige Charakteristika des Battle of the Sexes an,[11] woraus folgt, daß die gemeinsame Aversion gegenüber dem mit gegenseitiger Nichtkooperation verbundenen Ergebnis nicht ausreicht, um sicherzustellen, daß sich die Spieler auf eine der konkurrierenden kooperativen Lösungen einigen. Dieses Modell wurde benutzt, um das Beinahe-Scheitern internationaler Verhandlungen über Bankenregulierungen zu erklären (Genschel/Pluemper 1996). Als weitere Beispiele könnten „Friedensverhandlungen" – etwa in Nordirland, dem ehemaligen Jugoslawien oder dem Nahen Osten – angeführt werden, welche zwischen Parteien geführt werden, die zwar kriegsmüde sind, aber dennoch völlig verschiedene Vorstellungen über den Inhalt einer Friedensregelung haben (und die lieber weiterkämpfen würden, als bedingungslos zu kapitulieren).

Verhandlungslösungen sind also in der Praxis vielfach schwieriger, als es die Zwei-mal-zwei-Matrix des symmetrischen Gefangenendilemmas nahelegt. Wenn dagegen Entscheidungen durch Mehrheitsabstimmungen (oder sogar durch hierarchische Steuerung) getroffen werden können, sind die Ergebnisse sehr viel einfacher zu erreichen. Aber dann besteht die Gefahr der Ausbeutung: Wer seine eigene bevorzugte Lösung durchsetzen kann, wird in die Versuchung geraten, nicht die kooperative Lösung (K/K) zu wählen, mit welcher der höchste Gesamtnutzen verbunden ist, sondern ein asymmetrisches Ergebnis (K/N oder N/K), das den eigenen Nutzen dieses Spielers auf Kosten der unterlegenen Seite maximiert. Diese Varianten erinnern uns daran, daß eine bestimmte Akteurkonstellation (in diesem Fall das Gefangenendilemma) zu völlig unterschiedlichen Ergebnissen führt, wenn der Interaktionsmodus verändert wird.

Beim Chicken-Spiel,[12] dem letzten unserer vier archetypischen ‚mixed-motive-games', ist die Einigung auf eine kooperative Lö-

---

[11] Diese Konstellation könnte durch eine Modifikation der normalen Gefangenendilemma-Matrix wiedergegeben werden, in der die obere linke Zelle (K/K) kein feststehendes Ergebnis enthält, sondern ein weiteres Spiel – in diesem Fall einen Battle of the Sexes, in dem Verhandlungen möglich sind. Eine Nichteinigung in diesem Spiel würde bedeuten, daß die Parteien wieder zu dem Ergebnis N/N in der ursprünglichen Matrix zurückkehren.

[12] Der Name bezieht sich auf ein „Spiel", das angeblich von amerikanischen Jugendlichen in den 1950er Jahren gespielt wurde. Dabei rasen zwei Autos frontal

sung (K/K) genauso plausibel und genauso von einseitiger Nichtkooperation bedroht wie beim Gefangenendilemma. Hier führt jedoch gemeinsame Nichtkooperation (N/N) nicht zum zweitschlechtesten, sondern zum schlechtesten Ergebnis für beide Seiten. Das hat wichtige Konsequenzen für das Opfer einseitiger Nichtkooperation. In einer Gefangenendilemma-Situation erzielt ein Spieler, der eine solche einseitige Nichtkooperation damit bestraft, daß er seinerseits nicht kooperiert, ein besseres Ergebnis als ein Spieler, der kooperativ bleibt. Beim Chicken-Spiel dagegen verschlimmert diese Reaktion die Situation des Opfers noch. Das Chicken-Spiel ist also ein gutes Modell für Situationen, in denen rationale Akteure der Gefahr von präventiven Zügen aggressiver Gegner ausgesetzt sind, während ihre eigene Vergeltungsdrohung nicht glaubhaft ist.[13] Die Philosophie der nuklearen Abschreckung in ihren verschiedenen Ausprägungen während des Kalten Krieges hatte mit diesem Problem zu kämpfen, und die Kuba-Krise kann ebenfalls auf diese Weise interpretiert werden. Selbst in alltäglicheren Situationen sind Konstellationen nicht selten, in denen es sich lohnt, „bis an die Grenze zu gehen" – aber eben nur so lange, wie die andere Seite dies nicht auch tut. Innerhalb einer Regierungskoalition zum Beispiel kann eine Partei ihr politisches Profil schärfen, indem sie Kontroversen mit anderen Koalitionspartnern provoziert, aber die Koalition würde auseinanderbrechen, wenn die anderen Mitglieder es ihr gleichtäten. Dasselbe kann bei Konfliktstrategien zwischen Arbeitgebern und Gewerkschaften der Fall sein, wenn keine Seite ernsthaft einen großangelegten Streik anstrebt. Es gibt sozusagen eine Obergrenze des Konflikts, den eine dauerhafte Beziehung aushalten kann, ohne auseinanderzubrechen, und wenn diese Grenze von einer Seite erreicht wird, dann muß die andere Seite entweder nachgeben oder den Krieg beginnen, den keine Seite gewollt hat.

---

aufeinander zu. Der Fahrer, der zuerst ausweicht, ist der „Feigling" („chicken"), wenn aber keiner ausweicht, werden beide kollidieren.
13 In spieltheoretischen Begriffen ausgedrückt: In einem sequentiellen, nichtkooperativen Spiel, das mit vollständiger Information gespielt wird, kann die vorherige Drohung des als zweites ziehenden Spielers mit einem vergeltenden Gegenzug nicht zu einem „teilspielperfekten Gleichgewicht" führen (Osborne/Rubinstein 1994, 97-101; Selten 1965).

Wenn das Chicken-Spiel als sequentielles Spiel gespielt wird, dann kann der Spieler, der zuerst zieht, immer auf Kosten des anderen gewinnen. Unter diesen Bedingungen besteht also eine große Versuchung, zu Präventivschlägen zu greifen, die durch bloße Kommunikation nicht zu verhindern sind. Da die Lage für das Opfer einer solchen Situation durch Zurückschlagen sogar noch verschlimmert wird, ist der Einsatz von Tit-for-Tat-Strategien weniger wahrscheinlich, als es in der Gefangenendilemma-Literatur angenommen wird. Deshalb können wir nicht erwarten, daß stabile Kooperation durch die unendliche Wiederholung der Interaktionen zu erreichen ist. Immerhin haben im symmetrischen Chicken-Spiel beide Seiten ähnliche Chancen, durch präventive Strategien zum Erfolg zu kommen, und gegenseitige Aggression schadet beiden Seiten gleichermaßen. Eine kooperative Lösung sollte also im Interesse aller Parteien liegen, und sie ist erreichbar, wenn verbindliche Vereinbarungen möglich sind.

Alle bisher diskutierten Spiele haben jedoch zwei Eigenschaften gemeinsam: Es wird angenommen, daß die Parteien ein gemeinsames Interesse an der Vermeidung maximalen Konflikts haben, und daß die Konstellationen symmetrisch sind in dem Sinne, daß die Präferenzen beider Spieler entweder identisch oder spiegelverkehrt sind. Aber natürlich muß keine dieser beiden Bedingungen notwendigerweise in realen Interaktionen erfüllt sein. Tatsächlich verdeutlicht die erste der in der Einleitung vorgestellten Konstellationen (Abbildung E.1), das Spiel zwischen den Gewerkschaften und einer monetaristischen Regierung, beide Möglichkeiten. Die Regierung will unbedingt eine restriktive Geldpolitik verfolgen (das heißt sie wird niemals „kooperieren"), und die Gewerkschaften sind gezwungen, ihre Lohnforderungen zu mäßigen (das heißt sie müssen kooperieren), um das für sie selbst schlechteste Ergebnis zu verhindern.

In der Literatur werden Konstellationen als „Deadlock" bezeichnet, in denen beide Seiten wechselseitige Nichtkooperation (N/N) gegenüber gemeinsamer Kooperation (K/K) vorziehen. Als Beispiel könnten Konflikte in der letzten Phase einer Koalitionsregierung angeführt werden, bei denen die Parteien lieber mit unbeschädigten ideologischen Positionen in den Wahlkampf ziehen, als sich bei einer Frage, die für ihre Wähler sehr wichtig ist, auf Kompromisse einzulassen. Eine weitere Variante sind „Rambo"-Spiele, in denen die Präferenzen von Ego denen des Chicken-Spiels und diejenigen von Alter den Präferenzen des Deadlock-Spiels entsprechen. Hier würde Alter natürlich am liebsten kampflos gewinnen (2,4), zieht aber den Kampf (N/N) einem Kompromiß (K/K) vor. Für Ego dagegen würde ein Kampf das schlechteste Auszahlungsergebnis (1,3) bedeuten, so daß eine kampflose Kapitulation (K/N) das wahrscheinlichste Ergebnis ist, wenn sich egoistisch-rationale Spieler auf diese Weise gegenüberstehen (Abbildung 4.3).

Abbildung 4.3: Deadlock- und Rambo-Konstellationen

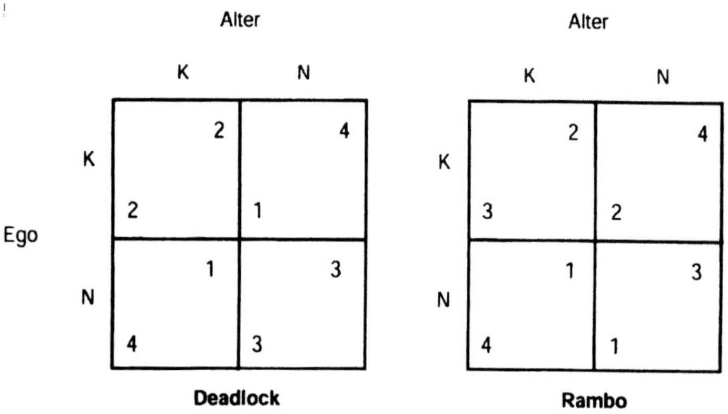

		Alter			Alter	
		K	N		K	N
Ego	K	2 / 2	4 / 1	K	2 / 3	4 / 2
	N	1 / 4	3 / 3	N	1 / 4	3 / 1
		Deadlock			**Rambo**	

An dieser Stelle sei nochmals darauf hingewiesen, daß die Akteurkonstellationen, die ich in diesem Überblick diskutiert habe, keine vollständige Typologie darstellen. Selbst wenn die Präferenzen strikt ordinal sind und in jedem Fall von 4 bis 1 reichen, ist es theoretisch möglich, 78 strukturell unterschiedliche Zwei-mal-zwei-Spiele zu identifizieren (Rapoport/Guyer/Gordon 1976), und wenn man die Beschränkungen hinsichtlich der Präferenzordnung lockert, dann steigt die Zahl unterschiedlicher Zwei-mal-zwei-Spiele auf 66 645 (Fishburn/Kilgour 1990). Bei drei oder mehr Spielern oder drei oder mehr Strategien schließlich vereitelt die astronomische Zahl möglicher Konstellationen endgültig jeden Versuch einer Systematisierung. Zwar hat man versucht, Spiele mit Hilfe eines generellen Maßes für das Konfliktniveau zwischen den Parteien zu klassifizieren (Axelrod 1970; Budge 1973), aber das vorgeschlagene Maß taugt nur für Zweipersonen-Spiele,[14] und selbst für diese kann es nicht jene strategischen Aspekte erfassen, die für die Anwendung spieltheoretischer Analysen in der empirischen Forschung interessant sind (Mohr/Hausken 1996).[15]

Unter diesen Umständen sollten wir uns in der empirischen Forschung darauf beschränken, unsere eigenen Matrizen aus den empirischen Daten und den Kontextinformationen zu konstruieren, die wir über die von uns untersuchten Interaktionen besitzen, und wir sollten die archetypischen Spielkonstellationen vor allem als nützlichen Hinweis auf die potentielle Vielfalt möglicher Konstellationen betrachten. Da die strategischen Implikationen dieser Archetypen darüber hinaus analytisch, empirisch und in Laborexperimenten erforscht worden sind, können wir diese Literatur verwenden, um eine bessere Vorstellung davon zu bekommen, welche Implikationen in der Konstellation, die wir vor uns haben, tatsächlich enthalten sind.

Der Zwang zur Vereinfachung

Ein wichtiges Problem ist jedoch noch nicht gelöst. Wie die meisten der empirischen Studien, die spieltheoretische Konzepte verwenden, habe ich Zwei-mal-zwei-Spiele diskutiert. Dennoch wissen wir, daß an den Situationen, auf die wir in der empirischen Forschung stoßen, häufig eine Vielzahl von Akteuren beteiligt sind, von denen jeder einzelne über eine Vielzahl von Handlungsmöglichkeiten und über mehr als ein Kriterium zur Bewertung der erwarteten Ergebnisse verfügen kann. Wenn das zutrifft, dann sieht sich die spieltheoretische Darstellung von Akteurkonstellationen mit dem Problem über-

---

14 In Konstellationen, die drei oder mehr Spieler umfassen, sind Koalitionen möglich, wobei das Konfliktniveau variiert, je nachdem, welche der theoretisch möglichen Koalitionen tatsächlich gebildet werden.
15 Michael Zürn (1992) hat eine Klassifikation von Spielkonstellationen in den internationalen Beziehungen vorgeschlagen, welche die Wahrscheinlichkeit der Etablierung normativer Regime reflektieren soll. Er unterscheidet dabei zwischen reinen Koordinationsspielen, Koordinationsspielen mit Verteilungskonflikten, Dilemma-Spielen und Rambo-Spielen. Aber erneut ist darauf hinzuweisen, daß diese Klassifikation nicht alle empirisch relevanten Aspekte der Konstellationen erfassen kann.

bordender Komplexität konfrontiert (Scharpf 1991). Aber was für den Analytiker ein Problem darstellt, wäre für die beteiligten Akteure natürlich ein noch viel größeres Problem. Zweckgerichtetes Handeln in strategischen Situationen wäre unmöglich, wenn die Akteure in jedem einzelnen Fall komplexe Interaktionsprobleme zwischen einer großen Zahl einzelner Akteure lösen müßten. Daher muß die Tatsache, daß strategische Interaktion überhaupt möglich ist, auf einem der beiden Mechanismen *Entkopplung* oder *Aggregation* beruhen. Diese beiden Mechanismen können sowohl von den Akteuren als auch von den Forschern zur kognitiven Vereinfachung überkomplexer Konstellationen benutzt werden.

Entkopplung bedeutet, daß viele der Interdependenzen, welche zum Gegenstand strategischer Interaktion gemacht werden könnten, *für eine bestimmte politische Interaktion* entweder ignoriert oder als Teil einer feststehenden Umwelt angesehen werden. Aber was heute oder in der einen Arena ignoriert wird, kann morgen oder in einer anderen Arena, von denselben oder anderen Akteuren (die jedoch ähnlichen Beschränkungen hinsichtlich der von ihnen in Betracht zu ziehenden Interdependenzen unterliegen) aktiv verfolgt werden. Aus diesem Grund können Beraterfirmen, die materielle Policy-Analysen verkaufen, immer damit Geld verdienen, daß sie in jedem Politikfeld auf offensichtliche „Koordinationsdefizite" hinweisen. Sie übersehen jedoch die Wirksamkeit von Koordinationsformen, die Charles Lindblom (1965) als „partisan mutual adjustment" bezeichnet hat (Scharpf/Mohr 1994). Wie im nächsten Kapitel aufgezeigt wird, sind diese Koordinationsformen nicht unbedingt sehr wohlfahrtseffizient, aber solange die „synoptische" Politikgestaltung an überbordender Komplexität scheitert, sind sie zu wertvoll, um ignoriert zu werden. Auf jeden Fall müssen wir bei der Rekonstruktion von politischen Prozessen auf die (sich verändernden) Grenzen achten, mit deren Hilfe die Akteure selbst die Komplexität ihrer Interaktionen verringert haben.

Der zweite Mechanismus, *Aggregation*, lag bereits implizit der Diskussion von aggregierten und komplexen Akteuren im vorangegangenen Kapitel zugrunde. Dabei handelt es sich um Konstrukte, welche die Komplexität von Mehrpersonen-Interaktionen für Akteure und Beobachter gleichermaßen dramatisch reduzieren. Häufig haben wir es nur mit einigen wenigen „korporativen Akteuren" zu tun, oder wir können von der Tatsache profitieren, daß eine große Zahl individueller Akteure sich als „kollektive Akteure" zu einer begrenzten Zahl von Koalitionen, Clubs, soziale Bewegungen oder Verbänden zusammengeschlossen hat. So bilden zum Beispiel Hunderte einzelner Parlamentsabgeordneter typischerweise einige wenige relativ geschlossene Parlamentsfraktionen, die sich darüber hinaus im Normalfall zu einer Regierungskoalition und einer Opposition zusammenschließen. Allgemeiner gesprochen ist die Bildung von Koalitionen sowohl für die Akteure als auch für die Beobachter vielleicht der wirkungsvollste Mechanismus zur Vereinfachung komplexer Konstellationen. Gleichzeitig beschäftigt sich der politische Prozeß nur selten mit einer Vielzahl von Politikoptionen gleichzeitig, sondern beschränkt sich meistens auf eine begrenzte Anzahl von Optionen, deren Resultate entlang einer einzigen, besonders wichtig erscheinenden Problemdimension bewertet werden, in der die Präferenzen leicht zu bestimmen sind.[16]

Wenn diese Bedingungen erfüllt sind, dann ist mit der Repräsentation der Akteurkonstellation in Form eines wenige Akteure umfassenden oder sogar eines Zwei-mal-zwei-Spiels kein signifikanter Informationsverlust verbunden. Das trifft meiner Meinung nach auf die Matrizen zu, welche die Präferenzen der Gewerkschaften, der Regierung und der Zentralbank unter den Stagflationsbedingungen Mitte der 1970er Jahre wiedergeben (siehe Anhang). Aber es trifft nicht immer zu. In manchen Situationen werden wir mit Multiakteurkonstellationen konfrontiert sein, in denen die Akteure sich (noch) nicht zu größeren Koalitionen zusammengeschlossen haben, und wir werden es mit mehrdimensionalen Ergebnisbewertungen zu tun haben, die (noch) nicht unter einem einzigen Kriterium zusammengefaßt worden sind. Dieses Problem tritt am wahrscheinlichsten bei der Untersuchung laufender politischer Prozesse auf, in denen die Interaktionen noch nicht beendet sind und die Wahrnehmungen und Präferenzen noch nicht verein-

---

16 Diesen Punkt hat Otto Keck (1994, 211) sehr deutlich herausgearbeitet. Mit Blick auf die Möglichkeit von Kommunikation und Vereinbarungen in wiederholten Gefangenendilemma-Konstellationen schreibt er: „Eine Absprache kann eine reale Situation mit unübersehbar vielen Handlungsalternativen und mit unvollständiger Information über das Handeln des Gegenspielers in eine idealtypische Situation verwandeln mit genau zwei Handlungsalternativen (nämlich die Absprachen einhalten oder sie brechen) und vollständiger Information über das Handeln des Gegenspielers (aufgrund der vereinbarten Verifikationsmaßnahmen)."

facht wurden und „erstarrt" sind. Selbst dann können wir jedoch relativ gute Vorhersagen treffen, wenn wir bei unseren eigenen antizipatorischen Vereinfachungen systematisch vorgehen und transparente Methoden verwenden.

Eine Methode, die sich in meiner Arbeit als besonders nützlich erwiesen hat, ist die Bildung *hypothetischer Koalitionen*. Dabei werden die vorhandenen Akteure in zwei potentielle Gruppen eingeteilt, deren Mitglieder jeweils ein gemeinsames Interesse an einem bestimmten potentiell wichtigen Aspekt der zu erwartenden Ergebnisse politischer Interaktionen haben. Die Interaktion zwischen diesen hypothetischen Koalitionen kann dann als Zwei-Personen-Spiel modelliert werden, in dem die Ergebnisse in einer einzigen Dimension bewertet werden. Wenn man sich auf andere Aspekte der erwarteten Ergebnisse konzentriert, kann dieselbe Vorgehensweise auf alternative Akteurgruppen angewendet werden. Selbstverständlich sagt uns das noch nichts darüber, welche dieser potentiellen Koalitionen, wenn überhaupt eine davon, tatsächlich gebildet werden. Die Zahl empirisch wahrscheinlicher Koalitionen kann jedoch deutlich gesenkt werden, wenn wir uns als nächstes der Untersuchung ihrer internen Kohäsion zuwenden.

Um dies zu tun, müssen wir einfach dieselben Operationen noch einmal auf der Ebene der hypothetisch identifizierten Koalition wiederholen. Der Zweck dieser Übung besteht darin, herauszufinden, ob die Mitglieder dieser Teilmenge von Akteuren tatsächlich in der Lage wären, sich auf eine gemeinsame Position zu einigen, oder ob ihre Koalition an internen Interessenkonflikten über ein Problem scheitern würde, das durch die hypothetisch angenommene gemeinsame Strategie erzeugt wird. Als Illustration soll ein Beispiel aus einem meiner Aufsätze (Scharpf 1996) dienen, in dem ich die Chancen gemeinsamer europäischer Regelungen in den Bereichen der Sozialpolitik und der industriellen Beziehungen untersucht habe (Abbildung 4.4).

Die Analyse geht von der Annahme aus, daß die „reichen" und die „armen" Mitgliedstaaten im Ministerrat der Europäischen Union als hypothetische Koalitionen behandelt werden können, wobei jede dieser Koalitionen durch gemeinsame Interessen an der Bewahrung oder Steigerung ihrer wirtschaftlichen Wettbewerbsfähigkeit zusammengehalten wird. Im integrierten europäischen Binnenmarkt besteht für wirtschaftlich leistungsfähige Länder mit hohen Sozialausgaben die Gefahr des „sozialen Dumpings" und der Abwanderung ihrer Unternehmen in Länder mit niedrigeren Kosten. Daher befürworten sie gemeinsame europäische Standards auf einem hohen sozialen Schutzniveau. Wirtschaftlich weniger leistungsfähige Ländern, die auf niedrigere wohlfahrtsstaatliche Kosten angewiesen sind, um die niedrigere Produktivität ihrer Unternehmen und andere Wettbewerbsnachteile auszugleichen, können es sich dagegen nicht leisten, gemeinsame Regelungen auf einem solchen hohen Schutzniveau zu akzeptieren.

Abbildung 4.4: Sozialregulierungen in der Europäischen Union: Präferenzen der reichen und armen Länder für einheitliche europäische Regelungen auf hohem oder niedrigem Schutzniveau (NE = Nichteinigung)

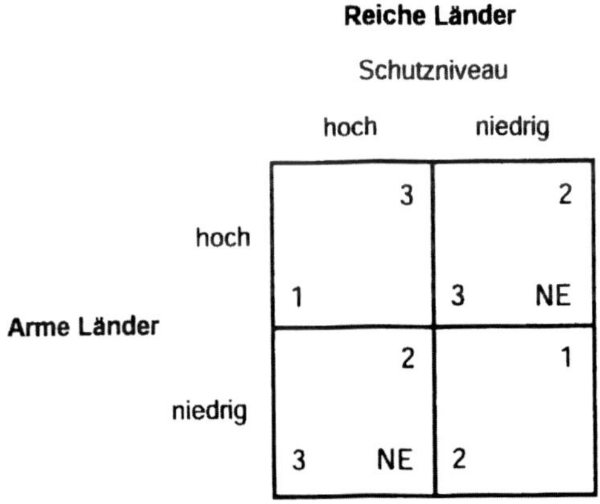

Reiche Länder

Schutzniveau

		hoch		niedrig	
Arme Länder	hoch		3		2
		1		3	NE
	niedrig		2		1
		3	NE	2	

In diesem Beispiel wird der Interaktionsmodus „Verhandlungen" angenommen, das heißt es kann kein europäischer Standard verabschiedet werden, ohne daß er von beiden Koalitionen akzeptiert wurde. Aber das beste Ergebnis für die Koalition der reichen Länder, die Einigung auf gemeinsame Regelungen mit hohem Schutzniveau (hoch/hoch), wäre völlig inakzeptabel für die Koalition der armen Länder. Für die armen Mitgliedstaaten wären sogar gemeinsame europäische Regelungen auf niedrigem Schutzniveau (niedrig/niedrig) weniger attraktiv als eine Nichteinigung (NE) – wobei angenommen wird, daß die reichen Länder dann ihre kostenintensiven Regelungen weiterhin auf ihre nationalen Unternehmen anwenden. Angesichts der Einstimmigkeitsregel, die für Sozialregulierungen im Ministerrat benötigt wird, würden wir deshalb erwarten, daß die Verabschiedung gemeinsamer europäischer Regelungen unwahrscheinlich ist.

Wenn wir nun aber, entgegen der realen Gegebenheiten, annehmen, daß Sozialregulierungen auf der Grundlage von Mehrheitsentscheidungen im Ministerrat verabschiedet werden könnten und daß die Koalition der reichen Länder eine Mehrheit zur Verabschiedung gemeinsamer hoher Standards auf europäischer Ebene hätte,[17] dann wäre immer noch fraglich, ob die Mitglieder dieser hypothetischen Koalition sich auf einen einzigen gemeinsamen Standard einigen könnten. Bei der Beantwortung dieser Frage verlagert sich das Problem von dem gemeinsamen Interesse an der Bewahrung der wirtschaftlichen Wettbewerbsfähigkeit (die vom Schutz*niveau* abhängig ist) auf die Wahl zwischen verschiedenen Regelungs*arten* und damit auf die Tatsache, daß die hochentwickelten europäischen Wohlfahrtsstaaten im Laufe ihrer Entwicklung funktional äquivalente, aber institutionell völlig unterschiedliche wohlfahrtsstaatliche Regime herausgebildet haben. Bei einheitlichen europäischen Regelungen müßte man sich also zwischen dem universalistischen, steuerbasierten skandinavischen Modell und dem korporatistischen, auf Sozialversicherungen basierenden kontinentalen Modell sozialer Sicherheit (Esping-Andersen 1990) oder zwischen der legalistischen Tradition der kontinentalen industriellen Beziehungen und der britischen Tradition des „free collective bargaining" (Crouch 1993) entscheiden. In jedem dieser Fälle träfe die institutionelle Anpassung, die denjenigen Ländern abverlangt würde, die ihre Systeme verändern müßten, auf den heftigen Widerstand politisch mächtiger Organisationen, deren institutionelles Eigeninteresse eng mit der Erhaltung des bisherigen Systems verwoben ist. Daher läßt sich die Interessenkonstellation innerhalb der hypothetischen Koalition von Ländern mit hohen wohlfahrtsstaatlichen Standards am plausibelsten durch Abbildung 4.5 wiedergeben.

---

17 Eine realistischere Annahme wäre, daß Regelungen auf zwei Ebenen verabschiedet werden könnten – hohe Standards für die reichen Länder und niedrigere Standards für die armen Länder.

Abbildung 4.5: Europäische Harmonisierung
wohlfahrtsstaatlicher Regelungen

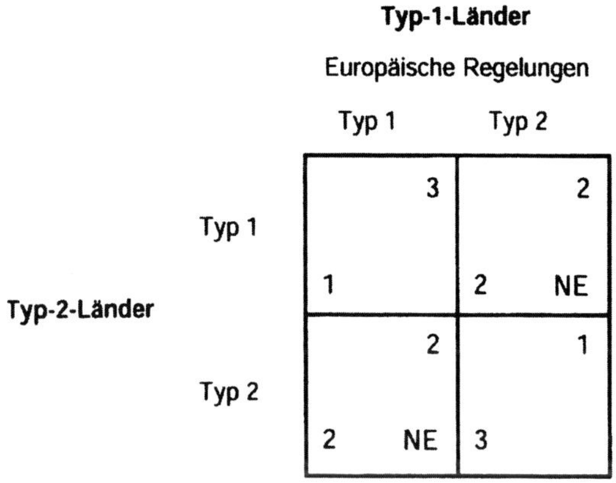

		Typ-1-Länder	
		Europäische Regelungen	
		Typ 1	Typ 2
Typ-2-Länder	Typ 1	3 1	2 2 NE
	Typ 2	2 2 NE	1 3

Aus dieser Analyse kann dann gefolgert werden, daß die hypothetische Gewinnerkoalition der reichen Wohlfahrtsstaaten mit erheblichen internen Interessenkonflikten zu kämpfen haben wird. Ob diese Konflikte schließlich die Bildung der Koalition verhindern werden, hängt natürlich von den zur Verfügung stehenden Alternativoptionen bei einer Nichteinigung ab. Wenn der internationale Wettbewerbsdruck sehr hoch ist, können selbst grundlegende institutionelle Veränderungen akzeptabel werden, wie es zum Beispiel bei der Privatisierung und Liberalisierung der nationalen Telekommunikationsmonopole der Fall war (Schneider 1995; Schmidt 1998). In dem speziellen Fall der wohlfahrtsstaatlichen Regulierungen scheint jedoch die politische Bedeutung der institutionellen Unterschiede so hoch zu sein, daß mit der Herausbildung eines gemeinsamen europäischen wohlfahrtsstaatlichen Regimes in nächster Zukunft selbst dann nicht zu rechnen ist, wenn sozialpolitische Entscheidungen mit qualifizierter Mehrheit im Ministerrat getroffen werden könnten (Scharpf 1999).

Eine solche Vorhersage kann sicherlich angezweifelt werden – aber solche Zweifel könnten innerhalb des gleichen analytischen Ansatzes formuliert und diskutiert werden. Deshalb ist an dieser Stelle vor allem die Feststellung wichtig, daß die Methode der Bildung hypothetischer Koalitionen, wenn sie nacheinander auf verschiedene Bewertungsaspekte mehrdimensionaler Probleme und auf verschiedene Ebenen oder verschiedene Teilgruppen in einer größeren Gesamtmenge von Akteuren angewendet wird,[18] die Möglichkeit eröffnet, relativ komplexe Präferenzkonstellationen mit Hilfe relativ einfacher Spielmatrizen zu analysieren. Auf jeden Fall aber sollten wir diese Methode nur als Werkzeug zur Unterstützung und Explikation unseres eigenen Verständnisses einer gegebenen Situation einsetzen, und nicht als ein automatisiertes Verfahren, das mangelndes Verständnis ersetzen könnte. Aber das sollte ja für alle analytischen Werkzeuge gelten.

Interaktionsorientierungen

Ich komme nun auf eine Frage zurück, die im vorigen Kapitel bereits erwähnt, aber nicht diskutiert wurde. Die dort vorgestellten Handlungsorientierungen der Akteure schienen sich alle auf einen einzelnen, isoliert betrachteten Akteur zu beziehen. Aber jetzt, wo die zentrale Stellung von Akteur*konstellationen* in unserem Ansatz eingeführt wurde, ist es Zeit, auch die *relationale* Dimension der Handlungsorientierungen von Akteuren zu betrachten. In der neoklassischen Ökonomie wird diese Frage für irrelevant gehalten, da die postulierte Anonymität der Akteure in atomistischen Märkten in der Tat keinen Platz für relationale Überlegungen läßt. In anderen Zusammenhängen spricht jedoch wenig für die (allen Rational-Choice-Theorien zugrundeliegende) Annahme, daß die Akteure ausschließlich ihren eigenen Nut-

---

18 In dieser Hinsicht ist die Methode der Bildung hypothetischer Koalitionen strukturell äquivalent zu den Konzepten der „Zweiebenenspiele" (Putnam 1988) oder der „verkoppelten Spiele" (Tsebelis 1990), bei denen es auch darum geht, daß interdependente Interaktionen analytisch in mehrere einfachere Interaktionen zerlegt werden können, die jedoch kausal miteinander verbunden bleiben. Der Anhang enthält ein Beispiel, in dem das Koordinationsspiel zwischen Regierung und Gewerkschaften und das Wahlspiel zwischen Regierung und verschiedenen Wählerschichten (als Akteur-Aggregate modelliert) dadurch verbunden sind, daß der durch das Koordinationsspiel erzeugte Zustand der Wirtschaft die Erfolgschancen der Regierung im Wahlspiel bestimmt.

zen maximieren und weder im positiven noch im negativen Sinne auf die Auszahlungen anderer beteiligter Akteure achten. Anders als in normativen Modellen rationalen Verhaltens ist es in der Empirie aber durchaus möglich, daß Neid eine Rolle spielt, daß Freunde ihren gemeinsamen Vorteil verfolgen und daß Feinde über Verluste des Gegners jubeln. Um diese relational definierten Präferenzen erfassen zu können, verwende ich die zusätzliche Dimension der „Interaktionsorientierungen" (Scharpf 1987; 1989; 1990).

Relationale Aspekte können jedoch entweder in objektiver oder in subjektiver Form in die Analyse einbezogen werden. Die erste Möglichkeit ist in Konstellationen gegeben, in denen die Vorteile einer Seite die erwartete Auszahlung der anderen Seite objektiv erhöhen oder verringern. Diese Annahme wird von der neorealistischen Schule in den Internationalen Beziehungen auf das Verhältnis zwischen Staaten angewendet. Wenn man von der Prämisse ausgeht, daß es zwischen Nationalstaaten immer zu Kriegen kommen kann und daß der Erfolg oder Mißerfolg bei militärischen Auseinandersetzungen von der *relativen Macht* beider Seiten abhängig ist, dann ist die logische Folgerung daraus, daß alle Interaktionen zwischen Staaten aus der Perspektive des „relativen Vorteils" betrachtet werden müssen: Entscheidend ist dann nicht, wieviel ein Staat gewinnt, sondern ob er mehr oder weniger gewinnt als seine Gegner (Waltz 1979). Aus dem gleichen Grund sollte in einer Kriegsallianz der Sieg eines Verbündeten tatsächlich als eigener Vorteil betrachtet werden. Auf ähnliche Weise definieren die Regeln des Fußballspiels ein Tor, das von der einen Mannschaft erzielt wird, als Nachteil für die andere Mannschaft, und die Normen für die Ausübung des Arztberufs schreiben vor, daß damit das Wohl des Patienten verfolgt werden soll. Wenn diese empirischen und normativen Bedingungen ausreichend stabil und interpersonal bekannt sind, müssen „Interaktionsorientierungen" nicht als zusätzliche Kategorie eingeführt werden. Sie sollten dann in die Auszahlungen der normalen Akteurkonstellation integriert werden.

Nützlich erscheint das Konzept der Interaktionsorientierungen dagegen für *subjektive Redefinitionen* der „objektiven" Interessenkonstellation, die zu Unterschieden in der Reaktion auf unterschiedliche Partner führen können, selbst wenn die faktischen Konsequenzen und die zur Anwendung kommenden Normen identisch sind.[19] Interaktionsorientierungen könnten etwa erklären, weshalb die Kooperation zwischen den Vereinigten Staaten und Großbritannien im allgemeinen einfacher war und ist als zwischen den Vereinigten Staaten und Frankreich, oder wieso die Friedensprozesse im ehemaligen Jugoslawien, im Nahen Osten oder in Nordirland immer so problematisch bleiben, obwohl sich längst gezeigt hat, daß alle Seiten von einer Fortsetzung der Konflikte nur Verluste zu erwarten haben. Mit anderen Worten, eine Beziehung kann für die beteiligten Akteure einen Eigencharakter annehmen, der die Bewertung „realer" Gewinne und Verluste beeinflußt und der diese Beziehung von „objektiv" ähnlichen Beziehungen mit anderen Parteien oder mit derselben Partei zu einem anderen Zeitpunkt unterscheidet. In diesem Sinne dient das Konzept demselben individualisierenden Zweck auf der relationalen Ebene, den das Konzept der „Identität" bei der Definition individueller Präferenzen erfüllt.

Zur Beschreibung von Interaktionsorientierungen verwende ich eine Konzeptualisierung, die von Sozialpsychologen zur Interpretation scheinbar anomaler Ergebnisse in spieltheoretischen Laborexperimenten entwickelt wurde (McClintock 1972; Kelley/Thibaut 1978). Statt anzunehmen, daß die Probanden entweder die Struktur der von den Forschern für das Experiment entworfenen „objektiven" Auszahlungen nicht verstanden oder daß sie unfähig waren, die notwendigen Berechnungen durchzuführen, interpretierten Harold Kelley und John Thibaut dauerhaft „anomale" Entscheidungen in eindeutig definierten experimentellen Situation als Transformation

---

19 Die Rechtfertigung für diese konzeptionelle Unterscheidung ist wie bei allen solchen Unterscheidungen eine rein pragmatische. Für mathematische Spieltheoretiker, die mit postulierten Auszahlungen arbeiten, besteht kein Grund, zwischen objektiven und subjektiven Komponenten zu unterscheiden. Im Gegensatz dazu ist diese Unterscheidung in sozialpsychologischen spieltheoretischen Experimenten von entscheidender Bedeutung, weil der Forscher, der das Experiment durchführt, nur die objektiven Auszahlungen kontrollieren kann, nicht jedoch ihre subjektiven Reinterpretationen durch die Probanden. In der empirischen Forschung schließlich ist diese Unterscheidung nützlich, weil sie mit Unterschieden beim Zugang zu Informationen korrespondiert. „Objektive" Auszahlungen sind nicht nur zeitlich stabiler, sondern sie können auch aus faktischen und institutionellen Informationen hergeleitet werden, die im allgemeinen ohne großen Aufwand zugänglich sind. Wenn subjektive Reinterpretationen dagegen eine Rolle spielen, dann müssen andere Informationsquellen zu Rate gezogen werden, und es sind im allgemeinen aufwendigere Forschungsmethoden erforderlich.

einer „Ausgangsmatrix" (welche die Auszahlungen beschreibt, die der Proband tatsächlich erhalten wird) in eine „effektive Matrix", in welcher Ego auch den Auszahlungen von Alter einiges Gewicht beimißt (1978, 14-17, 137-166). Die spezifische Form der Transformation hängt davon ab, wie Ego seine Beziehung zu Alter interpretiert. Die erheblichen Unterschiede bei der Transformation identischer Ausgangsmatrizen, die in experimentellen Situationen beobachtet werden, können entweder Egos Persönlichkeit oder dem vorherigen Verhalten Alters zugeschrieben werden.

Unabhängig davon, wie sie zu erklären sind, können die beobachteten effektiven Matrizen durch verschiedene Transformationsregeln erzeugt werden, die angeben, wie die Auszahlungen von Ego und Alter in der Ausgangsmatrix in Egos effektive Matrix umgeformt werden können. Die Grundform dieser Transformationsregeln ist die Funktion $U_x = aX + bY$, wobei U_x der subjektive Gesamtnutzen Egos ist, X und Y die „objektiven" Auszahlungen von Ego und Alter repräsentieren und a und b Parameter sind, deren Wert zwischen -1 und $+1$ liegen kann.[20]

In Experimenten wurde gezeigt, daß die ganze Palette theoretisch möglicher Transformationsparameter, einschließlich aller Zwischenwerte, in den Reaktionen menschlicher Subjekte tatsächlich vorkommen können (Schulz/May 1989). Die am häufigsten auftretenden Interaktionsorientierungen können jedoch durch Regeln beschrieben werden, in denen die Parameter nur die Werte null und plus oder minus eins annehmen. Das führt zu dem folgenden (nicht vollständigen[21]) Satz von fünf Transformationsregeln:

---

20 Die Anwendung von Transformationsregeln setzt voraus, daß die Auszahlungen beider Spieler miteinander addiert oder voneinander subtrahiert werden können – das heißt, daß interpersonale Nutzenvergleiche möglich sind. Diese Annahme ist tatsächlich recht plausibel bei kompetitiven Interaktionen: Das Objekt des Wettbewerbs zwischen den Akteuren und die zum Gewinnen oder Verlieren erforderlichen Handlungen werden entweder intersubjektiv durch institutionalisierte Spielregeln definiert, oder sie müssen intersubjektiv von den beteiligten Akteuren selbst festgelegt werden (bzw. bei einseitigem Neid von einem Akteur, der das Vergleichskriterium für sich selbst definiert). Im Fall von Solidarität stehen diese definitorischen Hilfen nicht zur Verfügung, aber hier könnten wir von den individuell geordneten Präferenzen ausgehen und den Durchschnitt der individuellen Rangordnungen maximieren.

21 Weitere Transformationsregeln, die wir hier nicht betrachtet haben, sind:
$Ux = -1X + 0Y$ (Masochismus)

Abbildung 4.6: Fünf Interaktionsorientierungen

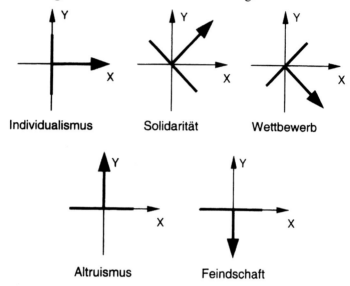

Individualismus: $U_x = 1X + 0Y$. Diese Regel beschreibt die übliche Annahme egoistischer Nutzenmaximierung, die aus der neoklassischen Ökonomie und konventionellen Rational-Choice-Ansätzen bekannt ist. Es werden nur die Vor- und Nachteile für Ego beachtet. In der grafischen Darstellung (Abbildung 4.6) sind die erstrebenswerten Ergebnisse für Ego rechts von der vertikalen Achse angesiedelt.

Solidarität: $U_x = 1X + 1Y$. Diese Regel definiert die Voraussetzung unumschränkter Kooperation. Ein Vorteil für Ego und ein Vorteil für Alter werden in gleicher Weise bewertet. In der grafischen Darstellung liegen die angestrebten Ergebnisse für Ego und Alter in dem Ergebnisraum oberhalb und rechts von der Nordwest-Südost-Diagonale. Es sollte darauf hingewiesen werden, daß dieser

---

$U_x = -1X + 1Y$ (Selbstaufopferung)
$U_x = -1X - 1Y$ (gegenseitige Vernichtung)
$U_x = 0X + 0Y$ (Gleichgültigkeit)
Obwohl sich sicherlich für jede dieser Möglichkeiten empirische Beispiele finden ließen, scheinen sie nicht häufig genug vorzukommen, um eine systematische Betrachtung im Rahmen dieser Untersuchung zu rechtfertigen.

Raum auch Ergebnisse links von der vertikalen Achse umfaßt, was bedeutet, daß Ego echte Verluste hinnehmen wird, solange diese durch größere Vorteile für Alter gerechtfertigt werden.

Wettbewerb: $U_x = 1X - 1Y$. Diese Regel beschreibt den psychologischen Mechanismus, der auftritt, wenn man unbedingt gewinnen muß oder wenn man jemanden beneidet. Sie beschreibt auch die Mechanismen des Wettbewerbs im Sport, in der Wirtschaft, in der Politik oder im Krieg. Ein Gewinn für Ego wird gleich bewertet wie ein Verlust für Alter. Entscheidend sind die Auszahlungsdifferenzen oder der relative Vorteil Egos gegenüber Alter. Ein Gewinn für Ego wird also dennoch als Verlust angesehen, wenn der Gewinn von Alter noch größer ist. Umgekehrt kann ein Ergebnis, das Verluste für Ego mit sich bringt, immer noch als relativer Gewinn bewertet werden, wenn damit ein noch größerer Verlust für Alter verbunden ist. In der Abbildung sind die angestrebten Ergebnisse von Ego rechts und unterhalb der Südwest-Nordost-Diagonale angesiedelt.

Altruismus: $U_x = 0X + 1Y$. Das ist die normative Regel für Berufe im Bereich der sozialen Fürsorge. Ein Vorteil für Alter wird als positives Ergebnis für Ego gewertet, und die Auszahlungen für Ego werden als für die Interaktion irrelevant eingestuft. Das kann – muß aber nicht unbedingt – Selbstlosigkeit im moralischen Sinne voraussetzen. In den Interaktionen mit einem Patienten kann das Handeln des Arztes ausschließlich auf das Wohl des Patienten ausgerichtet sein, gerade weil sein Gehalt (oder sein festgelegtes Honorar) nicht vom Resultat seiner Behandlung abhängt. In der grafischen Darstellung liegen die erstrebenswerten Ergebnisse Egos oberhalb der horizontalen Achse.

Feindschaft: $U_x = 0X - 1Y$. Diese Regel beschreibt den psychologischen Mechanismus von Haß oder Sadismus. Ein Verlust für Alter wird als Gewinn für Ego gewertet, und die eigenen Vorteile und Verluste von Ego werden als irrelevant eingestuft. In der grafischen Darstellung sind die angestrebten Ergebnisse für Ego unterhalb der horizontalen Achse angesiedelt.

In realen politischen Prozessen, sowohl in der Innenpolitik demokratischer Staaten als auch in den internationalen Beziehungen, wird die Neigung zu Altruismus und Feindschaft im allgemeinen beschränkt durch die Normen des politischen Professionalismus und durch die Staatsräson. Von Akteuren, die für das Wohlergehen anderer verantwortlich sind, wird nicht erwartet, daß sie sich von Liebe oder Haß leiten lassen. Daher sind Individualismus, Solidarität und Wettbewerb sowie bestimmte Zwischenformen[22] davon die empirisch wahrscheinlichsten Interaktionsorientierungen. Wie sich diese Interaktionsorientierungen auf bestimmte Ausgangsmatrizen auswirken, wird, in bezug auf zwei der vorhin diskutierten archetypischen Spielkonstellationen, in Abbildung 4.7 veranschaulicht.

Zur Erläuterung wenden wir uns dem Gefangenendilemma zu. Die „individualistische Transformation" ist selbstverständlich mit der bereits vorgestellten normalen Matrix identisch – und damit auch mit der „Ausgangsmatrix" der experimentellen Sozialpsychologie. Die mittlere Matrix gibt die „kompetitive Transformation" wieder – das heißt das Bild, das entsteht, wenn die Transformation $U_x = 1X - 1Y$ auf die Auszahlungen in jeder Zelle der „Ausgangsmatrix" angewendet wird.[23] Die so gebildete neue Ma-

---

22 In der Literatur über die internationalen Beziehungen hat es erhebliche Diskussionen darüber gegeben, welche Bedeutung „Zwischenformen" der Orientierung am relativen Vorteil zukommt (Powell 1991; Snidal 1991; Grieco/Powell/Snidal 1993). Behauptet wird, daß die neorealistische Theorie (die immer davon ausgeht, daß die Staaten sich an ihrem relativen Vorteil orientieren), dennoch einige Fälle internationaler Kooperation erklären könnte, wenn die Annahme leicht abgeschwächte würde – etwa zu $U_x = -0,9Y$. Auf der analytischen Ebene ist dieses Argument auf tautologische Weise richtig. Die wichtigere Frage ist jedoch, ob die neorealistischen Annahmen überhaupt genügend empirische Plausibilität besitzen, um die Untersuchung marginaler Veränderungen als ein theoretisch und empirisch lohnenswertes Unterfangen erscheinen zu lassen. Eher lohnenswert erscheint es dagegen, eine abgeschwächte Version der individualistischen Orientierung zu betrachten, bei der Ego den Interessen Alters wenigstens minimale Beachtung schenkt – zum Beispiel in der Form von $U_x = +0,1Y$. Reale Akteure sind jedenfalls – aus einem Gefühl der Menschlichkeit, Verpflichtung oder der Ehre heraus – häufig dazu bereit, anderen einen kleinen Gefallen zu tun, der Ego nicht allzu viel kostet, aber für Alter relativ wichtig sein kann.
23 Die Identität der „individualistischen Transformation" mit der „Ausgangsmatrix" bedeutet, daß die individualistischen Annahmen von Rational-Choice-Ansätzen tatsächlich eine theoretisch privilegierte Stellung einnehmen. Auf der einen Seite repräsentieren sie, genauso wie alle anderen Interaktionsorientierungen, eine subjektive Interpretation einer bestimmten Situation. Auf der anderen Seite beschreibe sie jedoch auch die tatsächlichen Konsequenzen, mit denen ein Akteur als Resultat einer bestimmten Interaktion zu leben hat. Während die von den anderen Interaktionsorientierungen geschaffene Welt zusammenbricht, wenn sich die Einstellungen ändern, beschreibt die Ausgangsmatrix die Situation in der realen Welt, die sich „am Morgen danach" (das heißt nachdem Liebe

trix stellt ein Nullsummenspiel dar, in dem die eine Seite verliert, was die andere gewinnt. Im Gegensatz dazu sind in der Matrix auf der rechten Seite, die das Ergebnis einer „kooperativen" oder „solidarischen" Transformation (gemäß der Regel $U_x = 1X + 1Y$) wiedergibt, alle Interessenskonflikte verschwunden, und die Spieler haben ein gemeinsames Interesse an der Erreichung des Ergebnisses, welches die Summe ihrer Auszahlungen maximiert, unabhängig davon, wer von ihnen mehr oder weniger bekommt. Dazu müssen zwei Anmerkungen gemacht werden.

Abbildung 4.7: Individualistische, kompetitive und solidarische Transformation zweier Spielkonstellationen.

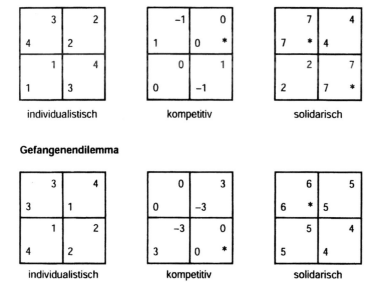

Die mit einem Stern versehenen Zellen repräsentieren Gleichgewichtsergebnisse in der transformierten Matrix

---

oder Haß, Solidarität oder der Wettbewerbsgeist aufgehört haben, die Situation umzudefinieren) wieder einstellen wird.

Erstens handelt es sich sowohl bei der „solidarischen" als auch bei der „kompetitiven" Transformation im Vergleich zur strategischen Komplexität des ursprünglichen Gefangenendilemmas um radikal vereinfachte Akteurkonstellationen. Kompetitive Interaktionsorientierungen wandeln alle Arten von Konstellationen in Nullsummenspiele um. Unter diesen Umständen ist Kooperation, für die ein Minimum gemeinsamer Interessen notwendig wäre, ausgeschlossen, und jegliche Art der Kommunikation von Seiten der anderen Partei wäre bestenfalls „cheap talk", wahrscheinlicher jedoch ein Täuschungsversuch. Wenn man von diesen Annahmen ausgeht, läßt sich aus der Spieltheorie eine einfache und eindeutige Empfehlung ableiten: In Nullsummenspielen dieser Art sollten sich rationale Spieler für eine „Maximin"-Strategie entscheiden, das heißt sie sollten diejenige Strategie wählen, welche zur *Maximierung der minimalen Auszahlung* führt, die sie unter der Annahme schlechtester Bedingungen erwarten können. Deshalb sollte sich Ego im Gefangenendilemma für die untere Zeile entscheiden, wo seine minimale Auszahlung gleich null ist, und nicht für die obere, wo die schlechteste Auszahlung –3 wäre; und nach derselben Logik sollte sich Alter natürlich für die rechte Spalte entscheiden.

Im Gegensatz dazu wandelt eine „kooperative" Transformation alle Arten von Akteurkonstellationen in „reine Koordinationsspiele" um, in denen die Akteure ausschließlich daran interessiert sind, ihre Entscheidungen auf eine Strategie abzustimmen, welche die besten gemeinsamen Auszahlungen bietet. Das ist kein Problem im Gefangenendilemma, wo die obere linke Zelle das für beide Seiten beste Ergebnis enthält. Im Battle of the Sexes gibt es jedoch zwei „beste" Ergebnisse, eines in der oberen linken Zelle, das andere in der unteren rechten. Da es den Spielern aber gleichgültig ist, welches der beiden Ergebnisse gewählt wird, müßten sie vermittels Kommunikation in der Lage sein, sich für eines der beiden zu entscheiden.

Die zweite Anmerkung bezieht sich auf den Illusionsscharakter subjektiver „Interaktionsorientierungen", die sich lediglich auf das Weltbild des Akteurs beziehen, aber nicht die reale Welt verändern können. Obwohl die Parteien eines Bürgerkriegs glauben mögen, daß das einzig Wichtige sei, die andere Seite zu besiegen, haben sie immer noch ihre Toten zu beklagen und müssen in den Städten leben, die sie zerstört haben. Es scheint also notwendig zu sein, die durch die „Illusion" der Transformationsregeln hervorgerufenen Strategieentscheidungen wieder in die harten Fakten der „Ausgangsmatrix" zurückzuübersetzen. Dazu müssen wir die mit einem Sternchen markierten Zellen der umgewandelten Matrix mit den Ergebnissen der entsprechenden Zellen in der Ausgangsmatrix vergleichen.

Tut man dies, dann kann der Eindruck, den ein Blick auf Abbildung 4.7 vermittelt, verallgemeinert werden. Akteure, die (gemeinsam!) von einer solidarischen Transformation „getäuscht" werden, stehen in der Regel „am Morgen danach" sehr gut da, wenn man die Ergebnisse in Betracht zieht, die sie tatsächlich erhalten. Insbesondere fahren sie immer besser als wenn sie einer kompetitiven Interaktionsorientierung verfallen wären. Dann hätten sie nämlich risiko-minimierende Strategien verfolgen müssen, wobei alle Möglichkeiten zur Erzielung gemeinsamer Gewinne durch Kooperation ignoriert worden wären. Bei der Rückübersetzung der Ergebnisse in die Ausgangsmatrix einer Vielzahl von Zwei-mal-zwei-Spielkonstellationen werden die bei kompetitiver Orientierung gewählten Resultate niemals mehr als die zweitschlimmste Auszahlung für jeden Spieler ergeben (und in manchen Fällen sind sie sogar die schlechtesten Ergebnisse).

Wenn die Akteure sich also ihre Orientierungen aussuchen könnten (Sen 1970; 1977), würden sie sich individuell besser stellen, wenn sie sich für Solidarität entscheiden würden – und wenn sie darauf vertrauen könnten, daß die anderen es ihnen gleichtun. Aber eben in der Möglichkeit, dem anderen zu vertrauen, liegt das entscheidende Problem. Wenn eine Seite aus einer solidarischen Orientierung heraus handelte, während die andere von kompetitiven Präferenzen motiviert wäre, dann erhielte der vertrauensvolle Partner bei allen Spielkonstellationen außer dem Battle of the Sexes das schlechteste Ergebnis, während die andere Seite immer ihr bestes oder zweitbestes Resultat erzielen könnte. Mit anderen Worten: Die Möglichkeit, jemandem zu vertrauen und bei anderen Vertrauen zu finden, ist ein Vorteil – aber Vertrauen auszubeuten kann noch viel vorteilhafter sein. Daher ist Solidarität eine prekäre Interaktionsorientierung, deren Aufrechterhaltung von sehr anspruchsvollen individuellen und institutionellen Voraussetzungen und normalerweise von hoher Transparenz und dem Vorhandensein effektiver Sanktionen abhängig ist (Hechter 1987; Ostrom

1990). Demgegenüber können kompetitive Orientierungen nicht durch Vertrauensentzug beeinträchtigt werden, weshalb sie sich tendenziell selbst stabilisieren.

Die Folgerung für die empirische Forschung lautet daher, daß wir immer mit der Möglichkeit rechnen müssen, daß Interaktionsorientierungen sich verändern. Das ist besonders deutlich in privaten Beziehungen auf der individuellen Ebene, wenn zum Beispiel Liebe in Haß umschlägt oder Wettbewerb sich in Kooperation verwandelt. Aber eine solche Veränderung der Interaktionsorientierungen kann auch auf der Ebene hoch organisierter kollektiver oder korporativer Akteure stattfinden. Zwar hat Otto von Bismarck in seinen Memoiren immer wieder betont, Staaten hätten Interessen, aber hegten weder Liebe noch Haß gegenüber anderen Staaten. Aber die Tatsache, daß er auf diesen Punkt selbst in einer Zeit hinweisen mußte, in der Kabinettspolitik betrieben wurde und man von der Massendemokratie noch weit entfernt war, macht den rein normativen, kontrafaktischen Charakter seiner Mahnung deutlich. Sicherlich kann das Auseinanderbrechen Jugoslawiens nicht erklärt werden, wenn man nicht annimmt, daß sich die Interaktionsorientierungen in eine „kompetitive" oder „feindselige" Richtung verändert haben, und ebenso ist es unwahrscheinlich, daß Friedensprozesse erfolgreich sein können, solange die Parteien in ihren Interaktionsorientierungen nicht zumindest wieder zu „rationalem Egoismus", wenn nicht gar zu „Solidarität" zurückgekehrt sind. Es wäre für die empirische Forschung gewiß von großem Vorteil, wenn wir gut fundierte Theorien hätten, mit deren Hilfe wir Veränderungen von Interaktionsorientierungen erklären[24] und vorhersehen könnten. Solange solche Theorien jedoch nicht in Sicht sind, sollten wir zumindest der empirischen Bedeutung von Interaktionsorientierungen und ihrer möglichen Veränderbarkeit Beachtung schenken.

---

24 Eine spieltheoretische Erklärung für den Wandel der serbischen Orientierungen hin zu offener Feindseligkeit bieten Casella und Weingast (1995).

Normative Aspekte

In den noch folgenden Kapiteln dieses Buches werden verschiedene Interaktionsformen diskutiert, von einseitigem Handeln über Verhandlung und Mehrheitsentscheidung bis hin zu hierarchischer Steuerung. Es wurde bereits darauf hingewiesen, daß diese Formen wahrscheinlich signifikanten Einfluß auf die Interaktionsergebnisse in jeder Akteurkonstellation haben. Wenn die Konstellation zum Beispiel einem symmetrischen Gefangenendilemma ähnelt, dann wird einseitiges Handeln die Parteien in eine „soziale Falle" lokken, wohingegen die Möglichkeit verbindlicher Vereinbarungen bessere Ergebnisse für alle beteiligten Akteure wahrscheinlich macht. Gleichzeitig ist der tatsächlich praktizierte Interaktionsmodus häufig Gegenstand institutionellen Designs oder kann von den beteiligten Parteien ad hoc gewählt werden. Von einem pragmatischen Standpunkt aus betrachtet ist es daher wichtig, daß die Policy-Forschung in der Lage ist, die Wirkungen unterschiedlicher Interaktionsformen unter Verwendung der in der Einleitung vorgeschlagenen normativen und evaluativen Kriterien „guter" Politik zu beschreiben und miteinander zu vergleichen. Diese Kriterien wurden in der vorangegangenen Diskussion implizit verwendet. Sie müssen jedoch jetzt genauer expliziert werden.

In der Einleitung habe ich einen doppelten Standard zur Beurteilung des Einflusses von Interaktionsformen auf politische Ergebnisse vorgeschlagen.[25] Seine *wohlfahrtstheoretische* Dimension ist utilitaristisch definiert; seine zweite Dimension ist die der *Verteilungsgerechtigkeit*.

Das utilitaristische Wohlfahrtskriterium impliziert, daß ein Ergebnis einem anderen vorzuziehen ist, wenn es mehr Gesamtnutzen produziert als dieses. In unseren Spielmatrizen wäre dies das Ergebnis mit der höchsten Gesamtsumme individueller Auszahlungen. Der Leser sollte jedoch gewarnt werden, daß utilitaristische Kriterien umstritten sind. Es gibt konzeptionelle Schwierig-

---

25 Elinor Ostrom (1996) schlägt in einem Papier, das ich erst kurz vor Drucklegung dieses Buches erhalten habe, vor, daß politische Prozesse auf der Grundlage von sechs Kriterien bewertet werden sollen: „ökonomische Effizienz", „Fairneß durch fiskalische Äquivalenz", „redistributive Fairneß", „demokratische Verantwortlichkeit", „Übereinstimmung mit der allgemeinen Moral" und „Anpassungsfähigkeit".

keiten beim Vergleich verschiedener *Arten* von Nutzen, die zu unterschiedlichen *Zeiten* und an unterschiedlichen *Orten* auftreten und verschiedenen *Personen* zugute kommen. Diese Schwierigkeiten haben dafür gesorgt, daß der Utilitarismus innerhalb der Philosophie einen schlechten Ruf genießt (Höffe 1987), und sie erklären, weshalb die moderne Wohlfahrtsökonomie sich weitgehend vom Utilitarismus abgewandt hat und sich mit dem Kriterium des *Pareto-Optimums* begnügt. Dieses favorisiert Ergebnisse, die den Nutzen in einer Dimension erhöhen (so daß bestimmte Arten von Nutzen zu bestimmten Zeiten, an bestimmten Orten oder für bestimmte Personen gefördert werden), ohne daß die Befriedigung in anderen Nutzendimensionen geschmälert würde. Aber sobald diese „kostenlosen" Vorteile ausgeschöpft sind, erklärt sich die moderne Wohlfahrtsökonomie außerstande, Verteilungsprobleme auf der „Pareto-Grenze" zu beurteilen.

Ein Grund dafür ist die konzeptionelle Schwierigkeit, verschiedene Nutzenarten, die sich in ihrem zeitlichen, räumlichen und personalen Auftreten unterscheiden, zu einem einzigen Maß für den Gesamtnutzen zusammenzufassen. Allerdings ist die Ökonomie schon immer davon ausgegangen, daß *Individuen* irgendwie in der Lage sein müssen, qualitativ, zeitlich und lokal differierende Vorteile zu einem einzigen Nutzenmaß zusammenzufassen. Wenn wir ebenfalls von dieser Annahme ausgehen, dann liegen die Schwierigkeiten im Bereich staatlicher Politik nur noch in der *interpersonalen* Dimension. Sie ergeben sich daraus, daß die Entscheidung zwischen verschiedenen Nutzenarten – zum Beispiel zwischen Ausbildung oder Alterssicherung – für unterschiedliche Gruppen unterschiedliche Kosten und Nutzen zur Folge haben – und dasselbe gilt für Nutzen, der an verschiedenen Orten und zu verschiedenen Zeiten auftritt. Wenn dem nicht so wäre, würde ein größerer Nettonutzen immer einem geringeren vorgezogen. Daher besteht das Hauptproblem, zu dem die moderne Wohlfahrtsökonomie keine Stellung beziehen will, in der interpersonalen Verteilung von Kosten und Nutzen. Diese Verweigerungshaltung der Wohlfahrtsökonomie wird normalerweise mit einem der beiden folgenden Argumenten gerechtfertigt.

Das erste Argument besagt, die Wissenschaft müsse werturteilsfrei sein, und sie müsse daher alle Fragen meiden, die solche Werturteile erforderlich machten. Nun ist es zwar richtig, daß man bei Verteilungsfragen Werturteile treffen muß, aber man kann die

Behauptung bezweifeln, daß solche Werturteile in der Wohlfahrtsökonomie vermieden werden könnten. Obwohl das Kriterium des Pareto-Optimums Verteilungsfolgen nicht behandelt, ist es selbst keineswegs wertfrei, denn es postuliert, daß alle bestehenden Nutzenpositionen geschützt werden sollen. Da überdies Paretooptimale Veränderungen zu einer Vergrößerung der Ungleichheit führen können, setzt der Standard auch voraus, daß *Verteilungsfolgen zu ignorieren* seien – eine Empfehlung, die selbstverständlich genauso werturteilsbeladen ist wie die explizite Präferenz für ein bestimmtes Verteilungsergebnis. Hinsichtlich werturteilsfreier wissenschaftlicher Reinheit ist also wenig gewonnen, wenn man sich an das Pareto-Kriterium hält.

Das zweite Argument weist auf die Tatsache hin, daß die Beurteilung von Verteilungsgerechtigkeit auf interpersonale Nutzenvergleiche angewiesen ist, die für unmöglich gehalten werden. Wenn ich in meiner eigenen subjektiven Welt gefangen bin, kann ich tatsächlich nicht an den Erfahrungen des anderen direkt teilhaben. Aber diese Binsenweisheit ändert nichts daran, daß Menschen über Einfühlungsvermögen verfügen. Wenn ich mir vorstelle, ich stecke in der Haut des anderen, könnte ich beurteilen, *wie ich mich an seiner Stelle fühlen würde*, und ich könnte dieses Gefühl mit meiner eigenen Situation vergleichen. Politische Diskurse werden im allgemeinen auf der Grundlage solcher indirekten Urteile geführt, und politische Probleme betreffen normalerweise Nutzen- und Kostenverteilungen, die sich selten auf die intimen Subjektivitäten der jeweiligen Zielgruppen beziehen und die deshalb Vergleiche durchaus zulassen (Binmore 1994). Da der politische Prozeß sich unvermeidlich mit der gegenseitigen Verrechnung von Nutzen und Kosten beschäftigt, scheint es sinnvoller zu sein, daß die Policy-Forschung mit dem (utilitaristischen) Wohlfahrtskriterium von Nicholas Kaldor (1939) arbeitet, demgemäß politische Entscheidungen dann akzeptabel sind, wenn die Nutzen der Gewinner mindestens so groß sind, daß sie eine vollständige Kompensation aller Verlierer ermöglichen (Abbildung 4.8).

Abbildung 4.8: Das Kaldor-Wohlfahrtskriterium

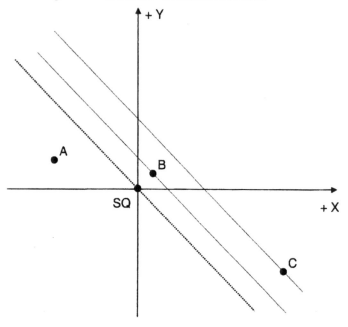

In der Abbildung wird dieses am Beispiel einer Zweipersonen-Interaktion illustriert. Dabei ist die Wohlfahrt von X auf der horizontalen Achse und die von Y auf der vertikalen Achse abgetragen, und SQ markiert den Status quo. Die Nordwest-Südost-Diagonale (für die $X + Y = 0$ gilt) entspricht dann dem Kaldor-Kriterium, und Parallelen zu dieser Diagonale können als Wohlfahrts-Isoquanten interpretiert werden, auf denen Ergebnisse liegen, die den selben Gesamtnutzen erzeugen. Alle Ergebnisse unterhalb und links von der Diagonalen durch SQ, wie etwa das Ergebnis A, wären inakzeptabel, und die politischen Ergebnisse wären wohlfahrtstheoretisch um so attraktiver, je weiter außen die Wohlfahrts-Isoquante angesiedelt ist, auf der sie liegen. Das höchst ungleiche Ergebnis C würde also dem weniger ungleichen Ergebnis B vorgezogen, weil der Nutzen für X größer ist als die Kosten für Y.

Ähnlich wie das Pareto-Kriterium sagt daher auch das Kaldor-Kriterium nichts über die Verteilung aus. Es verlangt lediglich

Vorteile, die so groß sind, daß die Kosten der Verlierer kompensiert werden *könnten*, aber es überläßt die Frage, ob und wie diese Kompensation tatsächlich durchgeführt werden soll, dem politischen Prozeß. Es ist allerdings klar, daß der politische Prozeß sich ständig mit Verteilungsfragen beschäftigt und daß diese Fragen notwendigerweise unter Bezugnahme auf normative Standards diskutiert und entschieden werden, denen allgemeine Gültigkeit über den Einzelfall hinaus zugeschrieben wird (Elster 1992; Rothstein 1992). Und selbst wenn die Wohlfahrtsökonomie sich über Fragen der Verteilungsgerechtigkeit ausschweigt, ist es doch ebenso klar, daß die Rechtswissenschaft, die Philosophie und die normative politische Theorie wertvolle analytische Beiträge zu ihrer Klärung geleistet haben (Rawls 1971; Barry/Rae 1975; Barry 1989; 1995). Das Problem liegt also weniger in einem Mangel an Kriterien, sondern vielmehr in ihrer Vielzahl.

Die Sozialpsychologie hat mindestens drei logisch unterscheidbare Definitionen von Verteilungsgerechtigkeit identifiziert: „Fairneß", „Gleichheit" und „Bedürftigkeit" (Deutsch 1975; 1985). *Fairneß* bezieht sich auf die Äquivalenz von Anstrengungen, Beiträgen oder Opfern auf der einen und Belohnungen auf der anderen Seite. Ihr Kriterium ist die Proportionalität, und ihre normative Relevanz ist am deutlichsten in allen Beziehungen, bei denen es um Austausch oder die Zusammenarbeit zur Erreichung eines gemeinsamen Ziels geht. *Gleichheit* wird als formale Gleichheit verstanden – im Sinne der bei Wahlen angewendeten Regel, daß jede Stimme dasselbe Gewicht haben muß. Ihre Relevanz wird am deutlichsten in bezug auf das Verhältnis zwischen dem demokratischen Staat und seinen Bürgern. *Bedürftigkeit* schließlich ist definiert durch spezifische Behinderungen oder Benachteiligungen, die eine positive Diskriminierung rechtfertigen, oder umgekehrt durch spezifische Begabungen oder eine überdurchschnittliche „Zahlungsfähigkeit", die eine ungleiche Belastung gerechtfertigt erscheinen lassen. Es ist klar, daß diese verschiedenen Konzepte der Verteilungsgerechtigkeit nicht unbedingt miteinander in Widerspruch stehen müssen – sie scheinen unterschiedlichen „Sphären der Gerechtigkeit" (Walzer 1983) zugeordnet zu sein. Dennoch werden Gerechtigkeitskonzepte häufig angezweifelt, und die von Jon Elster durchgeführten empirischen Studien über die bei „harten Entscheidungen" angewandten Kriterien haben gezeigt, daß diese eine sehr viel größere Varianz und Komplexität aufweisen, als man es auf der Grundlage der hier diskutierten Triade erwarten könnte (Elster 1992). Elsters Untersuchungen haben aber auch gezeigt, daß normale Bürger, Richter, Bürokraten und Politiker tatsächlich in der Lage sind, Lösungen für Probleme der Verteilungsgerechtigkeit zu finden, die sich normativ rechtfertigen lassen.

Folglich besteht unsere Aufgabe als Policy-Forscher nicht darin, diese Arbeit zu übernehmen und sozusagen „wissenschaftlich" validierte Werturteile über bestimmte Verteilungsprobleme zu entwickeln. Was wir jedoch tun können und sollten, ist zu untersuchen, inwieweit unterschiedliche institutionelle Arrangements, und insbesondere unterschiedliche Interaktionsformen, im Lichte verschiedener Kriterien der Verteilungsgerechtigkeit zur Lösung von Verteilungsproblemen beitragen. Genau dieselbe Aufgabe stellt sich uns auch in bezug auf die Wohlfahrtskriterien, seien sie nun an Pareto oder Kaldor angelehnt. Wie in den folgenden Kapiteln gezeigt werden wird, unterscheiden sich verschiedene Interaktionsformen in diesen beiden Dimensionen erheblich, und es ist ebenfalls möglich, Bedingungen anzugeben, welche die Wahrscheinlichkeit erhöhen, daß ein bestimmter Interaktionsmodus tatsächlich Ergebnisse produziert, die den Gesamtnutzen erhöhen und den Kriterien der Verteilungsgerechtigkeit genügen.

Dabei müssen wir jedoch zwei Dinge beachten: Erstens unterscheiden sich Akteurkonstellationen deutlich hinsichtlich des Schwierigkeitsgrades, der überwunden werden muß, um zu normativ akzeptablen Lösungen zu gelangen. Reine Koordinationsprobleme können durch jeden Interaktionsmodus leicht auf befriedigende Weise gelöst werden. Im Gegensatz dazu gibt es in einem Chicken-Spiel deutlich höhere Hürden, die einer befriedigenden Lösung im Wege stehen, und die Schwierigkeiten würden sich noch erhöhen, wenn wir eine Konstellation vor uns hätten, die dem asymmetrischen Konfliktspiel aus Abbildung 4.5 ähnelte. Wenn wir also die spezifischen Implikationen eines bestimmten Interaktionsmodus untersuchen, müssen wir ebenfalls die von diesem Interaktionsmodus zu bewältigenden Akteurkonstellationen und ihre spezifischen Schwierigkeiten in Betracht ziehen. Solange zum Beispiel die Europäische Gemeinschaft vor allem damit beschäftigt war, das gemeinsame Interesse der Mitgliedsstaaten am Zugang zu einem gemeinsamen Markt zu verwirklichen, war es kaum von Bedeutung, daß ihr Interaktionsmodus einstimmige Vereinbarungen zwischen den mitgliedsstaatlichen Regierungen erforderte. Derselbe Interaktionsmodus wird jedoch zum Problem, wenn es um Entscheidungen geht, die die Lösung grundlegender Interessenkonflikte zwischen den Mitgliedstaaten erfordern.

Das Zweite, woran wir denken sollten, ist die Tatsache, daß wir es immer mit Interaktionen zwischen politischen Akteuren zu tun haben, und nicht mit den zugrunde liegenden politischen Problemen. Wenn wir also die Wohlfahrtseffizienz und Verteilungsgerechtigkeit verschiedener Interaktionsformen untersuchen, sollten wir uns immer der Notwendigkeit bewußt sein, daß wir die Ergebnisse in die Sprache der ursprünglichen politischen Probleme zurückübersetzen müssen. In diesem Sinne werden in den folgenden Kapiteln die spezifischen Implikationen von vier verschiedenen Interaktionsformen untersucht – einseitiges Handeln, Verhandlung, Mehrheitsentscheidung und hierarchische Steuerung.

Kapitel 5
Einseitiges Handeln und wechselseitige Anpassung

In Kapitel 4 habe ich diskutiert, wie man reale politische Probleme auf Konstellationen von Akteuren mit bestimmten Präferenzen und bestimmten Fähigkeiten projizieren kann, um so zu einer Beschreibung von „Akteurkonstellationen" mit größerer oder geringerer Konvergenz oder Divergenz der Interessen zu gelangen. Die verbleibenden Kapitel werden die Interaktionsformen behandeln, durch die diese Spielkonstellationen in politische Entscheidungen transformiert werden. Schon damit ist deutlich, daß wir unsere Analyse nicht auf die Lösungskonzepte der Theorie nicht-kooperativer Spiele beschränken können, sondern die gesamte Palette empirisch möglicher Interaktionsformen heranziehen müssen, von einseitigem Handeln über verschiedene Formen des Verhandelns und der Abstimmung bis hin zu hierarchischer Steuerung. Wie ich bereits in Kapitel 2 gezeigt habe, besitzen diese sowohl eine strukturelle als auch eine prozedurale Dimension. Diese Unterscheidung ist von theoretischer Bedeutung, da derselbe Interaktionsmodus – zum Beispiel Verhandlungen – unter verschiedenen strukturellen Bedingungen eingesetzt werden kann – zum Beispiel im Rahmen des Marktes, eines Netzwerks, einer parlamentarischen Arena oder einer bürokratischen Hierarchie (Tabelle 2.1). Die Annahme dabei ist, daß die Interaktionsformen ihren Charakter verändern, wenn sie unter unterschiedlichen institutionellen Bedingungen eingesetzt werden. Verhandlungen „im Schatten der Hierarchie" haben eine andere Problemlösungsfähigkeit als Verhandlungen im Rahmen des Marktes.

Eine weitere Annahme ist, daß die Institutionalisierung unterschiedlicher Strukturen mit verschiedenen Schwierigkeits- oder Unwahrscheinlichkeitsgraden verbunden ist. Die Standardbedingung

– oder genauer gesagt, die „Hintergrundbedingung" – ist das anarchische Feld, in dem die Akteure durch wechselseitige Anpassung oder in Form von nicht-kooperativen Spielen aufeinander reagieren. Märkte sind, obwohl sie einige Eigenschaften mit unstrukturierten Feldern gemeinsam haben, institutionell anspruchsvoller, da sie auf die vorherige Festlegung und den Schutz von Eigentumsrechten angewiesen sind und von exogenen Mechanismen abhängig sind, welche die Einhaltung von Verträgen garantieren. Netzwerke können sich aus denselben institutionellen Grundstrukturen entwickeln, sie sind jedoch bei der Ermöglichung kooperativer Interaktionen effektiver und gleichzeitig selektiver als Märkte. Im Vergleich dazu ist die Schaffung einer Arena, in der kollektiv verbindliche Entscheidungen durch Mehrheitsabstimmungen oder hierarchische Steuerung herbeigeführt werden können, wesentlich anspruchsvoller.[1]

Anarchische Felder und minimale Institutionen

Ich beginne mit einer Diskussion des am wenigsten anspruchsvollen strukturellen Arrangements, das nicht mehr als einseitiges Handeln ermöglicht. In gewissem Sinne beschreibt das „anarchi-

---

1 Es sollte vielleicht ebenfalls darauf hingewiesen werden, daß die Diskussion in den folgenden Kapiteln sich explizit um Interaktionen *zwischen* unabhängigen Akteuren dreht, und nicht um die internen Interaktionen *innerhalb* eines kollektiven Akteurs, die bereits in Kapitel 3 behandelt wurden. Angesichts der formalen Parallelität, die Interaktionen zwischen und innerhalb von Akteuren im Rahmen unserer Mehrebenenanalysen aufweisen, können wir jedoch davon ausgehen, daß vieles von dem, was hier gesagt werden wird, mit den entsprechenden Anpassungen auch dazu beitragen kann, Interaktionen innerhalb von kollektiven oder korporativen Akteuren zu erklären. In konkreten Fallstudien werden wir daher dieselben analytischen Konzepte auf mehrere Ebenen anwenden. Ein Verband zum Beispiel kann als kollektiver Akteur modelliert werden, dessen interne Interaktionen (sofern sie empirisch überhaupt in Betracht gezogen werden müssen) im Rahmen einer Arena-Struktur stattfinden. In seinen externen Interaktionen wiederum kann dieser Verband Mitglied einer Koalition sein (also eines kollektiven Akteurs auf einer höheren Ebene), die innerhalb einer bestehenden Netzwerkstruktur gebildet wurde, um eine Mehrheit in der parlamentarischen Arena zu gewinnen. Auf diese Weise kann eine relativ begrenzte Anzahl relativ einfacher konzeptioneller Werkzeuge dazu benutzt werden, verhältnismäßig komplexe und miteinander verflochtene empirische Interaktionen zu rekonstruieren und zu erklären.

sche Feld" eine Nichtstruktur oder einen institutionenfreien Kontext, in dem die Akteure interagieren, ohne wechselseitige Verpflichtungen oder eine bereits existierende Beziehung zueinander zu haben. Sie können daher alle Strategien einsetzen, die ihnen im Rahmen ihrer Ressourcen zur Verfügung stehen, und sie werden dabei lediglich eingeschränkt durch physische Restriktionen und durch die Gegenzüge anderer Akteure. Sie können miteinander kommunizieren und Vereinbarungen abschließen, aber es steht ihnen auch frei, solche Vereinbarungen zu brechen, wenn es ihren Interessen dient. Robert Dahl und Charles Lindblom haben vor über vierzig Jahren im Rahmen ihres bahnbrechenden Versuchs, „grundlegende soziale Prozesse" zu systematisieren, den Begriff „Feld" eingeführt, um zu zeigen, daß selbst unter solchen Bedingungen wechselseitige Anpassung und „spontane Feldkontrolle" zwischen unabhängigen Akteuren zu einer Form der ökologischen Koordination führen kann. Dieselbe Erwartung leitet Hayek'sche Analysen, welche die Entstehung „spontaner sozialer Ordnung" als Ergebnis der Interaktion zwischen egoistischen Akteuren in einem institutionenfreien Kontext modellieren (Schotter 1981). Obwohl wesentlich weniger optimistisch, nimmt die neorealistische Theorie der internationalen Beziehungen ebenfalls an, daß die Interaktionen zwischen Nationalstaaten in einem institutionenfreien Raum stattfinden, der als die „Anarchie des internationalen Systems" konzeptualisiert wird (Waltz 1954; 1979). Auch hier wird davon ausgegangen, daß die Freiheit des einseitigen Handelns lediglich durch die Grenzen der physischen Fähigkeiten und die antizipierten Gegenzüge anderer Staaten wirkungsvoll beschränkt wird – aber diesmal ist die Schlußfolgerung weniger positiv: Krieg ist dem internationalen System inhärent, und deshalb müssen die Beteiligten sich am relativen Vorteil orientieren, und ihre Interaktionen müssen der Logik von wechselseitigem Mißtrauen und generalisierter Vorsicht folgen.

Im Gegensatz dazu treffen die Akteure innerhalb des Nationalstaates normalerweise nicht unter den Bedingungen der Anarchie aufeinander. Ihre Entscheidungen werden – exogen[2] – (minde-

---

2   Anders als die neoklassische Ökonomie beschäftigen sich Rational-Choice-Theorien ausführlich mit dem Problem, wie die Existenz von Institutionen theoretisch aus den rationalen Entscheidungen egoistischer Individuen abgeleitet

stens) durch die minimalen Institutionen des Rechtssystems beschränkt, das bestimmte Rechtspositionen vor einseitiger Verletzung schützt. Das Strafrecht, dessen Einhaltung durch die Maschinerie der staatlichen Verfolgung und Bestrafung garantiert wird, schützt auf diese Weise das Recht auf Leben, Freiheit, physische Unversehrtheit und Eigentum vor absichtlicher oder fahrlässiger Verletzung, und das private Recht der unerlaubten Handlung erweitert die Palette geschützter Rechtspositionen noch, indem es die zivile Schadensersatzpflicht ebenfalls mittels staatlicher Sanktionen garantiert. Darüber hinaus bietet das Vertragsrecht ein Regelsystem, welches die Bedingungen definiert, unter denen Vereinbarungen zwischen Privatpersonen als verbindliche Verträge anzusehen sind, und das Zivilprozeßrecht stellt den Apparat zur Verfügung, der die Einhaltung der so definierten vertraglichen Verpflichtungen garantiert.

Eigentumsrechte und rechtlich verbindliche Verträge sind ebenfalls die (exogen vorhandenen) minimalen institutionellen Bedingungen, die von der ökonomischen Theorie, die sich mit Markttransaktionen zwischen Fremden beschäftigt, vorausgesetzt werden. Darüber hinaus wird hier unterstellt, daß die Interaktionen auf anonymen Märkten durch das Vorhandensein allgemein bekannter Marktpreise beschränkt werden, die von Käufern wie Verkäufern als exogene Determinanten ihrer Verträge behandelt werden. Dennoch handelt es sich dabei um minimale institutionelle Beschränkungen, die im allgemeinen lediglich zur Erleichterung von „arms-length"-Interaktionen ausreichen, die zu „Spot-Verträgen" führen, mit deren Hilfe genau definierte Güter oder Dienstleistungen unter der Bedingung, daß Versprechen und Leistung zeitlich nicht weit auseinanderliegen, ausgetauscht werden. Da aber unser Interesse auf politische Interaktionen ausgerichtet ist, werden uns marktförmige Austauschprozesse hier nicht weiter beschäftigen. Ein erhebliches Interesse haben wir jedoch an den anderen Interaktionsformen, die unter den Bedingungen anarchischer Felder und minimaler Institutionen möglich sind. Unter diesen unterscheiden wir zwischen nicht-kooperativen Spielen, wechselseitiger Anpassung und negativer Koordination.

---

werden kann. Für die empirische Policy-Forschung ist dieses jedoch kaum von Belang – wir müssen lediglich Institutionen erkennen, wo sie vorhanden sind.

Nicht-kooperative Spiele und das Nash-Gleichgewicht

Nach einem grundlegenden Lehrsatz der Spieltheorie können alle Interaktionsformen auf die Form eines nicht-kooperativen Spiels reduziert werden (Nash 1953; Holler/Illing 1993). Für die empirische Forschung ist dies jedoch keine nützliche Empfehlung. Die unterschiedlichen Interaktionsformen haben jeweils eigene sie charakterisierende Stärken und Schwächen, doch selbst wenn es logisch möglich wäre, alle in der konzeptionellen Sprache der nicht-kooperativen Spieltheorie zu reformulieren, wäre eine solche Vorgehensweise für die Identifikation der zentralen Unterschiede zwischen den Interaktionsformen genauso wenig hilfreich wie für die wissenschaftliche Kommunikation dieser Erkenntnisse. In einer Hinsicht jedoch sind nicht-kooperative Spiele von grundlegender Bedeutung: Unabhängig von den Strukturen und Interaktionsformen, in deren Rahmen sie agieren, haben die Akteure immer die Möglichkeit, auf einseitiges Handeln zurückzugreifen. Die Verletzung eines Abkommens mag illegal sein, aber die Rückfalloption einseitigen Handelns kann nicht ausgeschlossen werden.

Das ist auch der Grund, weshalb die Spieltheoretiker im Rahmen ihres universalistischen theoretischen Programms darauf beharren, alle „höheren" Interaktionsformen als Gleichgewichtsergebnisse nicht-kooperativer Spiele zu rekonstruieren. Aus unserer empirischen Perspektive ist dagegen die stets präsente Möglichkeit entscheidend, daß andere Interaktionsformen von nicht-kooperativen Spielen überlagert werden oder zu nicht-kooperativen Spielen degenerieren können. Zum Beispiel sind im Bereich der internationalen Telekommunikation technische Standards im allgemeinen das Produkt von Verhandlungen internationaler Standardisierungskomitees. Die beteiligten Unternehmen können jedoch weiterhin nicht-standardisierte Geräte herstellen und hoffen, sich damit auf dem Markt durchzusetzen – eine externe Option, der eine effizienzsteigernde Wirkung zugeschrieben wird (Farell/Saloner 1988).

Die nicht-kooperative Spieltheorie geht davon aus, daß die Akteure auf eigene Faust handeln und daß sie dies ohne die Möglichkeit verbindlicher Vereinbarungen und mit einem ausschließlichen Interesse an der Maximierung ihrer eigenen Auszahlungen tun, aber in dem Bewußtsein ihrer Interdependenz mit anderen Akteuren und mit vollständigem Wissen über die verfügbaren Strategien und die damit verbundenen Auszahlungen aller anderen Spieler. Der bedeutende Beitrag, den diese Theorie zum sozialwissenschaftlichen Denken geleistet hat, besteht erstens in der *klaren Konzentration auf strategische Interaktion* – d.h. auf die Tatsache, daß die soziale Situation im allgemeinen nicht als „Spiel gegen die Natur" oder gegen eine passive Umwelt modelliert werden kann, sondern vielmehr als Interaktion intelligenter und gewiefter Akteure verstanden werden muß, die auf alle Züge mit dem Ziel reagieren werden, ihre eigene Situation zu verbessern. Zweitens liefert die Theorie nicht-kooperativer Spiele einen analytischen Apparat für die Anwendung von Carl J. Friedrichs' berühmter „Doktrin der antizipierten Reaktion" (1937, 16), die, wie ich später zeigen werde, sowohl für die Effektivität der demokratischen Verantwortlichkeit als auch für die Effektivität hierarchischer Autorität von entscheidender Bedeutung ist. Theoretisch noch wichtiger ist die Demonstration, daß die wechselseitige Antizipation zwischen rationalen Akteuren nicht in den unendlichen Regreß des „Ich glaube, daß sie glaubt, daß ich glaube, daß ..." führen muß, sondern statt dessen zu stabilen Gleichgewichtsergebnissen führen kann. Das Konzept des „Nash-Gleichgewichts" (Nash 1951) – der bedeutendste Beitrag der Spieltheorie für die Sozialwissenschaften –, bezeichnet eine Konstellation individueller Strategien, in der es keinem Spieler mehr möglich ist, sein Ergebnis durch den einseitigen Wechsel zu einer anderen Option zu verbessern. Für die bereits diskutierten vier archetypischen Mixed-Motive-Spiele wird dieses Konzept in Abbildung 5.1 illustriert.

Im Assurance-Spiel beispielsweise repräsentiert K/K ein Nash-Gleichgewicht, das beiden Spielern ihre jeweils beste Auszahlung (4,4) sichert und das keiner von beiden verändern möchte. Dennoch gibt es ein zweites Nash-Gleichgewicht bei N/N. Es ist wesentlich weniger attraktiv für beide Spieler (2,2), aber wenn Ego einseitig zu K/N wechseln würde, wäre sein Ergebnis noch schlechter (1,3), und derselbe Grund würde Alter von einem einseitigen Wechsel zu N/K abhalten. Da jedoch beide Spieler ein gemeinsames Interesse an dem Ergebnis K/K haben, würde bloße Kommunikation zwischen ihnen ausreichen, um einen *gemeinsamen* Wechsel zu diesem Ergebnis zu ermöglichen.

Abbildung 5.1: Nash-Gleichgewichte (N) in vier Mixed-Motive-Spielen

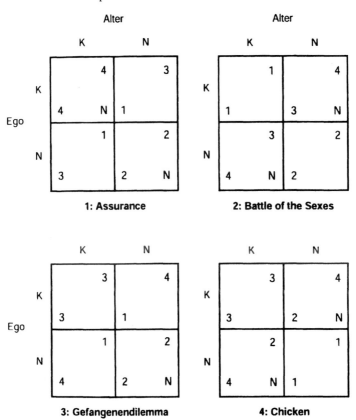

Beim Battle of the Sexes ist dies anders. Auch hier gibt es zwei Gleichgewichte, bei K/N und bei N/K, aber hier sind die Präferenzen beider Spieler nicht gleichgerichtet. Ego bevorzugt K/N (4,3) und Alter N/K (3,4). Wenn jedoch eines dieser beiden Ergebnisse irgendwie erreicht wird, hat selbst die benachteiligte Seite keinen Anlaß, es einseitig zu verändern. Diese Asymmetrie ist noch deutlicher im Chicken-Spiel. Hier handelt es sich bei den Nash-Gleichgewichten bei K/N und N/K um Lösungen, bei denen einer der

Spieler durch den anderen erheblich ausgebeutet wird (2,4 und 4,2). Dennoch ist das „Kompromißergebnis" bei K/K, bei dem beide Spieler ihre zweitbeste Auszahlung erhalten (3,3), kein stabiles Gleichgewicht, da sowohl Ego durch einen Wechsel zu N/K als auch Alter durch einen Wechsel zu K/N sein Ergebnis verbessern kann. Ähnlich ist es beim Gefangenendilemma. Das „kooperative" Ergebnis bei K/K (3,3) ist keine stabile Lösung, obwohl es für beide Spieler attraktiver ist als das einzige Nash-Gleichgewicht bei N/N (2,2). Mit anderen Worten: Selbst das schwache Pareto-Kriterium würde hier verletzt werden.

Es gibt daher keinen Grund anzunehmen, daß ein Nash-Gleichgewicht entweder im wohlfahrtstheoretischen Sinne „effizient" oder hinsichtlich der Verteilungsgerechtigkeit „fair" ist. Es ist lediglich ein Ergebnis, das rationale Spieler, wenn es einmal auf die eine oder andere Weise erreicht wurde, nicht durch einseitiges Handeln wieder verlassen können. Insbesondere liefert die Tatsache, daß es in Akteurkonstellationen, die dem Gefangenendilemma ähneln, Gleichgewichte gibt, die hinsichtlich des Pareto-Kriteriums suboptimal sind, eine gute Erklärung für die Tragödie der Allmende (Hardin 1968) und für verschiedene Arten von „sozialen Fallen" (Platt 1973; Messick/McClelland 1983). Ebenso konnten politische Philosophen den von Hobbes beschriebenen Naturzustand vor der Ankunft des Leviathan sowie die Rousseau'sche Gesellschaft vor der Schaffung des Gesellschaftsvertrags als Gleichgewichtsergebnisse eines Multiakteur-Gefangenendilemmas rekonstruieren (Runciman/Sen 1965; Sen 1969). Kurzum, wenn verbindliche Vereinbarungen oder kollektiv verbindliche Entscheidungen nicht möglich sind, kann das Konzept des Nash-Gleichgewichts stabile Ergebnisse erklären – und diese Erklärung ist besonders überzeugend in Fällen, wo diese Ergebnisse für alle beteiligten Akteure unbefriedigend zu sein scheinen.

Aus empirischer Sicht jedoch kann das Konzept des Nash-Gleichgewichts zwar vielleicht die Stabilität bestimmter Ergebnisse erklären, aber es bietet keinen Algorithmus, der erklären könnte, wie und weshalb die Spieler ein bestimmtes Ergebnis erreichen. Es wird angenommen, daß Ergebnisse stabil sind, wenn für alle beteiligten Spieler gilt, daß die von ihnen gewählte Strategie ihre beste Reaktion auf die ebenso beschaffenen Strategien aller anderen Spieler ist. Da diese Annahme, wie wir gleich sehen werden, für die Vorhersage bestimmter Ergebnisse von geringem Nutzen ist, ist es wichtig anzumerken, daß Schwierigkeiten der *Vorhersage* die Nützlichkeit des Nash-Konzepts als Werkzeug zur *Erklärung* empirisch stabiler Resultate nicht schmälern kann.

Daß solche Schwierigkeiten der Vorhersage tatsächlich existieren, wird bei der Betrachtung der vier archetypischen Zwei-mal-zwei-Spielen in Abbildung 5.1 deutlich. Drei dieser Spielkonstellationen verfügen über zwei Nash-Gleichgewichte. Beim Assurance-Spiel dürfte es zwar rationalen und vollständig informierten Spielern keine Schwierigkeit bereiten, sich auf das Gleichgewicht bei K/K zu einigen, da es für beide Spieler bessere Auszahlungen liefert als das Gleichgewicht bei N/N. Beim Battle of the Sexes und beim Chicken-Spiel jedoch haben beide Spieler völlig unterschiedliche Präferenzen in bezug auf das eine oder das andere Gleichgewichtsergebnis – und aus dem Nash-Konzept können keinerlei Ratschläge abgeleitet werden, was in dieser Situation zu tun sei.

Abbildung 5.2: Ein Spiel ohne Nash-Gleichgewicht in reinen Strategien

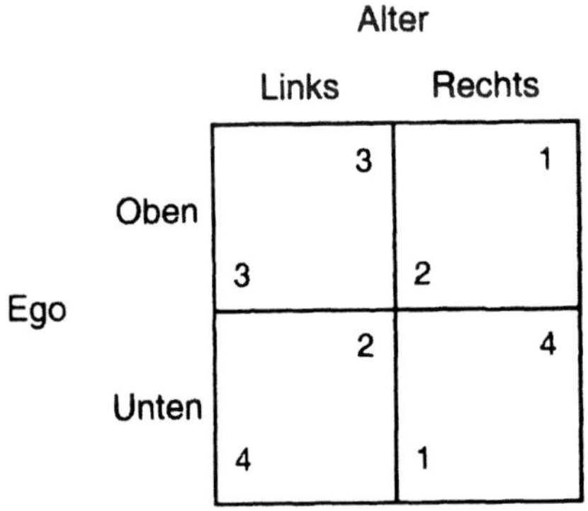

Alter

	Links	Rechts
Oben	3 / 3	1 / 2
Unten	2 / 4	4 / 1

(Ego)

Wie Abbildung 5.2 zeigt, haben darüber hinaus nicht alle Spiele ein Nash-Gleichgewichtsergebnis in reinen Strategien. Wenn der Status quo in Abbildung 5.2 in der Zelle Oben/Links liegt, könnte Ego nach unten gehen, um seine bestmögliche Auszahlung zu erhalten, woraufhin Alter sich nach rechts bewegen würde, um sein bestes Ergebnis zu erreichen (was für Ego das schlechteste wäre). Ego würde dann, um seine Situation etwas zu verbessern, wieder nach oben wechseln, was Alter, da es sich dabei um sein schlechtestes Ergebnis handelt, dazu bewegen würde, sich nach links zu bewegen – woraufhin der Kreislauf wieder von vorne beginnen würde.

Zwar wird in der Spieltheorie davon ausgegangen, daß die Spieler sich nicht nur auf die bisher diskutierten „reinen" Strategien beschränken müssen (d.h. daß sie nur zwischen „Oben", „Unten", „Links" oder „Rechts" wählen können), sondern daß sie auch auf „gemischte Strategien" zurückgreifen können, bei denen sie zufällige Kombinationen ihrer reinen Strategien verwenden.[3] Wenn das zugelassen wird, dann hat die mathematische Spieltheorie gezeigt, daß alle Spiele über mindestens ein Nash-Gleichgewicht in gemischten Strategien verfügen (Dasgupta/Maskin 1986). Es ist jedoch offen, ob durch diese mathematische Demonstration für die empirische Forschung viel gewonnen ist. Wenn die Spieler nicht an einer Vielzahl identischer Interaktionen beteiligt sind, ist es unklar, wie eine Zufallsstrategie, welche die *erwarteten* Auszahlungen maximiert, aus ihrer Sicht praktisch sinnvoll sein könnte. Jedenfalls ist es schwer vorstellbar, das real existierende Politiker die Würfel entscheiden lassen – und wenn sie es täten, wäre es höchst unwahrscheinlich, daß wir davon erfahren würden. Da wir den zufallsgenerierenden Prozeß selbst nicht beobachten können, würden wir also lediglich den tatsächlich gewählten Zug sehen – was uns selbstverständlich keinen Aufschluß über die zugrundeliegende Strategie gäbe. Darüber hinaus könnte das auf diese Weise erzielte Ergebnis per definitionem selbst kein Nash-Gleichgewicht (in reinen Strategien) sein, und wenn es daher überhaupt irgendeine Möglichkeit der Veränderung gäbe, wäre dieses Ergebnis instabil. Trotz seiner mathematisch sicherlich vorhandenen Bedeutung ermöglicht uns das Konzept des Nash-Gleichgewichts in gemischten Strategien also weder, reale Ergebnisse vorherzusagen, noch sie zu erklären. Ich schlage daher vor, das Kon-

---

3 So könnten in Abbildung 5.2 sowohl Ego als auch Alter einen Zufallsgenerator benutzen, um ihre Entscheidungen zwischen Oben und Unten bzw. Links und Rechts zu bestimmen. Durch die Auswahl der Wahrscheinlichkeitsverteilung, die ihre zu erwartende Auszahlung angesichts der Entscheidungen der anderen Partei maximieren würde, kann so ein Nash-Gleichgewicht in gemischten Strategien erreicht werden. In Abbildung 5.2 würde dies bedeuten, daß beide Spieler jeder ihrer Strategien eine Wahrscheinlichkeit von 50 Prozent zuweisen, was beiden jeweils eine zu erwartende Auszahlung von 2,5 einbringen würde.

zept nicht in unseren theoretischen Werkzeugkasten für die empirische Policy-Forschung aufzunehmen (Scharpf 1990).

Das bedeutet aber, daß es nicht-kooperative Interaktionen ohne Gleichgewichtsergebnisse gibt. Wie Matthias Mohr mit Hilfe von Computer-Simulationen gezeigt hat, wird der Anteil solcher Fälle immer größer, je mehr Spieler beteiligt sind und je größer die Zahl ihrer Strategien wird (siehe Anhang 2). Das ist bedauerlich, aber es ist wahrscheinlich realistisch. Für die Erwartung, daß alle menschlichen Interaktionen oder alle nicht-kooperativen Interaktionen zu stabilen Gleichgewichtsergebnissen führen werden, gibt es keine Begründung in der sozialwissenschaftlichen Theorie. Viele Interaktionen sind von Gleichgewichten weit entfernt, und sie können fortgesetzt oder beendet werden, ohne jemals ein Gleichgewichtsergebnis zu erreichen. Für solche Prozesse hat die nicht-kooperative Spieltheorie wenig Vorhersagekraft. Ihre Stärke liegt in der Erklärung stabiler Ergebnisse, und wir sollten sie in den Konstellationen einsetzen, in denen ihre Stärke liegt.

Aber selbst dann ergeben sich ernstzunehmende Probleme, da wir ja gesehen haben, daß Spiele, die überhaupt eine Nash-Gleichgewichtslösung in reinen Strategien haben, mit hoher Wahrscheinlichkeit mehr als nur eine besitzen – und in komplexen Spielkonstellationen oder in wiederholten Spielen kann es sogar sehr viele Gleichgewichtsergebnisse geben. Deshalb müssen wir wieder zu den Prozessen zurückkehren, durch welche die Akteure zu ihren Strategieentscheidungen kommen. Für diesen Bereich hat die Spieltheorie verschiedene „Lösungskonzepte" vorgeschlagen, die in manchen Konstellationen sehr plausibel sind. Keines dieser Konzepte ist jedoch allgemein anwendbar, und wenn es anwendbar ist, dann wird es nicht immer wohlfahrtstheoretisch akzeptable Lösungen hervorbringen.

Das am wenigsten kontroverse Lösungskonzept ist das der *Dominanz*. Es schreibt vor, daß ein Akteur bei der Entscheidung zwischen zwei Strategien immer diejenige wählen soll, welche zu Auszahlungen führt, die im Hinblick auf alle Optionen der anderen Beteiligten besser oder gleich gut sind wie die Auszahlungen der zweiten Strategie. Die Logik dieser Regel ist unanfechtbar, und sie hat den großen Vorteil, daß die so erreichten Lösungen auf jeden Fall Nash-Gleichgewichte darstellen und daß jeder Spieler lediglich seine eigenen Auszahlungen kennen muß, um sie anwenden zu können. Der Nachteil dieser Regel liegt in ihrer begrenzten Anwendbarkeit. Von den fünf bereits erwähnten Zwei-mal-zwei-Spielen könnte nur das Gefangenendilemma durch das Dominanzkonzept entschieden werden – und dort würde es zu einem paretosuboptimalen Ergebnis führen. Dennoch kann die Dominanzregel häufig dazu dienen, dominierte Strategien auszuschalten und auf diese Weise komplexe Spielmatrizen so zu vereinfachen, daß sie überschaubarer werden.

Auch die *Maximin*-Regel ist nur für einen begrenzten Bereich vollkommen plausibel. Sie verlangt, daß ein Spieler die zu erwartenden Auszahlungen aller Strategieoptionen untersuchen und sich für diejenige entscheiden soll, bei der die minimale Auszahlung den höchsten Wert erreicht. Die Regel hat ebenso wie die der Dominanz den großen Vorteil, daß die Spieler lediglich ihre eigenen Auszahlungen kennen und analysieren müssen und nicht auf Informationen über die Präferenzen der anderen angewiesen sind. Normativ ist die Regel durchaus sinnvoll bei Nullsummen- oder reinen Konfliktspielen, bei denen die Annahme berechtigt ist, daß die andere Partei alles tun wird, um meine Interessen zu verletzen. Geht man von dieser Annahme aus, so begrenzt die Maxime generalisierter Vorsicht den maximal zu erwartenden Schaden. Auf ähnliche Weise kann die Maximin-Regel bei Spielen ohne Nash-Gleichgewicht einen zufriedenstellenden Haltepunkt für Parteien schaffen, die frustriert sind über den endlosen Regreß von Zug und Gegenzug. Im Gefangenendilemma würde die Maximin-Regel jedoch zum selben suboptimalen Gleichgewicht führen wie die Dominanz-Regel.

Deshalb kann die Maximin-Regel unter allgemeineren Mixed-Motive-Bedingungen theoretisch nicht befriedigen. Häufig sind die auf diese Weise erreichten Ergebnisse keine Nash-Gleichgewichte und können daher instabil sein. Aus normativer Perspektive noch problematischer ist, daß die Spieler, die der Maximin-Regel folgen, von den schlechtesten aller Annahmen ausgehen müssen. In Konstellationen, die keinen Nullsummen-Charakter haben, werden sie deshalb gezwungen, sich für suboptimale Ergebnisse zu entscheiden und für beide Seiten attraktive Optionen zu ignorieren. Der Extremfall zeigt sich beim Assurance-Spiel in Abbildung 5.1, bei dem die Maximin-Regel Ego und Alter dazu zwingen würde, sich für N zu entscheiden, womit beide ihr zweitschlechtestes Ergebnis erhalten und das wesentlich attraktivere Nash-Gleichgewicht bei K/K ignorieren würden. Auf ähnliche Weise hält die Maximin-Regel beim Battle of the Sexes beide Parteien davon ab, sich auf eines der beiden bevorzugten Ergebnisse zu einigen. Im Chicken-Spiel ist die Situation komplizierter. Wenn hier beide Seiten die Maximin-Regel anwenden würden, wäre das Resultat eine für beide Seiten attraktive Kompromißlösung bei K/K. Da es sich bei dieser Lösung jedoch nicht um ein Nash-Gleichgewicht handelt, ist sie instabil. Sowohl Ego als auch Alter wären versucht, zu N zu wechseln. Wenn einer der beiden Spieler zuerst ziehen kann, dann wäre das Ergebnis zwar höchst asymmetrisch zu seinen Gunsten, aber stabil. Wenn jedoch beide gleichzeitig ziehen, würden beide ihre schlechteste Auszahlung erhalten. Hier scheint die Maximin-Regel also eher ein Eröffnungszug zu sein und weniger eine Regel, die zu einem eindeutigen und für beide Seiten akzeptablen Endzustand führt.

Ähnliche Probleme sind mit allen anderen Lösungskonzepten verbunden, mit deren Hilfe die Strategiewahl individueller Akteure vereinfacht werden soll (Colman 1982; Holler/Illing 1993). Wir sind daher schließlich allein auf das reine Nash-Konzept angewiesen. Wenn es jedoch nicht als Charakteristikum der Lösung, sondern als Verfahren zur Ermittlung dieser Lösung verwendet wird, stellt es an die Spieler wesentlich höhere Anforderungen als alle anderen bisher diskutierten Regeln. Es verlangt nicht nur, daß sie ihre eigenen strategischen Optionen und ihre eigenen Präferenzen kennen, sondern auch, daß sie über „vollständiges Wissen" verfügen hinsichtlich der Strategieoptionen aller Spieler, der zu erwartenden Ergebnisse an den Schnittpunkten aller Strategien und hinsichtlich der Präferenzen, die alle Spieler bezüglich dieser Ergebnisse haben. Auf der Grundlage dieses Wissens müßten sie dann die (mehrdimensionale) Spielmatrix rekonstruieren und jedes potentielle Ergebnis im Hinblick auf die Möglichkeit untersuchen, daß jeder Spieler seine Auszahlung durch ein einseitiges Abrücken von diesem Ergebnis verbessern könnte. Diese kognitiven Schwierigkeiten wachsen exponentiell, wenn die Zahl der beteiligten Spieler und die Zahl der ihnen zur Verfügung stehenden Optionen ansteigt.

Gewiß werden, wie ich gezeigt habe, die kognitiven Schwierigkeiten dieser Aufgaben in vielen Situationen durch die Bildung von Makroakteuren und durch den Rückgriff auf institutionelle Informationen vermindert. Kollektive und korporative Akteure werden institutionell konstituiert, und Institutionen bestimmen nicht nur die für sie erlaubten Strategien, sondern beeinflussen auch die Interessen und Präferenzen, auf deren Grundlage die Spieler die potentiellen Ergebnisse bewerten, die an den Schnittpunkten dieser Strategien erreicht würden. Darüber hinaus werden politische Interaktionen in offenen, demokratischen Gesellschaften im allgemeinen begleitet von öffentlichen Debatten und mehr oder weniger kompetenten Analysen der Optionen und Implikationen in den Medien.[4] Wir können deshalb vielfach davon ausgehen, daß die (in hohem Maße professionellen) Akteure, denen wir in politischen Prozessen begegnen, ein relativ klares mentales Bild der jeweiligen Spielkonstellation haben.

Aber das Maß, in dem die Optionen und Bewertungen von Institutionen beeinflußt werden, schwankt, und dieser Einfluß ist auch unter günstigen Umständen niemals vollständig. Zwar hat die Spieltheorie „Bayesianische" Lösungsalgorithmen für Spiele ohne vollständige Information entwickelt (Harsanyi 1967-1968). Aber die Wahrscheinlichkeitsberechnungen und die Erwartungsanpassungen, die von diesen Algorithmen vorausgesetzt werden, überfordern erst recht die kognitiven Fähigkeiten realer Akteure. Überdies eskaliert die kognitive Komplexität der Suche nach Nash-Gleichgewichten selbst unter idealen Bedingungen, wenn die Zahl der beteiligten unabhängigen Akteure und der ihnen zur Verfügung stehenden Strategien zunimmt (Scharpf 1991). Aber auch wenn alle diese Schwierigkeiten überwunden werden könnten, wären die Spieler immer noch mit der Möglichkeit konfrontiert, daß die Spielkonstellation mehr als nur ein Nash-Gleichgewicht enthalten kann – und das Nash-Konzept gibt ihnen keinerlei Aufschluß darüber, von welchem dieser Gleichgewichte sie erwarten können, daß alle beteiligten Parteien sich darauf einigen werden.[5]

---

4 Es ist jedoch höchst selten, daß Analysen in den Medien in explizit spieltheoretischen Begriffen entwickelt werden, wie dies in einer äußerst erhellenden Kolumne im *Economist* der Fall war. Dabei ging es um die Optionen, die Premierminister John Major und Oppositionsführer Tony Blair hinsichtlich eines Referendums über die Europäische Union möglicherweise erwägen könnten („Bagehot" 1994).
5 Die Spieltheorie hat eine Reihe von Konzepten entwickelt, welche die Zahl der zu betrachtenden Gleichgewichte verringern. Es ist zum Beispiel plausibel, daß

Wir haben daher allen Grund zu der Schlußfolgerung, daß es für reale Akteure schwierig ist, durch die gegenseitige rationale Antizipation ihrer Züge ein Nash-Gleichgewicht zu erreichen. Für die empirische Forschung bedeutet dies, daß der Bereich, für den die nicht-kooperative Spieltheorie über *Vorhersagekraft* verfügt, sehr eng begrenzt ist. Die Theorie ist in hohem Maße plausibel in gut strukturierten und häufig wiederkehrenden Interaktionen zwischen einer begrenzten Anzahl von Akteuren mit einer stark ausgeprägten Fähigkeit zu strategischem Handeln, in Situationen, in denen hohe Einsätze auf dem Spiel stehen, und in Interessenkonstellationen mit einem relativ hohen Konfliktniveau, in denen verbindliche Vereinbarungen nicht möglich sind. Es ist daher nicht überraschend, daß die nicht-kooperative Spieltheorie empirisch am häufigsten in Studien über die internationalen Beziehungen (Snyder/Diesing 1977; Snidal 1985a; Zürn 1992), über Interaktionen im Rahmen des Gesetzgebungsprozesses (Shepsle/Weingast 1981; Tsebelis 1994) und über Interaktionen zwischen oligopolistischen Unternehmen (Osborne/Rubinstein 1990; Holler/Illing 1993) angewendet wurde, während ihre Anwendung in vielen anderen Bereichen der Sozialwissenschaften mit sehr viel größerer Skepsis betrachtet wird.

Die Tatsache, daß es nur für einen begrenzten Bereich über Vorhersagekraft verfügt, beraubt das Nash-Konzept jedoch nicht seiner Erklärungskraft für breitere Anwendungsgebiete. Nicht-kooperative Interaktionen, wie sie von der nicht-kooperativen Spieltheorie postuliert werden – d.h. Interaktionen mit vollständiger gegenseitiger Antizipation, aber ohne die Möglichkeit verbindlicher Vereinbarungen – stellen nur einen von vielen möglichen, und sicherlich einen

---

pareto-suboptimale Gleichgewichte ignoriert werden, und in sequentiellen Spielen scheint es auch vernünftig zu sein, nur „teilspielperfekte" Gleichgewichte zu beachten (Osborne/Rubinstein 1994). In einem wesentlich ambitionierteren Projekt haben John Harsanyi und Reinhard Selten (1988) versucht, eine allgemeine Theorie zu entwickeln, die mittels einer Kriterienhierarchie dazu führen sollte, daß in jedem Spiel nur jeweils ein Gleichgewicht ausgewählt wird. Die präskritive Plausibilität einiger dieser Kriterien ist innerhalb der Spieltheorie immer noch umstritten, und Harsanyi (1995) hat in der Zwischenzeit eine aktualisierte Version vorgelegt, die einigen der in der Literatur erhobenen Einwänden Rechnung trägt. Wie dem auch sei, diese Konzepte sind jedenfalls rein präskriptiv, und die Autoren behaupten nicht, daß reale Akteure tatsächlich in der Lage wären, diese Sequenzen analytischer Operationen auszuführen, um schließlich bei einem einzigen Ergebnis zu landen.

höchst unwahrscheinlichen, Interaktionsmodus dar. Aber das Nash-Konzept postuliert nicht, daß ein Gleichgewichtsergebnis auf eine bestimmte Art und Weise erreicht werden muß, sondern es gibt lediglich Bedingungen an, die erfüllt sein müssen, damit Ergebnisse mit hoher Wahrscheinlichkeit stabil sind, und es ist daher nicht von den spezifischen kognitiven und prozeduralen Annahmen abhängig, die mit der nicht-kooperativen Spieltheorie verbunden sind.

Dieselbe Idee läßt sich auch in Form einer empirischen Hypothese formulieren: Unabhängig davon, wie ein bestimmtes Ergebnis erzielt wurde – durch ökologische Anpassung, durch Verhandlung, durch Mehrheitsabstimmung oder durch hierarchische Steuerung –, ist es mit höherer Wahrscheinlichkeit stabil, wenn es die Kriterien eines Nash-Gleichgewichts erfüllt. Wenn umgekehrt ein oder mehrere Spieler ihre Auszahlung immer noch verbessern können, indem sie einseitig von einer bestimmten Lösung abrükken, dann sollte diese Lösung als instabil angesehen werden. Natürlich muß eine solche Ex-post-Analyse nicht nur die ursprüngliche Präferenzkonstellation berücksichtigen, sondern auch die positiven und negativen Anreize, die der vorhandene institutionelle Rahmen bietet und die von der jeweiligen Interaktion erzeugt werden. Wenn also die einseitige Verletzung einer Vereinbarung mit dem Verlust eines wertvollen „Pfands" verbunden ist, dann können auch kooperative Lösungen in Konstellationen, die andernfalls den Charakter eines Gefangenendilemmas gehabt hätten, stabil sein, selbst wenn es keine externen Mechanismen gibt, welche die Einhaltung von Vereinbarungen garantieren (Raub/Keren 1993). Mit anderen Worten: Das Nash-Gleichgewicht ist gleichbedeutend mit „anreizkompatiblen" Lösungen (Hurwicz 1972; Gintis 1992) – die selbstverständlich für Verhandlungslösungen genauso entscheidend sind wie für hierarchisch festgelegte Ergebnisse.

Das bedeutet nicht, daß es keine Ergebnisse geben kann, die nicht den Charakter von Nash-Gleichgewichten haben. Aber es bedeutet, daß solche Ergebnisse, wenn sie denn als Folge moralischer Verpflichtung oder „aufgeklärten" Eigeninteresses zustande kommen, starken Versuchungen, einseitig davon abzurücken, ausgesetzt sind und gegen diese Versuchungen verteidigt werden müssen. Nehmen wir zur Illustration das Beispiel, das in der Einleitung und in Anhang 1 diskutiert wird: In den frühen 1970er Jahren, als die Regierungen eine keynesianische Vollbeschäftigungspolitik verfolgten, konnten die Gewerkschaften ihr bestes Ergebnis erzielen, wenn sie starke Lohnsteigerungen durchsetzten. Auf lange Sicht produzierte diese Strategie jedoch steigende Inflationsraten, was entweder eine Wahlniederlage der Regierung oder, in Antizipation dieser Möglichkeit, eine Hinwendung zum Monetarismus seitens der Regierung nach sich ziehen mußte – und das wiederum hätte ein rapides Ansteigen der Arbeitslosigkeit bedeutet. Bei Antizipation dieser Folgen wäre es deshalb im langfristigen Interesse der Gewerkschaften gewesen, während der Amtszeit keynesianischer Regierungen Lohnzurückhaltung zu üben. Aber da dieses Ergebnis auf kurze Sicht kein Nash-Gleichgewicht darstellte, hing die Entscheidung für eine solche Strategie davon ab, ob die Gewerkschaften in der Lage waren, intern verbindliche Vereinbarungen zu treffen.

In Österreich war dies unproblematisch, weil es dort große, „umfassende" Gewerkschaften (Olson 1982) mit einer stark zentralisierten Entscheidungsstruktur gab, die als unitarische Akteure mit der Fähigkeit zu strategischem Handeln angesehen werden konnten und die auf diese Weise in der Lage waren, kurzfristige Nachteile zugunsten langfristiger Vorteile in Kauf zu nehmen. In Großbritannien dagegen konnten die mehr als 100 einzelnen Gewerkschaften mit ihren in hohem Maße dezentralisierten Lohnverhandlungsstrategien nicht als einheitlicher Akteur behandelt werden. Die meisten gewerkschaftlichen Verhandlungseinheiten waren viel zu klein, um einen nennenswerten Einfluß auf die Inflationsrate zu haben. Für jede galt deshalb: Wenn sie sich für Lohnzurückhaltung entschied, während die anderen weiterhin hohe Lohnzuwächse einstrichen, stieg die Inflation weiter, so daß die eigenen Mitglieder Reallohnverluste erlitten. Wenn jedoch die anderen durch eine gemeinsame Strategie der Lohnzurückhaltung die Inflationsrate senkten, dann konnten die eigenen Mitglieder um so mehr von hohen Lohnsteigerungen profitieren. Kurzum, die Konstellation war ein perfektes Beispiel für ein Vielpersonen-Gefangenendilemma mit einem Nash-Gleichgewicht, in dem sich alle Gewerkschaften gezwungen sahen, die kurzfristigen Vorteile ihrer Mitglieder zu maximieren.[6] Dennoch kam es selbst in Großbritan-

---

6 Das Beispiel verdeutlicht, daß man bei der Bestimmung des Eigeninteresses zwei Dimensionen in Betracht ziehen muß: die Ebene, auf welcher ein komple-

nien zwischen 1975 und 1977 zu einer wirksamen Politik der Lohnzurückhaltung, und zwar auf der Grundlage eines Sozialpaktes zwischen allen Gewerkschaften und der Labour-Regierung. Dieser Pakt konnte für ein oder zwei Jahre die Lohnsteigerungen drastisch senken, aber dann zerbrach er unter allgemeiner Frustration. Die Erklärung liegt auf der Hand: Da die Politik der Lohnzurückhaltung kein Nash-Gleichgewicht darstellte, mußte mit massiven moralischen Appellen („Gebt Großbritannien ein Jahr")[7] dafür geworben werden, was sich jedoch gegen das institutionelle Eigeninteresse der Facharbeitergewerkschaften, die über eine relativ hohe Verhandlungsmacht verfügten, und angesichts unvermeidlicher Widersprüche und Irritationen bei der Umsetzung der Vereinbarung nicht sehr lange durchhalten ließ (Scharpf 1991).

Allgemeiner gesagt, eignet sich das Konzept des Nash-Gleichgewichts sehr gut zur Bestimmung der *Stabilität* oder *Verwundbarkeit* einmal erreichter Lösungen, aber nicht zur Vorhersage künftiger Lösungen. In diesem begrenzten Sinne ist es jedoch für die Sozialwissenschaften von allgemeinem Interesse. Obwohl das Konzept im Rahmen der nicht-kooperativen Spieltheorie entwickelt wurde, ist sein Anwendungsbereich keineswegs auf nicht-kooperative Spiele beschränkt, sondern leistet genauso gute Dienste bei der Analyse anderer Interaktionsformen.

---

xer Akteur sein Eigeninteresse definieren kann (auf der Ebene von Berufsgruppen oder von Industriezweigen, auf der Ebene lokaler, regionaler oder nationaler Einheiten usw.), und den Zeithorizont, innerhalb dessen das Eigeninteresse definiert werden muß. Während institutionelle Fragmentierung üblicherweise mit kurzen Zeithorizonten verbunden ist (wenn man zu klein ist, um die zukünftigen Inflations- und Arbeitslosigkeitsraten beeinflussen zu können, neigt man eher dazu, sich das zu nehmen, was man jetzt bekommen kann), können große „umfassende" Gewerkschaften wählen, ob sie sich bei ihrer Interessendefinition an kurzfristigen oder langfristigen Zielen orientieren.

7 Der Sozialpakt könnte also im Sinne der in Kapitel 4 vorgeschlagenen Konzepte als eine „solidarische" Transformation der Auszahlungsmatrix interpretiert werden.

Wechselseitige Anpassung

Nicht-kooperative Spiele, wie sie bisher diskutiert wurden, sind nicht der einzige Interaktionsmodus, der im Rahmen anarchischer Felder oder minimaler Institutionen auftreten kann. Die mathematische Theorie nicht-kooperativer Spiele basiert auf Annahmen, die sehr hohe Anforderungen an die kognitiven Fähigkeiten individueller oder korporativer Akteure stellen. Gleichzeitig gibt es jedoch auch eine gut entwickelte mathematische Theorie evolutionärer Spiele, die ganz auf kognitive Anforderungen verzichtet, da sie davon ausgeht, daß das Verhalten ihrer „Akteure" genetisch programmiert ist. Sie wurde in der Populationsbiologie entwickelt (Smith 1982), welche die unterschiedlichen genetischen Eigenschaften von Individuen einer Spezies mit spieltheoretischen „Strategien" gleichsetzt und den mit einem bestimmten genetischen Charakteristikum verbundenen Fortpflanzungserfolg als dessen „Auszahlung" behandelt. Wenn die Evolution ausschließlich durch die Umwelt bestimmt wird, kann sie als „Spiel gegen die Natur" interpretiert werden; wenn jedoch der Fortpflanzungserfolg von der Interaktion zwischen genetisch unterschiedlichen Individuen abhängt, können die Lösungskonzepte der nicht-kooperativen Spieltheorie angewendet werden, obwohl die „Strategien" der „Spieler" genetisch festgelegt sind, und nicht strategisch gewählt werden. Dieselbe evolutionäre Version der Spieltheorie wurde in Robert Axelrods (1984) Computersimulation des Erfolgs unterschiedlicher Strategien in unendlich oft wiederholten Gefangenendilemma-Spielen angewendet; sie wurde ebenfalls eingesetzt, um Gruppen von (konkurrierenden) Organisationen zu untersuchen, wiederum mit der Annahme, daß ihre Strategien irgendwie fixiert seien (Alchian 1950; Hannan/Freeman 1977; 1984). Aber natürlich ist die Annahme fixer Strategien für Akteure, die über die Fähigkeit zweckgerichteten Handelns verfügen und lernen können, empirisch noch unrealistischer als die Annahme spieltheoretischer Superrationalität.

Wir stehen also vor der scheinbar paradoxen Situation, daß die Theorie nicht-kooperativer Spiele entweder auf superrationales oder auf völlig a-rationales Verhalten angewendet werden kann – aber nicht auf die normale empirische Welt begrenzt rationalen menschlichen Handelns. Dieses Paradox verliert jedoch seinen überraschenden Charakter, wenn man in Betracht zieht, daß sowohl superrationale als auch fixe Strategien ein- für allemal und exakt definiert sind, was die analytische Modellierung vereinfacht, wohingegen Modelle begrenzt rationalen Handelns die Einbeziehung höchst variabler Annahmen über die Informationen, die den Spielern zur Verfügung stehen bzw. nicht zur Verfügung stehen, und über die Grenzen ihrer Informationsverarbeitungskapazitäten erfordern. Während es nur eine Art und Weise gibt, vollständig rational oder vollständig nichtrational zu sein, gibt es unendlich viele Möglichkeiten, unvollständig rational zu sein. Daher wären solche Annahmen nicht nur ad hoc, sondern würden sich auch dem ständigen Vorwurf ausgesetzt sehen, post hoc zu sein, da „man durch die geschickte Wahl der Art von Unsicherheit ... mit der spieltheoretischen Analyse alles beweisen kann, was man will" (Kreps/Wilson 1982, 276; Übersetzung d. Verf.).

Ich bin jedoch davon überzeugt, daß man ein nicht willkürlich definiertes Mindestniveau begrenzter Rationalität bestimmen kann, welches erfüllt sein muß, damit das spieltheoretische Konzept des Nash-Gleichgewichts zur Erklärung herangezogen werden kann. Diese Mindestdefinition müßte sicherstellen, daß die Akteure ein Nash-Gleichgewicht erreichen können, sofern ein solches existiert, und daß sie bei diesem Gleichgewicht bleiben werden, solange die verfügbaren Strategien, die damit verbundenen Ergebnisse und die auf diese Ergebnisse bezogenen Präferenzen unverändert bleiben. Matthias Mohr und ich haben in den Begriff der „parametrischen Anpassung" von Charles Lindbloms (1965) benutzt (siehe den in Anhang 2 abgedruckten Aufsatz), um einen Interaktionsmodus zu beschreiben, der durch dieses Mindestniveau an Rationalität gekennzeichnet ist. In der Zwischenzeit ist mir jedoch klar geworden, daß dieser Begriff, wenn er aus Lindbloms Kontext herausgenommen wird, einer eindeutigen Kommunikation innerhalb der Wissenschaft nicht dienlich ist, und ich habe mich deshalb dafür entschieden, statt dessen Lindbloms allgemeineren Begriff der „wechselseitigen Anpassung" zu benutzen. Aber die Definition ist entscheidend, nicht die Bezeichnung.

Die Definition eines Mindestniveaus an Rationalität setzt erstens voraus, daß jeder Akteur mindestens seine eigenen Strategieoptionen und die Ergebnisse kennen muß, die dadurch erreicht werden können, sofern alle anderen Akteure ihre aktuelle Strategie beibehalten. Weiterhin wird angenommen, daß der Akteur fähig ist, die erreichbaren Ergebnisse entsprechend seiner eigenen Präferenzen zu bewerten. Schließlich wird davon ausgegangen, daß der Akteur diejenige seiner Strategieoptionen wählen wird, durch deren Ausführung er seine unmittelbare Auszahlung verbessern kann. Dasselbe gilt für alle anderen Akteure. Mit diesen Annahmen läßt sich die größte kognitive Hürde für die empirische Anwendung der nicht-kooperativen Spieltheorie überwinden: Die Spieler müssen lediglich ihre eigenen Optionen und Auszahlungen kennen, aber nicht diejenigen der anderen Akteure. Sie können daher auch nicht die Züge anderer Spieler antizipieren; es wird lediglich angenommen, daß sie auf den Status quo reagieren, der durch die früheren Züge aller anderen Spieler geschaffen wurde.

Die unter diesen Annahmen möglichen Interaktionen können am besten als *sequentielle Spiele* verstanden werden, bei denen die Akteure, ausgehend von einem bestimmten Status quo, einseitige Züge ausführen, sobald sie eine Möglichkeit sehen, ihre Auszahlungen zu verbessern. Aber da angenommen wird, daß sie nicht über die Fähigkeit langfristiger Antizipation verfügen, haben sie keine allgemeine Strategie, die alle potentiellen Züge und Gegenzüge aller beteiligten Akteure vorausberechnet. Aus diesem Grund werden die Interaktionen so lange fortgesetzt, bis ein Nash-Gleichgewicht erreicht ist. Wenn ein solches Gleichgewicht erreicht wird, kann kein Akteur mehr seine Position durch einseitiges Handeln verbessern, und dann kommen die Interaktionen zu einem Ende.

Wenn also kein Gleichgewicht (natürlich in reinen Strategien) existiert, kann das Hin und Her von Zügen und Gegenzügen unendlich lange fortgesetzt werden (oder zufällig gestoppt werden). Wenn es ein einziges Nash-Gleichgewicht gibt, wird es unter stabilen externen Bedingungen schließlich auch erreicht werden, vorausgesetzt, die Akteure erinnern sich an die zurückliegenden Züge und vermeiden unendliche Schleifen, indem sie dann zu ihrer zweitbesten Strategie wechseln. Wenn schließlich mehrere Gleichgewichte existieren, wird der Prozeß der wechselseitigen Anpassung bei dem zuerst erreichten Gleichgewicht einrasten.

Wir haben hier also einen sehr einfachen Interaktionsmodus vor uns, der keine vollständige Information voraussetzt und der nur minimale Anforderungen an die kognitiven Fähigkeiten der Akteure stellt, der aber dennoch den Resultaten nahekommt, die in nicht-kooperativen Spielen mit vollständiger Information und vollständig rationalen Akteuren erreicht werden können: Es besteht eine hohe Wahrscheinlichkeit, daß ein Nash-Gleichgewicht erreicht wird, sofern ein solches existiert – und daß es, einmal erreicht, auch beibehalten wird.

Die wechselseitige Anpassung kann daher als Modell dienen, das stabile soziale Zustände erklären kann, wenn es keine explizite Koordination durch Vereinbarungen oder verbindliche Entscheidungen gibt. Im Vergleich zu der Annahme der Superrationalität, die von der nicht-kooperativen Spieltheorie vorausgesetzt wird, sind die Informations- und Informationsverarbeitungsanforderungen dieses Modells wesentlich geringer. Jede weitere Verringerung der Anforderungen (etwa, daß die Akteure ihre eigenen Optionen nicht kennen oder nicht in der Lage sind, die aktuellen oder potentiellen Ergebnisse im Hinblick auf ihre eigenen Präferenzen zu bewerten) würde dazu führen, daß die Erreichung von Gleichgewichtsergebnissen nicht mehr sichergestellt wäre. Aus theoretischer Sicht noch attraktiver ist die Tatsache, daß jeder Zugewinn an Information oder Informationsverarbeitungskapazität über die Mindestanforderungen hinaus (wenn die Akteure mehr Wissen über einander oder bessere Antizipationsfähigkeiten besäßen) das Ergebnis nicht beeinflussen würde. Es würde lediglich bedeuten, daß die Nash-Gleichgewichte aufgrund einer besseren Annäherung an die von der nicht-kooperativen Spieltheorie angenommenen kognitiven Operationen in kürzeren Trial-and-Error-Zyklen erreicht würden. In diesem Sinne vermeidet die vorgeschlagene Definition der wechselseitigen Anpassung den Ad-hoc-Charakter, der Annahmen begrenzter Rationalität normalerweise vorgeworfen wird. Sie bezeichnet ein gut definiertes (und empirisch überprüfbares) Mindestniveau an Rationalität, an dem sich auch dann nichts ändert – jedenfalls für den ausschließlichen Zweck der Erklärung, um die es uns hier geht –, wenn die Akteure auf der Grundlage eines höheren Maßes an Rationalität (aber innerhalb der Grenzen eines nicht-kooperativen Spiels) handeln sollten.

Aus empirischer Sicht ist es wichtig, daß die wechselseitige Anpassung, wie wir sie hier definiert haben, ein plausibles Grundmodell für eine Vielzahl sozialer Prozesse darstellt. Solche Prozesse haben häufig den Charakter von zeitlich in die Länge gezogenen, sequentiellen Interaktionen, bei denen am Anfang keiner der beteiligten Akteure in der Lage ist, die Unwägbarkeiten zukünftiger Entscheidungssituationen in die vollständige, antizipatorische „Strategie" umzuwandeln, die von der nicht-kooperativen Spieltheorie postuliert wird. Da das Modell außerdem lediglich davon ausgeht, daß die Akteure ihre eigenen Optionen und Präferenzen kennen, ist seine A-priori-Plausibilität nicht auf Zweipersonen-Spiele oder Interaktionen zwischen einer sehr geringen Zahl von Akteuren, die sich sehr gut kennen, beschränkt. Tatsächlich spezifiziert die wechselseitige Anpassung, wie sie hier definiert wurde, die prozeduralen Vorbedingungen, die nötig sind, damit die von Hayek beschriebene „spontane Ordnung" ohne explizite Planung oder politische Intervention entstehen kann (Schotter 1981). Wechselseitige Anpassung ist auch der Interaktionsmodus, der das „Einrasten" technischer Lösungen (David 1985; Arthur 1988) sowie das Auftreten von „Netzwerkexternalitäten" (Liebowitz/Margolis 1994) und anderer Formen der „eigendynamischen" Koordination zwischen großen Mengen unabhängiger Akteure (Mayntz/Nedelmann 1987) erklären kann. Im Gegensatz zu leistungsfähigeren Interaktionsformen, wie der Koordination durch bindende Vereinbarungen oder kollektiv verbindliche Entscheidungen, schließt die Koordination durch wechselseitige Anpassung Innovationen nicht aus und verhindert auch nicht die Reaktion auf sich verändernde Umstände. Die Akteure verlieren nicht ihre Freiheit des einseitigen Handelns, und sie sind fähig, jedes Ergebnis, bei dem die Interaktion „einrastet", zu verlassen, sobald sie individuell attraktivere Alternativen entdecken.

Bei wechselseitiger Anpassung kann jedoch das Erreichen eines existierenden Gleichgewichtsergebnisses durch die Abfolge von Zügen und Gegenzügen viel Zeit in Anspruch nehmen. Wenn sich die äußeren Umstände verändern, kann es daher passieren, daß der Prozeß niemals zu einem Ende kommt, obwohl es ursprünglich Gleichgewichtsergebnisse gegeben haben mag. Daraus würde folgen, daß, ceteris paribus, alle Formen „evolutionärer" oder „eigendynamischer" sozialer Koordination oder der von Hayek beschriebenen spontanen Ordnung schwieriger werden, wenn die Geschwindigkeit des technischen, ökonomischen, politischen oder sozialen Wandels ansteigt. Dennoch wäre es interessant, darüber zu spekulieren, ob die gleichzeitige Entwicklung von weltweiten Kommunikationssystemen und weltweiten ökonomischen Austauschbeziehungen auch die Geschwindigkeit der wechselseitigen Anpassung so stark erhöht, daß soziale Interaktionen selbst bei anhaltendem externen Wandel (temporäre) Gleichgewichte erreichen können, die bislang zu kurzlebig waren, um realisiert zu werden. So wie die Computerindustrie ganz gut damit zurecht zu kommen scheint, daß ihre Kompatibilitätsstandards spätestens nach zwei Jahren überholt sind, könnten wir nun entdecken, daß in einer Vielzahl von Bereichen die Standards nicht lange stabil sein müssen, um zur Koordination sozialer, ökonomischer und politischer Aktivitäten beizutragen.

Aber das ist reine Spekulation. Viel wichtiger ist der Hinweis, daß die potentielle wohlfahrtstheoretische Effizienz der wechselseitigen Anpassung auf jene Klasse politischer Probleme oder Akteurkonstellationen begrenzt ist, die als reine Koordinationsspiele oder als Konstellationen, die dem Battle of the Sexes ähneln, beschrieben werden können. Daher setzen Behauptungen über die Evolution von Normen und sozialen Institutionen oder von „spontaner Ordnung" immer voraus, daß die zugrundeliegenden Probleme den Charakter von Koordinationsspielen haben und daß die daraus resultierenden „Konventionen" (wie die Regel, daß man auf der rechten Seite der Straße fährt) freiwillig eingehalten werden, weil jeder ein Interesse daran hat, daß sie befolgt werden. Wenn diese Bedingungen gegeben sind, dann erhöht jedes Einrasten eines Spiels auf ein Nash-Gleichgewicht die allgemeine Wohlfahrt und die soziale Produktion. Sicherlich muß dieses Gleichgewicht nicht unbedingt eine „faire" Lösung unter Kriterien der Verteilungsgerechtigkeit darstellen. Darüber hinaus muß dieses Ergebnis wohlfahrtstheoretisch gesehen auch nicht unbedingt das bestmögliche sein, das überhaupt erreichbar gewesen wäre, und seine Existenz kann auch den späteren Wechsel zu einem besseren Resultat verhindern (David 1985; vgl. jedoch Liebowitz/Margolis 1994). Selbst dann jedoch muß die koordinierte Lösung für alle besser sein als eine Rückkehr zu unkoordiniertem einseitigem Handeln – ansonsten hätte sie keinen Bestand.

Nun können natürlich reine Koordinationsprobleme in jedem Koordinationsmechanismus leicht geregelt werden.[8] Dies gilt jedoch

---

8 Die hierarchische Koordination, das sollte den Hayek'schen Einwänden zugestanden werden, könnte Schwierigkeiten dabei haben, lokales (und unartikuliertes) Wissen zu gewinnen, über das Akteure auf niedrigeren Ebenen im Rahmen der wechselseitigen Anpassung ohne Probleme verfügen könnten.

nicht für Konstellationen, die dem Battle of the Sexes oder anderen Spielen ähneln, bei denen sich Kooperationsgewinne und Verteilungskonflikte überlagern. Bei diesen Konstellationen können mit Hilfe wechselseitiger Anpassung nicht nur wohlfahrtstheoretisch effektive Lösungen herbeigeführt werden, sondern hier kann die wechselseitige Anpassung sogar hinsichtlich der auftretenden Transaktionskosten der effizienteste Interaktionsmodus sein. Die Koexistenz eines gemeinsamen Interesses an der Koordination und gegensätzlicher Interessen in bezug auf die Verteilung macht die Auswahl von Gleichgewichten bei antizipatorischen nicht-kooperativen Spielen schwierig, und sie erzeugt noch größere Schwierigkeiten, wenn die Koordination durch Verhandlungen erreicht werden muß. Selbst wenn die Lösungen durch Abstimmung oder hierarchische Entscheidung festgelegt werden können, kann die Rechtfertigung eines Ergebnisses, das eine Seite gegenüber der anderen benachteiligt, langwierige Kontroversen mit sich bringen.

All diese Schwierigkeiten verschwinden bei wechselseitiger Anpassung. Hier kann derjenige, der als erster am Zug ist, die Strategie auswählen, die zu seinem besten Ergebnis führt;[9] und derjenige, der als nächster zieht, muß die bestmögliche Antwort auf die vom ersten Spieler erzeugte Situation finden. In Konstellationen, die dem Battle of the Sexes ähneln, bedeutet dies, daß durch die rationale Entscheidung des zweiten Spielers eine perfekte Koordination erreicht wird, selbst wenn dieser anfänglich ein anderes Ergebnis bevorzugt hätte. Ein gutes Beispiel aus dem Gebiet der internationalen Telekommunikation sind die Interaktionen zwischen Standardisierungskomitees mit spezialisierten Zuständigkeiten für technisch interdependente Gegenstandsbereiche (Genschel 1995). Hierbei werden keine Versuche unternommen, die zahlreichen Komitees durch Verhandlungen in einem Superkomitee zu koordinieren; statt dessen bearbeitet jedes Komitee sein eigenes Spezialproblem in seiner eigenen Geschwindigkeit, bleibt jedoch durch überlappende Mitgliedschaften über den Stand der Diskussionen in benachbarten Komitees informiert. Sobald

---

9 Die Möglichkeit, den ersten Zug ausführen zu können, ist in sequentiellen Spielen mit mehr als einem Gleichgewicht von Vorteil. In Spielen mit nur einem Gleichgewicht wirkt sich die Abfolge der Züge nicht auf das Ergebnis aus; und in Spielen ohne Gleichgewicht in reinen Strategien ist der Spieler, der seinen Zug zuerst ausführt, generell im Nachteil.

sich herausstellt, daß ein Komitee so weit ist, einen bestimmten technischen Standard festzulegen, reagieren die anderen Komitees darauf, indem sie diesen Standard als neue Arbeitsgrundlage akzeptieren und ihre eigene Arbeit so daran anpassen, daß die Kompatibilität gewährleistet wird.

Wenn die Probleme jedoch den Charakter von Dilemma-Spielen oder von Spielen mit intensiven Verteilungskonflikten haben, sind die wohlfahrtstheoretischen Implikationen der Koordination durch wechselseitige Anpassung weit weniger attraktiv. In Vielpersonen-Konstellationen, die dem Gefangenendilemma ähneln, ist ein Einrasten auf die für alle Seiten schädliche Lösung fast unvermeidlich.[10] Daher ist die Vermeidung der Tragödie der Allmende durch die erfolgreiche Regelung von „Problemen gemeinsamer Ressourcen" (Ostrom/Gardner/Walker 1994) auf Interaktionsformen mit höherer Koordinationsfähigkeit angewiesen. Dasselbe gilt für Akteurkonstellationen, deren Konfliktniveau höher ist als im Battle of the Sexes oder in denen ein Nash-Gleichgewicht nicht existiert. In allen diesen Fällen liegt das wohlfahrtstheoretische Problem darin, daß die wechselseitige Anpassung über keinen Mechanismus verfügt, der die Parteien davon abhalten könnte, sich wechselseitig mehr Schaden als Nutzen zuzufügen. Bei wechselseitiger Anpassung gibt es keine Gewähr dafür, daß Ergebnisse vermieden werden, welche die Gesamtwohlfahrt im Vergleich zu einem gegebenen Status quo verringern, anstatt sie zu erhöhen.

Negative Koordination im Rahmen minimaler Institutionen

Bei einseitigem Handeln können Wohlfahrtsverluste im Vergleich zum Status quo verhindert werden, wenn die institutionellen Rahmenbedingungen die Status-quo-Interessen anderer Akteure schützen. Das ist nicht möglich unter den strukturellen Bedingungen anarchischer Felder, wohl aber unter den Rahmenbedingungen, die mit dem Begriff „minimale Institutionen" umschrieben werden. Diese

---

10 Natürlich könnten starke soziale Normen dies verhindern. Aber wenn solche Normen vorhanden wären, würden wir die Akteurkonstellation nicht mehr als Gefangenendilemma bezeichnen.

Bedingungen setzen die Existenz von Straf- und Zivilrechtssystemen voraus, die Leben, Freiheit und Besitz wirksam vor einseitiger Verletzung schützen. Wenn diese minimalen institutionellen Schutzmechanismen vorhanden sind, verwandelt sich das einseitige Handeln in einen Modus, den Charles Lindblom (1965) als „deferential adjustment" bezeichnet hat, und für den Renate Mayntz und ich (1975) den Begriff „negative Koordination" geprägt haben. Er wird in Anhang 2 ausführlich diskutiert, so daß ich mich hier kurz fassen kann.

Negative Koordination kann in zweifacher Weise auftreten: als Variante des einseitigen Handelns und als Variante von Verhandlungen. Entscheidend ist in beiden Fällen, daß die Akteure bei der Wahl ihrer eigenen Handlungsweisen darauf achten müssen, den geschützten Interessen anderer beteiligter Akteure keinen Schaden zuzufügen. Die negative Koordination setzt voraus, daß der Inhaber einer geschützten Interessenposition in der Lage ist, Handlungen, die seinen Interessen zuwiderlaufen würden, mit Hilfe eines Vetos zu verhindern. In der privaten Sphäre wird dieser Schutz durch das Recht der unerlaubten Handlung und durch strafrechtliche Sanktionen gegen die Verletzung einer Vielzahl geschützter Interessen gewährleistet. Im öffentlichen Sektor ist der rechtliche Schutz insitutioneller Interessen begrenzter, aber auch hier sorgen netzwerkähnliche Beziehungen und prozedurale Regeln[11] dafür, daß die negative Koordination eine wichtige Rolle in den Beziehungen zwischen staatlichen Institutionen und zwischen den Staaten im Rahmen der internationalen Beziehungen spielt.

Im Vergleich zu einseitigem Handeln in anarchischen Feldern ist die negative Koordination wohlfahrtstheoretisch attraktiv, weil

---

11 Zum Beispiel werden in der deutschen Ministerialbürokratie, in der wir den Mechanismus ursprünglich entdeckt haben (Mayntz/Scharpf 1975), Initiativen normalerweise einseitig von einem Ministerium als Reaktion auf Probleme in seinem eigenen Zuständigkeitsbereich oder auf Forderungen seiner eigenen Klientel und unter Zuhilfenahme seiner eigenen Instrumente entwickelt. Aber andere Ministerien, deren Belange möglicherweise davon betroffen sein könnten, müssen die Initiative „mitzeichnen", bevor sie dem Kabinett zur Verabschiedung vorgelegt werden kann. Im Prinzip könnten interministerielle Konflikte natürlich auch vom Kabinett gelöst werden, aber wenn das Kabinett sich mit allen Streitigkeiten befassen müßte, wäre es völlig überlastet. Deshalb fungiert das Mitzeichnungs-Verfahren als effektives Veto, welches die Initiatoren dazu zwingt, ihre Vorschläge so zu modifizieren, daß negative Auswirkungen auf die Zuständigkeitsbereiche anderer Ministerien vermieden werden.

sie Ergebnisse ausschließt, die Gesamtwohlfahrtsverluste bedeuten würden. Ihre Attraktivität wird jedoch durch ihre konservative Schlagseite eingeschränkt, die Veränderungen verhindert, welche aus dem Blickwinkel der Gesamtwohlfahrt attraktiv wären, aber die Status-quo-Interessen mindestens eines einzelnen Vetoakteurs verletzen. Abbildung 5.3, die ich bereits am Ende von Kapitel 4 eingeführt habe, verdeutlicht dieses Argument anhand einer Zweipersonen-Konstellation.

Abbildung 5.3: Negative Koordination

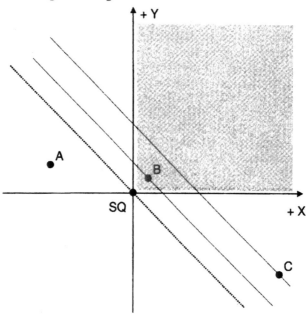

Alle Ergebnisse oberhalb und rechts von der durch den Status-quo-Punkt verlaufenden Diagonale stellen aus wohlfahrtstheoretischer Sicht Gewinne dar, und alle Ergebnisse unterhalb und links von dieser Diagonale bedeuten Wohlfahrtsverluste. Die Existenz von Vetopositionen verhindert jedoch alle Ergebnisse links von der vertikalen Achse (wenn X über ein Veto verfügt) und unterhalb der horizontalen Achse (wenn Y über ein Veto verfügt). Wenn es nun keine Vetomöglichkeiten gäbe, könnte Y das Projekt A verwirklichen, das für ihn attraktiv ist, obwohl seine Lage unterhalb der Diagonale darauf verweist, daß es Verluste für X zur Folge haben würde, die größer sind als die Gewinne für Y. Die negative Koordination würde diesen Wohlfahrtsverlust verhindern, weil X sein Veto gegen Projekt A einlegen würde. Aus demselben Grund würde jedoch auch Y sein Veto gegen Projekt C einlegen, obwohl hierbei die Gewinne für X größer wären als die Verluste für Y. Daher wäre Projekt B das einzige, das verwirklicht werden könnte. Allgemeiner gesprochen würde die negative Koordination potentielle Zugewinne an utilitaristisch definierter Gesamtwohlfahrt verhindern, indem sie die politischen Entscheidungsmöglichkeiten auf Lösungen reduziert, die im Vergleich zum Status quo pareto-optimal sind. In der Abbildung liegen diese Lösungen im nordöstlichen Quadranten, der nur die Hälfte des Lösungsraums oberhalb und rechts von der Diagonalen umfaßt. Wenn die Anzahl der Vetopositionen steigt, hat die negative Koordination ein rapides Schrumpfen des Lösungsraums zur Folge und führt schließlich zu einem zunehmenden Immobilismus, da die wachsende Zahl von Vetos immer mehr Versuche, vom Status quo abzuweichen, verhindert.[12]

---

12 Für eine Interaktion zwischen drei Akteuren, die durch eine dreidimensionale Abbildung dargestellt werden müßte, schrumpft der unter den Bedingungen der negativen Koordination zur Verfügung stehende Lösungsraum auf ein Achtel des gesamten Raums politischer Optionen oder auf ein Viertel des Raums, in dem Wohlfahrtsgewinne möglich sind.

Kapitel 6
Verhandlungen

Wohlfahrtseinbußen, die im Modus des einseitigen Handelns nicht zu verhindern sind, können in kooperativen Spielen im Prinzip vermieden werden – d.h. unter institutionellen Bedingungen, die nicht nur rechtlichen oder prozeduralen Schutz für Eigentumsrechte und andere Interessenpositionen bieten, sondern auch die Verbindlichkeit ausgehandelter Vereinbarungen sicherstellen. Wenn das der Fall ist, dann versichert uns das Coase-Theorem (Coase 1960), daß – unabhängig davon, ob der einen oder anderen Partei Eigentumsrechte garantiert werden – Verhandlungen zwischen rationalen (und vollständig informierten) Akteuren zu freiwilligen Vereinbarungen führen, die alle potentiellen Wohlfahrtsgewinne zwischen den Parteien verwirklichen, vorausgesetzt, daß die Transaktionskosten vernachlässigt werden können und daß Ausgleichszahlungen und Paketlösungen möglich sind. Noch wichtiger ist, daß diese wohlfahrtseffizienten Ergebnisse durch ausschließlich eigeninteressierte Akteure erzielt werden können, die per definitionem einer Vereinbarung nicht zustimmen würden, wenn das erwartete Ergebnis aus ihrer subjektiven Perspektive nicht attraktiver ist als die Lösung, die ohne die Vereinbarung zu erwarten wäre. Aus normativer Perspektive ist dies eine sehr wichtiger Vorzug, der für keinen anderen Interaktionsmodus zwischen egoistischen Akteuren behauptet werden kann – weder für einseitiges Handeln oder für Mehrheitsentscheidungen noch für hierarchische Entscheidungen. Diese normative Bedeutung wird auch nicht dadurch geschmälert, daß das Coase-Theorem sich nur auf die Maximierung des Gesamtnutzens bzw. der Gesamtwohlfahrt bezieht, und nicht auf die Verteilungsgerechtigkeit von Verhandlungslösungen. Diese sind „fair" im Hinblick auf die Alternativoptionen, die den Verhandlungsparteien zur Verfügung stehen, aber sie werden eine existierende Ungleichverteilung der ursprünglichen Besitzstände nicht korrigieren.

Sehr wohl beeinträchtigt wird der normative Stellenwert des Coase-Theorems hingegen durch die Annahme vernachlässigbar geringer Transaktionskosten. Der Grund dafür ist für die politische Theorie von allgemeiner Bedeutung: Offensichtlich gelten die wohlfahrtstheoretischen Vorzüge des Theorems nur für die Akteure, die tatsächlich an einer Verhandlung beteiligt sind. Wenn nun die Transaktionskosten gleich null wären, könnten alle Parteien beteiligt werden, die auf die eine oder andere Weise von dem zu verhandelnden Problem betroffen sind. In diesem Fall wäre eine freiwillige Vereinbarung der einzige Interaktionsmodus, der wohlfahrtstheoretisch gerechtfertigt ist (Buchanan/Tullock 1962).

Aber wenn die Transaktionskosten nicht vernachlässigt werden können – und Ronald Coase, der Begründer der Transaktionskostenökonomie, legte den allergrößten Wert darauf, daß sie nicht vernachlässigbar sind – steigen sie exponentiell mit der Zahl der beteiligten unabhängigen Akteure (siehe Anhang 2). Folglich ist die Zahl der Akteure, zwischen denen Verhandlungslösungen zustande kommen können, begrenzt und wahrscheinlich äußerst klein. In der Praxis wird diese Zahl häufig sehr viel kleiner sein als die von einem Problem betroffene Population. Wenn das der Fall ist, dann können die Verhandlungsteilnehmer ihre eigene Wohlfahrt auf Kosten der größeren Gruppe der Betroffenen und auf Kosten der Gesamtwohlfahrt maximieren.

In diesem Kapitel untersuche ich zunächst, wieso Verhandlungen mit hohen Transaktionskosten verbunden sind. Die Ursachen dafür werden unter Hinweis auf das „Verhandlungsdilemma" analysiert, das auf der Notwendigkeit basiert, gleichzeitig optimale Lösungen suchen und Verteilungskonflikte lösen zu müssen. Als nächstes unterscheide ich vier verschiedene Arten von Verhandlungen, die sich darin unterscheiden, in welchem Maße das Verhandlungsdilemma bei ihnen wirksam wird. Drittens untersuche ich vier verschiedene institutionelle Arrangements, die in unterschiedlichem Maße zur Lösung des Dilemmas beitragen. Schließlich diskutiere ich die normativen Grenzen aller Verhandlungssysteme, wenn sie als Interaktionsformen im politischen Prozeß eingesetzt werden.

Probleme, die von Verhandlungsteilnehmern gelöst werden müssen

Um die Bedeutung von Transaktionskosten richtig einzuschätzen, muß man die Probleme verstehen, die Verhandlungsteilnehmer lösen müssen, um Ergebnisse zu erzielen, die dem Coase-Theorem entsprechen. Dazu zählen die Schwierigkeiten, Vereinbarungen überhaupt zu erreichen, und das Problem, die effektive Implementation von Vereinbarungen sicherzustellen. Obwohl die Implementationsphase erst eintritt, nachdem eine Vereinbarung getroffen wurde, trägt die Antizipation von Implementationsproblemen erheblich zu den Schwierigkeiten bei, eine Vereinbarung überhaupt zu erreichen. Das Ausmaß, in dem es zu solchen Schwierigkeiten kommen kann, kann durch eine kurze Diskussion von Implementationsproblemen verdeutlicht werden.

Das Problem der vereinbarungsgemäßen Implementation

Da die Ergebnisse einer Vereinbarung aus der Sicht der beteiligten Parteien den mit einer Nichteinigung verbundenen Resultaten überlegen sein müssen, kann das Implementationsproblem durch eine einfache Unterscheidung verdeutlicht werden: In manchen Konstellationen hängen die von Ego zu erwartenden Vorteile vollständig vom Beitrag Alters ab; in anderen Konstellationen kann Ego seine Gewinne erst einstreichen, wenn er seinen eigenen Beitrag geleistet hat. Im ersten Fall kann das Objekt der Vereinbarung als *Austausch* bezeichnet werden, im zweiten Fall handelt es sich um *gemeinschaftliche Produktion*. Auch wenn die zu implementierende Vereinbarung konsensuell getroffen wurde, muß immer noch jede Partei einseitig entscheiden, ob sie ihren vertraglichen Verpflichtungen nachkommen oder sie verletzen will. Daher lassen sich die Entscheidungen in der Implementationsphase am besten als nicht-kooperative Spiele darstellen (Abbildung 6.1).[1]

---

[1] Der Charakter des Implementationsspiels kann sich – und wird sich normalerweise auch – von der Akteurkonstellation bei der Aushandlung des Inhalts der Vereinbarung unterscheiden. Beim Aushandeln der Vereinbarung kann also ei-

Abbildung 6.1: Zwei Implementationsspiele

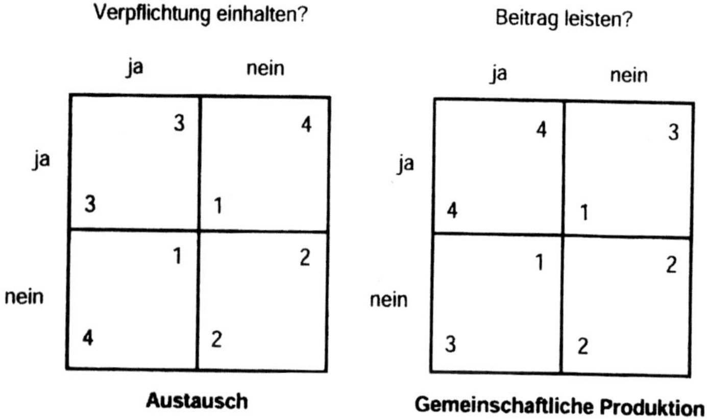

	Verpflichtung einhalten?			Beitrag leisten?	
	ja	nein		ja	nein
ja	3 / 3	4 / 1	ja	4 / 4	3 / 1
nein	1 / 4	2 / 2	nein	1 / 3	2 / 2
	Austausch			**Gemeinschaftliche Produktion**	

Die erste Konstellation könnte zum Beispiel bei der Implementation eines Kaufvertrags auftreten, bei dem Ego profitieren würde, wenn er selbst nicht bezahlt, während Alter die Waren geliefert hat. Die Konstellation hat den Charakter eines Gefangenendilemma-Spiels. Beispiele dafür sind die Implementation von Regeln zur Handelsliberalisierung im Rahmen des Allgemeinen Zoll- und Handelsabkommens (GATT) oder die langwierige Umsetzung von verabschiedeten Richtlinien der Europäischen Union in nationales Recht. Die zweite Konstellation ist charakteristisch für die gemeinschaftliche Produktion – zum Beispiel ein gemeinsames Forschungsprojekt oder die Bildung und Aufrechterhaltung einer Koalitionsregierung. Hier ist der Beitrag beider Seiten nötig, um das gewünschte Ergebnis zu erzielen, und wenn eine Seite ihren Beitrag nicht leisten würde, wären die von der anderen Seite erbrachten Leistungen wertlos. Das entspricht einer Assurance-Spiel-Konstellation.

Bei rationalen und ausschließlich eigeninteressierten Parteien, die nicht in einer dauerhaften Beziehung zueinander stehen, ist die Implementation von Vereinbarungen des zweiten Typs aus sich selbst heraus sichergestellt, während die Umsetzung von Austausch-

---

ne Battle-of-the-Sexes-Konstellation vorliegen, während es sich bei der Implementation um ein Assurance-Spiel handeln kann.

verträgen selbst dann problematisch bleibt, wenn externe Mechanismen vorhanden sind, welche die Einhaltung der vertraglichen Verpflichtungen überwachen (was in vielen politischen Interaktionen nicht der Fall ist). Die zu erwartenden Implementationsprobleme müssen also von den Parteien beim Abschluß des Vertrags gelöst werden, und sie tragen zu den Schwierigkeiten bei, überhaupt eine Einigung zu erzielen. Angesichts dessen liegt der Schwerpunkt dieses Kapitels nicht auf der Implementation selbst, sondern auf den Schwierigkeiten, die in Verhandlungen überwunden werden müssen, damit eine Einigung erzielt werden kann.

Das Problem, eine Einigung zu erzielen

Bei der Diskussion von Verhandlungen werde ich mich generell auf die grafische Darstellung einer aus zwei Akteuren, X und Y, bestehenden „Minigesellschaft" beziehen, die am Ende von Kapitel 4 eingeführt wurde. Diese Form der grafischen Wiedergabe ist weitgehend identisch mit der bisher verwendeten spieltheoretischen Darstellung von Akteurkonstellationen, allerdings mit dem einen Unterschied, daß es nun nicht mehr genügt, geordnete Auszahlungen zu verwenden (Abbildung 6.2).

Abbildung 6.2: Matrix und Verhandlungsdiagramm des Gefangenendilemmas

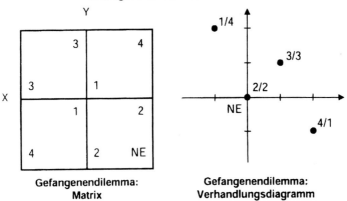

Der Nichteinigungspunkt (NE) im Verhandlungsdiagramm entspricht dem spieltheoretischen Ergebnis, das im *Schnittpunkt der Maximin-Strategien* aller Spieler erreicht wird – d.h. der Nichteinigungspunkt entspricht dem Ergebnis, das jeder Spieler durch einseitiges Handeln mindestens erreichen könnte. Verhandlungen können dann als Versuch aufgefaßt werden, Kooperationsgewinne relativ zum Nichteinigungspunkt zu verwirklichen (und aufzuteilen). Abbildung 6.2 illustriert die Übersetzung der einen Darstellungsform in die andere am Beispiel des Zweipersonen-Gefangenendilemmas.[2]

Wenn der NE-Punkt die beste *einseitig zu erreichende* Option darstellt, dann liegt es auf der Hand, daß keine egoistisch-rationale Partei einem Ergebnis zustimmen wird, das für sie weniger attraktiv ist als NE. Nimmt man an, daß sich die Verhandlungen auf die möglichen Ergebnisse beschränken, die in der Spielmatrix enthalten sind, ist es klar, daß die Parteien sich nur auf das „kooperative" Ergebnis bei 3/3 einigen können. Aber was passiert, wenn es zwei oder mehrere Ergebnisse gäbe, die oberhalb und rechts des NE-Punkts liegen, wie dies bei Konstellationen, die dem Battle of the Sexes oder dem Chicken-Spiel ähneln, der Fall wäre? Oder was wäre, wenn das wohlfahrtsoptimale Ergebnis außerhalb des nordöstlichen Quadranten des Verhandlungsdiagramms läge? Und was wäre schließlich, wenn die möglichen Lösungen anfänglich nur einer Partei bekannt wären oder wenn sie erst während der Verhandlungen erarbeitet oder entdeckt werden müßten? Das alles sind mögliche Schwierigkeiten, die überwunden werden müssen, um eine Einigung zu erzielen.

Betrachten wir zur Illustration die in Abbildung 6.3 dargestellten Konstellationen. Unter der Annahme, daß der NE-Punkt dem Status quo entspricht und daß der Nutzen von Partei X auf der horizontalen Achse und der von Partei Y auf der vertikalen Achse abgetragen wird, ist es klar, daß für X lediglich Ergebnisse rechts von der vertikalen Achse attraktiv sind, während Y nur Ergebnisse oberhalb der horizontalen Achse akzeptieren würde. Daher stellt

---

2 Ein Dreipersonen-Spiel ließe sich durch einen dreidimensionalen Kubus darstellen; für größere Mengen von Spielern wäre keine Form der Darstellung geeignet. Matthias Mohr und ich haben jedoch eine tabellarische Darstellung entwickelt, die auch für größere Spiele transparent ist (siehe Anhang 2).

der nordöstliche Quadrant des Verhandlungsraums eine „Zone gemeinsamer Attraktivität" dar, der südwestliche Quadrant eine „Zone gemeinsamer Aversion" und die beiden verbleibenden Quadranten sind Zonen konfligierender Präferenzen. In der Abbildung sind die Verhandlungsteilnehmer mit drei möglichen Ergebnissen – A, B und C – konfrontiert, die man sich beispielsweise als drei mögliche Standorte einer Müllverbrennungsanlage auf den Territorien zweier benachbarter Staaten vorstellen könnte. Wenn die Zustimmung beider Parteien notwendig ist, dann wäre zunächst nur Ergebnis B für beide Seiten akzeptabel.

Abbildung 6.3: Der Verhandlungsraum

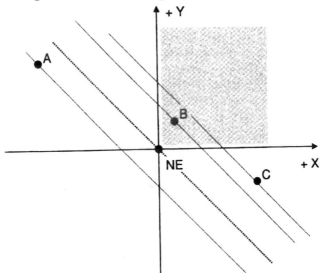

Das Coase-Theorem legt jedoch eine andere Einteilung des Verhandlungsraums nahe. Es richtet sich an der Nordwest-Südost-Diagonalen durch NE aus. Die Diagonale stellt die Wohlfahrtsgrenze dar, bei der $X + Y = 0$ ist. Ergebnisse, die unterhalb und links von dieser Diagonalen liegen, bedeuten Wohlfahrtsverluste, die vermieden werden sollten, und die Verhandlungsteilnehmer sollten in der Lage sein, sich auf das Ergebnis zu einigen, das auf der höchsten Wohlfahrtsisoquanten angesiedelt ist, d.h. auf der Parallelen, die am weitesten oberhalb und rechts von der Wohlfahrtsgrenze durch NE liegt. Gemäß dem Coase-Theorem sollten die Verhandlungsteilnehmer daher Ergebnis A ablehnen, und sie müßten das Ergebnis C dem Ergebnis B vorziehen, obwohl nur B in der Zone gemeinsamer Attraktivität liegt, und C in der Zone konfligierender Interessen angesiedelt ist, in der X auf Kosten von Y Vorteile erzielen würde.

Bei der Diskussion der Schwierigkeiten, die mit wohlfahrtsmaximierenden Verhandlungen verbunden sind, ist es daher sinnvoll, zwei Dimensionen zu unterscheiden, die als Produktion und Verteilung von Nutzen (Lax/Sebenius 1986) bezeichnet werden können. In der ersten Dimension sollte das Interesse der Verhandlungsteilnehmer darin bestehen, die Wohlfahrtsgrenze so weit wie möglich nach Nordosten zu verschieben; in der zweiten Dimension geht es darum, an welcher Stelle auf jeder beliebigen Wohlfahrtsisoquante ein Ergebnis angesiedelt sein soll, wobei X sich für Ergebnisse einsetzt, die so weit wie möglich im Südosten liegen, während Y die entgegengesetzte, nordwestliche Richtung bevorzugt.

Die Produktionsdimension

Das Coase-Theorem postuliert, daß die Verhandlungsteilnehmer sich auf diejenige Lösung einigen werden, die auf der höchsten Wohlfahrtsisoquante liegt. Aber diese Lösung steht vielfach nicht von vornherein fest, sondern muß durch die gemeinsamen Anstrengungen der beteiligten Parteien gesucht oder erst noch geschaffen werden. Wie jedoch Abbildung 6.3 zeigt, bedeutet die Suche nach dem Wohlfahrtsoptimum auch, daß die Parteien sich nicht auf den nordöstlichen Quadranten „gemeinsamer Attraktivität" beschränken dürfen, sondern auch Ergebnisse in den „Zonen des Konflikts" in Betracht ziehen müssen, bei denen eine Seite auf Kosten der anderen profitiert. Für egoistische Akteure sind dies keine besonders günstigen Lernbedingungen, und wir haben allen Grund zu der Annahme, daß die potentiell benachteiligte Partei (in diesem Fall Y) sich nicht mit gutem Willen an dieser Suche beteiligen wird, solange sie nicht völlig sicher ist, daß ihr durch das Ergebnis keine Nachteile entstehen (Sabel 1994). In der Praxis bedeutet dies, daß eine akzeptable Antwort auf die Frage gefunden werden muß, wie der Nutzen und die Kosten schlußendlich verteilt werden sollen. Mit anderen Worten: Die analytische Unterscheidung zwischen Produktion und Verteilung verdeutlicht lediglich die empirische Verbundenheit der beiden Dimensionen. Die Erzeugung von Nutzen wird behindert, solange eine akzeptable Aufteilung des Nutzens nicht sichergestellt ist.

Die Verteilungsdimension

Aber wie könnte eine solche akzeptable Aufteilung des Nutzens aussehen? Beginnen wir mit Abbildung 6.4, bei der angenommen wird, daß die Verhandlungen ein bestimmtes Objekt betreffen, das in der Produktionsdimension auf einer gegebenen Wohlfahrtsisoquante liegt. In diesem Fall geht es in den Verhandlungen nur noch um die Verteilung von Kosten und Nutzen. Nehmen wir weiterhin an, daß Ausgleichszahlungen möglich sind, aber daß es keinen vom Markt festgelegten Preis gibt, auf den die Parteien zurückgreifen könnten. Als Beispiel könnte man etwa an Verhandlungen über den Preis eines einmaligen Kunstwerks oder über die Höhe der deutschen Beteiligung an den amerikanischen Ausgaben für den Golfkrieg denken.

Da beide Seiten zustimmen müssen, kann das Ergebnis in der Abbildung nur auf dem Abschnitt der Wohlfahrtsisoquante zu finden sein, der innerhalb des nordöstlichen Quadranten liegt. Y würde niemals ein Ergebnis akzeptieren, das unterhalb von Punkt A angesiedelt ist, und X würde keinem Ergebnis zustimmen, das links von Punkt B liegt. Die Verhandlungen wären also sinnlos, wenn es kein mögliches Ergebnis gäbe, das zwischen A und B angesiedelt ist, und der einzige Zweck der Verhandlungen scheint darin zu bestehen, den genauen Ort auf dieser Strecke festzulegen. Auf den ersten Blick scheint es sich dabei um einen Nullsummenkonflikt zu handeln, bei dem die eine Seite verliert, was die andere gewinnt (und bei dem Verhandlungen daher nutzlos wären).[3] Aber diese Schlußfolgerung übersieht die entscheidende Rolle des

---

3 Ein reiner Nullsummenkonflikt läge auf der Diagonale, welche die Wohlfahrtsgrenze darstellt.

Nichteinigungspunktes (NE).[4] Da dieser Punkt für beide Seiten weniger attraktiv ist als jeder beliebige Punkt zwischen A und B, handelt es sich nicht um eine Nullsummen-, sondern um eine Positivsummenkonstellation (die dem Battle of the Sexes ähnelt).[5]

Abbildung 6.4: Verteilungskonflikt

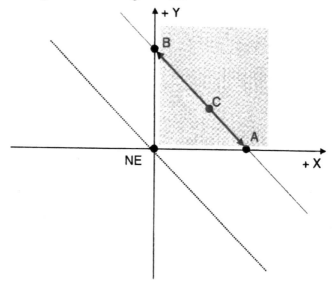

---

[4] Obwohl es oftmals zulässig ist, den NE-Punkt mit dem Status quo gleichzusetzen, ist dies nicht korrekt, wenn sich zum Beispiel einer Partei eine externe Option eröffnet (etwa ein anderes Vertragsangebot), die ebenfalls eine Verbesserung gegenüber dem Status quo bedeuten würde, oder wenn eine Partei glaubhaft damit drohen könnte, die Auszahlung der anderen Partei unter das Niveau des Status quo zu senken, wenn diese nicht bereit ist, ein „Angebot anzunehmen, dessen Ablehnung man sich nicht leisten kann".

[5] Der Unterschied zwischen Nullsummen- und Battle-of-the-Sexes-Konstellationen läßt sich anhand der Geschichte des Wettbewerbs und der Kooperation zwischen den Unternehmen der japanischen Autoindustrie verdeutlichen: Innerhalb des geschlossenen japanischen Marktes herrschte ein heftiger Wettbewerb um Marktanteile. Erst als die japanischen Autohersteller in den 1970er Jahren in ausländische Märkte aufbrachen, in denen Marktanteile von ausländischen Wettbewerbern erobert werden konnten, gewann die Kooperation unter ihnen an Bedeutung (Informationen von Kjell Hausken und Thomas Plümper).

Aber auch wenn beide Parteien ein besseres Resultat als NE erzielen wollen, ist immer noch unklar, welches der vielen zwischen A und B möglichen Ergebnisse sie schließlich wählen werden oder wählen sollten. Die Formulierung dieser Frage ist mit Bedacht gewählt, denn sie hat offensichtlich sowohl eine normative als auch eine positive Seite, die nicht durcheinandergebracht werden sollten. Dennoch hat die analytische Theorie kooperativer Spiele Algorithmen entwickelt, die den Anspruch erheben, sowohl normativ plausible Regeln fairer Verteilung anzubieten, als auch empirisch plausible Regeln zu definieren, von denen zu erwarten ist, daß egoistisch-rationale Akteure sie in der Praxis befolgen werden. Allgemein gesprochen reflektieren diese Regeln die relativen Ausgangsbedingungen oder externen Optionen der Parteien, die von ihnen maximal zu erreichenden Gewinne und ihre jeweiligen Bewertungen der zur Verfügung stehenden Ergebnisse (Nash 1950; 1953; Kalai/Smorodinsky 1975; Osborne/Rubinstein 1990).[6] Innerhalb dieses Bezugsrahmens laufen diese Regeln darauf hinaus, „sich in der Mitte zu treffen", was in der Abbildung zu einem Verhandlungsergebnis in der Nähe von C führen würde.

Aus der Sicht der normativen Theorie kann dieses Ergebnis als faire Lösung betrachtet werden, wenn die Lage des Nichteinigungspunktes nicht selbst in Frage gestellt wird (Barry 1989). Das ist jedoch ein sehr großes Wenn. Tatsächlich werden dabei zwei Verteilungsebenen ignoriert: Bei der ersten handelt es sich um die Verteilung der ursprünglichen Besitzstände, welche die Statusquo-Positionen der Parteien im Vergleich zu einem Nullpunkt absoluter Gleichheit[7] definiert. Diese Ausgangspositionen können in

---

6 Der Leser sollte darauf aufmerksam gemacht werden, daß ich diese Literatur anders verwende, als dies normalerweise der Fall ist. Im Normalfall wird unterstellt, daß die Akteure *auf einer festgelegten Möglichkeitsgrenze* verhandeln, und daß das Ergebnis, um akzeptiert zu werden, lediglich „fair", aber nicht wohlfahrtsoptimal sein muß. Ausgehend vom Coase-Theorem nehme ich dagegen an, daß die Akteure *auf der Wohlfahrtsgrenze* verhandeln (d.h. auf der höchstmöglichen Wohlfahrtsisoquante) und daß die Verteilung *auf diesem Wohlfahrtsniveau* fair sein sollte. Wenn Ausgleichszahlungen oder Koppelgeschäfte möglich sind, was angenommen werden muß, damit das Coase-Theorem gültig ist, gibt es in der Tat keinen Grund, weshalb rationale Parteien auf einer festgelegten Möglichkeitsgrenze verhandeln sollten, und nicht auf der Wohlfahrtsgrenze.
7 Für Individuen könnte dieser Nullpunkt als das Einkommen definiert werden, das durch die staatliche Sozialhilfe zur Verfügung gestellt wird.

so hohem Maße ungleich sein, daß keine der am Ende von Kapitel 4 vorgestellten normativen Argumente sie rechtfertigen könnte. Aber selbst wenn die Status-quo-Position irgendwie akzeptiert wird, kann der Nichteinigungspunkt, je nach Attraktivität der externen Optionen und je nach Verfügbarkeit glaubhafter Drohungen, erheblich davon abweichen. Beide Möglichkeiten werden in Abbildung 6.5 dargestellt.

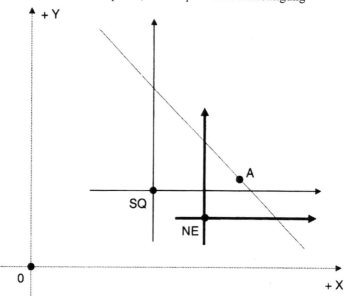

Abbildung 6.5: Bezugspunkte der Verteilungsgerechtigkeit: Nullpunkt, Status quo oder Nichteinigung

Zur Interpretation nehmen wir als Beispiel Verhandlungen über Handelsbeziehungen zwischen der Europäischen Union und beispielsweise Ungarn. Es ist klar, das die EU (in der Position von Spieler X) beim Status quo (SQ) bereits im Vorteil ist, d.h. ihre relative Abhängigkeit von Gewinnen aus dem bilateralen Handel ist geringer als die von Ungarn. Darüber hinaus kann die EU bei einem Scheitern der Verhandlungen damit drohen, die ungarischen Importe weiter zu reduzieren, wohingegen Ungarn nicht mit derselben Waffe zurückschlagen könnte. Daher wäre der Nichteinigungspunkt nicht bei SQ, sondern bei NE angesiedelt. Unter diesen Annahmen läge das von der Theorie kooperativer Spiele vorgeschlagene Ergebnis bei A. Diese Lösung ist im Vergleich zu NE fair, aber sie erscheint relativ zu SQ oder zum Nullpunkt in hohem Maße unfair. Mit anderen Worten: Verhandlungen neigen dazu, die vorhandene Verteilung von Vor- und Nachteilen zu reproduzieren;[8] sie eignen sich nicht als Instrument zur Verwirklichung von Konzepten der Verteilungsgerechtigkeit, die auf Umverteilung basieren.

Aber selbst wenn das Nichteinigungsergebnis bei NE als Bezugspunkt einer „fairen" Verteilung akzeptiert wird, untergraben die vom Coase-Theorem ignorierten Verteilungsprobleme seine Plausibilität nicht als normative, sondern als positive Theorie. Zwar konnte der Übergang von der normativen zur positiven Theorie auf der analytischen Ebene erfolgreich vollzogen werden: Es kann gezeigt werden, daß das normativ festgelegte Ergebnis (in der Version, die John Nash vorgeschlagen hat) auch durch eine Wiederholung von Angeboten und Gegenangeboten erreicht wird, bei der bei jedem Schritt diejenige Partei die nächste Konzession macht, die zu diesem Zeitpunkt mehr zu verlieren hätte, wenn die Verhandlungen abgebrochen würden (Harsanyi 1977, Kap. 8; Rubinstein 1982).

Trotz seiner pragmatischen Plausibilität finden diese analytischen Lösungen des Verhandlungsproblems jedoch in Experimenten keine große Unterstützung (Bartos 1978; Willer/Patton 1987; Bazerman/Neale 1991). Die Schwierigkeiten ergeben sich offenbar aus den hohen Informationsanforderungen (Aumann 1976), die mit diesen Algorithmen verbunden sind. Wenn alle Parteien tatsächlich über alle Aspekte der Verhandlungssituation, einschließlich der tatsächlichen Bewertungen aller Optionen durch die jeweils anderen Parteien, vollständig informiert sind, ist es in der Tat wahrscheinlich, daß eine Einigung auf ein Ergebnis erreicht wird, das identisch mit den durch die normativen oder analytischen Algorithmen erzeugten Lösungen ist oder diesen zumindest sehr nahe kommt (Zintl 1992; Thompson 1992). Aber wenn diese postulier-

---

8 Die Verteilung bevorzugt nicht immer die größere oder mächtigere Partei. Wenn die Konstellation kein Battle of the Sexes ist (wie im Beispiel zwischen Ungarn und der EU angenommen wurde), sondern ein Gefangenendilemma (wie es für militärische Allianzen kennzeichnend ist), ist die „Ausbeutung der Großen durch die Kleinen" (Olson/Zeckhauser 1966) das wahrscheinlichere Ergebnis.

ten Bedingungen nicht erfüllt sind, besteht die Möglichkeit, daß das Verteilungsergebnis durch „kompetitive" Strategien beeinträchtigt wird, mit denen die Parteien wechselseitig versuchen, ihre jeweiligen Wahrnehmungen der relativen Attraktivität der ihnen zur Verfügung stehenden externen Optionen oder ihrer eigenen Bewertungen der erreichbaren Ergebnisse zu beeinflussen (Lax/ Sebenius 1985; Young 1991).

Abbildung 6.6: Auswirkungen von Täuschungsversuchen

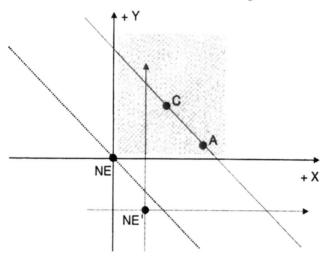

Betrachten wir zur Illustration Abbildung 6.6, in der dieselbe objektive Situation wie in Abbildung 6.4 beschrieben wird. Aber nehmen wir jetzt an, daß X (als Folge eines asymmetrischen Informationsvorteils) es schafft, seinen Gegenspieler Y davon zu überzeugen, daß dessen Alternativoptionen wesentlich weniger wert seien und daß seine eigenen etwas besser seien, als es in Wahrheit der Fall ist, so daß der fiktive Nichteinigungspunkt nun bei NE' zu liegen scheint, und nicht mehr bei NE. Als Folge davon würde die „faire" Lösung sich von C nach A verschieben – was selbstverständlich sehr viel vorteilhafter für X und sehr viel weniger attraktiv für Y wäre als die ursprüngliche Lösung bei C. Mit anderen Worten: Unter den Bedingungen unvollständiger oder asymmetrischer Informationen können sich Täuschungsversuche und andere Formen des „Opportunismus" tatsächlich auszahlen – was bedeutet, daß die andere Seite allen Grund hat, selbst ehrlich gemeinten Behauptungen auf dem „market for lemons" (Akerlof 1970) zu mißtrauen und diese zu ignorieren.

Das Verhandlungsdilemma

Die Konsequenzen dieser Anfälligkeit für Informationsasymmetrien, Verstellung, Täuschung und ähnlich opportunistischen Manipulationen wurden von David A. Lax und James K. Sebenius (1986) zutreffend als „Verhandlungsdilemma" beschrieben. Diese Bezeichnung kann wörtlich genommen werden. Dadurch, daß die Parteien die Probleme der Produktion und der Verteilung gleichzeitig lösen müssen, sehen sie sich wiederum einem Gefangenendilemma gegenüber: Die erfolgreiche gemeinsame Suche nach besseren Gesamtlösungen erfordert Kreativität, effektive Kommunikation und gegenseitiges Vertrauen, während der Erfolg im Verteilungskampf von der strategischen und sogar opportunistischen Kommunikation oder Zurückhaltung der zur Verfügung stehenden Information abhängt – und von einem gehörigen Maß an Mißtrauen gegenüber potentieller Fehlinformation. Das bedeutet nicht nur, daß die „kooperative" Interaktionsorientierung, die in der Produktionsdimension dem gemeinsamen Lernen zuträglich ist, psychologisch inkompatibel ist mit der „kompetitiven" Orientierung, die den Erfolg in der Verteilungsdimension begünstigt, sondern auch, daß die Partei, die am meisten zur Suche nach gemeinsamen Lösungen beiträgt, sich der Gefahr aussetzt, von einer Partei, die sich auf die Verteilungsdimension konzentriert, ausgebeutet zu werden. Die vom Coase-Theorem vernachlässigte Verteilungsdimension konfligiert also mit jenen Interaktionen, die empirisch notwendig wären, um das wohlfahrtstheoretische Versprechen zu erfüllen. Es ist jedoch ebenfalls klar, daß nicht in allen Konstellationen Produktions- und Verteilungsprobleme im selben Maße eine Rolle spielen. Es ist daher sinnvoll, vier Typen von Verhandlungen zu unterscheiden, deren Eigenschaften die Einigung in Policy-Prozessen in unterschiedlichem Maße erschweren.

Vier Verhandlungstypen

Wenn das Verhandlungsdilemma auf der Notwendigkeit beruht, gleichzeitig Produktions- und Verteilungsprobleme lösen zu müssen, und wenn einzelne Verhandlungen in der relativen Bedeutung dieser beiden Dimensionen variieren, dann können vier verschiedene Verhandlungstypen unterschieden werden, für die ich die Begriffe „Spot-Verträge",[9] „distributives Bargaining", „Problemlösen" und „positive Koordination" verwenden werde. In dieser Klassifikation sind Spot-Verträge durch eine geringe Bedeutung beider Dimensionen charakterisiert, positive Koordination durch eine hohe Bedeutung beider Dimensionen, und die anderen Kategorien sind dadurch definiert, daß die eine Dimension eine hohe und die andere eine geringe Bedeutung hat (Abbildung 6.7).

Abbildung 6.7: Vier Arten von Verhandlungsprozessen

		Bedeutung der Verteilungsdimension	
		gering	hoch
Bedeutung der Produktions-dimension	gering	Spot-Verträge	distributives Bargaining
	hoch	Problemlösen	positive Koordination

---

[9] Aus Gründen, die schnell klar werden dürften, haben wir bisher den Begriff „negative Koordination" für diesen Interaktionsmodus gebraucht (siehe Anhang 2). Aber da einige Leser die Verwendung des gleichen Begriffs für zwei verschiedene, wenngleich funktional äquivalente Interaktionsformen verwirrend fanden, habe ich mich statt dessen für die Bezeichnung „Spot-Verträge" entschieden, was auch der Terminologie in der Transaktionskostenökonomie entspricht.

Spot-Verträge

In Kapitel 5 habe ich die negative Koordination vom reinen einseitigen Handeln dadurch abgegrenzt, daß hierbei Eigentumsrechte und andere Arten von Vetopositionen berücksichtigt werden müssen. Das trifft selbstverständlich auch auf viele Markttransaktionen zu, bei denen der Verkäufer nicht zum Verkaufen und der Käufer nicht zum Kaufen gezwungen werden kann, sondern die Transaktion erst stattfindet, wenn beide Seiten sich davon Ergebnisse erwarten, die dem Status quo überlegen sind. Daher ist der Unterschied, daß die negative Koordination ohne Verhandlungen erreicht werden kann, während Markttransaktionen auf eine explizite Einigung angewiesen sind, weniger wichtig als die Tatsache, daß in beiden Fällen das Ergebnis als Vorschlag behandelt wird, der nur entweder angenommen oder abgelehnt werden kann.

In der Transaktionskostenökonomie werden Transaktionen, bei denen weder Fragen der Nutzenproduktion noch solche der Verteilung eine wichtige Rolle spielen, als „Spot-Verträge" bezeichnet (Williamson 1985). Dabei wird angenommen, daß das Objekt des Austausches wohl definiert ist, daß Verteilungsfragen durch die Bezugnahme auf Marktpreise gelöst werden und daß der Abschluß des Vertrags und die Erfüllung der jeweiligen Verpflichtungen zeitlich nahe beieinander liegen. Als Beispiele aus dem Bereich der Politik könnte man die Vorschläge von Vermittlungsausschüssen in Zweikammer-Parlamenten anführen, die von den beiden Kammern nur noch angenommen oder abgelehnt werden können, oder man könnte an internationale oder intergouvernementale Verträge denken, die den jeweiligen Parlamenten zur Ratifikation vorgelegt werden und von diesen ebenfalls nur akzeptiert oder abgelehnt werden können. In all diesen Fällen wären weitere Verhandlungen sinnlos, es geht vielmehr nur noch um die Annahme oder Ablehnung. Wenn das der Fall ist, dann sind die Transaktionskosten minimal, und sie steigen lediglich linear an, wenn die Zahl der zu konsultierenden Parteien erhöht wird. Die Transaktionskostenökonomie weist jedoch auch darauf hin, daß nur eine sehr begrenzte Zahl standardisierter ökonomischer Austauschprozesse durch Spot-Verträge ausgeführt werden können; und wie ich in der vorangegangenen Diskussion der negativen Koordination gezeigt habe, ist die Wohlfahrtseffizienz von reinen Vetosystemen bei fehlenden Marktpreisen deutlich begrenzt. Potentielle Wohlfahrtsgewinne „werden auf dem Verhandlungstisch zurückgelassen", wenn die Parteien nur solche Projekte in Betracht ziehen, die in der „Zone gemeinsamer Attraktivität" im nordöstlichen Quadranten unseres Verhandlungsdiagramms liegen.

Distributives Bargaining

Die Parteien könnten diese Wohlfahrtsverluste vermeiden, wenn die von einem bestimmten Projekt profitierenden Teilnehmer die Verluste der durch das Projekt benachteiligten Parteien mit Hilfe von Ausgleichszahlungen oder anderen Mitteln ausgleichen könnten. Wird das Projekt selbst nicht in Frage gestellt, sondern lediglich die Verteilung von Nutzen und Kosten, dann verwende ich zur Beschreibung dieses Interaktionsmodus den Begriff „distributives Bargaining".[10]

Distributives Bargaining in Zwangsverhandlungssystemen

Ich beginne mit einer Diskussion des distributiven Bargaining unter Bedingungen, bei denen beide Parteien über ein Veto bezüglich der von jeder Seite vorgeschlagenen Projekte verfügen – was ganz einfach dadurch bedingt sein kann, daß die Projekte real von den Beiträgen beider Parteien abhängig sind oder daß beide Seiten geschützte Eigentumsrechte haben. Betrachten wir zur Illustration Abbildung 6.8.

---

10 Richard Walton und Robert McKersie (1965) haben dieses Etikett zur Beschreibung desselben Mechanismus benutzt. In früheren Artikeln habe ich denselben Modus einfach „Bargaining" genannt, aber Paul Sabatier hat mich davon überzeugt, daß die allgemeineren Konnotationen dieses Begriffs irritieren könnten.

Abbildung 6.8: Ausgleichszahlungen in einem Zwangsverhandlungssystem

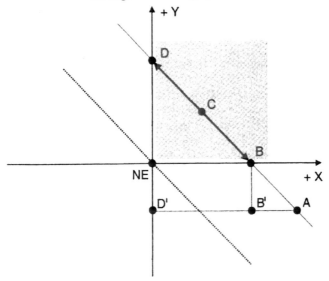

Hier wird angenommen, daß Akteur X ein Projekt A vorschlägt, das für ihn äußerst attraktiv wäre, aber für Akteur Y Verluste bedeuten würde, weshalb dieser gute Gründe hätte, die Annahme dieses Vorschlags durch sein Veto zu verhindern. Da A jedoch oberhalb und rechts von der „Wohlfahrtsgrenze" liegt, könnte X das Veto verhindern, indem er Y Ausgleichszahlungen anbietet, die das Ergebnis von Punkt A zu einem neuen Ort innerhalb der Zone gemeinsamer Attraktivität verschieben würden. Die genaue Höhe dieser Ausgleichszahlungen wäre dann natürlich der Hauptgegenstand der Verhandlungen. Um die Zustimmung von Y zu gewinnen, müßten die Ausgleichszahlungen mindestens hoch genug sein, um die Verluste auszugleichen, die Y durch die Verwirklichung von Projekt A erleiden würde (in der Abbildung entspricht dies der Strecke AB' = B'B), und sie könnten nicht höher sein als der Nettonutzen, den X von der Verwirklichung des Projekts A zu erwarten hätte (dargestellt durch die Strecke AD' = D'D). Unter Anwendung der bereits diskutierten Verteilungsregeln, die von der normativen Theorie kooperativer Spiele vorgeschlagen wurden, wäre das wahrscheinlichste Ergebnis bei Punkt C angesiedelt. Es ist ebenfalls klar, daß in Zwangsverhandlungssystemen kein Projekt, das unterhalb und links von der Wohlfahrtsgrenze liegt, realisiert werden könnte.

Distributives Bargaining in freiwilligen Verhandlungssystemen

In Interaktionen zwischen privaten Akteuren ohne geschützte Eigentumsrechte und in den meisten intergouvernementalen Interaktionen ist jedoch einseitiges Handeln nicht ausgeschlossen. In diesem Fall könnte X einfach Projekt A durchführen, ohne Y dafür irgendeine Kompensation anbieten zu müssen, und Y hätte keine Möglichkeit, die Verluste abzuwenden, die ihm dadurch entstünden. Aus der für Verteilungsfragen blinden Perspektive des Coase-Theorems wäre dies vollkommen akzeptabel, weil Projekt A, so wie es definiert wurde, den Gesamtnutzen im Vergleich zum Status quo erhöht. Aber was ist mit Projekten, die den Gesamtnutzen vermindern, obwohl sie einer Partei Vorteile bringen?

In Abbildung 6.9 trifft dies auf Projekt A zu, das unterhalb der diagonalen Wohlfahrtsgrenze liegt und das X nun einseitig verwirklichen könnte. Hier würde die Gesamtwohlfahrt erhöht, wenn X dazu bewegt werden könnte, Projekt A aufzugeben[11] – und da die Verluste von Y größer sind als die Gewinne von X, wäre es im Interesse von Y, X dafür zu bezahlen, das Projekt nicht zu verwirklichen. Wie hoch die Ausgleichszahlungen sind, die Y zu leisten hätte, ist wiederum Gegenstand des distributiven Bargaining. Sie müßten mindestens so hoch sein, daß sie den potentiellen Nutzen ausgleichen könnten, auf den X verzichten würde; und sie könnten nicht höher sein als die potentiellen Verluste, die X erleiden würde. Die Lösung muß also irgendwo auf der Strecke zwischen B und C liegen, die in der Abbildung durch den fettgedruckten Pfeil dargestellt ist. Natürlich müßte Y bei jeder dieser Lösungen im Vergleich zum Status quo Nachteile in Kauf nehmen, aber aus der Perspektive des Coase-Theorems ist einzig und allein ent-

---

11 Eine weitere Lesart von Abbildung 6.9 wäre, A als neuen Nichteinigungspunkt zu betrachten und die Wiederherstellung des Status quo bei SQ als von Y vorgeschlagenes Projekt, das nicht ohne die Zustimmung von X verwirklicht werden könnte.

scheidend, daß Verhandlungen in der Lage sein müssen, Gesamtwohlfahrtseinbußen zu verhindern.

Abbildung 6.9: Verhandlungen zur Vermeidung von Wohlfahrtseinbußen

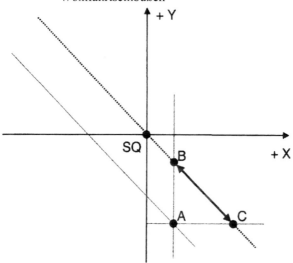

Distributives Bargaining mit Hilfe von Koppelgeschäften oder Paketlösungen

So wie ich es bisher diskutiert habe, kann distributives Bargaining nur erfolgreich sein, wenn (monetäre) Ausgleichszahlungen möglich und für den Vetospieler auch akzeptabel sind. Aber in der Praxis kann es passieren, daß solche Ausgleichszahlungen nicht machbar oder normativ nicht akzeptabel sind,[12] und viele politische

---

12 Das trifft im allgemeinen auf Fragen zu, die in hohem Maße normativ oder ideologisch aufgeladen sind, wie etwa im Fall von Abtreibung, Atomkraft oder ethnischer Identität. Selbst wenn es primär um Finanzierungsfragen geht, gibt es in dieser Hinsicht signifikante Unterschiede zwischen verschiedenen Ländern. So wird die Idee, daß eine Kommunal- oder Landesregierung von einer anderen monetäre Ausgleichszahlungen verlangen kann, wenn ihre Dienste von Einwohnern der anderen territorialen Einheit genutzt werden, in Deutschland als

Probleme werden Entweder-Oder-Lösungen haben, die nicht quantitativ reduziert oder erhöht werden können, um eine für alle Seiten akzeptable Lösung zu erreichen. Selbst dann jedoch können mit Hilfe von „Koppelgeschäften", Paketlösungen" oder „logrolling" (Tollison/ Willet 1979; Stein 1980; McGinnis 1986) für alle Seiten akzeptable und wohlfahrtseffiziente Lösungen erreicht werden. In Abbildung 6.10 ist ein Beispiel für Koppelgeschäfte wiedergegeben. Hier geht es um zwei Projekte, A und B, die beide positive Wohlfahrtseffekte haben, aber von denen keines für sich genommen die Zustimmung der benachteiligten Partei erlangen würde. Wenn beide jedoch kombiniert werden können, liegt ihr kombiniertes Ergebnis C (das durch Vektoraddition gewonnen wurde) im nordöstlichen Quadranten und ist daher für beide Seiten attraktiver als der Status quo (der weitergelten würde, wenn die Verhandlungen scheitern sollten). Wenn also passende Kombinationen von Projekten mit positiven Wohlfahrtseffekten vorhanden sind, können selbst Vetosysteme das Wohlfahrtsoptimum erreichen.[13] Auf diese Weise hat es die Europäische Union von Zeit zu Zeit geschafft, Blockadesituationen durch Paketlösungen zu überwinden, die aus unzusammenhängenden Teilaspekten zusammengesetzt

---

unverträglich mit dem „öffentlichen" Charakter staatlicher Dienstleistungen angesehen, während solche Arrangements in der Schweiz und in den Vereinigten Staaten weit verbreitet sind (Scharpf/Benz 1991; Parks/Ostrom 1981).

13 Genauso kann bei freiwilligen Verhandlungen die Partei, deren Interessen durch ein Projekt mit einer negativen Wohlfahrtsbilanz geschädigt würden, ihrerseits mit einem ähnlich schädlichen Drohprojekt antworten, das dann als Gegengewicht bei Verhandlungen eingesetzt werden könnte. In Abbildung 6.10 wird diese Möglichkeit durch die Projekte A' und B' dargestellt, die ein gemeinsames Ergebnis bei C' ergeben würden, das im Quadranten „gemeinsamer Aversion" liegt und daher für beide inakzeptabel wäre. Das ist die Logik, die der gegenseitigen Abschreckung zugrundeliegt und die auch bei Abrüstungsverhandlungen eine Rolle spielt, aber selbst in den Beziehungen zwischen benachbarten deutschen Ländern, also im zivilen Bereich, haben wir solche Drohprojekte entdeckt, die zu rein „defensiven" Zwecken entwickelt wurden (Scharpf/Benz 1991). Auch in neokorporatistischen Interaktionen zwischen Regierungen und Industrie- oder Berufsverbänden können die Regierungen Gesetze vorschlagen, die lediglich als Drohung gedacht sind, um die Verbände zu einer Verhandlungslösung zu bewegen. Um glaubhaft zu sein, muß das Projekt jedoch für die Regierung, die es als Drohung einsetzen will, einen intrinsischen Wert haben – und es muß politisch machbar erscheinen. Dieser Punkt wird ausführlicher in Kapitel 9 diskutiert.

waren, welche auf den „Gipfeltreffen" des Europäischen Rates zu einem allseits akzeptablen Paket zusammengeschnürt wurden.

Abbildung 6.10: Koppelgeschäfte

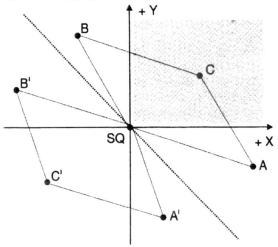

In der Praxis wird die Realisierbarkeit von Koppelgeschäften jedoch durch eine wichtige Schwierigkeit eingeschränkt. Als Folge der „pluralistischen" Spezialisierung von politischen Prozessen sind die Akteure in einem gegebenen Politikbereich im allgemeinen nicht an Gewinnen interessiert, die außerhalb ihrer eigenen Zuständigkeit anfallen. Innerhalb eines Politikbereiches sind die Interessenkonstellationen jedoch häufig in allen Interaktionen ausgesprochen asymmetrisch: Im Bereich der Abfallbeseitigung zum Beispiel ist der Stadtstaat Hamburg bei der Bereitstellung von Standorten für Müllverbrennungsanlagen immer auf seine ländlich strukturierten Nachbarländer angewiesen, während die Stadt bei Fragen des Verkehrssektors immer unter Druck steht, eine bessere Verkehrsverbindung zwischen den äußeren Regionen und dem Zentrum herzustellen (Scharpf/Benz 1991). Auf ähnliche Weise gibt es in der europäischen Umweltpolitik nur sehr wenige Projekte, die Dänemark und Deutschland als Ausgleich anbieten könnten, damit Großbritannien seinen Widerstand aufgibt. Wenn das der Fall ist, dann gibt es wenige Möglichkeiten für reziproke Paketlösungen innerhalb eines einzelnen Politikbereichs – und daher werden Verhandlungen in spezialisierten Arenen (zum Beispiel in einer Konferenz der Umweltminister) wenig Sinn haben. Wenn Paketlösungen überhaupt erreicht werden können, dann müssen sie typischerweise Probleme aus zwei oder mehr unterschiedlichen Politikbereichen mit komplementären Interessensasymmetrien miteinander verknüpfen.

Die erste Voraussetzung für erfolgreiche Paketlösungen ist also, daß die Verhandlungen auf „Gipfelebene" angesiedelt sind, wo die beteiligten Akteure autorisiert sind, Entscheidungen aus mehreren Politikbereichen zu behandeln und miteinander zu verknüpfen – wie dies bei den Ministerpräsidentenkonferenzen im deutschen Föderalismus oder bei den Treffen der Staats- und Regierungschefs im Rahmen des Europäischen Rates der Fall ist. Oftmals müssen solche Gipfelvereinbarungen jedoch anschließend zu Hause ratifiziert werden, und selbst wenn die Ergebnisse insgesamt betrachtet für das Land relativ vorteilhaft sind, hängen die Erfolgschancen in diesen „Zweiebenenspielen" (Putnam 1988) sehr stark vom jeweiligen Spezialisierungs- und Dezentralisierungsgrad der Umsetzung ab (Mayer 1992). Wenn eine Ratifikation durch das Plenum des Parlaments ausreicht, können Paketlösungen dies relativ unbeschadet überstehen. Wenn jedoch funktional spezialisierte Ausschüsse das entscheidende Wort haben, kann das Paket leicht wieder aufgeschnürt werden. Dies ist sogar noch wahrscheinlicher, wenn einige Teile des Pakets von unteren staatlichen Ebenen implementiert werden müssen, gegenüber denen die „Gipfelakteure" keine direkte hierarchische Autorität besitzen.[14]

---

14 In unserer Studie über Koordinationsprobleme zwischen den Ländern im deutschen Föderalismus haben wir erhebliche Implementationsprobleme bei einem weithin als Erfolg gefeierten Paketgeschäft zwischen Hamburg und einem Nachbarland festgestellt. Die Vereinbarung, die nach jahrelangen Verhandlungen auf der Ebene der Ministerpräsidenten abgeschlossen wurde, bestand aus einem Tauschgeschäft zwischen Investitionen in der Stadt zur Verbesserung der Straßen- und Schienenanbindung der peripheren Regionen an das Zentrum und Investitionen im Hinterland zur Schaffung von Abfallbeseitigungsanlagen für die Stadt. Als das Abkommen jedoch umgesetzt werden sollte, reichte der Nutzen, den das Land als Ganzes aus der besseren Anbindung an die interregionalen Transportwege ziehen konnte, nicht aus, um die Kooperation derjenigen Kommunen sicherzustellen, auf deren Gebieten Abfallbeseitigungsanlagen gebaut werden sollten. Dem Land blieb also nichts anderes übrig, als den betroffe-

Distributives Bargaining wird also nicht immer erfolgreich sein. Aber wenn es erfolgreich ist, dann können dadurch die Wohlfahrtseinbußen vermieden werden, die ansonsten in reinen Vetokonstellationen zu erwarten wären. Darüber hinaus ist diese wohlfahrtssichernde Wirkung nicht von dem bereits erwähnten Verhandlungsdilemma betroffen. Da die Nutzenproduktion in diesem Modus per definitionem keine wichtige Rolle spielt, betrifft das Feilschen um die Verteilung der Nutzen und Kosten eines bestimmten wohl definierten Projekts zwar die Verteilung, aber es verringert nicht die Höhe der Gesamtwohlfahrt.

Problemlösen

Während sich das distributive Bargaining gemäß unserer Definition ausschließlich auf die Verteilung von Nutzen und Kosten bezieht, konzentriert sich das „Problemlösen" ausschließlich auf die Nutzenproduktion. Daher bestünde das alleinige Interesse der Akteure in den hier verwendeten Abbildungen darin, neue Lösungen zu finden, die so weit wie möglich in der nordöstlichen Richtung liegen. Während beim distributiven Bargaining die Verhandlungsgegenstände bzw. die Möglichkeitsgrenze als gegeben vorausgesetzt werden, ist das zentrale Ziel des Problemlösens die gemeinsame Realisierung besserer Projekte.

Die Stärke des Problemlösens ist die Stärke gemeinsamen Handelns. Zur Illustration nehmen wir eine Konstellation von Akteuren an, die jeweils exklusive Verfügungsgewalt über eine Reihe voneinander unabhängiger Handlungsressourcen haben (einschließlich bestimmter Fertigkeiten und des Zugangs zu Spezialinformationen) und die miteinander interagieren, um ein gemeinsames Ergebnis zu erzielen. Solche Konstellationen sind typisch für Koalitionen, Joint Ventures oder für die Entscheidungsfindung in der Ministerialbürokratie. Unter diesen Bedingungen vergrößert sich der Handlungsraum – und damit auch die Chance, wirksame

---

nen Kommunen zusätzliche Ausgleichszahlungen anzubieten. Mit anderen Worten: Gelegenheiten für Paketgeschäfte werden häufig durch die Komplexität politischer Mehrebenensysteme zunichte gemacht (Scharpf/Benz 1991; Benz 1992; Mayer 1994).

Lösungen für bestimmte Probleme zu finden – deutlich, wenn über die Verwendung der einzelnen Ressourcen gemeinsam entschieden werden kann. Um dafür ein abstraktes Beispiel zu geben: Wenn es drei Akteure, A, B und C, gibt, denen jeweils zwei Optionen, 1 und 2, zur Verfügung stehen, und wenn der Status quo insgesamt durch die Optionen a1, b1 und c1 definiert ist, kann jede Partei für sich (d.h. solange die anderen Parteien ihre Positionen nicht ändern) nur jeweils ein anderes Gesamtergebnis herbeiführen:

- A könnte a2, b1, c1 erreichen;
- B könnte a1, b2, c1 erreichen;
- C könnte a1, b1, c2 erreichen.

Wenn keines dieser Ergebnisse aus der Sicht des Akteurs, der es erreichen könnte, dem Status quo überlegen wäre, dann würde keiner einen Zug ausführen und der Status quo würde weiterbestehen.[15] Wenn die Akteure jedoch unter ansonsten gleichen Bedingungen in der Lage sind, ihre Optionen zusammenzufassen, dann umfaßt ihr gemeinsamer Handlungsraum sieben Ergebnisse, die sich vom Status quo unterscheiden, und zwar:

- a1, b2, c1;
- a1, b2, c2;
- a1, b1, c2;
- a2, b1, c1;
- a2, b2, c1;
- a2, b2, c2;
- a2, b1, c2.

Generell kann also eine Gruppe mit N Mitgliedern, die über S politische Optionen verfügen, unter der Bedingung einseitigen Handelns lediglich $(S-1)N$ Ergebnisse erzielen, die sich vom Status quo unterscheiden, während dieselbe Anzahl von Akteuren $S^N - 1$ neue Ergebnisse erreichen kann, wenn sie ihre Optionen gemeinsam ausüben. Offensichtlich erhöhen sich damit auch die Chancen, Lösungen zu finden, die dem Status quo überlegen sind. Um diesen größeren Handlungsraum nutzen zu können, müssen die Ak-

---

15 Mit anderen Worten: Der Status quo wäre ein nicht-kooperatives Nash-Gleichgewicht.

teure jedoch nicht nur ihre eigenen Optionen ausloten, sondern sich auch gegenseitig über ihre jeweiligen Optionen korrekt informieren und dann gemeinsam die Interaktionseffekte zwischen diesen Optionen sondieren. Mit anderen Worten: Ihre Kommunikation unterscheidet sich erheblich von dem Modus des distributiven Bargaining. Problemlösen ist am ehesten dann erfolgreich, wenn die Akteure in der Lage sind, sich mit Hilfe wahrheitsorientierten „Argumentierens" über die bestmögliche Lösung und die bestmögliche Art und Weise, diese Lösung zu erreichen, zu verständigen (Elster 1986; Majone 1989; Saretzki 1996).

Auf der interpersonalen Ebene wird die gemeinsame Suche nach besseren Lösungen unterstützt durch maximale Offenheit, gute Kommunikationsfähigkeiten und gegenseitiges Vertrauen, ja sie hängt geradezu davon ab. Diese Voraussetzungen sind schwer herzustellen, aber gemäß der Definition des Problemlösens wird die Aufgabe erheblich durch die Annahme erleichtert, daß Verteilungsprobleme auf irgendeine Weise schon gelöst seien und bei den Verhandlungen keine Rolle spielen und daß die Akteure sich folglich ganz darauf konzentrieren können, diejenige Lösung zu suchen oder zu erfinden, die ihr gemeinsames Interesse am besten fördert. Selbst wenn also Einstimmigkeit erforderlich ist, werden Vetopositionen nicht zur Verhinderung von Entscheidungen gebraucht, die den Interessen einer bestimmten Partei zuwiderlaufen. Die Möglichkeit von Vetos stellt lediglich sicher, daß das Ergebnis tatsächlich alle an der Suche beteiligten Parteien überzeugt.

In Anbetracht der ökonomischen und spieltheoretischen Literatur über Verhandlungen scheint es sich hier um höchst idealistische und daher unrealistische Bedingungen zu handeln.[16] Deshalb sei darauf hingewiesen, daß die Realisierung dieser Bedingungen nicht notwendigerweise vom Vorhandensein „kooperativer" oder

---

16 In der Definition von Jürgen Habermas dagegen unterscheidet sich der „rationale Diskurs" nicht nur von „Verhandlungen" (die er mit dem gleichsetzt, was hier als „distributives Bargaining" bezeichnet wird), sondern er ist auch inkompatibel mit allen Formen der Kommunikation, in denen akteurspezifische Interessen und unterschiedliche Grade von Verhandlungsmacht überhaupt eine Rolle spielen (Habermas 1992, 204–206). Aus diesem Grund könnte das Problemlösen, wie wir es hier definiert haben (d.h. als Interaktionsmodus, in dem die Akteure die Maximierung der gemeinsamen *Interessen* aller Beteiligten anstreben), nicht als „rationaler Diskurs" gelten (Elster 1986).

„solidarischer" Interaktionsorientierungen abhängt, die ich am Ende von Kapitel 4 diskutiert habe – obwohl solche Interaktionsorientierungen sicherlich von Vorteil sind. Aber abgesehen von diesen subjektiven Bedingungen kommt es auch häufig vor, daß Verteilungsfragen aus objektiven Gründen an Bedeutung verlieren. Dies gilt selbstverständlich für Akteurkonstellationen, die als reine Koordinationsspiele oder als Assurance-Spiele charakterisiert werden können, bei denen die Akteure ausschließlich gleichgerichtete oder kompatible Interessen verfolgen. Solche Konstellationen kommen auch in der Realität vor, aber in der Politik sind Mixed-Motive-Konstellationen der wahrscheinlichere Fall, weil zumindest die Verteilung der Nutzen und Kosten, die aus einer Kooperation entstehen, eine Rolle spielt. Selbst dann jedoch können Verteilungskonflikte durch vorherige explizite Vereinbarungen über die Kosten- und Nutzenaufteilung gemeinsamer Projekte neutralisiert werden. Beispielsweise werden in der Schweizer Bundesregierung Verteilungskonflikte zwischen den semipermanenten Koalitionsparteien durch eine dauerhafte Vereinbarung über die Zahl der jeder Partei zustehenden Ministerposten entschärft. Auf ähnliche Weise wird das Problemlösen in Organisationen im allgemeinen durch die Existenz von Arbeitsverträgen erleichtert, mit deren Hilfe das private Eigeninteresse der Mitarbeiter weitgehend von der Ausübung organisatorischer Rollen (Simon 1957; 1991) – oder von der politischen Rolle staatlicher Beamten (Egeberg 1995) – abgekoppelt wird. In der japanischen Ministerialbürokratie werden sogar die Interessen am beruflichen Aufstieg dadurch neutralisiert, daß die Beamten nach Erreichen eines bestimmten Dienstalters automatisch befördert werden und daß denjenigen, die es nicht bis ganz nach oben schaffen, attraktive Optionen außerhalb des öffentlichen Dienstes angeboten werden. Aber obwohl solche Karrieremuster das Problemlösen *innerhalb* eines Ministeriums erheblich erleichtern, sind Verteilungskonflikte aufgrund von organisatorischen Eigeninteressen immer noch ein wesentliches Merkmal *interministerieller* Verhandlungsprozesse (Lehmbruch 1995).[17] Dennoch ist die Logik klar: Wann immer die Bereitschaft zur Zusammenarbeit im Rahmen der gemeinsamen Suche nach guten Lösun-

---

17 Umgekehrt kann gezeigt werden, daß externer Wettbewerb die interne Kooperation erheblich erleichtern kann (Hausken 1995).

gen wichtiger ist als einseitige Anstrengungen, ist die Schaffung von institutionellen Arrangements und Anreizsystemen möglich, welche die Entscheidungen über die zu realisierenden Ergebnisse vom individuellen – und sogar vom organisatorischen[18] – Eigeninteresse abkoppeln. Wenn das der Fall ist, dann können Verhandlungen tatsächlich im Modus des Problemlösens stattfinden.

Positive Koordination

Dennoch hängt das Problemlösen von speziellen psychologischen Bedingungen oder institutionellen Arrangements ab, die Verteilungsprobleme neutralisieren, und in diesem Sinne bleibt es unter den Verhandlungstypen die Ausnahme. Im Normalfall müssen sich die Verhandlungsteilnehmer gleichzeitig mit Verteilungs- und mit Produktionsproblemen auseinandersetzen. Wir könnten daher auch sagen, daß sie zur gleichen Zeit distributives Bargaining und Problemlösen praktizieren müssen. Wenn sie dabei erfolgreich sind, dann wird dieser Interaktionsmodus hier als „positive Koordination" bezeichnet. Ebenso wie die negative Koordination wurde auch dieser Begriff in unseren Untersuchungen über die interministerielle Koordination eingeführt (Mayntz/ Scharpf 1975). Er sollte die erfolgreiche Arbeit von interministerieller Projektgruppen beschreiben, die vom Kabinett eingesetzt worden waren, um Probleme zu bearbeiten, welche die Zuständigkeitsbereiche mehrerer Ministerien betrafen oder zu deren Lösung Instrumente erforderlich waren, die in der Hand von mehreren Ministerien lagen. Typischerweise wurden die Mitglieder solcher Projektgruppen für einen begrenzten Zeitraum von ihren normalen Pflichten freigestellt und von der hierarchischen Weisungsstruktur ihrer Herkunftsministerien ausgenommen. Aber die Auswahl dieser Mitglieder erfolgte im Hinblick auf ihre persön-

---

18 Diesen Punkt hat Renate Mayntz (1994) in ihrer Fallstudie über die Rolle westdeutscher Wissenschaftsorganisationen beim Wiederaufbau der ostdeutschen Forschungsinstitutionen nach der deutschen Einheit hervorgehoben. Nachdem klar war, daß die grundlegende institutionelle Struktur des westdeutschen Forschungssystems beibehalten werden würde, verloren Verteilungsfragen an Bedeutung, und die folgenden Verhandlungen konnten als gemeinsame Suche nach geeigneten Lösungen bezeichnet werden.

liche und berufliche Reputation innerhalb ihrer jeweiligen Ministerien. Es wurde erwartet, daß solche Projektgruppen in der Lage wären, innovative Ansätze zu entwickeln, die von den etablierten politischen Routinen der beteiligten Ministerien abwichen, aber daß die vorgeschlagenen Lösungen schließlich auch für die beteiligten Ministerien (und ihrer jeweiligen Klientel) akzeptabel sein müßten.

Die Schaffung dieser aufwendigen Arrangements wurde für nötig erachtet, um die konservative Tendenz der negativen Koordination in interministeriellen Verhandlungen zu überwinden. Normalerweise entwickelte ja jedes Ministerium seine Initiativen ausschließlich im Hinblick auf seine eigenen Anforderungen und Zuständigkeiten, und es blockierte alle Initiativen anderer Ressorts, die seine eigenen Routinen stören könnten. Aus der Perspektive der Regierung als Ganzes, vertreten durch das Bundeskanzleramt, wurden auf diese Weise zu viele Möglichkeiten der effektiven Problemlösung „auf dem Verhandlungstisch zurückgelassen". Man sah jedoch auch, daß die spezialisierten Ministerien legitime politische Interessen vertraten, welche die Regierung nicht ignorieren konnte. Obwohl es also aus der integrativen Sicht der Regierung als Ganzes um die Suche nach innovativen Lösungen gehen sollte, mußten diese Lösungen auch für die einzelnen Ministerien akzeptabel sein. Diese Bedingungen waren schwer zu erreichen, und es ist kaum verwunderlich, daß viele der Projektgruppen, die in der Hochphase der „Reformpolitik" eingesetzt wurden, am Ende ohne Erfolg blieben. Die Schwierigkeiten, mit denen sie sich konfrontiert sahen, waren genau dieselben, die wir weiter oben bereits als Charakteristika des Verhandlungsdilemmas kennengelernt haben. Folglich sind die mit erfolgreicher positiver Koordination verbundenen Transaktionskosten sehr hoch – und sie steigen exponentiell mit der Zahl der beteiligten Verhandlungsparteien an (siehe Anhang 2). Oftmals werden sie zu hoch sein, um eine erfolgreiche Lösung von Problemen des kollektiven Handelns zu ermöglichen. Aber was kann getan werden, um das Dilemma zu überwinden?

Allgemein gesprochen ist die erste Voraussetzung erfolgreicher positiver Koordination die Anerkennung der gleichzeitigen Existenz und Legitimität von Verteilungs- und Produktionsproblemen und die Bereitschaft, sich mit beiden explizit auseinanderzusetzen.

Diese Voraussetzung ist keinesfalls immer erfüllt. Häufig ist die „offizielle" Verpflichtung zum Modus des Problemlösens so dominant, daß Erwägungen des individuellen oder institutionellen Eigeninteresses delegitimiert und sozusagen in den Untergrund verdrängt werden – wo sie sich zu einer „versteckten Agenda" entwickeln, die Argumente verzerrt und korrumpiert, die explizit als Beitrag zum Problemlösen präsentiert werden. Beispielsweise werden in der Diskussionskultur innerhalb der Standardisierungskomitees in der Telekommunikation ausschließlich „technische" Argumente zur Effizienz und Qualität alternativer Lösungen als legitim betrachtet. Obwohl also die zur Debatte stehenden Standards bestimmte wirtschaftliche Interessen beeinträchtigen oder befördern, können die „ökonomischen" Konflikte nicht geregelt oder auch nur diskutiert werden. Dennoch wissen alle – oder hegen zumindest den Verdacht –, daß die Wahrung der jeweiligen ökonomischen Interessen bei den Vertretern von Unternehmen oder nationalen Regierungen sehr wohl eine Rolle spielt, auch wenn sie ausschließlich technische Argumente präsentieren. Da die Standards konsensuell verabschiedet werden müssen, verhindern diese undiskutierten und ungelösten Verteilungsfragen häufig eine Lösung (Schmidt/Werle 1993). Es kann sogar eine noch weitreichendere Behauptung aufgestellt werden: Solange nicht explizit anerkannt wird, daß jede akzeptable Lösung auch eine faire Verteilung von Nutzen und Kosten beinhalten muß, können Verhandlungen nicht das Wohlfahrtsmaximum erreichen. Betrachten wir zur Illustration Abbildung 6.11.

In der dargestellten Situation favorisiert X Ergebnis B nicht nur gegenüber Ergebnis A, sondern auch gegenüber Ergebnis D; und auf ähnliche Weise zieht Y Ergebnis B allen anderen Lösungen vor. Solange beide nicht zu der Einsicht gezwungen werden, daß keine Lösung eine Chance hat, die nicht gleichzeitig ein faires Verteilungsergebnis erzielt (hier dargestellt durch die gepunktete Linie SQ–D), werden beide sich über A und B streiten, ohne zu merken, daß das beste Ergebnis, das sie auf diese Weise bekommen können, in der Nähe von C liegt und daß *im Vergleich zu dieser Kompromißlösung* die wohlfahrtstheoretisch überlegene Lösung D aus ihrer jeweiligen individuellen Perspektive attraktiver wäre. Mit anderen Worten: Erst wenn sie eingesehen haben, daß keine Seite den Verteilungskampf für sich entscheiden kann, werden egoistisch-rationale Akteure ernsthaft nach wohlfahrtsoptimalen Lösungen suchen.[19]

Abbildung 6.11: Die Abhängigkeit der Produktion von der Verteilung

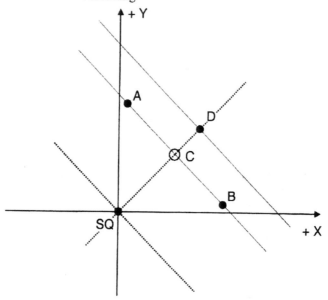

Wenn es richtig ist, daß die explizite Behandlung von Produktions- und Verteilungsfragen eine notwendige Voraussetzung für erfolgreiche positive Koordination ist, und wenn es auch richtig ist, daß der Verteilungskampf die mentalen Bedingungen gemeinsamen Lernens beeinträchtigt, dann scheint es aus theoretischen Überlegungen heraus sinnvoll zu sein, *beide Interaktionsarten prozedural zu trennen.* Einerseits kann eine explizite Behandlung der Verteilungsdimension den Parteien helfen, Standards der Verteilungsgerechtigkeit zu finden oder zu definieren, die als allgemeine Richtschnur auch für zukünftige Interaktionen dienen können. Und

---

19 Das ist meiner Meinung nach auch der Kern der Maxime, daß man „prinzipienfest" verhandeln soll (Fisher/Ury 1981). Es bedeutet, der anderen Seite beizubringen, daß sie in der Verteilungsdimension nicht gewinnen kann.

wenn andererseits eine separate Einigung auf die Verteilung von Nutzen und Kosten tatsächlich erreicht werden kann, so entstehen dadurch Rahmenbedingungen für die gemeinsame Suche nach produktiven Lösungen, die denen sehr nahe kommen, welche wir weiter oben als zuträglich für das Problemlösen identifiziert haben. Kurzum, eine Trennung von Verteilungs- und Produktionsdimension kann die Koexistenz von „Argumentieren" und „Bargaining" ermöglichen, zweier Kommunikations- und Interaktionsformen also, die normalerweise für inkompatibel gehalten werden.[20]

Eine solche prozedurale Trennung kann jedoch daran scheitern, daß die Verteilungsfolgen sich nicht von der Konstruktion einer Lösung unterscheiden lassen – denken wir nur an Verhandlungen über die Details einer gesetzlichen Kompromißlösung in der Abtreibungsfrage. Wenn das der Fall ist, dann hängt der Erfolg positiver Koordination davon ab, daß alle Seiten bereit sind, eventuell auftauchende Verteilungsfragen so anzugehen, daß die Suche nach einer „fairen" Lösung im Vordergrund steht, und nicht die Maximierung des eigenen Vorteils. Angesichts der allgegenwärtigen Versuchung, die Vorteile asymmetrischer Informationen auszunutzen, ist diese Bereitschaft nicht leicht aufrechtzuerhalten. Gerade hier gewinnen daher die institutionellen Rahmenbedingungen, in denen die Verhandlungen stattfinden, große Bedeutung.

Die Bedeutung institutioneller Rahmenbedingungen

Verhandlungen können unter allen Arten institutioneller Rahmenbedingungen stattfinden, und alle beeinflussen die Ergebnisse –

---

20 Eine andere Lösung, „learning by monitoring", hat Charles Sabel (1994) vorgeschlagen. Anstatt die Produktion von der Verteilung zu trennen, sieht diese Lösung vor, beide Dimensionen so eng wie möglich zu verkoppeln, so daß die Gefahr des Opportunismus in der Verteilungsdimension durch die ständige Überwachung von Lernprozessen ausgeschaltet wird. Entdeckt wurde dieser Ansatz ursprünglich bei der Organisation und ständigen Verbesserung von Arbeitsabläufen unter „Just-in-time"-Bedingungen in der japanischen Autoindustrie. Die Anwendbarkeit des Konzepts auf Interaktionen zwischen Herstellerfirmen und ihren Zulieferern scheint auf der Hand zu liegen, während die Übertragbarkeit auf Interaktionen zwischen Regierungen und Industrie oder auf Interaktionen in politischen Entscheidungsprozessen noch ausgearbeitet werden muß.

aber nicht alle sind in der Lage, die Schwierigkeiten des Verhandlungsdilemmas zu mildern. In diesem Kapitel werde ich mich nur mit solchen Institutionen beschäftigen, in denen Verhandlungen den typischen Interaktionsmodus darstellen. Ich werde deshalb wenig über Verhandlungen in anarchischen Feldern und minimalen Institutionen sagen, und ich werde Verhandlungen, die im Rahmen majoritärer oder hierarchischer Institutionen stattfinden, in späteren Kapiteln behandeln. Hier liegt der Schwerpunkt auf Verhandlungen in selbstorganisierenden „Netzwerken", in normativen „Regimen" und in „Zwangsverhandlungssystemen". Dennoch sind auch einige Bemerkungen über anarchische Felder und minimale Institutionen nötig.

Verhandlungen in anarchischen Feldern und minimalen Institutionen

Unter den Bedingungen anarchischer Felder können Verhandlungen nur in den bereits zu Beginn dieses Kapitels diskutierten Konstellationen erfolgreich sein, bei denen die Implementation unproblematisch ist. Aber selbst wenn die Umsetzung aus sich selbst heraus gesichert ist, können die Vereinbarungen selbst immer noch schwer zu erreichen sein, und die institutionellen Rahmenbedingungen anarchischer Felder sind sicherlich nicht dazu angetan, diese Schwierigkeiten zu vermindern. Dasselbe gilt im wesentlichen für die zu Beginn des vorangegangenen Kapitels beschriebenen Rahmenbedingungen minimaler Institutionen. Sie erfordern ein Rechtssystem, das Eigentumsrechte und verbindliche Verträge definiert sowie die Maschinerie bereitstellt, die für deren Schutz und Einhaltung sorgt. Das sind gleichzeitig die minimalen institutionellen Voraussetzungen einer Marktwirtschaft, die auch von der ansonsten „institutionenfreien" neoklassischen Ökonomie anerkannt werden. Sie reichen aus, um den verbindlichen Charakter von Verträgen sicherzustellen. Aber wenn das alles ist, und wenn es jedem Akteur erlaubt ist, jede beliebige einseitige Handlung auszuführen, mit der er ungestraft „davonkommt", dann wäre die Abfassung rechtlich wasserdichter Verträge, in denen alle Eventualitäten geregelt sind, außer in den allereinfachsten Fällen mit prohibitiv hohen Transaktionskosten verbunden. Die Transaktionskostenökonomie hat daher zu Recht auf den begrenzten Anwendungsbereich von „klassischen Verträgen" hingewiesen, die auch unter minimalen institutionellen Bedingungen effizient sind (Williamson 1975; 1985).

Mit Bezug auf die oben eingeführte Unterscheidung zwischen Verträgen, deren Einhaltung aus sich selbst heraus gewährleistet ist, und solchen, bei denen dies nicht der Fall ist, müßte man folgern, daß unter solchen Bedingungen selbst für alle Seiten vorteilhafte Vereinbarungen über „gemeinschaftliche Produktion" durch Unsicherheit beeinträchtigt würden und daß „Austausch"-Vereinbarungen auf Spot-Verträge beschränkt wären, die standardisierte oder auf andere Weise wohl definierte Güter und Dienstleistungen zum Gegenstand haben und bei denen der Abschluß des Vertrags und die Erfüllung der darin vereinbarten Verpflichtungen Zug um Zug stattfinden. Jede darüber hinausgehende Verpflichtung wäre mit dem Problem konfrontiert, daß die tatsächlichen Intentionen der anderen Akteure nicht bekannt sind und daß angesichts dieser Unsicherheit eine Maxime generalisierter Vorsicht die Parteien davon abhalten würde, potentiell nutzbringende, aber risikoreiche gemeinsame Projekte zu verwirklichen. Der Abschluß profitabler Vereinbarungen hängt daher von effektiveren und institutionell anspruchsvolleren institutionellen Arrangements ab, mit deren Hilfe die Risiken des Opportunismus und der unsicheren Zukunft bewältigt werden können. In den folgenden Abschnitten werde ich drei dieser institutionellen Arrangements behandeln: „Netzwerke", „Regime" und „Zwangsverhandlungssysteme".

Netzwerke

Das Konzept des *Netzwerks* wird in der Policy-Forschung auf recht unterschiedliche Weise gebraucht. Der Begriff „Policy-Netzwerk" zum Beispiel beschreibt semipermanente, auf Ressourcenaustausch und gegenseitiger Unterstützung basierende Beziehungsmuster zwischen organisatorischen Akteuren, welche die primären politischen Akteure oder den „kollektiven Entscheider" in einem bestimmten Politikfeld zu beeinflussen versuchen (Knoke et al. 1996). Eine ähnliche Begriffsverwendung findet sich in der Literatur über kooperative Interaktionen in „Implementationsnetzwerken" (Hjern/Porter 1981; Sabatier 1986; Agranoff 1990; Gage/Mandell 1990), in „Industrienetzwerken" zwischen Lieferanten und Produzenten (Johanson/Mattson 1987) oder zwischen Unternehmen, die gemeinsame Forschungsprojekte durchführen (Häusler/Hohn/Lütz 1993), oder schließlich in „regionalen Netzwerken" zwischen Unternehmen, Banken, Ausbildungs- und Forschungseinrichtungen, Verbänden und staatlichen Behörden, die gemeinsam zur wirtschaftlichen Leistungsfähigkeit bestimmter Regionen beitragen (Hull/Hjern 1987; Sabel 1989). Obwohl alle diese Beiträge spezifische empirische Aspekte hervorheben, ist ihnen doch allen gemeinsam, daß sie die langfristigen oder „strukturellen" Charakteristika von Netzwerkbeziehungen betonen.

Weniger klar ist, ob neben der zeitlichen Stabilität auch die „kooperative" Qualität der Beziehung als Definitionsmerkmal des Netzwerkkonzepts angesehen werden soll. Wie ich an anderer Stelle zu zeigen versucht habe (Scharpf 1994), löst sich die Mehrdeutigkeit auf, wenn man zwischen Beziehungen unterscheidet, bei denen eine Austritt zu niedrigen Kosten möglich ist, und solchen, bei denen die Akteure einander nicht aus dem Weg gehen können. Im ersten Fall impliziert die Existenz einer semipermanenten Beziehung mit hoher Wahrscheinlichkeit auch kooperative Interaktionen. Im zweiten Fall jedoch können permanente Beziehungen zwischen Akteuren, die einander nicht vermeiden können, kooperativ sein oder auch nicht, und es ist wahrscheinlich, daß die Akteure sich zu gegensätzlichen Koalitionen zusammenschließen (Knoke et al. 1996, 21-24).

In unserem Kontext wird das Netzwerkkonzept abstrakt und ohne Bezug auf einen bestimmten empirischen Bereich definiert. Gleichzeitig dient es jedoch dem Zweck, eine bestimmte Art von Bedingungen zu beschreiben, welche die Transaktionskosten von Verhandlungen vermindern können. Wichtig ist hier, daß Netzwerkbeziehungen die Gefahr des Opportunismus mit Hilfe zweier Mechanismen reduzieren, dem längeren „Schatten der Zukunft" und der höheren Sichtbarkeit von Transaktionen für dritte Akteure. Folglich beeinflußt die Existenz eines „Netzwerks" die Interaktionen zwischen seinen Mitgliedern, indem es manche Interaktionen wahrscheinlicher macht als andere, indem es einige Interaktionen ermöglicht, die ansonsten nicht realisierbar wären und indem es die Ergebnisse mancher Interaktionen zugunsten des einen oder anderen Akteurs verändert.

Netzwerkbeziehungen als Sozialkapital

Wenn wir mit der dyadischen Beziehung beginnen, so ist es wichtig, sie als semipermanente Struktur zu verstehen, in welche die einzelnen Interaktionen eingebettet sind. Die Tatsache, daß Akteure sich an frühere Interaktionen erinnern können und Erwartungen hinsichtlich zukünftiger Aufeinandertreffen haben, wird sich auf die einzelnen Interaktionen auswirken. Wichtig ist ebenfalls, daß die Fortsetzung der Beziehung insofern freiwillig ist, als ein Austritt zwar kostspielig ist, aber immer noch eine realistische Option darstellt.[21] Solche Beziehungen entstehen und werden aufrecht erhalten aufgrund der Vorteile, die sie im Vergleich zu einmaligen Interaktionen bieten. Wie ich weiter oben gezeigt habe, wird die Möglichkeit produktiver und für alle Seiten vorteilhafter Interaktionen zwischen Fremden durch die Schwierigkeit, die tatsächlichen Intentionen der anderen Akteure zu kennen, und durch die daraus folgende Notwendigkeit generalisierter Vorsicht eingeschränkt. Daher sind Beziehungen von Vorteil, in denen die Akteure einen höheren Grad an Verletzlichkeit akzeptieren können, weil sie sich gegenseitig vertrauen. Das ist meiner Meinung nach die zentrale Bedeutung von „Sozialkapital" (Coleman 1990, Kap. 12; Putnam 1993) in unserem Kontext. An anderer Stelle habe ich

---

21 Der Begriff „Austritt" kann zweierlei bedeuten: Bei Akteuren, die sich ihre Partner frei aussuchen können, ist damit gemeint, daß man nicht miteinander interagiert. Bei Akteuren, die dazu gezwungen sind, miteinander zu interagieren, kann „Austritt" immer noch bedeuten, daß man zu einer der am Ende von Kapitel 4 diskutierten nicht-kooperativen (d.h. „individualistischen", „kompetitiven" oder sogar „feindseligen") Interaktionsorientierungen übergeht. Obwohl sich die Transaktionskostenökonomie und die Wirtschaftssoziologie hauptsächlich für Unternehmensnetzwerke interessieren, die auf freiwilligen Beziehungen des ersten Typs beruhen, befassen sich die Disziplinen der Industriellen Beziehungen, der Politikwissenschaft und der Internationalen Beziehungen vorwiegend mit Zwangsbeziehungen zwischen Arbeitgebern und Gewerkschaften, zwischen politischen Parteien und Interessenverbänden, zwischen Ministerien und kommunalen, regionalen oder nationalen staatlichen Einheiten oder zwischen Territorialstaaten, die dazu gezwungen sind, miteinander zu interagieren.

argumentiert (Scharpf 1994), daß Vertrauen auf zwei Ebenen wirken kann: in schwacher Form auf der Ebene der Kommunikation und in starker Form auf der Ebene der Strategieentscheidungen. Obwohl in einem anderen Kontext entstanden, können diese zwei Ebenen des Vertrauens mit Mark Granovetters (1973) Unterscheidung zwischen „schwachen Bindungen" und „starken Bindungen" gleichgesetzt werden.

Das Vorhandensein von *schwachem Vertrauen* bedeutet zumindest die *Erwartung, daß die von Alter mitgeteilten Informationen über seine eigenen Optionen und Präferenzen wahrheitsgemäß sind*, und nicht absichtlich irreführend, und daß die Akteure *explizit eingegangenen Verpflichtungen nachkommen*, solange sich die Umstände, unter denen sie eingegangen wurden, nicht signifikant verändern.[22] Weiter kann es auch die Bereitschaft bedeuten, den anderen Akteuren kleinere Gefallen zu erweisen und kleinere Vorteile, die für Alter große Verluste mit sich bringen würden, ungenutzt zu lassen. Mit anderen Worten: Schwaches Vertrauen würde ausreichen, um die Kooperation in Konstellationen, die dem Assurance-Spiel ähneln, vollkommen unproblematisch werden zu lassen. Auf der zweiten, anspruchsvolleren Ebene, bedeutet *starkes Vertrauen die Erwartung, daß Alter Strategieoptionen vermeidet, die für ihn selber attraktiv wären, aber die Interessen von Ego ernsthaft verletzen würden*, und daß die Akteure bei Bedarf auf Hilfe zählen können, auch wenn dies erhebliche Kosten für den Helfenden mit sich bringt. Für die bereits diskutierten Mixed-Motive-Spiele folgt daraus, daß die Ausbeutungsstrategien im Gefangenendilemma und im Chicken-Spiel nicht zum Einsatz kommen und daß man sich daher auch nicht gegen sie schützen muß. Mit anderen Worten: Starkes Vertrauen hat zum Teil ähnliche Wirkungen wie eine solidarische Interaktionsorientierung.[23]

---

22 Eine dauerhafte Netzwerkbeziehung kann daher mit einem wiederholten „Vertrauenswürdigkeitsspiel" gleichgesetzt werden, in dem die Parteien bei jeder einzelnen Interaktion (unabhängig von den materiellen Fragen, um die es geht) entscheiden müssen, ob sie ihre eigene Vertrauenswürdigkeit aufrechterhalten oder aufgeben sollen – und ob sie ihr eigenes Vertrauen in die Vertrauenswürdigkeit der anderen aufrechterhalten oder aufgeben sollen (Scharpf 1990).
23 Dennoch werden vertrauensvolle und langfristig angelegte Beziehungen selten allein von subjektiven Faktoren abhängen, sondern eher in Konstellationen entstehen, in denen die einzelnen Interaktionen *im Durchschnitt* objektiv vorteil-

Auf der Ebene der dyadischen Beziehung mildert oder beseitigt daher schwaches Vertrauen, und erst recht natürlich starkes Vertrauen, die Schwierigkeiten des Verhandlungsdilemmas. Aber während die *Fähigkeit, jemandem vertrauen zu können, vorteilhaft ist*, sind die *zur Erlangung von Vertrauenswürdigkeit notwendigen Investitionen kostspielig* in dem Sinne, daß manche potentiellen Vorteile bei einzelnen Interaktionen ungenutzt bleiben müssen. Da überdies Vertrauen sich normalerweise an Erfolgen orientiert, und nicht bedingungslos gewährt wird (Sabel 1992; 1993), ist es schwer zu erwerben und wird durch Enttäuschung leicht wieder zerstört. Daher kann es für Vertrauenspersonen notwendig sein, in Situationen, die für andere nicht transparent sind, selbst den Anschein von mangelnder Vertrauenswürdigkeit zu vermeiden.

Die Stabilität von vertrauensvollen Beziehungen zwischen egoistischen Akteuren hängt also zum großen Teil von der Antizipation der kostspieligen Investitionen ab, die aufgebracht werden müßten, wenn das Vertrauen zerstört werden sollte. Darüber hinaus erhöht die Existenz eines größeren Netzwerks miteinander verbundener Akteure den Anreiz, die Vertrauenswürdigkeit aufrecht zu erhalten. Auf der einen Seite ermöglicht die Mitgliedschaft in einem Netzwerk den Zugang zu einer größeren Zahl von potentiellen Partnern vertrauensvoller Interaktionen und erhöht auf diese Weise den Wert des Sozialkapitals. Auf der anderen Seite führen die engen Beziehungen zwischen den Mitgliedern eines Netzwerks dazu, daß sich verläßliche Informationen über das Verhalten anderer Akteure im gesamten Netzwerk verbreiten können (Milgrom/North/Weingast 1990). Dieser Umstand erhöht jedoch nicht nur die Sichtbarkeit potentieller Vertrauensverletzungen, sondern auch die Höhe der dafür zu erwartenden Sanktionen, da auch unbeteiligte Akteure Partnern mißtrauen werden, von denen bekannt ist, daß sie sich in früheren Fällen als nicht vertrauenswürdig erwiesen haben.

Auf jeden Fall aber bedeutet die Aufrechterhaltung starker Bindungen, daß einzelne Interaktionen u.U. mit Verlusten abgeschlos-

---

haft für beide Seiten sind. Mit anderen Worten: Es ist wahrscheinlich, daß ein hoher Anteil der einzelnen Interaktionen – auf der Ebene der „Ausgangsmatrix" – den Charakter von reinen Koordinationsspielen oder von Dilemmaspielen hat, bei denen allseitige Kooperation für alle Beteiligten mehr Vorteile bringt als allseitige Nichtkooperation. Weil das so ist, werden Verluste, die im Einzelfall zu tragen sind, durch die generelle Erwartung zukünftiger Vorteile aufgewogen.

sen werden müssen. Allein schon aus diesem Grund ist die Zahl starker Bindungen, die ein Akteur sich „leisten" kann, erheblich begrenzt, und die Notwendigkeit der Selektivität wird noch weiter erhöht durch die Wahrscheinlichkeit, daß verschiedene Partner, die mit einem Akteur ein Vertrauensverhältnis unterhalten, inkompatible Erwartungen an diesen herantragen werden. Als Beispiel könnte man an die Schwierigkeiten denken, welche die westdeutsche Außenpolitik in den 1960er Jahren bei dem Versuch hatte, vertrauensvolle Beziehungen sowohl mit de Gaulles Frankreich als auch mit dem Vereinigten Staaten aufrechtzuerhalten. Daraus folgt, daß jeder Akteur nur eine begrenzte Anzahl starker Bindungen eingehen kann und daß Netzwerke, die auf starken Vertrauensbindungen beruhen, nicht alle Akteure miteinander verknüpfen können. Mit anderen Worten: Netzwerke, die *auf der Ebene der Dyade* auf starken Bindungen aufgebaut sind, haben wahrscheinlich eine in hohem Maße selektive Struktur auf der *Ebene des Netzwerks*.

Netzwerke als Gelegenheits- und Machtstrukturen

Auch wenn die Qualität dyadischer Beziehungen von offensichtlicher Bedeutung für die Transaktionskosten von Verhandlungen ist, folgt daraus noch nicht, daß auch die Struktur des Gesamtnetzwerkes, das aus solchen dyadischen Beziehungen besteht, für die Policy-Forschung relevant sein muß. Zwar sind die topologischen Eigenschaften von Netzwerken zu einem wichtigen Gegenstand der Forschung geworden, die leistungsfähige Methoden zur Messung des Verbundenheitsgrades von Netzwerken und der Zentralität, Erreichbarkeit und strukturellen Äquivalenz einzelner Positionen innerhalb dieser Netzwerke entwickelt hat (Burt 1976; 1980; 1982; Wellmann/Berkowitz 1988). Aber nicht alle diese Merkmale sind für die Erklärung politischer Prozesse und Ergebnisse von Belang. Von Bedeutung sind hier insbesondere die Auswirkungen unterschiedlicher Netzwerkarchitekturen auf die Gelegenheitsstrukturen und die Machtstrukturen politischer Prozesse.

Die Vorstellung von Netzwerken als Gelegenheitsstrukturen spielt eine zentrale Rolle in der Forschung zu „Policy-Netzwerken" (Atkinson/Coleman 1989; Knoke 1990; Marin/Mayntz 1991; Schneider 1992). Dieser Forschungszweig entwickelte sich aus der

Kritik an James Colemans (1986; 1990) Modell eines „politischen Marktes". Dieses war von der Annahme ausgegangen, daß alle Akteure miteinander interagieren können, um ihren eigenen Einfluß auf politische Ergebnisse, an denen sie weniger stark interessiert sind, einzutauschen gegen den Einfluß anderer Akteure auf Ergebnisse, die ihnen selbst wichtiger sind. Netzwerktheoretiker betonen jedoch, daß die Existenz – oder die Nichtexistenz – von Netzwerkverbindungen zwischen einzelnen Akteuren in hohem Maße selektive Gelegenheitsstrukturen erzeugt, innerhalb derer die politischen Austauschprozesse stattfinden (Marsden 1983; 1987; König 1994). Nicht jeder kann seinen Einfluß mit jedem anderen tauschen; vorhandene Verbindungen spielen eine Rolle.

In einem gewissen Sinne können diese Gelegenheitsstrukturen auch als Machtstrukturen interpretiert werden. Manche Akteure verfügen über mehr Verbindungen, durch welche sie andere Akteure erreichen können, mit denen sie u.U. über wechselseitig vorteilhafte Einflußmöglichkeiten verhandeln können.[24] Eine viel präzisere Bedeutung von Machtstrukturen wurde jedoch im Rahmen der Network-exchange-Literatur entwickelt, die auf Richard Emersons Power-dependence-Theorie (1962) zurückgeht. Macht wird dort als eine asymmetrische Tauschbeziehung[25] konzeptualisiert, bei der die Abhängigkeit des Akteurs B von Akteur A sowohl durch die Bedeutung der von A angebotenen Ressourcen oder Leistungen definiert wird, als auch durch deren Nichtverfügbarkeit aus anderen Quellen. Netzwerkstrukturen können also asymmetrische Abhängigkeiten und daher Macht erzeugen, wenn ein Mitglied einer dyadischen Austauschbeziehung Zugang zu alternativen Ressourcenquellen hat, das andere Mitglied jedoch nicht. Diese Macht wird neutralisiert, wenn entweder Akteur A ebenfalls von den Ressourcen des Akteurs B abhängig wird oder Akteur B andere Part-

---

24 Die Begriffe der indirekten Verbindungen und der Erreichbarkeit über eine Kette von Verbindungen spielt eine wichtige Rolle in der topologischen Literatur, die sich mit der Klassifizierung der strukturellen Eigenschaften unterschiedlicher Positionen in komplexen Netzwerken beschäftigt. Ich bin jedoch noch nicht überzeugt, daß indirekte Verbindungen eine große Rolle in realen politischen Prozessen spielen.

25 In unserem Zusammenhang gelten die Thesen der Power-dependence-Theorie für Interaktionen, die auf *gemeinschaftliche Produktion* ausgerichtet sind, ebenso wie für Interaktionen, in denen es um *Austausch* geht.

ner findet, von denen er dieselben Ressourcen beziehen kann (Abbildung 6.12).

Abbildung 6.12: Formen der Abhängigkeit in einer Beziehung zwischen A und B

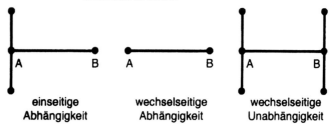

Über die richtige Definition und Messung struktureller Macht in komplexeren Netzwerken hat sich eine breite und in Teilen kontroverse Diskussion entspannt (Cook et al. 1983; Willer/Patton 1987; Yamagishi/Gillmore/Cook 1988; Markovsky/Patton/Willer 1988; Cook/Yamagishi 1992). Diese methodologischen und konzeptionellen Kontroversen müssen uns hier aber nicht weiter beschäftigen, da sie die These, daß eine einseitige Monopolstellung asymmetrische Macht erzeugt, während Wettbewerb einseitige Vorteile zunichte macht, selbst nicht in Frage stellen.[26]

Deren Bedeutung wird schnell deutlich, wenn wir die Austauschbeziehung in eine spieltheoretische Konstellation umwandeln (was in der Network-exchange-Literatur zumindest bisher

---

26 Es muß aber darauf hingewiesen werden, daß die Network-exchange-Theorie sich nur mit der Macht beschäftigt, die aus dem Austausch positiv bewerteter Ressourcen resultiert, nicht jedoch mit negativen Sanktionen, Zwang oder „Bestrafungsmacht" (Molm 1989). Mit anderen Worten: Der Blick wurde ausschließlich auf Konstellationen vom Typ des Battle of the Sexes gerichtet, nicht jedoch auf andere Arten von Mixed-Motive-Konstellationen. Darüber hinaus hat die Network-exchange-Theorie aus der Gruppe von Austauschbeziehungen nur Mehrparteien-Konstellationen vollständig konzeptualisiert, die „negativ verbunden" sind in dem Sinne, daß ein Austausch zwischen A und B das Interesse von A an einem Austausch mit C verringert. Selbstverständlich gibt es aber auch reale Konstellationen, bei denen ein Austausch zwischen A und B die Chancen für eine ähnliche Transaktion zwischen A und C nicht signifikant beeinträchtigt oder bei denen eine Transaktion sogar im positiven Sinne vom Abschluß einer anderen abhängt (Willer 1987).

noch nicht getan wurde). Eine Austauschbeziehung unter der Bedingung wechselseitiger Abhängigkeit könnte demgemäß als eine Variante des Battle of the Sexes dargestellt werden, bei der beide Spieler ein Interesse am Abschluß der Vereinbarung haben, aber beide unterschiedliche Präferenzen für das eine oder das andere koordinierte Ergebnis haben (Abbildung 6.13a). Unter diesen Umständen könnte jeder Spieler sein zweitbestes Ergebnis durch eine „weiche" Verhandlungsstrategie erzielen, und kein Spieler könnte glaubhaft mit dem Abbruch der Verhandlungen drohen, um sein bestes Ergebnis zu erreichen, da eine Nichteinigung (NE) für beide das schlechteste Ergebnis zur Folge hätte. Wenn daher die Ergebnisse teilbar und Ausgleichzahlungen möglich wären, dann könnte man eine Kompromißlösung erwarten, bei der sich beide Seiten „in der Mitte treffen".

Abbildung 6.13: Battle of the Sexes unter den Bedingungen wechselseitiger und einseitiger Abhängigkeit (NE = Nichteinigung)

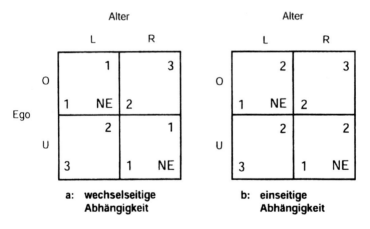

a: **wechselseitige Abhängigkeit**

b: **einseitige Abhängigkeit**

Wenn jedoch eine der Parteien (in unserem Beispiel Alter) eine andere Bezugsquelle für die Leistungen Egos findet, dann verändert sich die Konstellation. Selbst wenn das alternative Spiel mit dem ursprünglich zwischen Ego und Alter gespielten völlig identisch wäre, würde sich dieses Spiel nun in die asymmetrische Konstellation der

Abbildung 6.13b verwandeln. Da Alter darauf zählen könnte, in dem alternativen Spiel zumindest seine zweitbeste Auszahlung zu erhalten, wäre seine Drohung, die Verhandlungen abzubrechen, wenn ihm nicht sein bestmögliches Ergebnis angeboten würde, nunmehr glaubhaft – und Ego, dem keine alternative Option zur Verfügung stünde, bliebe nichts anderes übrig, als nachzugeben. Mit anderen Worten: Da sich Alter in der Position eines Monopolisten mit zwei Partnern befände, welche beide um die von ihm monopolisierten Ressourcen kämpfen, wäre er nun in der Lage, alle potentiellen Vorteile der Kooperation mit jedem dieser Partner abzuschöpfen.

Dieser Unterschied zwischen Konstellationen wechselseitiger und einseitiger Abhängigkeit ist von entscheidender Bedeutung für das Verständnis realer politischer Situationen. So kann in einer Koalitionsregierung eine kleine Partei, die über die Option verfügt, auch eine Mehrheitskoalition mit der größten Oppositionspartei einzugehen, über eine größere Verhandlungsmacht verfügen als ein viel größerer Koalitionspartner, der durch tiefgreifende ideologische Konflikte davon abgehalten wird, sich auf eine Koalition mit der Opposition einzulassen. Dies war z.B. in den 1970er Jahren in Deutschland der Fall (Scharpf 1987). Genauso kann dieses Modell die Auswirkungen erklären, welche die Vollendung des Europäischen Binnenmarktes auf die Fähigkeit der europäischen Nationalstaaten hatte, das Verhalten von Unternehmen zu regulieren und Gewinne zu besteuern. Um Gewinne zu erzielen, sind die Unternehmen auf staatliche Infrastruktur und staatliche Dienstleistungen angewiesen, während die Staaten auf Unternehmen angewiesen sind, um ihre Steuereinnahmen zu sichern und Arbeitsplätze zu schaffen. Solange der Zugang zu den nationalen Märkten auf Unternehmen beschränkt werden konnte, die innerhalb des jeweiligen nationalen Territoriums produzierten, war die Beziehung durch wechselseitige Abhängigkeit gekennzeichnet. Nach der Vollendung des Binnenmarktes jedoch können die Unternehmen ihre Produktion an jeden beliebigen Standort innerhalb der Europäischen Union verlagern, ohne dadurch den Zugang zum heimischen Markt zu verlieren. Aus diesem Grund stehen die europäischen Nationalstaaten nunmehr untereinander im Wettbewerb um Unternehmen, die lokal investieren und produzieren – mit der Folge, daß der „Preis", den sie in Form von Steuern erheben können, sich für alle Regierungen verringert hat (Sinn 1993).

Regime

Verhandlungsnetzwerke haben wir als informelle und selbstorganisierende Strukturen definiert, die aus der Häufigkeit freiwilliger dyadischer Interaktionen entstehen; Verhandlungsregime dagegen sind absichtsvoll geschaffene normative Bezugsrahmen, welche die Verhandlungen zwischen einer formell festgelegten Anzahl von Akteuren steuern, die sich explizit dazu bereit erklärt haben, bestimmte Interessenpositionen anderer Parteien zu respektieren, bestimmte Ziele gemeinsam zu verfolgen und bei ihren zukünftigen Interaktionen bestimmte Verfahren zu beachten. In gewissem Sinne könnte daher das Privatrecht und das Zivilprozeßrecht als Modell eines hochentwickelten Verhandlungsregimes angesehen werden. Das Regimekonzept wurde jedoch im Rahmen der internationalen Beziehungen entwickelt, wo es der „Anarchie" des internationalen Systems entgegengestellt wird, in dem es keine mit dem Monopol legitimer Gewaltanwendung ausgestattete staatliche Autorität gibt, welche die Eigentumsrechte schützt und die Einhaltung von vertraglichen Verpflichtungen überwacht (Krasner 1983). Aber selbst wenn die Abwesenheit autoritativer externer Erzwingungsmechanismen als konstitutives Element der Definition akzeptiert würde,[27] könnte das Regimekonzept auch im innerstaatlichen Bereich angewendet werden. Denken wir nur an Koalitionsverträge zwischen Parteien, die eine Koalitionsregierung bilden wollen, oder an Rahmenverträge zwischen benachbarten Regionen innerhalb eines Staates oder in nebeneinander gelegenen Staaten, welche die grenzüberschreitende politische Koordination durch Verhandlungen erleichtern sollen. Andere einschlägige Beispiele bieten die Regeln der neokorporatistischen Konzertierung zwischen Regierungen, Gewerkschaften und Arbeitgeberverbänden in den Nachkriegsjahrzehnten (Schmitter/Lehmbruch 1979; Lehmbruch/Schmitter 1982).

---

27 Die Nützlichkeit dieser Unterscheidung ist nicht ganz klar, da auf der einen Seite die meisten Staaten völkerrechtliche Verpflichtungen, die ihnen von einer etablierten Schlichtungsinstanz auferlegt werden, weitgehend automatisch erfüllen, während auf der anderen Seite viele Parteien in innerstaatlichen Rechtsverfahren außergerichtliche Einigungen anstreben.

In allen diesen Beispielen werden die sachlichen Ergebnisse nicht durch das Regime selbst bestimmt (genauso wenig wie das Vertragsrecht den Inhalt von Verträgen festlegt), sondern durch die Interaktionen der Parteien, die sich dazu verpflichtet haben, seine Regeln zu befolgen. Dennoch werden diese Interaktionen durch die Ausrichtung an gemeinsamen Regeln zugleich erleichtert und beschränkt. Beschränkt wird vor allem das einseitige Handeln, während Verhandlungen durch das Wissen erleichtert werden, daß bestimmte potentiell schädliche einseitige Strategien ausgeschlossen sind (und so nicht mehr als glaubhafte Drohungen eingesetzt werden können) und daß es faire Verfahren zur Beilegung von Streitigkeiten über die Auslegung unvollständiger Verträge gibt.

Die Schaffung von Regimen kann selbst Ergebnis freiwillig abgeschlossener Vereinbarungen sein, oder sie kann auf den Druck eines hegemonialen Führers zurückgehen (Young 1982). Wenn ein Regime existiert, hängt die weitere Einhaltung seiner Regeln sowohl vom Eigeninteresse der unmittelbar beteiligten Akteure als auch von der Bereitschaft der anderen Parteien ab, Regelverletzungen zu sanktionieren. Dabei sollte man zwischen der Verletzung bilateraler vertraglicher Verpflichtungen und dem „Trittbrettfahren" bei der Herstellung kollektiver Güter unterscheiden. Im ersten Fall hat die negativ betroffene Partei ein Interesse an Gegenmaßnahmen, und es kann ausreichen, Regeln für derartige Sanktionsmaßnahmen aufzustellen – so wie im Rahmen des GATT, wo das Opfer nach entsprechenden Verfahren berechtigt ist, den Übeltäter von der Meistbegünstigung auszuschließen. Im zweiten Fall kann das individuelle Eigeninteresse nicht die Anwendung kostspieliger Sanktionen sicherstellen (Hardin 1985; Heckathorn 1989). Aber wenn einzelne Regelverstöße nicht bestraft werden, ist es wahrscheinlich, daß auch andere Parteien die Vorschriften verletzen und daß schließlich das gesamte Regime nach und nach destabilisiert wird.

Die Regimetheorie in den internationalen Beziehungen hat daher anfänglich die Rolle von Hegemonialmächten hervorgehoben, deren Interesse an den Vorteilen allgemeiner Regelbefolgung groß genug ist, um die Kosten von Sanktionen zu tragen. Dementsprechend wurde die Errichtung und der Fortbestand von internationalen Wirtschaftsregimen wie dem Bretton-Woods-System fester Wechselkurse, dem Internationalen Währungsfonds oder dem GATT dem ökonomischen Eigeninteresse und der Hegemonialmacht der Vereinigten Staaten zugeschrieben (Stein 1984; Snidal 1985b; Yarbrough/Yarbrough 1985). Als man jedoch feststellte, daß die meisten dieser Regime (mit Ausnahme von Bretton Woods) nicht nur die Erosion der relativen ökonomischen Stärke der Vereinigten Staaten überlebten, sondern sich auch immer weiterentwickelten und intensivierten, verlagerte sich die Aufmerksamkeit auf die Vorteile, die alle Teilnehmer aus der Institutionalisierung „diffuser Reziprozität" zogen (Keohane 1984). Außerdem wurde die neorealistische Annahme, daß Nationalstaaten die einzig relevanten Akteure in den internationalen Beziehungen seien, von Zweiebenen-Ansätzen in Frage gestellt (Putnam 1988), die auf die Bedeutung innerstaatlicher politischer Konstellationen hinwiesen, welche die erfolgreiche Teilnahme eines Staates an internationalen Regimen unterstützen oder auch erschweren können (Moravcsik 1992).

Aber wenn dies überhaupt getan wird, gibt es keinen ersichtlichen Grund, warum ausschließlich innerstaatliche *ökonomische* Interessen (zum Beispiel die Interessen der Exportindustrie) in Betracht gezogen werden sollen, und warum man die Rolle einflußreicher Teile der politischen Parteien, der Bürokratie, des Rechtssystems, der Presse und der Wissenschaft ignorieren sollte, die sich aus normativen oder ideologischen Gründen für das internationale Recht, den Freihandel oder für die Verminderung der weltweiten Umweltverschmutzung einsetzen. In dem Maße, in dem solche Einflüsse auf die nationalen Positionen einwirken, operieren internationale Regime nicht bloß als externe Beschränkungen bei der Verfolgung des nationalen Interesses, sondern gewinnen auch Einfluß auf die Definition dessen, was überhaupt als nationales Interesse angesehen werden soll.

Zwangsverhandlungssysteme

Netzwerke können als freiwillige Verhandlungssysteme charakterisiert werden, in denen die Parteien nach Belieben zwischen Verhandlungen und einseitigem Handeln wählen können;[28] und ob-

---

28 Offensichtlich handelt es sich dabei um graduelle Unterschiede. Das Verlassen einer Netzwerkbeziehung, in die man freiwillig eingetreten ist, kann kostspielig

wohl Regime den Parteien Verpflichtungen auferlegen können, schließen sie normalerweise nicht die Fähigkeit zu einseitigem Handeln aus. Im Gegensatz dazu verwende ich den Begriff „Zwangsverhandlungssystem" zur Beschreibung von Konstellationen, in denen die Parteien entweder aus realen oder aus rechtlichen Gründen nicht dazu in der Lage sind, ihre Ziele durch einseitiges Handeln zu erreichen, und in denen gemeinsames Handeln von der (annähernd) einstimmigen Billigung aller beteiligten Parteien abhängt. Solche Konstellationen können auf natürliche Weise durch reale Nachbarschaft oder funktionale Interdependenz entstehen, wenn bestimmte Arten von Zielen oder Ziele einer bestimmten Größenordnung nicht ohne Zusammenarbeit erreicht werden können. Beispiele dafür sind etwa gemeinsame Infrastruktur- oder Umweltschutzprojekte benachbarter Staaten oder aufwendige wissenschaftliche, technische oder industrielle Projekte wie das Europäische Kernforschungszentrum (CERN), das europäische Raumfahrtprogramm oder das Airbus-Konsortium.

Von größerer praktischer Bedeutung für unsere Zwecke sind institutionalisierte Zwangsverhandlungssysteme, bei denen bestimmte Maßnahmen nur auf der Grundlage einstimmiger Beschlüsse ausgeführt werden können. Beispiele hierfür reichen von privaten Partnerschaften und Joint Ventures zwischen Unternehmen über Tarifverhandlungen und Regierungskoalitionen, in denen die beteiligten Parteien sich nicht mit Hilfe der Opposition gegenseitig überstimmen, bis hin zu Konstellationen des „divided government", in denen Entscheidungen nur mit der Unterstützung der Opposition getroffen werden können, und zu Konstellationen im deutschen Föderalismus und in der Europäischen Union, bei denen bestimmte Entscheidungen de jure, und meistens auch de facto, von der einstimmigen Billigung der Mitgliedstaaten abhängen (Scharpf 1985). In den letzten beiden Fällen gibt es nicht nur eine rechtliche *Verpflichtung*, entgegengesetztes Handeln zu unterlassen (die in der Praxis auch mißachtet werden könnte), sondern un-

---

sein, und die Ablehnung von Verhandlungen im Rahmen einer existierenden Netzwerkbeziehung kann einem Austritt gleichkommen. Umgekehrt kann sich eine unzufriedene Partei auch in Zwangsverhandlungssystemen ohne legitime Austrittsoption dafür entscheiden, passiven Widerstand zu leisten oder ihre eigenen Ansprüche so weit zurückzuschrauben, daß sie auch ohne gemeinsames Handeln verwirklicht werden können.

ter den Rechtsdoktrinen der „Suprematie" und der „direkten Wirkung" können auch normale Gerichte nationale Gesetze und staatliche Maßnahmen für nichtig erklären, wenn sie dem Verbot einseitigen Handelns widersprechen (Weiler 1981; 1994).

Zwangsverhandlungssysteme, an denen mehrere Parteien teilnehmen, können auch als Kollektiventscheidungssysteme charakterisiert werden, in denen entweder Einstimmigkeits- oder Konsensregeln gelten. Aus diesem Grund scheinen sie über den römisch-rechtlichen Grundsatz *volenti non fit iniuria* hinaus auch keine zusätzliche Legitimation zu benötigen – was vielleicht die starke Präferenz der Public-Choice-Theorie für die Einstimmigkeitsregel in kollektiven Entscheidungssituation erklären kann (Buchanan/Tullock 1962). Das Argument impliziert jedoch eine Voreingenommenheit gegen kollektives Handeln. Dies mag vertretbar sein, wenn im Falle der Nichteinigung die „Rückfallregel" gilt, daß alle beteiligten Akteure weiterhin einseitig handeln können. Bei Systemen kollektiven Handelns mit exklusiver Zuständigkeit für bestimmte Entscheidungen ist eine solche Regel jedoch kaum zu rechtfertigen. Und selbst wenn die Zuständigkeiten konkurrierend und nicht exklusiv sein sollten, könnte das Argument der Freiwilligkeit nur die erste Entscheidung zugunsten kollektiven Handelns legitimieren.

Sobald aber eine kollektive Entscheidung getroffen wurde, wird sie verbindlich und kann nur mit der Zustimmung aller wieder verändert oder zurückgenommen werden. Die einzelnen Mitglieder haben dann die Freiheit zu einseitigem Handeln verloren, auch wenn sich die äußeren Umstände oder die Präferenzen so verändern sollten, daß die frühere Entscheidung für einige (aber nicht alle) Mitglieder nun nicht mehr akzeptabel wäre. Wenn also die Aufnahme erneuter Verhandlungen mit hohen Transaktionskosten verbunden ist (was der Fall ist, wenn viele Akteure beteiligt sind), dann wird die Einstimmigkeitsregel zu einer „Politikverflechtungs-Falle" (Scharpf 1985), bei der die Nutznießer des Status quo alle Reformen blockieren oder zumindest exorbitante Ausgleichszahlungen für ihre Zustimmung zu Veränderungen am Status quo verlangen können.

Die Transaktionskosten lassen sich jedoch senken, wenn die Entscheidungsregel nicht Einstimmigkeit sondern „Konsens" ist, definiert als Interaktionsmodus, bei dem die Diskussion solange fortgesetzt wird, bis sich keiner der Teilnehmer mehr explizit gegen eine vorgeschlagene Lösung ausspricht – bei dem es aber im Falle offensichtlicher Obstruktion immer noch möglich ist, Entscheidungen auch ohne Einstimmigkeit zu treffen (Coleman 1990, 857–862). Diese Regel findet man häufig in Gremien, in denen formell die Mehrheitsregel gilt, in denen es aber alle Teilnehmer vorziehen, die Interessen einer Minderheit nicht zu überstimmen. Ein Grund dafür mag in Normen der Reziprozität zu finden sein, die auf der Erwartung basieren, daß jeder von Zeit zu Zeit in der Minderheitsposition sein kann. Solche Normen sind in Universitätsfakultäten genauso anzutreffen wie in internationalen Komitees, die sich mit der Definition technischer Standards beschäftigen (Genschel 1995). Ähnliche Regeln scheinen im Ministerrat der Europäischen Union vorzuherrschen, in dem die meisten Entscheidungen immer noch per Konsens getroffen werden, selbst nachdem durch die Einheitliche Europäische Akte die Möglichkeit qualifizierter Mehrheitsentscheidungen eingeführt wurde. Geändert hat sich dadurch lediglich, daß isolierte Gegner, die sich nicht darauf berufen können, daß ihre „sehr wichtigen nationalen Interessen" betroffen sind, nicht mehr in der Lage sind, exzessive Ausgleichszahlungen zu verlangen, da sich nun die Mehrheit durchsetzen kann, wenn die Suche nach einem Konsens scheitern sollte.

Die Transaktionskosten verringern sich weiter, wenn Gremien, in denen die Regel annähernder Einstimmigkeit herrscht, über einen Agenda-Setter verfügen, der die Vorschläge definiert, über die entschieden werden soll. Wie wir in Kapitel 7 sehen werden, verfügt der Agenda-Setter unter den Bedingungen der Mehrheitsregel über die Fähigkeit, sehr unterschiedliche Ergebnisse herbeiführen und zwischen alternativen Mehrheiten wählen zu können (Riker 1980; 1982; Shepsle/Weingast 1987). Unter Bedingungen der Einstimmigkeit oder der annähernden Einstimmigkeit ist diese Fähigkeit sehr viel schwächer ausgeprägt. Hier ist statt dessen seine unterstützende Rolle von Bedeutung, die den Akteuren hilft, eine einvernehmliche Lösung zu finden.

Ein Grund für die Bedeutung eines Agenda-Setters ist rein quantitativer Natur: Fehlt er, so müßten in einem Entscheidungssystem mit N Mitgliedern multilaterale Verhandlungen in $N(N-1)/2$ bilateralen Beziehungen geführt werden, um ein allgemein zustimmungsfähiges Ergebnis zu finden, während ein Agenda-Setter nur N Mitglieder konsultieren müßte, um die Akzeptabilität eines Vorschlags auszuloten. Noch wichtiger sind die Auswirkungen auf das bereits diskutierte Verhandlungsdilemma. In multilateralen Verhandlungen würden egoistisch-rationale Akteure Vorschläge einbringen, die ihren eigenen Interessen dienen, und jegliche Kommunikation zwischen ihnen stünde auch unter dem Verdacht der Unaufrichtigkeit und der egoistischen Manipulation. Unter diesen Bedingungen wäre die Ausarbeitung allseits akzeptabler Lösungen in der Tat extrem schwierig. Im Gegensatz dazu könnte man einem externen Agenda-Setter, der im Verteilungskampf keine eigene Interessen zu verteidigen hat, zutrauen, daß er nicht die Taktiken und Strategien des distributiven Bargaining verfolgt. Daher kann es für einen externen Agenda-Setter leichter sein, die Grenzen der Kompromißbereitschaft der Beteiligten auszuloten und eine allseits akzeptable Lösung vorzuschlagen – wenn eine solche Lösung überhaupt existiert. Solche Dienste werden typischerweise von den zentralen Stäben von Verbänden oder von den „Sekretariaten" internationaler Organisationen geleistet. Gerade wenn sie selbst weder Belohnungen anbieten noch Strafen androhen können, werden sie eher als „ehrliche Makler" akzeptiert, die es Regierungen, die über wesentlich mehr Macht verfügen als sie selbst, ermöglichen, Ergebnisse zu erzielen, die sie allein nicht hätten erreichen können (Young 1995).

Kurzum, die inhärenten Grenzen von Systemen, die bei ihren Entscheidungen auf Einstimmigkeit oder annähernde Einstimmigkeit angewiesen sind, lassen sich durch die Institutionalisierung einer Agenda-Setting-Funktion erweitern. Selbst im bestmöglichen Fall sind Zwangsverhandlungssysteme jedoch schwerfällig und leicht zu blockieren. Dennoch sind sie manchmal das beste, was angesichts der Legitimationsprobleme von Mehrheitsentscheidungen erreicht werden kann. Unter solchen Bedingungen, die derzeit in der Europäischen Union vorherrschen, scheint es sinnvoller, die vorhandenen Zwangsverhandlungssysteme effektiver zu verbessern, als für Reformen in Richtung auf ein Mehrheitssystem zu plädieren (Scharpf 1999). Wie wir im folgenden Kapitel sehen werden, ist der Übergang zur Mehrheitsregel kein Allheilmittel für alle mit der Einstimmigkeit verbundenen Schwierigkeiten.

Schlußfolgerung

Im Lichte des Coase-Theorems ist mit Verhandlungen im allgemeinen, und mit der positiven Koordination im besonderen, die attraktive Aussicht verbunden, daß auf diesem Wege wohlfahrtsmaximierende Lösungen von Problemen des kollektiven Handelns durch freiwillige Vereinbarungen erreicht werden können. Aber diese attraktive Aussicht wird durch zwei Faktoren eingeschränkt. Die erste Einschränkung bezieht sich auf die Verteilungsdimension. An freiwilligen Verhandlungen werden nur Parteien beteiligt, die etwas beizusteuern haben, das für andere wertvoll ist. Für diejenigen, die weder wertvolle Ressourcen noch wertvolle Fähigkeiten anzubieten haben, ist dort ganz einfach kein Platz. Und selbst in Zwangsverhandlungssystemen (in denen institutionalisierte Vetopositionen „künstliche" Verhandlungsmacht schaffen können) reproduzieren die Ergebnisse die vorhandene Verteilung von Ressourcen, rechtlich geschützten Eigentumsrechten und externen Optionen. Wenn also Umverteilung das zentrale politische Problem ist, sind Verhandlungen (und jede andere Form einstimmiger oder konsensueller Entscheidungsfindung) kein guter Interaktionsmodus (Mueller 1989b).

Wenn die Problemkonstellation dagegen einem Positivsummenspiel wie dem Battle of the Sexes, dem Assurance-Spiel oder sogar dem Gefangenendilemma ähnelt, können mit Hilfe von Verhandlungen im Prinzip wohlfahrtsmaximierende Lösungen erzielt werden. Sie sind jedoch – und das ist die zweite Einschränkung – mit hohen Transaktionskosten verbunden, wenn Verteilungsfragen in denselben Interaktionen gelöst werden müssen, in denen bessere Gesamtlösungen entworfen oder gefunden werden sollen. Daher scheitern Verhandlungen häufig ganz oder produzieren lediglich unbefriedigende Kompromisse, bei denen potentielle Wohlfahrtsgewinne „auf dem Verhandlungstisch zurückgelassen werden". Darüber hinaus steigen die Transaktionskosten exponentiell mit der Anzahl der (unabhängigen) Teilnehmer an.

Das Problem der großen Teilnehmerzahl kann etwas gemildert werden, wenn es möglich ist, die eigentlichen Verhandlungen im Sinne positiver Koordination auf eine Kerngruppe von Akteuren zu konzentrieren, die eine Lösung entwickeln, aber dann die Zustimmung der anderen Akteure durch distributives Bargaining oder negative Koordination erlangen müssen. Da die Transaktionskosten der negativen Koordination und des distributiven Bargaining wesentlich niedriger sind als die der positiven Koordination, kann die Größe der Verhandlungsgruppen und die Menge der berücksichtigten Interessen erheblich ausgeweitet werden, ohne daß dadurch prohibitiv hohe Transaktionskosten entstehen. Die Richtigkeit dieser Behauptung haben Matthias Mohr und ich mit Hilfe einer Computer-Simulation demonstriert (siehe Anhang 2). Daneben gibt es noch zwei weitere Lösungen für das Problem der großen Teilnehmerzahl.

Die erste Lösung wird aus der ökonomischen Sicht der Gesellschaft favorisiert. In der Transaktionskostenökonomie wird sie als „Geflecht von Verträgen" bezeichnet (Williamson 1990). Dabei wird unterstellt, daß alle wünschenswerten sozialen Ergebnisse durch miteinander verbundene bilaterale und multilaterale Verhandlungen mit wenigen Teilnehmern erzeugt werden können. Diese Sichtweise trifft insbesondere auf Markttransaktionen zu, aber sie beschreibt auch einen großen Teil dessen, was in modernen Gesellschaften außerhalb des Marktes vor sich geht. Nicht gelöst werden können auf diese Weise jedoch Probleme kollektiven Handelns, die zu viele Akteure umfassen, um ihre Interessen mit Hilfe multilateraler Verhandlungen koordinieren zu können.

Die zweite Lösung sind Kollektivverhandlungen. Wenn Probleme, an denen viele Akteure beteiligt sind, durch Verhandlungen gelöst werden sollen, dann müssen die individuellen und korporativen Akteure zu größeren Einheiten zusammengefaßt werden, die in der Lage sind, die aggregierten Präferenzen oder Interessen ihrer Mitglieder in Verhandlungen mit anderen solchen Einheiten zu vertreten. Daraus folgt, daß solche Verhandlungen von „Clubs", oder „Verbänden", wie sie in Kapitel 3 definiert wurden, oder möglicherweise von Verbänden, die selbst wiederum aus Verbänden bestehen (d.h. von „Dachverbänden"), durchgeführt werden müssen. Wenn das der Fall ist, dann verlagert sich die theoretische Aufmerksamkeit von der Interaktion zwischen großen Organisationen wieder zurück auf die internen Interaktionen innerhalb von Verbänden, in denen die „Logik des Einflusses" in externen Verhandlungen durch die interne „Logik der Mitgliedschaft" begrenzt wird und legitimiert werden muß (Streeck/Schmitter 1981). Diese Problematik wird Gegenstand der nächsten beiden Kapitel sein.

Kapitel 7
Mehrheitsentscheidungen

Verglichen mit den Nash-Gleichgewichten, die durch einseitiges Handeln erreicht werden können, sind die Ergebnisse, die durch Verhandlungen erzielt werden, wohlfahrtstheoretisch attraktiv. Die Transaktionskosten von Verhandlungen werden jedoch prohibitiv hoch, wenn die Anzahl der teilnehmenden unabhängigen Parteien ansteigt. Dagegen können die Handlungen großer Mengen von Akteuren mit sehr geringen Transaktionskosten koordiniert werden, wenn kollektiv verbindliche Entscheidungen durch Mehrheitsabstimmungen oder hierarchische Steuerung herbeigeführt werden können. Um als „kollektiv verbindlich" angesehen werden zu können, muß von diesen Entscheidungen erwartet werden können, daß eine bestimmte Gruppe von Akteuren sich an sie hält, auch wenn diese Entscheidungen ihren Interessen zuwiderlaufen, und auch wenn diese Akteure über einseitige Handlungsoptionen verfügen, mit deren Hilfe sie ihre jeweiligen Ergebnisse verbessern könnten (d.h. auch wenn es sich bei den so festgelegten Resultaten nicht um Nash-Gleichgewichte handelt). Aber was könnte eine solche kollektive Verbindlichkeit erklären?

Kollektiv verbindliche Entscheidungen

Nash-Gleichgewichte, die durch einseitiges Handeln unabhängiger Akteure erzielt werden, gewinnen ihren verbindlichen Charakter aus der Interaktion selbst – keine Partei hat eine bessere Option, die sie einseitig wählen könnte. Wie ich schon am Anfang von Kapitel 6 gezeigt habe, gilt dies im Bereich von Verhandlungen auch für Verträge über „gemeinschaftliche Produktion", bei denen keine Seite einen Grund hat, ihre Verpflichtungen nicht einzuhalten. Anders verhält es sich bei Verträgen über den „Austausch" von Gütern und Dienstleistungen. Wenn die Erfüllung der vertraglichen Verpflichtungen nicht zeitgleich mit dem Abschluß des Vertrages stattfindet, und wenn man von ausschließlich eigeninteressierten Akteuren ausgeht, dann wird hier die Implementation problematisch. Solange Ego seinen vertraglichen Verpflichtungen nachkommt, könnte Alter davon profitieren, seine eigenen Verpflichtungen zu vernachlässigen. Dabei handelt es sich um eine Gefangenendilemma-Konstellation, die eine endogene Lösung unter Netzwerkbedingungen haben kann, bei denen die Akteure wiederholt miteinander interagieren, sich gegenseitig beobachten und ein Interesse an der Aufrechterhaltung ihres guten Rufes bei anderen Akteuren haben, der bei einer Verletzung vertraglicher Verpflichtungen verloren gehen würde (Milgrom/North/Weingast 1990; Scharpf 1994; de Jasay 1995). Wo diese Bedingungen nicht erfüllt sind, ist selbst die Implementation ausgehandelter Vereinbarungen von der Existenz exogener Erzwingungsmechanismen abhängig. Dasselbe gilt erst recht für verbindliche Entscheidungen, die per Mehrheitsabstimmung oder hierarchischer Steuerung herbeigeführt wurden.

Der Legitimationsbedarf

Ein Element solcher Mechanismen ist selbstverständlich die Erwartung, daß eine überlegene Instanz positive Belohnungen bieten oder negative Sanktionen verhängen wird. Aber da auf Belohnungen basierende Macht teuer ist, wird sie sich bei erfolgreicher Anwendung selbst erschöpfen. Negative Sanktionen, d.h. das Zufügen ernsthaften Schadens (Lasswell/Kaplan 1950), können bei tatsächlicher Anwendung natürlich noch viel kostspieliger sein.[1] Dennoch

---

1 Zwar können die Kosten negativer Sanktionen unter bestimmten Umständen durch die Existenz asymmetrischer Austauschbeziehungen gesenkt werden, bei denen Alter auf Ressourcen angewiesen ist, die ihm von Ego zur Verfügung gestellt oder verwehrt werden können. Mit der Zeit jedoch neigen asymmetrische Austauschbeziehungen dazu, sich in symmetrischere Beziehungen gegenseitiger

haben negative Anreize einen grundlegenden Vorteil gegenüber positiven Anreizen, der sich aus ihrem Ankündigunseffekt ergibt. Drohungen und Versprechungen unterscheiden sich in einem wesentlichen Punkt: Wenn Versprechungen Alters Verhalten erfolgreich beeinflussen, dann müssen sie eingehalten werden, während wirksam gewordene Drohungen gerade nicht ausgeführt werden müssen. Aus diesem Grund sind Drohungen in hohem Maße kosteneffizient: Ein einzelnes Gewehr kann eine ganze Menschenmenge in Schach halten, aber mit einem einzelnen Scheck kann nur eine erfolgreiche Bestechung bezahlt werden. Darüber hinaus wird Drohpotential, das auf der überlegenen Fähigkeit zu physischem Zwang beruht, durch den erfolgreichen Gebrauch nicht erschöpft, sondern verstärkt, und es ist daher weniger wahrscheinlich, daß es mit der Zeit erodiert.

In der Praxis ist jedoch der Einsatz von Drohpotentialen mit Risiken verbunden. Auf der einen Seite wird die Androhung ernsthaften Schadens, und erst recht die tatsächliche Zufügung von Verlusten, bei den betroffenen Akteuren wahrscheinlich starke psychische Reaktionen hervorrufen (Kahneman/Tversky 1984; Quattrone/Tversky 1988), die zu Widerstand statt zu Gehorsam motivieren können (Molm 1989; 1990). Innerhalb des Bezugsrahmens, der in Kapitel 4 eingeführt wurde, können diese psychischen Reaktionen als Übergang von einer „individualistischen" zu einer „kompetitiven" oder sogar „feindseligen" Interaktionsorientierung interpretiert werden. Auch wenn es (aus der Sicht egoistisch-rationaler Akteure) „objektiv" betrachtet besser wäre, der Drohung nachzugeben, um noch größeren Schaden zu vermeiden, können nach einem Wechsel der Interaktionsorientierung Ungehorsam oder sogar aktiver Widerstand subjektiv betrachtet als einzig angemessene Reaktionen erscheinen.

Dieselbe Reaktion läßt sich auch aus einer weniger subjektiven Interpretation gewinnen. Wenn man die Drohung für sich betrachtet, dann kann aus der offensichtlichen Bereitschaft Egos, Alter ernsthaften Schaden zuzufügen, eine Interpretation der Konstellation abgeleitet werden, die analog ist zu den neorealistischen Annahmen über die Natur der internationalen Beziehungen im anar-

---

Abhängigkeit zu verwandeln, bei denen der einseitige Boykott nach und nach kostspieliger und daher praktisch immer weniger durchführbar wird.

chischen Weltsystem. Danach könnte es möglich sein, daß Ego darauf aus ist, Alter zu vernichten. Wenn man diese Möglichkeit in Betracht zieht und mit einer realistischen Einschätzung der Zufälle und unvorhersehbaren Wendungen in einem offenen Konflikt verbindet, dann kann es für Alter durchaus rational sein, nach der Maxime, „wer kämpft, kann verlieren, aber wer nicht kämpft, hat schon verloren" zu handeln. An diesem Punkt müßte entweder Ego seine Drohung in die Tat umsetzen, auch wenn damit erhebliche Kosten für ihn verbunden wären, oder die Glaubwürdigkeit zukünftiger Drohungen und damit ihre Wirksamkeit würde rapide abnehmen.[2]

Wenn solche kontraproduktiven Reaktionen vermieden werden sollen, muß die Drohung mit Strafen und deren tatsächliche Ausführung auf Regeln basieren, die in der sozialen und politischen Gemeinschaft als legitim akzeptiert werden. Aus der Sicht der von Drohungen betroffenen Akteure hat dies zwei wichtige Implikationen. Auf der einen Seite ist Gewalt, die an Regeln gebunden ist, normalerweise in ihrem Anwendungsbereich (d.h. hinsichtlich der tatsächlichen Bedingungen, die zu ihrer Anwendung führen) und in ihrem Umfang (d.h. im Hinblick auf die Art und Schärfe der Sanktionen, die zur Anwendung kommen) beschränkt, so daß es wenig Grund zu der Befürchtung gibt, man könne vernichtet werden, wenn man sich nicht von Anfang an mit allen Mitteln einer Drohung widersetzt.[3] Auf der anderen Seite erzeugt die Akzeptanz durch die breitere Gemeinschaft normative Erwartungen, die zumindest durch soziale Mißbilligung sanktioniert sind. Diese Erwartungen mißbilligen den Widerstand gegen regelgebundene Gewalt und verlangen, daß diese auch von den Adressaten akzeptiert wird.[4] Um generell wirksam zu sein, muß also die Erwartung von Sanktionen durch allgemein anerkannte legitimierende Überzeugungen gestützt werden,

---

2 Das klassische Modell dieses Problems ist natürlich Reinhard Seltens (1978) berühmtes „chainstore paradox".
3 So hat das Nazi-Regime in Deutschland gerade durch den Schein der Rechtsstaatlichkeit seine Opfer vom Widerstand abgehalten.
4 Niklas Luhmann (1969, 32-37) fügt dem ein wichtiges Argument hinzu: Wirksamer Gehorsam setzt voraus, daß Ego die Entscheidungsprämissen Alters akzeptiert, selbst wenn diese nicht mit seinen eigenen Wahrnehmungen und Präferenzen übereinstimmen – was Egos Selbstpräsentation gefährden würde, wenn der Gehorsam nicht von der relevanten Bezugsgruppe moralisch unterstützt würde.

die eine Verpflichtung begründen, Entscheidungen auch dann zu akzeptieren und zu befolgen, wenn sie dem Eigeninteresse des Akteurs zuwiderlaufen, und selbst wenn dieser die Möglichkeit hätte, sich ihnen zu entziehen oder sie zu verhindern (Ayres/Braithwaite 1992).[5] Letztlich entscheidend für die Legitimität sind also nicht die Präferenzen des betroffenen Individuums, sondern die Überzeugung der Gemeinschaft, daß die in Frage stehende Regel oder Anordnung generell befolgt werden sollte.

Zwei Arten von Legitimität

Aber wodurch wird Legitimität erzeugt? Analytisch ist es sinnvoll, zwischen zwei Arten von legitimierenden Überzeugungen zu unterscheiden, die ich im Kontext der Demokratietheorie als input- und output-orientiert bezeichnet habe (Scharpf 1970). Input-orientierte Argumente müssen Legitimität letztlich von der Zustimmung der Regierten ableiten, während sich output-orientierte Konzeptionen auf substantielle Kriterien des *buon governo* in dem Sinne beziehen, daß effektive politische Programme Legitimität beanspruchen können, wenn sie dem Allgemeinwohl dienen und den Kriterien der Verteilungsgerechtigkeit genügen. In bezug auf kollektiv verbindliche Entscheidungen[6] sind daher demokratische Verfahren

---

5 David Held (1987, 182) unterscheidet sieben Gründe, die dazu führen können, daß Gehorsam geleistet wird: (1) Zwang, (2) Tradition, (3) Apathie, (4) pragmatisches Sich-Fügen, (5) instrumentelle Akzeptanz, (6) normative Zustimmung und (7) ideale normative Zustimmung. Er hält nur die letzten beiden für Legitimitätsgründe – und in der Tat sind dies die einzigen Gründe, die Gehorsam auch dann gewährleisten, wenn die Entscheidungen mit den Eigeninteressen der davon betroffenen Akteure in Konflikt stehen und wenn das Risiko gering ist, daß Verstöße entdeckt werden. Ein instruktives Beispiel bietet Margaret Levis (1988) Darstellung der außergewöhnlichen Anstrengungen, welche die australische Regierung unternehmen mußte, um die Steuermoral der Bürger wiederherzustellen, nachdem diese durch Berichte über Fälle massenhafter Steuerhinterziehung in den oberen Einkommensklassen untergraben worden war. Aus genau demselben Grund ist derzeit das Steuersystem in Deutschland in Kritik geraten.
6 Wenn die Zustimmung der Einzelnen erforderlich und möglich ist, dann läßt sich die input-orientierte Legitimität besser als Mechanismus beschreiben, der vertraglicher Natur ist. Diese Beschreibung wird jedoch ideologisch, wenn sie auf kollektive Entscheidungssituationen angewendet wird, bei denen ein Austritt kostspielig oder unmöglich ist.

für input-orientierte Argumente von wesentlicher Bedeutung, während sie im Kontext output-orientierter Argumente nur instrumentelle Bedeutung haben. Sie sind nützlich, wenn und insofern Mehrheitsentscheidungen oder demokratisch kontrollierte hierarchische Entscheidungen geeignet sind, allgemeinwohlorientierte Politik hervorzubringen.

Aus einer output-orientierten Perspektive sind also verfassungsrechtliche Beschränkungen des Mehrheitswillens nichts Ungewöhnliches, und man kann auch anerkennen, daß selbst in modernen Gesellschaften manche Arten verbindlicher Entscheidungen immer noch durch nichtdemokratische Formen der Legitimität gerechtfertigt werden. Dies gilt insbesondere in Bereichen, in denen über die Werte und Ziele weitgehender Konsens herrscht und in denen effektive Problemlösungen in hohem Maße auf Expertenwissen angewiesen sind, das weder allgemein verfügbar noch leicht zu gewinnen ist. Wo das der Fall ist, da werden selbst moderne konstitutionelle Demokratien bestimmte Aufgaben auf Expertengremien übertragen, die dem Einfluß aktueller Mehrheiten entzogen sind, und sich auf informelle und formelle Systeme des professionellen Diskurses und der kollegialen Kontrolle verlassen, um den gemeinwohlorientierten Einsatz delegierter Gewalten sicherzustellen (Majone 1989). So liegt in manchen Ländern die Geldpolitik in den Händen einer politisch unabhängigen Zentralbank, die von Bankern und Wirtschaftswissenschaftlern beobachtet und öffentlich kritisiert wird. Genauso ist die Macht politisch unabhängiger Gerichte im allgemeinen eingebettet in (und kontrolliert durch) Systeme des professionellen Diskurses und der professionellen Kritik, bei denen nicht nur Berufungsgerichte, sondern auch die juristische Profession und die Rechtswissenschaft eine wichtige Rolle spielen. In beiden Fällen ist die Ausübung hierarchischer Autorität solange legitim, wie die gewählte Politik und die Einzelfallurteile breite Unterstützung in den professionellen Diskursen finden. Auf ähnliche Weise beruht die Kompetenz von Verfassungsgerichten zur Überprüfung der Verfassungsmäßigkeit der von einer demokratisch gewählten Legislative verabschiedeten Gesetze letztlich auf ihrer Übereinstimmung mit dem, was Harlan Fiske Stone, einer der großen Richter des amerikanischen Supreme Court, einmal „the sober second thought of the community" (Bikkel 1962; Mason 1956) genannt hat. Darüber hinaus müssen output-orientierte Legitimitätsargumente in modernen konstitutionellen Demokratien jedoch auch auf Mechanismen demokratischer Verantwortlichkeit rekurrieren. Darauf werde ich in diesem und im nächsten Kapitel wieder zurückkommen.

Input-orientierte Legitimitätsargumente dagegen unterstellen, daß die authentische Zustimmung zwar für sich genommen nicht schon die effektive Implementation gewährleisten, aber dennoch *Verpflichtung zum Gehorsam* erzeugt – und so die Erzwingung des Gehorsams legitimiert. Mit diesem Argument kann gewiß die Durchsetzung von Verträgen und von einstimmigen Entscheidungen in Clubs, Verbänden oder anderen direktdemokratisch verfaßten Einheiten legitimiert werden. Ohne weitere Bedingungen könnte diese Rechtfertigung jedoch nicht die Durchsetzung von Mehrheitsentscheidungen gegen eine ablehnende Minderheit legitimieren.

Aber was wäre denn eine überzeugende input-orientierte Begründung der Mehrheitsregel? In der Geschichte politischer Ideen wurde das einflußreichste Argument im „Gesellschaftsvertrag" von Jean-Jacques Rousseau ([1762] 1984) entwickelt. Rousseau führt die Unterscheidung zwischen der *volonté de tous* und der *volonté générale* ein und behauptet, daß die letztere nicht nur das objektive Gemeinwohl einer Gesellschaft repräsentiert, sondern auch das tatsächliche Eigeninteresse jedes Bürgers, der also nur seinem eigenen aufgeklärten Eigeninteresse folgt, wenn er gezwungen wird, die Gesetze einzuhalten. Die totalitären Implikationen dieses Arguments sind mehr als offensichtlich (Talmon 1955). Dennoch ist gezeigt worden, daß Rousseaus These selbst in den engen Grenzen des normativen Individualismus sowohl normativ als auch analytisch plausibel ist. Diese Interpretation setzt voraus, daß Rousseau (wie Hobbes) die Grundkonstellation zwischen den Individuen in einer Gesellschaft ohne Staat als Gefangenendilemma, genauer gesagt als *symmetrisches* Gefangendilemma, interpretiert. Wenn man von dieser Annahme ausgeht, ergibt sich ein stimmiges Gesamtbild (Runciman/Sen 1965; Sen 1969): Die *volonté générale* kann mit der Verfolgung des reinen Allgemeinwohls gleichgesetzt werden, und die *volonté de tous* entspricht dem kurzsichtigen Eigeninteresse, das die für sich handelnden Individuen dazu bringt, sich für „Nichtkooperation" zu entscheiden, selbst wenn dadurch für alle Beteiligten suboptimale Ergebnisse erzielt werden. Um für alle Teilnehmer optimale Ergebnisse zu produzieren, muß daher die *volonté générale*

Sanktionen einsetzen, die der ständigen Versuchung zu Nichtkooperation entgegenwirken. Der Zwang zum Gehorsam dient dann tatsächlich dem wahren Eigeninteresse jedes Einzelnen. Aber wie kann damit die Mehrheitsregel legitimiert werden? Der Zusammenhang ist enttäuschend einfach: Da das kooperative Ergebnis im Interesse jedes Einzelnen ist, müßte es eigentlich einstimmig befürwortet werden, aber die Zustimmung einer Mehrheit der Individuen reicht aus, um zu signalisieren, daß eine Lösung gefunden wurde, die der *volonté générale* nahekommt (Grofman/Feld 1988) – und daß sich daher die Minderheit geirrt haben muß.[7]

Die spieltheoretische Rekonstruktion verdeutlicht aber auch den fatalen Irrtum, den nicht nur Rousseaus Theorie, sondern alle Konzepte demokratischer Legitimität begehen, die auf der postulierten Identität des individuellen Eigeninteresses und des kollektiven Interesses basieren. All diese Konzepte beruhen auf der Annahme eines *symmetrischen* Gefangendilemmas, und sie alle müssen die Bedeutung von sozialen Konflikten ignorieren oder ihnen die Legitimität absprechen. Rousseaus Rechtfertigung der Mehrheitsregel würde nicht einmal bei Konstellationen, die dem Battle of the Sexes ähneln,[8] oder bei *asymmetrischen* Gefangenendilemma-Konstellationen funktionieren, die mehrere „kooperative Ergebnisse" haben, welche sich in ihren Verteilungsfolgen unterscheiden (Heckathorn/Maser 1987), und sie scheitert vollkommen bei Konstellationen, die Nullsummenkonflikten entsprechen.

---

7 Analytisch beruht das Argument auf folgenden Prämissen: Es muß eine „richtige" Lösung geben, die Akteure müssen aufrichtig und unabhängig voneinander für diese wahre Lösung stimmen, so wie sie von ihnen wahrgenommen wird, und jeder einzelne Wähler muß mit positiver Wahrscheinlichkeit die wahre Lösung erkennen. Unter diesen Annahmen steigt die Wahrscheinlichkeit, daß die Wahrheit entdeckt wird, gemäß dem „Condorcet-Jury-Theorem" (Michaud 1988) mit der Zahl der für die Lösung abgegebenen Stimmen.

8 Das scheint die Konstellation zu sein, von der die Autoren der Federalist Papers ausgegangen sind. Ihnen ging es vor allem um den Interessenkonflikt zwischen den ungebildeten und besitzlosen Massen und „den wenigen Weisen und Wohlhabenden" (Beard [1913] 1965), und sie legten daher sehr viel Wert auf die Entwicklung institutioneller Schutzmechanismen gegen die „Tyrannei der Mehrheit". Obwohl ihr System der Checks and Balances nicht dazu gedacht war, die Suche nach allseits vorteilhaften politischen Lösungen unmöglich zu machen, sollte es zweifellos dafür sorgen, daß diese Suche auf der Basis von Verhandlungen zwischen den Interessen der Mehrheit und der Minderheit stattfindet, und nicht auf der Grundlage der ungezügelten Ausübung der Mehrheitsmacht.

Historisch kann argumentiert werden, daß die Rousseausche Demokratie normativ plausibel in kleinen politischen Gemeinwesen mit einer homogenen Bevölkerung ist und unter den Bedingungen eines Minimalstaates, der sich fast ausschließlich mit der Sicherung der äußeren und inneren Sicherheit beschäftigt (die beide tatsächlich als reine öffentliche Güter bezeichnet werden können). In modernen, hoch differenzierten Gesellschaften jedoch, deren politische Systeme sehr viele Funktionen wahrnehmen müssen, die notwendigerweise die einzelnen Gruppen und Klassen auf unterschiedliche Weise betreffen, wird die identitätsbasierte Gleichsetzung des kollektiven und des individuellen Interesses zu einer Ideologie, die dazu benutzt werden kann, die Unterdrückung von Dissidenten zu rechtfertigen – was tatsächlich geschehen ist und auch heute immer noch geschieht.

Aber wenn die Verfolgung des individuellen Eigeninteresses in politischen Prozessen als legitim angesehen wird, sehen wir uns erneut mit der Frage konfrontiert, warum eine Minderheit moralisch verpflichtet sein sollte, die politischen Entscheidungen egoistischer Mehrheiten zu akzeptieren. Es ist klar, daß die Antwort darauf nicht mehr allein auf input-orientierte Argumente gestützt werden kann. Sie müßten unterstützt und qualifiziert werden durch Zusatz-Annahmen, die zeigen, unter welchen Bedingungen die durch Mehrheitsentscheidungen erzielten Ergebnisse auch unter output-orientierten Kriterien gerechtfertigt werden können. Das bedeutet, daß kollektives Handeln nur dann legitim ist, wenn gesellschaftliche Probleme nicht auf andere Weise gelöst werden können, und wenn die Lösung solcher Probleme mit Hilfe von Mehrheitsentscheidungen Ergebnisse erwarten läßt, welche die allgemeine Wohlfahrt steigern und im Hinblick auf die Verteilungsgerechtigkeit vertretbar erscheinen.

Mehrheitsentscheidungen

Bei Anwendung der Mehrheitsregel können die Einwände einer dissentierenden Minderheit überstimmt werden. Folglich können die bei einstimmigen Entscheidungen erwartbaren Transaktionskosten erheblich gesenkt werden, wenn der Übergang zu Mehrheitsentscheidungen möglich ist. Aber eben deshalb steigt der Legitimationsbedarf, wenn Beschlüsse, die möglicherweise über Leben und Tod entscheiden, gegen den Willen einer Minderheit durchgesetzt werden können. Die Anforderungen an die Qualität der legitimierenden Mechanismen sind noch höher, wenn ein Austritt aus dem Mehrheitssystem nicht möglich oder jedenfalls mit hohen Kosten verbunden ist.[9] In diesem Sinne werde ich hier die Plausibilität output-orientierter Legitimitätsargumente für *Entscheidungen* untersuchen, *die tatsächlich durch Mehrheitsabstimmungen* entweder innerhalb der betroffenen Bevölkerung selbst (wie es bei einem Referendum der Fall wäre) oder in einer repräsentativen Versammlung *getroffen werden*. Die Legitimität (hierarchischer) *Entscheidungen von demokratisch verantwortlichen Regierungen* wird Gegenstand des nächsten Kapitels sein. Ich werde mich zunächst mit den üblichen Annahmen des Rational-Choice-Institutionalismus befassen, wonach Wähler als egoistisch-rationale Akteure anzusehen sind. Dieselbe Annahme wird auf die Mitglieder einer repräsentativen Versammlung angewendet, von denen erwartet wird, daß sie ihre individuellen Präferenzen rational verfolgen werden – wobei diese Präferenzen in unterschiedlichem Maße die Interessen ihrer Wähler und ihre eigenen Interessen reflektieren (Cain/Ferejohn/Fiorina 1987).

Egoistische Mehrheiten

Sowohl Rousseau als auch die Autoren der Federalist Papers verabscheuten geschlossene Mehrheiten und warnten vor den „Gefahren der Fraktionsbildung". Dieses Argument ist analytisch überzeugend: Die Existenz einer geschlossenen Mehrheit verwandelt die Mehrheitsregel in eine Zweipersonen-Interaktion, in der eine

---

9 In öffentlichen Diskussionen über politische Legitimität wird oft stillschweigend unterstellt, daß der Zustimmung einer Mehrheit per se legitimierende Kraft zukommt. Das ist eine historisch plausible Annahme für Staaten, in denen die demokratische Verantwortlichkeit absolutistischen oder diktatorischen Regimen abgerungen werden mußte. Die Grenzen majoritärer Legitimation werden jedoch deutlicher, wenn man Gemeinwesen mit tiefen ethnischen, religiösen oder ideologischen Konfliktlinien betrachtet – oder politische Gebilde wie die Europäische Union, die noch keinen hohen politischen Integrationsgrad erreicht haben. Darauf werde ich später zurückkommen.

Seite über diktatorische Gewalten verfügt. Da unterstellt wird, daß diese Mehrheitsfraktion egoistisch ist, gibt es nichts, was sie von politischen Strategien abhalten könnte, deren Schaden für die Minderheit größer wäre als die Vorteile, die ihr selbst zukämen. Wenn wir dagegen nicht von einer geschlossenen Mehrheit, sondern von *einzelnen Wählern* mit jeweils eigenen Präferenzen ausgehen, dann wird aus der Zweipersonen-Konstellation die Vielpersonen-Konstellation, die sowohl Rousseau als auch James Madison als vorteilhaft für die Realisierung des Allgemeinwohls ansahen. Ebenso hat die Public-Choice-Theorie gezeigt, daß egoistische Wähler, die ihre Stimmen gemäß ihren *individuellen* Präferenzen abgeben, unter Anwendung der Mehrheitsregel Ergebnisse erzielen können, die der Position des „Medianwählers" entsprechen, welche – bei Erfüllung weiterer Voraussetzungen – ein Maximum der Interessenbefriedigung repräsentiert (Mueller 1989b). Leider sind jedoch die Voraussetzungen, unter denen dies zutrifft, so restriktiv, daß die Rechtfertigung der Mehrheitsregel in der Praxis nicht darauf aufgebaut werden kann (Riker 1982).

Der logische Kern dieser Schwierigkeiten bildet das berühmte Condorcet-Arrow-Paradox (Arrow 1951). Danach ist es nicht generell möglich, konsistente individuelle Nutzenfunktionen zu einer konsistenten sozialen Wohlfahrtsfunktion zu aggregieren. Speziell im Hinblick auf die Mehrheitsregel entspricht dem die Möglichkeit zyklisch instabiler Mehrheiten (Black 1948; 1958). Zur Illustration gehen wir davon aus, daß es drei politische Optionen, x, y und z, und drei Wähler, A, B und C, gibt, deren Präferenzen für die drei Optionen wie in Tabelle 7.1 verteilt sind.

Tabelle 7.1: Das Abstimmungsparadoxon

		Wähler		
		A	B	C
	x	1	2	3
Optionen	y	2	3	1
	z	3	1	2

In diesem Fall wird x gegenüber y von einer aus A und B bestehenden Mehrheit bevorzugt; y wird gegenüber z von einer aus A und C bestehenden Mehrheit präferiert; und z wird gegenüber x von einer aus B und C bestehenden Mehrheit bevorzugt. Vollkommen rationale (d.h. transitive) Präferenzordnungen werden also durch die Mehrheitsregel in eine irrationale (d.h. zirkuläre) kollektive Präferenzfunktion der Beteiligten insgesamt verwandelt: $x > y > z > x$.

Die praktische Bedeutung dieser analytischen Erkenntnis ist keineswegs zu vernachlässigen. Es ist zwar richtig, daß das Paradox nicht auftritt, wenn es nur zwei Akteure gibt; und es tritt ebenfalls nicht auf, wenn die Wähler sich nur zwischen zwei Optionen zu entscheiden haben. Bei mehr als zwei Optionen und mehr als zwei unabhängigen Wählern kann das Paradox jedoch nur unter sehr restriktiven Annahmen vermieden werden. Die plausibelste davon ist, daß alle Optionen in einer einzigen Problemdimension geordnet werden können (z.B. auf einer Links-rechts-Skala) und daß die Präferenzen aller Wähler in dieser Problemdimension „eingipflig" sein müssen (Black 1948).

In Abbildung 7.1 sind die Optionen in einer einzigen Problemdimension geordnet (zum Beispiel „mehr" oder „weniger" Staatsausgaben), und die Präferenzen der Wähler sind in der vertikalen Dimension abgetragen. In Abbildung 7.1a, welche die Konstellation aus Tabelle 7.1 wiedergibt, haben nur die Wähler A und B eingipflige Präferenzen, während in Abbildung 7.1b alle Präferenzen eingipflig sind. Nur wenn das der Fall ist, wird das Ergebnis stabil sein. Darüber hinaus wird das Ergebnis dann der am meisten präferierten Option des Medianwählers entsprechen (d.h. des Wählers B in Abbildung 7.1b), was – unter der Annahme einer unimodalen und symmetrischen „Normalverteilung" der Wählerpräferenzen – die wohlfahrtstheoretisch attraktive Folge hat, daß die aggregierte Befriedigung der Wählerpräferenzen maximiert wird (Mueller 1989b).[10]

---

10 Dasselbe positive Ergebnis kann in repräsentativen Demokratien mit Zweiparteiensystemen erwartet werden, wo ebenfalls erwartet werden kann, daß sich die Programme der (ideologisch flexiblen oder opportunistischen) Parteien an der Position des Medianwählers ausrichten, wenn diese um die Stimmen von Wählern kämpfen, die alle über eindimensionale und eingipflige Präferenzen verfügen (Downs 1957). Der wohlfahrtsmaximierende Effekt wird jedoch nicht er-

Abbildung 7.1: Präferenzverteilungen in einer Problemdimension

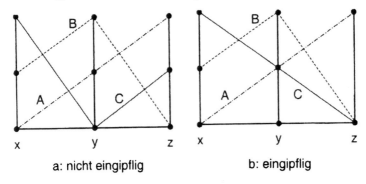

a: nicht eingipflig   b: eingipflig

Allerdings sind diese Bedingungen in der Praxis selten erfüllt, und wenn die Optionen in zwei oder mehr Problemdimensionen bewertet werden, dann ist es so gut wie sicher, daß das Paradox die Existenz eines Gleichgewichtsergebnisses ausschließt (Plott 1967). In Abbildung 7.2 wird diese Konstellation in Form eines „Spatial-voting"-Diagramms für drei Wähler, A, B und C, dargestellt, die politische Optionen in einer zweidimensionalen Problemdimension bewerten (z.B. „links versus rechts" und „industriefreundlich" versus „grün") und die durch Mehrheitsvotum entscheiden können. Die Idealpositionen der drei Spieler sind mit A, B und C bezeichnet und der Status quo mit SQ. Wenn wir weiterhin annehmen, daß die Indifferenzkurven die Form konzentrischer Kreise um die Idealpunkte haben, dann ist unschwer ersichtlich, daß immer wenn SQ *innerhalb* des Dreiecks ABC liegt, sich die Indifferenzkreise jedes Wählerpaares (aber nicht aller drei Wähler)[11] überschneiden. Der Raum innerhalb dieser Schnittmenge umfaßt Ergebnisse, die für dieses Wählerpaar attraktiver sind als der Status quo (z.B. ein Ergebnis bei AC für die Wähler A und C). Daraus folgt, daß jede Mehrheit immer in der Lage ist, sich auf ein neues Ergebnis zu ei-

---

reicht, wenn die Parteien nach der Wahl ihre eigenen ideologischen Präferenzen (oder die ihrer Mitglieder) realisieren wollen.
11 Wenn SQ *außerhalb* des Dreiecks ABC liegt, überschneiden sich alle drei Indifferenzkreise. Daher wird es politische Veränderungen geben, die von allen Beteiligten befürwortet werden – und zwar so lange, bis der neue Status-quo-Punkt innerhalb der Dreiecks ABC liegt.

nigen, das für ihre Mitglieder attraktiver als der Status quo ist. Aus demselben Grund ist dieses Ergebnis jedoch für die ausgeschlossene dritte Partei (in diesem Fall für B) weniger attraktiv als der Status quo.

Abbildung 7.2: Zyklische Instabilität in einem zweidimensionalen Problemraum

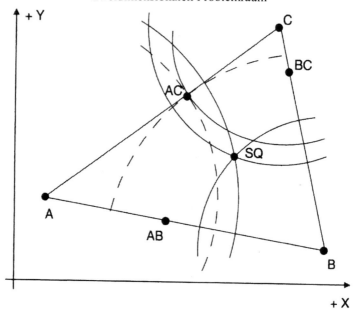

Sobald sich jedoch A und C auf ein neues Ergebnis (bei AC) geeinigt haben, können neue Indifferenzkurven durch diesen Punkt gezeichnet werden. Geht man davon aus, daß A und C bereits in der vorangegangenen Verhandlungsrunde ihre Paretogrenze erreicht haben, können sie sich nun gegenseitig nichts mehr anbieten. Aber B, der in der vorigen Runde ausgeschlossen war, kann nun entweder A (z.B. bei AB) oder C (z.B. bei BC) Vereinbarungen anbieten, die für beide attraktiver sind als das Ergebnis AC. Und so weiter: Jeder Punkt, auf den sich zwei Akteure geeinigt haben, kann durch die mögliche Einigung zwischen jedem dieser Akteure und der ausgeschlossenen dritten Partei überboten werden. Folglich sind alle Ergebnisse in einem zweidimensionalen Problemraum zyklisch instabil – ein Ergebnis, das auf mehr als drei Akteure und mehr als zwei Dimensionen übertragen werden kann (McKelvey 1976).

Aber inwiefern sind diese in theoretischer Hinsicht verheerenden analytischen Schlußfolgerungen empirisch relevant? Zyklische Instabilität ist sicherlich kein empirisch unbekanntes Phänomen – die rasche Abfolge unterschiedlicher Regierungskoalitionen in der französischen Vierten Republik, im Italien der Nachkriegszeit und in anderen Mehrparteiensystemen bietet genügend empirische Unterstützung für die Existenz-Hypothese. Dennoch scheint Instabilität weniger häufig aufzutreten, als man es auf der Grundlage des Condorcet-Arrow-Paradoxes erwarten müßte. Die theoretische Erklärung dafür liegt im Konzept des „strukturinduzierten Gleichgewichts" (Shepsle 1979; Shepsle/Weingast 1981), d.h. in der These, daß bestimmte institutionelle Arrangements, die den Abstimmungsprozeß beeinflussen und beschränken, das Auftreten von Instabilität verhindern können. Und in der Tat gibt es viele verschiedene institutionelle Arrangements, die diesen Effekt haben.

Zum einen kann in parlamentarischen Zweikammersystemen die getrennte Zustimmung beider Kammern notwendig sein, was bei unterschiedlichen Mehrheiten die Zustimmung aller wichtigen Lager des Parteiensystems erfordert. Wenn das der Fall ist, dann ist der politische Prozeß wieder den Bedingungen eines reinen Verhandlungssystems unterworfen, in dem das Problem zyklischer Instabilität nicht auftritt. Auf der anderen Seite begünstigen bestimmte Arten des Wahlrechts die Bildung von Zweiparteiensystemen (Sartori 1994), die das Auftreten zyklischer Instabilität in den Parlamenten ebenfalls verhindern, wenn die Parteidisziplin durchgesetzt werden kann. Dasselbe Ergebnis kann selbst in Mehrparteiensystemen erreicht werden, wenn eine stabile Abgrenzung zwischen Regierungskoalition und Opposition existiert und wenn Koalitionsdisziplin die Möglichkeit wechselnder Mehrheiten ausschließt. Aus demokratietheoretischer Sicht haben freilich beide Lösungen den Nachteil, daß das schließlich erzielte Ergebnis möglicherweise nicht den Präferenzen einer Wählermehrheit entspricht, und wenn Parteidisziplin durchgesetzt wird, dann muß es nicht einmal den authentischen Präferenzen einer Mehrheit der Abgeordneten entsprechen.

Aber selbst wenn die parlamentarische Abstimmung nicht durch Parteidisziplin eingeschränkt wird, können Verfahrensregeln zyklische Instabilität verhindern. Die wichtigste davon beruht auf der Macht des Agenda-Setting. Nehmen wir zur Illustration erneut die Situation aus Abbildung 7.2. Wenn einer der Wähler oder ein Außenstehender das Recht hätte, die Option zu definieren, über die mit Mehrheit abgestimmt werden soll, dann könnte dieser Akteur für jeden Punkt innerhalb der Flächen, welche durch die Überschneidungen der Indifferenzkurven durch SQ gebildet werden, auf die Zustimmung von zwei oder drei Parteien rechnen. Wenn also die Rückfallregel Fortführung des Status quo bedeutet, dann kann jede der vielen Lösungen, die von einer Mehrheit der Wähler dem Status quo vorgezogen werden, zum endgültigen Ergebnis werden. Unter diesen Bedingungen kann die quasi-diktatorische Macht des Agenda-Setters tatsächlich die Verwirklichung stabiler Ergebnisse sicherstellen.[12]

Es kommt auch durchaus vor, daß reale Verfassungen einseitige Machtpotentiale dieser Größenordnung tatsächlich vergeben: Die Europäische Kommission besaß genau diese Macht, solange ihre Initiativen im Ministerrat per Mehrheitsvotum angenommen, aber nur einstimmig verändert werden konnten (Pollack 1997). Inzwischen muß sie diese Macht bis zu einem gewissen Grad mit dem Europäischen Parlament teilen (Tsebelis 1994). Die Vermittlungsausschüsse in Zweikammer-Parlamenten verfügen über ähnliche Macht, weil sie Vorschläge formulieren, die von beiden Kammern nur noch angenommen oder abgelehnt werden können (Shepsle/Weingast 1987). Auch Minderheitsregierungen, die im übrigen recht häufig vorkommen (Laver/Schofield 1990; Laver/Shepsle 1991; 1993), können im allgemeinen darauf hoffen, daß die von ihnen eingebrachten Gesetzesvorlagen von einer Ad-hoc-

---

12 In der Literatur wird der Begriff „Agenda-Setting" in zwei verschiedenen Bedeutungen gebraucht. Die hier gemeinte wird durch die Verfahrensregeln veranschaulicht, die der Europäischen Kommission oder den Ausschüssen des amerikanischen Kongresses in bestimmten Fällen das exklusive Recht übertragen, Gesetzesvorlagen einzubringen und Änderungen an diesen Vorlagen zu verhindern. Bei der zweiten Bedeutung geht es um die informelle Macht von „politischen Unternehmern", die Probleme und mögliche Lösungen identifizieren, welche die Aufmerksamkeit der Öffentlichkeit finden und vom politischen Prozeß aufgegriffen werden können (Kingdon 1984).

Mehrheit im Parlament verabschiedet werden.[13] Und selbst wenn der Agenda-Setter lediglich die Reihenfolge festlegen kann, in der über Optionen abgestimmt wird (eine Befugnis, die in Parlamenten normalerweise in der Hand des Präsidenten oder eines Ausschusses liegt), dann kann er bei zyklischer Instabilität auf diese Weise das Ergebnis bestimmen. Ein weiterer Blick auf Tabelle 7.1 kann dies bestätigen: Im normalen parlamentarischen Verfahren nacheinander stattfindender, paarweiser Abstimmungen gewinnt Option z, wenn sich in der ersten Abstimmung x und y gegenüberstehen; Option x gewinnt, wenn zuerst über y und z abgestimmt wird; und Option y gewinnt, wenn die erste Abstimmung x und z betrifft.

Es scheint also, daß strukturinduzierte Gleichgewichte im allgemeinen, und die Macht des Agenda-Setters im besonderen, stabile Ergebnisse unter Bedingungen erklären können, die ansonsten zu zyklischer Instabilität führen würden. Aus der Sicht der empirischen Forschung und der positiven Theorie – und ebenso aus der Perspektive der politischen Praxis – sollte dieser Vorteil nicht unterschätzt werden. Es muß aber auch gesehen werden, daß strukturinduzierte Gleichgewichte nur das Problem der zyklischen Instabilität aus der Welt schaffen. Sie geben keinerlei Garantie dafür, daß die so erzielten Ergebnisse auch normativ attraktive Eigenschaften haben (Riker 1982). Dies wird durch Abbildung 7.3 verdeutlicht.

In diesem „Spatial-voting"-Diagramm entsprechen die drei Eckpunkte des Dreiecks ABC erneut den „Idealpunkten" von drei Parteien in einem zweidimensionalen Problemraum, und SQ entspricht dem Status quo. Da der Nutzen jeder Partei mit steigender Entfernung von ihrem Idealpunkt abnimmt, liegt das Gesamtwohlfahrtsoptimum dort, wo die Gesamtsumme der Entfernungen von

---

13 Dasselbe gilt für disziplinierte parlamentarische Zweiparteiensysteme, bei denen die Regierung häufig de facto die Kontrolle über die von der Mehrheit eingebrachten politischen Initiativen hat (während Gesetzesvorlagen der Minderheit routinemäßig abgelehnt werden). Auch wenn in solchen politischen Systemen Gesetzesvorschläge der Regierung zuerst von der parlamentarischen Fraktion der Regierungspartei mehrheitlich gebilligt werden müssen, verfügt die Regierung immer noch über ein hohes Maß an eigenständiger Agenda-Setting-Macht.

den Eckpunkten des Dreiecks am geringsten ist. In der Abbildung liegt dieses wohlfahrtsoptimale Ergebnis bei Punkt O.[14]

Abbildung 7.3: Die Suboptimalität von Mehrheitsentscheidungen

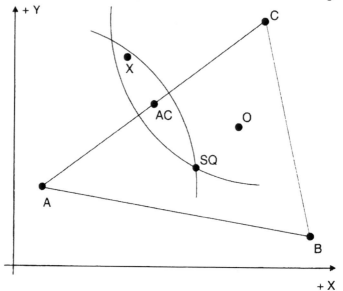

Bei Einstimmigkeit und unter Vernachlässigung von Transaktionskosten könnten die Parteien dieses Ergebnis mit Hilfe von Verhandlungen und Ausgleichszahlungen erreichen. Bei Anwendung der Mehrheitsregel jedoch werden zwei der drei Parteien für ein Ergebnis stimmen, das sie dem Status quo vorziehen, selbst wenn dieses Ergebnis so weit vom Wohlfahrtsoptimum entfernt sein sollte wie Punkt X in der Abbildung. Und selbst wenn die Mitglie-

---

14 Generell liegt dieser „Steiner-Punkt", an dem die Entfernungen zu den Eckpunkten eines Dreiecks minimiert werden, im Innern des Dreiecks. Er ist dadurch gekennzeichnet, daß seine Verbindungslinien zu den Eckpunkten des Dreiecks jeweils einen Winkel von 120° bilden. In Dreiecken, in denen ein Winkel 120° oder mehr beträgt, liegt der Punkt auf dem Scheitelpunkt dieses Winkels. Ich verdanke diese Information Matthias Mohr, der sie über die Internet-Newsgroup „sci-math" von Bob Silverman (The MathWorks Inc., Natick, MA) erhalten hat.

der der Mehrheit (A + C) durch Verhandlungen Ergebnisse vermeiden, die nicht auf ihrer „Vertragskurve" zwischen A und C liegen, unterscheidet sich das für eine egoistische Mehrheit attraktivste Ergebnis (bei Punkt AC) systematisch vom Wohlfahrtsoptimum.[15]

Eben aus diesem Grund hat die Public-Choice-Theorie immer die Einstimmigkeitsregel favorisiert (Buchanan/Tullock 1962). Dagegen wird der relative Vorteil der Mehrheitsregel darin gesehen, daß mit ihrer Hilfe auch Entscheidungen bei Verteilungskonflikten möglich werden (Mueller 1989b, 103–107). Wie die Abbildung jedoch zeigt, bedeutet dies, daß die Entscheidung einer Mehrheit egoistischer Parteien immer auf Kosten der ausgeschlossenen Minderheit geht. Es kann also keineswegs behauptet werden, daß Mehrheitsentscheidungen die Verteilungsgerechtigkeit erhöhen.[16] Tatsächlich lehrt uns die Geschichte entwickelter kapitalistischer Demokratien der letzten beiden Jahrzehnte, daß demokratische Mehrheiten ebenso zum Nachteil der Armen wie zum Nachteil der Reichen entscheiden können. Die Schlußfolgerung scheint daher unausweichlich: Wenn man von egoistisch-rationalen Wählern ausgeht, dann kann die Mehrheitsregel nicht durch output-orientierte Legitimationsargumente gerechtfertigt werden (Riker 1980; 1982). Es gibt unter diesen Umständen keinen Grund zu der Annahme, daß Mehrheitsentscheidungen, die utilitaristische Wohlfahrt oder die Verteilungsgerechtigkeit systematisch steigern. Aber was wäre, wenn man annehmen könnte, daß die Wähler gemeinwohlorientiert und nicht egoistisch sind?

Deliberative Demokratie?

Die Situation würde sich ändern, so scheint es, wenn wir die Annahme egoistischer Wahlentscheidungen fallen lassen könnten.

---

15 Bei wachsender Entfernung vom Optimalpunkt in jeder Richtung sinkt die Gesamtwohlfahrt. Entfernungen, die auf unterschiedlichen Vektoren liegen, können jedoch nicht direkt miteinander verglichen werden. Diesen Hinweis verdanke ich Kjell Hausken.
16 Für eine Erklärung der politischen Mechanismen, die eine solche umgekehrte Umverteilung bewirken können, siehe Anhang 1.

Könnte man unterstellen, daß sich die Wähler des Unterschieds zwischen ihren privaten Interessen und dem öffentlichen Interesse bewußt sind und daß sie das *Gemeinwohl* anstreben, wenn sie in ihrer Eigenschaft als *Citoyens* (und nicht als *Bourgeois*) handeln, dann würden die meisten der bisher diskutierten Probleme verschwinden. Das jedenfalls ist die Hoffnung von Theorien der „diskursiven", „deliberativen" oder „reflexiven" Demokratie, aus deren Sicht es im demokratischen Prozeß nicht um individuelle Interessen und deren Aggregierung zu einer „sozialen Nutzenfunktion" geht, sondern um die Konstruktion von Identitäten und die Entdeckung kollektiver Handlungsmöglichkeiten, die im Lichte des Gemeinwohls gerechtfertigt werden können (March/Olsen 1989; 1995). Aus dieser Perspektive ist Wählen nur die letzte Stufe eines organisierten Diskurses, in dem Präferenzen und Wahrnehmungen im Hinblick auf *kollektive* Ergebnisse entwickelt, kommuniziert, konkretisiert, kritisiert, verteidigt und verändert werden (Manin 1987; March/Olsen 1989; Habermas 1989; 1992; Cohen 1989; Dryzek 1990; Bohman 1990; Schmalz-Bruns 1995; Prittwitz 1996).

Kollektive Identität als Voraussetzung

Diese Argumentationslinie setzt logisch die Existenz einer kollektiven Identität voraus, deren kollektives Interesse Gegenstand der Deliberation sein soll und das individuelle Eigeninteresse außer Kraft setzen kann, oder sie erfordert die Schaffung einer solchen kollektiven Identität. Die deliberative Demokratie setzt also die Existenz von Grenzen und die Unterscheidung zwischen Mitgliedern und Nichtmitgliedern des jeweiligen Kollektivs voraus. Ähnliche Voraussetzungen müssen erfüllt sein, wenn die erzielten politischen Ergebnisse den Kriterien der Verteilungsgerechtigkeit genügen sollen. Aber hier spielt die Unterscheidung zwischen den am Ende von Kapitel 3 diskutierten drei Aspekten der Gerechtigkeit – Fairneß, Gleichheit und Bedürftigkeit – eine wichtige Rolle. *Fairneß*, definiert als Äquivalenz von Leistung und Gegenleistung, erscheint als universelle Norm, die eine Diskriminierung zwischen Mitgliedern und Nichtmitgliedern nicht erlaubt. Dagegen ist die formale *Gleichheit* eindeutig an den Status der Mitgliedschaft gebunden. *Bedürftigkeit* schließlich scheint zwei Aspekte zu haben: Auf der einen Seite appellieren Tod, Hunger oder Naturkatastrophen an eine universelle menschliche Solidarität, die ihren Ausdruck in der Arbeit karitativer Organisationen, in Spenden für Katastrophenopfer und in Entwicklungshilfeprogrammen findet. Auf der anderen Seite stehen die Anforderungen einer redistributiven Solidarität zur Verminderung natürlicher oder ökonomischer Ungleichheiten, die ihren modernen Ausdruck in der Herausbildung des Wohlfahrtsstaates gefunden haben. Der Appell an die redistributive Gerechtigkeit scheint jedoch nicht durch universelle Normen begründet zu sein (Breuer/Faist/Jordan 1995); gefordert wird die Solidarität unter den Mitgliedern einer bestimmten Gemeinschaft.[17]

Logisch setzen also Identität wie Solidarität die Definition von Grenzen voraus, die festlegen, wessen Wohlfahrt bei der Ermittlung des Gemeinwohls berücksichtigt werden soll und wessen Ressourcenposition relativ zu welcher Bezugsgruppe angeglichen werden soll. Psychologisch und empirisch können Identität und Solidarität jedoch nur auf der Ebene von Primärgruppen universell vorausgesetzt werden. Alles, was darüber hinausgeht, hängt von Prozessen und Strategien der Identifikation und der Identitätsbildung ab, durch die „Wir-Identitäten" (Elias 1987) auf unterschiedlichen Ebenen erzeugt werden. Diese können dann genutzt werden, um für jeweils bestimmte Zwecke das „gemeinsame" Interesse und die Normen der Solidarität abzugrenzen. In dieser „konstruktivistischen" – und nicht organischen – Sichtweise sind kollektive Identitäten oberhalb der Ebene von Primärgruppen nicht ontologisch gegeben (Weiler 1995; Habermas 1995). Dennoch wird ihre Konstruktion erleichtert durch „objektiv" vorhandene Ähnlichkeiten oder Gemeinsamkeiten – wie etwa die gemeinsame Abstammung

---

17 Der empirische Unterschied zwischen diesen beiden Aspekten ist bemerkenswert: Die Bundesrepublik Deutschland (und mit ihr die meisten vergleichbaren Länder) ist nie dem Ziel nahe gekommen, 1 Prozent des Bruttoinlandsprodukts (BIP) für Entwicklungshilfe auszugeben. In den 1990er Jahren beliefen sich die deutschen Entwicklungshilfeausgaben sogar nur auf 0,35 Prozent des BIP, und die Rate sinkt weiter. Im selben Zeitraum jedoch hat Westdeutschland jährlich mehr als 6 Prozent des BIP ausgegeben, um die wirtschaftliche und soziale Ungleichheit zwischen West- und Ostdeutschland nach dem Fall der Berliner Mauer zu verringern.

und Rasse oder die gemeinsame regionale Herkunft, Sprache, Religion, Kultur oder Geschichte. Umgekehrt leisten jedoch die Zugehörigkeit zu einem gemeinsamen politischen System und sogar die bloße Unterordnung unter eine gemeinsame Regierung ebenfalls wichtige Beiträge zur Ausbildung kollektiver Identitäten.[18] So hat es der moderne Nationalstaat auf einzigartige Weise geschafft, vorhandene Gemeinsamkeiten ganz unterschiedlicher Art für die Schaffung einer besonders starken kollektiven Identität und Solidarität[19] oberhalb der Ebene von Primärgruppen nutzbar zu machen.

Aber nicht immer ist die Konstruktion kollektiver Identitäten erfolgreich, wie das Auseinanderbrechen von multinationalen „Reichen" wie Österreich-Ungarn oder der Sowjetunion oder von künstlich geschaffenen Nationalstaaten wie dem früheren Jugoslawien oder der Tschechoslowakei zeigt. Belgien und Kanada sind weitere Beispiele für die Schwierigkeit der Konstruktion kollektiver Identitäten aus ethnisch oder sprachlich heterogenen Teilen. Wie Gabriel Almond und Sidney Verba (1963) gezeigt haben,

---

18 Ein interessantes Beispiel liefert der deutsche Föderalismus der Nachkriegszeit. Im Vergleich zu Bayern oder Hamburg, deren historische Identität intakt blieb, war die kollektive Identität der Länder, die nach 1945 neu gegründet wurden, schwächer ausgeprägt. Aber selbst die künstlichen Einheiten, deren Grenzen von den Besatzungsmächten ohne jede Rücksicht auf historische Kontinuität oder religiöse oder ethnische Homogenität festgelegt wurden, haben in der Zwischenzeit „Wurzeln geschlagen" – mit der Folge, daß alle Versuche der territorialen Neugliederung des Bundesgebietes an der politischen Identifikation der Wähler mit ihren (neu geschaffenen) Ländern gescheitert sind.

19 Dieser Punkt ist von Howe (1995, 29) treffend erfaßt worden: „Eine der bemerkenswertesten Eigenschaften der modernen liberalen Gemeinwesen ist die Fülle von Normen, die den Bürgern ein gewisses Maß an Altruismus abverlangen: Wenden wir uns bspw. der Tatsache zu, daß Steuern, die häufig mehr als die Hälfte des Einkommens der Menschen ausmachen, zur Finanzierung des Wohlfahrtsstaates und unzähliger öffentlicher Güter gezahlt werden. Die einzelnen Bürger demonstrieren dadurch, daß sie sich freiwillig an diese Normen halten, ihre Bereitschaft, ihre eigenen Interessen für die Interessen anderer zu opfern, von denen viele ihnen völlig fremd sind. Das ist historisch betrachtet ein ungewöhnliches Verhalten. Es scheint, als ob die Bürger moderner liberaler Gemeinwesen den jeweils anderen Bürgern eine Art intrinsischen Wert beimessen." Howe merkt anschließend jedoch daraufhin, daß „diese großzügige Haltung nicht gegenüber der gesamten Menschheit gilt" und diskutiert dann die Bedingungen, unter denen sich ein „Gemeinschaftssinn" innerhalb der Europäischen Union entwickeln könnte (Übersetzung d. Verf).

gibt es darüber hinaus selbst zwischen Nationalstaaten, die schon lange existieren und relativ homogen sind, erhebliche Unterschiede in der Identifikation der Bürger mit ihrem politischen System. Daher kann Institutionenbildung allein nicht die politische Identifikation gewährleisten, die legitimes Regieren erst ermöglicht – eine Schlußfolgerung, die offensichtliche Konsequenzen für das „demokratische Defizit" der Europäischen Union hat (Grimm 1995). Bislang ist es jedenfalls noch unklar, ob Versuche der Gemeinschaftsbildung auch oberhalb des Nationalstaates erfolgreich sein können (Howe 1995). In der Praxis jedenfalls waren sie bislang noch nicht erfolgreich – was notwendigerweise die Legitimität und daher auch die Problemlösungsfähigkeit transnationalen und supranationalen Regierens einschränkt. Ich werde auf diese Fragen in Kapitel 9 zurückkommen.

Für den Rest dieses Kapitels werde ich jedoch von politischen Systemen ausgehen, die so weit zum Bezugspunkt politischer Identität und Solidarität geworden sind, daß politische Entscheidungen in bezug auf die Kriterien des Gemeinwohls und der Verteilungsgerechtigkeit diskutiert werden können. Das ist jedoch erst die Grundlage, auf der sich demokratische Legitimität entwickeln konnte. Damit die deliberative Demokratie funktionieren kann, müssen wir außerdem annehmen, daß die Bürger ihre Präferenzen gemeinwohlorientiert und nicht egoistisch definieren und daß es eine institutionelle Infrastruktur gibt, die gemeinwohlorientierte Diskussionen und deren Umsetzung in effektive politische Maßnahmen ermöglicht.

Gemeinwohlorientierte Bürger

Empirisch ist die Annahme in der Tat plausibel, daß ein großer oder sogar der überwiegende Teil der *öffentlichen Debatten* über die staatliche Politik an Kriterien des *gemeinsamen* Interesses und der Verteilungs*gerechtigkeit* orientiert ist, und nicht am individuellen oder gruppenbezogenen Eigeninteresse. Wie Jon Elster (1983, 35-36) gezeigt hat, erzeugt der öffentliche Diskurs seine eigenen Beschränkungen: „Bestimmte Argumente können im politischen Kontext einfach nicht öffentlich ausgesprochen werden. In einer politischen Diskussion ist es pragmatisch unmöglich zu verlangen, daß eine bestimmte Lösung nur deshalb gewählt werden soll, weil sie einem selbst oder der Gruppe, zu der man gehört, Vorteile bringt. Allein durch die Teilnahme an einer öffentlichen Debatte – d.h. indem man sich darauf einläßt, zu argumentieren, und nicht zu verhandeln – wird die Möglichkeit solcher Behauptungen ausgeschlossen" (Übersetzung d. Verf.).

Das erscheint zunächst plausibel. Aber es wirft auch Fragen hinsichtlich der Rolle eigennütziger Rhetorik in einem „politischen Kontext" auf. Was Elster offensichtlich meint, ist das Habermas'sche Modell des konsensorientierten wissenschaftlichen Diskurses in einem idealen Seminar, in dem die Wahrheit den einzig akzeptablen Bezugsrahmen für alle Sprecher bildet und in dem Egoismus keinen legitimen Platz hat (Habermas 1962; 1981). Aber da es in der Politik um kollektives Handeln geht, welches das Leben von Individuen und Gruppen betrifft und dieses auch radikal verändern kann, ist es unmöglich, die Kategorie des „Interesses" für irrelevant zu erklären. Vorstellbar ist höchstens, daß das Eigeninteresse von Individuen oder Gruppen im doppelten Standard des kollektiven Interesses und der Verteilungsgerechtigkeit aufgehoben wird.

In logischer Konsequenz muß daher „Argumentieren" immer in Relation zu der Bezugsgruppe definiert werden, deren kollektive Interessen durch die zur Debatte stehenden politischen Optionen betroffen wären. In einer Gewerkschaftsversammlung wird wahrscheinlich an das kollektive Interesse der Gewerkschaftsmitglieder oder vielleicht an das der Arbeiterklasse appelliert. Aber wenn derselbe Gewerkschaftsführer eine Rede als Mitglied des Parlaments hält, dann müßte er sich entweder auf das gemeinsame Interesse der Nation oder auf allgemein anerkannte Kriterien der sozialen Gerechtigkeit beziehen. In jedem dieser Fälle wären daher Appelle an gemeinsam geteilte Kriterien von den bereits diskutierten Voraussetzungen gemeinsamer Identität und Solidarität abhängig.

Ähnlich wie oben für den Modus des Problemlösens in Verhandlungen angenommen wurde, muß es beim „Argumentieren" in politischen Debatten um die Suche nach Lösungen gehen, welche die Gesamtwohlfahrt steigern, und nicht um die Auszahlungen für einzelne Individuen oder Gruppen. Wenn die Verteilungsdimension überhaupt eine Rolle spielt, dann muß sie im Hinblick auf die

Verteilungsgerechtigkeit der Entscheidungen diskutiert werden, und nicht mit Blick auf die Steigerung des Anteils einzelner Gruppen. Aber wie könnten diese Kriterien in der politischen Praxis erfüllt werden? Zwar habe ich oben argumentiert, daß Problemlösen in realen Verhandlungen durchaus vorkommt, aber dort konnte ich auf spezifische institutionelle Mechanismen verweisen, die Verteilungskonflikte zwischen den Verhandlungsteilnehmern neutralisieren. Solche Mechanismen stehen im allgemeinen im politischen Prozeß nicht zur Verfügung. Die Teilnehmer wissen, daß es in der Politik darum geht, „wer was wann wie bekommt" (Lasswell 1936) und daß unterschiedliche politische Entscheidungen unterschiedliche Verteilungsergebnisse haben, und sie wissen, daß es keine von vornherein feststehende Regel gibt, die ungleiche Verteilungen von Kosten und Nutzen automatisch neutralisieren könnte. Wenn also dennoch auf *gemeinsame* Kriterien Bezug genommen werden soll, dann muß angenommen werden, daß Ego und Alter beide die Kriterien der Gesamtwohlfahrt und der Verteilungsgerechtigkeit internalisiert haben. Nur dann können aus den *frei gebildeten* Präferenzen der einzelnen Bürger gemeinwohlorientierte Ergebnisse entstehen, und nur dann gibt es überhaupt eine Chance, daß sich der politische Diskurs den Idealbedingungen annähert, die in Konzepten der „deliberativen" oder „reflexiven Demokratie" postuliert werden.

Auf der Ebene der individuellen Bürger sind die hier unterstellten Annahmen in der Tat nicht vollkommen unrealistisch. Auf der Grundlage der Standard-Annahme egoistisch-rationalen Verhaltens jedenfalls ist es nicht nur unmöglich, eine normativ akzeptable Theorie der Mehrheitsherrschaft zu gewinnen, sondern es kann noch nicht einmal erklärt werden, wieso Leute überhaupt zur Wahl gehen sollten, – da sie doch wissen, daß ihre einzelne Stimme keine nennenswerte Auswirkung auf das Ergebnis und daher auf ihre Interessen haben kann. Geht man deshalb davon aus, daß die Menschen aus staatsbürgerlichem Pflichtbewußtsein zur Wahl gehen, dann wäre es nur konsequent, anzunehmen, daß sie bei der Entscheidung, *was sie wählen sollen*, auch das Gemeinwohl im Blick haben (Brennan 1989; Mueller 1989a). Wenn die Wähler ihre Stimme nicht instrumentell mit ihrer eigenen Situation in Verbindung bringen können, dann scheint der Akt des Wählens in gewisser Weise hinter einem „Schleier der Unwissenheit" stattzufinden, ähnlich demjenigen, der John Rawls (1971) zufolge gerechtigkeitsorientierten Entscheidungen zuträglich ist. Auf dieser Grundlage haben Theorien, die von gemeinwohlorientierten Wählern ausgehen, tatsächlich eine etwas höhere Plausibilität als Theorien, die egoistisch-rationale Wähler postulieren. Aber wieviel wäre durch einen solchen Wechsel der Grundannahmen gewonnen?

Deliberation in Wettbewerbsdemokratien

Welche Bedeutung könnte die deliberative oder diskursive Demokratie in modernen Massendemokratien haben, in denen die Wahlen für die meisten Bürger die einzige Form der Partizipation darstellen? Politische Debatten, sofern sie überhaupt stattfinden, werden hier von Stellvertretern geführt – von politischen Parteien, Kandidaten, Interessengruppen, Experten und Publizisten – und sie werden über die selektiven Kanäle der Massenmedien und hoch spezialisierter Kommunikationssysteme transportiert. Die Bürger insgesamt nehmen die Rolle von passiven Zuschauern, Zuhörern und Lesern ein, und ihre Aufmerksamkeit für jede einzelne Debatte wird abgelenkt durch unzählige andere politische Fragen, die zur selben Zeit öffentlich diskutiert werden sowie durch das übrige „Infotainment" und all die anderen Angelegenheiten, die in den begrenzten Zeitbudgets der Bürger berücksichtigt werden wollen. Es ist daher höchst plausibel, daß die Reaktion des Durchschnittsbürgers auf das durchschnittliche politische Problem durch „rationale Ignoranz" (Downs 1957) gekennzeichnet ist, während die eigentlichen politischen Debatten primär von spezialisierten Politikern, Bürokraten und Interessengruppenvertretern geführt werden (Zolo 1992).

Diesen aktiveren Teilnehmer an spezialisierten politischen Diskursen allerdings wird es überhaupt nicht schwerfallen, die praktischen Folgen und die Verteilungsimplikationen politischer Entscheidungen für den jeweiligen Bereich abzuschätzen, der für sie von besonderem Interesse ist. Darüber hinaus sind sie durch rollenspezifische Normen gehalten, die Interessen ihrer Klientel zu vertreten, sich für die Interessen ihrer Partei einzusetzen und ihre eigene frühere Position zu verteidigen. All diese Anforderungen tragen eher zu eigeninteressiertem Bargaining bei als zur interessenfreien, wahrheitsorientierten Deliberation, auf deren klare

Trennung vom Bargaining Habermas (1992) so viel Wert legt. Aber das ist noch nicht einmal der problematischste Aspekt realer politischer Prozesse.

Wie oben gezeigt, kann auch egoistisch-rationales Bargaining, obschon unter hohen Transaktionskosten, sich dem Gemeinwohl nähern. Völlig inkompatibel mit konsensorientiertem Diskutieren sind dagegen *kompetitive Interaktionsorientierungen*, die jede Interaktion in einen Nullsummenkonflikt transformieren, in dem die Realisierung gemeinsamer Interessen unmöglich ist. Aber genau diese Orientierungen herrschen vor, sobald die kompetitive Parteipolitik eine Rolle bei der Lösung von politischen Problemen spielt – was immer dann der Fall ist, wenn ein Problem mit dem Ausgang von Wahlen in Verbindung gebracht wird. Für die Beteiligung politischer Parteien an politischen Prozessen gibt es gute konstitutionelle Gründe. Historisch gesehen wurden ja Demokratie und die Mehrheitsregel nicht als Verfahren zur optimalen Problemlösung eingeführt, sondern als *Schutz gegen den Mißbrauch absolutistischer Macht*. Diese defensive Ausrichtung hat die Abschaffung des Absolutismus überlebt, und sie behält ihre Berechtigung angesichts des potentiellen Schadens, den die überwältigende Macht des bürokratischen Staates immer noch anrichten kann. Sie hat ihren stärksten Niederschlag in den Bestimmungen unserer heutigen Verfassungen gefunden, welche die Ausübung der Regierungsgewalt politischen Parteien übertragen, die nur dann regieren können, wenn sie sich im Wettbewerb um die Stimmen der Wähler durchsetzen.

Der politische Wettbewerb zwischen den Anbietern staatlicher Politik soll, genauso wie der Marktwettbewerb zwischen den Anbietern privater Güter, die Macht dieser Anbieter verringern und kontrollieren, und insgesamt gesehen ist dieser Mechanismus auch effektiv (Bartolini 1996). Wenn moderne Demokratien ernsthafte Probleme haben, dann vermutlich nicht deshalb, weil ihre Regierungen zu stark und autokratisch wären. Hier geht es jedoch in erster Linie um *die Auswirkungen des Wahlwettbewerbs auf politische Diskurse*. Für die beteiligten politischen Parteien stellen Wahlen ein Nullsummenspiel dar, in dem es um eine begrenzte Anzahl von Parlamentssitzen und letztlich um die Teilnahme an oder den Ausschluß von der Regierungsgewalt und allen damit verbundenen Vorteilen geht. Im Extremfall können Wahlniederlagen sogar die

Existenz einer politischen Partei in Frage stellen. Ebenso wie dies von der neorealistischen Theorie für Interaktionen zwischen Nationalstaaten postuliert wird, haben politische Parteien oder Koalitionen, die im Wettbewerb um die Gunst der Wähler stehen, in dieser Hinsicht keine gemeinsamen Interessen.[20]

Angesichts der extrem hohen Bedeutung des auf dem Spiel stehenden institutionellen Eigeninteresses hört der Wettbewerb auch nicht auf, wenn der Wahlkampf vorbei ist. Er wird vielmehr die Beziehungen zwischen den Parteien generell bestimmen und „kompetitive" Interaktionsorientierungen selbst in parlamentarischen Interaktionen fern von Wahlkämpfen begünstigen (Mayntz/Neidhardt 1989; 1992). In diesem Wettbewerb kommt es nicht nur darauf an, die eigene Seite und alle ihre Aktionen im bestmöglichen Licht erscheinen zu lassen, sondern es ist ebenso wichtig, alle Erfolge der anderen Seite real zu vereiteln oder wenigstens zu bestreiten. Hier, wenn irgendwo, gilt die Maxime „was gut für die anderen ist, muß schlecht für uns sein". Es steht außer Frage, daß diese Orientierung dem *gemeinsamen* Problemlösen nicht zuträglich ist.

Offenbar haben wir es also mit einer praktischen Inkompatibilität zwischen dem konsensuellen Ideal der deliberativen oder diskursiven Demokratie einerseits und den notwendigen Folgen der Wettbewerbsdemokratie andererseits zu tun. Zumindest unter normalen Bedingungen ist die Erwartung, daß die Regierungspartei und die Opposition sich auf diejenigen politischen Maßnahmen einigen, die dem Gemeinwohl am zuträglichsten sind, genauso unrealistisch wie das Vertrauen darauf, daß sich die Anklage und die Verteidigung in einem anglo-amerikanischen Strafgerichtsverfahren auf ein gerechtes Urteil einigen. Die institutionellen Rollen beider Seiten und die mit diesen Rollen verbundenen Anreize schließen kooperatives Problemlösen normalerweise aus.

Antagonistische Demokratie?

Aber eröffnet der Vergleich mit dem Schwurgerichtsverfahren nicht einen alternativen Ansatz zur Legitimation von Mehrheitsentschei-

---

20 Sie könnten allerdings ein gemeinsames Interesse an der Erhaltung der Institutionen haben, innerhalb derer der Wettbewerb ausgetragen werden muß.

dungen? Es deutet an, daß Problemlösen nicht nur durch Annäherung an das konsensorientierte Modell der idealen Seminardiskussion erreicht werden kann, sondern auch durch Annäherung an die Bedingungen eines idealen antagonistischen Prozesses. Dort wird nicht erwartet, daß der Austausch interessenfreier Argumente zu einer wahrheitsorientierten Einigung zwischen den Parteien führt; es wird vielmehr angenommen, daß Richter und Geschworene bei ihrem eigenen Urteil dadurch unterstützt werden, daß die Argumente jeder Seite so stark wie möglich (und folglich mit soviel Einseitigkeit wie nötig) vorgetragen und kritisiert werden. Für eine Theorie der antagonistischen Demokratie würde dies bedeuten, daß der Konflikt zwischen den Parteien nicht zu einer Einigung führen soll, sondern daß er der Information der Wähler dient, die dann auf dieser Grundlage ihr eigenes aufgeklärtes Urteil fällen.

Wenn wir weiterhin davon ausgehen, daß die Wähler in hohem Maße gemeinwohlorientiert entscheiden, dann scheint dies in der Tat ein plausibles Modell für die direkte Demokratie zu sein – sofern nur das politische Problem, über das ein Referendum abgehalten wird, wichtig genug ist, um eine intensive öffentliche Debatte hervorzurufen, sofern es eng genug umrissen ist, um eine Entweder-oder-Entscheidung zu rechtfertigen, und sofern es kontrovers genug ist, um eine kompetente Fürsprache für jede Seite zu gewährleisten. Empirisch sind solche Bedingungen nicht unmöglich, aber sie treten auch nicht allzu häufig auf. Der Versuch, das Instrument des Referendums zu häufig zu benutzen, würde zur rapiden Abnahme seiner Effektivität führen. Die Fähigkeit der Öffentlichkeit, ihre Aufmerksamkeit auf ein Thema zu konzentrieren, ist notwendigerweise eng begrenzt, und sie wird durch die gleichzeitige Diskussion mehrerer oder vieler Probleme schnell überlastet. Dann verlieren die Wähler das Interesse, und es werden zufällige Resultate erzielt, die mit einem reflektierten Urteil nichts mehr zu tun haben (Luthardt 1992; 1994).

Auch unter den Bedingungen der repräsentativen Demokratie gibt es immer wieder einzelne Situationen, wo der Wahlkampf sich auf ein einziges, wohl definiertes politisches Problem konzentriert, und wo das Wahlergebnis für dieses Problem deshalb genauso entscheidend ist wie ein formelles Plebiszit. Für die weit überwiegende Mehrzahl der politischen Entscheidungen, die ja höchst unterschiedliche Themen betreffen, ist es jedoch nicht sinnvoll, Wahlen als inhaltliche Entscheidungen gemäß dem Jury-Modell zu behandeln. Selbst wenn die Positionen zu allen politischen Entscheidungen in den Parteiprogrammen klar formuliert wären, und selbst wenn die Wähler sich vollständig darüber informierten und sich darüber hinaus an alle tatsächlich getroffenen politischen Entscheidungen erinnern könnten, so müßten sie doch immer noch ihre unterschiedlichen Reaktionen auf die vielen Einzelfragen zu einer einzigen Stimme aggregieren, die dann lediglich als Ausdruck allgemeiner Unterstützung oder Ablehnung der Regierungspolitik interpretiert werden könnte (Parsons 1967). Und selbstverständlich handelt es sich bei den angegebenen Bedingungen unter normalen Umständen um höchst unplausible Gedankenexperimente. Regierungen und politische Parteien können oder wollen ihre Positionen in bezug auf alle wichtigen politischen Fragen nicht klar in Parteiprogrammen definieren; Wähler interessieren sich nicht besonders stark für Wahlprogramme und haben ein schlechtes Gedächtnis; und die Aufmerksamkeit der Medien ist in hohem Maße selektiv und konzentriert sich sehr viel stärker auf politische Skandale, symbolische Politik und auf Persönlichkeiten als auf politische Positionen. In modernen Massendemokratien ist es tatsächlich extrem schwierig, insbesondere für Parteien, die nicht an der Macht sind, anhaltende öffentliche Aufmerksamkeit für politische Probleme zu finden.

Daher ist der Versuch, Wahlen als majoritäre Legitimation spezifischer politischer Entscheidungen zu interpretieren, so selten zutreffend, daß der affirmative Gebrauch dieses Arguments im politischen Diskurs in der Tat als ideologisch bezeichnet werden muß (Edelman 1964; Zolo 1992). Im Vergleich dazu erscheint es empirisch sogar eher zutreffend, wenn Wahlen als Mechanismus interpretiert werden, der es den Wählern erlaubt, „ein Veto auszuüben, das manchmal staatliche Tyrannei verhindern kann" (Riker 1982, 244; Übersetzung d. Verf.). Diese Sichtweise ist vielleicht zu pessimistisch. Dennoch geht es bei Wahlen im allgemeinen nicht um die Auswahl politischer Optionen sondern um die Legitimation und Kontrolle der hierarchischen Autorität von Regierungen und anderen politischen Entscheidungsinstanzen. Diese Funktion wird im nächsten Kapitel diskutiert.

Kapitel 8
Hierarchische Steuerung

In modernen politischen Systemen werden politische Fragen selten direkt durch die Stimmabgabe der Bürger entschieden. Wie ich am Ende des vorigen Kapitels argumentiert habe, sind Referenden, wo es sie gibt, nur für einen sehr begrenzten Bereich von Entscheidungen geeignet. Allgemeine Wahlen dagegen können selten als Entscheidungen über materielle politische Fragen interpretiert werden; sie sollten nicht in erster Linie als Mechanismen zur Herstellung von kollektiv verbindlichen Entscheidungen betrachtet werden, sondern vielmehr als institutionelle Arrangements zur Legitimation und Kontrolle der hierarchischen Regierungsautorität. Aus der Sicht der Bürger unterscheiden sich daher moderne konstitutionelle Demokratien nicht grundlegend von ihren nichtdemokratischen Vorgängern. Entscheidungen können ohne Zustimmung des einzelnen Bürgers verabschiedet werden, und die Durchsetzung dieser Entscheidungen wird von einem Staatsapparat garantiert, der über die überlegene Fähigkeit verfügt, dem Bürger auch ernsthaften Schaden zuzufügen. Zwar gibt es in konstitutionellen Demokratien im Vergleich zu absolutistischen oder totalitären Systemen sehr viel mehr und zugleich sehr viel effektivere Begrenzungen staatlicher Macht, wie etwa der verfassungsmäßige Schutz der Grundrechte und die Existenz allgemeiner Gesetze, an die sich auch der Staat halten muß und deren Einhaltung durch eine unabhängige Gerichtsbarkeit sichergestellt wird. Aber innerhalb des so definierten Rahmens werden Entscheidungen „des Staates" den Bürgern immer noch durch hierarchische Autorität auferlegt und durch überlegene Staatsgewalt durchgesetzt.

Für die Legitimität der staatlichen Autorität ist es deshalb von entscheidender Bedeutung, wie diese Entscheidungen im Rahmen der Interaktionen zwischen den aktiv am politischen Prozeß beteiligten Akteuren zustande kommen und wie diese Interaktionen mit Prozessen verknüpft werden, an denen die Bürger direkt partizipieren. Aber bevor ich mich diesen Fragen zuwende und damit die im vorangegangenen Kapitel begonnene Betrachtung fortführe, müssen zuerst die Charakteristika des hierarchischen Autoritätsverhältnisses an sich und der „hierarchischen Steuerung" erläutert werden, die in unserem Verständnis des akteurzentrierten Institutionalismus eine der vier grundlegenden Interaktionsformen darstellt – neben einseitigem Handeln, Verhandlungen und Mehrheitsentscheidungen. Dieses Kapitel wird sich also mit zwei zusammenhängenden, aber analytisch getrennten Themen beschäftigen. Ich werde zunächst die politik-relevanten Eigenschaften der hierarchischen Steuerung diskutieren, und ich werde dann auf die am Ende des vorangegangenen Kapitels erörterte Problematik zurückkommen, namentlich auf die Rolle von Abstimmungen und Wahlen für die Legitimation und Kontrolle hierarchischer Autorität.

Hierarchische Steuerung

„Hierarchische Steuerung" ist als Interaktionsmodus definiert, bei dem Ego die Entscheidungen Alters – oder genauer: einige Entscheidungsprämissen Alters – bestimmen kann (Simon 1957; March/Simon 1958). Diese Möglichkeit kann ganz einfach durch Egos überlegene Fähigkeit entstehen, Belohnungen anzubieten oder mit ernsthaften Verlusten zu drohen, oder sie kann auf legitimer hierarchischer Autorität beruhen. Legitimität kann auf verschiedenen Grundlagen basieren: auf religiösem Glauben, Tradition, Charisma oder formaler Legalität (Weber 1947). Unter modernen Bedingungen bilden jedoch ausgehandelte Vereinbarungen und der Mechanismus der demokratischen Verantwortlichkeit die wichtigsten Legitimationsquellen. Diesen werde ich mich später zuwenden.

Aber selbst eine vollkommen legitimierte hierarchische Autorität wird von Alter als Anwendung einseitiger Macht, die seine Entscheidungsfreiheit einschränkt oder ganz beseitigt, empfunden. Aus der Perspektive des normativen Individualismus muß daher jede

Form hierarchischer Autorität suspekt erscheinen. In materiellen Policy-Analysen hingegen erscheint der hierarchische Interaktionsmodus implizit oder explizit als höchst erstrebenswert, da er die Transaktionskosten abgestimmten Handelns verringert und daher die Möglichkeit eröffnet, politische Entscheidungen aus einer inklusiven, wohlfahrtsmaximierenden Perspektive zu koordinieren. In Kenntnis dieser normativen Ambivalenz werde ich nun das Wohlfahrtspotential der „hierarchischen Steuerung" untersuchen.

Die Leistungsfähigkeit hierarchischer Koordination

Hierarchische Autorität eröffnet die Möglichkeit, sich über die Präferenzen anderer Akteure hinwegzusetzen. Wenn das freilich schon alles wäre, dann böten hierarchische Entscheidungen in normativer Hinsicht keinerlei Vorteile. Aus einer Policy-Perspektive eingesetzt, könnte die hierarchische Autorität jedoch die Transaktionskosten der politischen Koordination beseitigen. In Abbildung 8.1 wird die hierarchische Koordination aus Gründen der Konsistenz in der Form des bereits weiter oben verwendeten Verhandlungsdiagramms für zwei Akteure (X und Y) dargestellt, wobei der Status quo bei SQ liegt und die Diagonale durch SQ die Wohlfahrtsgrenze repräsentiert. Nimmt man an, daß ein wohlfahrtssteigerndes Projekt bei Punkt A liegt, dann ist klar, daß Y dieses Projekt auf der Grundlage seiner eigenen Präferenzen ablehnen würde. Aber wenn X über hierarchische Autorität gegenüber Y verfügte, dann könnte er mit Sanktionen drohen, falls Y sich dem Projekt widersetzen sollte, wodurch der Nichteinigungspunkt von SQ nach SA verschoben würde. Im Vergleich zu *diesem* Ergebnis läge es nun im Interesse von Y, Projekt A zu verwirklichen.

Wie die Abbildung zeigt, hängt das Ausmaß, in dem Y gezwungen werden kann, gegen seine eigenen Präferenzen zu handeln, von der Höhe der Sanktionen ab, die X gegen ihn verhängen kann. Diese Sanktionen können höchst unterschiedlicher Art sein: Schuldgefühle, wenn Loyalität eine stark internalisierte Norm ist, Angst vor Schande oder möglicherweise vor sozialem Ausschluß, wenn soziale Normen Konformität verlangen, Arbeitsplatzverlust, wenn im Arbeitsvertrag Gehorsam verlangt wird, oder schließlich administrative oder strafrechtliche Strafen, wenn nach dem Gesetz bestimmten Anweisungen Folge zu leisten ist. Bei der Einschätzung dieser Sanktionen sollte jedoch nicht vergessen werden, daß man trotz der Tatsache, daß die hierarchische Autorität *asymmetrische* Interaktion erleichtert, immer noch mit Formen der *strategischen* Interaktion zu tun hat. Dieser Aspekt wird von der Principal-Agent-Theorie hervorgehoben, der wir uns später zuwenden werden, aber er ist auch für die Definition des hierarchischen Verhältnisses von Bedeutung. Ein solches Verhältnis existiert nur in dem Maße, wie Alter sich nicht den mit Ungehorsam verbundenen Sanktionen Egos entziehen kann.

Abbildung 8.1: Hierarchische Koordination

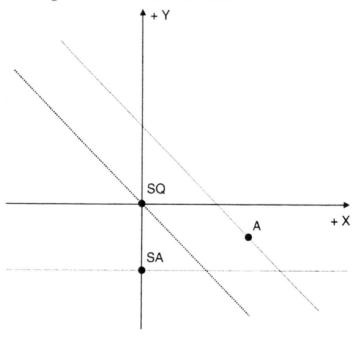

Die Möglichkeit, sich den Sanktionen zu entziehen, ist bei internalisierten Normen am geringsten, während die Verletzung von sozialen Normen, Arbeitsvorschriften und rechtlichen Regeln unentdeckt bleiben kann. Wenn es keine internalisierten Normen gibt, dann *wird die Effektivität hierarchischer Autorität darüber hinaus durch die Austrittsoptionen eingeschränkt, die den Adressaten zur Verfügung stehen.* Wenn in Abbildung 8.1 Y zum Beispiel ein Facharbeiter ist, der anderswo attraktive Beschäftigungsmöglichkeiten hat, dann wäre sein derzeitiger Arbeitgeber nicht mehr in der Lage, den Nichteinigungspunkt von SQ nach SA zu verschieben – und daher könnte die Sanktionsdrohung Y auch nicht mehr dazu bewegen, Projekt A, das seine Status-quo-Interessen verletzt, zu akzeptieren. Auf ähnliche Weise konnte im Herbst 1989, nachdem Ungarn seine Grenzen zum Westen geöffnet hatte, die Regierung der DDR die extreme Form der hierarchischen Kontrolle gegenüber ihrem Bürgern nicht mehr aufrecht erhalten. Mit anderen Worten: Hierarchische Autoritätsverhältnisse sind in eine größere strategische Konstellation eingebettet, welche die Möglichkeit einseitiger Anordnung begrenzt.

Diese Einschränkungen werden in der materiellen Policy-Forschung, die, wie ich in der Einleitung erläutert habe, eine starke Affinität zur hierarchischen Koordination hat, häufig ignoriert. Die Empfehlungen der Policy-Forschung sind typischerweise an einen idealisierten „Gesetzgeber" gerichtet, dem die Fähigkeit unterstellt wird, sich unabhängig von konfligierenden Interessen und Wahrnehmungen über die Präferenzen anderer Akteure hinwegzusetzen. Aus demselben Grund haben politische Theoretiker im Gefolge von Hobbes sich im Hinblick auf die Zerstörungskraft des *bellum omnia contra omnes* unter den Bedingungen der Anarchie für die hierarchische Autorität des Leviathan zur Sicherung des inneren Friedens ausgesprochen; aus ähnlichen Gründen haben Wirtschaftstheoretiker im Gefolge von Pigou angesichts der durch Marktversagen verursachten Effizienzverluste für hierarchische Staatsinterventionen zur Korrektur negativer Externalitäten plädiert; und aus demselben Grund haben sich Transaktionskostenökonomen im Gefolge von Coase wegen der Schwierigkeiten erfolgreicher Verhandlungen für die vertikale Integration im Rahmen hierarchisch organisierter Unternehmen ausgesprochen, um so die hohen Transaktionskosten von Vertragsabschlüssen unter den Bedingungen von Unsicherheit und Opportunismus zu vermeiden. Alle diese Sichtweisen betonen die sozialen Vorteile, die durch hierarchische Koordination prinzipiell erreicht werden können, vernachlässigen jedoch die Voraussetzungen für eine effektive Ausübung hierarchischer Autorität.

Aber selbst wenn diese Voraussetzungen erfüllt sind, kann die hierarchische Koordination die ihr zugeschriebenen positiven Wohlfahrtseffekte nur erzielen, wenn davon ausgegangen wird, daß die Inhaber hierarchischer Autoritätspositionen dem Ideal des wohlwollenden und allwissenden Diktators entsprechen: Sie dürfen ihre Macht nur zur Wohlfahrtsmaximierung und zur Sicherung der Verteilungsgerechtigkeit einsetzen, und nicht zur Maximierung ihres eigenen Vorteils;[1] und sie müssen alle dafür notwendigen Informationen gewinnen und richtig verarbeiten können. Im Hinblick auf die Staatsintervention (nicht jedoch auf hierarchisch organisierte Unternehmen) werden diese beiden Annahmen in mehreren Beiträgen zur normativen politischen Ökonomie rundheraus abgelehnt – wobei die Public-Choice-Theorie vor allem die Motivationsprobleme und die Hayek'sche Ökonomie vor allem die Informationsprobleme der hierarchischen Koordination betont. Ich beginne mit letzterem.

Das Informationsproblem

Wenn die Entscheidungsprämissen von einer übergeordneten Autorität festgelegt werden, bedeutet dies nicht nur, daß die Präferenzen der untergeordneten Akteure übergangen werden, sondern auch, daß die ihnen zur Verfügung stehenden Informationen ignoriert werden können. Daher ist die von der Transaktionskostenökonomie behauptete überlegene Effizienz hierarchischer Koordination auf die Annahme angewiesen, daß die Informationen, die der übergeordneten Ebene zur Verfügung stehen, mindestens so gut sind wie die der untergeordneten Ebenen. Entsprechende Annahmen liegen der „Wolfsrudel"-Theorie der Führung oder der Arbeitsorganisation in der industriellen Qualitätsproduktion zugrunde, wo der Meister ein Facharbeiter, der Ingenieur ein Meister mit zusätzlicher theoretischer Ausbildung und der Generaldirektor ein

---

1 Zwar muß ein Diktator, der „erneuerbare" Produktionsmöglichkeiten ausbeuten will, ebenfalls daran interessiert sein, die Produktionsfaktoren und die Produktionsmotivation zu erhalten (Olson 1993). Dennoch wird die einnahmenmaximierende Steuerrate des „räuberischen Herrschers" höher sein als die Steuerrate, die zur Maximierung der sozialen Wohlfahrtsproduktion nötig wäre (Levi 1988).

Ingenieur mit Management-Ausbildung ist (Sorge/Warner 1986). Aber natürlich lassen sich nicht alle Organisationshierarchien so charakterisieren. In der Ministerialbürokratie zum Beispiel können die Spezialinformationen, welche die untergeordneten Einheiten über die Bedingungen, Optionen und Beschränkungen des Handelns in bestimmten Politikfeldern haben, unmöglich auf den höheren Ebenen gewonnen werden (Mayntz/Scharpf 1975) – und es ist oft schwierig, den reibungslosen Informationsfluß von den unteren zu den oberen Ebenen einer Organisationshierarchie sicherzustellen oder dafür zu sorgen, daß die weitergegebenen Informationen an der Spitze auch sachgerecht verarbeitet werden (Downs 1967).

Es erscheint auch interessant, daß die beiden Forschungsrichtungen der neuen Institutionenökonomie, die sich explizit mit hierarchischen Interaktionen befassen, sich hauptsächlich in ihren Annahmen über die Zugänglichkeit lokaler Informationen unterscheiden. Die Transaktionskostentheorie ist in dieser Hinsicht optimistisch, während die Principal-Agent-Theorie von der Annahme grundlegender Informationsasymmetrien ausgeht, die den Auftraggeber daran hindern, entweder das Verhalten des Auftragnehmers oder die externen Bedingungen zu beobachten, die für die richtige Einschätzung seines Handelns notwendig sind. In bezug auf die staatliche Intervention in die Wirtschaft schließlich hebt auch die Hayek'sche Ökonomie die Bedeutung lokaler Informationen über Produktionsmöglichkeiten und die Nachfrage der Konsumenten hervor, und sie behauptet, daß diese Informationen nicht auf zentrale Entscheidungsinstanzen übertragen werden können und daß sie, wenn dies doch irgendwie geschehen sollte, auf der zentralen Ebene nicht angemessen verarbeitet werden könnten (Hayek 1944; 1945; Streit 1993). Die Zentralisierung ökonomischer Entscheidungen könnte daher nur Informationsdefizite oder Informationsüberlastung auf der zentralen Ebene hervorbringen, was entweder falsche oder endlos verzögerte Entscheidungen oder beides zur Folge hätte.

Wenn wir die Entweder-Oder-Annahmen der ökonomischen Theorie einmal beiseite lassen, dann scheint klar zu sein, daß die informationellen Probleme der hierarchischen Koordination von zwei Faktoren abhängen: erstens von der Menge der Entscheidungsprämissen auf den unteren Ebenen, die durch hierarchische Steuerung ersetzt werden müssen, und zweitens von der Vielfalt und Variabilität der lokalen Informationen, die für die optimale Bestimmung dieser Entscheidungsprämissen gebraucht werden. Um mit ersterem zu beginnen: Zwischen dem Hayek'schen Alptraum einer zentralen Wirtschaftsplanung, welche die einzelnen Präferenzen von Hunderten Millionen privater Konsumenten für Millionen verschiedener Produkte, die von Hunderttausenden einzelner Unternehmen produziert werden, zu koordinieren versucht, und realen staatlichen Interventionen, welche die Inflation durch Zinserhöhung bekämpfen oder den Energieverbrauch durch Besteuerung von Öl, Gas und Strom senken sollen, liegen gewiß Welten. Hält man die erste Variante für nicht machbar, so folgt daraus nicht notwendigerweise, daß auch die zweite sinnlos sein muß.

Abstrakter ausgedrückt: Die Transaktionskostentheorie hat als Reaktion auf die Gefahren des Informationsmangels oder der Informationsüberlastung des Zentrums das „Prinzip der selektiven Intervention" entwickelt, wonach die übergeordneten Akteure ihre Anweisungen ausschließlich auf solche Angelegenheiten beschränken sollen, die auf ihrer eigenen Organisationsebene behandelt werden müssen, während alle übrigen Probleme den untergeordneten Ebenen mit besserem Zugang zu lokalen Informationen überlassen werden sollen (Williamson 1985, 133-135; Milgrom/Roberts 1990). Die klassische Organisationstheorie wiederum benutzt die Variable der „Kontrollspanne", um die Zahl der unterstellten Akteure an die informationelle Komplexität der Überwachung anzupassen (Gulick/Urwick 1937). Aber welche Angelegenheiten müssen auf den oberen Ebenen behandelt werden, und welches sind die Aufgaben, die von Vorgesetzten wahrgenommen werden müssen? Die Antworten auf diese Fragen werden sicherlich für die betriebliche Organisation, die staatliche Intervention in die Wirtschaft und für die hierarchische Koordination im Rahmen politischer Entscheidungsprozesse unterschiedlich ausfallen.

Für den letztgenannten Bereich kann uns Herbert Simons (1962) Konzept „annähernd zerlegbarer" hierarchischer Strukturen weiterhelfen. Er geht von der Annahme aus, daß in der Realität niemals alles mit allem zusammenhängt, sondern Interdependenzen selektiv auftreten. Wenn dem so ist, dann können die Interaktionen in einer Mehrebenenhierarchie so strukturiert werden, daß auf allen Ebenen die internen Interaktionen innerhalb der organisatorischen Untereinheiten häufiger oder wichtiger sind als die Interaktionen, welche die Grenzen dieser Einheiten oder die Grenzen zwischen der Organisation und ihrer Umwelt überschreiten. Was das bedeutet, kann genauer bestimmt werden, wenn man James D. Thompsons (1967) wichtige Unterscheidung zwischen gepoolter, sequentieller und reziproker Interdependenz heranzieht. In Organisationen können die Koordinationsanforderungen von gepoolter Interdependenz (bei der mehrere Akteure auf einen gemeinsamen Ressourcenpool zugreifen) durch gemeinsame Regeln bewältigt werden, die, nachdem sie einmal eingeführt wurden, von jedem Akteur einzeln befolgt werden können. Sequentielle Interdependenz (bei welcher der Output des einen Akteurs zum Input des nächsten wird) erfordert Planung, aber wenn der Plan einmal gemacht ist, verringert er ebenfalls den Bedarf an direkter Interaktion. Nur die reziproke Interdependenz (bei der die Entscheidungen wechselseitig voneinander abhängen) erfordert die direkte Interaktion der beteiligten Akteure oder Einheiten. Diese letzte Art der Interdependenz ist entscheidend für die annähernde Zerlegbarkeit organisatorischer Interaktionen.

Eine Struktur ist annähernd zerlegbar, wenn Akteure, deren Aufgaben reziprok voneinander abhängen, in denselben Untereinheiten auf den unteren Ebenen der Organisationshierarchie angesiedelt werden können. Ist das sichergestellt, dann müssen die aus interdependenten Aufgaben notwendigerweise resultierenden Konflikte nicht durch Verhandlungen zwischen den beteiligten Akteuren gelöst werden, was mit hohen Transaktionskosten verbunden wäre, sondern können von einem gemeinsamen Vorgesetzten beigelegt werden, der dem Geschehen nahe genug ist, um Zugang zu allen relevanten lokalen Informationen zu haben. Die verbleibenden Fälle reziproker Interdependenz zwischen Aufgaben, für die unterschiedliche Einheiten zuständig sind, sollten dann so selten sein, daß sie von dem gemeinsamen Vorgesetzten dieser Einheiten auf der nächsthöheren Ebene der Organisationspyramide behandelt werden können. Gleichzeitig sollten reziproke Interaktionen mit der Außenwelt unter diesen Umständen so selten sein, daß sie von der obersten Führungsebene oder einer speziellen für die Außenbeziehungen zuständigen Einheit bewältigt werden können, die eng an die Führungsebene gekoppelt ist. Unter diesen Bedingungen sind große, mehrere Ebenen umfassende Hierarchien, welche die relevanten lokalen Informationen nicht ignorieren und welche auch die begrenzten Informationsverarbeitungs- und Konfliktlösungsfähigkeiten hierarchischer Vorgesetzter nicht überbeanspruchen, durchaus vorstellbar.

Aber hierfür muß erstens vorausgesetzt werden, daß die wichtigsten Interaktionen tatsächlich organisationsintern sind und daß Aufgabeninterdependenzen innerhalb der Organisation annähernd zerlegbar sind. Darüber hinaus muß unterstellt werden, daß diese Interdependenzen ausreichend stabil sind, um durch organisatorisches Design bewältigt werden zu können. Wenn das nicht der Fall ist – d.h. wenn externe Interdependenzen an Bedeutung gewinnen, wenn die Zahl reziproker Interdependenzen so groß wird, daß sie von einem einzigen Vorgesetzten nicht mehr kontrolliert werden können, oder wenn sich die Interdependenzen so schnell verändern, daß die Organisationsstrukturen sich nicht mehr rechtzeitig daran anpassen können –, dann verliert die hierarchische Koordination ihre Effektivität.

Wenn die Vorgesetzten unter diesen Bedingungen weiterhin darauf beharren, ihre hierarchischen Befugnisse auszuüben, müssen zu viele Konflikte auf höheren Ebenen beigelegt werden und es kommt zu all den Nachteilen, die der Überzentralisierung zugeschrieben werden – schlecht informierte Entscheidungen, die, um ihren Zweck erfüllen zu können, zu spät kommen. Wenn es andererseits den Akteuren auf den unteren Ebenen überlassen wird, die Konflikte selbst zu regeln, die zwischen ihnen und in den Beziehungen zur Außenwelt auftreten, dann büßt das System den Vorteil hierarchischer Koordination ein und entwickelt sich zurück zu den weiter oben diskutierten Interaktionsformen des einseitigen Handelns und der Verhandlungen.

In der realen Welt scheint gut funktionierende hierarchische Koordination in der Tat eher selten zu sein, und sie scheint immer schwieriger zu werden. Anstatt vertikale Integration anzustreben, versuchen Unternehmen, wichtige Funktionen auf unabhängige Zulieferfirmen auszulagern. Beim Streben nach „lean production" sind flache Hierarchien und radikale Dezentralisierung zu den organisatorischen Modewörtern des Jahrzehnts geworden. Vom höheren Management wird erwartet, daß es sein organisatorisches Rollenverständnis radikal umstellt und sich nicht mehr als hierarchisch Vorgesetzter, sondern als „Trainer" eines Teams versteht, und die ideale Konfiguration, die es anzustreben gilt, scheint die einer kleinen, unabhängigen und extrem flexiblen Einheit zu sein, die sich auf höchst unterschiedliche und rasch wechselnde Marktnischen einstellen kann – selbstverständlich mit den finanziellen, technischen und informationellen Ressourcen eines großen, global agierenden Unternehmens im Rücken. Im staatlichen Sektor propagiert die entsprechende Management-Philosophie Privatisierung, Deregulierung, schlanke Verwaltung und wiederum die radikale Dezentralisierung von Dienstleistungsaufgaben auf flexible, kundenorientierte Einheiten, die auf jeweils lokal unterschiedliche Bedingungen im Rahmen von Globalhaushalten reagieren sollen, die von kameralistischen Beschränkungen befreit sind.

Für den privaten Sektor ist schwer zu sagen, ob diese Managementphilosophie unter dem Strich tatsächlich zu einer Verminderung der hierarchischen Koordination oder lediglich zu einer verbesserten Nutzung neuer Informationstechnologien geführt hat, mit deren Hilfe formal unabhängige Zulieferfirmen und halbunabhängige Profit-Centers nun noch genauer kontrolliert werden können, als das bisher gegenüber vertikal integrierten und direkt beaufsichtigten Abteilungen des Mutterunternehmens möglich war. Im staatlichen Sektor dagegen gibt es weniger Grund zu der Annahme, daß die Privatisierung, Deregulierung und Dezentralisierung staatlicher Dienstleistungen durch dramatische Verbesserungen zentraler Informationssysteme ausgeglichen wird. Wo die Dezentralisierung tatsächlich stattfindet, und nicht nur politische Rhetorik bleibt, führt sie zu größerer lokaler Diversität der angebotenen Dienstleistungsarten und -niveaus. Ob die Qualität dabei insgesamt erhalten bleibt, und ob die Effizienz tatsächlich gesteigert wird, erscheint ungewiß, aber keineswegs unmöglich. Theoretisch könnte man erwarten, daß das Ergebnis davon abhängt, ob die Lockerung der zentralen Kontrollen tatsächlich durch mehr Wettbewerb und eine effektivere Selbstkoordination zwischen den Dienstleistungsanbietern und durch erhöhte Abhängigkeit dieser Anbieter von den Kunden kompensiert wird (Rhodes 1996). Aber auch wenn es den Regierungen gelingt, ihre unmittelbare Beteiligung an der Produktion und Distribution von Dienstleistungen zu verringern, so könnten sie andere wichtige Funktionen (namentlich Regulierung und Umverteilung) nicht aufgeben, ohne daß dies zu negativen Wohlfahrtseffekten führen würde.

Aber diese Probleme der Bereitstellung von Dienstleistungen stehen hier nicht im Zentrum des Interesses. Für die *Formulierung* politischer Programme jedenfalls war die hierarchische Koordination schon immer ein wenig angemessenes Konzept, selbst innerhalb der strikt hierarchischen Strukturen der Ministerialorganisation. Was Renate Mayntz und ich in unseren Untersuchungen über die Entscheidungsprozesse in der Ministerialbürokratie statt dessen gefunden haben, war ein „Dialogmodell", bei dem Politikfeldexperten der unteren Ebenen und „politische" Experten der oberen Ebenen gemeinsam die Kriterien definieren, nach denen akzeptable Politik-Initiativen bewertet werden sollten (Mayntz/Scharpf 1975). Dieser „vertikale" Dialog innerhalb der Hierarchie eines Ministeriums ist jedoch nur eine Dimension des Interaktionsmusters. Die zweite Dimension besteht aus allgegenwärtigen „horizontalen" Verhandlungen der spezialisierten Einheiten innerhalb und zwischen den Ministerien, in die auch Vertreter der betroffenen Interessengruppen und Unternehmen, von politischen Parteien und von Abgeordneten des Parlaments (und nun in zunehmendem Maße auch die Brüsseler Ebene) mit einbezogen werden. Da die anderen Ministerien de facto über ein Veto verfügen, neigen die interministeriellen Verhandlungen zum Modus der negativen Koordination und nehmen nur unter außergewöhnlichen Umständen die Form positiver Koordination an. Bei den externen Verhandlungen ist das Muster weniger einheitlich und hängt sehr stark von der Bereitschaft der politischen Führung ab, offene politische Konflikte zu riskieren oder diese gar zu suchen. Aber da die Fähigkeit des Führungspersonals, konflikthafte politische Initiativen aktiv zu betreiben, wiederum eng begrenzt ist, sind negative Koordination und bestenfalls distributives Bargaining auch in externen Interaktionen die Regel.

Entscheidend ist hier, daß die meisten dieser Verhandlungen notwendigerweise von den Politikfeldspezialisten der unteren Hierarchieebenen geführt werden müssen. Es ist zwar richtig, daß manche besonders spektakuläre Konflikte schließlich im Rahmen von „Gipfelgesprächen" zwischen den Ministern und den Spitzenvertretern wichtiger externer Organisationen geregelt werden. Aber bevor diese Gipfel bestiegen werden können, müssen die „Sherpas" bereits die gesamte wichtige Arbeit geleistet haben (Putnam/Bayne 1984), und die meisten dieser Verhandlungen erreichen gar nicht erst das Gipfelniveau – oder tauchen dort nur als einer von vielen Tagesordnungspunkten auf, die dann en bloc abgehakt werden. Sofern dies der Fall ist, wird die hierarchische Koordination wieder durch die komplexen Netzwerke der Verhandlungskoordination ersetzt, einem Interaktionsmodus also, der im Vergleich zur hierarchischen Koordination theoretisch über eine sehr viel geringere Effizienz verfügt. Ich werde auf diese Frage in Kapitel 9 zurückkommen.

Das Motivationsproblem

Selbst wenn jedoch angemessene Informationen und entsprechende Verarbeitungskapazität gesichert wären, würde die Wohlfahrtseffizienz der hierarchischen Koordination immer noch von der „gemeinwohlorientierten" Motivation der sie ausübenden Akteure abhängen – wovon jedoch nicht umstandslos ausgegangen werden kann. Zwar geht man in der Transaktionskostenökonomie davon aus, daß das Motivationsproblem gelöst wird, wenn die hierarchische Steuerung durch einen „Letztberechtigten" (residual claimant), typischerweise den Eigentümer-Unternehmer, ausgeübt wird, der alle Produktionsfaktoren einschließlich der Mitarbeiter zu Marktpreisen erwirbt und alle Nettogewinne erhält sowie alle Verluste trägt (Coase 1937; Alchian/Demsetz 1972). Wenn man also externe Effekte ignoriert, dann hat der Eigentümer-Unternehmer in der Tat ein Interesse an der Maximierung der ökonomischen Effizienz des Unternehmens und insoweit an der Maximierung der Gesamtwohlfahrt (wobei Verteilungsfragen durch den Bezug auf Marktpreise und Marktlöhne neutralisiert werden).

Das Motivationsproblem taucht allerdings erneut auf, wenn die postulierte Identität von Eigentümer und Manager in die Rollen von Anteilseignern ohne Managementfunktionen und von angestellten Managern aufgespalten wird. Wenn die hierarchische Steuerungskompetenz von Managern ausgeübt wird, die nicht zugleich Letztberechtigte sind, kann ihr Eigeninteresse entweder vom Interesse am wirtschaftlichen Wohlergehen des Unternehmens oder vom Profitmaximierungsinteresse der Anteilseigner abweichen. Dieses Problem ist von der Principal-Agent-Theorie in den Mittelpunkt des theoretischen Interesses gerückt worden. Diese Richtung der neuen Institutionenökonomie analysiert Interaktionen, bei denen ein egoistischer Auftragnehmer im Interesse eines Auftraggebers handeln soll, und zwar in Reaktion auf externe Bedingungen, die für den Auftraggeber nicht transparent sind (Grossman/Hart 1983). Wenn das Verhältnis durch erhebliche Informationsasymmetrien gekennzeichnet ist, wie es für die Beziehung zwischen Managern und Anteilseignern angenommen wird (Jensen/Meckling 1976), wären exakte Anordnungen kontraproduktiv, denn die Manager müssen dann über einen gewissen Ermessensspielraum verfügen. Aber wenn sie einen solchen Spielraum haben, was könnte sie dann davon abhalten, diesen zur Maximierung ihrer eigenen Interessen auf Kosten der Anteilseigner auszunutzen? Die theoretische Antwort besteht in der Suche nach „anreizkompatiblen Mechanismen", die sicherstellen, daß paretooptimale Nash-Gleichgewichte erreicht werden. Mit anderen Worten: Die Verträge mit den Auftragnehmern sollten so definiert werden, daß der Auftragnehmer durch die Verfolgung seines Eigeninteresses gleichzeitig den Gesamtnutzen des Unternehmens maximiert – und damit zugleich das Interesse des Auftraggebers. In der Praxis wird diese Forderung zumeist dahingehend interpretiert, daß die Arbeitsverträge von Spitzenmanagern ein gewisses Maß an Gewinnbeteiligung vorsehen sollten.[2]

Man kann jedoch zeigen, daß die mathematische Raffinesse von Principal-Agent-Lösungen deren Realitätsnähe und Praktikabilität weit hinter sich läßt (Jensen 1983). Darüber hinaus wiederholt sich das Principal-Agent-Problem, wenn es überhaupt existiert, bei den Interaktionen innerhalb des Unternehmens zwischen den Spitzenmanagern, dem mittleren Management und den unteren Rängen einer Mehrebenenhierarchie. Es müßte also auf jeder Ebene ein gewisser Teil des Unternehmensgewinns zur Motivierung der Manager verwendet werden (vermutlich in Form einer Anhebung ihrer Gehälter über das Marktniveau). Daraus scheint zu folgen, daß dann alle potentiellen Effizienzgewinne – und sogar noch mehr[3] –

---

2 Wenn jedoch das Kapital sehr mobil ist, dann werden Anreizstrukturen, welche die Verantwortlichkeit der Manager gegenüber den kurzfristigen Gewinninteressen der Anteilseigner sichern sollen, das Unternehmen ruinieren, anstatt sein Sozialprodukt zu maximieren.
3 Es ist analytisch gezeigt worden, daß ein haushaltsneutrales Anreizsystem (bei dem nur die zusätzlichen Gewinne eingesetzt werden, die durch die Anstren-

zur Motivierung der Manager eingesetzt werden müßten, und nicht zur Steigerung der an die Anteilseigner ausgezahlten Dividende. Aus praktischer Perspektive scheint die Hauptlehre, die wir aus der Principal-Agent-Theorie ziehen können, in die der ursprünglichen Intention der Theorie entgegengesetzte Richtung zu weisen: Sie demonstriert, daß selbst gewinnorientierte Unternehmen nicht rentabel sein könnten, wenn sich die Manager bei der Ausübung ihrer organisatorischen Rollen ausschließlich von ihrem privaten Eigeninteresse leiten ließen. Ich werde auf diesen Punkt später noch einmal zurückkommen.

Für den staatlichen Sektor wird angenommen, daß dieselbe Form des Principal-Agent-Verhältnisses nicht nur zwischen den Wählern und ihren Abgeordneten existiert, sondern auch zwischen Parlamenten und Verwaltungsbehörden (Cook/Wood 1989) oder zwischen den Mitgliedstaaten der EU und der Europäischen Kommission (Pierson 1996a; Pollack 1997). Hier gibt es jeweils mehrere Auftraggeber mit möglicherweise unterschiedlichen Interessen, die Zuständigkeiten an Auftragnehmer delegieren müssen, welche privilegierten Zugang zu Informationen haben, von denen die Bewertung ihrer Leistung durch die Auftraggeber abhängt. Es gibt zwei Arten von Kontrollmechanismen: den „Polizeistreifen"-Mechanismus, bei dem die Auftraggeber ihre Auftragnehmer direkt überwachen, und den „Feueralarm"-Mechanismus, bei dem auf Beschwerden von Parteien reagiert wird, die von den Entscheidungen der Auftragnehmer betroffen sind (Kiewiet/McCubbins 1991). Selbst wenn die für eine Überwachung notwendigen Informationen vorhanden sind, lassen sich diese jedoch in beiden Fällen nur schwer in effektive Sanktionen ummünzen, wenn die Auftraggeber unterschiedliche Präferenzen haben.

Allgemeiner gesehen, steht das Problem der Beschränkung und Kontrolle der hierarchischen Gewalt des Staates im Mittelpunkt der politischen Philosophie seit Hobbes. Auch in den positiven und normativen Zweigen der Public-Choice-Theorie, welche die Annahme egoistisch-rationalen Handelns und die analytischen Werkzeuge der ökonomischen Theorie auf Interaktionen im staatlichen

---

gungen der Beauftragten erwirtschaftet werden) nicht fähig ist, Anreize zu schaffen, die zu pareto-optimalen Nash-Gleichgewichten führen (Holmstrom 1982; G. Miller 1990, 330–331).

Bereich anwenden, geht es vor allem um diese Frage. Da es selbst in der Theorie schwierig ist, das Principal-Agent-Problem im Verhältnis zwischen den Bürgern und ihren Regierungen (das analog zum Verhältnis zwischen Anteilseignern und Managern modelliert wird) durch Gewinnbeteiligung zu regeln, führt die Public-Choice-Theorie notwendigerweise zu tiefem Mißtrauen gegenüber allen Formen staatlicher Machtausübung – und damit zu einer Präferenz für die maximale Beschränkung staatlichen Handelns, auch wenn dafür die unkorrigierten Folgen des Marktversagens akzeptiert werden müssen (Brennan/Buchanan 1985).

Aus der Sicht des akteurzentrierten Institutionalismus erscheint der Public-Choice-Ansatz in seiner ausschließlichen Konzentration auf die Gefahren egoistischen Verhaltens im politischen Prozeß theoretisch defizitär. Wie in Kapitel 3 dargestellt, schlagen Renate Mayntz und ich eine komplexere Sichtweise der Präferenzen und Perzeptionen vor, welche die Handlungsorientierungen individueller und korporativer Akteure ausmachen. Präferenzen, so unser Argument, haben mindestens drei Dimensionen: individuelles und institutionelles Eigeninteresse, Normen und Kriterien individueller und organisatorischer Identität. Bei der Ausübung organisatorischer oder politischer Rollen kann das private Eigeninteresse der Individuen sicherlich nicht vernachlässigt werden, wie allfällige Skandale und Korruptionsfälle verdeutlichen. Aber allein schon das Auftreten eines Skandals unterstreicht die Bedeutung von Normen. Als beispielsweise 1995 ans Tageslicht kam, daß Manager von Opel hohe Schmiergelder von Auftragnehmern und Zulieferern angenommen hatten, war nicht einmal die neoliberale Wirtschaftspresse bereit, diese Manifestation des kapitalistischen Erwerbssinns zu loben. Statt dessen gab es moralische Empörung, strafrechtliche Verfolgung und den Rücktritt von drei Spitzenmanagern, in deren Verantwortungsbereichen die Skandale stattgefunden hatten. Mit anderen Worten: Die Norm ist, daß das private Eigeninteresse keinen Platz in Verhandlungen zwischen einem Unternehmen und seinen Zulieferern haben sollte, und die empirische Erwartung ist, daß diese Norm im allgemeinen befolgt wird. Dasselbe gilt in noch viel höherem Maße für die Ausübung öffentlicher Ämter, bei der sich die Existenz und die Geltungskraft der Norm wiederum in zahlreichen Skandalen niederschlägt, die in vielen Ländern zu Rücktritten und strafrechtlicher Verfolgung und in Italien sogar zu quasi-revolutionären Veränderungen des politischen Systems geführt haben.

Daraus folgt, daß Theorien, die von der Annahme ausgehen, daß alle Interaktionen aus privatem Eigeninteresse erklärt werden können, in den meisten Fällen empirisch falsch sind. Um gültige Erklärungen und Erwartungen zu erhalten, brauchen wir Theorien, welche die empirische Bedeutung normorientierten Verhaltens anerkennen, ohne gleichzeitig die allgegenwärtigen Versuchungen des egoistischen Opportunismus zu leugnen (Kirchgässner 1992). Aus demselben Grund scheint es nicht nur unrealistisch, sondern letztlich sogar kontraproduktiv, eine normative politische Ökonomie auf die Annahme des universellen Opportunismus aufzubauen. Wenn diese Annahme richtig wäre, dann könnten auch die raffiniertesten institutionellen Sicherungsmechanismen absichtsvolles und hartnäckiges Fehlverhalten in Führungspositionen nicht verhindern. Wenn die Annahme jedoch nicht richtig ist, dann wäre der Versuch, alle Möglichkeiten pflichtwidrigen Handelns durch verfassungsmäßige Beschränkungen des Regierungshandelns zu eliminieren, wohlfahrtstheoretisch äußerst kostspielig. Wenn staatliche Beamte und Politiker im Normalfall normorientiert handeln, dann wären solche Verbote höchst effektiv in der Verhinderung effektiver Lösungen für jene Probleme, die – wie wir gesehen haben – durch einseitiges Handeln und die verschiedenen Formen der Verhandlungskoordination in der „civil society" nicht bewältigt werden können.

Auf der Grundlage ihrer Annahmen können Public-Choice-Theoretiker nur vor den allgegenwärtigen Gefahren des „rentseeking" durch egoistische Bürokraten, Politiker und Interessengruppen warnen (Niskanen 1971; Buchanan/Tollison/Tullock 1980; Olson 1982; Weede 1990), während die Principal-Agent-Theorie angesichts der extremen Informationsasymmetrien zwischen den Regierenden und den Regierten die Unmöglichkeit von zugleich wohlfahrtsoptimalen und anreizkompatiblen Gleichgewichtslösungen mathematisch demonstriert. Empirisch wissen wir jedoch nicht nur aus anekdotischen Hinweisen, sondern auch aus vergleichenden Untersuchungen über das Auftreten von Korruption in verschiedenen Ländern, daß es tatsächlich große Unterschiede zwischen Ländern gibt, in denen Korruption so gut wie unbekannt ist, und solchen, in denen sie zum Alltag gehört (Lambsdorff 1995);

und wir wissen ebenfalls nicht nur aus eigener Anschauung, sondern auch aus unzähligen empirischen Policy-Studien, daß Regierungen in vielen Ländern und oft auch für lange Zeit gemeinwohlorientierte Ziele verfolgt haben, die von ihren Bürgern für höchst legitim und wichtig gehalten wurden.

Was wir daher brauchen, sind positive Theorien, die uns nicht dazu zwingen, diese Unterschiede zu ignorieren, und präskriptive Theorien, welche die Konstruktion von konstitutionellen Regeln ermöglichen, die normorientiertes Handeln unterstützen und opportunistisches Verhalten eindämmen, ohne die Effektivität staatlichen Handelns zu zerstören. Aus diesem Grund ist es notwendig, die vortheoretischen Annahmen des ökonomischen Institutionalismus zu modifizieren. Wenn man von der Koexistenz normorientierten und eigeninteressierten Handelns ausgeht, dann müssen explizite Anreize und Kontrollen nicht allein dafür sorgen, daß ein funktionsfähiges Maß an Gemeinwohlorientiertheit im staatlichen Bereich vorherrscht – genauso wie das Wettbewerbsrecht nicht allein dafür sorgen muß, daß auf dem Markt das stattfindet, was die Ökonomen einen „funktionsfähigen Wettbewerb" nennen. Rechtliche Regeln und Sanktionen bleiben gewiß notwendig, aber ihre Funktion ist wesentlich weniger heroisch als von der Public-Choice-Theorie angenommen. Sie können jedoch Bedingungen schaffen, die Andrew Dunsire (1993; 1996) „collibration" genannt hat – eine Intervention zur Veränderung der vorhandenen Balance zwischen entgegengesetzten Kräften. Institutionelle Arrangements, deren Wirkung darin besteht, eine dieser Kräfte zu stärken oder die andere zu schwächen, benötigen wesentlich weniger Energie als Institutionen, die eine Kraft stoppen müßten, für die es keine bereits vorhandene Gegenkraft gibt.

Es gibt in der Tat eine große Vielfalt institutioneller Arrangements, deren Ziel es ist, einerseits den Schaden zu begrenzen, der durch den Mißbrauch staatlicher Gewalt angerichtet werden könnte, und andererseits dafür zu sorgen, daß die über hierarchische Autorität verfügenden Akteure sich in ihren Handlungen am Gemeinwohl, und nicht an ihrem privaten Eigeninteresse orientieren und daß sie Konflikte mit Blick auf Verteilungsgerechtigkeit, und nicht auf ihren eigenen Vorteil beilegen. Zu diesen Arrangements zählen die Mechanismen der professionellen Selbstkontrolle in Bereichen hohen Wertkonsenses, die wir in bezug auf unabhängige Zentralbanken und richterliche Kontrolle bereits am Anfang des vorigen Kapitels diskutiert haben. Als weitere Beispiele können die unabhängigen Regulierungskommissionen in den Vereinigten Staaten und einige regulative Funktionen der Europäischen Kommission angeführt werden (Majone 1994; 1995). Aber da alle diese Mechanismen nur funktionieren, wenn ein hohes Maß an Wert- oder Zielkonsens vorhanden ist, ist ihre Reichweite prinzipiell begrenzt. Außerhalb dieses Bereiches hohen Wert- und Zielkonsenses sind konstitutionelle Demokratien hauptsächlich auf majoritäre Mechanismen zur Sicherstellung der Verantwortlichkeit ihrer Amtsträger angewiesen. Aber da die majoritäre Macht, wie wir im vorigen Kapitel gesehen haben, selbst ebenfalls mißbraucht werden kann, müssen wir uns zunächst der Frage zuwenden, wie verfassungsmäßige Sicherungsmechanismen aussehen könnten, die zugleich auch den Schaden begrenzen können, der durch egoistische Mehrheiten angerichtet werden kann.

Am wichtigsten sind die Institutionen des Rechtsstaats, die im wesentlichen die Verwirklichung von drei Prinzipien erfordern. An erster Stelle steht das Prinzip der *Gesetzmäßigkeit*, dem zufolge alle Handlungen der Staatsgewalt auf Gesetze mit allgemeiner Geltung gestützt werden müssen, die durch ihre Allgemeinheit diskriminierende Maßnahmen gegen Individuen oder Gruppen ausschließen. Dieses Prinzip nimmt eine zentrale Stellung im Verfassungsdenken des Wirtschaftsliberalismus ein (Hayek 1944, Kap. 6). In heterogenen Gesellschaften würde es für sich genommen ethnischen, kulturellen, ideologischen oder wirtschaftlichen Minderheiten nicht viel Schutz bieten, denn deren Interessen könnten gerade durch allgemeine Gesetze, die den Interessen der Mehrheit entsprechen, verletzt werden. Der zweite Sicherungsmechanismus ist ein *Grundrechtskatalog*, der nicht nur das Leben, die Freiheit und den Besitz der Bürger vor diskriminierenden Eingriffen schützt, sondern auch die freie Religionsausübung sowie die Meinungs-, Versammlungs- und Vereinigungsfreiheit garantiert. Diese beiden Mechanismen werden drittens gesichert durch die Institutionalisierung einer *unabhängigen Gerichtsbarkeit*, die gegen Maßnahmen von Regierung und Verwaltung und in einer zunehmenden Zahl konstitutioneller Demokratien auch gegen Akte der Legislative angerufen werden kann. Diese formellen Sicherungsmechanismen werden darüber hinaus ergänzt durch die Existenz freier *Medien*, deren Enthüllungen durch die jeweilige Regierung nicht unterbunden werden können.

Es ist jedoch klar, daß die Prinzipien der Rechtsstaatlichkeit und der Pressefreiheit lediglich Schutz vor Verstößen bieten, die sozusagen an den Rändern der Staatsgewalt stattfinden. Wenn sie wirksam sind, können sie Amtsmißbrauch und staatliche Willkür in Einzelfällen verhindern, aber sie können nicht sicherstellen, daß politische Entscheidungen sich im Normalfall am Gemeinwohl und an Kriterien der Verteilungsgerechtigkeit orientieren. Dies kann nur durch Mechanismen der politischen Verantwortlichkeit erreicht werden, aber dabei darf nicht vergessen werden, daß diese Mechanismen notwendigerweise in einen institutionellen Rahmen eingebettet sein müssen, der für Rechtsstaatlichkeit und Meinungsfreiheit sorgt.

Politische Verantwortlichkeit

Die politische Verantwortlichkeit ist auf institutionelle Arrangements angewiesen, die ein zirkuläres Verhältnis zwischen den Regierenden und den Regierten herstellen. Die direkte oder indirekte Abhängigkeit von der Zustimmung der Gruppe, über die hierarchische Autorität ausgeübt werden soll, so wird angenommen, stärkt die Orientierung der politischen Akteure am kollektiven Interesse dieser Gruppe. In modernen konstitutionellen Demokratien wird dieses zirkuläre Verhältnis durch Wahlmechanismen erzeugt, die wenigstens regelmäßig stattfindende allgemeine Wahlen mit allgemeinem Erwachsenenwahlrecht umfassen müssen, durch die hierarchische Autoritätspositionen für eine bestimmte Amtsperiode besetzt werden, wobei eine Mehrzahl von Kandidaten zur Wahl stehen muß, damit die Wähler eine effektive Wahlmöglichkeit haben. Ansonsten gibt es jedoch hinsichtlich der Art und Weise, wie Entscheidungen der Wähler in Anreize für die politischen Akteure übersetzt werden, große Unterschiede zwischen den institutionellen Arrangements verschiedener Länder. Die grundlegende Unterscheidung ist die zwischen den Modellen der Wettbewerbsdemokratie und der Konkordanzdemokratie. Ich werde zunächst das erste diskutieren.

Wettbewerbsdemokratie: Das Westminster-Modell

Das vorige Kapitel endete mit der Schlußfolgerung, daß die Mehrheitsregel für sich genommen kaum gemeinwohlorientierte politische Entscheidungen erwarten läßt. Insbesondere habe ich darauf hingewiesen, daß das Ideal der konsensorientierten deliberativen Demokratie dazu verurteilt ist, von den Zwängen des Parteienwettbewerbs unterlaufen zu werden. Aber gerade weil es starke Anreize zur Enthüllung und Übertreibung dessen bietet, was die andere Seite falsch macht, ist das kompetitive Verhältnis zwischen Regierung und Opposition hervorragend dazu geeignet, die Ausübung hierarchischer Regierungsgewalt zu kontrollieren (Wittman 1989).

Das idealisierte „Westminster-Modell" eines kompetitiven Zweiparteiensystems mit stark zentralisierten Parteistrukturen, das durch ein absolutes Mehrheitswahlrecht stabilisiert wird, maximiert die Kontrollfähigkeit der Wähler (Wilson 1994). Der Partei, die als Siegerin aus den Wahlen hervorgeht, wird die volle Kontrolle über den Regierungsapparat übertragen; ihre Handlungsfähigkeit wird weder durch die Notwendigkeit, eine Koalitionsregierung zu bilden, noch durch föderale Institutionen, Verfassungsgerichtsbarkeit oder durch eine unabhängige Zentralbank eingeschränkt. Sie verfügt auch über hierarchische Autorität gegenüber allen Mitgliedern des Staatsapparates (mit Ausnahme der Gerichtsbarkeit). Aus demselben Grund muß diese Partei aber auch die volle politische Verantwortung für alle erzielten politischen Ergebnisse übernehmen. Deshalb werden politische Karrieren von der Parlamentsfraktion bestimmt – und in dieser vom Premierminister oder vom Oppositionsführer. Weiterhin wird angenommen, daß die Anführer der beiden politischen Lager eine Reihe politischer Ziele verfolgen, wovon einige die engeren Interessen spezifischer Klientelgruppen befriedigen sollen, einige von der Ideologie ihrer Partei bestimmt und einige eher persönlicher Natur sind. Aber da keines dieser Ziele errreicht werden kann, wenn die Partei nicht an der Macht ist, muß das oberste *instrumentelle* Ziel darin bestehen, die nächsten Wahlen zu gewinnen.

Des weiteren wird davon ausgegangen, daß die Opposition das Handeln der Regierung daraufhin prüft, ob bestimmte Maßnahmen entweder das Gemeinwohl oder die Interessen bestimmter Gruppen verletzen, und daß sie versucht, solche Verletzungen an die

Öffentlichkeit zu bringen. Wenn diese von den Medien aufgegriffen werden und die Aufmerksamkeit von Wechselwählern finden, können deren negative Reaktionen die politischen Überlebenschancen der Regierung beeinträchtigen oder sogar zunichte machen.[4] Schließlich wird ebenfalls angenommen, daß die Regierung, wenn sie bestimmte politische Lösungen in Angriff nimmt, nicht wissen kann, ob die Opposition, die Medien und letztendlich die Wähler diese politische Maßnahme tatsächlich beachten und wie sie eventuell darauf reagieren werden.

In diesem Modell stellt die Kontrollfunktion keinerlei unrealistische Anforderungen an die Wähler, die, worauf ich bereits weiter oben hingewiesen habe, gemeinwohlorientiert, aber schlecht informiert sind und ihre unterschiedlichen Reaktionen auf die immense Vielfalt politischer Probleme, die bei den Wahlen eine Rolle spielen könnten, nicht in einer einzigen Stimme zusammenzufassen können. Die Wähler können unmöglich auf *alle* diese Stimuli rational reagieren, und wir können auch nicht annehmen, daß sie sich ein wohl informiertes und ausgewogenes *Gesamt*urteil über die Qualität der von der Regierung durchgeführten oder von der Opposition vorgeschlagenen Politik bilden können. Aber das ist auch gar nicht nötig. Es genügt, daß die Wähler den öffentlichen Diskussionen über politische Fehlleistungen oder Skandale *manchmal* ihre Aufmerksamkeit schenken und daß eine erhebliche Anzahl von Wechselwählern diese Informationen *manchmal* zum Anlaß nimmt, ihr Stimmverhalten zu ändern. Es ist auch nicht erforderlich, daß *alle* Wechselwähler bei *allen* ihren Reaktionen auf politische Probleme *immer* gemeinwohlorientierte Kriterien anlegen. Es genügt, wenn ein erheblicher Teil der Wechselwähler zumindest bei Fragen, die nicht ihr unmittelbares Eigeninteresse berühren, auf diese Weise handelt.

---

4 Das ist eine entscheidende Annahme: Es kann im Westminster-Modell keine demokratische Verantwortlichkeit geben, wenn eine der beiden Parteien strukturell dominant ist, so daß die Wechselwähler keinen entscheidenden Einfluß auf den Wahlausgang haben können. Und obwohl das Mehrheitswahlrecht die Herausbildung von Zweiparteiensystemen begünstigt, kann es auch dazu führen, daß das Votum der Wechselwähler seine Bedeutung verliert, wenn die Opposition gespalten ist, wie es in Großbritannien seit den frühen 1980er Jahren der Fall war.

Damit der Mechanismus der politischen Verantwortlichkeit funktioniert, reicht es dann aus, daß sich alle Argumente in den Debatten und Polemiken über die staatliche Politik (unabhängig vom jeweils verfolgten Interesse) auf die Verwirklichung oder die mangelnde Verwirklichung des Gemeinwohls und der Verteilungsgerechtigkeit beziehen. Wenn das der Fall ist, dann erzeugen der Parteienwettbewerb und die Medienberichterstattung einen stetigen Strom von Informationen über angebliche Verletzungen dieser normativen Kriterien, auf welche die Wähler sich bei ihren Wahlentscheidungen beziehen können. Zusätzlich muß es eine gewisse Wahrscheinlichkeit geben, daß eine ausreichende Zahl von Wechselwählern als Reaktion auf Fälle politischen Versagens, die das Interesse der Medien erregt oder den Protest wichtiger Interessengruppen hervorgerufen haben, oder als Antwort auf Skandale, die öffentliche Empörung ausgelöst haben, bei den Wahlen gegen die Regierung stimmt.

Diese Annahmen können in sehr abstrakter Form als *asymmetrisches Nullsummenspiel zwischen Regierung und Opposition* modelliert werden, bei dem es um die ausschließliche Kontrolle über den Staatsapparat geht. In diesem Spiel ist nur die Regierung dazu in der Lage, wirksame politische Entscheidungen zu treffen und umzusetzen, während die Opposition sich entscheiden muß, ob sie die Maßnahmen der Regierung anfechten soll oder nicht. Gleichzeitig spielen beide Seiten ein *verbundenes Spiel mit den Wechselwählern*, bei dem diese eine Frage entweder ignorieren oder darauf reagieren können, indem sie die Regierung bei den Wahlen belohnen oder bestrafen. Da die Wechselwähler als bloßes „Akteur-Aggregat" nicht zu strategischem Handeln fähig sind, können sie nur als letzte am Zug sein. Und obwohl die Opposition manchmal die Initiative ergreifen kann, ist dies nicht die Regel, weshalb angenommen wird, daß die Regierung in diesem sequentiellen Spiel mit drei Spielern als erste am Zug ist (Abbildung 8.2).

Abbildung 8.2: Sequentielles Spiel zwischen Regierung, Opposition und Wählern

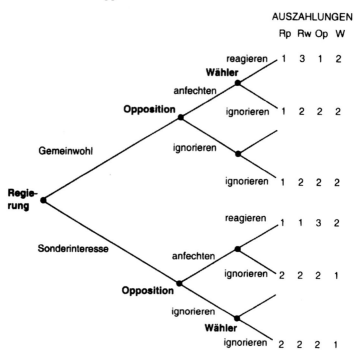

In diesem Spiel muß sich zunächst die Regierung zwischen politischen Initiativen entscheiden, die entweder dem Gemeinwohl oder den Sonderinteressen ihrer Klientel dienen. Davon ausgehend muß sich die Opposition entscheiden, ob sie diese politische Maßnahme ignorieren soll oder ob sie ihre begrenzten Ressourcen darauf verwenden soll, die Maßnahme durch massive Mobilisierung der öffentlichen Meinung anfechten soll. Die Wechselwähler können die Frage dann entweder ignorieren oder auf die von der Opposition hervorgerufene Kontroverse reagieren,[5] indem sie gegen die Regierung stimmen, wenn die betreffende politische Maßnahme das

---

5 Wenn sich die Opposition nicht gegen eine Maßnahme der Regierung wendet, wird unterstellt, daß die Wähler diese Maßnahme immer ignorieren.

Gemeinwohl verletzt, oder indem sie für die Regierung stimmen, wenn die Maßnahme dem Gemeinwohl dienlich zu sein scheint. Wenn die Regierung ein politisches Programm verabschiedet, welches das Gemeinwohl verletzt, wenn die Opposition sich dagegen wendet und wenn die Wechselwähler auf diese Auseinandersetzung reagieren, dann wird davon ausgegangen, daß die Regierung die nächsten Wahlen verlieren wird und die Opposition dann ihre eigene alternative Politik in die Tat umsetzen kann.

Auf dieser Grundlage können die auf der rechten Seite der Abbildung aufgeführten Auszahlungen wie folgt interpretiert werden: Die Wähler (W)[6] haben zwei Auszahlungen (1 oder 2), je nach dem, ob die betreffende politische Maßnahme den Sonderinteressen der Regierungsklientel oder dem Gemeinwohl dient. Die Opposition (Op) kann drei verschiedene Auszahlungen erhalten: eine Auszahlung in Höhe von 3, wenn sie sich gegen eine Regierungsmaßnahme wendet, die den Sonderinteressen der Regierungsklientel dient und auf welche die Wechselwähler negativ reagieren; eine Auszahlung in Höhe von 1, wenn sie sich gegen ein gemeinwohlorientiertes politisches Programm der Regierung wendet, auf das die Wähler positiv reagieren; und eine Auszahlung in Höhe von 2, wenn sie sich nicht gegen die von der Regierung getroffene Entscheidung wendet oder wenn die Wechselwähler die Frage ignorieren. Die in der Rw-Spalte aufgeführten Auszahlungen der Regierung bei den Wahlen sind genau spiegelverkehrt. Sie sind am höchsten (3), wenn die Opposition sich gegen eine populäre politische Maßnahme wendet und dann bei den Wahlen geschlagen wird, und sie sind am niedrigsten (1), wenn die Opposition sich für die Anfechtung eines politischen Programms entscheidet, auf das die Wechselwähler negativ reagieren. Es wird jedoch davon ausgegangen, daß die Regierung neben den Erfolgschancen bei den Wahlen spezifische policy-orientierte Präferenzen hat, deren Auszahlungen in der Rp-Spalte angegeben sind. Diese Präferenzen sind erfüllt (2), wenn die Regierung es schafft, ihre auf die Sonderinteressen ihrer Klientel ausgerichteten politischen Entscheidungen umzusetzen, in allen anderen Fällen sind sie nicht erfüllt (1).

---

6 Die Auszahlungen kommen nicht den Wechselwählern, sondern der Wählerschaft insgesamt zu.

Blickt man auf die Abbildung, so kommt man zu folgender Schlußfolgerung: Wenn die Struktur des Spiels allen Spielern bekannt ist, wird eine rationale Opposition politische Maßnahmen der Regierung, die Sonderinteressen dienen, immer anfechten, gemeinwohlorientierte politische Vorschläge jedoch nicht ablehnen. Wenn daher die Wähler immer reagieren würden, wenn sich die Opposition gegen eine Maßnahme wendet, dann würde eine rationale Regierung niemals an Sonderinteressen orientierte Entscheidungen treffen, da ihr dieses immer ihr schlechtestes Ergebnis einbringen würde, wenn die Opposition sich dagegen wendet und die Wechselwähler darauf reagieren. Durch die Wahl gemeinwohlorientierter politischer Programme sichert sich die Regierung ein mittleres Ergebnis, und sie könnte dadurch ihr bestmögliches Resultat erlangen, wenn die Opposition sich dagegen wendet und den Kampf verliert.[7]

Natürlich sind die Verhältnisse in der realen Welt nicht so beschaffen, daß die Opposition immer widerspricht, wenn sie sollte, die Medien immer bereit sind, gerechtfertigte Kritik zu verstärken, und die Wechselwähler immer auf an die Öffentlichkeit geratene Skandale und Fälle politischen Versagens entsprechend reagieren. Daher besteht die Möglichkeit, daß Regierungen sich für egoistische Maßnahmen entscheiden, um höhere Auszahlungen in der Rp-Spalte zu erhalten, in der Hoffnung, daß diese nicht sanktioniert werden. Sollte dieser Poker jedoch fehlschlagen, dann besteht zumindest die Möglichkeit, daß die Regierung ihr schlechtestes Ergebnis erreicht. Um ein solches Resultat abzuwenden, haben geschickte Politiker ein gutes Gespür für die kleinsten Hinweise entwickelt, daß sich dieses Szenario abzuzeichnen beginnt. Wenn also in den Augen der Öffentlichkeit etwas falsch zu laufen scheint,

---

7 Unter Bedingungen vollständiger Information wird eine vollkommen rationale Opposition diese Strategie meiden. Aber die Information ist selten vollständig und die Rationalität selten vollkommen. Historisch gesehen konnten es jedenfalls Oppositionsparteien häufig nicht vermeiden, sich gegen Maßnahmen zu wenden, die in den Augen der Wähler von der Regierung richtig angegangen wurden. Das traf zum Beispiel in Deutschland Mitte der 1950er Jahren auf die Sozialdemokraten zu, als sie sich gegen die Westpolitik Konrad Adenauers stellten, zu Beginn der 1970er Jahre auf die Christdemokraten, als sie gegen die Ostpolitik Willy Brandts opponierten, und in den 1990er Jahren erneut auf die Sozialdemokraten, als sie sich zumindest in den Augen der Wähler gegen Helmut Kohls Vereinigungspolitik sträubten.

dann werden Sündenböcke gesucht und hart bestraft – woraus die Inhaber politischer Ämter innerhalb der Regierung wiederum den Schluß ziehen müssen, daß es sich empfiehlt, immer eine gute Erklärung parat zu haben, falls sich der Scheinwerfer der öffentlichen Aufmerksamkeit ihrem Zuständigkeitsbereich nähern sollte.

Unter diesen Bedingungen wird die Motivation der einzelnen Amtsinhaber, politische Vorhaben zu verfolgen, die in der Öffentlichkeit unter Hinweis auf das Gemeinwohl gerechtfertigt werden können, durch bestimmte Mechanismen verstärkt. Sie können beschrieben werden als eine Kombination von Carl Friedrichs (1937, 16) berühmter „Doktrin der antizipierten Reaktionen" und der Metapher einer „Rute im Fenster", die allein schon dadurch wirkt, daß sie zum Einsatz kommen *könnte*. Da man unmöglich im voraus wissen kann, welche Fragen wahlentscheidend werden könnten, empfiehlt es sich für Amtsinhaber und Funktionäre unterhalb der Spitzenebene, bei ihren Handlungen von den schlimmsten Annahmen auszugehen und Entscheidungen zu vermeiden, welche das Mißfallen der Wechselwähler erregen könnten, wenn sie aufgedeckt werden und politische Bedeutung erlangen sollten. Dadurch wird die Verantwortung für politische Entscheidungen, die Sonderinteressen dienen, genau den Inhabern von Führungspositionen auferlegt, denen gegenüber die politische Verantwortlichkeit direkt wirksam wird. Aus demselben Grund werden redistributive politische Programme, die offensichtliche negative Konsequenzen für wichtige Wählerschichten haben, besonders intensiv überprüft; deshalb nehmen selbst Einparteienregierungen mit soliden Mehrheiten solche Maßnahmen nur sehr zögerlich in Angriff,[8] und auch nur dann, wenn sie durch starke Gemeinwohl- und Gerechtigkeitsargumente gerechtfertigt werden können.

Das Westminster-Modell scheint also normativ attraktiv zu sein. Wir sollten uns jedoch daran erinnern, daß das Modell das Vorhandensein einer erheblichen Anzahl *gemeinwohlorientierter* Wechselwähler voraussetzt. Wie ich im vorigen Kapitel gezeigt habe, hängen solche Orientierungen von der Stärke einer gemein-

---

8 Wie Paul Pierson (1994; 1996b) gezeigt hat, haben es selbst konservative Regierungen mit einem starken, ideologisch begründeten Interesse an der Verringerung der „Lasten" des Wohlfahrtsstaates für die Wirtschaft letztlich nicht geschafft, eine (sichtbare) Politik des Sozialabbaus zu betreiben, welche die Interessen wichtiger Wählerschichten verletzt hätte.

samen Identität ab (oder von einer eingipfligen Präferenzverteilung). Wenn es keine oder nur eine schwache gemeinsame Identität gibt oder wenn die Präferenzverteilung nicht eingipflig ist, und wenn die Wählerschaft in Gruppen mit unterschiedlichen Identitäten zerfällt, dann können auch potentiell gemeinwohlorientierte Wähler nicht mehr ein gemeinsames Interesse vertreten. In diesem Fall könnte auch die Orientierung der handelnden Politiker an den antizipierten Reaktionen der Wechselwähler nicht für outputorientierte Legitimität sorgen.

Alles, worauf man unter den Bedingungen des Westminster-Modells dann noch hoffen könnte, wären Muster des „Abwechselns", bei denen jede der konkurrierenden Parteien für eine gewisse Zeit regieren und die in ihrem Ausschnitt des politischen Spektrums vorherrschenden Vorstellungen des Gemeinwohls verwirklichen könnte. Wenn die Gesamtwählerschaft in zwei annähernd gleich große „Lager" gespalten wäre, könnte die Funktion der Wechselwähler durch Wähler „in der Mitte" wahrgenommen werden, von denen zu erwarten ist, daß sie auf ideologische „Übertreibungen" beider Seiten reagieren werden. Solange davon ausgegangen werden kann, daß die Interessenkonstellationen zwischen den Lagern einem Battle of the Sexes ähnelt, kann das abwechselnde Regieren unterschiedlicher Parteien ausreichen, um auch in Gesellschaften mit verfestigten Konfliktlinien Legitimität sicherzustellen.

Es ist jedoch nicht sicher, daß diese beiden Bedingungen in kompetitiven Zweiparteiensystemen erfüllt sind. Selbst wenn die Interessenkonstellation dem Typ des Battle of the Sexes entsprechen, können die beiden Lager unterschiedlich groß sein, und die asymmetrischen Ergebnisse, die von einer „strukturellen Mehrheit" produziert werden, können auf seiten der dauerhaft benachteiligten Minderheit so viel Unzufriedenheit erzeugen, daß die Legitimität des gesamten politischen Systems in Frage gestellt wird. Das könnte das Problem Quebecs in Kanada sein. Aber auch wenn die „Lager" in etwa dieselbe Größe haben, können die Konfliktlinien zwischen ihnen darüber hinaus so tief und die Interessenkonstellationen so konfliktbeladen sein, daß die jeweilige Minderheit keine der von der jeweiligen Mehrheit beschlossenen Maßnahmen als legitim akzeptieren könnte. Unter jeder dieser Bedingungen ist das Westminster-Modell nicht in der Lage, Legitimität zu erzeugen

– und tatsächlich gibt es in der realen Welt nicht viele politische Systeme, die diesem Modell annähernd entsprechen (Lijphart 1984; 1991; Wilson 1994). Statt dessen stützen sich die meisten konstitutionellen Demokratien auf verschiedene Formen von Verhandlungssystemen zur Gewährleistung der Legitimität hierarchischer Steuerung.

Verhandlungsdemokratie: Das Konkordanzmodell

Um die spezifischen Fähigkeiten und Grenzen der Verhandlungsdemokratie zu diskutieren, ist es erneut sinnvoll, mit der stilisierten Darstellung eines Extremmodells der „Konkordanzdemokratie" zu beginnen, das auf einer idealisierten Beschreibung der schweizerischen, österreichischen und niederländischen politischen Systeme in den ersten Nachkriegsjahrzehnten beruht (Lehmbruch 1967; 1974; Lijphart 1968). Damals waren diese Gesellschaften durch tiefe klassenpolitische (Österreich), religiös-ideologische (Niederlande) oder ethnisch-linguistische (Schweiz) Konfliktlinien gekennzeichnet, welche der Ausbildung einer einheitlichen politischen Identität auf nationaler Ebene entgegenstanden. Folglich hätte die reine Mehrheitsherrschaft keine Legitimität schaffen können. In Österreich bestand die Lösung in der Bildung einer langfristigen Großen Koalition zwischen den beiden großen, die antagonistischen Klasseninteressen repräsentierenden Parteien, während in den Mehrparteiensystemen der Niederlande und der Schweiz die wichtigen Parteien in Mehrparteien-Koalitionen zusammenarbeiteten. In der Schweiz wurde (und wird auch heute noch) der Wettbewerb zwischen den Parteien darüber hinaus durch die dauerhafte Zuweisung von Ministerposten auf die beteiligten Koalitionsparteien entschärft.

In seiner ursprünglichen Form hat das Konkordanzmodell nur in der Schweiz bis heute Bestand. Hier ist ebenfalls von Bedeutung, daß die regionalen (und damit ethnischen) Interessen im Ständerat, der föderalen Kammer des Parlaments, gesondert repräsentiert sind und daß die gesellschaftlichen Interessen, die diese ethnisch-linguistische Konfliktlinie übergreifen, gut organisiert und in das Parteiensystem integriert sind. Darüber hinaus können unzufriedene Gruppen mit Hilfe des Referendums leicht alle Regierungsentscheidungen anfechten (Lindner 1994). Auf diese Weise ist der Parteienwettbewerb als Mechanismus zur Sicherung demokratischer Verantwortlichkeit weitgehend außer Kraft gesetzt.[9] Statt dessen ist die Konkordanzdemokratie auf die Verhandlungslogik des Coase-Theorems angewiesen, um kollektiv verbindliche Entscheidungen zu legitimieren. Vorausgesetzt, daß alle wichtigen gesellschaftlichen Interessen tatsächlich an den multilateralen Verhandlungen beteiligt oder darin repräsentiert sind, entspricht die letztlich getroffene parlamentarische Entscheidung nicht nur dem Willen der Mehrheit, sondern einem „Konsens", der die Interessen und Machtressourcen aller wichtigen beteiligten Akteure und Gruppen reflektiert (Coleman 1990, 857-862).

Ein so definierter Konsens bedeutet nicht, daß die Entscheidungen einstimmig getroffen werden müssen und alle Parteien ein formelles Vetorecht haben; vielmehr kommt in ihm die dominante Sichtweise innerhalb eines Elitenkartells zum Ausdruck. Zugleich werden jedoch die Risiken der Kartellisierung begrenzt durch die leichte Verfügbarkeit des Referendums, das Minderheiten, deren „intensive" Interessen bedroht sind (Dahl 1956), ausgezeichnete Möglichkeiten bietet, selbst Entscheidungen zu blockieren, die von allen wichtigen Parteien und Interessengruppen unterstützt werden (Hadley/Morass/Nick 1989; Luthardt 1992). Die spezifischen Probleme der Konkordanzdemokratie werden eher durch die hohen Transaktionskosten multilateraler Verhandlungen und durch die Unfähigkeit zu unfreiwilliger Umverteilung verursacht, beides Merkmale, die allen Verhandlungssystemen zu eigen sind. Eine der Folgen davon ist, daß der schweizerische Wohlfahrtsstaat kleiner ist als die Wohlfahrtssysteme anderer europäischer Länder[10]

---

9 Der Parteienwettbewerb ist nicht völlig außer Kraft gesetzt, da das Wahlergebnis immer noch die relative parlamentarische Stärke der politischen Parteien bestimmt, und bei Entscheidungen im Gesetzgebungsverfahren ist diese Stärke nach wie vor von Bedeutung.
10 Generell steigen die Wohlfahrtsausgaben in Europa entsprechend dem Pro-Kopf-Bruttoinlandsprodukt. Neben Luxemburg ist die Schweiz das reichste Land Europas. Dennoch lagen die Sozialausgaben der Schweiz 1992 nur bei 20,8 Prozent des BIP und damit niedriger als in Irland und Spanien (21,6 bzw. 22,5 Prozent), weit niedriger als in Deutschland und Großbritannien, die beide auf 27 Prozent kamen, und erst recht niedriger als in Dänemark und den Niederlanden, deren Sozialausgaben sich auf 31 bzw. 33 Prozent des BIP beliefen (Eurostat 1995, Tabelle 3.31).

und daß politische Reformen dort eher blockiert werden als anderswo (Immergut 1992).

Aber inwiefern kann das Konkordanzmodell als „demokratisch" angesehen werden? Wichtige politische Entscheidungen müssen hier zwischen den Anführern der jeweiligen politischen „Lager" ausgehandelt werden. Deshalb stellen diese Entscheidungen aus der Sicht der normalen Mitglieder immer noch eine Form der hierarchischen Steuerung dar, die durch demokratische Verantwortlichkeit intern legitimiert werden muß. Anders als das Westminster-Modell kann die Konkordanzdemokratie nicht gewährleisten, daß die politischen Entscheidungen der Anführer den jeweiligen Präferenzen ihrer Basis entsprechen. Der Grund dafür ergibt sich aus dem Zweiebenencharakter der Verhandlungen zwischen den verschiedenen Einheiten.

Gehen wir zunächst einmal davon aus, daß die Interessen *innerhalb* der einzelnen Verhandlungseinheiten homogen sind. Aus der Diskussion in Kapitel 6 folgt, daß außer bei Konstellationen, die reinen Koordinationsspielen ähneln, eine Verhandlungslösung nicht den ursprünglichen Maximalpositionen aller beteiligten Parteien gerecht werden kann. Wenn die Verhandlungsführer also strikt an diese Maximalpositionen gebunden wären, müßten die Verhandlungen scheitern. Um erfolgreich politische Lösungen finden zu können, welche die *Gesamt*wohlfahrt erhöhen, müssen die Verhandlungsführer die Möglichkeit haben, innovative Regelungen zu entwickeln und „faire" Verteilungsregeln zu akzeptieren, die auch von allen anderen Parteien akzeptiert werden können. Da die Basis nicht an den Prozessen der gemeinsamen Suche nach adäquaten Lösungen und des Feilschens um die Verteilung von Kosten und Nutzen teilnehmen kann, die in Verhandlungen notwendigerweise stattfinden müssen, und da Verhandlungen nicht erfolgreich sein könnten, wenn alle Informationen über den Verhandlungsverlauf der Öffentlichkeit zugänglich wären, scheinen wir vor einem weiteren Dilemma zu stehen: In der Verhandlungsdemokratie kann Wohlfahrtseffizienz und Verteilungsgerechtigkeit *zwischen* den Einheiten nur erreicht werden, wenn die demokratische Verantwortlichkeit *innerhalb* der Einheiten geschwächt wird. Das Dilemma scheint sich noch zu verschärfen, wenn wir die Annahme homogener Präferenzen innerhalb der Einheiten fallen lassen und dort auch konfligierende Interessen zulassen (Mayer 1992). Auf dieses Problem werde ich in Kapitel 9 zurückkommen.

Hier genügt es, daran zu erinnern, daß wir Kriterien der *output-orientierten Legitimität* diskutieren und daß das angemessene Kriterium für erfolgreiche Verhandlungen nicht in der Verwirklichung der ursprünglichen Ziele der jeweiligen Parteien bestehen kann, sondern nur darin, daß das erzielte Ergebnis für alle Beteiligten besser sein sollte als der Zustand, der bei einem Scheitern der Verhandlungen eintreten würde. Geht man davon aus, dann kann es zwar legitime Kontroversen über die Frage geben, wo der Nichteinigungspunkt zu verorten sei, und darüber, ob bessere Ergebnisse zu erreichen gewesen wären, aber diese Kontroversen unterscheiden sich nicht grundlegend von den Auseinandersetzungen über interne politische Entscheidungen unter den Bedingungen der Wettbewerbsdemokratie.

Aus demokratietheoretischer Sicht verlagert sich daher das Interesse auf die internen Mechanismen der politischen Verantwortlichkeit innerhalb der politischen Parteien und regionalen Einheiten, die an politischen Verhandlungen auf der nationalen Ebene beteiligt sind. Aber auch hier wird das Legitimitätsproblem dadurch entschärft, daß die an Verhandlungen beteiligten Einheiten kleiner sind als das politische Gemeinwesen insgesamt und daß die Mitgliedschaft in diesen Einheiten in höherem Maße auf Freiwilligkeit beruht. Daher sind die politischen Präferenzen innerhalb der Verhandlungseinheiten wahrscheinlich homogener, oder sie sind zumindest häufiger eingipflig, als dies in der Gesamtbevölkerung der Fall ist. Wenn diese Einheiten darüber hinaus über eine kollektive Identität verfügen, dann wird es häufig möglich sein, die Ergebnisse von Verhandlungen mit „Außenstehenden" eindeutig als besser oder schlechter „für unsere Seite" zu qualifizieren.[11] Es besteht also weniger Bedarf an institutionellen Sicherungsmechanismen, die gewährleisten, daß die Anführer bei ihren Entscheidungen im Sinne der Medianpräferenzen ihrer Basis handeln. In der Schweiz bietet die Institution des Referendums darüber hinaus ein leicht verfügbares Korrektiv für Verhandlungsergebnisse, welche die grundlegenden Präferenzen einer wichtigen Minderheit der Wähler verletzen.

---

11 Derselbe Mechanismus kann erklären, weshalb in den Vereinigten Staaten und anderswo eine von beiden Parteien getragene Außenpolitik leichter zu erzielen ist als ein Konsens über innenpolitische Fragen.

Kombination von Wettbewerb und Verhandlungen

Aus dem Gesagten folgt, daß das stilisierte Modell der Konkordanzdemokratie, obwohl es sich deutlich vom Westminster-Modell unterscheidet, ebenfalls normativ attraktive Merkmale aufweist. Die meisten real existierenden politischen Systeme liegen jedoch irgendwo zwischen den bisher diskutierten Extremen. Weder haben sie den Parteienwettbewerb in dem Maße ausgeschaltet, wie dies in der Schweiz der Fall ist, noch haben sie die Verantwortlichkeit einer einzigen Partei in dem Maße institutionalisiert, wie dies im Westminster-Modell der Fall ist. Folglich sind die politischen Prozesse in den meisten modernen Demokratien sowohl von Wettbewerb als auch von einem nicht unerheblichen Maß an Verhandlungen zwischen politisch unabhängigen Akteuren gekennzeichnet (Lijphart 1984). Aber diese Verhandlungen unterscheiden sich erheblich hinsichtlich der Ursachen potentieller Differenzen und der Faktoren, die eine Einigung ermöglichen. Diese Unterschiede können wie folgt klassifiziert werden:

Innerparteiliche Verhandlungen

Selbst in Einparteienregierungen des Westminster-Typs kann es politische Konflikte innerhalb der Regierungspartei geben, die nicht immer durch die einseitige hierarchische Anordnungsgewalt des Premierministers beigelegt werden können. Sie können ihre Ursache ebenso in sachlichen politischen Differenzen wie im Karrierestreben oder in den persönlichen Eitelkeiten ambitionierter Politiker haben. Solche Konflikte sind in allen politischen Systemen allgegenwärtig. Aber sie werden hier dadurch gedämpft, daß das institutionelle Eigeninteresse am Gewinn und Erhalt der Regierungsmacht und der Amtsvorteile nur auf der Ebene der Gesamtpartei verwirklicht werden kann. Selbst wenn es verschiedene Parteiflügel gibt, die sich leidenschaftlich bekämpfen, können sie doch nur gemeinsam gegen die Opposition gewinnen oder verlieren – und wenn die innerparteilichen Fehden dazu führen könnten, daß die Partei die Wahlen verliert, dann wird es erheblichen Druck geben, eine wie auch immer geartete Einigung zwischen den konkurrierenden Lagern zu erzielen.

Koalitionsinterne Verhandlungen

Komplizierter ist die Sachlage bei Verhandlungen zwischen den Parteien einer Regierungskoalition, einem institutionellen Arrangement also, das typisch ist für Mehrparteiensysteme. Hier ist das Zusammenspiel von Regierung und Opposition weiterhin bestimmend für den Mechanismus der demokratischen Verantwortlichkeit. Aber seine Wirkung auf die Regierungspolitik ist schwächer als unter den Bedingungen des Westminster-Modells. Selbst wenn die Koalition bestrebt ist, geschlossen gegenüber der Opposition aufzutreten und wechselnde Mehrheiten zu vermeiden, müssen die gemeinsamen Strategien in internen Verhandlungen zwischen Koalitionsparteien formuliert werden, die letztlich je für sich vor den Wählern bestehen müssen. Erfolg oder Mißerfolg bei den Wahlen kann über die Möglichkeit einer erneuten Beteiligung an der Regierung entscheiden, und selbst wenn alle Beteiligten die Koalition nach den Wahlen fortsetzen wollen, hat das Wahlergebnis Einfluß auf die Anzahl und die Bedeutung der Ministerposten, die eine Partei für sich erwarten kann.[12] Auch wenn also alle Koalitionsparteien ein gemeinsames Interesse am Erfolg der Regierung haben, hat doch jede auch ein jeweils eigenes institutionelles Interesse an der Aufrechterhaltung ihrer politischen Identität und an der Verteidigung der Interessen ihrer Klientel, selbst wenn dadurch die Wahlchancen der Regierung insgesamt beeinträchtigt werden.[13] In dieser Hinsicht können kleine

---

12 Die Koalitionstheorie, die vorherzusagen versucht, welche Koalitionen gebildet werden und wie die Ämterverteilung zwischen ihren Mitgliedern aussieht, hat bislang noch kaum Vorhersagekraft, da ihre analytischen Modelle die *politische* Dimension der Koalitionsbildung ignorieren. Wenn die Wahrscheinlichkeit der Koalition für alle Parteien gleich wäre, dann könnte man tatsächlich erwarten, daß sich „minimum winning coalitions" bilden (Riker 1962), in denen das relative Gewicht der Mitglieder einem Machtindex entspricht, der auf der Wahrscheinlichkeit beruht, daß ein bestimmter Akteur entscheidend für die Bildung einer zufällig ausgewählten „minimum winning coalition" ist (Harsanyi 1981; 1991). In der Realität werden jedoch viele potentielle Koalitionen durch ideologische und historische Erfahrungen oder persönliche Konflikte ausgeschlossen. Die entscheidende Frage ist daher, welche der Koalitionsparteien sich für eine andere *politisch mögliche* Koalition entscheiden könnte. Wenn nur eine Partei über eine Außenoption verfügt, steigt ihre relative Bedeutung; wenn keine Partei eine Außenoption hat, dann werden selbst sehr große Unterschiede hinsichtlich der numerischen Stärke nivelliert.

13 Dieses Gefangenendilemma wird gemildert, wenn das Wahlergebnis, wie in der Schweiz, keinen Einfluß auf die Zuweisung von Ministerposten hat, und es wird

Parteien (wie die israelischen religiösen Parteien oder die britischen Gegner einer Loslösung Nordirlands vom Vereinigten Königreich) ein politisches Drohpotential besitzen, das in keinem Verhältnis zu ihrem Stimmenanteil bei den Wahlen steht. Daraus folgt, daß Koalitionsregierungen nicht nur in geringerem Maße zu entschiedenem Handeln fähig sind als eine Einparteienregierung unter denselben Umständen, sondern daß sie auch eher dazu neigen, die Sonderinteressen der Klientel bestimmter Parteien zu fördern.

Divided Government

In den bisher diskutierten Fällen finden Verhandlungen „im Schatten" des Mehrheitsvotums statt. Wenn sich also herausstellt, daß keine Einigung erzielt werden kann, könnte eine entschlossene Mehrheit ihre Vorstellungen immer noch einseitig durchsetzen, auch wenn dies mit hohen politischen Kosten verbunden wäre. Als Hintergrundoption erleichtert dies die Herstellung von „Konsens" im oben diskutierten Sinne. Das gilt jedoch nicht im Rahmen von Verfassungsarrangements, bei denen die Regierungsgewalt formell auf mehrere Institutionen verteilt ist, die denselben Wählern oder Teilen davon *getrennt verantwortlich* sind. Das trifft in den Vereinigten Staaten auf das Repräsentantenhaus, den Senat und den Präsidenten zu, in Frankreich auf den Staatspräsidenten und die auf einer parlamentarischen Mehrheit basierende Regierung und in Deutschland auf die ebenfalls von einer Mehrheit im Parlament getragene Bundesregierung und den Bundesrat, der die Regierungen der Länder vertritt.

Formal ausgedrückt, können solche Verfassungsarrangements als „Zwangsverhandlungssysteme" charakterisiert werden, wie sie in Kapitel 6 diskutiert wurden. Keine der beteiligten Parteien kann alleine handeln. Es ist zwar richtig, daß das formelle Veto des Präsidenten in den Vereinigten Staaten durch besondere Mehrheiten in beiden Häusern des Kongresses überstimmt werden kann und daß auch das Veto des Bundesrates in Deutschland in manchen

---

verschärft, wenn davon ausgegangen werden kann, daß Koalitionen, wie in Italien oder in Frankreich zur Zeit der Vierten Republik, nur eine kurze Lebensdauer haben werden.

Fällen durch besondere Mehrheiten im Bundestag außer Kraft gesetzt werden kann (Wehling 1989). Im Normalfall jedoch können verfassungsrechtlich etablierte Vetos nur durch Verhandlungen überwunden werden. Wenn das alles wäre, dann würden sich die horizontale oder vertikale Aufteilung der Regierungsgewalt analytisch nicht von anderen Zwangsverhandlungssystemen unterscheiden, weshalb wir auf der Grundlage des Coase-Theorems immer noch erwarten könnten, daß annähernd wohlfahrtsoptimale politische Ergebnisse erzielt werden.[14]

Die Situation verändert sich jedoch grundlegend unter den Bedingungen des „divided government" (Laver/Shepsle 1991; McKay 1994; Krehbiel 1996). Wenn in den Vereinigten Staaten beide Häuser des Kongresses von einer gegen den Präsidenten gerichteten Mehrheit kontrolliert werden (und wenn die Parteidisziplin hoch ist), wenn in Frankreich der Präsident und der Premierminister zur „*cohabitation*" gezwungen sind und wenn in Deutschland Länderregierungen die Mehrheit im Bundesrat stellen, die von den Oppositionsparteien im Bundestag kontrolliert werden, dann hängt die politische Entscheidungsfindung von Verhandlungen zwischen Akteuren ab, die gegeneinander um Wählerstimmen *innerhalb derselben Wählerschaft* konkurrieren müssen.

Für die Definition des „divided government" ist die im letzten Satz hervorgehobene Bedingung entscheidend. Zwischen den Regierungen der Europäischen Union spielt die Parteipolitik praktisch keine Rolle – die deutsch-französische Allianz war unter dem Sozialdemokraten Helmut Schmidt und dem Konservativen Giscard d'Estaing genauso eng wie unter dem Sozialisten François Mitterand und dem Christdemokraten Helmut Kohl. Selbst innerhalb Deutschlands kooperieren Länderregierungen unterschiedlicher parteipolitischer Couleur häufig sehr effektiv miteinander

---

14 Aus demokratietheoretischer Sicht wird häufig argumentiert, daß die Verantwortlichkeit dadurch geschwächt wird, daß man, ohne unfair zu sein, keinen der politischen Akteure für die erzielten Ergebnisse voll verantwortlich machen kann. Aber es gibt für die Wähler keinerlei Verpflichtung, fair zu sein, und sie werden unter Umständen kein großes Interesse daran haben, herauszufinden, wer genau die Schuld trägt, wenn sie mit den Ergebnissen der Regierungspolitik unzufrieden sind. Das sollte im allgemeinen die Bereitschaft der politischen Akteure erhöhen, effektive Lösungen für politisch dringliche Probleme zu finden.

(Hesse 1987). Aber unter den Bedingungen des „divided government" werden die interinstitutionellen oder intergouvernementalen Verhandlungen von den Orientierungen politischer Parteien dominiert, die miteinander in direktem Wettbewerb um die Stimmen derselben Wähler stehen. Unter diesen Bedingungen besteht ihre normale Rolle in gegenseitiger Konkurrenz, und deshalb sind ihre Wahrnehmungen und Präferenzen von „kompetitiven" Interaktionsorientierungen bestimmt, die, wie ich weiter oben gezeigt habe, alle Interaktionen in Nullsummenkonflikte verwandeln.

Wenn das der Fall ist, dann wird die kooperative Suche nach wechselseitig akzeptablen Lösungen blockiert durch das dominante Interesse der Opposition, der Regierung Unfähigkeit nachzuweisen, und durch das gleichermaßen dominante Interesse der Regierung, die Unverantwortlichkeit und Inkompetenz der Opposition deutlich zu machen. Und selbst wenn die Verhandlungsführer einem Konsens über einer Frage mit hoher politischer Bedeutung nahe sind,[15] werden sie wahrscheinlich von Konkurrenten aus den eigenen Reihen mit dem Vorwurf gestoppt, sie hätten vor dem „politischen Gegner" kapituliert (Ueberhorst 1991; Koenigs/ Schaeffer 1993). Das wahrscheinlichste Ergebnis ist dann politischer Immobilisimus. Aber es kann auch Konstellationen geben, bei denen sich die konkurrierenden Parteien gegenseitig zu überbieten versuchen, indem sie den Umfang populärer Ausgabenprogramme in die Höhe schrauben (oder unpopuläre Kosteneinsparungen vermeiden) – mit der Folge, daß die schließlich verabschiedeten Lösungen fiskalisch unverantwortlicher sind als Maßnahmen, für die eine allein regierende Partei die volle Verantwortung übernehmen müßte.[16]

---

15 In dieser Hinsicht erweist es sich als Vorteil, daß die öffentliche Aufmerksamkeit für politische Fragen ein knappes Gut ist und daß die Parteien daher bei der Entscheidung, welche Probleme „politisiert" werden sollen, sehr selektiv vorgehen müssen. Tatsächlich wird die überwiegende Mehrzahl der Fragen, die auf der Agenda des Bundesrates stehen, ohne öffentliche Kontroversen verabschiedet. Wenn dem nicht so wäre, dann könnte ein Land wie Deutschland unter den Bedingungen des „divided government" überhaupt nicht regiert werden (Klatt 1989; Renzsch 1989).
16 Die „Divided-government"-Forschung hat sich fast ausschließlich auf die Vereinigten Staaten (aber vgl. Laver/Shepsle 1991) und auf die budgetären Folgen konzentriert. Die empirische Erkenntnis dieser Forschungsrichtung ist, daß Regierungen in Phasen geteilter Parteiherrschaft größere Haushaltsdefizite produ-

Mit anderen Worten: Unter den Bedingungen des „divided government" beeinträchtigt der politische Wettbewerb die Fähigkeit der Regierungen, gesellschaftliche Probleme effektiv zu lösen. Umgekehrt schwächt die Notwendigkeit der Kooperation zwischen Regierung und Opposition im Interesse effektiver Problemlösungen den wichtigsten Mechanismus zur Kontrolle der Regierung durch demokratische Verantwortlichkeit. Letztlich kann es dazu kommen, daß Einigungschancen durch den Konkurrenzdruck vereitelt werden[17] während der Parteienwettbewerb durch heimliche Koalitionen beeinträchtigt wird. Kurzum, Verhandlungen unter den Bedingungen des „divided government" sind aus wohlfahrtstheoretischer wie aus demokratietheoretischer Perspektive normativ unattraktiv.

---

zieren und weniger gut auf plötzliche Steuerausfälle reagieren können (McKay 1994; Alt/Lowry 1994).

17 In Deutschland ist es von Bedeutung, daß die Verhandlungsführer der Opposition auf der Grundlage zweier Identitäten handeln: als Repräsentanten ihrer jeweiligen politischen Partei und als Repräsentanten ihres jeweiligen Bundeslandes. Im Rahmen dieser zweiten Identitätsdimension (von der ihre Verhandlungsposition abhängt) müssen sie darauf achten, daß sie das institutionelle Eigeninteresse ihres Landes nicht dem ideologischen Druck ihrer Partei opfern (Scharpf 1995). Deshalb ist die Bundesregierung manchmal in der Lage, die *parteipolitische* Opposition zu „kaufen", indem sie Konzessionen hinsichtlich einiger *Länder*interessen macht.

Kapitel 9
Formen des verhandelnden Staates

Rückblick

Beginnen wir mit einem Rückblick auf das bisher Gesagte: Am Anfang stand die Unterscheidung zwischen materieller Policy-Analyse und interaktionsorientierter politikwissenschaftlicher Forschung. Die erste befaßt sich mit dem Verhältnis zwischen gesellschaftlichen Problemen und den verfügbaren Möglichkeiten ihrer politischen Bearbeitung. Hier geht es also darum, für Bedingungen, die von den betroffenen Individuen und Gruppen als problematisch angesehen werden, gemeinwohlverträgliche Abhilfen zu identifizieren, die mit den verfügbaren Mitteln kollektiven Handelns realisiert werden können. Die interaktionsorientierte Politikforschung dagegen richtet ihren Blick auf die Institutionen und Akteure, in denen und durch die gesellschaftliche Probleme in politisches Handeln transformiert werden, das – im Lichte der materiellen Policy-Analysen – als mehr oder minder effektive Problemlösung beurteilt wird. Ziel dieses Buches war es, einen Bestand konzeptioneller Werkzeuge für die theoretisch disziplinierte Untersuchung politischer Interaktionen herzustellen.

Diese Werkzeuge können, so habe ich gezeigt, im Bezugsrahmen des „akteurzentrierten Institutionalismus" systematisiert werden. Dieser sieht politisches Handeln als Ergebnis der Interaktionen zwischen strategisch handelnden, aber begrenzt rationalen Akteuren, deren Handlungsmöglichkeiten, Präferenzen und Wahrnehmungen weitgehend, aber nicht vollständig, durch die Normen des institutionellen Rahmens bestimmt werden, innerhalb dessen sie interagieren. Im Anschluß daran habe ich die Verwendung komplexer Akteurkonzepte begründet und dabei zwischen aggregierten, kollektiven und korporativen Akteuren unterschieden. Zugleich habe ich eine Reihe von begrifflichen Unterscheidungen vorgestellt, die eine differenzierte Beschreibung der Handlungsressourcen, Wahrnehmungen und Präferenzen individueller und korporativer Akteure ermöglichen. Im Anschluß daran habe ich den potentiellen Nutzen einer spieltheoretischen Interpretation von Akteurkonstellationen erörtert und gezeigt, wie diese Akteurkonstellationen auf die von der materiellen Policy-Analyse identifizierten Problemkonstellationen bezogen werden können und nach welchen wohlfahrtstheoretischen und verteilungstheoretischen Kriterien die Ergebnisse der Interaktion beurteilt werden können. In den nachfolgenden Kapiteln 5 bis 8 habe ich dann die vier grundlegenden Modalitäten der strategischen Interaktion – einseitiges Handeln, Verhandlung, Mehrheitsentscheidung und hierarchische Steuerung – ausführlicher behandelt und die Bedingungen erörtert, unter denen diese jeweils politische Ergebnisse erwarten lassen, die den Kriterien der Wohlfahrtsmaximierung und der Verteilungsgerechtigkeit genügen.

Entscheidend dafür ist die Art der Akteurkonstellation. Konstellationen, die reinen Koordinationsspielen oder dem Assurance-Spiel ähneln, können in allen vier Interaktionsformen effektiv bearbeitet werden – sogar im Modus des einseitigen Handelns, wenn dies zu wechselseitiger Anpassung führt. Bei Problemen, die den Charakter eines Battle of the Sexes haben, sind die Ergebnisse von einseitigem Handeln und von Mehrheitsentscheidungen ebenfalls wohlfahrtseffizient, aber sie genügen nicht den Kriterien der Verteilungsgerechtigkeit. Unter diesen Bedingungen können Verhandlungen leicht blockiert werden – aber wenn eine Einigung erzielt wird, entspricht das Ergebnis den Kriterien der Wohlfahrtseffizienz ebenso wie denen der Verteilungsgerechtigkeit im Sinne der „Fairneß" (nicht jedoch im Sinne der „Gleichheit" oder der „Bedürftigkeit"). Probleme von der Art eines symmetrischen Gefangenendilemmas dagegen können durch einseitiges Handeln oder egoistisch-rationale Mehrheitsentscheidungen nicht auf normativ befriedigende Weise gelöst werden, während Verhandlungen unter den strukturellen Bedingungen von Netzwerken, Regimen und Zwangsverhandlungssystemen zur Lösung solcher Probleme in der Lage sind, wenngleich dabei hohe Transaktionskosten in Kauf genommen werden müssen. Konstellationen mit hohem Konfliktniveau schließlich können weder durch einseitiges Handeln noch durch egoistische Mehrheitsentscheidungen zufriedenstellend bewältigt werden. Verhandlungen würden hier meist Blockaden erzeugen. Bestenfalls können die Verhandlungsteilnehmer Kompromißlösungen auf dem kleinsten gemeinsamen Nenner erzielen, welche die Status-quo-Verteilung nicht antasten – und das auch nur dann, wenn die Kosten und Nutzen aufteilbar sind oder wenn Ausgleichszahlungen und Paketlösungen möglich sind. Das wird nicht immer der Fall sein, und die Transaktionskosten werden selbst unter günstigen Umständen sehr hoch sein (Underdal 1983).

Die hierarchische Koordination dagegen ist grundsätzlich in der Lage, Ergebnisse zu produzieren, die den Standards der Wohlfahrtseffizienz und der Verteilungsgerechtigkeit genügen, und zwar für alle Arten gesellschaftlicher Probleme und unter den Bedingungen aller strategischer Konstellationen – was erklärt, weshalb dieser Interaktionsmodus in materiellen Policy-Analysen typischerweise unterstellt wird. Es ist jedoch ebenso klar, daß die hierarchische Koordination diese positiven Ergebnisse nur unter sehr restriktiven Voraussetzungen erzielen kann. Ich habe diese Voraussetzungen unter den Begriffen eines „Informationsproblems" und eines „Motivationsproblems" diskutiert, und ich habe argumentiert, daß die *Motivation* von Amtsinhabern mit hierarchischer Weisungsbefugnis durch die Institutionalisierung demokratischer Verantwortlichkeit unter Bedingungen, die im großen und ganzen in einer Vielzahl real existierender konstitutioneller Demokratien erfüllt sind, hinreichend gut sichergestellt werden kann. Obwohl es sicherlich in allen politischen Systemen Fälle von Korruption und absichtsvollem Fehlverhalten in politischen Führungspositionen gibt, werden diese, wenn sie entdeckt werden, in der Regel hart sanktioniert, und verglichen mit der Erwartung allgegenwärtigen Opportunismus', wie sie von der Public-Choice-Theorie postuliert wird, scheint es tatsächlich relativ selten vorzukommen, daß demokratisch verantwortliche Regierungen absichtsvoll politische Entscheidungen treffen, von denen sie glauben, daß sie das Allgemeinwohl verletzen.

Auf der theoretischen Ebene gibt es auch eine plausible Lösung für das Informationsproblem. Sie setzt voraus, daß die hierarchischen Vorgesetzten ihre Aufmerksamkeit auf diejenigen Angelegenheiten beschränken, die ausschließlich auf ihrer Ebene bearbeitet werden können. Aber diese Lösung hängt von Zuständigkeitsstrukturen ab, die „annähernd zerlegbar" sind (Simon 1962), und ich habe argumentiert, daß dies unter realen Bedingungen, in denen die Anzahl, die Verschiedenartigkeit, das Ausmaß und die Variabilität kausaler Interdependenzen in praktisch allen Politikfeldern zunimmt, immer weniger möglich ist. Alle Versuche zentraler hierarchischer Koordination werden daher mit großer Wahrscheinlichkeit auf die kombinierten Probleme des Informationsmangels und der Informationsüberlastung stoßen – was die technische, wirtschaftliche und soziale Rückschrittlichkeit und letztlich das Scheitern der sozialistischen Regime erklären könnte. Aber wenn die Lösung für bestimmte Aspekte eines interdependenten Problemzusammenhangs statt dessen den unmittelbar davon betroffenen Parteien oder den zuständigen Untereinheiten überlassen wird, dann ist man wieder bei dem Interaktionsmodus der Verhandlungen und all den Mängeln angelangt, die gerade durch die hierarchische Koordination überwunden werden sollten.

Empirisch scheint dies jedoch eine allzu pessimistische Schlußfolgerung zu sein, und deshalb ist die erste Frage, die in diesem Schlußkapitel noch diskutiert werden muß, wie politische Erfolge innerhalb des hier vorgestellten Ansatzes erklärt werden können. Angesichts der geringen Problemlösungsfähigkeit des einseitigen Handelns, der hohen Transaktionskosten von Verhandlungen und des eng begrenzten Rahmens, in dem die hierarchische Koordination – der leistungsfähigste, aber zugleich auch der gefährlichste Interaktionsmodus – normativ akzeptable Lösungen produzieren kann, stellt sich die Frage, *wie es möglich ist, daß die Politik in den meisten konstitutionellen Demokratien und über relativ lange Zeit hinweg überhaupt in der Lage war, relativ zufriedenstellende Ergebnisse zu produzieren*. Und während wir diese Frage erörtern, sollten wir auch schon die nächste antizipieren: *Wie ist es möglich, daß konstitutionelle Demokratien, die so lange relativ zufriedenstellende politische Ergebnisse produziert haben, diese Fähigkeit seit Mitte der 1970er Jahre eingebüßt zu haben scheinen?* Um diese beiden Fragen beantworten zu können, müssen wir unsere Perspektive, die sich bislang auf die politischen Interaktionen innerhalb des staatlichen Entscheidungssystems selbst konzentrierte, erweitern. Es wird sich jedoch zeigen, daß dabei dieselben konzeptionellen Werkzeuge eingesetzt werden können, die bislang vorgestellt wurden.

Der Schatten der Hierarchie

In empirischer Hinsicht war die Antwort auf die erste Frage bereits in der oben erwähnten Untersuchung über die Koordinationsformen innerhalb der deutschen Ministerialbürokratie enthalten (Mayntz/Scharpf 1975). Konzeptionell basiert diese Antwort auf der am Ende von Kapitel 2 eingeführten Unterscheidung zwischen einer bestimmten Art institutioneller Rahmenbedingungen und den darin typischerweise vorkommenden Interaktionsformen. Für den hierarchischen Modus entspricht dies der Unterscheidung zwischen der *hierarchischen Autoritätsstruktur* und dem tatsächlichen Einsatz *hierarchischer Steuerung* zur Überwindung der Entscheidungspräferenzen anderer Akteure. Ich habe ebenfalls darauf hingewiesen, daß jede institutionelle Struktur als „Möglichkeitsgrenze" in dem Sinne betrachtet werden kann, daß sie zwar institutionell anspruchsvollere Interaktionsformen nicht zuläßt (in einer Netzwerkstruktur kann nicht auf Mehrheitsentscheidungen oder hierarchische Steuerung zurückgegriffen werden), aber weniger anspruchsvolle Optionen nicht ausschließt. Innerhalb einer hierarchischen Autoritätsstruktur ist es daher in der Tat möglich, daß die tatsächlich stattfindenden Interaktionen den Charakter von Verhandlungen oder von einseitigem Handeln haben.

Verhandlungen in bürokratischen Hierarchien

Verhandlungen, die *in eine hierarchische Autoritätsstruktur eingebettet sind*, unterscheiden sich grundlegend von „freien" Verhandlungen. Ebenso wie die demokratische Verantwortlichkeit, selbst wenn ihre Kapazität auf politische Fehler zu reagieren beschränkt ist, immer noch als „Rute im Fenster" wirkt, ist die hierarchische Autorität immer noch in der Lage, Interaktionen auf den unteren Ebenen, die sie nicht wirksam einseitig koordinieren kann, wenigstens zu beeinflussen. So war die Aufgabenstruktur der von uns untersuchten deutschen Ministerialbürokratie sicherlich nicht „annähernd zerlegbar" in dem von Herbert Simon (1962) vorgeschlagenen Sinne, und es war klar, daß der Entscheidungsapparat zusammenbrechen würde, wenn alle internen Konflikte mittels hierarchischer Koordination durch die Minister und alle interministeriellen Dispute durch das Kabinett beigelegt werden müßten. Dennoch werden die von der Regierung stetig produzierten politischen Entscheidungen eindeutig von den Präferenzen der verantwortlichen Minister und des Kanzlers beeinflußt.

In der Praxis werden Entscheidungsvorschläge üblicherweise durch ein „Geflecht" horizontaler Verhandlungen der niederrangigen Einheiten innerhalb eines Ministeriums und zwischen verschiedenen Ministerien ausgearbeitet, in die auch externe Akteure aus Parlamenten, politischen Parteien und Interessengruppen einbezogen werden. Konflikte werden entweder einseitig durch negative Koordination vermieden oder durch distributives Bargaining über Kompromißlösungen ausgeräumt, die es den beteiligten Einheiten erlauben, ihren jeweiligen Ministern und dem Kabinett *gemeinsame* Vorschläge zu präsentieren, die dann häufig ohne Debatte formell verabschiedet werden. Es ist jedoch wichtig, daß in diesem Prozeß der horizontalen Selbstkoordination jede beteiligte Einheit ebenfalls in einen „vertikalen Dialog" eingebunden ist, in dem die politischen Anliegen der Minister oder des Kanzleramts „nach unten" weitergegeben und Fragen der technischen Machbarkeit und der Brauchbarkeit der vorhandenen Optionen „nach oben" kommuniziert werden.

Die Einheiten auf den unteren Ebenen haben normalerweise also eine klare Vorstellung davon, für welche Positionen sie Unterstützung von seiten der politischen Führungsebene erwarten können, falls die horizontalen Verhandlungen scheitern sollten. Gleichzeitig sind sich jedoch alle beteiligten Parteien darüber im klaren, daß die obere Ebene nicht allzu häufig angerufen werden kann, ohne diese zu überlasten und dadurch willkürliche Entscheidungen zu provozieren. Überdies sind negative Bescheide der oberen Ebenen oder auch nur der Ruf, den Minister mit Fragen zu belästigen, die auch auf der unteren Ebene hätten gelöst werden können, für die Karriere eines Beamten fast ebenso schädlich wie die mangelnde Standfestigkeit in einer für den Minister wichtigen Frage. Daher ist der Einigungsdruck bei der horizontalen Selbstkoordination sehr hoch, aber jede Seite hat die Möglichkeit, die höhere Ebene und letztlich den gemeinsamen Vorgesetzten anzurufen, wenn sie in den Verhandlungen keine ausreichenden Chance zur Durchsetzung ihrer Position mehr sieht oder wenn sie mit unfairen Verhandlungsstrategien konfrontiert wird. Diese Konstellation kann in unserem oben verwendeten Verhandlungsdiagramm durch die Hinzufügung einer Drohoption für jede Partei dargestellt werden (Abbildung 9.1).

Abbildung 9.1: Verhandlungen in einer Hierarchie

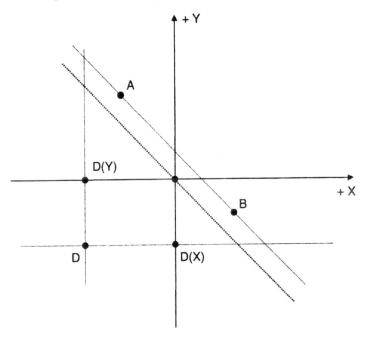

Nehmen wir an, daß zwei Abteilungen eines Ministeriums, X und Y, sehr unterschiedliche Lösungen, A und B, eines politischen Problems anstreben – etwa, weil jede den Interessen einer bestimmten Klientelgruppe besonders verpflichtet ist. Verglichen mit dem Status quo läge weder A noch B innerhalb der Zone gemeinsamer Attraktion. In freien Verhandlungen wäre eine Kompromißlösung also sehr schwer zu erreichen, da die Vorteile einer solchen Lösung gegenüber dem Status quo im Vergleich zu den Konzessionen, die jede Seite machen müßte, unbedeutend wären. In einer Ministerialorganisation freilich könnte jede Seite damit drohen, die Angelegenheit dem Minister vorzulegen, um diesem zu zeigen, daß die Position der anderen Seite wichtige Interessen des Ministeriums als Ganzem verletzt. Aber wenn eine Seite diese Option wählt, dann wäre die andere Seite ebenfalls dazu gezwungen, ihre Version darzulegen – mit der sehr realen Gefahr, daß die Leitung eine sachlich unzulängliche Entscheidung trifft (oder gar nicht entscheidet) und daß beide Parteien einen Reputationsverlust erleiden. Aus ihrer Sicht könnte deshalb das Ergebnis, das herauskäme, wenn beide Drohungen in die Tat umgesetzt würden, bei Punkt T liegen. *Verglichen mit dem Drohergebnis bei Punkt T wären jedoch nunmehr beide ursprüngliche Optionen, A und B, für beide Parteien akzeptabel, so daß eine Kompromißlösung relativ einfach zu erreichen sein müßte.*

Wichtig ist außerdem, daß der Drohmechanismus nur von solchen Parteien glaubhaft eingesetzt werden kann, die argumentieren können, daß sie das wohlverstandene Interesse des Ministers verfolgen. Wenn nur eine Seite, z.B. Y, dazu in der Lage ist, dann würde sie keinen Reputationsverlust erleiden, wenn sie einseitig den Minister anruft – denn dieser würde dann mit großer Wahrscheinlichkeit ihre Position unterstützen, und die andere würde politisch an Boden verlieren und müßte eine Schmälerung ihrer Karrierechancen hinnehmen. In diesem Fall könnte der Drohpunkt bei T(Y) liegen – mit der Folge, daß nun Lösung A, nicht jedoch Lösung B, innerhalb des Verhandlungsraumes läge.

Daraus folgt nicht nur, daß Verhandlungen, die in eine hierarchische Struktur eingebettet sind, unter ansonsten gleichen Bedingungen eher zu einer Einigung führen als Verhandlungen außerhalb solcher Strukturen, sondern auch, daß diese Verhandlungen systematisch von der Antizipation einer möglichen Reaktion des Ministers beeinflußt werden. Mit anderen Worten: Das Principal-Agent-Problem verschwindet weitgehend, wenn die Auftragnehmer nur handeln können, indem sie entweder eine Einigung untereinander erzielen oder den (einzigen) Auftraggeber anrufen. Es ist daher zu erwarten, daß der Politik-Output, der durch die Verflechtung horizontaler Verhandlungen zwischen Einheiten der unteren Ebenen erzeugt wird, annähernd dem Output gleichkommen wird, der durch hierarchische Koordination hätte produziert werden können. Der doppelte Mechanismus der „antizipierten Reaktionen" und der „Rute im Fenster" verhilft einer hierarchischen

Autoritätsstruktur zu einem sehr viel größeren Einfluß auf die politische Entscheidungsfindung als es die hierachische Koordination im engeren Sinne eines spezifischen Interaktionsmodus je erreichen könnte.

Selbstorganisation im Schatten des Staates

Die eben in bezug auf die Ministerialbürokratie beschriebenen Mechanismen gelten auch für die Beziehungen zwischen der hierarchischen Autorität des Staates und bestimmten Verhandlungen zwischen gesellschaftlichen Akteuren. Dies wird besonders deutlich, wenn ein Verhandlungsregime vom Staat geschaffen wurde, um bestimmte wirtschaftliche oder gesellschaftliche Problemfelder zu regulieren. So werden in den korporatistischen Wohlfahrtsstaaten des europäischen Kontinents das Gesundheitswesen, die Altersversorgung und die Arbeitslosenunterstützung typischerweise durch selbstverwaltete „Versicherungskörperschaften" finanziert, in denen Arbeitnehmer und Arbeitgeber vertreten sind (Esping-Andersen 1990). Im Gesundheitswesen stehen diese überdies in Verhandlungen mit den Verbänden der Leistungsanbieter über die von den Versicherungen zu übernehmenden Leistungsarten und deren jeweiligen Preise (Alber/Bernardi/Schenkluhn 1992; Immergut 1993).

In manchen Fällen hat der Staat die Verbände selbst geschaffen und die Bedingungen der (Zwangs-)Mitgliedschaft geregelt. Aber selbst wenn das nicht der Fall ist, geben staatliche Gesetze die institutionellen Rahmenbedingungen vor, in denen diese Verhandlungen stattfinden, und garantieren die Verbindlichkeit der ausgehandelten Vereinbarungen. Zu den relevanten Beispielen zählen Gesetze, welche die Rahmenbedingungen für Tarifverhandlungen über Löhne und Arbeitsbedingungen festlegen, und das deutsche Betriebsverfassungsgesetz, das die Rolle von Betriebsräten bei den betrieblichen Entscheidungen der Unternehmen reguliert (Rogers/Streeck 1995). Ein weiteres Beispiel ist die deutsche Gesetzesvorschrift, wonach Vertreter von Umweltverbänden an der Arbeit der für die Festlegung von Industrienormen zuständigen nichtstaatlichen Standardisierungsorganisation (DIN) beteiligt werden müssen. Ähnliche korporatistische Standardisierungsorganisationen wurden von der Europäischen Union geschaffen, und auch hier wird die Mitgliedschaft in diesen Organisationen, und damit die Verteilung der Verhandlungsmacht, durch europäisches Recht geregelt und könnte auf diesem Wege auch geändert werden (Voelzkow 1996).

Darüber hinaus eröffnet die Fähigkeit zur Schaffung von Verhandlungsregimen auch die Möglichkeit, deren institutionelle Parameter zu manipulieren, um die Verteilung der relativen Verhandlungsmacht und damit die zu erwartenden Ergebnisse zu beeinflussen. So haben in den 1980er Jahren sowohl die Thatcher-Regierung in Großbritannien als auch die Kohl-Regierung in Deutschland die Grundregeln von Tarifverhandlungen verändert, um die relative Verhandlungsmacht der Gewerkschaften zu verringern und damit ihre angebliche Aggressivität zu dämpfen (Streeck 1992). Noch instruktiver ist die Reaktion des deutschen Gesetzgebers auf das fortdauernde Ansteigen der Kosten für das Gesundheitswesen, nachdem sich eine erste Runde von Kostendämpfungsmaßnahmen in den 1970er als relativ unwirksam herausgestellt hatte. Da die Verhandlungen über Ärztehonorare zwischen einer Mehrzahl von Krankenversicherungsanstalten und dem (gesetzlich geregelten) Monopolverband der Kassenärzte stattfanden, sah man den Hauptgrund für die steigenden Honorarvereinbarungen im Wettbewerb zwischen den Krankenkassen (Ryll 1993).[1] Um diesen Wettbewerb zu beseitigen, schrieben die Reformen von 1988 vor, daß alle Krankenversicherungsanstalten gemeinsam und zentral über ein einheitliches Honorarsystem verhandeln sollten. Dadurch wurde der Kostendruck im ambulanten Gesundheitswesen deutlich verringert (Döhler/Manow-Borgwart 1992).

---

1 Die Hintergrundannahmen von Andreas Rylls spieltheoretischem Modell sind etwas kompliziert: Die Krankenkassen konkurrieren um Mitglieder, und innerhalb ihrer jeweiligen Mitgliederstämme ist das tatsächliche Erkrankungsrisiko unterschiedlich verteilt. Die Patienten glauben, daß die Ärzte den Mitgliedern besser zahlender Krankenkassen mehr Aufmerksamkeit und Sorgfalt entgegenbringen. Deshalb verhandeln die Ärzteverbände zunächst mit den Krankenkassen mit vorteilhafterer Risikostruktur (weil diese am meisten zahlen können, ohne ihre Beiträge erhöhen zu müssen). Um Wettbewerbsnachteile zu vermeiden, sehen sich die anderen Krankenkassen dann jedoch gezwungen, diese für die Ärzte besonders vorteilhaften Vereinbarungen ebenfalls zu akzeptieren (wodurch sie dann zur Anhebung ihrer Beiträge gezwungen werden).

Alle diese Beispiele haben zwei Merkmale gemeinsam: Die Interessen, die zur Entstehung eines politischen Problems beitragen oder davon betroffen sind, sind gut organisiert (in manchen Fällen mit Unterstützung des Staates), und es gibt eine einigermaßen realistische Chance, daß die zugrundeliegenden politischen Probleme durch Verhandlungen zwischen den organisierten Gruppen effektiv gelöst werden können. Wenn das zutrifft, dann können Informationen über situationsspezifische Bedingungen, Präferenzen und mögliche Lösungen, die den beteiligten Gruppen zur Verfügung stehen, der Regierung jedoch schwer zugänglich sind, voll genutzt werden. Der Staat bleibt aber in der Lage, die Tendenz der Verhandlungslösungen zu beeinflussen, indem er durch relativ geringfügige Veränderungen an den institutionellen Rahmenbedingungen die Balance der Verhandlungsmacht zugunsten der einen oder anderen Seite verschiebt.[2]

Der verhandelnde Staat

Die Konstellation verändert sich, wenn der Staat nicht nur als Drittpartei auftritt, welche die Rahmenbedingungen für Verhandlungen zwischen gesellschaftlichen Gruppen definiert und in deren Verhandlungen interveniert, sondern selbst an den Verhandlungen teilnimmt. Das kommt wiederum sehr häufig in korporatistischen Ländern mit gut organisierten Verbänden vor, die über die Fähigkeit verfügen, Entscheidungen zu treffen, die entweder für ihre Mitglieder verbindlich sind oder wenigstens die Handlungsweisen der Mitglieder beeinflussen können. Diese Fähigkeit kann ihrerseits vom Staat abgeleitet sein, etwa wenn der Staat per Gesetz die Zwangsmitgliedschaft in gewissen Berufsverbänden einführt oder die Existenz von Closed-shop-Unternehmen zuläßt. Wenn das nicht der Fall ist, dann hängt die Fähigkeit der Verbände, ihren Mitgliedern Verpflichtungen aufzuerlegen, von der Nutzen- und Kostenbilanz der Mitgliedschaft im Vergleich zur Austrittsoption ab (Streeck 1992). Diese „privaten Interessenregierungen" (Streeck/ Schmitter 1985; Hollingsworth/Schmitter/Streeck 1994) sind natürlich vorran-

---

2 Diese Formen der „kollibrierenden" Intervention wurden von Andrew Dunsire (1993; 1996) systematisch analysiert.

gig darauf ausgerichtet, die Interessen ihrer Mitglieder zu maximieren; dennoch können sie auch Funktionen erfüllen, die den Interessen Dritter oder dem Gemeinwohl dienen, so etwa in den sozialen Dienstleistungen, in der beruflichen Bildung, bei der technischen Standardisierung oder im Verbraucherschutz und im Umweltschutz (Mayntz 1992; Voelzkow 1996). Die Bedingungen, unter denen dies möglich ist, können mit Blick auf die zugrundeliegenden Akteurkonstellationen systematisch beschrieben werden.

Wenn die Konstellation einem Koordinationsspiel entspricht, wie dies bei der Festlegung technischer Kompatibilitätsstandards der Fall ist (Genschel/Werle 1993), so sollten Verbände mit freiwilliger Mitgliedschaft kaum Probleme haben, effektive Regulierungen zu beschließen, die den Interessen ihrer Mitglieder dienen. Darüber hinaus können solche Verbände auch Qualitätsstandards verabschieden und für ihre Einhaltung garantieren, welche die Interessen der Verbraucher schützen – allerdings typischerweise nur dann, wenn die „Zertifikation" durch den Verband den einzelnen Mitgliedern Wettbewerbsvorteile auf dem Markt verschafft. Das trifft zum Beispiel auf die schulischen und universitären Akkreditierungsverbände in den Vereinigten Staaten zu (Wiley/Zald 1968).

Verbände und Kartelle treffen auf größere Schwierigkeiten, wenn sie versuchen, Regelungen durchzusetzen, die dem kollektiven Interesse ihrer Mitglieder dienen, aber für einzelne Mitglieder mit Nachteilen verbunden sind (d.h. Regelungen unter den Bedingungen eines N-Personen-Gefangendilemmas). Obwohl solche Regeln bereitwillig verabschiedet werden können, sind sie generell vom Trittbrettfahrer-Problem bedroht (Olson 1965), wenn die Verbände nicht gleichzeitig in der Lage sind, Verstöße zu sanktionieren – was bei Verbänden mit freiwilliger Mitgliedschaft von der Existenz anderer Vorteile der Mitgliedschaft abhängt, denen ein hoher Wert beigemessen wird. Dagegen ist nicht zu erwarten, daß Verbände mit freiwilliger Mitgliedschaft Regulierungen, die in erster Linie den Interessen Dritter dienen (wie es bei der Regulierung industrieller Emissionen der Fall ist) beschließen und für ihre Einhaltung garantieren können. Diese Grenzen der Selbstregulierung können jedoch erweitert werden, wenn die Verbände „im Schatten des Staates" operieren.

So spielte in der Selbstbeschreibung der Umweltpolitik in Deutschland das „Kooperationsprinzip" neben dem „Verursacherprinzip" und dem „Vorsorgeprinzip" eine wichtige Rolle (Hartkopf/Bohne 1983). Demnach sollte die Regierung versuchen, mit den Industrieverbänden freiwillige Verpflichtungen auszuhandeln, und die Selbstregulierung der Verbände sollte Vorrang vor verpflichtenden gesetzlichen Vorschriften haben, solange eine wirksame „Kooperation" sichergestellt blieb. Für eine gewisse Zeit jedenfalls war diese Praxis relativ effektiv; die Umweltverschmutzung wurde kostengünstiger verringert als es angesichts der sehr unterschiedlichen Bedingungen in verschiedenen Industriezweigen durch standardisierte gesetzliche Regelungen möglich gewesen wäre. Auf ähnliche Weise versprachen die deutschen Arbeitgeberverbände in den 1970er Jahren die Bereitstellung ausreichender Ausbildungsplätze für eine wachsende Zahl von Schulabgängern, und sie konnten dieses Versprechen auch tatsächlich einhalten. Aber sie taten dies nur „im Schatten" eines Gesetzes, das es der Regierung ermöglicht hätte, notfalls von Unternehmen, die keine Ausbildungsplätze zur Verfügung stellten, eine Abgabe zu erheben und solche, die Ausbildungsmöglichkeiten bereitstellten, zu subventionieren.

In beiden Fällen können die Ergebnisse mit Hilfe der verhandlungstheoretischen Konzepte erklärt werden, die weiter oben vorgestellt wurden. Die Tatsache, daß diese Verhandlungen in die hierarchische Autoritätsstruktur des Staates eingebettet waren, verschob die Lage des Nichteinigungspunktes weg vom Status quo. Wenn keine Verhandlungslösung gefunden wurde, mit der die Regierung zufrieden war, konnte die Industrie nicht davon ausgehen, daß sie weitermachen konnte wie bisher, sondern sie mußte mit dem einseitigen Erlaß von (möglicherweise schlecht informierten und ineffizienten)[3] staatlichen Regulierungen rechnen. Für den Verband selbst veränderte diese Möglichkeit die Bedingungen, unter denen er das Verhalten seiner Mitglieder beeinflussen konnte. Wenn seine gegenüber dem Staat eingegangenen Verpflichtungen von den Mitgliedern nicht generell eingehalten wurden, dann konnten diese nicht mehr davon ausgehen, daß sie weiterhin die

---

3 In diesem Zusammenhang verwandelt sich die objektive Schwäche der hierarchischen Koordination in eine taktische Stärke. Die Tatsache, daß die Regierung von einem „Hayek'schen" Informationsdefizit betroffen war und daß daher staatliche Maßnahmen unnötigerweise kostspielig sein könnten, erhöhte den Anreiz für die Industrie, diese Eventualität zu verhindern.

Vorteile des Trittbrettfahrens genießen konnten, sondern sie mußten damit rechnen, daß der Staat bürokratische Kontrollen einführen würde. Offensichtlich hing die Effektivität der Selbstregulierung davon ab, daß der Staat in den Augen der Verbände und ihrer Mitglieder rechtlich und politisch in der Lage war, gesetzliche Regeln zu verabschieden und zu implementieren, wenn die Verbände nicht kooperierten.[4] Ist die staatliche Handlungsfähigkeit jedoch sichergestellt, dann können selbst schwierige Probleme der Regulierung von Emissionen und anderen Externalitäten wirksam durch Verhandlungen bewältigt werden (Hoffmann-Riem 1990).[5]

Die meisten dieser Beispiele stammen aus Deutschland, einem „semisouveränen Staat" (Katzenstein 1987), in dem die korporatistischen Verbände gut organisiert sind, in dem die Handlungsfähigkeit des Bundesgesetzgebers durch hohe Konsenserfordernisse zwischen den Mitgliedern der Regierungskoalition und zwischen der Bundesregierung und den Länderregierungen beeinträchtigt wird und in dem die Bundesregierung darüber hinaus nicht über eine eigene Verwaltungsinfrastruktur verfügt, sondern auf die Implementation durch die Länderverwaltungen angewiesen ist, die sie nicht direkt kontrollieren kann. Aus der Sicht der „staatlichen Akteure" in den Bundesministerien müssen daher „freiwillige" Vereinbarungen mit den Industrieverbänden, verglichen mit den Schwierigkeiten, die mit der Verabschiedung und Implementation derselben politischen Maßnahmen innerhalb der staatlichen Strukturen verbunden wären, relativ attraktiv erscheinen.

---

4 Bei dem Ausbildungs-Beispiel endete die Kooperation der Industrie, als das Gesetz, das die Erhebung der Ausbildungsabgabe erlaubte, durch das Bundesverfassungsgericht aus verfahrensrechtlichen Gründen außer Kraft gesetzt wurde und als danach klar wurde, daß der sozialliberalen Regierung die Stimmen im (von der Opposition dominierten) Bundesrat fehlten, um das Gesetz erneut zu verabschieden.

5 Zur Zeit der Abfassung dieses Buches wird dem „Kooperationsprinzip" erneut eine wichtige Rolle zuteil: Am 27. März 1996 verkündete die deutsche Regierung, daß sie ihre Pläne zur Einführung einer Energiesteuer oder einer Kohlendioxidsteuer im Austausch für die Zusage von neunzehn Industrieverbänden, ihre Kohlendioxidemissionen bis zum Jahr 2005 um 20 Prozent gegenüber dem Niveau von 1990 zu senken, aufgeben werde (FAZ 1996). Die Selbstregulierung im Schatten des Staates wurde in Deutschland auch im Fall von Regelungen hinsichtlich der Sicherheit von Bankeinlagen (Ronge 1979; Deeg 1993) und in bezug auf die Börsenaufsicht erfolgreich praktiziert.

Diese Motivation fehlt in unitarischen und etatistischen Ländern wie Frankreich oder Großbritannien, in denen die Verbände schwächer sind, die staatlichen Akteure über sehr viel größere Autonomie bei der Formulierung und Verabschiedung von politischen Programmen verfügen und in denen die verabschiedeten Gesetze dann durch Verwaltungsbehörden implementiert werden, die unter der direkten Kontrolle der Zentralregierung stehen. Dennoch spielen selbst in Frankreich Verhandlungen zwischen staatlichen Akteuren und den betroffenen Gruppen eine wichtige Rolle, und zwar in der Implementationsphase, wo sie dazu dienen, die Ausübung hierarchischer Autorität zu erleichtern. Wie Vivien Schmidt (1990; 1996) gezeigt hat, waren die Beziehungen zwischen den Arbeitgebern und der Regierung in Frankreich, zumindest vor der durch Vorschriften der Europäischen Union erzwungenen Verrechtlichung, gekennzeichnet durch eine Kombination von einheitlichen und strikten Gesetzen und einem großen Entscheidungsspielraum der Verwaltung, der für Verhandlungslösungen genutzt werden konnte und genutzt wurde, die auf besondere lokale Bedingungen reagieren konnten und daher in der Lage waren, die negativen Folgen schlecht informierter hierarchischer Entscheidungen zu vermeiden.

Eine dritte Variante der Entscheidungsfindung auf dem Verhandlungswege ist kennzeichnend für das pluralistische politische System der Vereinigten Staaten – bei dem selbst das Konzept des „Staates" von manchen Beobachtern für theoretisch zweifelhaft gehalten wird (Truman 1951; Dahl 1967; Evans/Rueschemeyer/Socpol 1987). Hier erscheint es aufgrund der Schwäche der politischen Parteien und der fragmentierten Ausschußstruktur des Kongresses plausibel, die Regulierung durch Bundesgesetze als Ergebnis von Vereinbarungen zu betrachten, die direkt zwischen den betroffenen Interessen ausgehandelt wurden. Dennoch ist die Existenz der staatlichen Struktur von entscheidender Bedeutung, da sie die Verbindlichkeit der getroffenen Vereinbarungen garantiert und so den beteiligten Verbänden erlaubt, alle internen Trittbrettfahrerprobleme zu vermeiden, indem sie sich bei der Selbstregulierung der Implementationsmechanismen des Staates bedienen.

Auch ist der logische Platz „des Staates" als Hüter des Gemeinwohls hier nicht unbesetzt. Der Präsident muß als strategischer Akteur konzeptualisiert werden, der gegenüber der gesamten

Wählerschaft verantwortlich ist, und die Implementation politischer Maßnahmen ist im allgemeinen die Aufgabe „staatlicher Akteure" in der Verwaltung oder in unabhängigen Regulierungsbehörden, deren Rollendefinition ihnen ebenfalls eine Orientierung am Gemeinwohl auferlegt. Gleichzeitig garantiert das Wahlsystem die Repräsentation einer breiten Palette gesellschaftlicher Interessen, und unter den Lobbyisten finden sich auch in zunehmenden Maße gemeinwohlorientierte Interessengruppen, die bei Verhandlungslösungen berücksichtigt werden müssen. Darüber hinaus eröffnet die institutionelle Kontrolle, welche die Mehrheiten in beiden Häusern des Kongresses über die Zuständigkeiten und die Besetzung der Ausschüsse haben, ebenfalls Gelegenheiten zur Beeinflussung der Verteilung von Verhandlungsmacht und auch der Verhandlungsergebnisse (Shepsle/Weingast 1987; Shepsle 1988). Zusätzliche Möglichkeiten der majoritären Einflußnahme bietet die Auswahl der für die Implementation beschlossener Programme zuständigen Behörden und die vom Kongreß ausgeübte Kontrolle über das Budget dieser Behörden (Cook/Wood 1989; Quirk 1989; Campbell/Hollingsworth/Lindberg 1991). Kurzum, selbst in den Vereinigten Staaten ist es sinnvoll, die pluralistische Entscheidungsfindung als Form des Verhandelns im Schatten der hierarchischen Autorität und der majoritären Verantwortlichkeit anzusehen.

Policy-Prozesse im Schatten des Staates

Bei allen diesen Varianten der Selbstorganisation und des verhandelnden Staates wird ein Großteil effektiver Politik nicht im verfassungsmäßigen Standardmodus hierarchischer und durch majoritäre Verantwortlichkeit legitimierter Staatsgewalt produziert, sondern vielmehr in Verbänden und durch Verhandlungen mit oder zwischen Organisationen, die formal Teil der Selbstorganisation der Zivilgesellschaft und nicht des Entscheidungssystems des Staates sind (Ostrom 1990). Sofern diese Verbände die Probleme ihrer Mitglieder lösen, mag ihre Regelungskompetenz durch Mechanismen der „assoziativen" Demokratie (Cohen/Rogers 1992) legitimiert sein. Wenn das jedoch nicht der Fall ist, dann ist die Fähigkeit der Verbände, zur Problemlösungsfähigkeit der Gesellschaft insgesamt beizutragen, vor allem darauf zurückzuführen, daß sie diese Funktionen „im Schatten des Staates" ausüben: In korporatistischen Ländern werden sie vom Staat geschaffen oder unterstützt, ihre Mitgliedschaft, ihre Organisation und ihre internen Verfahren sind häufig durch staatliche Gesetze festgelegt, und sie operieren unter der mehr oder weniger strikten Aufsicht staatlicher Autoritäten und mit der immer vorhandenen Möglichkeit vor Augen, daß ihre Funktionen von den staatlichen Behörden selbst übernommen werden oder daß ihre institutionelle Struktur so verändert wird, daß sie den politischen Zielen des Staates besser dienlich sind. In pluralistischen Systemen dagegen ist die Steuerungsfähigkeit des Staates begrenzter. Dennoch erzeugt die Tatsache, daß die Einhaltung der zwischen den wirtschaftlichen und gesellschaftlichen Interessengruppen getroffenen Verhandlungskompromisse mit Hilfe der staatlichen Verwaltung garantiert werden kann, eine Regulierungsfähigkeit, die weit über das hinausgeht, was durch ausschließlich selbstorganisierte private Interessenregierungen erreicht werden könnte.

Sicherlich kann nichts von alledem als „hierarchische Koordination" in dem oben definierten Sinne bezeichnet werden (Teubner/Willke 1984). Die politischen Entscheidungen werden nicht durch die einseitigen Handlungsvollmachten einer hierarchischen Autorität getroffen, sondern sie werden weitgehend durch Verhandlungen zwischen den betroffenen Gruppen und durch die Präferenzen und Wahrnehmungen dieser Gruppen bestimmt. Dennoch hat die Tatsache, daß diese Verhandlungen in eine hierarchische oder majoritäre Autoritätsstruktur eingebettet sind, einen großen Einfluß auf die Tendenz dieser Interaktionen und auf die Ergebnisse, die sie produzieren. Deshalb reicht die Problemlösungsfähigkeit hierarchischer Autoritätsstrukturen weit über die engen Grenzen der hierarchischen Koordination hinaus. Indem die Verbände der Zivilgesellschaft und die zwischen ihnen stattfindenden Verhandlungen vom Staat mit Macht ausgestattet und beeinflußt werden, können die wohlfahrtstheoretischen Vorteile der Selbstorganisation und des Verhandelns auf gemeinwohldienliche Weise eingesetzt werden, und die grundlegenden Beschränkungen von Verhandlungssystemen können durch die Schaffung von „künstlicher" Verhandlungsmacht in Verhandlungsregimen und Zwangsverhandlungssystemen ausgeglichen werden.

Regieren in entgrenzten Räumen

Es muß jedoch darauf hingewiesen werden, daß die positiven Effekte eingebetteter Verhandlungssysteme einerseits auf die Effektivität der hierarchischen Autorität des Staates angewiesen sind und andererseits auf die Fähigkeit der selbstregulierenden Verbände, ihren Mitgliedern wirksame Verpflichtungen auferlegen zu können, die im Einzelfall möglicherweise nicht mit deren kurzfristigen Interessen im Einklang stehen. Die letztere Fähigkeit, so habe ich argumentiert, ist häufig von der ersteren abhängig. Konzeptionell und historisch ist jedoch die hierarchische Autorität des Staates eng mit dem Konzept der *Souveränität* verknüpft – definiert als nach innen überlegene und nach außen unabhängige Autorität über ein (territorial) begrenztes Gebiet (Held 1991; Hindess 1991; Ruggie 1993). Mit anderen Worten: Die Souveränität hängt von der Fähigkeit des Staates ab, seine eigenen Grenzen gegenüber der Außenwelt zu kontrollieren. Der Grund dafür folgt direkt aus der Diskussion von Abbildung 8.1 am Anfang des vorangegangenen Kapitels: Die hierarchische Autorität wird unwirksam, wenn es möglich ist, negative Sanktionen durch Austrittsoptionen, die mit geringen Kosten verbunden sind, zu vermeiden, und dasselbe gilt für die Selbstregulierungsfähigkeit von Verbänden (Streeck 1992).

Transnationale Interdependenz

Auf dieser Grundlage können wir uns nun der zweiten in der Einleitung zu diesem Kapitel aufgeworfenen Frage zuwenden: Wodurch könnte der verbreitete Eindruck erklärt werden, daß der Nationalstaat in immer geringerem Maße fähig ist, die Probleme zu lösen, mit denen er konfrontiert ist? Was sich seit Mitte der 1970er Jahre signifikant verändert hat, ist das Ausmaß, in dem der Nationalstaat *in ein immer dichteres Netz transnationaler Interdependenz* eingebettet wurde. Dazu zählen Phänomene wie die transnationale Migration, der transnationale Terrorismus, die transnationale organisierte Kriminalität, die grenzüberschreitende Umweltverschmutzung und die transnationale Kommunikation, die alle seit den ersten Nachkriegsjahrzehnten erheblich an Bedeutung gewonnen haben und die alle die Fähigkeit der Nationalstaaten in

Frage stellen, auf die Probleme und Ziele ihrer Bürger effektiv zu reagieren. Am stärksten wird die nationale Problemlösungsfähigkeit jedoch von der Reintegration der globalen Kapitalmärkte und der transnationalen Märkte für Güter und Dienstleistungen betroffen.[6]

Das Verhältnis zwischen dem politischen System und dem Wirtschaftssystem ist prinzipiell problematisch (Luhmann 1988b). So wird der Zusammenbruch der zentral gelenkten Planwirtschaften der sozialistischen Staaten von vielen als Bestätigung der Hayek'schen Doktrin interpretiert, wonach die hierarchische Autorität des Staates nicht in der Lage ist, die Myriaden von Investitions-, Einstellungs-, Produktions- und Konsumtionsentscheidungen in modernen komplexen Volkswirtschaften zu koordinieren. In kapitalistischen Demokratien werden diese daher der Koordination durch die Märkte überlassen. Sich selbst überlassen, produziert die kapitalistische Ökonomie jedoch nicht nur Wohlstand und Beschäftigungsmöglichkeiten, sondern auch Finanzkrisen, immer wiederkehrende zyklische und strukturelle Wirtschaftskrisen, massive negative Externalitäten und eine in hohem Maße ungleiche Verteilung von Einkommen und Lebenschancen. Diese negativen Auswirkungen können von demokratisch verantwortlichen Regierungen nicht ignoriert werden.

Gleichzeitig sind die demokratischen politischen Systeme selbst in ihrer politischen Überlebensfähigkeit vom Erfolg ihrer Volkswirtschaften abhängig geworden, denn der ökonomische Erfolg entscheidet direkt über das wirtschaftliche Wohlergehen der Bürger und damit der Wähler und sorgt für die Steuereinnahmen zur Finanzierung der staatlichen Einrichtungen und Sozialleistungen. Es steht daher außer Frage, daß massiver wirtschaftlicher Niedergang, wie er etwa in der Weltwirtschaftskrise der 1930er Jahre erfahren wurde, nicht nur die politische Unterstützung der aktuellen Regierungen, sondern auch die Legitimität demokratischen Regierens an sich untergraben kann. Kurzum, *demokratische Regierungen können die Operationen des Wirtschaftssystems nicht planen*

---

6 Ich unterscheide zwischen Kapitalmärkten und anderen Märkten, weil nur die erstgenannten wirklich globalisiert sind, während auf den Märkten für Güter und Dienstleistungen Transportkosten und Unterschiede der Konsumgewohnheiten nach wie vor eine erhebliche Rolle spielen.

und kontrollieren, aber sie können auch nicht mit den Krisen und Verteilungsungerechtigkeiten leben, die der unkontrollierte Kapitalismus zur Folge hat. Erheblich verschärft wird dieses Dilemma dadurch, daß die kapitalistische Ökonomie in immer stärkerem Maße die nationalen Grenzen überschreitet und sich zunehmend global integriert ist, während politische Interventionen an die Grenzen des Territorialstaates gebunden sind.

Aufstieg und Niedergang der Kontrolle über die nationalen Grenzen

Dennoch schien das Dilemma in der „Großen Transformation" (Polanyi 1957) nach dem Ende des Zweiten Weltkriegs seine Wirksamkeit verloren zu haben. In der Weltwirtschaftskrise hatten die Industrieländer sich wechselseitig in den Protektionismus getrieben und so den integrierten Weltmarkt zerstört. Überall wurden die Grenzen geschlossen, der Kapitalverkehr strikten Kontrollen unterworfen, und überall wurden die einheimischen Produzenten durch Importbeschränkungen und hohe Einfuhrzölle geschützt. Die Folge war nicht nur ein dramatischer Rückgang des Welthandels, sondern auch der weltweiten Produktion von Gütern und Dienstleistungen (Kindleberger 1995). Aber hinter diesen protektionistischen Schutzmauern lernten die nationalen Regierungen schließlich, in die Wirtschaft einzugreifen, ohne dadurch die mikroökonomischen Entscheidungsprozesse zu beeinträchtigen. Mit Hilfe der keynesianischen makroökonomischen Nachfragesteuerung gelang es ihnen weitgehend, Vollbeschäftigung und stetiges Wirtschaftswachstum zu erreichen und so die Einkommen ebenso wie die öffentlichen Dienstleistungen und Sozialtransfers zu erhöhen. Da überdies die Importe kontrolliert werden konnten, waren alle Unternehmen, die in direktem Wettbewerb miteinander standen, gleichermaßen von den nationalen Steuern, Gesetzen und Tarifverträgen betroffen – so daß die Kosten dieser Maßnahmen auf die Preise überwälzt werden konnten, ohne die Rendite des eingesetzten Kapitals zu gefährden. Kurzum, in den Nachkriegsjahrzehnten waren demokratische Regierungen in der Lage, den normativen Kriterien der Gemeinwohlmaximierung und der Verteilungsgerechtigkeit selbst in der ökonomischen Sphäre Geltung zu verschaffen – und sie konnten dies erreichen, ohne dadurch die Lebensfähigkeit ihrer kapitalistischen Volkswirtschaften zu gefährden.

In derselben Periode wurden die globalen Märkte für Güter, Dienstleistungen und Kapital langsam liberalisiert und unter Führung der Vereinigten Staaten im Rahmen von internationalen Wirtschaftsregimen wieder integriert (Keohane 1984). Diese Regime trugen der Tatsache Rechnung, daß die nationalen Regierungen das Wohlergehen ihrer Bürger vor unbeherrschbaren Störungen schützen mußten (Ruggie 1982). Die Situation veränderte sich jedoch grundlegend, als der Zusammenbruch des Bretton-Woods-Systems fester Wechselkurse in Verbindung mit den Ölpreiskrisen der 1970er Jahre zu einer raschen Expansion völlig unregulierter „Offshore"-Kapitalmärkte führte, während durch technische Innovationen die Effektivität der verbleibenden nationalen Kontrollen über die Finanztransfers untergraben wurde (Cerny 1994). Gleichzeitig wurde die Liberalisierung der Märkte für Güter und Dienstleistungen durch Fortschritte bei den Verhandlungen im Rahmen des GATT und der Welthandelsorganisation (WTO) und durch die von den Vereinigten Staaten und Großbritannien ausgehende Deregulierungs- und Privatisierungspolitik in der restlichen OECD-Welt vorangetrieben. Schließlich fielen innerhalb der Europäischen Gemeinschaft selbst die wenigen verbleibenden rechtlichen Schranken zum Schutz der nationalen Volkswirtschaften mit der erfolgreichen Vollendung des „Binnenmarktes" zu Beginn der 1990er Jahre.

Im Ergebnis hat deshalb der Territorialstaat erneut die Kontrolle über seine ökonomischen Außengrenzen verloren. Die Finanzmärkte sind nun vollständig globalisiert, und jeder einseitige Versuch der nationalen Politik, die Steuern auf Kapitalerträge zu erhöhen oder die zu erwartende Rendite des eingesetzten Kapitals zu senken, würde zu massiver Kapitalflucht führen (Sinn 1993). Gleichzeitig ist der Weltmarkt für Güter und Dienstleistungen stärker integriert, und die einheimischen Produzenten sind nun stärkerem Wettbewerb aus dem Ausland ausgesetzt, als je zuvor. Darüber hinaus können sich die Unternehmen innerhalb der Europäischen Union die attraktivsten Produktionsstandorte aussuchen, ohne dadurch den Zugang zu ihrem heimischen Markt zu verlieren, und den nationalen Regierungen sind rechtlich (und auch faktisch) alle Maßnahmen untersagt, die als Wettbewerbsverzerrung zugunsten der einheimischen Produzenten interpretiert werden könnten (Kapteyn 1996; Scharpf 1996). Und da die heimischen Unternehmen nicht mehr vor Konkurrenten aus dem Ausland geschützt werden können, gibt es einen erheblichen Druck auf die Regierungen, auch im eigenen Land Regelungen zu vermeiden, welche die internationale Wettbewerbsfähigkeit der heimischen Unternehmen beeinträchtigen könnten.

Mit anderen Worten: Im Vergleich zu den Jahrzehnten nach dem Zweiten Weltkrieg wird die hierarchische Autorität der nationalen Regierungen gegenüber den ökonomischen Akteuren heute durch zwei Faktoren beschränkt: Erstens verfügen Kapitalbesitzer und mobile Unternehmen nun über Austrittsoptionen, die entweder vor den 1970er Jahren noch gar nicht existierten oder nun sehr viel attraktiver sind als früher. Wenn wir uns erneut Abbildung 8.1 betrachten, dann folgt daraus, daß die Fähigkeit der Regierungen (oder der Gewerkschaften), den Kapitalbesitzern Steuern oder Gesetze (oder Tarifverträge) aufzuerlegen, die von diesen als ökonomische Belastung angesehen werden, wesentlich geringer geworden ist. Zweitens müssen die Regierungen auch gegenüber den ökonomischen Akteuren, die zwar nicht abwandern können, aber dem internationalen Wettbewerb ausgesetzt sind, darauf Rücksicht nehmen, daß höhere Kosten nicht mehr auf die Preise überwälzt und an die Verbraucher weitergegeben werden können und daß daher kostensteigernde Regelungen Unternehmen und Arbeitsplätze vernichten könnten, was in Zeiten hoher Arbeitslosigkeit politisch verheerend wäre.

Da die Austrittsoptionen der nationalen Unternehmen und die Wettbewerbsfähigkeit der ausländischen Anbieter darüber hinaus durch die Steuerpolitik und die Gesetzgebung anderer Regierungen und durch die Strategien von Gewerkschaften in anderen Ländern beeinflußt werden, stehen die nationalen Regierungen nun mit anderen Standorten in einem Wettbewerb, der einem nicht-kooperativen Gefangenendilemma ähnelt. Als Folge davon sehen sich alle nationalen Regierungen mit einer Situation konfrontiert, in der sie den Kapitalinteressen mehr Konzessionen machen müssen, als jede von ihnen es andernfalls getan hätte.[7] Die Notwendigkeit, um

---

7 Allerdings muß der regulative Wettbewerb nicht notwendigerweise zu einer „Abwärtsspirale" führen. Genauso wie auf dem Markt kann es auch hier sowohl

mobiles Kapital und um mobile Unternehmen zu werben und die internationale Wettbewerbsfähigkeit der heimischen Produzenten zu gewährleisten, hat offensichtliche Verteilungsfolgen: Die Kapitaleinkommen sind gestiegen, die Arbeitseinkommen sind dahinter zurückgefallen, während die Regierungen überall dazu gezwungen waren, die Steuerlast von mobilen auf relativ immobile Faktoren zu verlagern – d.h. in erster Linie auf Arbeitseinkommen und Konsum (Sinn 1993; Steinmo 1994). Folglich ist der Wohlfahrtsstaat selbst in Ländern wie Schweden unter Druck geraten, wo der Wille zu seiner Verteidigung besonders groß gewesen ist (Canova 1994; Freeman 1995; Pierson 1996b).

Es ist müßig, darüber zu spekulieren, welche Auswirkungen steigende Arbeitslosenzahlen und Langzeitarbeitslosigkeit, wachsende soziale Ungleichheit und die Erosion wohlfahrtsstaatlicher Schutzmechanismen auf die Legitimität demokratischen Regierens haben. Auf der einen Seite gab es selbst in der Blütezeit des Wohlfahrtsstaates zu Beginn der 1970er Jahre theoretische Analysen, die vor der unvermeidlichen „Legitimitätskrise des Staates" unter den Bedingungen des „Spätkapitalismus" warnten (Offe 1972; 1984; Habermas 1973; 1976); und auf der anderen Seite wissen wir, daß die meisten demokratischen Staaten, anders als die Weimarer Republik, die Weltwirtschaftskrise der 1930er Jahre, den Weltkrieg und die darauf folgende Armut ohne dauerhafte Beschädigung ihrer politischen Legitimität überstanden haben. Es steht dennoch außer Frage, daß die politische Legitimität leichter zu bewahren wäre, wenn der ruinöse Wettbewerb zwischen den nationalen Regelungssystemen unter Kontrolle gebracht werden könnte.

Qualitäts- als auch Preiswettbewerb geben. So werden Qualitätsstandards für Güter und Dienstleistungen, die für die Verbraucher wichtig (und ausreichend sichtbar) sind, durch den regulativen Wettbewerb mit großer Wahrscheinlichkeit nach oben getrieben. Das war zum Beispiel bei der Regelung von Insidergeschäften an den deutschen Börsen der Fall. Die Abwärtsspiralen-Hypothese gilt also nur für Regelungen (oder für Steuern und Abgaben), welche die Produktionskosten steigern, ohne die Attraktivität der Produkte für die Verbraucher zu erhöhen. Diese Kategorie umfaßt aber unglücklicherweise viele Umweltschutz- und alle sozialpolitischen Regulierungen.

Die Grenzen supranationaler Handlungsfähigkeit

Dies vor allem ist die Hoffnung, die mit der Entwicklung internationaler Kooperation und mit der Schaffung internationaler Regime und internationaler und supranationaler Organisationen verbunden wird: Probleme, die auf der Ebene der Nationalstaaten nicht mehr effektiv gelöst werden können, könnten wieder unter Kontrolle gebracht werden, wenn das politische System in der Lage wäre, seinen Aktionsradius so auszudehnen, daß er das Handlungsfeld der ökonomischen Akteure (oder den Bereich ökologischer Externalitäten und der weltweiten Kommunikationsnetze) abdecken könnte. Die Schwierigkeiten, die dieser Lösung entgegenstehen, können kurz und bündig so ausgedrückt werden: In Ermangelung eines (amerikanischen) Hegemons können politische Lösungen auf der transnationalen Ebene nur in einer von zwei Interaktionsformen erreicht werden: entweder durch einseitiges Handeln oder durch Verhandlungen zwischen nationalen Regierungen, internationalen Organisationen, Nichtregierungsorganisationen und Unternehmen. Hinsichtlich des ersten Falls habe ich in Kapitel 5 gezeigt, daß das einseitige Handeln, in der Form von nicht-kooperativen Spielen oder von wechselseitiger Anpassung, nur unter außergewöhnlichen Umständen nicht zu Ergebnissen führt, die wohlfahrtstheoretisch mangelhaft sind. In bezug auf den zweiten Fall habe ich in Kapitel 6 gezeigt, daß die Ergebnisse von Verhandlungen potentiell wohlfahrtseffizient, aber selbst unter günstigen institutionellen Bedingungen mit hohen Transaktionskosten verbunden sind. Jedenfalls sind Verhandlungssysteme nicht in der Lage, Probleme effektiv zu bearbeiten, bei denen das Konfliktpotential zwischen den Verhandlungsparteien[8] hoch ist. Daher fehlen dem transnationalen Regieren die hierarchischen oder majoritären Mechanismen, welche die Effektivität gemeinwohlorientierter Politik auf der nationalen Ebene gesichert haben.

---

8 Entscheidend ist die Konstellation zwischen den verhandelnden Parteien. Denn was auf der gesellschaftlichen Ebene als Nullsummenkonflikt zwischen Klasseninteressen erscheinen mag, kann auf der Ebene transnationaler Verhandlungen als Battle of the Sexes- oder als Gefangenendilemma zwischen den beteiligten nationalen Regierungen erscheinen.

Empirisch lassen sich die analytischen Implikationen des transnationalen Regierens am besten am Beispiel der Europäischen Union verdeutlichen, die einen Binnenmarkt geschaffen hat, in dem sich Güter, Dienstleistungen, Kapital, Unternehmen und Personen annähernd so frei über nationale Grenzen hinweg bewegen können wie über die Grenzen von Einzelstaaten, Provinzen, Ländern oder Kantonen in Föderalstaaten wie den Vereinigten Staaten, Kanada, Deutschland oder der Schweiz. Gleichzeitig ist das politische System und das Rechtssystem der Europäischen Union umfassender, autoritativer und mit mehr Ressourcen ausgestattet als die institutionellen Arrangements jeder anderen internationalen Organisation (Weiler 1981). Dennoch ist es keineswegs klar, ob die EU eine Steuerungsfähigkeit entwickeln kann, welche die Funktionen übernehmen könnte, die ihre Mitgliedstaaten unter den Bedingungen des Binnenmarktes nicht mehr erfüllen können. Um die Tragweite des Problems erfassen zu können, scheint es sinnvoll, einen Blick auf die vertikale Aufteilung von Steuerungsfunktionen in Nationalstaaten mit föderaler Verfassung zu werfen.

In diesen Föderalstaaten sehen sich die subnationalen staatlichen Einheiten – Einzelstaaten, Provinzen, Länder oder Kantone – schon lange mit der Situation konfrontiert, daß ihre eigene territoriale Zuständigkeit enger definiert ist als die (effektiv nationalen) Grenzen des Marktes und daß sie verfassungsrechtlich dazu verpflichtet sind, die Freiheit des grenzüberschreitenden Personenverkehrs und der grenzüberschreitenden ökonomischen Transaktionen zu respektieren. Folglich sehen sich alle föderalen Systeme vor die Wahl gestellt, die Zuständigkeit für Maßnahmen, welche die Produktionskosten mobiler Unternehmen erhöhen würden, entweder „nach oben" zu verlagern oder solche Maßnahmen ganz zu unterlassen (CERP 1993). Ein instruktives historisches Beispiel bietet das Scheitern der in den Vereinigten Staaten zu Beginn des 20. Jahrhunderts unternommenen Anstrengungen zur Beseitigung der Kinderarbeit (Graebner 1977). Nach damaliger Interpretation war die Regelung der Produktionsbedingungen nicht von der Bundeskompetenz zur Regelung des Handels zwischen den Einzelstaaten gedeckt, während es den Einzelstaaten verboten war, diesen grenzüberschreitenden Handel zu behindern. Einzelstaaten, die versuchten, die Beschäftigung von Kindern in der industriellen Produktion zu beschränken, mußten also damit rechnen, daß ihre Unternehmen mit den Importen aus Einzelstaaten, in denen die Kinderarbeit immer noch erlaubt war, nicht mehr konkurrieren konnten. Daher blieb die Kinderarbeit auch in den „fortschrittlichen" Staaten erlaubt, bis die „Verfassungsrevolution" des New Deal schließlich 1937 die Regelung dieser Frage auf der Bundesebene erlaubte. Die Schlußfolgerung scheint klar zu sein: In Föderalstaaten wird die hierarchische Gewalt der kommunalen oder regionalen Regierungen (oder Gewerkschaften) beschränkt durch die Austrittsoptionen, die Kapitalbesitzer und Unternehmen in national einheitlichen Märkten besitzen. Im Endeffekt können sie die Stückkosten[9] nicht über das in anderen Regionen desselben Marktes vorherrschende Niveau anheben oder die Rendite von Kapitalinvestitionen unter das Niveau der anderen Regionen senken. Die in Föderalstaaten allgemein akzeptierte Folgerung ist, daß Gesetze und Steuern, die den Unternehmen oder dem Kapital erhebliche Lasten auferlegen, von der nationalen Ebene erlassen werden müssen, wenn sie überhaupt verwirklicht werden sollen. Dasselbe gilt nun in zunehmendem Maße auch für den europäischen Markt.[10] Wenn der Prozeß der Marktintegration und der Währungsunion einmal abgeschlossen ist, dann scheint die Schlußfolgerung unvermeidlich zu sein, daß die Mitgliedstaaten sich entweder darauf einigen müssen,

---

9 Nicht die Kosten an sich sind ökonomisch entscheidend, sondern die *Stückkosten* – d.h. die um Unterschiede der *Faktorproduktivität* bereinigten *Faktorkosten*. Diese werden unter anderem durch die vom Staat angebotenen Ausbildungsmöglichkeiten, die vom Staat bereitgestellte Infrastruktur und die staatlichen Dienstleistungen beeinflußt. Aus diesem Grund können nationale Volkswirtschaften mit hoher Produktivität trotz relativ hoher Produktionskosten international wettbewerbsfähig bleiben. Die Produktivität wiederum wird sowohl durch den Faktorinput pro produzierter Einheit als auch durch den Preis, der für diese Einheit erzielt werden kann, beeinflußt. Daher können sehr innovative Volkswirtschaften, die überdurchschnittliche Preise für neuartige oder besonders attraktive Produkte erzielen, wettbewerbsfähig bleiben, auch wenn ihre Produktionsprozesse nicht zu den effizientesten gehören.

10 Es gab bisher zwei Gründe, weshalb dies für die Europäische Union noch nicht uneingeschränkt galt: Einerseits gibt es in Europa in sehr viel stärkerem Maße als zwischen den verschiedenen Regionen eines nationalen Marktes unterschiedliche Vorlieben der Verbraucher, und auch die sprachlichen Mobilitätsbarrieren bleiben, zumindest für Klein- und Mittelbetriebe, signifikant. Solange andererseits die Europäische Währungsunion noch nicht verwirklicht war, hatten die Nationalstaaten auch noch die Möglichkeit, ihre Währungen abzuwerten, um einen überdurchschnittlichen Anstieg der Produktionskosten auszugleichen.

all diejenigen Kompetenzen, die in der Vergangenheit aus ökonomischen Gründen „nationalisiert" wurden, effektiv zu „europäisieren", oder eine erhebliche Verringerung ihrer Fähigkeit zur Regulierung der Ökonomie und zur Besteuerung von Kapitalbesitzern und Unternehmen hinnehmen müssen. Daher macht die Verteidigung der nationalen „Souveränität" bei gleichzeitigem Vorantreiben der Marktintegration nur von einem neoliberalen oder Hayek'schen Standpunkt aus Sinn, dem zufolge der Wohlfahrtsstaat der Nachkriegszeit eine Entartung darstellte und das Gemeinwohl am besten durch unregulierte Märkte gefördert wird.

Aber selbst wenn die Europäisierung der wirtschaftspolitischen Kompetenzen als notwendige Konsequenz aus der Vollendung des Binnenmarktes akzeptiert würde, ist der Hinweis wichtig, daß sich die institutionellen Bedingungen, unter denen diese Kompetenzen auf der europäischen Ebene wahrgenommen werden würden, grundlegend von denen der nationalen politischen Systeme unterscheiden. Dort wirkt die hierarchische Staatsgewalt, ausgeübt durch demokratisch verantwortliche Regierungen und durch Mehrheitsentscheidungen in Parlamenten, deren Mitglieder durch allgemeine Wahlen bestimmt werden, als „Rute im Fenster", auch wenn die politischen Maßnahmen selbst durch komplexe Verhandlungen zwischen den betroffenen Interessen zustande kommen. In der Europäischen Union dagegen ist die hierarchische Anordnung als letztes Mittel nur bei bestimmten Arten politischer Entscheidungen verfügbar, die als „negative Integration" bezeichnet werden. Dabei handelt es sich um Entscheidungen, die nationale Regelungen und Maßnahmen unterbinden, welche den freien Güter-, Dienstleistungs-, Kapital- und Personenverkehr im europäischen Binnenmarkt behindern könnten. Mit anderen Worten: Diese Entscheidungen *sind Teil des Problems der schwindenden nationalen Steuerungsfähigkeit, und keine Lösung dafür*. Da die negative Integration aus den Bestimmungen der Gründungsverträge abgeleitet werden kann, kann sie tatsächlich „hierarchisch" durch Entscheidungen und Richtlinien der Europäischen Kommission und durch die Urteile und Vorabentscheidungen des Europäischen Gerichtshofs durchgesetzt werden (Weiler 1981; 1994; Burley/Mattli 1993). Für sich genommen kann die negative Integration jedoch nur zu massiver Deregulierung in vielen wichtigen Politikfeldern führen (Scharpf 1999).

Maßnahmen der „positiven Integration" dagegen können nicht einseitig von der Kommission und dem Gerichtshof beschlossen werden. Sie hängen von der Einigung der nationalen Regierungen im Ministerrat und daher von Verhandlungen ab, die nicht in eine hierarchische Struktur eingebettet sind, sondern in einen institutionellen Kontext, der in unserer Terminologie teilweise als transnationales Regime und teilweise als Zwangsverhandlungssystem charakterisiert werden kann.[11] Die Beteiligung des Europäischen Parlaments in ihren unterschiedlichen Ausprägungen hat bislang nur dazu geführt, daß den Verhandlungen zwischen den nationalen Regierungen *eine weitere Veto-Position hinzugefügt wurde.* Im Unterschied zur Rolle nationaler Wahlen dienen die Wahlen zum Europäischen Parlament weder der Legitimierung einer europäischen Regierung und damit der Stärkung des politischen Gewichts dieser Regierung in den Interaktionen mit den nationalen Regierungen, noch übt die Antizipation europäischer Wahlen (oder nationaler Wahlen, die in einen europaweiten Kontext der politischen Aufmerksamkeit und Meinungsbildung eingebettet sind) Druck auf die nationalen Regierungen aus, eine Einigung im Rat zu erzielen.[12] Im Vergleich zur hierarchischen Autorität demokratisch verantwortlicher nationaler Regierungen ist daher die Problemlösungsfähigkeit der Europäischen Union, obwohl sicherlich sehr viel größer als die anderer internationaler Regime, immer noch recht gering.

Wie ich oben gezeigt habe, funktionieren Verhandlungsregime und Zwangsverhandlungssysteme am besten in Konstellationen,

---

11 Es ist richtig, daß diese „intergouvernementalistische" Sichtweise dem tatsächlichen Einfluß supranationaler Institutionen wie der Europäischen Kommission oder dem Europäischen Gerichtshof nicht gerecht wird (Weiler 1982; Schneider/Werle 1990; Burley/Mattli 1993) – aber dieser Einfluß ist für die „negative Integration" wesentlich wichtiger als für die „positive Integration".

12 In meinem Aufsatz über die „Politikverflechtungs-Falle" (Scharpf 1985) habe ich auf die institutionellen Parallelen zwischen dem deutschen Föderalismus und der Europäischen Gemeinschaft hingewiesen, ohne auf die Unterschiede einzugehen, die durch das Vorhandensein oder das Fehlen wahlpolitischer Prozesse verursacht werden. Kurz gesagt: Die europäischen Verhandlungen werden nicht durch parteipolitische Konflikte oder durch die Gefahren des „divided government" erschwert (Dehousse 1995), aber sie werden auch nicht durch die Gefahr erleichtert, daß die Regierungsparteien auf *beiden Ebenen* europaweit ihre politische Unterstützung verlieren könnten.

die reinen Koordinationsspielen ähneln, bei denen die Interessen aller nationalen Regierungen gleichgerichtet sind, und sie funktionieren weniger gut in Politikbereichen, die durch ein hohes Konfliktniveau zwischen den Mitgliedstaaten gekennzeichnet sind. In bezug auf die Europäische Union erklärt dies die Koexistenz von Bereichen – wie etwa die Harmonisierung von produktbezogenen Arbeitsschutzstandards –, in denen europäische Regulierungen in der Tat sehr erfolgreich waren (Eichener 1995), und anderen Bereichen – wie etwa die Sozialpolitik oder die industriellen Beziehungen –, in denen die Fortschritte auf der europäischen Ebene sehr begrenzt geblieben sind (Leibfried/Pierson 1995; Scharpf 1999). In Anbetracht der Tatsache, daß die Europäische Union Länder umfaßt, die zu den ökonomisch leistungsfähigsten der Welt gehören, und andere, deren Wirtschaft kaum das Niveau von Schwellenländern überschritten hat, sowie angesichts der Tatsache, daß zwischen den ökonomisch leistungsfähigeren Ländern grundlegende institutionelle Konflikte eine Harmonisierung wohlfahrtsstaatlicher Regelungen verhindern, kann dies kaum überraschen (Scharpf 1999).[13] Aber daraus folgt, daß das europäische Entscheidungssystem genau in den Bereichen blockiert ist, in denen die nationale Problemlösungsfähigkeit am stärksten durch die Marktintegration auf der europäischen Ebene in Mitleidenschaft gezogen wird.

Theoretisch könnte dieses Problem aus der Welt geschafft werden, wenn man im Ministerrat generell zu Mehrheitsentscheidungen übergehen und dem Europäischen Parlament eine politisch wichtigere Rolle einräumen würde. Dann könnte der Ministerrat auf eine Rolle ähnlich der des deutschen Bundesrates zurückgestuft und die Europäische Kommission, vom Europäischen Parlament gewählt und diesem verantwortlich, könnte zur demokratisch legitimierten Regierung Europas werden.[14] Da jedoch konstitutionelle Reformen in der EU von der einstimmigen Billigung durch die nationalen Regierungen und Parlamente abhängen, ist die Ent-

---

13 Dieses Argument wurde in Kapitel 4 entwickelt.
14 Das war die Vision des vom Europäischen Parlament verabschiedeten Spinelli-Entwurfs (1985) einer europäischen Verfassung – der jedoch von der Europäischen Kommission und den Mitgliedstaaten bei ihren Reforminitiativen, die schließlich zur Einheitlichen Europäischen Akte und zum Maastrichter Vertrag führten, vollkommen ignoriert wurde.

wicklung der europäischen Institutionen immer noch in der „Politikverflechtungs-Falle" gefangen, und die Wahrscheinlichkeit ist sehr gering, daß solche Reformempfehlungen in die Tat umgesetzt werden.

Aber selbst wenn sie verwirklicht würden, wäre die Effektivität der europäischen Politik immer noch durch das „Demokratiedefizit" eingeschränkt (Williams 1991). Demokratische Legitimität, so habe ich zu zeigen versucht, kann nicht aus der Mehrheitsregel selbst abgeleitet werden. Egoistische Mehrheiten würden ihren eigenen Vorteil auf Kosten des Gemeinwohls und unter Verletzung der Kriterien der Verteilungsgerechtigkeit maximieren. Mit anderen Worten: Die Logik der demokratischen Verantwortlichkeit kann nur unter der Bedingung zu Legitimität führen, daß sich die Wähler nicht nur an ihrem unmittelbaren Eigeninteresse, sondern auch am Gemeinwohl orientieren, und daß die gewählten Amtsträger damit rechnen müssen, daß die Wähler auf Verletzungen des Gemeinwohls reagieren werden.

Diese Mechanismen der demokratischen Verantwortlichkeit wären von der Existenz eines kompetitiven europäischen Parteiensystems, europäischer Medien und europaweiter politischer Kontroversen abhängig, in denen sich eine demokratisch verantwortliche europäische „Regierung" behaupten müßte, um die nächsten Wahlen zu bestehen. Bislang ist diese institutionelle Infrastruktur der demokratischen Verantwortlichkeit noch nicht existent, und selbst wenn sie geschaffen werden könnte, würde die wichtigste Voraussetzung immer noch fehlen. Wie ich weiter oben ausgeführt habe, setzt die demokratische Legitimität das Vorhandensein einer *kollektiven Identität* und die Existenz öffentlicher Diskurse über gemeinsame Interessen und gerechte Verteilungsregeln auf der Grundlage dieser kollektiven Identität voraus (March/Olsen 1995). Es mag sein, daß sich die Westeuropäer in diese Richtung entwickeln, aber sie sind immer noch weit von einer kollektiven Identität entfernt, die dazu in der Lage wäre, Mehrheitsentscheidungen auch angesichts von Konflikten zwischen wichtigen nationalen Interessen zu legitimieren (Howe 1995; Weiler 1995; Habermas 1995). Folglich würden auch weitreichende konstitutionelle Reformen, sollten sie verwirklicht werden können, nicht automatisch dazu führen, daß ein Mehrheitsvotum des Europäischen Parlaments von denen als legitim anerkannt wird, deren grundlegende Präferenzen und vitale Interessen davon negativ betroffen wären.[15] Dasselbe träfe erst recht auf Mehrheitsentscheidungen im Ministerrat zu: Wie könnten die Regierungen der neuen nordmitteleuropäischen Mehrheit von den Bürgern der südlichen Länder zur Verantwortung gezogen werden? Oder warum sollten die Österreicher die Präferenzen Dänemarks, der Niederlande, Deutschlands und Italiens bei der Regelung des Straßengüterverkehrs durch die Alpen akzeptieren?

Da die demokratische Legitimität von Entscheidungen, die oberhalb der nationalen Ebene getroffen werden, selbst in der Europäischen Union prekär ist – ganz zu schweigen von Entscheidungen, die im Rahmen anderer internationaler Organisationen wie dem Nordatlantikpakt, dem Internationalen Währungsfonds, der Welthandelsorganisation oder den Vereinten Nationen und ihren Sonderorganisationen getroffen werden – stehen wir vor einem ungelösten Problem. Und obwohl die Beziehung zwischen der demokratischen Herrschaft auf der nationalen Ebene und der wachsenden transnationalen Interdependenz inzwischen von der normativen Demokratietheorie als wichtige Frage erkannt worden ist (Bobbio 1984; Dahl 1989; Held 1991; Hindess 1991; Böhret/Wewer 1993; Hirst/Thompson 1995; Streeck 1998), kann doch mit gutem Recht gesagt werden, daß bisher keine normativ überzeugenden und empirisch plausiblen Lösungen vorgeschlagen wurden. Bis auf weiteres spricht jedenfalls vieles dafür, den aus transnationalen Interaktionen resultierenden Entscheidungen keine eigene demokratische Legitimität zuzuschreiben, sondern ihre Legitimität entweder mit nichtmajoritären Legitimitätskonzepten wie der technischen Expertise oder der Autorität des Rechts zu begründen (Majone 1989; 1994; 1995; Dehousse 1995) oder sie indirekt von der Legitimität der nationalen Regierungen, die ihren nationalen Wählern verantwortlich sind, abzuleiten (Grimm 1995).

Aber dabei handelt es sich um schwache Formen der Legitimation, die nicht in der Lage sind, effektive Handlungsfähigkeit angesichts erheblich divergierender Präferenzen, die auf tief verwur-

---

15 Dieser Punkt kommt in einem Gedankenexperiment von Joseph Weilers (1995) sehr gut zum Ausdruck: Angenommen, Dänemark würde auf irgendeine Weise an ein demokratisches Deutschland angeschlossen, könnte dann ein Mehrheitsvotum des Bundestages für die Dänen Legitimität erzeugen?

zelten Werten oder vitalen Interessen basieren, zu begründen. Auf der einen Seite kann technische Expertise nur die Auswahl der besten Mittel in Situationen, in denen die Ziele nicht umstritten sind, legitimieren (Majone 1989), und die Autorität des „autonomen" Rechts beschränkt sich letztlich auf die Explikation eines vorhandenen normativen Konsenses (Bickel 1962). Stützt man sich auf der anderen Seite auf die indirekte demokratische Legitimität, die durch die Zustimmung der nationalen Parlamente erzeugt wird, dann hat dies die unangenehme Nebenwirkung, daß die Europäische Union in ihrer derzeitigen Form eines intergouvernementalen Verhandlungssystems festgeschrieben wird, bei dem selbst der Übergang von der Einstimmigkeit zu qualifizierten Mehrheitsentscheidungen von zweifelhafter Legitimität ist. Daraus folgt auch, daß Interessenkonflikte zwischen den Regierungen der Mitgliedstaaten die Problemlösungsfähigkeit der EU auch weiterhin auf das im Rahmen von Verhandlungsregimen und Zwangsverhandlungssystemen mögliche Niveau begrenzen werden.

Es ist daher nicht zu erwarten, daß die als Folge der Schaffung transnationaler und globaler Märkte auf der nationalen Ebene verloren gegangene Handlungsfähigkeit der Politik auf der europäischen Ebene zurückgewonnen werden könnte (geschweige denn auf der Ebene der Welthandelsorganisation oder ähnlicher internationaler Organisationen). Es besteht also die Gefahr, daß die Legitimität der europäischen Nationalstaaten durch die sich ausbreitende Erkenntnis ihrer Machtlosigkeit gegenüber transnationalen oder globalen Marktkräften untergraben wird, während effektives und demokratisches Regieren auf der europäischen Ebene durch den Mangel an demokratischer Legitimität verhindert wird. Normativ überzeugende, praktisch wirksame und politisch machbare Lösungen sind nirgendwo in Sicht. Daher werden die europäischen Demokratien wohl noch für einige Zeit mit den beschriebenen Problemen leben müssen, anstatt sie lösen zu können. Auf mittlere Sicht aber, so kann man aus der hier vorgetragenen Analyse folgern, müsste man gleichzeitig Schritte unternehmen, die in entgegengesetzte Richtungen führen: Einerseits sollte man hoffen, daß Fortschritte bei der *politischen Integration* die Legitimität und Handlungsfähigkeit des europäischen Regierens stärken, indem sie die politische Verantwortlichkeit der Europäischen Kommission und das politische Gewicht des Europäischen Parlaments erhöhen.

Andererseits wäre es erstrebenswert, das unaufhaltsame Voranschreiten der *ökonomischen Integration* zu bremsen, indem man einige der rechtlichen Beschränkungen der negativen Integration lockert und den Mitgliedstaaten ein gewisses Maß an Kontrolle über ihre ökonomischen Grenzen zurückgibt (Scharpf 1999).

Aber diese Fragen gehören nicht mehr zur Thematik eines Buches, in dem es um *Werkzeuge der politischen Analyse*, und nicht um die Analyse einer bestimmten politischen Konstellation geht. Sie wurden hier nur angesprochen, um zu zeigen, daß die in den vorangegangenen Kapiteln vorgestellten analytischen Werkzeuge tatsächlich und mit Gewinn eingesetzt werden können, um einige der drängendsten Probleme des Regierens im Rahmen von Mehrebenensystemen in einer immer interdependenter werdenden Welt zu klären. Ob mir diese Demonstration gelungen ist, bleibt dem Urteil des Lesers überlassen.

Anhang 1
Inflation und Arbeitslosigkeit in Westeuropa: Eine spieltheoretische Interpretation[1]

1. Einführung

Im Vergleich zum vorangehenden Jahrzehnt waren die mittleren und späten siebziger und die frühen achtziger Jahre für alle hochindustrialisierten westlichen Länder eine schwierige Periode mit halbiertem Wirtschafts- und Beschäftigungswachstum, verdoppelten Arbeitslosenquoten und verdoppelten Inflationsraten (Tabelle A1.1). Interessanterweise nahm jedoch, während die durchschnittlichen Ergebnisse der Wirtschaftspolitik sich nach 1973 verschlechterten, bei den meisten Erfolgsindikatoren auch der Abstand zwischen den relativ erfolgreichen und den weniger erfolgreichen Ländern zu. Noch bemerkenswerter erscheint die Tatsache, daß die Unterschiede zwischen den Ländern sich auch nicht in die gängigen ökonomischen Erklärungsmuster einzufügen scheinen (Therborn, 1986). Sogar der fast tautologische Zusammenhang zwischen Wirtschaftswachstum und Beschäftigung war während der Krisenperiode nur schwach ausgeprägt ($R^2 = 0{,}32$)[2] und zwischen Wirtschafts- und Beschäftigungswachstum auf der einen Seite und dem Anstieg der Inflationsraten auf der anderen Seite gibt es weder einen eindeutig positiven Zusammenhang (wie ihn die an

---

[1] Erschienen in Politische Vierteljahresschrift 1 (1988): 6–41. Der Aufsatz versucht eine der Interpretationslinien meiner Darstellung der „sozialdemokratischen Krisenpolitik" weiterzuführen und theoretisch zuzuspitzen. Die jetzige Fassung hat profitiert von Diskussionen am Center for Advanced Study in the Behavioral Sciences in Stanford, am Workshop in Political Theory and Policy Analysis der Indiana University und am Center for European Studies der Harvard University. Für Kritik und Anregungen danke ich weiterhin Jens Alber, Jürgen Feick, Hans-Willy Hohn, Bernd Marin, Renate Mayntz, Manfred Schmidt und Douglas Webber.

[2] In gewisser Hinsicht noch interessanter ist die faktische Entkoppelung ($R2=0{,}01$) zwischen der (durch Wirtschaftspolitik beeinflußbaren) Veränderung der Beschäftigtenzahlen und der Höhe der Arbeitslosigkeit, die u.a. auch von (natürlichen und politisch manipulierten) Veränderungen des Angebots an Arbeitskräften abhängt. In diesem Aufsatz beschränke ich mich jedoch auf die Diskussion der mit den Mitteln der Wirtschaftspolitik betriebenen „offensiven" Beschäftigungspolitik.

der „Phillipskurve" orientierten Keynesianer erwartet hätten) noch einen negativen Zusammenhang (wie die Kritiker einer keynesianischen Wirtschaftspolitik oft unterstellten), sondern offenbar überhaupt keinen.

Tabelle A1.1: Veränderung des Bruttoinlandsprodukts und der Beschäftigung, Arbeitslosigkeit und Verbraucherpreis-Inflation 1963(1968)-1973 und 1973-1983

	BIP-Wachstum		Beschäftigung		Arbeitslosigkeit		Inflation	
	63:73	73:83	63:73	73:83	63:73	73:83	63:73	73:83
CAN	5,7	2,8	3,6	2,3	5,4	7,8	3,7	9,3
USA	4,1	2,2	2,6	1,9	4,6	7,1	3,6	8,3
JAP	9,8	4,2	1,5	0,9	1,2	2,0	6,2	8,2
AUS	5,6	2,5	3,3	0,9	2,0	5,5	4,0	11,2
NZ	4,0	2,0	2,4	1,1	0,3	1,9	5,4	13,4
A	5,1	2,6	-0,1	0,0	1,5	2,2	4,2	6,1
B	4,9	2,1	0,8	-0,7	2,5	7,9	4,1	8,0
CH	4,1	0,6	0,8	-0,7	–	0,4	4,5	4,7
D	4,4	1,9	0,0	-0,7	1,0	3,8	3,6	5,0
DK	4,0	1,7	1,4	0,0	1,0	6,9	6,3	10,4
F	5,5	2,6	0,9	0,1	2,5	5,4	4,7	10,9
SF	4,9	3,2	0,2	1,1	2,6	4,6	6,2	11,8
GB	3,3	1,6	0,2	-0,5	3,3	6,7	5,3	13,3
I	5,0	2,4	-0,5	0,7	5,7	7,3	4,9	16,2
N	4,3	3,9	1,7	1,8	1,7	2,0	5,3	9,4
NL	5,1	1,9	0,7	0,6	1,5	6,5	5,5	6,7
S	4,0	1,8	0,6	0,9	2,2	2,3	4,9	9,9
Durchschnitt	4,9	2,4	1,2	0,6	2,4	4,7	4,8	9,6
Spannweite*	1,4	0,9	1,2	0,9	2,2	1,6	0,9	3,1
Var. Koeff.**	0,3	0,4	1,0	1,6	0,7	0,5	0,2	0,3

* Spannweite = (Maximum – Minimum) / Durchschnitt
** Variationskoeffizient = Standardabweichung / Durchschnitt

BIP 73/83: Beschäftigung 73–83: $R^2 = 0,32$
BIP 73/83: Inflation 73–83: $R^2 = 0,02$
Beschäftigung 73/83: Inflation 73–83: $R^2 = 0,07$
Beschäftigung 73/83: Arbeitslosgikeit 73–83: $R^2 = 0,01$

Quelle: OECD Historical Statistics 1960–1984

Ein Blick auf das Streudiagramm (Abbildung A1.1) zeigt noch deutlicher, daß es bei negativer, konstanter oder positiver Beschäftigungsentwicklung jeweils Länder mit niedrigen, mittleren und mit hohen Inflationsraten gab – und für die anderen Indikatoren der Wirtschaftsentwicklung gilt das gleiche. Konfrontiert mit der weltweiten Krise haben die Industrieländer unterschiedliche Leistungsprofile entwickelt. Manche haben offenbar einen Kompromiß zwischen mehreren Zielen der Wirtschaftspolitik gesucht, während andere für überdurchschnittliche Erfolge bei einem der Zielwerte mit besonders schlechten Ergebnissen bei einem anderen bezahlten – und einige haben auch in jeder Hinsicht vergleichsweise ungünstig abgeschnitten.

Abbildung A1.1: Inflation und Beschäftigungsänderung 1973-1983

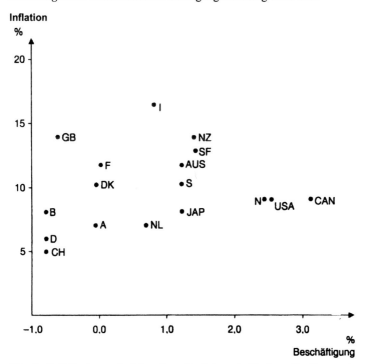

Für die Politikwissenschaft bot diese faszinierende Varianz die Chance, in einer Serie von international vergleichenden Studien die alte Frage nach der tatsächlichen Bedeutung politischer Variablen für die ökonomische

Entwicklung neu aufzuwerfen. Zunächst konnte man zeigen, daß Länder, die von Parteien regiert wurden, die der Arbeiterbewegung nahestanden, im Durchschnitt niedrigere Arbeitslosigkeit und höhere Inflationsraten aufwiesen als Länder mit bürgerlichen Regierungen (Hibbs, 1977). Als dieser für die sechziger Jahre nachgewiesene Zusammenhang sich in den siebziger Jahren abschwächte, verlagerte sich das Forschungsinteresse von der Parteipolitik auf die Existenz „tripartistischer" Verhandlungssysteme zwischen den Spitzenverbänden von Kapital und Arbeit und dem Staat, deren Bedeutung für die „Regierbarkeit" moderner Staaten in Philippe Schmitters „Neokorporatismus"-Theorie postuliert worden war (1974; 1981). In einer ganzen Reihe von Studien konnte dann gezeigt werden, daß in den siebziger Jahren „korporatistische" Länder mit starken, organisatorisch konzentrierten und zentralisierten Gewerkschaften und linken Regierungen wirtschaftlich besonders gut gefahren waren (Cameron, 1978; 1984; Schmidt, 1982; 1983; Paloheimo, 1984; Lange und Garrett, 1985).

Aber wiederum haben die in einer Dekade erfolgreichen Erklärungen den Beginn des folgenden Jahrzehnts nicht lange überdauert. In den achtziger Jahren gerieten einige der früheren Musterländer in Schwierigkeiten, und einige Länder mit konservativen Regierungen und schwachen, organisatorisch zersplitterten Gewerkschaften schienen nun wirtschaftspolitisch besonders erfolgreich. In Reaktion darauf wurde das politisch-institutionelle Erklärungsmodell erneut revidiert und betont nun die funktionalen Äquivalenzen der arbeitnehmerorientierten Konzertierung zwischen Staat und Gewerkschaften und des „corporatism without labor" nach japanischem Muster (Schmidt, 1986; Garrett und Lange, 1986; Wilensky und Turner, 1987).

Der rasche Wechsel der Hypothesen illustriert ein Dilemma der international vergleichenden Politikforschung, die es mit komplexen, interaktiven Makro-Phänomenen zu tun hat. Wenn sie sich auf breitangelegte und in die Tiefe gehende Fallstudien stützt, begrenzt der Forschungsaufwand die Zahl der in die Untersuchung einbezogenen Länder, und in der Annäherung an die reale Komplexität ihres Gegenstandes enden die Untersuchungen oft bei der zeitgeschichtlichen Deskription singulärer Ereignisse. Sucht die vergleichende Forschung stattdessen den quantitativ-statistischen Beweis theoriegeleiteter Hypothesen, so muß sie die größtmögliche Fallzahl anstreben.[3] Diesen Weg sind die zitierten Arbeiten gegangen. Sie bezahlen dafür mit der Beschränkung auf Variablen, für die international standardisierte Indikatoren verfügbar sind, und mit dem Zwang zur Anwendung radikal vereinfachender, auf wenige Faktoren beschränkter Hypothesen. Das kann gut gehen, wenn die Indikatoren theoretisch valide,

---

3 Freilich wird die erreichbare Fallzahl durch die Grundgesamtheit der als „vergleichbar" definierten Länder doch wieder so eng begrenzt, daß die theoretisch gebotenen multivariaten Analysen kaum eingesetzt werden können.

wenn die einfachen Hypothesen als *Vereinfachung* einer induktiv „fundierten" (Glaser/Strauss, 1967; Glaser, 1978) Theorie plausibel[4] und wenn ihre kontextuellen Geltungsbedingungen erfüllt sind.[5]

Diese Voraussetzungen lagen offenbar bei den auf die sechziger Jahre bezogenen Untersuchungen vor: Die verfügbaren Indikatoren für Inflation und Arbeitslosigkeit und für die parteipolitische Orientierung der Regierungen waren in ihrer Validität kaum problematisch; und die Hypothese, der zufolge linke Regierungen aus Gründen der eigenen Ideologie und mit Rücksicht auf die Interessen ihrer Klientel der Bekämpfung der Arbeitslosigkeit den Vorrang geben mußten, war und ist offenbar empirisch gut fundiert (MacRae, 1977; Fiorina, 1978; Tufte, 1978; Hibbs, 1982; Lowery, 1985). Wenn diese Hypothese sich in den siebziger und achtziger Jahren nicht mehr bestätigen ließ, dann wohl nicht deshalb, weil die ursprünglichen Forschungsergebnisse falsch gewesen wären oder weil die politischen Präferenzen der Arbeiterparteien sich in der Zwischenzeit geändert hätten. Stattdessen war eher zu vermuten, daß eine stillschweigend unterstellte (und in den sechziger Jahren offenbar erfüllte) Kontextbedingung in den siebziger Jahren nicht mehr gegeben war – die Bedingung nämlich, daß die Wahl zwischen mehr Inflation und mehr Arbeitslosigkeit nur von den politischen Präferenzen der jeweiligen Regierungen abhing.

Sobald diese Möglichkeit in Betracht gezogen wird, erweist es sich als Nachteil, daß politikwissenschaftliche Untersuchungen des Zusammenhangs von Politik und Ökonomie sich um die zugrunde liegenden (und sich verändernden) ökonomischen Probleme in der Regel ebensowenig gekümmert haben, wie ökonomische Studien sich üblicherweise (aber mit erfreulichen Ausnahmen: Flanagan/Soskice/Ulman, 1983) um die Unterschiede zwischen den institutionellen Rahmenbedingungen der einzelnen

---

4 Ohne ein theoretisch begründetes Kausalmodell können auch multivariate Analysen nichts beweisen, da ja eine nachgewiesene Beziehung zwischen den untersuchten Variablen verschwinden kann, wenn ein bisher nicht berücksichtigter weiterer Kausalfaktor einbezogen wird (Blalock, 1961).

5 Gerade dieser letzte Punkt ist für die vergleichende Politikforschung von grundsätzlicher Bedeutung: Auch fundierte Theorien sind gegenüber ihrem Gegenstand notwendigerweise unterkomplex. Ob sie über ihren „Ursprungsfall" hinaus zutreffen oder nicht, hängt also von Randbedingungen ab, die niemals vollständig endogenisiert werden können. Selbst unsere besten Modelle sind deshalb immer „sometimes true theories" (Coleman, 1964: 516-519) – alle sind (unter bestimmten Bedingungen) richtig, und alle sind (unter anderen Bedingungen) falsch (McGuire, 1983: 7-8). Der Fortschritt der Theoriebildung vollzieht sich jedenfalls hier nicht in der Automatik des Prüfens und Falsifizierens universalistischer Hypothesen, sondern in der Entdeckung und schrittweisen Einbeziehung zusätzlicher Geltungsbedingungen für (induktiv fundierte) theoretische Modelle (Greenwald et al., 1986).

Länder kümmern. Deshalb waren und sind sie im allgemeinen auch nicht in der Lage, zwischen den Wirkungen unterschiedlicher oder geänderter ökonomischer Rahmenbedingungen auf der einen Seite und den (aus politikwissenschaftlicher Sicht interessanteren) Wirkungen unterschiedlicher institutioneller Arrangements und divergierender politischer Zielsetzungen auf der anderen Seite analytisch und empirisch zu unterscheiden. Aber so schwierig es auch sein mag: Unsere politologischen Hypothesen müssen die kritischen ökonomischen Randbedingungen ihrer Geltung einbeziehen, wenn sie nicht immer wieder durch deren Veränderung außer Geltung gesetzt werden sollen. Die Schwäche des Korporatismus-Ansatzes in der vergleichenden politischen Ökonomie liegt deshalb aus meiner Sicht nicht einmal in erster Linie bei den allfälligen Unschärfen der Definition und der Indikatorbildung für die als unabhängige Variable eingeführten institutionellen Bedingungen (Therborn, 1986: 98–101), sondern vor allem in der unzureichenden theoretischen Verknüpfung zwischen diesen und den als abhängige Variable erfaßten ökonomischen Ergebnissen.

In meinem eigenen Verständnis (Scharpf, 1981) können institutionelle Bedingungen, da sie ja Kreativität und Zufall im politischen Prozeß nicht beseitigen, auch die Ergebnisse von Politik nicht vollständig erklären. Sie konstituieren jedoch die organisatorische Identität und damit das institutionelle Eigeninteresse der politisch handelnden „korporativen Akteure" (Coleman, 1974) und deren Machtpotentiale, und sie definieren das „Repertoire" von legitimierten und routinisierten Handlungsmöglichkeiten,[6] aus denen komplexere „Strategien" gebildet werden können, die dann unmittelbar auf die ökonomischen Sachverhalte einwirken. Wirtschaftspolitischen Erfolg haben also jene Länder, deren institutionell geprägtes Repertoire Strategien begünstigt, mit denen sie in der gegebenen wirtschaftlichen Situation ihre politisch präferierten Ziele erreichen können.

Die ökonomisch effektive Kausalbeziehung verläuft also in der Dimension Wirtschaftslage-Strategie-Wirkungen. Sie wird indirekt beeinflußt durch die institutionelle Beschränkung des Repertoires der wählbaren Strategien und durch den Einfluß politisch-ökonomischer Ziele und Situationsdeutungen auf die Auswahl unter diesen. Wenn man also die Wirkung institutioneller Bedingungen auf den wirtschaftspolitischen Erfolg mit den Methoden des quantifizierenden Vergleichs nachweisen will, dann muß man

---

6   Hier sehe ich eine unmittelbare Parallele zum anthropologischen Konzept eines „repertoire of action resources" im Sinne von kulturell geprägten „habits, skills and styles", aus denen Individuen und Gruppen durchaus unterschiedliche „strategies of action" bilden können (Swidler, 1986). Analogiefähig erscheint mir auch die dort eingeführte Unterscheidung zwischen kulturell stabilisierten Perioden („settled lives") und Perioden des Umbruchs, in denen das kulturelle Repertoire selbst erweitert und verändert wird.

die Einflüsse der wechselnden ökonomischen Rahmenbedingungen und der unterschiedlichen politischen Prioritäten und Weltsichten entweder statistisch neutralisieren oder durch eine kontrollierte Fallauswahl konstant halten.

Aber damit nicht genug. Der empirische Test scheitert oft an der grundsätzlichen Schwierigkeit, daß sowohl die politischen Ziele und Perzeptionen als auch das institutionalisierte Handlungsrepertoire der Politik (und – soweit national beeinflußbar – auch die wirtschaftliche Lage selbst) nur bei kurzfristiger Betrachtung als modell-exogene unabhängige Variablen behandelt werden können, aber längerfristig stark miteinander interagieren. Insbesondere kommt es bei stabiler internationaler Wirtschaftslage zu konvergierenden wechselseitigen Anpassungen des Handlungsrepertoires und der Ziele der nationalen Wirtschaftspolitik, die eine dauerhafte „Dissonanz" zwischen dem politisch Gewollten und dem ökonomisch und institutionell Machbaren unwahrscheinlich machen.[7]

Günstige Bedingungen für den empirischen Nachweis der ökonomischen Wirkung politischer Institutionen bieten sich jedoch dann, wenn die weltwirtschaftliche Lage sich plötzlich ändert, während die Politik noch an den früheren Zielen festhält, und während institutionelle Trägheit eine rasche Anpassung des Handlungsrepertoires verhindert (Hannan und Freeman, 1977; 1984). Dann ist es denkbar, daß die in der neuen Situation potentiell erfolgreichen Strategien in allen Ländern versucht und in einigen auch realisiert werden, während sie in anderen an den (noch) gegebenen institutionellen Restriktionen scheitern. Insofern war aus der – zugegebenermaßen zynischen – Perspektive des wissenschaftlichen Erkenntnisinteresses die weltweite Wirtschaftskrise, die in der Dekade nach 1973 alle Industrieländer mit denselben externen Schocks konfrontierte, ein besonders theorieträchtiges „natürliches Experiment". Aber die damit gebotene Chance kann von der Forschung nur genutzt werden, wenn dem quantifizierenden Vergleich fundierte theoretische Modelle zugrunde gelegt werden, die bei allem Streben nach radikaler Vereinfachung doch die wesentlichen Einflußfaktoren und Kontextbedingungen des realen Wirkungszusammenhangs abzubilden versuchen. Der Versuch, ein solches Modell zu formulieren, soll im folgenden unternommen werden.

---

7 Deshalb haben unter den stabilen und günstigen ökonomischen Rahmenbedingungen der sechziger Jahre fast alle Länder die institutionellen Voraussetzungen für eine einigermaßen erfolgreiche Vollbeschäftigungspolitik entwickeln können, und umgekehrt ist unter den ungünstigeren aber ebenfalls einigermaßen stabilen Bedingungen der achtziger Jahre die Vollbeschäftigung fast überall von der Liste der ernstlich verfolgten politischen Ziele verschwunden.

2. Das zu erklärende „Rätsel"

Der Versuch stützt sich auf Fallstudien zur Wirtschafts- und Beschäftigungspolitik von vier westeuropäischen Ländern, nämlich der Bundesrepublik, Großbritannien, Österreich und Schweden (Scharpf, 1981; 1984; 1987b).[8] Sie boten sich für einen kontrollierten Vergleich nach dem (möglichst viele Einfluß-Variablen konstant haltenden) „Most-similar-systems"-Prinzip (Przeworski und Teune, 1970) deshalb an, weil ihre ökonomische Ausgangslage am Vorabend der Krise ziemlich ähnlich war (Tabelle A1.2), und weil sie in den kritischen ersten Jahren nach 1973 von sozialdemokratischen oder sozialistischen Parteien regiert wurden, die auf die Priorität des Vollbeschäftigungsziels[9] politisch festgelegt waren.

Tabelle A1.2: Wirtschaftliche Erfolgsindikatoren 1973 (%)

1973	Österreich	Deutschland	Großbritannien	Schweden
BIP-Wachstum	4,9	4,7	7,6	4,0
BIP-Inflation	7,6	6,4	7,1	7,0
Arbeitslosigkeit	1,1	0,8	3,0	2,5

Quelle: OECD Historical Statistics 1960–1984

---

8 Während die Fallstudien eine möglichst vollständige Erklärung realer Entwicklungen anstrebten, die immer eine Kombination mehrerer Theorieansätze (unter Einschluß von „Alltagstheorien") erfordert (Lübbe, 1975), soll hier die Erklärung eines Teilaspekts (des Beitrags der makroökonomischen Politik zu Inflation und Arbeitslosigkeit) mit Hilfe eines einzelnen (spieltheoretischen) Ansatzes weiter voran getrieben werden. Das Ergebnis können selbstverständlich nur Ceteris-Paribus-Hypothesen sein, die mit anderen kombiniert werden müssen, wenn realweltliche Ereignisse erklärt oder gar prognostiziert werden sollen. In dieser methodischen Iteration zwischen zeitgeschichtlicher Deskription, historisch-kombinatorischer Erklärung und abstrahierender Theoriebildung sehe ich die beste Chance für den Fortschritt in den nicht-experimentellen Sozialwissenschaften.

9 Trotz Helmut Schmidts markigem Satz aus dem Wahlkampf 1972, daß 5% Inflation immer noch besser seien als 5% Arbeitslosigkeit, war die politische Präferenz der deutschen Bundesregierung vermutlich weniger belastbar als die der anderen drei Regierungen – wegen der höheren Inflationsempfindlichkeit der deutschen Wähler und wegen der schon damals nicht zu unterschätzenden Rolle der FDP (Schmidt, 1987), aber auch wegen der antizipierten Toleranzgrenzen der Bundesbank.

Großbritannien sah damals noch gar nicht wie das Opfer der „englischen Krankheit" aus und erzielte sogar das höchste Wirtschaftswachstum bei vergleichsweise immer noch moderater Inflation. Im direkten Vergleich hätte man sich wohl eher um Österreich und Schweden Sorgen machen können. Aber unmittelbar nachdem der erste Ölpreisschock im Herbst 1973 den Beginn der akuten Krisenperiode signalisiert hatte, fingen die vier Länder an, sich wirtschaftlich auseinander zu entwickeln (Tabelle A1.3).

Tabelle A1.3: Durchschnittliche Erfolgsindikatoren 1974–1979 (%)

1974-1979	Österreich	Deutschland	Großbritannien	Schweden
BIP-Wachstum	2,9	2,3	1,5	1,8
BIP-Inflation	6,0	4,8	16,0	10,6
Arbeitslosigkeit	1,8	3,2	5,0	1,9

Quelle: OECD Historical Statistics 1960-1984

Am ungünstigsten war nun tatsächlich die britische Entwicklung mit dem geringsten Wachstum, der weitaus höchsten Inflation und der höchsten Arbeitslosigkeit, während Österreich mit dem höchsten Wirtschaftswachstum, der niedrigsten Arbeitslosigkeit und der zweitniedrigsten Inflationsrate jetzt rundum am besten abschnitt. Noch interessanter ist der Gegensatz zwischen den beiden anderen Ländern: In der Bundesrepublik nahm im Vergleich zu 1973 die Arbeitslosigkeit sogar noch stärker zu als in Großbritannien, während die Inflation niedriger war als in allen anderen OECD-Ländern. Schweden dagegen konnte während der ersten fünf Krisenjahre die Arbeitslosigkeit sogar noch vermindern, hatte aber unter zweistelligen Inflationsraten zu leiden.

Mein Versuch, dieses Rätsel zu erklären, beginnt mit einem knappen Überblick über die in der damaligen Lage objektiv verfügbaren und die in den vier Ländern tatsächlich verfolgten Strategien der makroökonomischen Politik.[10] Erst auf dieser Grundlage kann genauer bestimmt werden,

---

10 Selbstverständlich war die makroökonomische „Globalsteuerung" allenfalls für die Inflation, aber keineswegs auch für die Entwicklung der Arbeitslosigkeit das einzig bedeutungsvolle Politikfeld. Die Schweiz beispielsweise konnte die statistische Vollbeschäftigung allein durch die Verminderung der Zahl ausländischer Arbeitnehmer sichern (Schmidt, 1985), während Schweden zwischen 1974 und 1978 allein durch die Bildungs- und Arbeitsbeschaffungsmaßnahmen seiner „aktiven Arbeitsmarktpolitik" die registrierte Arbeitslosigkeit beinahe um vier Prozentpunkte verminderte. Die Bundesrepublik erzielte Ent-

welche Unterschiede der wirtschaftspolitischen Strategie und der durch diese beeinflußten ökonomischen Entwicklung überhaupt einer politisch-institutionellen Erklärung bedürfen. Diese Erklärung suche ich dann mit den Mitteln der Spieltheorie zu formulieren.

3. Ökonomische Probleme und strategische Optionen nach 1973

Für die Industrieländer insgesamt war das dominante ökonomische Problem der siebziger Jahre die „Stagflation" – das seit der frühen Nachkriegszeit nicht mehr gekannte Zusammentreffen von Massenarbeitslosigkeit und ungewöhnlich hohen Inflationsraten. Die daraus für die Wirtschaftspolitik erwachsenden Schwierigkeiten werden deutlicher, wenn wir zwischen Ursachen auf der Nachfrage- und auf der Angebotsseite des Marktes für Güter und Dienstleistungen unterscheiden (Malinvaud, 1977). Dementsprechend kann Inflation entweder durch Nachfragesog oder durch Kostendruck ausgelöst werden, und Arbeitslosigkeit kann entweder „keynesianisch" oder „klassisch" sein – wenn die Unternehmen entweder durch mangelnde Nachfrage davon abgehalten werden, bei gegebenen Löhnen und Preisen mehr zu produzieren und mehr Arbeitskräfte zu beschäftigen, oder wenn höhere Produktion und höhere Beschäftigung bei gegebenen Löhnen und Preisen für die Unternehmen nicht rentabel wären (Abbildung A1.2).

In den frühen siebziger Jahren hatte die Weltwirtschaft zunächst mit (von den Vereinigten Staaten ausgehender) Nachfragesog-Inflation zu kämpfen gehabt, die dann als Folge der Rohstoffhausse und des ersten Ölpreisschocks durch eine noch stärkere Kostendruck-Inflation abgelöst wurde. Zugleich bedeutete die Steigerung der Rohölpreise um das Zwölffache einen erheblichen Kaufkraftentzug in den Industrieländern, der zumindest kurzfristig nicht durch die höhere Import-Nachfrage der OPEC-Länder ausgeglichen wurde. Wenn diese Nachfragelücke nicht kompensiert werden konnte, war also mit keynesianischer Arbeitslosigkeit zu rechnen.

---

lastungseffekte in gleicher Größenordnung durch eine Kombination von Gastarbeiter-Abbau, Frühverrentung und aktiver Arbeitsmarktpolitik (Scharpf, 1987a: 279-293). Im folgenden beschränke ich mich jedoch auf die makroökonomischen Strategien.

Abbildung A1.2: Typologie der makroökonomischen Problemlagen in den siebziger Jahren

Problemursache

Art des Problems	nachfrageseitig	angebotsseitig
Inflation	Nachfragesog-Inflation	Kostendruck-Inflation
Arbeitslosigkeit	Nachfragemangel-(keynesianische) Arbeitslosigkeit	Gewinnlücken-(klassische) Arbeitslosigkeit

Auf diese Kombination von Kostendruck-Inflation und Nachfragemangel-Arbeitslosigkeit war die makroökonomische Wirtschaftspolitik nicht eingerichtet. Ihre wichtigsten Instrumente, die Fiskalpolitik und die Geldpolitik, wirken beide auf die gesamtwirtschaftliche Nachfrage und lösen nur sekundäre, und im allgemeinen verzögerte und schwächere Wirkungen auf der Angebotsseite aus. Unter den Bedingungen der Stagflation bedeutete dies, daß die Regierungen nur entweder die Arbeitslosigkeit mit einer expansiven Geld- und Fiskalpolitik bekämpfen oder aber versuchen konnten, den Kostenüberwälzungs-Spielraum der Unternehmen durch eine monetäre und fiskalische Nachfrage-Dämpfung zu beschneiden. Sie konnten also nicht gegen Inflation und Arbeitslosigkeit zugleich vorgehen. Schlimmer noch, der Versuch, das eine Übel zu bekämpfen, mußte zugleich das andere verschlimmern (Abbildung A1.3).

Abbildung A1.3: Wirkungen der Geld- und Fiskalpolitik bei Stagflation

Geld- und Fiskalpolitik		Nachfragemangel-Arbeitslosigkeit	Kostendruck-Inflation
	expansiv	hilft viel	schadet
	restriktiv	schadet viel	hilft

Das Dilemma ließ sich nur dann vermeiden, wenn die Wirtschaftspolitik nicht auf die Mittel der Geld- und Fiskalpolitik beschränkt blieb, sondern auch in der Lage war, die Kostenentwicklung der Unternehmen zu beeinflussen. Das potentiell wichtigste Instrument dafür war und ist die Einflußnahme auf die Lohntarife, die zwar ebenfalls die gesamtwirtschaftliche Nachfrage beeinflussen, aber eine noch größere „angebotsseitige" Wirkung auf die Produktionskosten und die Unternehmensgewinne haben (Abbildung A1.4).

Abbildung A1.4: Wirkungen der Lohnpolitik bei Stagflation

		Nachfragemangel-Arbeitslosigkeit	Kostendruck-Inflation
Lohnpolitik	gemäßigt	schadet	hilft viel
	offensiv	nützt	schadet viel

Ganz unabhängig von der Streitfrage, ob „zu hohe Löhne" für die Preissteigerungen der frühen siebziger Jahre ursächlich gewesen waren, mußte die staatliche Wirtschaftspolitik also auf eine Mäßigung des Lohnanstiegs[11] dringen, um auf diese Weise den Kostendruck auf die Unterneh-

---

11 Selbstverständlich ging es der staatlichen Politik nicht um die Löhne, sondern um die Preise. Trotzdem war eine direkte Einflußnahme auf die Preisentwicklung nicht aussichtsreich: Gesetzliche Preis- (und Lohn-)Kontrollen, wie sie in den sechziger und frühen siebziger Jahren in Großbritannien und in den Vereinigten Staaten versucht worden waren, hatten – wenn sie überhaupt wirksam waren – die Inflation nur vorübergehend aufstauen können (Frye und Gordon, 1981). Anders als bei den Löhnen bot sich hier im allgemeinen (d.h. wenn man von gewissen österreichischen Besonderheiten absieht: Marin, 1982) auch nicht die Chance der „freiwilligen Preiszurückhaltung": Preise werden ja in der Marktwirtschaft nicht in Kollektivverhandlungen gebildet und sind deshalb weitgehend immun gegenüber Appellen an kollektiv-rationale Kalküle.
Überdies wäre nach dem Ölpreisschock ein effektiver Preisstop ohne gleichzeitige Dämpfung der steigenden Produktionskosten auch ökonomisch kontraproduktiv gewesen: Er hätte noch rascher zum Gewinnverfall und zum Anstieg der Massenarbeitslosgkeit geführt als eine fiskalische und monetäre Restriktionspolitik.

men zu mildern und die emporschnellenden Inflationsraten zu dämpfen.[12] Im „Austausch" dagegen war die (vom Zwang zur Inflationsbekämpfung befreite) Regierung dann in der Lage, ihre eigenen geld- und fiskalpolitischen Instrumente zur Ausweitung der gesamtwirtschaftlichen Nachfrage und damit zur Erhaltung der Vollbeschäftigung einzusetzen. Nur wenn diese optimale „Konzertierung" zwischen staatlicher und gewerkschaftlicher Politik gelang, war es selbst unter den Krisenbedingungen der siebziger Jahre (aber nicht in den achtziger Jahren[13]) möglich, sowohl den steilen Anstieg der Arbeitslosigkeit als auch die Eskalation der Inflationsraten zu vermeiden. Wenn stattdessen die Gewerkschaften eine offensive Lohnpolitik verfolgten, mußte sich die Inflation fortsetzen; und wenn die Regierung nicht zu einer expansiven Geld- und Fiskalpolitik bereit war, mußte die Arbeitslosigkeit ansteigen (Abbildung A1.5).

Ein Blick auf die tatsächlichen Koordinationsmuster zwischen der staatlichen Geld- und Fiskalpolitik und der gewerkschaftlichen Lohnpolitik (Abbildung A1.6) zeigt freilich, daß in den Jahren nach 1974 die gesamtwirtschaftlich optimale Konzertierung (in der linken oberen Zelle der Koordinationsmatrizen) nur selten erreicht wurde.

---

12 Praktisch gesprochen bedeutete dies damals, daß die Gewerkschaften auf die Ausschöpfung ihrer (bei staatlich garantierter Vollbeschäftigung erheblichen) Verhandlungsmacht verzichten und Lohnabschlüsse akzeptieren sollten, durch die der Anstieg der Lohnstückkosten unterhalb der Inflationsrate gehalten wurde. Später, unter den „monetaristischen" Rahmenbedingungen der achtziger Jahre, erhielt „Lohnzurückhaltung" dann die restriktivere Bedeutung von freiwilligen Reallohn-Verzichten zur Erhöhung der Kapitalrendite.

13 Nach der zweiten Ölpreiskrise kam es auch in den Vereinigten Staaten (deren expansive Politik bis dahin die Weltkonjunktur gestützt hatte) zu einer „monetaristischen Wende", die zwischen 1980 und 1982 die realen Dollarzinsen von -3% auf +6% emporschnellen ließ. Angesichts der dominierenden Rolle des Dollars auf den internationalen Kapitalmärkten waren die anderen Industrieländer ebenfalls gezwungen, ihre Geldversorgung zu reduzieren und ihre Realzinsen zu erhöhen (Funke, 1986). Sobald dies geschah, verlor auch die fiskalische Expansion an Wirkung und wurde zugleich wesentlich kostspieliger. Im Ergebnis verfolgten deshalb fast alle Industrieländer nach 1981 eine restriktive Gesamtpolitik – und wer sich gegen den Trend stemmte (wie die neugewählte sozialistische Regierung in Frankreich) wurde von der Kapitalflucht zum Einlenken gezwungen.

Abbildung A1.5: Inflation und Arbeitslosigkeit als Ergebnis staatlicher und gewerkschaftlicher Strategien unter Stagflationsbedingungen

		Lohnpolitik	
		gemäßigt	offensiv
Geld- und Fiskalpolitik	expansiv	Inflation gemäßigt Arbeitslosigkeit niedrig	Inflation sehr hoch Arbeitslosigkeit niedrig
	restriktiv	Inflation niedrig Arbeitslosigkeit hoch	Inflation hoch Arbeitslosigkeit sehr hoch

(a) Im Jahre *1974* reagierte der Staat in allen Ländern mit Ausnahme der Bundesrepublik auf die beginnende Krise mit einer expansiven Geld- und Fiskalpolitik – und selbst in der Bundesrepublik war die fiskalpolitische Reaktion von Bund und Ländern zunächst eindeutig expansiv. Der insgesamt restriktive Einfluß des Staates auf die gesamtwirtschaftliche Nachfrage ging hier auf die Geldpolitik der Bundesbank zurück. Gleichzeitig setzten in allen Ländern die Gewerkschaften ihre mehr oder weniger offensive Lohnpolitik zunächst fort. Im Ergebnis wurde deshalb fast überall die Beschäftigung stabilisiert, während die Inflationsraten weiter stiegen. In der Bundesrepublik allerdings kam es 1974 und 1975 zu sehr hohen Beschäftigungsverlusten, während der Preisanstieg schon 1974 gestoppt werden konnte.

Abbildung A1.6: Wirtschaftspolitische Koordination Staat/Gewerkschaften 1974-1982

Gewerkschaftliche Lohnpolitik (moderat/offensiv)

Staatliche Politik

Österreich (A)

	1974		1976		1978		1980		1982	
	m	o	m	o	m	o	m	o	m	o
expansiv	0			X		X		X		
restriktiv										0

BR Deutschland (D)

	1974		1976		1978		1980		1982	
	m	o	m	o	m	o	m	o	m	o
expansiv						X		X		
restriktiv		0		0						0

Großbritannien (GB)

	1974		1976		1978		1980		1982	
	m	o	m	o	m	o	m	o	m	o
expansiv	0	X								
restriktiv				0		0		0		

Schweden (S)

	1974		1976		1978		1980		1982	
	m	o	m	o	m	o	m	o	m	o
expansiv	0		0			X		X		
restriktiv										0

Tabelle A1.4: Verbraucherpreis-Inflation und Anstieg der Lohnstückkosten im verarbeitenden Gewerbe, 1974-1980 (in %)

	1974	1975	1976	1977	1978	1979	1980
Österreich							
Inflation	9,5	8,4	7,3	5,5	3,6	3,7	6,4
Lohnstückkosten	9,7	15,1	0,5	5,6	1,2	-1,8	5,9
Großbritannien							
Inflation	16,0	24,2	16,5	15,8	8,3	13,4	18,0
Lohnstückkosten	24,0	32,6	12,7	11,7	14,9	17,2	21,0
Schweden							
Inflation	9,9	9,8	10,3	11,4	10,0	7,2	13,7
Lohnstückkosten	12,9	19,3	16,7	11,1	8,3	-0,1	9,3
BR Deutschland							
Inflation	7,0	6,0	4,5	3,7	2,7	4,1	5,5
Lohnstückkosten	9,1	6,8	0,6	5,3	5,0	2,4	7,3

Quelle: OECD Historical Statistics 1960–1985

(b) Zwei Jahre später, *1976*, hatten dann die Gewerkschaften die Implikationen der Krise begriffen und waren fast überall zu einer gemäßigteren Lohnpolitik übergegangen (Tabelle A1.4). Der Umschwung setzte in der Bundesrepublik und in Österreich am frühesten ein. Besonders dramatisch war er in Großbritannien, wo die Inflationsrate 1975 über 25% gelegen hatte, und wo im folgenden Jahr der „Social Contract" zwischen der Labour-Regierung und dem Trades Union Congress die zulässige Lohn- oder Gehaltserhöhung für jedermann auf den Festbetrag von sechs Pfund pro Woche beschränkte. Nur die schwedischen Gewerkschaften hielten noch an ihrer offensiven Strategie fest, während die nach mehr als vierzig Jahren sozialdemokratischer Herrschaft im Herbst 1976 ins Amt gekommene bürgerliche Koalitionsregierung an der Vollbeschäftigungspolitik ihrer Vorgänger festhielt.

(c) Nach weiteren zwei Jahren hatten sich *1978* die Bedingungen der wirtschaftspolitischen Koordination in der Bundesrepublik und in Schweden verbessert und in Großbritannien erneut verschlechtert. Nachdem die deutsche Inflationsrate unter 3% gefallen war, konnte die Bundesregierung dem amerikanischen Druck auf dem Bonner Gipfel im Sommer 1978 nachgeben (Putnam und Baines, 1984) und auch die Bundesbank zur Mitwirkung an einer fiskalischen und monetären Erhöhung der Binnennachfrage bewegen. Da auch die Gewerkschaften bei ihrer gemäßigten Lohnpolitik blieben, profitierte die Beschäftigungsentwicklung noch bis zum Jahre 1980 von dieser deutschen „Lokomotivenpolitik". Umgekehrt waren in Schweden nun die Gewerkschaften erstmals zur Mäßigung bereit, während die Regierung an ihrer Vollbeschäftigungspolitik festhielt.

Im Gegensatz dazu hatte sich die britische Labour-Regierung unter dem Druck einer Zahlungsbilanzkrise zu einer halbherzigen Restriktionspolitik entschlossen, obwohl die Arbeitslosigkeit erheblich gestiegen war. Die Inflationsrate fiel dadurch zwar unter die 10%-Marke, aber der Versuch der Regierung, den endgültigen Sieg über die Inflation durch eine Verlängerung des lohnpolitischen Stillhalte-Abkommens zu erzwingen, überforderte nun die Organisationsdisziplin der Gewerkschaften. Massenstreiks legten im Winter 1978/79 die gesamten öffentlichen Dienste und Versorgungssysteme still, und die hohen Lohnsteigerungen, mit denen ihre Beendigung schließlich erkauft wurde, trieben die Inflationsraten erneut in die Höhe und bereiteten den Weg für Margaret Thatchers ersten Wahlsieg im Frühjahr 1979.

(d) *1980* war dann die britische Politik auf einem harten, monetaristischen Restriktionskurs, während die Gewerkschaften zunächst noch an der offensiven Lohnpolitik festhielten, die zum Sturz der Labour-Regierung geführt hatte. Im Ergebnis stieg deshalb die Inflation weiter an, während nun auch die Arbeitslosenquote über die 10%-Marke emporschnellte. Die drei anderen Länder dagegen hielten einstweilen noch an der 1978 erreichten optimalen Konzertierung zwischen Staat und Gewerkschaften fest, obwohl sich die internationale Wirtschaftslage unter dem doppelten Schock der zweiten Ölpreiskrise und der amerikanischen Konversion zum Monetarismus rapide verschlechterte.

(e) Bis *1982* hatten sich dann aber die Veränderungen in der internationalen ökonomischen Umwelt in allen vier Ländern durchgesetzt. Die Geldpolitik war jetzt überall auf Restriktionskurs, und selbst die immer noch oder wieder sozialdemokratischen Regierungen in Österreich und Schweden versuchten nun unter dem Druck eines eskalierenden Zinsendienstes die Haushaltsdefizite abzubauen. Gleichzeitig praktizierten die Gewerkschaften – sei es aus Einsicht oder unter dem Druck der rasch steigenden Arbeitslosigkeit – in allen vier Ländern eine Politik nicht nur der Lohnzurückhaltung, sondern des effektiven Reallohnverzichts. Kurz: Die Unterschiede zwischen den wirtschaftspolitischen Strategien der vier Länder waren nun faktisch verschwunden.[14]

4. Die Handlungsperspektiven der makroökonomischen Akteure

In den siebziger Jahren jedoch hatten die westeuropäischen Länder noch die Wahl zwischen verschiedenen makroökonomischen Strategien, deren Ergebnisse sich deutlich voneinander unterschieden. Weshalb also waren nicht alle in der Lage gewesen, jene optimale Konzertierung zwischen staatlicher Nachfrage-Expansion und gewerkschaftlicher Lohnzurückhaltung zu verwirklichen, welche damals die Vollbeschäftigung und die Preisstabilität zugleich gesichert hätte?

Die Schwierigkeiten waren nicht in erster Linie kognitiver Art: Nach anfänglichen Fehleinschätzungen hat man in allen vier Ländern sowohl die doppelte Bedrohung durch Kostendruck-Inflation und Nachfragemangel-Arbeitslosigkeit als auch die strategischen Erfordernisse einer optimalen Konzertierung richtig verstanden. Die Wirtschaftspolitik war damals auch noch nicht gelähmt durch die monetaristische Doktrin von der realen Wirkungslosigkeit einer Nachfrage-Ausweitung oder durch das

---

14 Eine Ausnahme macht die unerwartet hohe Abwertung der Schwedenkrone unmittelbar nach der Rückkehr der Sozialdemokraten an die Regierung im Oktober 1982. Sie verbesserte die Wettbewerbsfähigkeit oder jedenfalls die Gewinne der schwedischen Exportindustrie und hat (da die Gewerkschaften mit den Löhnen nicht nachzogen) die Beschäftigungsverluste im Industriesektor gebremst. Aber selbstverständlich hätten damals nicht alle Länder zugleich ihre Exportchancen durch Abwertung verbessern können.

Dogma, daß die Löhne ebenso wie andere Preise ausschließlich durch Angebot und Nachfrage bestimmt werden sollten. Die Geltung von kollektiven Tarifverträgen war in allen vier Ländern unbestritten, und Löhne wurden überall als ein „politischer Preis" behandelt, der – in gewissen Grenzen – auch durch wirtschaftspolitische Erwägungen beeinflußt werden konnte. Freilich war man sich auch darin einig – in Großbritannien sogar aufgrund einer expliziten Vereinbarung zwischen der Labour Party und dem Trades Union Congress (Crouch, 1982; Bornstein und Gourevitch, 1984) – daß die Kooperation der Gewerkschaften nicht erzwungen werden konnte. Die Erfahrungen mit den britischen und amerikanischen Lohn- und Preiskontrollen der sechziger und frühen siebziger Jahre waren so negativ gewesen (Frye und Gordon, 1981), daß nur eine freiwillige Lohnzurückhaltung ernstlich in Betracht kam (Flanagan et al., 1983).

Aber wenn denn die ökonomischen Probleme und Lösungsmöglichkeiten im Prinzip klar waren, weshalb wurde dann die optimale Konzertierung nicht überall erreicht? Die Erklärung liegt, so meine ich, in der Tatsache begründet, daß die makroökonomische Theorie nicht identisch ist und auch nicht identisch sein kann mit den handlungsleitenden Perspektiven jener „korporativen Akteure", deren Handeln tatsächlich über die strategischen Optionen der Wirtschaftspolitik verfügt. Jeder von ihnen hat sein eigenes Konzept einer wirtschaftspolitischen Gesamtstrategie, das nicht nur von unterschiedlichen politisch-ökonomischen Ideologien beeinflußt wird, sondern auch von den je besonderen Perspektiven, die sich mit der eigenen Funktion verbinden („you stand where you sit" – Don K. Price) und mit den zugehörigen Interessen am Überleben und Gedeihen der eigenen Organisation, aber auch an der eigenen Wiederwahl und der eigenen Karriere. Wenn man zu radikaler Vereinfachung bereit ist, kann man die maßgeblichen Handlungsorientierungen der makroökonomischen Politik vielleicht auf drei reduzieren – die der gewählten Regierung, die der Zentralbank und die der Gewerkschaften.[15]

---

15 Damit wird die Bedeutung der Arbeitgeberverbände in der Lohnpolitik vielleicht unterschätzt. Bei guter Auftragslage jedenfalls liegt Nachgiebigkeit betriebswirtschaftlich manchmal näher als eine wirtschaftspolitisch gebotene harte Verhandlungsposition, die dann von den Verbänden gegen die Unternehmen durchgesetzt werden müßte.
Eindeutig falsch scheint es mir dagegen, die Inflation als Ergebnis eines Spiels (und noch dazu eines symmetrischen Prisoner's Dilemma) zwischen „der Gewerkschaft" und „dem Unternehmerverband" zu konzeptualisieren, bei dem die eine Seite zwischen maßvollen und aggressiven Lohnerhöhungen und die andere zwischen maßvollen und aggressiven Preissteigerungen zu wählen hat (Maital und Benjamini, 1979; Neck, 1985: 384). Während die Löhne kollektiv bestimmt sind und deshalb auch wirtschaftspolitisch instrumentalisiert werden können, gilt dies selbst in Österreich nur in ganz engen Grenzen für die Preis-

Die Perspektive der *gewählten Regierungen* wird im allgemeinen der Sichtweise der makroökonomischen Theorie am nächsten kommen. In modernen Konkurrenzdemokratien werden Regierungen insbesondere für Inflation und Arbeitslosigkeit verantwortlich gemacht (und darüber hinaus für Steuererhöhungen, Haushaltsdefizite, Zahlungsbilanzkrisen und Abwertungen). Ihre Sicht sollte also etwa der oben (Abbildung A1.5) dargestellten Problem-Matrix entsprechen.[16] Die *Gewerkschaften* dagegen, auf deren Kooperation eine erfolgreiche Politik gegen die Stagflation angewiesen ist, müssen das Koordinationsproblem anders sehen (Abbildung A1.7). Zwar ist Arbeitslosigkeit, oder jedenfalls die Drohung steigender Arbeitslosigkeit, für sie und ihre beschäftigten Mitglieder ein noch dringenderes Problem als für die Regierungen, aber Inflation ist nicht ihre vorrangige Sorge. Stattdessen geht es ihnen (solange nicht die Sorge um die Arbeitsplätze den Vorrang gewinnt) primär um die Erhöhung der Realeinkommen der beschäftigten Arbeitnehmer.[17]

Falls die *Zentralbank* unabhängig genug ist, um eine gegenüber der gewählten Regierung eigenständige Handlungsperspektive zu entwickeln, hat für sie die Verteidigung der Preisstabilität Vorrang. Ihr zweites Interesse gilt vermutlich der Sicherung der Kapitaleinkommen,[18] deren Rückgang Kapitalflucht und damit sinkende Wechselkurse und steigende Inflationsraten nach sich ziehen könnte (Abbildung A1.8).

---

bildung (oder gar für Investitionsentscheidungen). Das neue sozialwissenschaftliche Interesse für die „organization of business interests" (Streeck und Schmitter, 1985) sollte diesen fundamentalen Unterschied zwischen Gewerkschaften und Unternehmerverbänden nicht verwischen.

16 Die Weltsichten und Präferenzen der Akteure und ihre Neigung, auf dieser Basis „egoistisch-rational" zu handeln, werden durchweg als (empirisch informierte und hoffentlich plausible) Setzung eingeführt. Mit anderen Unterstellungen käme man selbstverständlich zu anderen Interaktionsmustern (die ebenfalls spieltheoretisch analysiert werden könnten).

17 Steigende Inflationsraten mögen zwar den Realwert der erstrittenen nominalen Lohnsteigerungen auffressen, aber aus der egoistisch-rationalen Sicht der Gewerkschaften folgt daraus eher der Zwang zu noch höheren Tarifabschlüssen als die Plausibilität freiwilliger Lohnzurückhaltung.

18 Kapitaleinkommen werden durch beide Policy-Variablen berührt: Die Lohnpolitik beeinflußt die Gewinn-Einkommen und die Geld- und Finanzpolitik die Einkommen aus Finanzanlagen.

Abbildung A1.7: Makroökonomische Koordination aus Sicht der
Gewerkschaften

Lohnpolitik

	gemäßigt	offensiv
Geld- und Fiskalpolitik expansiv	Reallohn-Anstieg niedrig Arbeitslosigkeit niedrig	Reallohn-Anstieg mittel Arbeitslosigkeit sehr niedrig
restriktiv	Reallohn-Anstieg mittel Arbeitslosigkeit hoch	Reallohn-Anstieg hoch Arbeitslosigkeit sehr hoch

Abbildung A1.8: Makroökonomische Koordination aus Sicht der
Zentralbank

Lohnpolitik

	gemäßigt	offensiv
Geld- und Fiskalpolitik expansiv	Inflation mittel Kapitaleinkommen mittel	Inflation sehr hoch Kapitaleinkommen niedrig
restriktiv	Inflation niedrig Kapitaleinkommen sehr hoch	Inflation hoch Kapitaleinkommen mittel

5. Zwei makroökonomische Koordinationsspiele

Die möglichen Wirkungen der makroökonomischen Koordination werden also von den beteiligten korporativen Akteuren unterschiedlich gesehen und unterschiedlich bewertet. Die Implikationen dieser Sichtweisen für die wahrscheinlichen Strategien einer jeden Seite und für das Gesamtergebnis können in der Form einer spieltheoretischen „Auszahlungsmatrix" dargestellt und verdeutlicht werden.[19] Für die Zentralbank beispielsweise ergibt die konsistente Präferenz für weniger Inflation und höhere Kapitalerträge eine eindeutige Rangfolge in der Bewertung der Ergebnisse, während die Gewerkschaften und die Regierung vor Zielkonflikten stehen. Immerhin kann man aus der objektiven Interessenlage der Gewerkschaften doch eine konditionale Präferenzordnung ableiten: Bei Vollbeschäftigung werden sie höhere Reallohnsteigerungen vorziehen, während bei steigender Arbeitslosigkeit die Sicherung der Arbeitsplätze den Vorrang gewinnt.

Anders die gewählte Regierung, die für Inflation und Arbeitslosigkeit zugleich politisch verantwortlich gemacht wird. Sie möchte selbstverständlich beides zugleich vermeiden, aber wenn dies nicht möglich sein sollte, hat sie keine ein-für-allemal gültige Präferenzordnung. Zur Vereinfachung stelle ich diese Ambivalenz der Regierung in der Form von zwei unterschiedlichen Koordinationsspielen dar, die man „keynesianisch" und „monetaristisch" nennen könnte.[20] Beide werden zwischen Staat und Gewerkschaften gespielt.[21] Sie unterscheiden sich nur durch die unterstellten Präferenzen der Regierung.[22]

---

19 Die spieltheoretische Darstellung findet ihre Rechtfertigung in der strategischen Interdependenz zwischen den erreichbaren Ergebnissen. Auch wenn Regierung und Gewerkschaften nicht die gleichen Ziele verfolgen, wird doch der Grad der Zielerreichung durch die Strategien beider Seiten bestimmt. Immer wenn das der Fall ist, kann die Spieltheorie die Implikationen der strategischen Optionen verdeutlichen – sofern die Auszahlungsmatrix empirisch-induktiv begründet wird und man nicht dem Irrtum erliegt, daß die in der Literatur dominierenden Standardspiele (etwa das Prisoner's Dilemma) eine besondere empirische Wahrscheinlichkeit für sich hätten.
20 Beide Begriffe bezeichnen hier grobe Richtungsunterschiede zwischen politisch-ökonomischen Strategien, deren Bedeutung sich mit den Definitionen der wirtschaftswissenschaftlichen Diskussion überschneidet, aber nicht deckt.
21 Auch wenn die Zentralbank eine eigenständige Politik verfolgt, ist es nicht sinnvoll, dies als separates Spiel darzustellen: Fiskalpolitik und Geldpolitik wirken auf die gleichen Parameter der gesamtwirtschaftlichen Nachfrage (und verstärken oder neutralisieren sich dabei wechselseitig), so daß in der ökonomischen Wirkung den Gewerkschaften nur ein einziger Spieler „Staat" gegenüber steht.
22 Die Darstellung folgt der üblichen Konvention für Zwei-Personen-Spiele (die internen Koordinationsprobleme auf seiten der beiden „Spieler" bleiben also

373

Abbildung A1.9: Das keynesianische Koordinationsspiel

Gewerkschaften

	gemäßigt	offensiv
Staat expansiv	(1) 3 4	(2) 4 2
Staat restriktiv	(3) 2 3	(4) 1 1

Im *keynesianischen Koordinationsspiel*, das nach 1973 in fast allen westlichen Ländern gespielt wurde, betrachtet die Regierung die Vermeidung von Arbeitslosigkeit als vorrangiges Ziel, während die Inflation als ein sekundäres, aber immer noch wichtiges Problem behandelt wird (Abbildung A1.9). Dementsprechend ist die ökonomisch optimale Konzertierung zwischen gewerkschaftlicher Lohnzurückhaltung und staatlicher Nachfrageexpansion (Feld 1 der Koordinationsmatrix) aus ihrer Sicht eindeutig der beste Fall. Ebenso eindeutig der schlimmste Fall wäre die Kombination von staatlicher Deflationspolitik und offensiver Lohnpolitik, die zu sehr hoher Arbeitslosigkeit führen müßte (Feld 4). Die beiden verbleibenden Möglichkeiten liegen aus der Sicht einer keynesianischen Regierung zwischen diesen Extremen. Ihre Bewertung hängt ab von der jeweiligen Reaktion der Wähler auf das Inflationsproblem.

Aus der gewerkschaftlichen Interessenperspektive freilich ist die eindeutige Präferenz der Regierung (Feld 1) nur die zweitbeste Lösung. Solange die Regierung tatsächlich die Vollbeschäftigung sichert, entspricht dem Eigeninteresse der Gewerkschaften eine offensive Lohnpolitik, die bei niedriger Arbeitslosigkeit auch noch hohe Einkommenszuwächse erreicht (Feld 2). Das Ergebnis sind hohe Inflationsraten. Eine auf das keynesianische Spiel festgelegte Regierung könnte darauf jedoch nicht mit ei-

---

zunächst unberücksichtigt): Jede Seite hat die Wahl zwischen zwei Strategien. Der „Staat" wählt die Zeilen, die „Gewerkschaften" die Spalten. Die Bewertung der Regierung steht links unten in jedem Feld, die der Gewerkschaften rechts oben. Die Zahlen geben die Rangfolge der Bewertungen an, wobei das beste Ergebnis mit „1", das schlechteste mit „4" bezeichnet wird.

ner Änderung ihrer Strategie reagieren. Ginge sie über zur fiskalischen und monetären Restriktion, so hätte dies auf kurze Sicht nur geringe Wirkung auf die Kostendruckinflation, während ein rascher und steiler Anstieg der Arbeitslosigkeit – und damit das für die Regierung schlechteste Ergebnis – sicher wäre (Feld 4).

Abbildung A1.10: Das monetaristische Koordinationsspiel

Gewerkschaften

		gemäßigt	offensiv
Staat	expansiv	(1) 3 / 3	(2) 4 / 1
	restriktiv	(3) 2 / 4	(4) 1 / 2

Aber das keynesianische Koordinationsspiel ist nicht das einzige, das der Spieler „Staat" spielen kann. Wenn etwa die Zentralbank sich faktisch gegenüber der gewählten Regierung durchsetzen kann, oder wenn diese selbst bereit und politisch in der Lage ist, die Inflation als vorrangiges Problem zu behandeln und hohe Arbeitslosigkeit zu akzeptieren, dann kann sie auch das *monetaristische* Koordinationsspiel wählen. Unter diesen Umständen wird für die staatliche Seite die Kombination von niedriger Inflation und verhältnismäßig hoher Arbeitslosigkeit (Feld 3) zum optimalen Ergebnis, während Feld 2 mit sehr hohen Inflationsraten und niedriger Arbeitslosigkeit nun als schlimmster Fall erscheint (Abbildung A1.10).

Sobald aber der Staat das monetaristische Spiel spielt, verschlechtern sich die Optionen der Gewerkschaften. Wenn sie bei ihrer offensiven Lohnpolitik bleiben, erreichen sie das aus ihrer Sicht ungünstigste Ergebnis (Feld 4), bei dem die von der Regierung verursachte Nachfragemangel-Arbeitslosigkeit und die durch hohe Lohnsteigerungen bewirkte Gewinnlücken-Arbeitslosigkeit zusammentreffen. Unter dem Druck der Arbeitsplatzverluste bleibt den Gewerkschaften dann nichts anderes übrig, als im Interesse ihrer Mitglieder die Lohnforderungen zu reduzieren, um wenigstens das aus ihrer Sicht zweitschlechteste Ergebnis (Feld 3) zu erreichen. Für eine monetaristische Regierung wäre dies jedoch das beste Ergebnis, von dem abzugehen sie keinen Grund hätte.

Spieltheoretisch interpretiert hat also der Spieler „Staat" jeweils eine dominante Strategie (Expansion im keynesianischen Spiel, Restriktion im monetaristischen) mit der Folge, daß es in beiden Spielen einen Gleichgewichtspunkt gibt, von dem keine Seite einseitig abrücken könnte, ohne ihr Ergebnis zu verschlechtern (Rapoport et al., 1976: 18). Das Ergebnis wird zwar in beiden Fällen durch die egoistisch-rationale Reaktion der Gewerkschaften auf die staatliche Strategie definiert, aber die zugrundeliegenden Machtrelationen könnten nicht unterschiedlicher sein: Im keynesianischen Spiel sind die Gewerkschaften stark, weil die Regierung die politische Verantwortung für die Vollbeschäftigung übernommen hat. Die Macht der Gewerkschaften verschwindet aber, wenn die Regierung das monetaristische Spiel zu spielen bereit ist. Während im keynesianischen Spiel die staatliche Politik von den Gewerkschaften ausgebeutet werden kann, um auf diese Weise ihr bestes Ergebnis zu erreichen, sind sie zur „Kollaboration" mit der monetaristischen Politik gezwungen, um auf diese Weise wenigstens das schlimmstmögliche Ergebnis zu vermeiden.[23] Unter den ökonomischen Randbedingungen der siebziger Jahre war deshalb „Gewerkschaftsmacht" in erster Linie eine Funktion der Regierungspolitik.

6. Die Wahl zwischen den Koordinationsspielen

Wenn beide Spiele jeweils zu einem Gleichgewicht tendieren, dann muß eine Erklärung der wirtschaftspolitischen Entwicklung in den siebziger Jahren sich auf jene Faktoren konzentrieren, die die Wahl zwischen dem keynesianischen und dem monetaristischen Koordinationsspiel bestimmten. In drei der vier Untersuchungsländer lag diese Wahl bei der Regierung. Anders in der Bundesrepublik: Hier war zu Beginn der Krisenperiode die „keynesianische" Reaktion der Fiskalpolitik von Bund und Ländern in ihrer ökonomischen Wirkung neutralisiert worden durch die restriktive Geldpolitik der Bundesbank. Insofern findet also die deutsche

---

23 Dies widerspricht dem Argument von Peter Lange und Geoffrey Garrett (1985: 799-800, 817), daß für die Gewerkschaften Lohnzurückhaltung nur solange rational sei, wie die Regierung Vollbeschäftigung und hohes wirtschaftliches Wachstum garantiere. Tatsächlich sind aber genau dies die Bedingungen, unter denen die Kooperation mit der Regierung egoistisch-rationalen Gewerkschaften besonders schwerfällt. Nur eine Regierung, die hohe Arbeitslosigkeit toleriert, kann sich auf eine durch unmittelbares Eigeninteresse motivierte Kooperation der Gewerkschaften verlassen.

"Sonderentwicklung" in der Mitte der siebziger Jahre eine simple, aber im Prinzip zureichende institutionalistische Erklärung in der ungewöhnlich stark ausgeprägten institutionellen Autonomie der Notenbank (Woolley, 1985; Kloten et al., 1985) und in der taktischen Brillianz, mit der diese ihre monetaristische Wende exekutierte, ohne den offenen politischen Konflikt mit der Regierung und mit den Gewerkschaften zu riskieren (Scharpf, 1987b: 165–177). Wenn in den Folgejahren in der Bundesrepublik doch noch Vollbeschäftigungspolitik stattfand, dann als „Keynesianismus auf Bewährung", der von der Bundesbank sofort widerrufen wurde, als der zweite Ölpreisschock die Inflationsraten erneut steigen ließ.

Wenn wir also den deutschen Sonderfall nun beiseite lassen, welche Faktoren können dann die Wahl zwischen Keynesianismus und Monetarismus in den anderen Ländern erklären? In der Literatur gibt es dazu vor allem zwei Theorieansätze: Aus einer „klassentheoretischen" Perspektive hängt die Wahl der keynesianischen Strategie in erster Linie von der Ideologie linker Regierungsparteien und den ökonomischen Interessen der sie stützenden Wählergruppen ab (Hibbs, 1977; 1982; Fiorina, 1978; Tufte, 1978) bzw. von den „Machtressourcen der Arbeiterbewegung", durch die linke Regierungen begünstigt werden (Korpi, 1983; Esping-Andersen, 1985). Die Theorie des „politischen Konjunkturzyklus" dagegen (Nordhaus, 1975; McRae, 1977; Frey und Schneider 1978; 1979; Lowery, 1985) stellt weniger auf die eigenen ideologischen Präferenzen der Regierung als auf die (antizipierende) Orientierung ihrer Politik an der erwarteten Wählerreaktion ab.[24] In der Annahme, daß die Wähler auf Arbeitslosigkeit stärker reagieren als auf Inflation, erwartet diese Theorie ein zyklisches Schwanken der Wirtschaftspolitik mit keynesianischem Deficit-spending zur Wirtschaftsankurbelung vor der Wahl und monetaristischer Restriktionspolitik zur Inflationsbekämpfung nach der Wahl.

Isoliert eingesetzt sind beide Modelle nicht besonders erklärungskräftig[25] – was auch nicht weiter verwundert, da sie ja beide nur die Motivati-

---

24 Frey und Schneider (1978; 1979) kombinieren beide Annahmen: Die Regierung folgt den eigenen ideologischen Präferenzen solange, bis ihre in Meinungsumfragen gemessene „Popularität" unter einen kritischen Schwellenwert sinkt und dann die Orientierung an der Wähler-Reaktion erzwingt.

25 Die Orientierung der Regierungsparteien erklärt die wirtschaftspolitischen Folgen des Wechsels von Callaghan zu Thatcher in Großbritannien oder von Giscard zu Mitterand in Frankreich, nicht aber die weitgehende Kontinuität der Politik vor und nach den Regierungswechseln von 1976 in Schweden und in den Vereinigten Staaten oder von 1982 in der Bundesrepublik. Ebenso erklärt der „politische Konjunkturzyklus" vielleicht die deutsche Fiskalpolitik vor der Bundestagswahl 1980, aber Österreich und Schweden haben den keynesianischen Kurs unbeeinflußt von Wahlterminen durchgehalten, und die

on der Regierung erklären und die Bedingungen ignorieren, unter denen Regierungen in der Lage sind, die eigenen Präferenzen in höherem oder geringerem Maße auch in effektive Wirtschaftspolitik zu übersetzen. In der Kombination mit dem oben entwickelten Modell des wirtschaftspolitischen Koordinationsspiels zwischen Staat und Gewerkschaften können sie jedoch zu einem komplexeren Modell von größerer Erklärungskraft weiterentwickelt werden.

Nötig ist dazu die Erweiterung des spieltheoretischen Ansatzes durch die Möglichkeit einer Verknüpfung zwischen zwei Spielen (Kelley, 1984; Denzau et al., 1985; Shepsle, 1986; Putnam, 1986): In dem ersten „Koordinationsspiel" werden zwischen Staat und Gewerkschaften die Optionen der makroökonomischen Wirtschaftspolitik gewählt, während in dem zweiten „Politikspiel"[26] die Regierung auf die antizipierte positive oder negative Reaktion der Wähler auf die Ergebnisse der Wirtschaftspolitik reagiert.[27]

Des weiteren wird unterstellt, daß im „Politikspiel" der Regierung nicht eine einheitliche Wählerschaft gegenübersteht, sondern daß unterschiedliche Wählergruppen auf ökonomische Entwicklungen unterschiedlich reagieren werden (Abbildung A1.11). Im Streben nach Vereinfachung beschränke ich mich dabei auf drei sozioökonomische Schichten: Die Angehörigen der unteren Schicht verfügen nicht über nennenswertes Vermögen und sind für ihren Lebensunterhalt angewiesen auf relativ unsichere Arbeitsplätze im „sekundären Arbeitsmarkt" (Piore, 1979) und auf sozialstaatliche Transferleistungen. Die mittlere Schicht der qualifizierten Arbeiter und Angestellten bezieht ihren primären Lebensunterhalt aus verhältnismäßig sicheren Arbeitsverhältnissen im „primären Arbeitsmarkt", aber sie bezieht auch in erheblichem Maße Gebrauchswerte und Geldeinkommen aus beträchtlichen Vermögensbeständen (Miegel, 1981: 162–169). Die obere Schicht schließlich, bestehend aus leitenden Angestellten, Angehörigen der freien Berufe, selbständigen Unternehmern und Ren-

---

Vereinigten Staaten gingen 1979 auf einen Restriktionskurs, der im Wahljahr 1980 die Arbeitslosigkeit ansteigen ließ.

26 Tatsächlich gibt es noch ein drittes verknüpftes Spiel zwischen der Gewerkschaftsführung und den aktiven Gewerkschaftsmitgliedern und ein viertes zwischen den verschiedenen Einzelgewerkschaften. Ich werde darauf im letzten Abschnitt zurückkommen.

27 Zur Vermeidung von Mißverständnissen ist daran zu erinnern, daß hier nicht Wahlergebnisse erklärt werden sollen, sondern die Entscheidung der Regierung für eine von zwei möglichen wirtschaftspolitischen Strategien. Wahlen werden ja aus vielerlei Gründen gewonnen oder verloren. Trotzdem kann man unterstellen, daß die für die Wirtschaftspolitik verantwortlichen Politiker die Reaktion egoistisch-rationaler Wähler auf die Ergebnisse ihrer Politik antizipieren.

tiers,[28] bezieht einen beträchtlichen oder überwiegenden Teil ihres Einkommens aus Unternehmertätigkeit und Vermögen und wird von Veränderungen auf dem Arbeitsmarkt nicht unmittelbar betroffen.

Abbildung A1.11: Die Klassenbasis keynesianischer und monetaristischer Wirtschaftspolitik

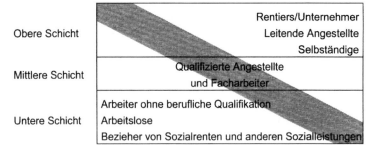

Wenn diese Unterstellungen zutreffen, dann ist es plausibel, daß die untere Wählerschicht am meisten von einer monetaristischen Politik zu befürchten hat, welche die Arbeitslosigkeit ansteigen läßt und im Zuge einer restriktiven Fiskalpolitik die Sozialleistungen kürzt. Umgekehrt werden die Interessen der oberen Wählerschicht beeinträchtigt durch eine keynesianische Politik, welche die inflationäre Entwertung von Geldvermögen in Kauf nimmt, die Realzinsen senkt und überdies hohe gewerkschaftliche Lohnforderungen ermöglicht.

Während also oben und unten in der sozioökonomischen Schichtung eindeutige wirtschaftspolitische Präferenzen unterstellt werden können, erscheint die objektive Interessenlage der mittleren Wählerschicht eher ambivalent: Ihre Arbeitsplätze sind sicherer als die der Unterschicht, aber wenn die Arbeitslosigkeit ansteigt und Unternehmen in Konkurs gehen, bedeutet hier die Gefahr des Arbeitsplatzverlustes auch einen tieferen Fall und muß darum um so bedrohlicher erscheinen. Andererseits profitieren

---

28 Der Logik des Arguments entsprechend wären Rentner und Pensionäre, deren Ruhestandseinkommen von staatlichen Transferleistungen abhängt, zur unteren Schicht zu rechnen, während eine auf privaten Ersparnissen beruhende Altersversorgung eher den Oberschicht-Interessen entspricht.

die Angehörigen der Mittelschicht zwar als Eigenheimbesitzer von der inflationären Entwertung ihrer Hypothekenschulden, aber sie reagieren zugleich besonders negativ auf die mit rasch steigenden Preisen verbundene Verunsicherung aller ökonomischen Erwartungen.[29] Wenn jedoch Inflation und steigende Arbeitslosigkeit zugleich drohen, dann kann man vermuten, daß auch in der Mittelschicht die Angst vor der existenzbedrohenden Arbeitslosigkeit die politische Reaktion bestimmt.

Weiterhin muß das theoretische Modell noch mit Annahmen über die Reaktionsfunktion der politischen Parteien angereichert werden. Wenn man wiederum extrem vereinfacht, kann man von zwei Parteien oder Koalitionen mit unterschiedlicher Klassenbasis ausgehen.[30] Die (wie immer benannte) „bürgerliche Partei" appelliert in erster Linie an die Wähler der oberen sozioökonomischen Schicht[31], während die „Arbeiterpartei" ihre politische Unterstützung vor allem in der Unterschicht findet. Jede Regierung identifiziert sich ideologisch mit den Interessen ihrer Stammwähler und favorisiert makroökonomische Strategien, die diesen dienen. Zugleich will sie aber durch ihre Wirtschaftspolitik die eigene Wiederwahl sichern. Verletzt sie die Interessen der eigenen Stammwähler, so geht deren Unterstützung zurück, ohne daß die Regierung politische Unterstützung bei den Stammwählern der Opposition gewinnen könnte.[32] Wenn dies alles wäre, dann hätten unter den Bedingungen der siebziger Jahre Arbeiter-Regierungen immer für keynesianische und bürgerliche Regierungen immer für monetaristische Strategien optieren müssen.

---

29 Gerade hier sind auch nationale Unterschiede bedeutsam. So scheint die Inflationstoleranz in der Bundesrepublik wesentlich geringer als etwa in Großbritannien oder in den skandinavischen Ländern.
30 Koalitionsregierungen mit klassen-übergreifender Zusammensetzung können im Prinzip berücksichtigt werden, nicht aber Parteien und Wählergruppen, die in erster Linie auf klassen-unspezifische Themen (Friedenspolitik, Umweltpolitik oder Frauenpolitik) oder auf ethnische, regionale oder religiöse Identitäten reagieren. Dieser Verzicht erscheint zulässig in einem Modell, das wirtschaftspolitische Strategien aus den Perzeptionen der Wirtschaftspolitiker erklären will.
31 Die kontinentaleuropäischen Christdemokraten sind freilich in diesem Rechts-Links-Schema weniger eindeutig einzuordnen als die Liberalen, die skandinavischen und britischen Konservativen und die amerikanischen Republikaner.
32 Das Modell unterstellt also, daß die Wähler der unteren und der oberen Schicht sich entsprechend der „Klientel-Hypothese" verhalten und nicht entsprechend der „Anti-Regierungs-Hypothese" zu einer Opposition überlaufen, bei der ihre Interessen noch schlechter aufgehoben wären (Rattinger und Puschner, 1981; Krieger, 1985). Ihre Enttäuschung über die „eigene" Regierung äußert sich also eher durch Wahlenthaltung und vermindertes Engagement der Aktivisten und Spender.

Aber jede Regierung verliert auch dann die Wahl, wenn sie die Unterstützung der mittleren Wählerschicht verliert. Da diese sowohl von Arbeitslosigkeit als auch von Inflation negativ betroffen werden kann, entspricht ihren Interessen nicht eine generelle Präferenz für entweder die keynesianische oder die monetaristische Strategie, sondern eine kontingente Reaktion auf die jeweilige Wirtschaftslage. Im allgemeinen, so wird man unterstellen können, werden die mittleren Wähler positiv reagieren auf eine Situation, in der sowohl Inflation als auch Arbeitslosigkeit niedrig sind, und negativ auf Situationen mit hoher Inflation und hoher Arbeitslosigkeit. Bei niedriger Arbeitslosigkeit und hoher Inflation dagegen ist eher mit asymmetrischen Reaktionen zu rechnen: Während der Wechsel von einer Arbeiter-Regierung zur bürgerlichen Opposition als Protest gegen hohe Inflationsraten plausibel ist, müßten bei einem Wechsel in umgekehrter Richtung die von Inflationsfurcht geplagten Wähler fürchten, vom Regen in die Traufe zu kommen.

Noch schwerer zu prognostizieren ist die wahrscheinliche Reaktion auf hohe Arbeitslosigkeit und niedrige Inflation. Wenn Inflation und Arbeitslosigkeit als symmetrische Probleme perzipiert würden, müßte man nun eine negative Reaktion der mittleren Wählerschicht erwarten – und vielleicht einen politischen Bonus für eine Arbeiter-Regierung (weil man der bürgerlichen Opposition eine erfolgreiche Vollbeschäftigungspolitik noch weniger zutraut).[33] In der Tat wäre dies die wahrscheinliche Reaktion rational-egoistischer Wähler, wenn Arbeitslosigkeit zum ersten Mal auftritt. Aber je länger sie andauert, desto mehr verändern sich auch ihre wahlpolitischen Implikationen.

Während kontinuierlich steigende Preise als ein kollektives Übel erfahren werden, das auch jene irritiert, deren Einkommen mit der Inflation Schritt halten, gilt das nicht durchweg für die Arbeitslosigkeit. Nur *drohende* Arbeitsplatzverluste haben, insbesondere nach fast zwei Jahrzehnten der Vollbeschäftigung, diesen Charakter eines alle betreffenden Kollektiv-Übels. Sobald sie aber einmal eingetreten sind, zeigt sich, daß nur eine kleine Minderheit der Arbeitnehmer tatsächlich davon betroffen ist – und es ist dann auch deutlich, wer zu den „Risikogruppen" gehört und wer nicht. Für die übergroße Mehrheit der mittleren Wähler, die nicht dazu gehören, ist Arbeitslosigkeit dann allenfalls noch ein „altruistisches Problem", dessen Gewicht vom „moralischen Klima" des Landes und der Zeit bestimmt wird[34], aber sie ist nicht mehr ein Problem ihres ökonomischen

---

33 So erklärt offenbar Rattinger (1979) den Erfolg der sozialliberalen Koalition bei den Bundestagswahlen 1976.
34 Hier ist auch der Punkt, an dem die auf die „Machtressourcen der Arbeiterbewegung" abstellenden Theorien (Korpi, 1983; Esping-Andersen und Korpi, 1984; Martin, 1986) ihren plausibelsten Erklärungsbeitrag leisten: In den

Eigeninteresses. Wenn wir also weiterhin egoistisch-rationales Wahlverhalten der mittleren Wähler unterstellen, dann ist von nun an ihre politische Unterstützung der Regierung nicht mehr von der erfolgreichen Bekämpfung der Arbeitslosigkeit abhängig.

Damit können wir zu der Verknüpfung zwischen dem wirtschaftspolitischen „Koordinationsspiel" und dem „Politikspiel" zurückkehren. Sie kann in der Form von ineinander „verschachtelten" Spielen dargestellt werden, bei der das Koordinationsspiel den äußeren Rahmen bildet, der die ökonomischen Bedingungen festlegt, auf die dann die drei Wählerschichten im inneren Politikspiel reagieren. Da diese Reaktion für unterschiedliche Regierungen unterschiedlich ausfallen, enthält jedes Feld des Koordinationsspiels jeweils zwei Varianten des Politikspiels, eines für Arbeiter-Regierungen und eines für bürgerliche Regierungen (Abbildung A1.12).

Offensichtlich bietet *Feld 1* des Koordinationsspiels (also die Kombination von fiskalischer und monetärer Expansion und Lohnzurückhaltung) die optimalen ökonomischen Bedingungen für das politische Überleben einer *Arbeiter-Regierung*: Die Interessen der Stammwähler (und ihre eigenen ideologischen Präferenzen sind befriedigt, und auch die mittlere Wählerschicht hat keinen Grund, gegen die Regierung zu votieren. Für eine *bürgerliche Regierung* dagegen ist die gleiche Konstellation politisch weniger komfortabel, da ja weder ihre eigenen politischen Präferenzen, noch die Interessen ihrer Klientel durch eine keynesianische Strategie befriedigt werden. Aber da die Wähler der Oberschicht bei einem Wechsel zur Opposition noch schlechter fahren würden, ist das politische Überleben der Regierung nicht in Gefahr – und ein Übergang zur monetaristischen Strategie könnte ihre Lage nicht verbessern, da dann mit negativen Reaktionen der mittleren Wählerschicht auf die steigende Arbeitslosigkeit zu rechnen wäre.

---

skandinavischen Ländern und in Österreich hat die Präsenz der Gewerkschaften und der Arbeiterpartei in allen gesellschaftlichen Institutionen einschließlich der Massenmedien in der Tat ein Meinungsklima gefördert, das eine „egoistische" Neudefinition der Mittelschicht-Interessen zumindest verzögern konnte.

Ebenso wichtig ist vermutlich ein zweiter Zusammenhang: Auch wenn, wie viele Meinungsumfragen belegen, Arbeitslosigkeit von den Wählern weiterhin als ein wichtiges moralisches Problem angesehen wird, kann der Einfluß auf die Wahlentscheidung schwinden, wenn die Überzeugung um sich greift, daß auch die Arbeiter-Partei kein Patentrezept zur Wiedergewinnung der Vollbeschäftigung hat. Die politischen Folgen des von einer Arbeiter-Regierung zu verantwortenden Anstiegs der Arbeitslosigkeit können also lange nachwirken.

Abbildung A1.12: Wähler-Reaktionen im Politikspiel auf die Ergebnisse des wirtschaftspolitischen Koordinationsspiels

Regierung	Gewerkschaften gemäßigt ⟶ offensiv	
keynesianisch	Arbeitslosigkeit niedrig Inflation mäßig Wählerschicht unter / mittel / ober + / + / − Arbeiter-Regierung unter / mittel / ober − / + / (+) Bürgerliche Regierung – Feld 1 –	Arbeitslosigkeit niedrig Inflation sehr hoch Wählerschicht unter / mittel / ober + / − / − Arbeiter-Regierung unter / mittel / ober − / ? / (+) Bürgerliche Regierung – Feld 2 –
monetaristisch	Arbeitslosigkeit hoch Inflation niedrig Wählerschicht unter / mittel / ober (+) / ?/+ / − Arbeiter-Regierung unter / mittel / ober − / −/+ / + Bürgerliche Regierung – Feld 3 –	Arbeitslosigkeit sehr hoch Inflation hoch Wählerschicht unter / mittel / ober (+) / − / − Arbeiter-Regierung unter / mittel / ober − / − / + Bürgerliche Regierung – Feld 4 –
	gemäßigt ⟵ offensiv	

Wenn jedoch eine Lohnoffensive der Gewerkschaften (die bei egoistisch-rationalem Verhalten wahrscheinlich wäre) das Koordinationsspiel in *Feld 2* verschiebt, wird die Position einer *Arbeiter-Regierung* im Politikspiel prekär. Zwar hätten ihre Stammwähler immer noch Grund zur Zufriedenheit, aber die mittlere Wählerschicht müßte auf die rasch ansteigende Inflation negativ reagieren und die bürgerliche Opposition böte sich als eine plausible politische Alternative an. Wenn also die Gewerkschaften nicht bereit waren, zur Lohnzurückhaltung (und damit nach Feld 1) zurückzukehren, dann blieb der Regierung nur die Wahl zwischen zwei gleichermaßen unattraktiven Optionen: Sie konnte an ihrer keynesianischen Vollbeschäftigungspolitik festhalten, auch wenn dies die fast sichere politische Niederlage bedeutete, oder sie konnte in der Hoffnung auf eine rasche Sinnesänderung der Gewerkschaften eine monetaristische Wende riskieren. Wenn die Rechnung aufging, dann war auf diesem Wege vielleicht das politisch einigermaßen sichere Feld 3 zu erreichen; wenn nicht, dann drohte in Feld 4 nicht nur die sichere politische Niederlage, sondern die Arbeiter-Regierung hatte zusätzlich zum Vorwurf der Inflationspolitik auch noch die politische Verantwortung für den Anstieg der Massenarbeitslosigkeit übernommen. Für eine *bürgerliche Regierung* dagegen war dieselbe ökonomische Konstellation (Feld 2) politisch weniger gefährlich, da ja die mittlere Wählerschicht nun von der Opposition kaum eine energischere Bekämpfung der Inflation erwarten konnte. Angesichts des mit einem Übergang zum Monetarismus unvermeidlich verbundenen Anstiegs der Arbeitslosigkeit (Feld 4), konnte also eine risiko-averse[35] bürgerliche Regierung in der Fortsetzung der keynesianischen Politik das kleinere Übel sehen (und damit politisch besser über die Runden kommen als eine Arbeiter-Regierung).

Feld 4 mit immer noch hohen Inflationsraten und sehr hoher Arbeitslosigkeit bezeichnet eine ökonomische Umwelt, in der keine Regierung politisch Erfolg haben konnte. Möglicherweise gab es hier marginale politische Vorteile für eine Arbeiter-Regierung, weil die mittleren Wähler von der bürgerlichen Opposition noch weniger Erfolge beim Kampf gegen die steigende Arbeitslosigkeit erwarteten. Andererseits wurden aber die Interessen der Arbeiter-Stammwähler aufs massivste verletzt, während eine bürgerliche Regierung unter den gleichen Umständen wenigstens anfing, etwas für ihre Oberschicht-Klientel zu tun und von der Zustimmung der eigenen Anhänger profitieren konnte. Trotzdem mußten aber beide Regie-

---

35 Die Länge der Wahlperiode und die Nähe des nächsten Wahltermins sind hier von großer Bedeutung. Unabhängig von vielen anderen Unterschieden hat die fünfjährige Wahlperiode in Großbritannien den Übergang zum Monetarismus erleichtert, während der schwedische Drei-Jahres-Rhythmus eine ähnliche Wende zumindest riskanter erscheinen ließ.

rungen mit hohen Verlusten rechnen, wenn es zu allgemeinen Wahlen kam, solange die Wirtschaft sich in Feld 4 befand. Freilich war aus den oben entwickelten Gründen auch nicht damit zu rechnen, daß die Wirtschaft lange in diesem politisch unhaltbaren Zustand verharrte. Wenn die Regierung an ihrer monetaristischen Strategie festhielt, dann sahen sich die Gewerkschaften durch hohe Arbeitslosigkeit zur Mäßigung ihrer Lohnforderungen gezwungen. Eine Regierung, die lange genug im Amt blieb, um von der lohnpolitischen Wende zu profitieren, konnte danach mit wesentlich günstigeren politischen Bedingungen rechnen.

Feld 3 schließlich war janusköpfig. Seine politischen Implikationen hingen ganz davon ab, aus welcher Richtung man sich ihm näherte, ob von Feld 1 oder von Feld 4. Im ersten Falle war mit einer negativen politischen Reaktion zu rechnen, da ja nun die mittleren Wähler zum ersten Mal mit steigender Arbeitslosigkeit konfrontiert wurden – und dies in einer Situation, in der die Restriktionspolitik nicht einmal durch hohe Inflationsraten gerechtfertigt werden konnte. Anders als eine unabhängige Zentralbank hatten also egoistisch-rationale Regierungen gleich welcher politischen Couleur kein Interesse an einer monetaristischen Wende, solange sich die Ökonomie in Feld 1 im keynesianischen Gleichgewicht befand.

Näherte man sich aber dem Feld 3 von Feld 4 aus, so hatte das Politikspiel einen ganz anderen Charakter. Nun ließ die Rückkehr der Gewerkschaften zur Lohnzurückhaltung die hohen Inflationsraten sichtbar sinken und die Unternehmensgewinne ansteigen. In dem Maße, wie dadurch die noch vorhandenen Arbeitsplätze sicherer wurden und die Arbeitslosigkeit sogar leicht abnahm, ging auch in der mittleren Wählerschicht die Angst vor dem Verlust des eigenen Arbeitsplatzes zurück. Damit war aber für eine bürgerliche Regierung das politische Optimum erreicht: Die eigenen Stammwähler profitierten von den steigenden Unternehmensgewinnen und Kapitaleinkommen, und die Unterstützung der mittleren Wähler, die sich zunächst noch auf den vorteilhaften Vergleich mit der unmittelbar vorangehenden Periode gegründet hatte, wurde umso fester, je mehr die anhaltende Arbeitslosigkeit moralisch entproblematisiert wurde.[36]

Für eine *Arbeiter-Regierung* dagegen war die gleiche Situation politisch weit weniger komfortabel. Obwohl auch ihr politisches Überleben zunächst gesichert war, wurde sie von der eigenen Klientel und den eige-

---

36 Dies war besonders leicht, wenn man Arbeitslosigkeit deshalb als ein kurz- und mittelfristig unlösbares Problem definieren konnte, weil eine Arbeiter-Regierung die politische Verantwortung für den ersten Anstieg übernommen hatte. Aber auch unabhängig davon steigt bei längerer Dauer die Attraktivität dissonanz-reduzierender Argumente, die den moralischen Skandal der Massenarbeitslosigkeit in der Wohlstandsgesellschaft eher den Eigenschaften und dem Verhalten der Betroffenen als dem Versagen der Politik zuschreiben.

nen Ansprüchen zur Rückkehr auf den keynesianischen Kurs gedrängt. Entsprach sie aber diesen Forderungen, so war ihr die fortdauernde Unterstützung der mittleren Wählerschicht keineswegs sicher, deren Inflations-Empfindlichkeit ja in dem Maße zunehmen mußte, wie ihre Angst vor dem Verlust der eigenen Arbeitsplätze geschwunden war. Deshalb war eine zum Keynesianismus zurückgekehrte Arbeiter-Regierung nun in höchster politischer Gefahr, sobald die Inflationsraten wieder zu steigen begannen. Die einmal eingetretene Arbeitslosigkeit veränderte und verschlechterte also die politischen Rahmenbedingungen für eine spätere Vollbeschäftigungspolitik.[37] Dem entspricht auch der empirische Befund (Therborn, 1986), daß nur in den OECD-Ländern heute noch Vollbeschäftigung herrscht, denen es gelungen war, den ersten Anstieg der Arbeitslosigkeit nach 1974 und dann wieder nach 1980 zu vermeiden.

7. Welche Bedeutung haben „korporatistische" Institutionen?

Das theoretische Modell ist nun komplex genug, um zur Erklärung der historischen Erfahrungen der vier Länder zwischen 1974 und 1982 eingesetzt zu werden. Zusätzlich zu der oben in Abschnitt 3 gebotenen Darstellung der ökonomischen Zusammenhänge sind wir nun in der Lage, auch die Wahl zwischen keynesianischen und monetaristischen Strategien spieltheoretisch zu erklären: Sie wird bestimmt durch die Gewinnchancen der Regierungen in den „Politikspielen", die sie beim Eintritt in ein für sie erreichbares Feld des Koordinationsspiels zu spielen hätten.

---

[37] Die politische Interpretation schließt nicht aus, daß der Abbau von Arbeitslosigkeit auch aus ökonomischen Gründen schwieriger ist als ihre Vermeidung: Stillgelegte Produktionskapazitäten verlieren ihre Wettbewerbsfähigkeit, die berufliche Qualifikation und Arbeitsfähigkeit der Arbeitslosen verfällt, und die neu entstehenden Arbeitsplätze passen weder in ihrer regionalen Verteilung noch in ihrem Anforderungsprofil zu dem vorhandenen Bestand von Arbeitslosen.

Abbildung A1.13: Historische Folgen von Koordinations- und Politikspielen (* = politisch gefährdete Positionen, + = politisch sichere Positionen)

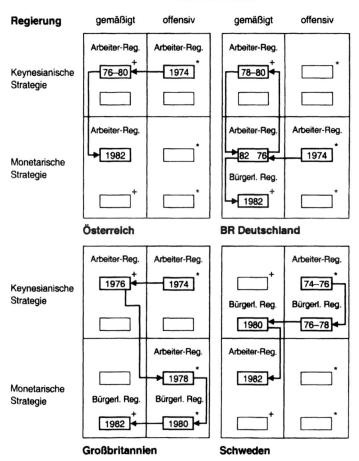

Zu Beginn der Krise, im Jahre *1974*, waren in allen vier Ländern Arbeiter-Parteien an der Regierung, und alle fanden sich in politisch gefährdeten makroökonomischen Positionen. Keine der Regierungen war jedoch in der Lage, allein aus eigener Kraft eine der für sie politisch sicheren Positionen zu erreichen; sie waren dafür durchweg auf die Unterstützung der Gewerkschaften angewiesen. Bis zum Jahre *1976* hatten dann in der Tat alle Regierungen mit Ausnahme der schwedischen eine der sicheren Positionen des Modells erreicht – und die schwedischen Sozialdemokraten wurden bei den Parlamentswahlen im Herbst 1976 von der bürgerlichen Opposition geschlagen. Insofern entsprach der politische Verlauf also durchaus dem Modell.[38] Freilich entspricht in den drei anderen Ländern der Übergang der Gewerkschaften zu einer gemäßigten Lohnpolitik nur in einem Fall (der Bundesrepublik, wo die Arbeitslosigkeit steil angestiegen war) jener egoistisch-rationalen Handlungslogik, die ihnen in der Explikation des „Koordinationsspiels" zugeschrieben worden war. In Österreich und Großbritannien dagegen (wo die Regierungen die Vollbeschäftigung zunächst mit Erfolg verteidigten), wählten die Gewerkschaften die für sie ökonomisch zweitbeste Lösung. Insofern bedarf das Modell also noch der Erweiterung.

Bis zum Jahre *1978* hatten dann auch die schwedischen Gewerkschaften ihre Lohnforderungen reduziert, während die bürgerliche Koalitionsregierung trotz der hohen Inflationsraten an ihrer Vollbeschäftigungspolitik festhielt. Auch in der Bundesrepublik konnte die Regierung, nachdem die Inflation gebrochen schien, dem Druck der eigenen Basis und der Vereinigten Staaten nachgeben und eine expansive „Lokomotiven-Rolle" übernehmen, deren politischer Erfolg freilich nicht nur von der fortdauernden Lohnzurückhaltung der Gewerkschaften abhängig blieb, sondern auch durch den Inflationsschub der nächsten Ölpreis-Krise wieder untergraben wurde.

In Großbritannien dagegen waren 1978 sowohl die Gewerkschaften als auch die Regierung aus Gründen, die in unserem Modell erklärbar sind, von der keynesianischen Koordination abgegangen. Die Regierung hoffte durch eine monetaristische Politik die Inflationserwartungen vollends zu brechen und sich damit auf Feld 3 des Koordinationsspiels zu retten, während die Gewerkschaften mit ihrer Lohnoffensive Feld 2 erreichen wollten, um nach zwei Jahren der disziplinierten Lohnzurückhaltung endlich wieder etwas für die Realeinkommen ihrer Mitglieder zu tun. Da aber bei-

---

38 Da die Folgen der Krise erst im Winter 1974/75 deutlich wurden, erscheint mir der knappe Labour-Sieg im Herbst 1974 nicht als Abweichung von dem hier vorgestellten Modell. Die schwedischen Sozialdemokraten sehen allerdings in ihrer Wahlniederlage von 1976 eher eine Reaktion auf ihre Nuklearpolitik als auf ihre Wirtschaftspolitik.

de Spieler ihre Position zugleich veränderten, erreichten sie weder Feld 3 noch Feld 2, sondern das aus beider Sicht ungünstigste Feld 4, in dem die Labour-Regierung politisch nicht überleben konnte.

Auch die weitere Entwicklung entsprach dem Modell: Nach ihrem Wahlsieg im Frühjahr 1979 hatten die britischen Konservativen genügend Zeit, um den Zusammenbruch der gewerkschaftlichen Lohnoffensive unter dem Druck zweistelliger Arbeitslosenquoten abzuwarten. Danach ging die Inflation rasch zurück, die Arbeitslosigkeit stabilisierte sich auf hohem Niveau, und die konservative Regierung war politisch nicht mehr gefährdet. In der Bundesrepublik erfolgte der Koalitionswechsel der Freien Demokraten zu einem Zeitpunkt, an dem die Sozialdemokraten angesichts erneut steigender Inflation und (wegen der monetaristischen Wende in den Vereinigten Staaten und der extrem restriktiven Geldpolitik der Bundesbank) rasch zunehmender Arbeitslosigkeit weder die Forderungen der eigenen Basis noch die Erwartungen der Mittelschicht erfüllen konnten. Da die neue Regierung die Verantwortung dafür noch den Vorgängern anlasten konnte,[39] konnte sie jedoch unter unverändert desolaten Bedingungen die Wahlen im Frühjahr 1983 gewinnen und ist seitdem wirtschaftspolitisch unangefochten.

Auch in Schweden hat die Regierung den (leichten) Anstieg der Arbeitslosigkeit im Gefolge der amerikanischen Hochzinspolitik nicht überlebt, aber anders als die bei hoher Arbeitslosigkeit ins Amt gekommenen bürgerlichen Regierungen in Großbritannien und in der Bundesrepublik konnten die im Herbst 1982 wiedergewählten Sozialdemokraten die Vollbeschäftigung nicht von der Liste ihrer politischen Prioritäten streichen. Mit der Abwertung der Krone gelang es ihnen zwar, den Anstieg der Arbeitslosigkeit zu stoppen, aber damit verzichteten sie auch auf deren Disziplinierungswirkung gegenüber den Gewerkschaften, so daß ihr politisches Überleben weiterhin von freiwilliger Lohnzurückhaltung abhängig bleibt. Ähnliches gilt für Österreich, wo die Sozialisten wegen der politisch sakrosankten Anbindung des Schilling an die Deutsche Mark den Anstieg der Arbeitslosigkeit nicht nach schwedischem Rezept verhindern konnten und dementsprechend bei der eigenen Klientel und bei den Mittelgruppen an politischer Unterstützung einbüßten, ohne daß eine eindeutig monetaristische Politik schon konsensfähig geworden wäre.

Ich fasse zusammen: In den siebziger und frühen achtziger Jahren gab es offenbar zwei Positionen im wirtschaftspolitischen Koordinationsspiel, in denen die Regierung im Politikspiel auf einigermaßen sicheren Erfolg

---

39 Die Bedeutung von Regierungswechseln für das „Framing" der Null-Linie, von der aus Erfolg oder Mißerfolg gemessen werden (Kahneman und Tversky, 1984) hat in der politischen Theorie noch nicht die gebührende Aufmerksamkeit gefunden.

rechnen konnte – nämlich Feld 1 für Arbeiter-Regierungen und Feld 3 für bürgerliche Regierungen. Ebenso gab es eine Reihe von Positionen, in denen die Regierung politisch höchst verwundbar war. Jedoch waren die politischen Überlebenschancen zwischen den beiden Parteien ungleich verteilt: Wenn bürgerliche Regierungen einmal ihre optimale Position im Politikspiel erreicht hatten, befanden sie sich auch im Koordinationsspiel in einem stabilen Gleichgewicht, das von den Gewerkschaften nicht mehr verlassen werden konnte. Dagegen war die für Arbeiter-Regierungen politisch optimale Konstellation im Koordinationsspiel instabil. Wenn die Gewerkschaften ihre kurzfristigen ökonomischen Interessen verfolgten, dann kam die Arbeiter-Regierung in Feld 2 in eine politisch unhaltbare Position. Und falls die Regierung dann im Kampf um ihr Überleben zum Monetarismus überging, dann kam es – auch wenn sie damit politisch Erfolg hatte – zu einem steilen Anstieg der Arbeitslosigkeit. Wenn sie aber scheiterte, dann wurde eine bürgerliche Regierung mit monetaristischer Politik etabliert, die trotz anhaltend hoher Arbeitslosigkeit wirtschaftspolitisch nicht mehr gefährdet war.

Bei egoistisch-rationalem Verhalten sowohl der Gewerkschaften als auch der Regierungen war also in den siebziger Jahren mit einer „eigendynamischen" (Mayntz und Nedelmann, 1987) Sequenz von Spiel-Konstellationen zu rechnen, die zu einem stabilen bürgerlich-monetaristischen Gleichgewicht führte. Freilich war diese Sequenz nicht nur für die Arbeiter-Parteien, sondern auch für die Gewerkschaften ein vorhersehbares Desaster, an dessen Vermeidung sie jedes Interesse haben mußten. Worauf es dafür ankam, war auch klar genug: Die Gewerkschaften mußten willens und fähig sein, auf kurzfristige Lohnvorteile zu verzichten, um der Regierung den Übergang in Feld 1 des Koordinationsspiels zu ermöglichen, wo dann eine Vollbeschäftigungspolitik ohne eskalierende Inflationsraten ökonomisch möglich und politisch lohnend wurde. Dies war der Kern der „korporatistisch-keynesianischen Konzertierung", die in Österreich zwischen 1976 und 1980, in Großbritannien zwischen 1976 und 1978, und in der Bundesrepublik und in Schweden zwischen 1978 und 1980 auch erreicht wurde.

Dabei ging es nicht im strikten Sinne um einen „politischen Tausch" (Pizzorno, 1978; Marin, 1985). Wenn eine Regierung keynesianische Vollbeschäftigungspolitik betrieb, so handelte sie im eigenen Interesse und belohnte nicht das Wohlverhalten der Gewerkschaften. Sie hatte diesen auch nichts anzubieten außer ihrer eigenen politischen Verwundbarkeit. Entscheidend war also das „Selbstmanagement" (Elster, 1979; Schelling, 1984) der Gewerkschaften, d.h. ihre Fähigkeit, sowohl die „intertemporale Falle" der Konkurrenz zwischen kurzfristigem und langfristigem Eigeninteresse als auch die „interorganisatorische Falle" der Konkurrenz zwischen einzelgewerkschaftlichen und gesamtgewerkschaftlichen Interessen zu vermeiden (Messick und McClelland, 1983). Erst an dieser Stelle gewinnen also die „neo-korporatistischen" Erklärungen wirtschaftspolitischer Erfolge während der siebziger Jahre ihr Gewicht: Die solidarische Verfolgung des Gesamtinteresses der Gewerkschaftsbewegung und die Fähigkeit, zukünftige Entwicklungen schon bei gegenwärtigen Entscheidungen zu berücksichtigen, wird durch die Konkurrenz zwischen den Einzelgewerkschaften untergraben, und sie wird dementsprechend gefördert (wenn auch nicht garantiert) durch die organisatorische Konzentration in „monopolistischen" Industriegewerkschaften und die effektive Zentralisierung lohnpolitischer Entscheidungen.

In Großbritannien, um mit dem eindeutigsten Fall zu beginnen, erzeugte die Fragmentierung der Gewerkschaftsorganisation und die Dezentralisierung der Lohnverhandlungen einen extremen Konkurrenzdruck innerhalb der Gewerkschaftsbewegung selbst (Barnes und Reid, 1980). Der Trades Union Congress allein hatte in den siebziger Jahren immer noch mehr als einhundert Mitgliedergewerkschaften, und Lohnverhandlungen fanden überwiegend auf der Ebene der Unternehmen, der Betriebe oder sogar der Arbeitsstätten innerhalb eines Betriebes statt. Für die Verhandlungsführer in diesen kleinen Einheiten war die volle Ausschöpfung der Zahlungsfähigkeit des jeweiligen Arbeitgebers und der Verhandlungsmacht und Kampfbereitschaft ihrer eigenen Mitglieder selbstverständliches Gebot. Zugleich mußten sie aber auch versuchen, mit überdurchschnittlichen Verhandlungserfolgen in anderen Betrieben oder Berufsgruppen mindestens gleichzuziehen, um die „relative Deprivation" (Pettigrew, 1967) der eigenen Mitglieder und deren Abwerbung durch konkurrierende Gewerkschaften zu vermeiden. Unter solchen Bedingungen war freiwillige Lohnzurückhaltung, auch wenn ihre ökonomischen oder politischen Vorteile für die Gewerkschaftsbewegung im ganzen offensichtlich waren, ein Kollektivgut, dessen Verwirklichung durch die Versuchungen des Free-riding und den Zwang der Konkurrenz gefährdet war (Olson, 1965).

Dagegen wird das Free-rider-Problem wesentlich reduziert, wenn die Gewerkschaftsbewegung in einer begrenzten Zahl „umfassender" (Olson, 1982) Industriegewerkschaften organisiert ist, die nicht miteinander im Wettbewerb stehen, wie dies in Österreich, in der Bundesrepublik und in geringerem Maße auch in Schweden der Fall ist. Wenn dann die effektiven Lohnverhandlungen auf der Industrie-Ebene geführt werden, wie dies vor allem in der Bundesrepublik und in Österreich zutrifft, dann können die gewerkschaftlichen Verhandlungsführer die Gefahr von Arbeitsplatzverlusten in den schwächeren Unternehmen oder Regionen nicht ignorieren. Sie sind deshalb auch nicht in der Lage, alle lokalen Chancen der höheren Zahlungsfähigkeit oder der höheren Verhandlungsmacht auszunutzen. Die auf das Gesamtinteresse gerichtete Perspektive wird noch gestärkt, wenn (wie in Schweden und Österreich) der zentrale Gewerkschaftsbund selbst auch eine formale Rolle bei den Lohnverhandlungen spielt, oder wenn (wie in der Bundesrepublik – Streeck, 1982; 1984) wenigstens die Lohnführerschaft der größten Industriegewerkschaften faktisch respektiert wird.

In den eher „korporatistisch" verfaßten Ländern kann deshalb das kollektive und langfristige Eigeninteresse der Gewerkschaftsbewegung auf ganz unspektakuläre Weise in den normalen Prozeß der Lohnverhandlungen eingebracht werden. In Großbritannien dagegen hing der Erfolg des Social Contract in den Jahren 1976 und 1977 ausschließlich ab von einer extremen politischen und ideologischen Anstrengung der Labour-Regierung und der Gewerkschaftsführung. Die für die Lohnverhandlungen zuständigen Shop Stewards wurden durch Appelle an den „Geist von Dünkirchen" und an die Solidarität der Arbeiterbewegung unter massiven moralischen Druck gesetzt. Dementsprechend war auch die Sechs-Pfund-Regel, die über alle eifersüchtig verteidigten Lohndifferentiale hinwegging, als ein moralisch sinnfälliges, einmaliges Opfer („give a year to Britain") und nicht als langfristig praktikable Lohnpolitik präsentiert worden.

Der schwedische Fall ist weniger eindeutig (Martin, 1984; 1986b). Die gewerkschaftliche Entscheidungsstruktur ist stark zentralisiert, aber zugleich hat die Konkurrenz zwischen den nach dem Industrieprinzip organisierten Arbeitergewerkschaften und den nach Qualifikationsstufen oder Berufen organisierten Angestelltengewerkschaften zugenommen. Überdies wird durch die (den nationalen und branchenbezogenen Tarifverhandlungen nachgeordnete) lokale Verhandlungsrunde in den besser verdienenden (oder verstaatlichten) Unternehmen eine erhebliche Lohndrift erzeugt, die dann durch ein immer dichteres Netz von Kompensationsklauseln in den Tarifverträgen verallgemeinert wird. Dennoch herrscht in der schwedischen Arbeiterbewegung immer noch eine solidarische Wertorientierung, die notfalls mobilisiert werden kann, um die Konkurrenz zwischen den einzelnen Gewerkschaften zu disziplinieren.[40] Deshalb sollte man auch die aggressiven Lohnrunden nach 1975 nicht einer grundsätzlichen Unfähigkeit zur Orientierung am Gesamtinteresse zuschreiben, sondern eher einer Fehleinschätzung der wirtschaftlichen Lage und dem Umstand, daß die Gewerkschaften nach 1976 zunächst kein Interesse daran hatten, die neue bürgerliche Koalition bei ihren ersten Schritten in der Wirtschaftspolitik zu stützen. Wenn sie dabei gestolpert wäre, dann wäre ja nicht eine monetaristische *Thatcher*-Regierung ans Ruder gekommen, sondern die in der Vollbeschäftigungspolitik be-

---

40 Ein Beispiel dafür war die Einigung auf das „EFO-Modell" (Edgren et al., 1973), das in den sechziger und frühen siebziger Jahren die Lohnkonkurrenz zwischen den „exponierten" Exportbranchen und den „geschützten" Sektoren der Wirtschaft geregelt hatte.

währten Sozialdemokraten. Als aber in den folgenden Jahren die schwedische Wirtschaft in ernstere Schwierigkeiten geriet, waren die Gewerkschaften auch zur lohnpolitischen Kooperation mit der bürgerlichen Regierung in der Lage, und sie haben auch nach 1982 trotz vieler Schwierigkeiten ein völliges Scheitern der sozialdemokratischen Anti-Inflationspolitik vermeiden können.

Zusammenfassend kann man also sagen, daß unter den institutionellen Bedingungen in Österreich, in der Bundesrepublik und in Schweden die Gewerkschaften „strategiefähig" waren und Lohnzurückhaltung immer dann auch verwirklichen konnten, wenn dies im Gesamtinteresse der Gewerkschaftsbewegung als vorteilhaft erschien. In Großbritannien dagegen konnte die fehlende institutionelle Basis zwar für eine gewisse Zeit durch ideologischen Druck und moralische Führung überspielt werden. Aber es war immer klar, daß der Social Contract nicht als langfristige Strategie etabliert werden konnte, und daß die unvermeidliche Rückkehr zum „free collective bargaining" die zurückgestaute Lohnkonkurrenz zwischen den Einzelgewerkschaften und Betrieben wieder hervorbrechen lassen mußte. Allenfalls kann man darüber streiten, ob der Zusammenbruch unter so dramatischen Umständen im Herbst 1978 unvermeidbar war, oder ob besseres Timing und ein sensibleres Management der Beziehungen zu den Gewerkschaften der Regierung *Callaghan* über eine weitere Parlamentswahl hätten hinweghelfen können.

Abschließend sollte man vielleicht hervorheben, daß nach der hier entwickelten Analyse korporatistische Institutionen für die *makroökonomische* Politik[41] nur solange von Bedeutung sind, wie die Regierung bereit oder in der Lage ist, das keynesianische Spiel zu spielen. Wenn die Regierung zu einer monetaristischen Strategie übergeht, dann hängt die Lohnzurückhaltung (auf die sie nach wie vor angewiesen ist) nicht länger von der organisatorischen Konzentration der Gewerkschaftsbewegung und von der Zentralisierung der kollektiven Lohnverhandlungen ab[42]. Sobald die Re-

---

41 Trotzdem können kooperative industrielle Beziehungen auf der Ebene des Unternehmens oder der einzelnen Branchen die Einführung technischer Innovationen erleichtern und die Wettbewerbsfähigkeit verbessern (Streeck, 1986). Ob man hier jedoch von „Mikro-" oder „Unternehmenskorporatismus" (Teubner, 1987) sprechen sollte, erscheint mir zweifelhaft.

42 Eher gibt es sogar einen umgekehrten Zusammenhang: Bei hoher Arbeitslosigkeit könnte eine aggressive Lohnpolitik allenfalls von einer machtvollen und zentralisierten Gewerkschaftsbewegung formuliert und durchgehalten werden, die, gerade indem sie die Arbeitslosigkeit kurzfristig weiter erhöht, das politische Scheitern einer monetaristischen Regierung herbeizwingen will. Nur wenn man diese Absicht unterstellt, erhält der Versuch der britischen Konservativen, die Organisationsmacht der Gewerkschaften zu schwächen

gierung einen Anstieg der Arbeitslosigkeit toleriert, erzwingt das vorrangige Interesse an der Erhaltung der Arbeitsplätze Lohnverzichte auch auf den unteren Verhandlungsebenen. Analytisch läßt sich dies wiederum aus der Tatsache ableiten, daß der Verlust des Arbeitsplatzes (im Gegensatz zur Inflation) eben nicht ein kollektives, sondern in erster Linie ein privates Übel ist, auf das die ansonsten „militanteren" (Cameron, 1984) britischen Gewerkschaften ebenso reagieren müssen wie die angeblich „gefügigeren" (Panitch, 1979) neo-korporatistischen Gewerkschaften.[43] Innerhalb des hier entwickelten Modells ist es deswegen durchaus plausibel, daß während der keynesianischen siebziger Jahre die Existenz korporatistischer Institutionen einen erheblichen Teil der ökonomischen Varianz erklären konnte, und daß die Erklärungskraft dieses Faktors in den monetaristischen achtziger Jahren zurückging.

(die aus keynesianischer Sicht dringend der Stärkung bedurft hätte), einen wirtschaftspolitischen Sinn.

43 Dennoch bleibt es wahr, daß fragmentierte industrielle Beziehungen einen stärkeren endogenen Lohnerhöhungsdruck erzeugen als zentralisiertere Systeme. Auch bei hoher Arbeitslosigkeit gibt es Unternehmen, denen es gut geht und berufliche Qualifikationen, nach denen eine Übernachfrage besteht. Diese „Nischen" gewerkschaftlicher Verhandlungsmacht werden nach wie vor durch fragmentierte Verhandlungssysteme ausgebeutet. Obwohl die Arbeitslosigkeit in Großbritannien viel höher war, stiegen deshalb die Reallöhne der noch Beschäftigten dort stärker als in Österreich, Schweden und der Bundesrepublik.

Literatur

Banting, Keith, ed. (1986): The State and Economic Interests. Toronto: University of Toronto Press.

Barnes, Denis/Eileen Reid (1980): Governments and Trade Unions. The British Experience 1964–1979. London: Heinemann.

Berger, Suzanne, ed. (1981): Organizing Interests in Western Europe: Pluralism, Corporatism and Transformation Politics. Cambridge, MA: Harvard University Press.

Blalock, Hubert M., Jr. (1961): Causal Inferences in Nonexperimental Research. Chapel Hill: University of North Carolina Press.

Bornstein, Stephen/Peter Gourevitch (1984): Unions in a Declining Economy: The Case of the British TUC. In: Gourevitch et al.: 13–88. Cameron, David R. (1978)

The Expansion of the Public Economy: A Comparative Analysis. In: American Political Science Review 72: 1243–1261.

Cameron, David R. (1984): Social Democracy, Corporatism, Labor Quiescence, and the Representation of Economic Interest in Advanced Capitalist Society. In: Goldthorpe, ed.: 143–178.

Coleman, James S. (1964): Introduction to Mathematical Sociology New York: Free Press.

Coleman, James S. (1974): Power and the Structure of Society. New York: W.W. Norton Co.

Crouch, Colin (1982): The Politics of Industrial Relations. Second Edition. London: Fontana Paperbacks.

Crouch, Colin/Alessandro Pizzorno, eds. (1978): The Resurgence of Class Conflict in Western Europe Since 1968. Volume 2. Comparative Analyses. London: Macmillan.

Denzau, Arthur/William Riker/Kenneth Shepsle (1985): Farquharson and Fenno: Sophisticated Voting and the Home Style. In: American Political Science Review 79: 1117–1134.

Edgren, Gösta/Karl-Olof Faxén/Clas-Erik Odhner (1973): Wage Formation and the Economy. London: Allen & Unwin.

Elster, Jon (1979): Ulysses and the Sirens. Studies in Rationality and Irrationality. Cambridge: Cambridge University Press. Esping-Andersen, Gösta (1985): Politics against Markets. The Social-Democratic Road to Power. Princeton: Princeton University Press.

Esping-Andersen, Gösta/Walter Korpi (1984): Social Policy as Class Politics in Post-War Capitalism: Scandinavia, Austria, and Germany. In: Goldthorpe, ed.: 179–208.

Fiorina, Morris P. (1978): Economic Retrospective Voting in American National Elections: A Microanalysis. In: American Journal of Political Science 11: 426–473.

Flanagan, Robert J./David W. Soskice/Lloyd Ulman (1983): Unionism, Economic Stabilization and Incomes Policies: The European Experience. Washington, DC.

Brookings Frey, Bruno S./Friedrich Schneider (1978): An Empirical Study of Politico-economic Interaction in the United States. In: Review of Economics and Statistics 60: 174–183.

Frey, Bruno S./Friedrich Schneider (1979): An Econometric Model with an Endogenous Government Sector. In: Public Choice 34: 29–43.

Frye, Jon/Robert J. Gordon (1981): Government Intervention in the Inflation Process: The Econometrics of „Self-Inflicted Wounds." In: American Economic Review 71: 288–294.

Funke, Michael (1986): Nominalzinsen, Realzinsen und internationale Kapitalbewegungen. Wissenschaftszentrum Berlin: Discussion Paper IIM/LMP 86–11.

Garrett, Geoffrey/Peter Lange (1976): Performance in a Hostile World: Economic Growth in Capitalist Democracies, 1974–80. In: World Politics 38: 517–545.

Glaser, Barney G. (1978): Theoretical Sensitivity. Advances in the Methodology of Grounded Theory. Mill Valley, CA: Sociology Press.

Glaser, Barney G./Anselm L. Strauss (1967): The Discovery of Grounded Theory. Strategies for Qualitative Research. Chicago: Aldine Atherton.

Goldthorpe, John H., ed. (1984): Order and Conflict in Contemporaray Capitalism. Studies in the Political Economy of Western European Nations. Oxford: Clarendon.

Gourevitch, Peter/Andrew Martin/George Ross/Christopher Allen/Stephen Bornstein/Andrew Markovits (1984): Unions and Economic Crisis: Britain, West Germany and Sweden. London: George Allen & Unwin.

Greenwald, Anthony/Anthony A. Pratkanis/Michael R. Leippe/Michael H. Baumgardner (1986): Under What Conditions Does Theory Obstruct Research Progress? In: Psychological Review 93: 216–229.

Hall, Peter (1986): Governing the Economy. The Politics of State Intervention in Britain and France. Cambridge, MA: Polity Press.

Hannan, Michael T./John Freeman (1977): The Population Ecology of Organizations. In: American Journal of Sociology 82: 929–964.

Hannan, Michael T./John Freeman (1984): Structural Inertia and Organizational Change. In: American Sociological Review 49: 149–164.

Hibbs, Douglas A. (1977): Political Parties and Macroeconomic Policy. In: American Political Science Review 71: 1467–1487.

Hibbs, Douglas A. (1982): On the Demand for Economic Outcomes: Macroeconomic Performance and Mass Political Support in the United States, Great Britain, and Germany. In: Journal of Politics 44: 426–462.

Kahneman, David/Amos Tversky (1984): Choice, Values, Frames. In: American Psychologist 39: 341–350.

Kelley, Harold H. (1984): The Theoretical Description of Interdependence by Means of Transition Lists. In: Journal of Personality and Social Psychology 47: 956–982.

Kloten, Norbert/Karl-Heinz Ketterer/Rainer Vollmer (1985): West Germany's Stabilization Performance. In: Lindberg/Maier, eds.: 353–402.

Korpi, Walter (1983): The Democratic Class Struggle. London: Routledge & Kegan Paul. Krieger, Hubert (1985): „Anti-Regierungs-" oder „Klientelthese"? Wirkungen persönlicher Betroffenheit von Arbeitslosigkeit im Rahmen des etablierten Parteienspektrums (1980–85):. In: Politische Vierteljahresschrift 26: 357–380.

Lange, Peter/Geoffrey Garrett (1985): The Politics of Growth: Strategic Interaction and Economic Performance in the Advanced Industrial Democracies, 1974–1980. In: Journal of Politics 47: 792–827.

Lehmbruch, Gerhard/Phlippe C. Schmitter, eds. (1982): Patterns of Corporatist Policy Making. London: Sage.

Lindberg, Leon N./Charles S. Maier, eds. (1985): The Politics of Inflation and Economic Stagnation. Theoretical Approaches and International Case Studies. Washington, DC: Brookings.

Lowery, David (1985): The Keynesian and Political Determinants of Unbalanced Budgets: U.S. Fiscal Policy from Eisenhower to Reagan. In: American Journal of Political Science 29: 428–460.

Lübbe, Hermann (1975): Was heißt „Das kann man nur historisch erklären"? Zur Analyse der Struktur historischer Prozesse. In: Hermann Lübbe (1975):, Fortschritt als Orientierungsproblem. Freiburg: Rombach: 154–168.

MacRae, C. Duncan (1977): A Political Model of the Business Cycle. In: Journal of Political Economy 85: 239–263.

Maital, Shlomo/Yael Benjamini (1979): Inflation as a Prisoner's Dilemma. In: Journal of Post Keynesian Economics 2: 459–481.

Malinvaud, Edmond (1977): The Theory of Unemployment Reconsidered. Oxford: Basil Blackwell.

Marin, Bernd (1982): Die Paritätische Kommission. Aufgeklärter Technokorporatismus in Österreich. Wien: Internationale Publikationen.

Marin, Bernd (1985): Generalized Political Exchange: Preliminary Considerations. Florenz: EUI Working Paper No. 85/190.

Martin, Andrew (1984): Trade Unions in Sweden: Strategic Responses to Change and Crisis. In: Gourevitch et al.: 189–359.

Martin, Andrew (1986a): The Politics of Employment and Welfare: National Policies and International Interdependence. In: Banting, ed.: 157–240.

Martin, Andrew (1986b): The End of the „Swedish Model?" Recent Developments in Swedish Industrial Relations. MS, Center For European Studies, Harvard University.

Matzner, Egon/Jan Kregel/Alessandro Roncaglia, eds. (1987): Arbeit für alle ist möglich. Über ökonomische und institutionelle Bedingungen erfolgreicher Beschäftigungs- und Arbeitsmarktpolitik. Berlin: Sigma.

Mayntz, Renate/Birgitta Nedelmann (1987): Eigendynamische soziale Prozesse: Anmerkungen zu einem analytischen Paradigma. Ms. Köln/Florenz (erscheint in Kölner Zeitschrift).

McGuire, William J. (1983): A Contextualist Theory of Knowledge: Its Implications for Innovation and Reform in Psychological Research. In: Leonard Berkowitz, ed., Advances in Experimental Social Psychology, vol. 16. Orlando, FL: Academic Press: 1–47.

Messick, David M./Carol L. McClelland (1983): Social Traps and Temporal Traps. In: Personality and Social Psychology Bulletin 9: 105–110.
Miegel, Meinhard (1981): Sicherheit im Alter. Plädoyer für die Weiterentwicklung des Rentensystems. Stuttgart: Bonn Aktuell.
Neck, Reinhard (1985): Das österreichische System der Sozial- und Wirtschaftspartnerschaft aus politisch-ökonomischer Sicht. In: Journal für Sozialforschung 25: 375–403.
Nordhaus, William (1975): The Political Business Cycle. Review of Economic Studies 42: 169–190.
Olson, Mancur (1965): The Logic of Collective Action. Public Goods and the Theory of Groups. Cambridge: Harvard University Press.
Olson, Mancur (1982): The Rise and Decline of Nations. Economic Growth, Stagflation, and Social Rigidities. New Haven: Yale University Press.
Paloheimo, Heikki (1984): Distributive Struggle, Corporatist Power Structures and Economic Policy of the 1970s in Developed Capitalist Countries. In: Paloheimo, ed.: 1–46.
Paloheimo, Heikki, ed., (1984): Politics in the Era of Corporatism and Planning. Tampere: The Finnish Political Science Association.
Panitch, Leo (1979): The Development of Corporatism in Liberal Democracies. In: Schmitter/Lehmbruch, eds.: 119–146.
Peel, David A. (1982): The Political Business Cycle – Have We Seen the End of it? Long Range Planning 15: 30–33.
Pettigrew, Thomas E. (1967): Social Evaluation Theory: Convergences and Applications. In: David Levine, ed., Nebraska Symposium on Motivation 1967. Lincoln: University of Nebraska Press: 241–315.
Piore, Michael J., ed. (1979): Unemployment and Inflation. Institutionalist and Structuralist Views. White Plains, NY: M.E. Sharpe.
Pizzorno, Alessandro (1978): Political Exchange and Collective Identity in Industrial Conflict. In: Crouch/Pizzorno, eds.: 277–298.
Przeworski, Adam/Henry Teune (1970): The Logic of Comparative Social Inquiry. New York: Wiley-Interscience.
Putnam, Robert D. (1986): The Logic of Two-Level Games: International Cooperation, and Western Summitry, 1975–1986. Ms. Department of Government, Harvard University.
Putnam, Robert D./Nicholas Bayne (1984): Hanging Together. The Seven-Power Summits. London: Heinemann.
Rapoport, Anatol/Melvin J. Guyer/David G. Gordon (1976): The 2 x 2 Game. Ann Arbor: University of Michigan Press.
Rattinger, Hans (1979): Auswirkungen der Arbeitsmarktlage auf das Ergebnis der Bundestagswahl 1976. In: Politische Vierteljahreschrift 20: 51–70.
Scharpf, Fritz W. (1981): The Political Economy of Inflation and Unemployment in Western Europe: An Outline. Wissenschaftszentrum Berlin: Discussion Paper IIM/LMP 81–21.
Scharpf, Fritz W. (1982): Der Erklärungswert „binnenstruktureller" Faktoren in der Politik- und Verwaltungsforschung. In: Joachim Jens Hesse, Hrsg., Politikwissenschaft und Verwaltungswissenschaft. PVS Sonderheft 13. Opladen: Westdeutscher Verlag: 90–104.

Scharpf, Fritz W. (1984): Economic and Institutional Constraints of Full-Employment Strategies: Sweden, Austria and West Germany. In: Goldthorpe, ed.: 257–290.

Scharpf, Fritz W. (1987a): Anmerkungen aus der Sicht der Institutionenforschung. In: Matzner/Kregel/Roncaglia, eds.: 341–350.

Scharpf, Fritz W. (1987b): Sozialdemokratische Krisenpolitik in Europa. Das „Modell Deutschland" im Vergleich. Frankfurt: Campus.

Schelling, Thomas C. (1984): Choice and Consequence. Cambridge, MA: Harvard University Press.

Schelling, Thomas C. (1984a): What is Game Theory? In: Schelling (1984): 213–242.

Schlenker, Barry R. (1974): Social Psychology and Science. In: Journal of Personality and Social Psychology 29: 1–15.

Schmidt, Manfred G. (1982): Does Corporatism Matter? Economic Crisis, Politics and Rates of Unemployment in Capitalist Democracies in the 1970s. In: Lehmbruch and Schmitter, eds.: 237–258.

Schmidt, Manfred G. (1983): The Welfare Sate and the Economy in Periods of Economic Crisis: A Comparative Study of Twenty-Three OECD Nations. In: European Journal of Political Research 11: 1–26.

Schmidt, Manfred G. (1985): Der Schweizerische Weg zur Vollbeschäftigung. Eine Bilanz der Beschäftigung, der Arbeitslosigkeit und der Arbeitsmarktpolitik. Frankfurt: Campus.

Schmidt, Manfred G. (1986): Politische Bedingungen erfolgreicher Wirtschaftspolitik – Eine vergleichende Analyse westlicher Industrieländer. In: Journal für Sozialforschung, 1986, Heft 3.

Schmidt, Manfred G. (1987): West Germany: The Policy of the Middle Way. Ms. Berlin/Heidelberg: The Comparative History of Public Policy Project.

Schmitter, Philippe C. (1974): Still the Century of Corporatism? In: Review of Politics 36: 85–131.

Schmitter, Philippe C. (1981): Interest Intermediation and Regime Governability in Contemporary Western Europe and North America. In: Berger, ed.: 287–327.

Schmitter, Philippe C./Gerhard Lehmbruch, eds. (1979): Trends Toward Corporatist Intermediation. London: Sage.

Shepsle, Kenneth A. (1986): Cooperation and Institutional Arrangements. Paper prepared for the Harvard Conference on International Regimes and Cooperation, February 13–15, 1986.

Streeck, Wolfgang (1981): Gewerkschaftliche Organisationsprobleme in der sozialstaatlichen Demokratie. Königstein: Athenäum.

Streeck, Wolfgang, (1982): Organizational Consequences of Neo-Corporatist Cooperation in West German Labor Unions. In: Lehmbruch/Schmitter, eds.: 29–81.

Streeck, Wolfgang (1984): Neo-Corporatist Industrial Relations and the Economic Crisis in West Germany. In: Goldthorpe, ed.: 291–314.

Streeck, Wolfgang (1986): Kollektive Arbeitsbeziehungen und Industrieller Wandel: Das Beispiel der Automobilindustrie. Wissenschaftszentrum Berlin: Discussion Paper IIM/LMP 86-2.

Streeck, Wolfgang/Philippe C. Schmitter (1985): Private Interest Government. Beyond Market and State. London: Sage.

Swidler, Ann (1986): Culture in Action: Symbols and Strategies. In: American Sociological Review 51: 273–286.
Teubner, Gunther (1987): Unternehmenskorporatismus. New Industrial Policy und das „Wesen" der Juristischen Person. In: Kritische Vierteljahresschrift für Gesetzgebung und Rechtswissenschaft 1987: 61–85.
Therborn, Göran (1986): Why Some Peoples Are More Unemployed Than Others. The Strange Paradox of Growth and Unemployment. London: Verso.
Tufte, Edward R. (1978): The Political Control of the Economy. Princeton: Princeton University Press.
Weintraub, Sidney (1978): Capitalism's Inflation and Unemployment Crisis. Reading, MA: Addison-Wesley.
Wilensky, Harold L./Lowell Turner (1987): Democratic Corportatism and Policy Linkages. The Interdependence of Industrial, Labor-Market, Incomes, and Social Policies in Eight Countries. Berkeley: Institute of International Studies.
Woolley, John T. (1985): Central Banks and Inflation. In: Lindberg/Maier, eds.: 318–351.

Anhang 2
Efficient Self-Coordination in Policy Networks: A Simulation Study[1]

Fritz W. Scharpf and Matthias Mohr

1. The Promise of Self-Coordination

Normative theories of representative democracy generally presuppose hierarchical governance. Democratic accountability seems to require that policy choices should originate from a unitary government (or a presidency) that is legitimated through competitive general elections, that they should be ratified by majority decisions in parliament, and that they should then be implemented by a disciplined bureaucracy relying on the superior force of the state and using resources collected through general taxation. By holding the governing hierarchy accountable to the *general* electorate, and by minimizing the direct influence of special interests on any phase of the policy process, the democratic process is supposed to produce policy outcomes that will maximize the *general welfare* of the polity.

In the real world of Western democracies, of course, actual policy choices are often worked out through negotiations among the representatives of partial interests in a great variety of arenas – among ministerial departments, among coalition parties, among specialized legislative committees, between the federal government and the states, in transnational agreements, in neocorporatist concertation between the government and peak associations of capital and labor, or other representatives of sectoral self-organization, and in issue-specific policy networks involving interest organizations together with specialized subunits within the executive and legislative branches of government. Typically, parties to these negotiations not only represent particular interests, but they also are likely to control specific action resources – jurisdictional competencies, or the loyalty of certain segments of the population – whose use may be essential for the achievement of policy goals.

All of these forms of negotiated policy making present challenges to conventional democratic theory that are not yet well understood. During

---

[1] Originally published as Discussion Paper 94/1, Max Planck Institute for the Study of Societies, Cologne, 1994.

the 1970s and 1980s, the attention of political scientists was mainly focused on the implications of neo-corporatist concertation (Schmitter/ Lehmbruch 1979; Lehmbruch/Schmitter 1982; Goldthorpe 1984). After the apparent decline of this mode of governance, there now seems to be a renewed interest in pluralist policy networks involving a larger number of governmental and nongovernmental corporate actors in more loosely-coupled interactions (Laumann/Knoke 1987; Schneider 1988; Marin 1990; Marin/Mayntz 1991).

Much of this recent work is empirical and explanatory, drawing on the powerful tools of social network analysis (cluster analysis, block models, graph theory, etc.) for more accurate descriptions of highly complex structures of interaction. In general (but see Mayntz 1992; 1993b), less systematic attention is now paid to the normative, or evaluative, questions that were a central concern of the theorists of pluralist democracy in the 1950s and 1960s (e.g., Truman 1951; Dahl 1967), as well as of their critics (McConnell 1966; Lowi 1969). In the present paper, we will address these concerns in an analytical effort that takes as its point of departure the intellectually most ambitious attempt to justify pluralist policy making in welfare-theoretical terms.

Charles Lindblom (1959) described governance in pluralist democracies as a "Science of Muddling Through" that relies on *Disjointed Incrementalism* as its "Strategy of Decision" (Braybrooke/Lindblom 1963) and whose "Intelligence" is produced through *Partisan Mutual Adjustment* (Lindblom 1965). Both of these practices are primarily justified ex negativo – by comparison, that is, to the counterfactual ideal of hierarchical governance based on "synoptic" analyses of all pertinent issues and affected interests. While the synoptic ideal is said to overtax the bounded rationality of real-world decision makers, the incrementalist strategy will disaggregate large and complex issues into series of small steps that reduce the risks of misinformation and miscalculation, and that can use rapid feedback to correct any errors. Similarly, instead of relying on the benevolence and omniscience of central decision makers, Partisan Mutual Adjustment will directly involve representatives of affected groups and specialized office holders that are able to utilize local information, and to fend for their own interests in pluralist bargaining processes. In short, compared to an impossible ideal, muddling through is not only feasible but likely to increase overall welfare by producing policy choices that are, at the same time, better informed and more sensitive to the affected interests.

It is fair to say that Lindblom's critique of the synoptic and centralized ideal found a much more sympathetic audience than his welfare-theoretic defense of incrementalism and pluralist bargaining. Incrementalism was equated with the "tyranny of small decisions" (Kahn 1966) that must systematically preclude large-scale policy changes. Its conservative implications were thus in conflict with the planning optimism and the reformist spirit of the period (Dror 1964; Etzioni 1968). On the pluralist front, the egalitarian assumption that all societal interests were in fact effectively organized, had been attacked on empirical grounds by "elite theorists" in American sociology and political science (Hunter 1953; Mills 1956; Schattschneider 1960). An even more fundamental challenge was raised by Mancur Olson's analytical demonstration that, under rational-actor assumptions, the most widely shared interests would be least capable of organization, or at least systematically disadvantaged in collective action (Olson 1965). Finally, the rise of public choice theory with its emphasis on rent-seeking in the public sector has dampened any remaining enthusiasm for the welfare potential of pluralist bargaining – in fact, Mancur Olson has since placed the blame for the economic "decline of nations" precisely on the effectiveness of "distributive coalitions" in pluralist democracies (Olson 1982).

In his later work, Lindblom himself has conceded some of these points. That is particularly true of the egalitarian issue – where he now describes the "market as prison" (Lindblom 1982) to characterize the superior influence of capitalist interests in market economies. Since policy makers depend on profit-oriented private investment for economic growth and employment, capital interests must be respected through "deferential adaptation" and need not even be actively pursued through pluralist lobbying (Lindblom 1977). At the same time, Lindblom also had second thoughts on the virtues of incrementalism and mutual adjustment, suggesting that these practices might be most useful for a subclass of "secondary issues" while "grand issues" would benefit from "broad-ranging, often highly speculative, and sometimes utopian thinking about directions and possible futures, near and far in time" (Lindblom 1979: 522). In that regard, however, he may well have gone too far in his self-criticism. Some recent work suggests that the incrementalist strategy of decision may have greater reformist potential than it was given credit for by Lindblom's critics (Gregory 1989; Weiss/Woodhouse 1992). In our opinion, the same can also be demonstrated for "Partisan Mutual Adjustment". In order to do so, we will first reconstruct and systematize the variety of coordinating mechanisms that can be subsumed under the common label of PMA, and we will then present the results of computer simulation experiments that were designed to explore the welfare effects, as well as the transaction costs, of these coordination mechanisms used separately and in combination.

2 Varieties of Partisan Mutual Adjustment

When the decisions of one actor have an impact on matters that are also the object of the decisions of another actor, welfare gains may be obtained through the coordination of these decisions. While coordination is generally considered desirable, it is also a poorly understood concept. Lindblom (1965: 154) provides at least a rudimentary definition:

A set of decisions is coordinated if adjustments have been made in it such that the adverse consequences of any one decision for other decisions in the set are to a degree and in some frequency avoided, reduced, counterbalanced, or outweighed.

Thus, negative externalities should be avoided or compensated and, of course, positive externalities should be identified and exploited. Optimal coordination, in other words, is defined not merely by the Pareto criterion but by the utilitarian Kaldor criterion according to which public policy measures should be undertaken whenever their negative consequences are outweighed by their expected aggregate benefits (Kaldor 1939). But Lindblom is less concerned with definitions of welfare-theoretic optimality than with the demonstration that the welfare gains of coordination can be realized in the absence of a central, hierarchical coordinator and even in the absence of common goals and world views among the actors involved. In everyday life, "people can coordinate with each other without anyone's coordinating them, without a dominant common purpose, and without rules that fully prescribe their relations to each other" (1965: 3) – and the same is supposedly true of the multiple participants in pluralist policy processes. They should be able to achieve coordination through one of several methods of "Partisan Mutual Adjustment".

Lindblom provides an "exhaustive list" of altogether twelve such methods, subdivided into two classes of "Adaptive Adjustment" and "Manipulated Adjustment" (1965: 33–4). While the latter class describes variants of negotiations whose definitions are neither particularly original nor very systematic (and which we will try to redefine in the latter part of this section), the former includes two forms of non-negotiated coordination, "Parametric Adjustment" and "Deferential Adjustment", whose existence is not generally recognized in the literature. They are important enough to merit a more thorough explication and discussion of their welfare-theoretic characteristics.

2.1 Parametric Adjustment

We begin our examination with "Parametric Adjustment" which Lindblom defined as follows (1965: 37):

> In a decision situation, a decision maker X adjusts his decision to Y's decisions already made and to Y's expected decisions; but he does not seek, as a recognized condition of making his own decision effective, to induce a response from Y; nor does he allow the choice of his decision to be influenced by any consideration of the consequences of his decision for Y.

It is clear from this definition and the accompanying descriptive examples that Lindblom has in mind a form of interaction which, in game-theoretic terminology (which he never uses, however), could be described as a peculiar type of noncooperative sequential game. What makes it peculiar – in contrast to the superhuman assumptions of classical game theory – are the much more modest demands on the information available to, and the computational capacities possessed by, the players. In Parametric Adjustment, players depend on only two sets of information: the first describing the status quo, as it was brought about by the past moves of players, and the second describing their own potential moves and the outcomes these will, ceteris paribus, be able to produce. In addition, players must, of course, be able to compare these outcomes to the status quo in the light of their own self-interest. But they are explicitly not required to have ex-ante information on the payoffs and potential moves of other players, and they are not expected to be able to anticipate the future responses of other players to the moves which they, themselves, are considering. It is only when another player makes a move, or proposes a certain move, that they must be able to identify its impact on their own interest position. In other words, the need for omniscience and the infinite regress of conditional expectations, which are likely to overtax the capacities of real actors in the simultaneous, or fully anticipated sequential, games of noncooperative game theory (Scharpf 1990), are cut short by these assumptions of bounded rationality.

By itself, that is not remarkable. Bounded rationality is a flexible concept that can be defined to mean various things. The point which Lindblom needs to make is that the assumed constraints on rationality will not necessarily have negative effects, in welfare-theoretic terms, on the outcomes obtained. He achieves this purpose through a peculiar interpretation of the sequential nature of moves in Parametric Adjustment. In effect, the functions which classical game theory ascribes to mutual anticipation, based on the common knowledge of strategies and payoffs, are here supposed to be performed by hindsight in ongoing processes of interaction. In these processes, ex-ante information and forward-planning are replaced by sequences of responses, "creating in the 'present' a rapid succession of 'pasts' to which each rapidly succeeding decision can be adapted" (Lindblom 1965: 39).

But while it is surely true that, in ongoing processes of interdependent choices, each move of a self-interested and myopic player may impose externalities on others, or create new opportunities for others, to which these will again respond, and so on – that does not assure the equivalence of outcomes to those that would be achieved under conditions of complete information and perfect foresight. If there is an equivalence, it must be owed to the concept of a noncooperative "Nash" equilibrium which – regardless of how it was reached – cannot be unilaterally left again by perfectly or boundedly rational players. It is this possibility of a Nash equilibrium which justifies Lindblom's optimism that, in Parametric Adjustment, "chaos is not the only possible consequence. What may ensue is a kind of process of successive approximation" (1965: 40).

So far, so good. We know from historical case studies that myopic actors, in noncooperative games played sequentially, may "lock in" on a path-dependent equilibrium where none of the players is left with an option that could still improve her own situation (David 1985; Arthur 1990); and we have it from the best game-theoretic authority that a game of incomplete information, in which players are ignorant of each others' preferences, may be the equivalent of a (much more complicated) game of complete information (Brams/Doherty 1993).

But as Lindblom recognizes, equilibrium is not the most likely outcome. While mathematical game theory assures us that every noncooperative simultaneous game has at least one Nash equilibrium in mixed strategies, players in Lindblom's version of a sequential game are constrained to use only pure strategies, and the path dependent nature of the process may also place some existing pure-strategy equilibria beyond the reach of players who must start from a particular status-quo position. As a consequence, the probability of reaching any equilibrium outcome at all diminishes rapidly as the number of players and the number of their available options increases. Interaction may then deteriorate into an unending sequence of meandering moves – with presumably negative welfare consequences.

But even when an equilibrium can be reached, there is no reason to think – as Lindblom seems to do – that it must be a good solution. In fact, any speculation about the welfare-theoretical qualities of non-cooperative equilibria is meaningless unless the original game constellation is well defined. When that constellation resembles an N-person Prisoner's Dilemma, the outcome of a sequential non-cooperative game – even when players are non-myopic and fully rational – will be the "tragedy of the commons" (Hardin 1967) in which all parties end up worse-off than in the status quo from which they started. That this is by no means an unlikely outcome is demonstrated by the inflationary spirals produced by partisan mutual adjustment among fragmented and competing labor unions (Scharpf 1992a). And even when constellations are more benign, mutual adjustment may well "lock in" on a local optimum that is inferior to better solutions which, however, cannot be reached through path-dependent sequential moves. A pertinent example is provided by Paul David's famous study of the evolution of the QWERTY typewriter keyboard (David 1985).

However, while there surely is no general reason to consider Parametric Adjustment or sequential noncooperative games as a promising method for achieving welfare-increasing coordination, there are certain specific types of game constellations where precisely this method is superior to all others in achieving coordination at the lowest transaction costs. One obvious example are games of pure coordination where interests coincide, and where even the problem of converging upon one among several, and equally acceptable, coordination points (Schelling 1960) is eliminated by the sequential character of Lindblom's game. Once one party has moved, the other one has no problem in making an optimal choice. Of course, under such benign circumstances, all other methods of coordination would also work equally well.

But Parametric Adjustment also turns out to be the optimal approach to certain types of mixed-motive game constellations in which other coordination mechanisms would run into difficulties. The prime example are constellations resembling the Battle of the Sexes game, in which all parties prefer a coordinated outcome over the consequences of non-coordination, but where there is conflict over the choice among several coordinated solutions which differ in their distributive consequences. Under such conditions, coordination may not be achieved at all in noncooperative games with simultaneous moves, and even when binding agreements are possible, they may fail to be reached because of high transaction costs. By contrast, coordination is quite easily achieved in a noncooperative game that is being played sequentially. Here, whichever player moves first is able to select her most preferred solution, while later players (assuming perfect information on others' past moves) will find it in their interest to converge on the coordinated solution so defined, even though it is by no means their most preferred outcome.[2] Given the fact that they still

---

2 This form of coordination was identified by Philipp Genschel (1993) in an empirical study of coordination within and among specialized standard-setting committees in international telecommunications. Even though there is a high degree of overlap between the jurisdictional domains of these committees, and

prefer coordination to non-coordination, they have no rational alternative. Similar conditions are likely to prevail in constellations resembling the Chicken game.

2.2 Deferential Adjustment

Nevertheless, these are narrowly circumscribed constellations which will not justify a positive evaluation of the welfare consequences of "Parametric Adjustment" in the general case. To a somewhat lesser degree, that verdict also applies to "Deferential Adjustment", Lindblom's second type of non-cooperative coordination mechanism which he defined as follows:

> In a decision situation, a decision maker X does not seek, as a condition of making his own decision, to induce a response from another decision maker Y. He either deliberately avoids impinging adversely on Y's values or he takes care not knowingly to impinge adversely, except trivially, on Y's values as Y perceives them at the time of X's decision; nor does he tailor his decision to create a gain for Y (1965: 45).

In other words, Deferential Adjustment requires that decision-makers unilaterally avoid negative externalities for other actors or their jurisdictional domains. This resembles the "Negative Coordination" which Mayntz and Scharpf had found to prevail in the German federal bureaucracy, where departmental policy initiatives must, as a rule, be designed so as to avoid potential objections from other departments since the Cabinet is generally unwilling to act in the face of unresolved interdepartmental conflict (Mayntz/Scharpf 1975: 145–150). More generally, the pattern is likely to arise in all constellations where jurisdictional domains, property rights or vested interests are protected by substantive law, by procedural veto positions, by the anticipation of retaliation, or by mutual sympathy (Scharpf 1993). While the existence of these conditions surely cannot be universally assumed, Deferential Adjustment or Negative Coordination still occurs frequently enough to merit systematic attention.

> even though their membership is also overlapping (so that all actors are fully aware of the interdependence among separate standardization processes), there is no attempt to achieve overall coordination either through merging adjacent committees or through establishing liaison committees that would work out common solutions. Instead, whichever committee is further advanced in its own work will define its own standard, while the other committees will take that standard into account in their own subsequent work. As a result, the overall patchwork of standards tends to be highly coordinated and, in that sense, efficient.

In their study of interdepartmental policy making, Mayntz and Scharpf emphasized the dangers of political immobilism when innovative options were blocked by interdepartmental vetoes. Lindblom, on the other hand, had focused on the welfare-theoretic advantages of "Deferential" over "Parametric Adjustment": By excluding moves that would violate another party's interests, it would prevent players from locking into Nash equilibria that are inferior to the status quo. Moreover, since the status quo cannot be left at all[3] if anybody has reason to object, the danger of endlessly meandering moves and counter moves in situations without a Nash equilibrium is also eliminated. Unlike Parametric Adjustment in non-cooperative games, therefore, Negative Coordination will only permit policy changes that are pareto-superior to the status quo.

At the same time, however, this form of coordination can hardly exploit the potential welfare gains inherent in a particular constellation of interests. Lindblom, it is true, hopes that the self-blocking tendencies of veto systems will also stimulate the search for innovative solutions that are acceptable all around (1965: 47–51). But when all is considered, it still is analytically true that the space for innovative solutions must rapidly shrink as the number and variety of veto-positions increases.[4] Deferential Adjustment is able to avoid disturbances and losses, but it is not, by itself, able to approximate the welfare optimum.

2.3 Varieties of Negotiated Coordination

Thus, Lindblom's welfare-theoretic claims appear questionable for both[5] of the "adaptive" variants of Partisan Mutual Adjustment. But that may not be equally true of "Manipulative Adjustment", or at least not of those variants which, in one way or another, involve negotiations and binding agreements. Lindblom distinguishes between "Negotiation", "Bargain-

---

3   That is only true if changes must be brought about by new decision initiatives. If the status quo should deteriorate as a consequence of external changes, a pure system of negative coordination would prevent the adjustment of standing decisions as long as there are still parties who are better off without the adjustment.

4   With two actors, orthogonal preference vectors, and policy options randomly distributed in Euclidian space, the probability that a proposal that is attractive to one side will be rejected by the other side is $p = 1/2$. With three actors, the probability of agreement is reduced to $p = 1/4$, and with n actors it shrinks to $p = 1/2(n-1)$.

5   We do not discuss here the theoretically less interesting mixed form of "Calculated Adaptive Adjustment".

ing", "Partisan Discussion", "Compensation" and "Reciprocity".[6] All of these modes provide for coordination through voluntary agreement, which can only be expected when all parties can expect to be better off than they would be without the agreement. Under such conditions, coordination is indeed likely to produce positive welfare effects for participants – and according to the "Coase Theorem" (which Lindblom does not mention) outcomes may systematically approximate the utilitarian welfare optimum (Coase 1960), provided that they are divisible and transferrable, or that side payments or package deals are possible (Scharpf 1992b). Depending on the allocation of property rights, either winners could compensate losers if aggregate gains are higher than aggregate costs; or potential victims could pay for the avoidance of initiatives whose aggregate costs exceed aggregate benefits. Of course, distributional consequences would differ – but in both cases all initiatives that increase net aggregate welfare, and only those initiatives, would be realized through negotiated coordination.

However, the Coase Theorem is not only insensitive to distributional issues, but it also presupposes complete information and negligible transaction costs – and its welfare-theoretic conclusions are highly sensitive to real-world departures from these idealized conditions.[7] Moreover, the dif-

---

6 In addition, the rubric of "Manipulated Adjustment" is to include "Authoritarian Prescription" and "Unconditional Manipulation" (i.e. direct and indirect forms of hierarchical control), as well as "Prior Decision" (i.e. exploiting the advantage of the first move in a sequential, noncooperative game) and "Indirect Manipulation" (i.e. prevailing on a third party to use its influence on the target actors).
   Analytically, this is an extremely heterogeneous list whose diverse welfare implications cannot be fully explored here. If he had thought that hierarchical coordination were generally efficient, Lindblom would have written a different book (Miller 1992). "Prior Decision" seems to be a less myopic variant of "Parametric Adjustment" discussed above. Its implications are highly contingent on the nature of the game, however. Having the first move in a sequential game is an advantage if the game has multiple Nash equilibria, it is irrelevant if the game has precisely one Nash equilibrium in pure strategies, and it is a disadvantage in mixed-motive games without a Nash equilibrium or in zero-sum games without a saddle point. "Indirect Manipulation", finally, does not seem to have any specific consequences of welfare-theoretic interest.

7 In the absence of transaction costs, for instance, there would be no reason to consider external effects as a problem, since all parties affected could participate in negotiations leading to an agreed decision. By contrast, if transaction costs matter, the inevitable non-identity between those who are able to participate in a decision, and those who are affected by it, must become the core problem of normative political theory. By the same token, the problems associated with the "logic of collective action" (Olson 1965) and empirical differences in the capacity of interests to achieve collective organization, derive

ferent variants of negotiated coordination seem to be affected in different ways and to different degrees by the obstacles to agreement encountered in real-world decision processes. In order to discuss these differences, however, Lindblom's phenomenological categories appear to be less useful than a theoretically derived classification which is based on the two crucial dimensions of the negotiation problem: Negotiated coordination enables actors to create value (or to avoid losses), either through cooperating on the production of new goods or through the (utility-increasing) exchange of existing goods (the dimension of *"value creation"*). At the same time, parties must also agree on how to divide the value so created, and how to allocate the costs of joint action among themselves – either by choosing among several coordinated solutions available or by defining appropriate side payments (the dimension of *"distribution"*).

Logically, all negotiations can be characterized in both of these dimensions (Walton/McKersie 1965; Lax/Sebenius 1986). But both dimensions will not be equally salient in all negotiations – which also means that different types of disagreement will have to be overcome in the individual case. This will, in turn, determine the procedures that must, at a minimum, be employed to reach successful coordination through negotiations.[8] When value-creation is at issue, new solutions must be invented and comparatively evaluated in terms of their effectiveness and costs; when distribution is in dispute, the justification of competing claims must be discussed in the light of accepted standards of distributive justice. It thus seems promising to use the salience of potential disagreement over value-creation and over distribution for a systematic classification of types of negotiations. They will here be labeled "Negative Coordination", "Bargaining", "Problem Solving" and "Positive Coordination" (Figure A2.1).

---

their political salience entirely from the real-world importance of transaction costs.

8   There is, of course, no suggestion here that negotiations should be the only means available for achieving coordination in the face of distribution and value-creation problems. Hierarchical fiat, majority vote, or noncooperative games may do as well or even better in some situations.

Figure A2.1: Ideal Types of Negotiations

		Salience of Distribution	
		low	high
Salience of Value Creation	low	(1) Neg. Coordination	(2) Bargaining
	high	(3) Problem Solving	(4) Pos. Coordination

2.3.1 Negative Coordination

The first field is meant to describe minimal negotiations in which neither issues of joint production nor issues of distribution are of high salience, but where agreement is nevertheless necessary. This is true in market exchanges when a well-defined product is offered at a fixed price, leaving the buyer only the choice of accepting or rejecting it with a view to her own interests. It is also true, however, in a form of "Deferential Adjustment", discussed above, where the occupant of a veto position must explicitly agree to let a policy initiative pass. As in market exchanges, negotiations may be quite rudimentary, since they will be about a well-defined object (e.g., a policy initiative pursued by one of the parties, in which others are not expected to take an intrinsic interest). Since the exercise of a veto will simply end this particular transaction, there is also no incentive to dissimulate circumstances or motives. As a consequence, the transaction costs of pure Negative Coordination may be minimal – all that is needed is to check for agreement or vetoes which, in either case, will bring the interaction to an end. But, for the reasons discussed above, if transaction costs are minimal, so are the welfare gains that can be expected if this form of coordination is practiced exclusively.

2.3.2. Bargaining[9]

The second field is the location of negotiations dominated by distributional issues, in which problems of value creation play little or no role. In market exchanges, this would apply to the purchase of an existing object – a house or a work of art – which is unique, so that its price must be deter-

---

9 In the terminology of Walton and McKersie (1965) this would be "distributive bargaining."

mined through bargaining among the parties. Other examples may be collective bargaining over wages, but also many political compromises in which it is expected that the outcome will be an "intermediate" solution between the extreme positions championed by the parties. Similarly, the Nash bargaining solution and its variants (Nash 1953; Kalai/Smorodinsky 1975; Rubinstein 1982) presuppose the existence of a given production possibility frontier which is not itself the object of negotiations. In any case, Bargaining is focused entirely on the distributional issue (Figure A2.2).

From a welfare-theoretical point of view, the great advantage that Bargaining has over Negative Coordination arises from the possibility of compensation. Solutions are not automatically ruled out when they seem to violate the status-quo interests of one of the parties. Thus, in Figure A2.2, if actor Y proposes solution A (which, by itself, would be completely unacceptable to actor X), an agreement can still be reached through side payments from Y to B, which will in effect transform solution A into solution B, to which X would have no reason to object. As a consequence, bargaining processes can potentially reach any solution that lies on the utility isoquant of a given proposal – provided that the parties are able to reach agreement on the distributional issue. This may be difficult, since both sides will have incentives to dissimulate factors affecting their valuation of the outcome – but when it is simply a case of buying off a potential veto through the compensation of expected damages, transaction costs may nevertheless remain within manageable bounds.

Figure A2.2: Bargaining over Divisible Outcomes (SQ = Status Quo)

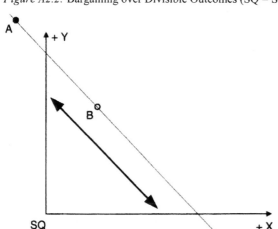

2.3.3 Problem Solving[10]

The third field of Figure A2.1 represents "cooperation" in its pure form. Here, actors are somehow able to concentrate on issues of joint production, and to put distributive issues aside at least temporarily. If the focus is on the comparative evaluation of available solutions, the criterion is their contribution to the common or aggregate interest of all participants; but even more important will be the common search for new solutions that will extend the possibility frontier – without regard for their distributional consequences. In Figure A2.3, therefore, both parties would join in the search for the welfare-maximizing solution B, even though its realization would leave X worse off than solution A.

Figure A2.3: Problem Solving (SQ = Status Quo)

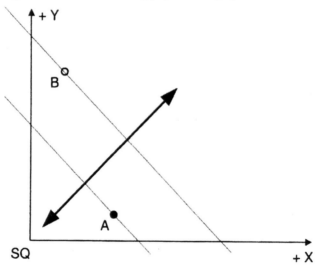

These may appear to be highly idealistic stipulations – which is why the possibility of Problem Solving is often dismissed as practically irrelevant by social scientists committed to a rational-actor perspective. But that conclusion appears too simple-minded. Actors are in fact often involved in

---

10 "Integrative Bargaining" is the term used by Walton and McKersie (1965) while Lindblom (1965: 28) describes this mode as "Cooperative Discussion" – whose practical relevance he considers to be marginal at best.

negotiations in which distributional issues are quite irrelevant. Sometimes, they are effectively neutralized by prior agreement on explicit rules for the allocation of costs and benefits. This is the typical case in joint ventures, which are based on elaborate contracts settling all sorts of distributive issues in advance just in order to facilitate uninhibited cooperation within the common undertaking. Similarly, in the Swiss federal government a fixed allocation of ministerial positions to a set of political parties tends to immunize "consociational" cooperation even against the distributional conflicts arising from electoral competition (Lehmbruch 1967; Bogdanor 1988). Examples in other areas are easy to find.

Another condition facilitating Problem Solving is the "veil of ignorance". It is well illustrated in a case study of successful research collaboration among firms which became feasible only after it had become clear that all of the competitors were as yet very far from the point where they might have marketable products to introduce (Lütz 1993; Häusler/Hohn/ Lütz 1993). Similarly, technical standardization by committees in telecommunication is relatively easy to achieve for technologies which have not yet been introduced, but extremely difficult when competing solutions are already on the market, so that their producers would benefit or suffer when one or the other were adopted as a common standard (Schmidt/ Werle 1992).

Problem Solving also occurs within organizations, where the personal self-interest of staff members is largely neutralized when the actions required occur within the "area of acceptance" or "zone of indifference" specified by the employment relation (Simon 1957; 1991; March/Simon 1958). Similarly, corporate actors involved in policy networks may also engage in processes of Problem Solving governed by notions of public interest or "systemic rationality" as long as their own institutional self-interest is not challenged in the process. As Renate Mayntz has shown, this was true of the role of the large West German research organizations in the transformation of the East German Academy of Sciences (Mayntz 1994).

In short, therefore, Problem Solving is by no means a rare and exotic mode of coordination that could be safely dismissed in realistic analyses of real-world negotiations. True, its practice does depend on specific preconditions which are neither ubiquitous nor easily created where they do not exist. But they do occur quite frequently, and where they do exist, the search for welfare-maximizing solutions can be immensely facilitated by negotiations in which distributive conflict is not a major obstacle to agreement.[11]

---

11 None of this should imply, however, that Problem Solving will necessarily be harmonious. Cognitive disagreement over cause-and-effect hypotheses or normative disagreement over the appropriate definition of organizational goals

2.3.4 Positive Coordination

The fourth field in Figure A2.1, finally, describes negotiations in which participants must simultaneously solve production problems and resolve conflicts over distribution. Mayntz and Scharpf identified this mode in their study of interdepartmental task forces in the German federal bureaucracy, whose members were supposed to develop innovative policy solutions for problems cutting across several ministerial portfolios, but were at the same time expected to protect the domain interests of their respective home departments (Mayntz and Scharpf 1975). In their view, this was the most desirable and, at the same time, the most difficult form of coordination actually practiced in policy processes.

The difficulties result from the contradictory nature of the functions which must be simultaneously performed. In Figure A2.4, they are represented by moves in orthogonal directions. If attention is focused on distributional issues, parties concentrating on their most preferred solutions A or B may not even perceive the overall superior solution C. It will not come into view unless it is realized that the pursuit of maximal advantage is ultimately pointless, since an equitable division will be the precondition of agreement in any case. Once this is accepted, it will be obvious that solution C may be better even from a self-interested point of view than the inevitable compromise between A and B.

What stands in the way of agreement is, however, not only a cognitive problem. As long as negotiations are dominated by attention to distributive issues, success will in fact be facilitated by "playing one's cards close to one's chest", by understating one's own interest in an agreed-on solution, and by manipulating information about the likely consequences of different solutions. Such stratagems, however, are objectively incompatible with the joint search for superior solutions, which can only succeed if communication is open and information freely exchanged. Worse yet, parties who are actively engaged in the search for common advantage are most likely to be exploited by partners who are primarily trying to maximize their own shares. This is the core of the "negotiation dilemma" (Lax/Sebenius 1986) which often leads to the failure of Positive Coordination. If it is to be overcome, parties not only must develop mutual trust in the face of ubiquitous opportunities for deception, but they must also agree on fair rules of distribution and their application to the case at hand (Scharpf 1992b).

---

or the public interest may be as severe as, or more severe than, distributional conflict over personal or institutional self-interest could be.

Thus it may seem that we have finally discovered a general mechanism which would permit pluralist polities to maximize their common welfare even when all parties involved are pursuing their own, self-interested goals, rather than the public interest. Unfortunately, however, the welfare-theoretic argument holds only for those corporate actors who in fact participate in policy negotiations, and for the interests represented by them. Because of the difficulties of reaching agreement in the first place, external effects are even more likely to be ignored by negotiating groups of self-interested actors than by self-interested individual actors. Thus, unless all affected interests are in fact represented, there is again no assurance that Positive Coordination by itself will increase, rather than reduce, general welfare. And even if we restrict attention to only those interests which are in fact represented in pluralist policy networks, relegating those that are excluded to other representational mechanisms,[12] the welfare-theoretical attractiveness of the solution is undercut by the escalating transactions costs as the number of participants increases.

Figure A2.4: Positive Coordination (SQ = Status Quo)

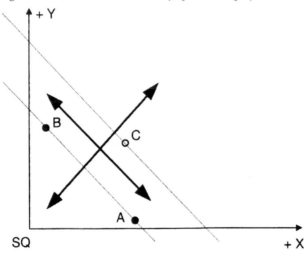

---

12 Regardless of all normative advantages of pluralist and corporatist interest intermediation, universal suffrage remains the only truly egalitarian representational mechanism – and the political process will approximate egalitarian outcomes only to the extent that the relative weight of general elections remains high in comparison to other forms of political influence (Scharpf 1970).

Positive Coordination depends on trust, and mutual trust among rational egoists requires costly investments in trustworthiness; it takes time to develop, and it is easily destroyed (Sabel 1993; Scharpf 1993). And even if all parties should refrain from deception, they will find it difficult to achieve simultaneous agreement on the solution which is best for all, and on the fair distribution of benefits and costs. Moreover, these transaction costs will increase exponentially, not proportionately, with the number of parties participating in negotiations. If each of N participants has S options to choose from, search for the overall optimal solution requires the comparison of S^N outcomes, and agreement on a fair distribution involves the examination of $N(N-1)/2$ bilateral relationships. By comparison, the transaction costs of Negative Coordination are much lower: Each party needs to be concerned only with its own options and with its own benefits and costs, and whoever takes the initiative to change the status quo needs only to check with (N-1) other parties to see whether a veto will be exercised. The implication is that Negative Coordination may indeed be practical among relatively large numbers of participants, while Positive Coordination is not feasible beyond limits which, though hard to define with any precision, are bound to be very narrow.[13]

Thus we seem to have not come very far in our search for the welfare potential of pluralist policy networks. Parametric Adjustment in sequential noncooperative games is likely to lead to unstable constellations, and may end in social traps (but see, above, footnote 1). And Negative Coordination, while protecting status quo interests, is hostile to welfare gains that can only be realized through policy innovation. Bargaining has a somewhat greater welfare potential when negotiations are merely about the costs and benefits of predefined solutions. Problem Solving, on the other hand, is highly effective in defining innovative welfare-maximizing solutions, but it depends crucially on the neutralization of distributive issues. Finally, both of these constraints are relaxed in Positive Coordination which, like Problem Solving, would allow participants to pursue their common interest to the fullest degree. However, the number of possible participants is constrained by escalating transaction costs. Hence Positive Coordination is likely to be practiced among small numbers of active participants. As a consequence, there may be significant external effects, and

---

13 The problem of prohibitive transaction costs seems to be acknowledged by Lindblom when he points out that the number of participants in negotiations must necessarily be very limited. In his view, therefore, the main burden of coordination has to be borne by "Parametric Adjustment" and "Deferential Adjustment" (1965: 68). But that throws us back to the welfare deficits discussed above.

welfare gains obtained by participants may under certain conditions be more than offset by the damage done to the interests of outsiders.

In reaching these skeptical conclusions, we have considered each of these coordination mechanisms separately. In doing so, however, we may not have done justice to the spirit of Lindblom's work, in which the welfare effects of "Partisan Mutual Adjustment" are discussed without actually distinguishing among its different variants. That may be criticized as a lack of analytical precision, but it may also be interpreted as an implicit[14] suggestion that, in combination, the several coordinating mechanisms might have more attractive welfare consequences than each of them has when applied in isolation. In the remainder of this paper we will pursue this suggestion for constellations in which Positive Coordination, Negative Coordination, and Bargaining are jointly applied to solve a given coordination problem. In order to do so, one of us has developed a computer simulation program which allows us to determine the welfare effects (defined by the influence on the *joint payoffs* of all participants) of different types of negotiation procedures. In the following section, we will provide a brief description of the characteristic features and results of the simulation.

3 The Simulation Program

We use computer simulation not in order to model particular processes of interdependent policy choices under conditions approaching real-world constellations, but in order to clarify the general characteristics of the methods of coordination discussed above, and of their combinations. Conceivably, this clarification could also be achieved more elegantly by analytical means, and we certainly hope that some of our results will eventually be confirmed analytically. But we know of no analytical procedures that would permit us, at this stage of our work, to vary assumptions as flexibly, and to explore such a variety of stipulated conditions, as is possi-

---

14 In his discussion of "parametric adjustment" Lindblom explicitly suggests that, when one form of coordination fails, actors might switch to another: "The coordinating potential of the various mutual adjustment processes may be greater than is at first supposed, since in these processes themselves are opportunities for participants to choose one or another of quite different methods, as circumstances require" (1965: 41). This seems plausible, but is different from the combination effects discussed here.

ble with simulation methods. Thus, without further excuses, we proceeed to present our basic simulation model.[15]

In one sense, our model is deliberately unrealistic: it represents the horror world of total interdependence – a world which Herbert Simon (1962) had promised we would never have to face. Each of N actors is able to choose among S policy options[16], and each choice will affect the payoffs of all actors at the same time. If a method of coordination succeeds here, it will succeed more easily under the more benign conditions of selective interdependence. Moreover, the interdependence among policy choices is unstructured, since our model uses random payoff matrices of size S^N rather than matrices representing certain types of well-known game constellations[17]. Payoffs are assumed to be interpersonally comparable, measurable in a general medium of exchange, such as money, and transferrable if required[18]. Games are played sequentially,[19] and players are assumed to be myopic in the sense defined above in the exposition of Lindblom's Parametric Adjustment. They will respond to other players' moves, but cannot anticipate them; and in selecting their own moves, they will always pick the one that would give them the highest payoff, if no other player should move again.[20]

Table A2.1 illustrates these assumptions in a form of presentation that allows the direct inspection and analysis of fairly large n-person games in normal form. It represents a game with four players, each of whom has

---

15 A more complete description, and a copy of the program, written in Turbo Pascal and running on IBM compatible 386 PCs, can be obtained from Matthias Mohr.
16 These "options" are not "strategies" in the game-theoretic sense of a complete specification of moves in a sequential game. Instead, they are meant to represent specific policy stances among which a particular actor in a policy network may choose – such as between cutting the budget, raising taxes, or increased borrowing.
17 We have also experimented with matrices structured so as to represent specific types of game constellations, but have chosen to present here only the general case.
18 For all examples presented here, the random payoffs are distributed identically in the interval [0...100].
19 Since switching back to an earlier option in later stages of the game is not precluded, it is necessary, for each method of coordination, to define the point at which a particular sequence of moves will come to an end. Choices of options become final only at this point.
20 Maximax, rather than Minimax, makes sense as a rule for myopic players who must choose one move at a time (rather than complete strategies) and who are ignorant of the options as well as of the preferences of other players. The risks are minimized in a sequential game in which a player may respond again to other players' responses to her own move.

two options, labeled 1 or 2. Each row stands for a cell of the payoff matrix, which is defined by a combination of options producing an outcome consisting of a set of individual payoffs (varying between 0 and 100). Players' choices are driven by the (myopic) maximization of individual payoffs, but since we are exploring *welfare effects* of various types of negotiations, our attention is focused on the aggregate or *joint payoffs* represented in the last column. Thus, the relative success of a coordination method is judged by the location of the outcome in the solution space between the joint payoff minimum (cell 8) and the joint payoff maximum (cell 4). In order to achieve comparability, joint payoffs are normalized to a range between 0 and 1 in all later presentations.

Table A2.1: Random Payoffs, 4 Players, 2 Options

Cell	Option of Player				Payoff for Player				Joint Payoffs	Normalized Joint Payoffs
	A	B	C	D	A	B	C	D		
1	1	1	1	1	20	69	46	18	153	0.20
2	2	1	1	1	97	29	52	00	178	0.35
3	1	2	1	1	73	25	37	00	135	0.10
4	2	2	1	1	73	76	99	38	286	1.00
5	1	1	2	1	48	23	79	98	248	0.77
6	2	1	2	1	42	60	60	31	193	0.44
7	1	2	2	1	97	69	33	26	225	0.63
8	2	2	2	1	22	10	50	37	119	0.00
9	1	1	1	2	94	08	05	37	144	0.15
10	2	1	1	2	24	71	31	34	160	0.25
11	1	2	1	2	94	99	03	05	201	0.49
12	2	2	1	2	51	81	11	20	163	0.26
13	1	1	2	2	18	25	29	60	132	0.08
14	2	1	2	2	88	87	07	16	198	0.47
15	1	2	2	2	35	26	63	12	136	0.10
16	2	2	2	2	96	80	47	04	227	0.65

Another characteristic that departs from the usual game-theoretic conventions is the fact that all our simulation runs must start from a specific "status quo" cell, and that outcomes must be reached through sequential moves from this point of departure. In the present article, simulations will either start from the cell representing the joint payoff minimum or from a cell selected at random.

3.1 Parametric Adjustment

In order to simulate Lindblom's version of a noncooperative sequential game, the first move is assigned to the player who could achieve the largest individual gain through a unilateral switch from her status-quo policy position on the assumption that all other players would meanwhile stick to their own status-quo positions. This move then defines a new point of departure to which other players will now respond. Again, the player who can now expect the greatest individual gain will move, and again other players will respond to the new situation, and so on. The sequential noncooperative game will stop under one of two conditions: On the one hand, it is possible that a cell will be reached which represents a *Nash equilibrium*, i.e. an outcome in which no player could still improve her own payoff by a unilateral change of policy. On the other hand, if no equilibrium is reached, moves will continue until a cell is reached that was touched before with the same player being in the position to move – at which point the game moves into an infinite cycle and the simulation breaks off. In this case, we arbitrarily assign status quo payoffs to the outcome.[21]

In our example, player A would initially move the game from cell 1 to cell 2. Thereafter, player B would have most to gain by moving the game to cell 4 – which would also benefit players C and D, but would reduce the payoff of player A. However, neither A nor any other player could still improve her payoff by *unilaterally* changing her own option. Thus, a Nash equilibrium is reached which, incidentally, also represents the welfare maximum. But, of course, this is a not a representative example.

3.2 Negative Coordination

Negative Coordination (or "Deferential Adjustment" in Lindblom's terminology) also begins with a first move by the player who has most to gain. But that move can only be completed if it is not vetoed by another player

---

21 Alternatively, players with perfect recall might then backtrack to a non-equilibrium but pareto-superior cell touched earlier during the sequence of moves. This is a possibility that we have not modelled.

who would be made worse off in comparison to the status quo. In other words, whoever has the right of initiative cannot impose negative externalities on others. If no veto is exercised, the game moves to the new cell and continues from there. Otherwise, the leading player will try her next best move, and so on, until the game comes to a stop. Thus, in Table A2.1, player A would have most to gain by moving the game from cell 1 to cell 2. But this move would be blocked by players B and D, whose status quo interests would be violated.

Again, however, our example is not representative. When there are relatively few players with relatively many options, chances are good that the leading player will find ways to improve her own situation without damaging the status-quo interests of any other player. This would be even more likely if the initiative is not restricted to a single player but will shift to others when the first one cannot succeed. If the number of options per player stays constant or is reduced, however, while the number of players (and thus the number of veto positions) increases, there is a much greater possibility that all initiatives will be blocked and that the status quo cannot be left under conditions of Negative Coordination. In any case, however, Negative Coordination will not produce payoffs that are worse than the status quo, and any initiative that is not blocked will lead to welfare improvements.

3.3 Bargaining

The Bargaining process begins like Negative Coordination: the player with the most to gain makes the first move. But if she encounters one or more vetoes, the move is not immediately withdrawn. Instead, the player determines whether her expected gain would be sufficient to (just barely) compensate those players who are objecting, so that their status quo payoffs ("reservation payoffs") would be maintained while she herself would still make a profit. When that is true, the move is carried out, and the game continues from the new cell – whose payoffs are adjusted according to the outcome of the bargain. In Table A2.1, for instance, if the game starts in cell 1, player A would gain 77 points from a move to cell 2. This would also improve the payoff of player C, but player B would lose 40 points and player D would lose 18. Since the gains of player A are sufficient to compensate these losses, the move can be completed. The new reservation payoffs in cell 2 would now be 39, 69, 52, and 18 for players A, B, C, and D, respectively. Next, player D could gain 16 points by moving to cell 10 – but that would not be enough to compensate player A for a loss of 15 points and player C for a loss of 21 points. Player C could move to cell 6 for a gain of 8 points – which would not be enough to pay for player B's loss of 9 points. Finally, player B would gain only seven points from a move to cell 4, but since this move would entail large windfall profits for all others, it would be carried out. Beyond that, no player could make a profit by moving away from cell 4 which, incidentally, is also the welfare optimum.

3.4 Problem Solving and Positive Coordination

Both Problem Solving and Positive Coordination are here defined as methods for maximizing the collective payoff of coalitions of self-interested players.[22] They differ only in the distributive dimension – which is treated as being irrelevant for Problem Solving, and highly relevant for Positive Coordination. In the simulation program, coalitions are formed incrementally. The nucleus is again the individual player who has most to gain. She will then join forces with a second player who, when options are pooled, will allow the pair to achieve the largest additional gain,[23] and so on.

---

22 Renate Mayntz (1993a; 1994) equates Problem Solving with "system rationality". Translated into our simulation model, this would mean that the members of a coalition are always aspiring to maximize the *joint payoffs of the whole population of players*, regardless of payoffs achieved by themselves (or, alternatively, provided that their own status-quo interests are not violated). In doing so, they could still use only the moves available to coalition members – and they might need to play a non-cooperative game against players not included in the coalition. In the present paper, we have not explored this variant of coordination mechanisms.

23 It should be clear that these are *assumptions*, rather than deductions from a rational-choice theory of coalition formation. According to these assumptions, coalition partners will be selected by the criterion of maximally convergent or harmonious interests (i.e. coalitions should coopt their closest friends, which corresponds to Fritz Heider's theory of "structural balance" – Cartwright/ Harary 1956). This is not the only plausible assumption, however. When outsiders can interfere with its strategies (or have a veto), a given coalition might do better by coopting potential opponents, rather than close friends.

In a well-researched historical example, that was the logic of Bismarck's system of criss-crossing alliances. But since it was a very difficult system to manage, his successors in the 1890s regressed to the more harmonious "Triple Alliance" of Germany, Austria and Italy – whose confrontation with the "Triple Entente" of England, France and Russia then defined the lineup of World War I (McDonald/Rosecrance 1985).

Two points are important to note. First, by pooling their policy options,[24] the members of a coalition can significantly increase the action space available to themselves. Thus, starting from cell 1 in Table A2.1, player C would only have the option of moving to cell 5, and player D could only reach cell 9. A coalition of players C and D, however, could use these options of their individual members and, in addition, could also reach cell 13 by combining both these moves. More generally, from any given status quo, a coalition of N members with S policy options each can reach a set of S^N-1 different outcomes while a population of uncoordinated individual actors of the same size could only reach (S-1)N outcomes.

Second, in Problem Solving, the coalition's only criterion of choice is the aggregate net gain of the group. Individual losses are not compensated. Thus, in Table A2.1, the coalition of players 3 and 4 could obtain the maximum total gain of 113 points by moving to cell 5. Player C would collect 33 points, while 80 points would fall to player D. In Positive Coordination, by contrast, additional distributive negotiations are needed to allocate gains and losses among the members of the coalition. These are more demanding than the distributive negotiations involved in the Bargaining simulation. There, the player who proposes a solution is also the "residual claimant" who will keep the remaining profit after having paid minimal compensation to those other players who would otherwise suffer losses compared to their reservation payoffs. Within the coalition, however, a "fair" distribution is required for which a number of factors will be relevant. Of course, no actor will join a coalition if it will not at least allow her maintain her reservation payoff. Beyond this, the Nash Bargaining solution would distribute profits in proportion to the status-quo payoffs of the players involved. This is also the rule applied in our simulation model.[25]

In our simulations, the cooptation of opponents would increase the welfare effectiveness of combinations of Positive and Negative Coordination. But in the interest of comparability, the cooptation of friends was used as coalition building rule in all examples presented below.

24 Coalitions are modeled here as a set of actors with distributed, rather than centralized, action resources – which is generally true in policy processes among corporate actors controlling certain policy instruments.

25 Alternatively, and perhaps more plausibly, distribution could be proportional to the highest potential gain a coalition member could have achieved (Kalai/Smorodinsky 1975). However, if utility functions are linear as in our case or if they are identical, both concepts lead to the same solution. We have chosen the Nash solution for pragmatic reasons since the Zeuthen-Harsanyi bargaining procedure, which easily lends itself to simulation, produces Nash distributions (Harsanyi 1977: 149–162, 198–203).

However, our definitions of Problem Solving and Positive Coordination do not yet specify a complete coordination mechanism for all cases where the coalition is smaller than the total population of players (i.e. is not a grand coalition). What is needed in addition is a specification of the rules governing the interaction between the coalition and players outside. This relationship could be *dictatorial* in the sense that the coalition is able to prevent all other players from responding to the coalition's preferred move, or it could be defined by one of the coordination mechanism discussed so far – Parametric Adjustment, Negative Coordination and Bargaining. It is here that Lindblom's and our hunch, according to which combinations of coordination methods might produce particularly attractive welfare effects, would have to be tested.

4 Comparative Welfare Effects

We have already discussed the potential welfare effects of simple coordination mechanisms – Parametric Adjustment, Negative Coordination, and Bargaining – and we will here merely add some more precise observations derived from our simulation experiments. We will then present simulation results of the welfare effects of partial coalitions, and will then proceed to the main theme of this section, the examination of combination effects of partial coalitions and simple coordination methods. The section will conclude with an examination of the rise of transaction costs associated with coalitions of increasing size.

4.1 Simple Coordination Methods

As discussed above, *Parametric Adjustment* may in fact be the most efficient coordination method available for certain constellations resembling

---

However, both rules are likely to underestimate the difficulties of agreeing on the relevance of criteria for distribution. In Table A2.1, for instance, players C and D may agree to move to cell 5 which provides them with a common surplus of 113 points. But player C, who must produce this outcome through a change of her own strategy (while player D remains inactive), is unlikely to forget that she could have done even better by sitting still and letting the game move to its noncooperative equilibrium in cell 4 – a prediction which player D might challenge by pointing to her own threat potential, whose credibility might again be disputed, and so on.

games of pure coordination or the Battle of the Sexes. In the general case, however, the probability that a Nash equilibrium can be reached at all through sequential moves is greatly reduced as the number of options and/or the number of players increases. In order to test this intuition,[26] we have conducted series[27] of 100 simulation runs for games in which the number of players varied between 2 and 12, while the number of options available to each player was held constant at 2. The outcome is presented in Table A2.2. Similarly, when we held the number of players constant at six while varying the number of options available to each between two and five, an equilibrium was reached in 24/100 plays when the players had two options, but only in 4/100 cases when the number of options was increased to five.

Table A2.2: Nash Equilibria in Sequential Games

Number of Players	Number of Nash Equilibria Reached
2	90/100
3	70/100
4	55/100
5	34/100
6	30/100
7	22/100
8	11/100
9	10/100
10	8/100
11	4/100
12	6/100

---

26 A mathematical proof is difficult because of the path-dependent character of our sequential games.

27 These series of simulation runs are *not* to be mistaken for "iterated games". We do not assume that players anticipate future interactions or react to past experiences. Thus, each run is a one-shot game, and the number of runs is increased simply to average out the variance of individual outcomes resulting from our use of random payoff matrices.

When a Nash equilibrium is in fact reached, however, the outcome usually constitutes a welfare improvement over the status quo[28] – but not invariably so. In a series of 60 simulation runs of a 3-players-by-3-options game, Nash equilibria were reached in 28 cases. Of these, 23 could be classified as welfare improvements, but in five cases, aggregate payoffs were in fact lower than in the status quo. This is a reminder that even in nonstructured (randomized) game constellations, players may encounter situations resembling a social trap – and that sequential, noncooperative games among three or more players do not provide protection against the "lock in" on inferior solutions.

Our simulations have also confirmed the expectation that the welfare efficiency of *Negative Coordination* will decline as the number of independent players in veto positions increases. Table A2.3 summarizes the normalized joint-payoff gains of thirty simulation runs in which Negative Coordination is applied among 4, 8, and 12 players respectively, each of whom is provided with a choice among two options.

Table A2.3: Average Joint-Payoff Gains Through Negative Coordination

Status Quo is	Number ob Players		
	4	8	12
Joint Payoff Minimum	0.51	0.35	0.02
Random Selection	0.13	0.02	0.00

The table also shows that gains are higher if the simulation departs from a status-quo situation in which joint payoffs are at a minimum than if the status quo is selected by random choice. In the first case, when most players will also start from low individual payoffs, moves that will improve the outcome for the leading player are less likely to be blocked by vetoes. When the initial status quo is selected at random however, it is more likely that any move that would improve one player's payoff will violate the vested interests of others.

---

[28] That is so because we use a random payoff matrix. While players' moves will improve their own payoffs, the external effects on the outcomes of other players may be positive or negative.

Since *Bargaining* is in all respects similar to Negative Coordination, except that vetoes may be bought off, the outcomes show a similar tendency (Table A2.4). However, the level of gains that can be achieved is generally higher, since some profitable moves can be carried out here, while they would have been blocked under Negative Coordination.

Table A2.4: Average Joint-Payoff Gains Through Bargaining

Status Quo is	Number of Players		
	4	8	12
Joint Payoff Minimum	0.68	0.53	0.03
Random Selection	0.28	0.07	0.00

4.2 Partial (Dictatorial) Coalitions

When a coalition that is practicing Positive Coordination (or Problem Solving, for that matter) internally can impose its preferred outcome on all other players, there is, of course, no question that the collective welfare of coalition members will be maximized. And there is also no question that a grand coalition that includes all affected parties would maximize aggregate welfare. But, as will be shown below, transaction costs of coalitions rise steeply as the number of members increases. As a consequence, coalitions are likely to be quite small, and the welfare consequences of small coalitions may be quite problematic. This is illustrated in Figure A2.5.

The Figure shows the normalized joint payoffs of three individual simulation runs of a game with eight players and three options. The status quo cells were selected at random for each run. The lines represent the joint payoffs (aggregated over all players) achieved by self-interested coalitions of varying sizes (K1 to K8). Players who are not members of the coalition are here assumed to make no moves of their own – in other words, the coalition is "dictatorial" in the sense that it alone can exercise policy options.

Figure A2.5: Welfare Effects of Dictatorial Coalitions
(Individual Simulation Runs, 8 Players, 3 Options)

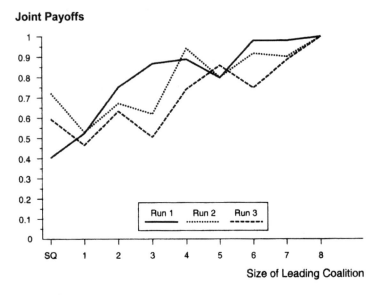

Even under these unrealistic conditions, the unrestricted pursuit of self-interest by a dictatorial individual (K1) will often *reduce* general welfare in comparison to the status quo. It is also interesting to note that, in the individual case, *general welfare* will not necessarily increase if the size of the coalition increases. Thus, in two of the three runs shown here, the move from a two-member to a three-member coalition, and from a four-member coalition to a majority coalition including five out of eight players, would in fact have reduced *general* welfare. Since the members of the coalition are, of course, increasing their per-capita payoff at each step, these reversals are an indication of negative externalities which are imposed on players outside of the coalition.

The selected results of individual simulation are of course not representative. In our randomized payoff matrices, positive and negative externalities will cancel out on the average, so that the aggregate result of large numbers of simulation runs will show a steady increase of average joint payoffs (Figure A2.6). It is interesting to note that the choice of the status quo from which the simulation starts (from the joint payoff minimum or from a randomized point of departure) does not seem to make much of a difference. Even when starting from the minimum, the first move of the leading player brings the welfare level *of the whole population* up to a medium range, from which progress tends to be quite slow.

Figure A2.6: Joint Payoffs from Positive Coordination
(Averages of 100 Simulation Runs, 8 Players, 3 options)

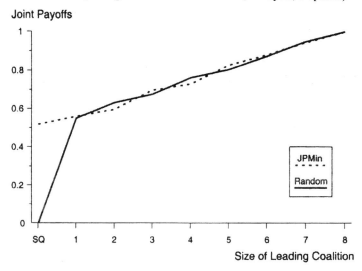

4.3 Positive Coordination plus Parametric Adjustment

When policy options are evenly distributed, as we have assumed, dictatorial coalitions are, of course, not a realistic proposition. We have included them for purposes of exposition, but will in the remainder of the paper explore constellations where the players outside of the coalition also have a role. At a minimum, they should be able to exercise their own individual policy options in response to the new situation created by the initial move of the coalition. When that is so, we have in fact a noncooperative sequential game played between the coalition and all other players. In our simulations, the coalition has the first move and will choose its most preferred cell. Starting from there, the outside player who has most to gain will have the next move, to which the coalition or another player may again respond, and so on. Given its greater range of options, the coalition will be at an advantage, but it will not be able to determine the outcome unilaterally.

In comparison to the pure model of Parametric Adjustment discussed above, the number of players is reduced when some of them combine to form a coalition. Thus, in a constant population of players, the probability that a Nash equilibrium can be reached will increase as the size of the coalition increases. When it is reached, the welfare effect is likely to be positive. But as long as the number of independent players is larger than four or five, a Nash equilibrium will not be reached in the majority of simulation runs. The probability that an equilibrium will be reached decreases further when players can choose among more than two policy options, as is true in the example presented here. Since in the absence of an equilibrium outcome the status quo will be maintained by definition in our simulations, the *average* welfare gains achieved by a combination of Positive Coordination and Deferential Adjustment will be quite modest unless relatively large coalitions (implying very high transaction costs) are formed (Figure A2.7).

Figure A2.7: Positive Coordination plus Parametric Adjustment
(Averages of 100 Simulation Runs, 8 Players, 3 Options)

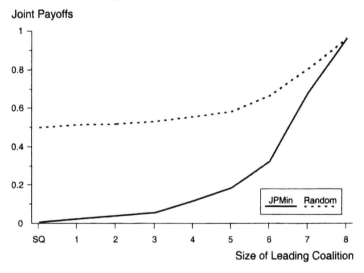

4.4 Positive plus Negative Coordination

In the next variant we explore the combination of Positive Coordination and Negative Coordination. As before, there is a coalition building process which begins with the player who has most to gain. But now the status-quo payoffs of all players who are not members of the leading coalition are protected (say, by institutionalized property rights). Thus, the coalition is only able to complete its most preferred move if it leaves no other player worse off than in the status quo. If its initiative is blocked, the coalition will try its second-best move. When it is successful, or when its options are exhausted, the coalition is enlarged by coopting the outside player whose addition promises the greatest joint gain for the larger coalition, and so on.

Figure A2.8: Positive plus Negative Coordination
(Averages of 100 Simualation runs, 8 Players, 3 Options)

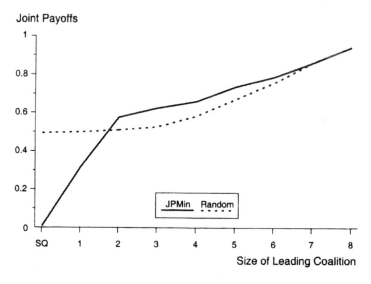

As is to be expected, single actors are not doing well against a large number of veto players. But here, having larger numbers of options is an advantage for the leading coalition. Thus, if the game starts from the joint payoff minimum, and if all players can choose among three policy options, it takes only a two- or three-member coalition to bring joint payoffs up to a medium level. However, the outcome is much less encouraging when the game starts from a random (in the average: medium) status quo position. Here, it takes a five- or six-member coalition before overall welfare increases noticeably. This suggests that veto systems are least constraining when things are really bad for everybody, while under more average conditions most proposals for change will have negative effects on some vested interests, and thus are likely to be blocked.

4.5 Positive plus Negative Coordination plus Bargaining

The last coordination method to be looked at builds upon the previous one by adding a Bargaining element to the combination of Positive Coordination and Negative Coordination. Again, the leading coalition cannot impose negative externalities on outsiders. But when an initiative encounters one or more vetoes, the simulation program determines whether the potential net gains of the coalition exceed the loss that would be suffered by the veto players. If not, the move must be withdrawn as would be true under Negative Coordination. If the gain is large enough, however, the proposed move is carried out, the reservation payoffs of the veto players are maintained through transfer payments, and an equal amount is deducted from the aggregate payoff of the coalition members.

As a result, coalition initiatives are more frequently successful, and joint payoffs will rise more rapidly than they would under the combination of Positive and Negative Coordination alone. The impact on joint payoffs is quite dramatic (Figure A2.9).

Starting from the joint payoff minimum, even a single actor can raise aggregate welfare to a medium level when she is willing to engage in Bargaining. Beyond that, both curves are close enough to be practically indistinguishable, and as the size of the leading coalition increases, joint payoffs approach fairly rapidly toward the welfare maximum. Since vetos can be bought off, the location of the status quo (minimum or random) looses its determining power.

Figure A2.9: Positive plus Negative Coordination plus Bargaining

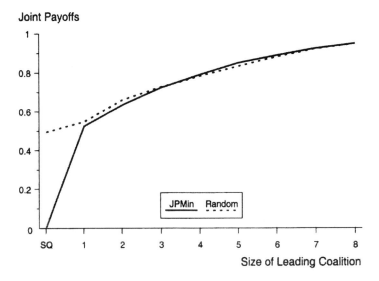

4.6 Comparative Discussion

When we now compare the welfare effects of combinations of coordination mechanism, our previous interpretations are confirmed. Leaving aside pure (dictatorial) Positive Coordination as being unrealistic under most circumstances, it appears that the most complex combination of Positive Coordination with Negative Coordination and Bargaining is generally the most welfare-efficient method. It produces consistently superior welfare effects for all sizes of leading coalitions short of the grand coalition. This is true not only for constellations where the actors start from the worst possible situation, the joint payoff minimum (Figure A2.10), but also when the process of bargaining starts from a randomly selected point of departure (Figure A2.11). In both cases, even two or three member coalitions will be able to reach two thirds or three quarters of the maximum welfare level that can be obtained by the grand coalition.

For Positive Coordination plus Negative Coordination, however, the point of departure does make an important difference. When the actors start from a worst-case position, this method is almost as welfare-efficient as is the combination that includes Bargaining. But when everybody is reasonably well-off on the average, the veto system of Negative Coordination prevents improvements beyond the status quo. Even under those conditions, however, Positive Coordination plus Negative Coordination is more effective than the "laissez-faire" combination of Positive Coordination and Parametric Adjustment, in which small coalitions can pursue their own interests without exogenous constraints, but cannot prevent the unilateral readjustment of excluded players.

Figure A2.10: Comparison of Welfare Effects when the Status Quo is at the Joint Payoff Minimum (SQ = Joint Payoff Minimum, 8 Plyers, 3 Options)

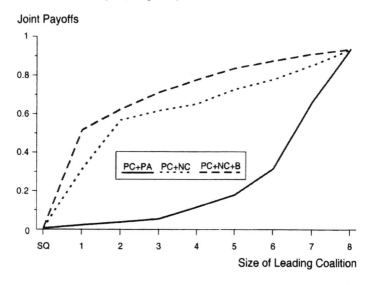

These comparative results will also hold for simulation runs with larger numbers of options and larger numbers of players, while the combination of Positive Coordination and Parametric Adjustment will do relatively better if the number of players and options is reduced. What is less clear is how much these conclusions will actually mean in practice. In order to approach this question, we must now turn to the problem of transaction costs.

Figure A2.11: Welfare Effects with Random Status Quo (SQ = Random, 8 Players, 3 Options)

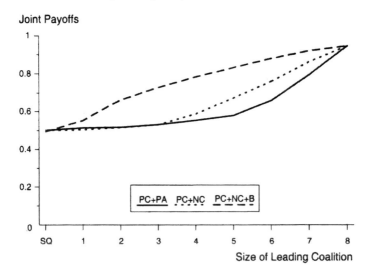

4.7 Transaction Costs

Transaction costs arise when actors must search for an optimal outcome and when the members of the leading coalition must agree on the distribution of their net gains. We begin with a discussion of search costs. Given the conditions of bounded rationality introduced above, players are assumed to have ex-ante information of their own status-quo payoffs and of their own options. They are also able to identify and compare the payoffs they receive, or would receive, if other players or they themselves make, or propose, a move away from the status quo – but they must do so at a cost. In addition, they must bargain over the allocation of aggregate gains within a coalition.

More specifically, when a leading coalition is enlarged, it is first necessary to identify and evaluate all outcomes that can be reached by combining the options of the members of the previous coalition with those of potential candidates for cooptation. The best of these outcomes determines both the membership of the new leading coalition and its most preferred move. If Parametric Adjustment is combined with Positive Coordination, all players outside of the coalition must then respond to this move by examining their own options to see if it is profitable for them to change their position; other players, including the leading coalition, must then again evaluate their new options, and so on. In combinations of Positive Coordination, Negative Coordination and Bargaining, on the other hand, the best outcome obtainable by the leading coalition must be compared to the reservation payoffs of all outsiders in order to determine whether one or more of them will have reason to veto the proposal. If it is vetoed, the leading coalition will have to determine whether its aggregate gains are sufficient to compensate all losers. If not, the same procedure must be repeated for the second-best outcome obtainable by the leading coalition (provided that it exceeds the aggregate reservation payoffs of its members), and so on. If a profitable proposal is not blocked by a veto, the coalition must then distribute its net gains (i.e. the gains remaining after all reservation payoffs have been maintained through side payments) among its members through processes of converging offers and counter offers.

The simulation program includes an algorithm which keeps track of each step in this series of operations. On the heroic assumption that each of these steps represents the same degree of difficulty, or the same time delay, the number of transactions is aggregated over the whole history of a coalition-building and coordination process. In other words, the search costs associated with Positive-plus-Negative Coordination for a leading coalition of three members represent the cumulative costs incurred in a process that started with a single player who then coopted a second one, etc. These costs are significantly higher than they would have been if the process had started with a given three-member coalition. As a consequence, for larger leading coalitions the costs so defined will exceed those that would be incurred by negotiations in a grand coalition. Since we have generally characterized the transaction costs of (relatively large) grand coalitions as being "prohibitive", we have set these to unity and used them as an upper limit in Figure A2.12, which also represents the welfare effects of the relatively most efficient combination of Positive Coordination, Negative Coordination and Bargaining.

When this figure is interpreted, two things must be kept in mind: First, transaction costs are interpreted as opportunity costs of the time that must be spent in negotiations. Since we can make no assumptions on the opportunities that are foregone, it is even problematic to assume (as we do) that costs should somehow be a linear function of time. Second, even though the maximum is set to unity for both curves, it should be clear that the scale of transaction costs is not comparable to the scale of joint payoffs. We also cannot tell at which point the relative differences in the transaction costs of different combinations of coordination methods will make a substantial difference in practice. All that we can say is that the number of operations required for arriving at a coordinated solution increases exponentially as the size of leading coalitions increases, but that it stays well below the level associated with the grand coalition when leading coalitions remain relatively small.

In addition to search costs, the members of the leading coalition also incur distribution costs when they must divide the net gains obtained at a particular stage of the game. In our model, fair distributions are achieved through the Zeuthen-Harsanyi process of "multilateral bargaining based on restricted bilateral bargaining" (Harsanyi 1977: 201). This means that each pair of coalition members will, through converging offers and counter offers, move toward a (preliminary) Nash distribution, and that the overall Nash solution is obtained when all bilateral distributions are in balance. Again, the program will record the number of offers needed, and compute an aggregate measure representing the transaction costs of distribution. These costs also increase exponentially with the size of the leading coalition. Unfortunately, however, search costs and distribution costs are not directly comparable and hence cannot be aggregated to a single overall measure of transaction costs.

Figure A2.12: Search Costs and Welfare Effects
(SQ = Random, 8 Players, 3 Options)

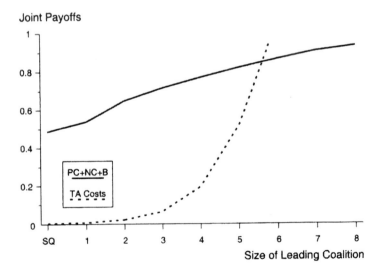

5 Conclusions

If we now return to the questions from which we departed, it is clear that computer simulations of games defined by randomized payoff matrices are far removed from the actual practices of real-world policy networks. For this we make no excuses, since it has been our aim to clarify analytically some underlying tendencies, opportunities and difficulties, rather than to develop a realistic model of a specific negotiation situation. Within these limitations, however, our simulation analyses have confirmed the intuition that combinations of simple coordination mechanisms may have more attractive welfare effects than each of these mechanisms does when applied alone.[29] More specifically, we can now make the following assertions with greater confidence than before:

1. The Coase Theorem shows that, in the absence of transaction costs, negotiations (i.e., Positive Coordination) within a grand coalition that includes all members of a given population would reach the same welfare maximum as a benevolent and omniscient dictator could. But if, as Coase has pointed out, grand coalitions must, beyond a relatively small group size, run into prohibitive transaction costs, there is a premium on coordination mechanisms that will achieve relatively high welfare gains without coalitions or with partial coalitions of relatively small size.

2. On the other hand, we have shown that two simple coordination mechanisms which altogether avoid coalitions, and on which Lindblom had placed high hopes – namely Parametric Adjustment and Negative Coordination (Deferential Adjustment) – will not, by themselves, be able to attain high welfare levels for the population as a whole in the general case. Coalitions thus seem to be a necessary element, under most conditions, of efficient solutions to the coordination problem.

3. However, when relatively small leading coalitions are interacting with the rest of the population in a noncooperative game (i.e., Positive Coordination plus Parametric Adjustment), the welfare consequences are also

---

29 It may be useful to point out the difference between this proposition and the claim of Farrell and Saloner (1988) that technical standardization may be best achieved by a combination of coordination through committees and coordination through the market. In our terminology, the "committee" would be a grand coalition, and the "market" would be the equivalent of Parametric Adjustment. Thus, Farrell and Saloner suggest that members of a potential grand coalition might exit the coalition and play a noncooperative game against the remaining members – and they expect that this threat may facilitate agreement within the grand coalition. This is a constellation that we have not modelled.

unattractive. Welfare gains that could be achieved by Positive Coordination within the coalition are partly wiped out through the countermoves of outsiders except when the leading coalition is fairly large relative to the total population (implying high transaction costs). Thus, the most laissez-faire form of coordination, in which both small coalitions and individual actors are pursuing self-interested goals in the absence of formal constraints, is also not an efficient solution.

4. It seems therefore that the need to achieve agreement with outsiders, through Negative Coordination and Bargaining, is an essential element of any efficient solution. When individual actors and coalitions are constrained to avoid negative externalities on outsiders, their search for self-interest maximizing solutions will necessarily increase general welfare at the same time – and the same is true to an even greater extent when transfer payments permit welfare-improving solutions to be realized even when negative externalities (which are smaller than the potential gains) are present.

The conclusion is, therefore, that even though the welfare maximum could only be obtained by the all-inclusive grand coalition, the combination of Positive Coordination, practiced within relatively small leading coalitions, and Negative Coordination or Bargaining with the remaining members of the population, is able to achieve intermediate levels of general welfare relatively efficiently. In that sense, therefore, our simulation study supports Lindblom's optimistic expectation that, in the absence of a well-informed and public-spirited central coordinator, and even in the absence of individual and corporate actors who are primarily motivated by the public interest or by considerations of "system rationality", negotiated self-coordination in policy networks may improve the level of general welfare.

It is necessary, however, to emphasize two structural preconditions on which this optimistic expectation depends: First, we have modeled constellations in which action resources are not collectivized or centralized, but distributed among individual actors. Second, unless the total population of actors is very small, successful self-coordination presupposes a division between a leading coalition whose members are willing and able to practice Positive Coordination internally, and the remaining population of interdependent actors. Third, there must be an exogenous[30] rule according to which the status-quo interests of any actor cannot be invaded without her consent. These institutional preconditions are by no means ubiquitous (thus we are far from asserting the benevolence of an institution-free "invisible hand"),

---

30 The rule may emerge endogenously in a history of interactions among interdependent and self-interested actors (Scharpf 1993), but it is exogenous to the specific interaction at hand.

but they are not infrequently approximated, not only in the private-law world of contracts and torts, but in public-sector policy processes as well.

One example is provided by the institutional circumstances in which Mayntz and Scharpf (1975) first discovered the coexistence of Positive and Negative Coordination: bureaucratic policy making in a government where policy responsibilities are distributed among ministries, and where the Cabinet will not ratify policy initiatives in the face of unresolved interdepartmental conflict. Another example is the present system of policymaking within the European Union, where the Commission is free to develop its policy initiatives in intense negotiations with a small set of interested member states, but must ultimately respect the veto positions of practically all other member states when ratification in the Council is required (Héritier 1993; Tsebelis 1992). Structurally similar conditions exist within the committee system of the United States Congress which Lindblom had in mind when he discussed the virtues of "Partisan Mutual Adjustment". Many similar examples can easily be found.

However, one further caveat is in order. Our analysis throughout was based on the assumption that all actors are maximizing their own self-interest. This seems like a pessimistic assumption when contrasted to postulates of solidaristic or public-spirited action orientations. But it is also an extremely optimistic assumption when the real possibility of competitive ("relative-gains") or even hostile orientations is considered (Scharpf 1989; 1990; Grieco et al. 1993; Keck 1993). That such orientations can prevent negotiated self-coordination is illustrated not only by the conflicts in Northern Ireland or in the former Yugoslavia, but also in the German political system under conditions of divided control, where one of the two major parties is in control of the Bundestag while the other one controls a majority of Länder votes in the Bundesrat. When that is the case, the relative-gains logic of party-political competition interferes with the self-interested give-and-take that ordinarily characterizes federal-state and state-state Bargaining (Scharpf 1994). Under such conditions the welfare benefits of negotiated self-coordination are hard to realize.

Finally, we should also point out that our simulation only provides a model of coordination in situations where welfare *improvements* over the status quo are possible. We cannot draw any conclusions for constellations in which inevitable welfare *losses* must be accommodated (which may increasingly be the situation facing highly industrialized western democracies). Our hunch is that in these situations veto systems, regardless of whether vetoes can be bought off or not, will be less able to minimize the overall loss than systems in which unilateral action is unconstrained (Positive Coordination plus Parametric Adjustment). But since we have not yet modeled such constellations, we are unable to test this hunch.

Bibliography

Arthur, W.B., 1990: Competing Technologies, Increasing Returns and Lock-In by Historical Events. In: Christopher Freeman (Ed.), The Economics of Innovation. Aldershot: Elgar, 374–389.

Bogdanor, Vernon, 1988: Federalism in Switzerland. In: Government and Opposition 23, 69–90.

Brams, Steven J./Ann E. Doherty, 1993: Intransigence in Negotiations: The Dynamics of Disagreement. In: Journal of Conflict Resolution 37, 692–708.

Braybrooke, David/Charles E. Lindblom, 1963: A Strategy of Decision. Policy Evaluation as a Social Process. New York: Free Press.

Cartwright, Dorwin/Frank Harary, 1956: Structural Balance: A Generalization of Heider's Theory. In: Psychological Review 63, 277–293.

Coase, Ronald, 1960: The Problem of Social Cost. In: Journal of Law and Economics 3, 1–44.

Dahl, Robert A., 1967: Pluralist Democracy in the United States: Conflict and Consent. Chicago: Rand McNally.

David, Paul A., 1985: CLIO and the Economics of QWERTY. In: American Economic History 75, 332–337.

Dror, Yehezkel, 1964: Muddling Through – "Science" or Inertia? In: Public Administration Review 24, 153–165.

Etzioni, Amitai, 1968: The Active Society. A Theory of Societal and Political Processes. New York: Free Press.

Farrell, Joseph/Garth Saloner, 1988: Coordination Through Committees and Markets. In: RAND Journal of Economics 19, 235–252.

Genschel, Philipp, 1993: Institutioneller Wandel in der Standardisierung von Informationstechnik. Ms. Köln: MPIfG.

Goldthorpe, John H. (Ed.), 1984: Order and Conflict in Contemporary Capitalism. Oxford: Clarendon Press.

Gregory, Robert, 1989: Political Rationality or Incrementalism? Charles E. Lindblom's Enduring Contribution to Public Policy Making Theory. In: Policy and Politics 17, 139–153.

Grieco, Joseph M./Robert Powell/Duncan Snidal, 1993: The Relative Gains Problem for International Cooperation. In: American Political Science Review 87, 729–743.

Hardin, Garrett, 1967: The Tragedy of the Commons. In: Hardin Garrett/John Baden (Eds.), 1977: Managing the Commons. San Francisco: Freeman, 16–30.

Harsanyi, John C., 1977: Rational Behavior and Bargaining Equilibrium in Games and Social Situations. Cambridge: Cambridge University Press.

Häusler, Jürgen/Hans-Willy Hohn/Susanne Lütz, 1993: The Architecture of a Research and Development Collaboration. In: Fritz W. Scharpf (Ed.), Games in Hierarchies and Networks: Analytical and Empirical Approaches to the Study of Governance Institutions. Frankfurt: Campus, 211–250.

Héritier, Adrienne, 1993: Policy-Netzwerkanalyse als Untersuchungsinstrument im europäischen Kontext: Folgerungen aus einer empirischen Studie regulativer Politik. In: Adrienne Héritier (ed.), Policy-Analyse: Kritik und Neuorientierung. Opladen: Westdeutscher Verlag, 432–450.

Hunter, Floyd, 1953: Community Power Structure. A Study of Decision Makers. Chapel Hill: University of North Carolina Press.

Kahn, Alfred E., 1966: The Tyranny of Small Decisions: Market Failures, Imperfections, Limits of Economics. In: Kyklos 19, 23–46.

Kalai, Ehud/Meir Smorodinsky, 1975: Other Solutions to Nash's Bargaining Problem. In: Econometrica 43, 513–518.

Kaldor, Nicholas, 1939: Welfare Propositions of Economics and Inter-Personal Comparisons of Utility. In: Economic Journal 49, 549–552.

Keck, Otto, 1993: The New Institutionalism and the Relative-Gains Debate. In: Frank R. Pfetsch (Ed.), International Relations and Pan-Europe. Theoretical Approaches and Empirical Findings. Münster: Lit Verlag, 35–62.

Laumann, Edward O./David Knoke, 1987: The Organizational State: Social Choice in National Policy Domains. Madison: University of Wisconsin Press.

Lax, David A./James K. Sebenius, 1986: The Manager as Negotiator. Bargaining for Cooperation and Competitive Gain. New York: Free Press.

Lehmbruch, Gerhard, 1967: Proporzdemokratie. Politisches System und politische Kultur in der Schweiz und in Österreich. Tübingen: Mohr.

Lehmbruch, Gerhard/Philippe C. Schmitter (Eds.) 1982: Patterns of Corporatist Policy-Making. London: Sage.

Lindblom, Charles E., 1959: The Science of Muddling Through. In: Public Administration Review 19, 79–99.

Lindblom, Charles E., 1965: The Intelligence of Democracy. Decision Making through Mutual Adjustment. New York: Free Press.

Lindblom, Charles E., 1977: Politics and Markets. New York: Basic Books.

Lindblom, Charles E., 1979: Still Muddling, not yet Through. In: Public Administration Review 39, 517–526.

Lindblom, Charles E., 1982: The Market as Prison. In: Journal of Politics 44, 324–36.

Lowi, Theodore J., 1969: The End of Liberalism. New York: Norton.

Lütz, Susanne, 1993: Steuerung industrieller Forschungskooperation. Funktionsweise und Erfolgsbedingungen des staatlichen Förderinstruments Verbundforschung. Frankfurt: Campus.

March, James G. /Herbert A. Simon, 1958: Organizations. New York, NY: John Wiley and Sons.

Marin, Bernd (Ed.), 1990: Governance and Generalized Exchange. Self-Organizing Policy Networks in Action. Frankfurt/M.: Campus.

Marin, Bernd/Renate Mayntz (Eds.), 1991: Policy Networks. Empirical Evidence and Theoretical Considerations. Frankfurt/M.: Campus.

Mayntz, Renate, 1994: Deutsche Forschung im Einigungsprozeß. Die Transformation der Akademie der Wissenschaften der DDR 1989 bis 1992. Frankfurt/M.: Campus.

Mayntz, Renate, 1992: Interessenverbände und Gemeinwohl – Die Verbändestudie der Bertelsmann Stiftung. In: Renate Mayntz (Ed.), Verbände zwischen Mitgliederinteressen und Gemeinwohl. Gütersloh: Bertelsmann, 11–35.

Mayntz, Renate, 1993a: Networks, Issues, and Games: Multiorganizational Interactions in the Restructuring of a National Research System. In: Fritz W. Scharpf (Ed.), Games in Hierarchies and Networks. Analytical and Empirical Approaches to the Study of Governance Institutions. Frankfurt: Campus, 189–210.

Mayntz, Renate, 1993b: Modernization and the Logic of Interorganizational Networks. In: John Child/Michel Crozier/Renate Mayntz et al., Societal Change Between Market and Organization. Aldershot: Averbury, 3–18.

Mayntz, Renate/Fritz W. Scharpf, 1975: Policy-Making in the German Federal Bureaucracy. Amsterdam: Elsevier.

McConnell, Grant, 1966: Private Power and American Democracy. New York: Knopf.

McDonald, H. Brooke/Richard Rosecrance, 1985: Alliance and Structural Balance in the International System. In: Journal of Conflict Resolution 29, 57–82.

Miller, Gary, 1992: Managerial Dilemmas. The Political Economy of Hierarchy. Cambridge, England: University Press.

Mills, C. Wright, 1956: The Power Elite. New York: Oxford University Press.

Nash, John, 1953: Two-Person Cooperative Games. In: Econometrica 21, 128–140.

Olson, Mancur, 1965: The Logic of Collective Action. Cambridge, MA: Harvard University Press.

Olson, Mancur, 1982: The Rise and Decline of Nations. Economic Growth, Stagflation, and Social Rigidities. New Haven: Yale University Press.

Rubinstein, Ariel, 1982: Perfect Equilibrium in a Bargaining Model. In: Econometrica 50, 97–109.

Sabel, Charles F., 1993: Constitutional Ordering in Historical Context. In: Fritz W. Scharpf (Ed.), Games in Hierarchies and Networks. Analytical and Empirical Approaches to the Study of Governance Institutions. Frankfurt/M.: Campus, 65–124.

Scharpf, Fritz W., 1970: Demokratietheorie zwischen Utopie und Anpassung. Konstanz: Universitätsverlag.

Scharpf, Fritz W., 1989: Decision Rules, Decision Styles, and Policy Choices. In: Journal of Theoretical Politics 1, 149–176.

Scharpf, Fritz W., 1990: Games Real Actors Could Play: The Problem of Mutual Predictability. In: Rationality and Society 2, 471–494.

Scharpf, Fritz W., 1991: Games Real Actors Could Play: The Challenge of Complexity. In: Journal of Theoretical Politics 3, 277–304.

Scharpf, Fritz W., 1992a: Social Democracy in Crisis. Ithaca: Cornell University Press.

Scharpf, Fritz W., 1992b: Koordination durch Verhandlungssysteme: Analytische Konzepte und institutionelle Lösungen. In: Arthur Benz/Fritz W. Scharpf/Reinhard Zintl (Eds.), Horizontale Politikverflechtung: Zur Theorie von Verhandlungssystemen. Frankfurt: Campus, 51–96.

Scharpf, Fritz W., 1993: Coordination in Hierarchies and Networks. In: Fritz W. Scharpf, (Ed.), Games in Hierarchies and Networks. Analytical and Empirical Approaches to the Study of Governance Institutions. Frankfurt: Campus, 125–165.

Scharpf, Fritz W., 1994: Federal Arrangements and Multi Party Systems. In: Australian Journal of Political Science, forthcoming.

Schattschneider, E.E., 1960: The Semisovereign People. A Realist's View of Democracy in America. Hinsdale: Dryden.

Schelling, Thomas C., 1960: The Strategy of Conflict. Cambridge, Massachusetts: Harvard University Press.

Schmidt, Susanne/Raymund Werle, 1992: The Development of Compatibility Standards in Telecommunications: Conceptual Framework and Theoretical Perspective. In: Meinolf Dierkes/Ute Hoffmann (Eds.), New Technology at the Outset: Social Forces in the Shaping of Technological Innovations. Frankfurt/M.: Campus, 301–326.

Schmitter, Phlippe C./Gerhard Lehmbruch (Eds.), 1979: Trends Towards Corporatist Intermediation. London: Sage.

Schneider, Volker, 1988: Politiknetzwerke der Chemikalienkontrolle. Eine Analyse einer transnationalen Politikentwicklung. Berlin: de Gruyter.

Simon, Herbert A., 1957: A Formal Theory of the Employment Relation. In: Herbert A. Simon, Models of Man. Social and Rational. New York: John Wiley, 183–195.

Simon, Herbert A., 1962: The Architecture of Complexity. In: Proceedings of the American Philosophical Society 106: 467–482.

Simon, Herbert A., 1991: Organizations and Markets. In: Journal of Econometric Perspectives 5, 25–44.

Truman, David, 1951: The Governmental Process. Political Interests and Public Opinion. New York: Knopf.

Tsebelis, George, 1992: The Power of the European Parliament as a Conditional Agenda Setter. Working Paper. Berkeley: Center of German and European Studies. University of California, Berkeley.

Walton, Richard E./Robert B. McKersie, 1965: A Behavioral Theory of Labor Negotiations. An Analysis of a Social Interaction System. New York: McGraw-Hill.

Weiss, Andrew/Edward Woodhouse, 1992: Reframing Incrementalism: A Constructive Response to the Critics. In: Policy Sciences 25, 255–274.

Literatur

Agranoff, Robert, 1990: Responding to Human Crises: Intergovernmental Policy Networks. In: Robert W. Gage/Myrna Mandell, Hrsg., Strategies for Managing Intergovernmental Policies and Networks. New York: Praeger, 57–80.

Akerlof, George A., 1970: The Market for „Lemons": Quality Uncertainty and the Market Mechanism. In: Quarterly Journal of Economics 84, 488–500.

Alber, Jens/Brigitte Bernardi-Schenkluhn, 1992: Westeuropäische Gesundheitssysteme im Vergleich: Bundesrepublik Deutschland, Schweiz, Frankreich, Italien, Großbritannien. Frankfurt/M.: Campus.

Alchian, Armen A., 1950: Uncertainty, Evolution, and Economic Theory. In: Journal of Political Economy 58, 211–221.

Alchian, Armen A./Harold Demsetz, 1972: Production, Information Costs, and Economic Organization. In: American Economic Review 62, 777–795.

Allison, Graham T., 1971: Essence of Decision: Explaining the Cuban Missile Crisis. Boston: Little, Brown.

Almond, Gabriel A./Sidney Verba, 1963: The Civic Culture: Political Attitudes and Democracy in Five Nations. Princeton: Princeton University Press.

Alt, James E./Robert C. Lowry, 1994: Divided Government, Fiscal Institutions, and Budget Deficits: Evidence from the States. In: American Political Science Review 88, 811–828.

Argyris, Chris/Donald Schoen, 1978: Organizational Learning: A Theory of Action Perspective. Reading, MA.: Addison-Wesley.

Arrow, Kenneth J., 1951: Social Choice and Individual Values. New York: John Wiley.

Arthur, W. Brian, 1988: Competing Technologies: An Overview. In: Giovanni Dosi et al., Hrsg., Technical Change and Economic Theory. New York: Pinter, 590–607.

Atkinson, Michael M./William D. Coleman, 1989: Strong States and Weak States: Sectoral Policy Networks in Advanced Capitalist Economies. In: British Journal of Political Science 19, 47–67.

Aumann, Robert J., 1976: Agreeing to Disagree. In: Annals of Statistics 4, 1236–1239.

Axelrod, Robert, 1970: Conflict of Interest. Chicago: Markham.
Axelrod, Robert, 1984: The Evolution of Cooperation. New York: Basic Books.
Axelrod, Robert, Hrsg., 1976: Structure of Decision: The Cognitive Maps of Political Elites. Princeton: Princeton University Press.
Ayres, Ian/John Braithwaite, 1992: Responsive Regulation: Transcending the Deregulation Debate. New York: Oxford University Press.
Bagehot, 1994: Games People Play. In: The Economist, December 10, 1994, 51.
Barry, Brian, 1989: Theories of Justice: A Treatise on Social Justice. Bd. 1. London: Harvester-Wheatsheaf.
Barry, Brian, 1995: Justice as Impartiality: A Treatise on Social Justice. Bd. 2. Oxford: Clarendon Press.
Barry, Brian/Douglas W. Rae, 1975: Political Evaluation. In: Fred I. Greenstein/Nelson W. Polsby, Hrsg., Handbook of Political Science. Bd. 1. Political Science: Scope and Theory. Reading, MA.: Addison-Wesley, 337–401.
Bartolini, Stefano, 1996: Collusion, Competition, and Democracy. Ms. Florenz: European University Institute.
Bartos, Otimar, 1978: Negotiation and Justice. In: Heinz Sauermann, Hrsg., Bargaining Behavior. Tübingen: Mohr, 103–126.
Bates, Robert H./Avner Greif/Margaret Levi/Jean-Laurent Rosenthal/Barry R. Weingast, 1998: Analytic Narratives. Princeton: Princeton University Press.
Bazerman, Max H./Margaret A. Neale, 1991: Negotiator Rationality and Negotiator Cognition: The Interactive Role of Prescriptive and Descriptive Research. In: H. Peyton Young, Hrsg., Negotiation Analysis. Ann Arbor: University of Michigan Press, 109–130.
Beard, Charles A., 1913/1965: An Economic Interpretation of the Constitution of the United States. New York: Free Press.
Benz, Arthur, 1992: Mehrebenen-Verflechtung: Verhandlungsprozesse in verbundenen Entscheidungsarenen. In: Arthur Benz/Fritz W. Scharpf/Reinhard Zintl, Horizontale Politikverflechtung: Zur Theorie von Verhandlungssystemen. Frankfurt/M.: Campus, 147–205.
Berger, Peter L./Thomas Luckmann, 1966: The Social Construction of Reality. New York: Doubleday.
Bickel, Alexander M., 1962: The Least Dangerous Branch: The Supreme Court at the Bar of Politics. Indianapolis: Bobbs-Merrill.
Binmore, Ken, 1987: Why Game Theory Doesn't Work. In: Peter G. Bennett, Hrsg., Analysing Conflict and its Resolution. Oxford: Clarendon Press, 23–42.
Binmore, Ken, 1994: Playing Fair: Game Theory and the Social Contract. Bd. 1. Cambridge, MA: MIT Press.
Black, Duncan, 1948: On the Rationale of Group Decision Making. In: Journal of Political Economy 56, 23–34.

Black, Duncan, 1958: The Theory of Committees and Elections. Cambridge: Cambridge University Press.
Bobbio, Norberto, 1984: The Future of Democracy. In: Telos 61, 3–16.
Bohman, James F., 1990: Communication, Ideology, and Democratic Practice. In: American Political Science Review 84, 93–110.
Böhret, Carl/Göttrik Wewer, Hrsg., 1993: Regieren im 21. Jahrhundert – zwischen Globalisierung und Regionalisierung. Festgabe für Hans-Hermann Hartwich zum 65. Geburtstag. Opladen: Leske + Budrich.
Boudon, Raymond, 1984: La place du désordre: Critique des théories du changement sociale. Paris: Presses Universitaires de France.
Brennan, Geoffrey, 1989: Politics with Romance: Towards a Theory of Democratic Socialism. In: Alan Hamlin/Philip Pettit, Hrsg., The Good Polity: Normative Analysis of the State. Oxford: Basil Blackwell, 49–66.
Brennan, Geoffrey/James M. Buchanan, 1985: The Reason of Rules: Constitutional Political Economy. Cambridge: Cambridge University Press.
Breuer, Michael/Thomas Faist/Bill Jordan, 1995: Collective Action, Migration and Welfare States. In: International Sociology 10, 369–386.
Brittain, Samuel, 1977: The Economic Consequences of Democracy. London: Temple Smith.
Buchanan, James M./Robert D. Tollison/Gordon Tullock, Hrsg., 1980: Toward a Theory of the Rent-Seeking Society. College Station: Texas A & M University Press.
Buchanan, James M./Gordon Tullock, 1962: The Calculus of Consent: Logical Foundations of Constitutional Democracy. Ann Arbor: University of Michigan Press.
Budge, Ian, 1973: Consensus Hypotheses and Conflict of Interest: An Attempt at Theory Integration. In: British Journal of Political Science 3, 73–98.
Burley, Anne-Marie/Walter Mattli, 1993: Europe Before the Court: A Political Theory of Legal Intervention. In: International Organization 47, 41–76.
Burns, Tom R./Thomas Baumgartner/Philippe Deville, 1985: Man, Decisions, Society: The Theory of Actor-System Dynamics for Social Scientists. New York: Gordon and Breach.
Burt, Ronald S., 1976: Positions in Networks. In: Social Forces 55, 93–122.
Burt, Ronald S., 1980: Models of Network Structure. In: Annual Review of Sociology 6, 79–141.
Burt, Ronald S., 1982: Toward a Structural Theory of Action: Network Models of Social Structure, Perception, and Action. New York: Academic Press.
Cain, Bruce/John Ferejohn/Morris Fiorina, 1987: The Personal Vote: Constituency Service and Electoral Independence. Cambridge, MA: Harvard University Press.
Campbell, Donald T., 1986: Rationality and Utility from the Standpoint of Evolutionary Biology. In: Journal of Business 59, 355–369.
Campbell, John L./J. Rogers Hollingsworth/Leon N. Lindberg, Hrsg., 1991: Governance of the American Economy. Cambridge: Cambridge University Press.

Canova, Timothy A., 1994: The Swedish Model Betrayed. In: Challenge 37(3), 36–40.

Casella, Alessandra/Barry R. Weingast, 1995: Elements of a Theory of Jurisdictional Change. In: Barry Eichengreen/Jeffry Frieden/Jürgen von Hagen, Hrsg., Politics and Institutions in an Integrated Europe. Berlin: Springer, 11–41.

CEPR, 1993: Making Sense of Subsidiarity: How Much Centralisation for Europe? London: Centre for Economic Policy Research.

Cerny, Philip G., 1994: The Dynamics of Financial Globalization: Technology, Market Structure, and Policy Response. In: Policy Sciences 27, 319–342.

Coase, Ronald H., 1937: The Nature of the Firm. In: Economica 17, 386–405.

Coase, Ronald H., 1960: The Problem of Social Cost. In: Journal of Law and Economics 3, 1–44.

Cohen, Joshua, 1989: Deliberation and Democratic Legitimacy. In: Alan Hamlin/Philip Pettit, Hrsg., The Good Polity: Normative Analysis of the State. Oxford: Basil Blackwell, 17–34.

Cohen, Joshua/Joel Rogers, 1992: Secondary Associations and Democratic Governance. In: Politics and Society 20, 393–472.

Coleman, James S., 1964: Introduction to Mathematical Sociology. New York: Free Press.

Coleman, James S., 1974: Power and the Structure of Society. New York: W.W. Norton.

Coleman, James S., 1986: Individual Interests and Collective Action. Cambrigde: Cambrigde University Press.

Coleman, James S., 1990: Foundations of Social Theory. Cambridge, MA: Belknap Press.

Collier, David/Steven Levitsky, 1997: Democracy with Adjectives: Conceptual Innovation in Comparative Research. In: World Politics 49, 430–451.

Collier, David/James E. Mahon, Jr., 1993: Conceptual „Stretching" Revisited: Adapting Categories in Comparative Analysis. In: American Political Science Review 87, 845–855.

Colman, Andrew M., 1982: Game Theory and Experimental Games: The Study of Strategic Interaction. Oxford: Pergamon Press.

Cook, Brian J./B. Dan Wood, 1989: Principal-Agent Models of Political Control of Bureaucracy. In: American Political Science Review 83, 965–978.

Cook, Karen S./Richard M. Emerson/Mary R. Gillmore/Toshio Yamagishi, 1983: The Distribution of Power in Exchange Networks Theory and Experimental Results. In: American Journal of Sociology 89, 275–305.

Cook, Karen S./Toshio Yamagishi, 1992: Power in Exchange Networks: A Power-Dependence Formulation. In: Social Networks 14, 245–267.

Cooke, Jacob E., Hrsg., 1961: The Federalist. Cleveland: Meridian Books.

Crouch, Colin, 1993: Industrial Relations and European State Traditions. Oxford: Clarendon Press.

Crouch, Colin/Alessandro Pizzorno, Hrsg., 1978: The Resurgence of Class Conflict in Western Europe since 1968. Bd. 2: Comparative Analyses. London: Macmillan.

Dahl, Robert A., 1956: A Preface to Democratic Theory. Chicago: University of Chicago Press.

Dahl, Robert A., 1967: Pluralist Democracy in the United States: Conflict and Consent. Chicago: Rand McNally.

Dahl, Robert A., 1989: Democracy and Its Critics. New Haven: Yale University Press.

Dahl, Robert A./Charles E. Lindblom, 1953: Politics, Economics, and Welfare: Planning and Politico-Economic Systems Resolved into Basic Social Processes. New York: Harper & Row.

Danto, Arthur, 1985: Narration and Knowledge. New York: Columbia University Press.

Dasgupta, Partha/Eric Maskin, 1986: The Existence of Equilibrium in Discontinuous Economic Games. In: Review of Economic Studies 53, 1–41.

David, Paul A., 1985: Clio and the Economics of QUERTY. In: American Economic History 75, 332–337.

Dawkins, Richard, 1976: The Selfish Gene. Oxford: Oxford University Press.

Dearborn, DeWitt C./Herbert A. Simon, 1958: Selective Perception: A Note on the Departmental Identification of Executives. In: Sociometry 21, 140–144.

Deeg, Richard, 1993: The State, Banks, and Economic Governance in Germany. In: German Politics 1, 149–176.

Dehousse, Renaud, 1995: Constitutional Reform in the European Community: Are there Alternatives to the Majoritarian Avenue? In: West European Politics 18(3), 118–136.

Dennett, Daniel C., 1981: Intentional Systems. In: Daniel C. Dennett, Brainstorms: Philosophical Essays on Mind and Psychology. Cambridge, MA: MIT Press, 3–22.

Deutsch, Morton, 1975: Equity, Equality, and Need: What Determines Which Value Will Be Used as the Basis of Distributive Justice? In: Journal of Social Issues 31, 137–149.

Deutsch, Morton, 1985: Distributive Justice: A Social Psychological Perspective. New Haven: Yale University Press.

Döhler, Marian/Philip Manow-Borgwardt, 1992: Gesundheitspolitische Steuerung zwischen Hierarchie und Verhandlung. In: Politische Vierteljahresschrift 33, 571–596.

Downs, Anthony, 1957: An Economic Theory of Democracy. New York: Harper & Row.

Downs, Anthony, 1967: Inside Bureaucracy. Boston: Little, Brown.

Dryzek, John S., 1990: Discursive Democracy: Politics, Policy, and Political Science. Cambridge: Cambridge University Press.

Dunsire, Andrew, 1993: Manipulating Social Tensions: Collibration as an Alternative Mode of Government Intervention. Discussion Paper 93/7. Köln: Max-Planck-Institut für Gesellschaftsforschung.

Easton, David, 1965: A Systems Analysis of Political Life. New York: John Wiley.

Eckstein, Harry, 1975: Case Study and Theory in Political Science. In: Fred I. Greenstein/Nelson W. Polsby, Hrsg., Handbook of Political Science. Bd. 7: Strategies of Inquiry. Reading, MA: Addison-Wesley, 79–137.

Edelman, Murray, 1964: The Symbolic Uses of Politics. Urbana: University of Illinois Press.

Egeberg, Morten, 1995: Bureaucrats as Public Policy-Makers and their Self-Interests. In: Journal of Theoretical Politics 7, 157–167.

Eichener, Volker, 1995: European Health and Safety Regulation: No Race to the Bottom. In: Brigitte Unger/Frans van Waarden, Hrsg., Convergence or Diversity? Internationalization and Economic Policy Response. Aldershot: Avebury, 229–251.

Elias, Norbert, 1987: Wandlungen der Wir-Ich-Balance. In: Norbert Elias, Die Gesellschaft der Individuen. Frankfurt/M.: Suhrkamp, 207–315.

Elster, Jon, 1983: Sour Grapes: Studies in the Subversion of Rationality. Cambridge: Cambridge University Press.

Elster, Jon, 1986: The Market and the Forum: Three Varieties of Political Theory. In: Jon Elster/Aanund Hylland, Hrsg., Foundations of Social Choice Theory. Cambridge: Cambridge University Press, 103–132.

Elster, Jon, 1989: The Cement of Society: A Study of Social Order. Cambridge: Cambridge University Press.

Elster, Jon, 1991: Rationality and Social Norms. In: Archives Europeénnes de Sociologie 32, 109–129.

Elster, Jon, 1992: Local Justice: How Institutions Allocate Scarce Goods and Necessary Burdens. Cambridge: Cambridge University Press.

Emerson, Richard M., 1962: Power-Dependence Relations. In: American Sociological Review 27, 31–41.

Esping-Andersen, Gøsta, 1990: The Three Worlds of Welfare Capitalism. Cambridge: Polity Press.

Etzioni, Amitai, 1988: The Moral Dimension: Toward a New Economics. New York: Free Press.

Eurostat, 1995: Statistische Grundzahlen der Europäischen Union. 32. Ausgabe. Luxemburg: Amt für amtliche Veröffentlichungen der Europäischen Gemeinschaften.

Evans, Peter/Dietrich Rueschemeyer/Theda Skocpol, Hrsg., 1985: Bringing the State Back In. Cambridge: Cambridge University Press.

Farrell, Joseph/Garth Saloner, 1988: Coordination Through Committees and Markets. In: Rand Journal of Economics 19, 235–252.

FAZ, 1996: Pläne für eine deutsche Ökosteuer sind vom Tisch: Regierung verzichtet auf fiskalische Maßnahmen zur Klimavorsorge: Industrie erweitert Selbstverpflichtung. In: Frankfurter Allgemeine Zeitung, 28.3.1996, 13.

Finifter, Ada W., Hrsg., 1993: Political Science: The State of the Discipline. Washington, DC: American Political Science Association.

Fishburn, Peter C./D. Marc Kilgour, 1990: Binary 2 x 2 Games. In: Theory and Decision 29, 165–182.

Fisher, Roger/William Ury, 1981: Getting to Yes: Negotiating Agreement Without Giving In. Boston: Houghton Mifflin.

Freeman, Richard B., 1995: The Large Welfare State as a System. In: AEA Papers and Proceedings 85(2), 16–21.

Freud, Sigmund, 1915: Zeitgemäßes über Krieg und Tod. In: Sigmund Freud, Das Unbewußte: Schriften zur Psychoanalyse. Frankfurt/M.: S. Fischer, 185–213.

Friedman, Milton, 1953: Essays in Positive Economics. Chicago: University of Chicago Press.

Friedrich, Carl J., 1937: Constitutional Government and Politics. New York: Harper & Brothers.

Fudenberg, Drew/Eric Maskin, 1986: The Folk Theorem in Repeated Games with Discounting or with Incomplete Information. In: Econometrica 54, 533–554.

Gage, Robert W./Myrna P. Mandell, Hrsg., 1990: Strategies for Managing Intergovernmental Policies and Networks. New York: Praeger.

Garrett, Geoffrey, 1995: Capital Mobility, Trade, and the Domestic Politics of Economic Policy. In: International Organization 49, 657–687.

Genschel, Philipp, 1995: Institutioneller Wandel in der internationalen Standardisierung von Informationstechnik. Frankfurt/M.: Campus.

Genschel, Philipp/Thomas Plümper, 1996: Wenn Reden Silber und Handeln Gold ist: Kommunikation und Kooperation in der internationalen Bankenregulierung. Discussion Paper 96/4. Köln: Max-Planck-Institut für Gesellschaftsforschung.

Genschel, Philipp/Raymund Werle, 1993: From National Hierarchies to International Standardization: Historical and Modal Changes in the Coordination of Telecommunications. In: Journal of Public Policy 13, 203–225.

Gintis, Herbert, 1992: New Economic Rules of the Game. In: Challenge 35(5), 47–53.

Goldstein, Judith/Robert O. Keohane, 1993: Ideas and Foreign Policy: An Analytical Framework. In: Judith Goldstein/Robert O. Keohane, Hrsg., Ideas and Foreign Policy: Beliefs, Institutions, and Political Change. Ithaca: Cornell University Press.

Graebner, William, 1977: Federalism in the Progressive Era: A Structural Interpretation of Reform. In: Journal of American History 64, 331–357.

Granovetter, Mark, 1973: The Strength of Weak Ties. In: American Journal of Sociology 78, 1360–1380.

Granovetter, Mark, 1978: Threshold Models of Collective Behavior. In: American Journal of Sociology 83, 1420–1443.

Greenstein, Fred I./Nelson W. Polsby, Hrsg., 1975: Handbook of Political Science. Bd. 1: Political Science: Scope and Theory. Reading, MA: Addison-Wesley.

Grieco, Joseph M./Robert Powell/Duncan Snidal, 1993: The Relative Gains Problem for International Cooperation. In: American Political Science Review 87, 729–743.

Grimm, Dieter, 1995: Does Europe Need a Constitution? In: European Law Journal 1, 282–302.

Grofman, Bernard/Scott L. Feld, 1988: Rousseau's General Will: A Condorcetian Perspective. In: American Political Science Review 82, 567–576.

Grossman, Sanford J./Oliver D. Hart, 1983: An Analysis of the Principal-Agent Problem. In: Econometrica 51, 7–45.

Gulick, Luther/L. Urwick, Hrsg., 1937: Papers on the Science of Administration. New York: Institute of Public Administration.

Haas, Peter M., 1992: Introduction: Epistemic Communities and International Policy Coordination. In: International Organization 46, 1–35.

Habermas, Jürgen, 1962: Strukturwandel der Öffentlichkeit: Untersuchungen zu einer Kategorie der bürgerlichen Gesellschaft. Neuwied: Luchterhand.

Habermas, Jürgen, 1973: Legitimationsprobleme im Spätkapitalismus. Frankfurt/M.: Suhrkamp.

Habermas, Jürgen, 1976: Legitimation Crisis. London: Heinemann.

Habermas, Jürgen, 1981: Theorie des kommunikativen Handelns. Band 1: Handlungsrationalität und gesellschaftliche Rationalisierung. Frankfurt/M.: Suhrkamp.

Habermas, Jürgen, 1989: Towards a Communication Concept of Rational Collective Will-Formation: A Thought Experiment. In: Ratio Juris 2, 144–154.

Habermas, Jürgen, 1992: Faktizität und Geltung: Beiträge zur Diskurstheorie des Rechts und des demokratischen Rechtsstaats. Frankfurt/M.: Suhrkamp.

Habermas, Jürgen, 1995: Comment on the Paper by Dieter Grimm: „Does Europe Need a Constitution"? In: European Law Journal 1, 303–307.

Hadley, Charles D./Michael Morass/Rainer Nick, 1989: Federalism and Party Interaction in West Germany, Switzerland, and Austria. In: Publius 19, 81–97.

Haffner, Sebastian, 1987: Die Pariser Kommune. In: Sebastian Haffner, Im Schatten der Geschichte: Historisch-politische Variationen aus zwanzig Jahren. München: Deutscher Taschenbuch Verlag, 61–103.

Hall, Peter A., 1992: The Movement from Keynesianism to Monetarism: Institutional Analysis and British Economic Policy in the 1970s. In: Sven Steinmo/Kathleen Thelen, Hrsg., Structuring Politics: Historical Institutionalism in Comparative Analysis. Cambridge: Cambridge University Press, 90–113.

Hall, Peter A., 1993: Policy Paradigms, Social Learning, and the State: The Case of Economic Policymaking in Britain. In: Comparative Politics 25, 275–296.

Hall, Peter A., Hrsg., 1989: The Political Power of Economic Ideas: Keynesianism across Nations. Princeton: Princeton University Press.

Hall, Peter A./Rosemary C.R. Taylor, 1996: Political Science and the Three New Institutionalisms. In: Political Studies 44, 936–957.

Hannan, Michael T./John Freeman, 1977: The Population Ecology of Organizations. In: American Journal of Sociology 82, 929–964.

Hannan, Michael T./John Freeman, 1984: Structural Inertia and Organizational Change. In: American Sociological Review 49, 149–164.

Hardin, Garrett, 1968: The Tragedy of the Commons. In: Science 162, 1243–1268.

Hardin, Russell, 1971: Collective Action as an Agreeable n-Prisoners' Dilemma. In: Behavioral Science 16, 472–481.

Hardin, Russell, 1985: Individual Sanctions, Collective Benefits. In: Richmond Campbell/Lanning Snowden, Hrsg., Paradoxes of Rationality and Cooperation: Prisoner's Dilemma and Newcomb's Problem. Vancouver: University of British Columbia Press, 339–354.

Harsanyi, John C., 1967–68: Games with Incomplete Information Played by Bayesian Players. In: Management Science 14, 159–182, 320–334, 486–502.

Harsanyi, John C., 1977: Rational Behavior and Bargaining Equilibrium in Games and Social Situations. Cambridge: Cambridge University Press.

Harsanyi, John C., 1981: The Shapley Value and the Risk-Dominance Solutions of Two Bargaining Models for Characteristic-Function Games. In: Robert J. Aumann et. al., Essays in Game Theory and Mathematical Economics. Mannheim: Bibliographisches Institut, 43–68.

Harsanyi, John C., 1991: Measurement of Social Power in n-Person Reciprocal Power Situations. In: Peter Abell, Hrsg., Rational Choice Theory. Cambridge: Cambridge University Press, 25–35.

Harsanyi, John C., 1995: A New Theory of Equilibrium Selection for Games with Complete Information. In: Games and Economic Behavior 8, 91–122.

Harsanyi, John C./Reinhard Selten, 1988: A General Theory of Equilibrium Selection in Games. Cambridge, MA: MIT Press.

Hartkopf, Günter/Eberhard Bohne, 1983: Umweltpolitik I: Grundlagen, Analysen und Perspektiven. Opladen: Westdeutscher Verlag.

Hausken, Kjell, 1995: Intra-level and Inter-level Interaction. In: Rationality and Society 7, 465–488.

Häusler, Jürgen/Hans-Willy Hohn/Susanne Lütz, 1993: The Architecture of an R&D Collaboration. In: Fritz W. Scharpf, Hrsg., Games in Hierarchies and Networks: Analytical and Empirical Approaches to the Study of Governance Institutions. Boulder: Westview, 211–250.

Hayek, Friedrich A., 1944: The Road to Serfdom. Chicago: University of Chicago Press.

Hayek, Friedrich A., 1945: The Use of Knowledge in Society. In: American Economic Review 35, 519–530.

Hechter, Michael, 1987: Principles of Group Solidarity. Berkeley: University of California Press.

Heckathorn, Douglas D., 1989: Collective Action and the Second-Order Free-Rider Problem. In: Rationality and Society 1, 78–100.

Heckathorn, Douglas D./Steven M. Maser, 1987: Bargaining and Constitutional Contracts. In: American Journal of Political Science 31, 142–168.

Heckathorn, Douglas D./Steven M. Maser, 1990: The Contractual Architecture of Public Policy: A Critical Reconstruction of Lowi's Typology. In: Journal of Politics 52, 1101–1123.

Held, David, 1987: Models of Democracy. Cambridge: Polity Press.

Held, David, 1991: Democracy, the Nation-State and the Global System. In: Economy and Society 20, 139–172.

Héritier, Adrienne, 1996: The Accommodation of Diversity in European Policy-Making and Its Outcomes: Regulatory Policy as a Patchwork. In: Journal of European Public Policy 3, 149–167.

Héritier, Adrienne/Christoph Knill/Susanne Mingers, 1996: Ringing the Changes in Europe: Regulatory Competition and Redefinition of the State: Britain, France, Germany. Berlin: de Gruyter.

Héritier, Adrienne/Susanne Mingers/Christoph Knill/Martina Becka, 1994: Die Veränderung von Staatlichkeit in Europa: Ein regulativer Wettbewerb: Deutschland, Großbritannien und Frankreich in der Europäischen Union. Opladen: Leske + Budrich.

Hesse, Joachim Jens, 1987: The Federal Republic of Germany: From Co-Operative Federalism to Joint Policy-Making. In: West European Politics 10(4), 70–87.

Hindess, Barry, 1991: Imaginary Presuppositions of Democracy. In: Economy and Society 20, 173–195.

Hirschman, Albert O., 1970: Exit, Voice, and Loyalty: Responses to Decline in Firms, Organizations, and States. Cambridge, MA: Harvard University Press.

Hirst, Paul/Grahame Thompson, 1995: Globalization and the Future of the Nation State. In: Economy and Society 24, 408–442.

Hjern, Benny/David Porter, 1981: Implementation Structures: A New Unit of Adminstrative Analysis. In: Organizational Studies 2, 211–227.

Höffe, Otfried, 1987: Politische Gerechtigkeit: Grundlegung einer kritischen Philosophie von Recht und Staat. Frankfurt/M.: Suhrkamp.

Hoffmann-Riem, Wolfgang, 1990: Verhandlungslösungen und Mittlereinsatz im Bereich der Verwaltung: Eine vergleichende Einführung. In: Wolfgang Hoffmann-Riem/Eberhard Schmidt-Aßmann, Hrsg., Konfliktbewältigung durch Verhandlungen. Baden-Baden: Nomos, 13–41.

Holler, Manfred J./Gerhard Illing, 1993: Einführung in die Spieltheorie. 2. Auflage. Berlin: Springer.

Hollingsworth, J. Rogers/Philippe C. Schmitter/Wolfgang Streeck, Hrsg., 1994: Governing Capitalist Economies: Performance and Control of Economic Sectors. New York: Oxford University Press.

Holmstrom, Bengt, 1982: Moral Hazard in Teams. In: Bell Journal of Economics 13, 324–340.

Howe, Paul, 1995: A Community of Europeans: The Requisite Underpinnings. In: Journal of Common Market Studies 33, 27–46.

Hull, Christopher J./Benny Hjern, 1987: Helping Small Firms Grow: An Implementation Approach. London: Croom Helm.

Hurwicz, Leonid, 1972: On Informationally Decentralized Systems. In: Charles B. McGuire/Roy Radner, Hrsg., Decision and Organization: A Volume in Honor of Jacob Marschak. Amsterdam: North-Holland, 297–336.

Immergut, Ellen M., 1990: Institutions, Veto Points, and Policy Results: A Comparative Analysis of Health Care. In: Journal of Public Policy 10, 391–416.

Immergut, Ellen M., 1992: Health Politics: Interests and Institutions in Western Europe. Cambridge: Cambridge University Press.

Immergut, Ellen M., 1993: The German Health System in International Comparison. In: Fritz W. Scharpf, Hrsg., Games in Hierarchies and Networks: Analytical and Empirical Approaches to the Study of Governance Instiutions. Boulder: Westview, 339–347.

Janis, Irving, 1972: Victims of Groupthink. Boston: Houghton-Mifflin.

Jasay, Anthony de, 1995: Conventions: Some Thoughts on the Economics of Ordered Anarchy. Lectiones Jenenses 3. Jena: Max-Planck-Institut zur Erforschung von Wirtschaftssystemen.

Jenkins-Smith, Hank C./Paul A. Sabatier, 1993: The Dynamics of Policy-Oriented Learning. In: Paul A. Sabatier/Hank C. Jenkins-Smith, Hrsg., Policy Change and Learning – An Advocacy Coalition Approach. Boulder: Westview, 41–56.

Jensen, Michael C., 1983: Organization Theory and Methodology. In: Accounting Review 58, 319–339.

Jensen, Michael C./William H. Meckling, 1976: Theory of the Firm, Managerial Behavior, Agency Costs and Ownership Structure. In: Journal of Financial Economics 3, 305–360.

Johanson, Jan/Lars-Gunnar Mattson, 1987: Interorganizational Relations in Industrial Systems: A Network Approach Compared with the Transaction Cost Approach. In: International Studies of Management and Organization 17, 34–48.

John, Robert, 1980: Theory Construction in Sociology: The Competing Approaches. In: Mid-American Review of Sociology 5, 15–36.

Kahneman, Daniel/Amos Tversky, 1984: Choices, Values, and Frames. In: American Psychologist 39, 341–350.

Kalai, Ehud/Meir Smorodinsky, 1975: Other Solutions to Nash's Bargaining Problem. In: Econometrica 43, 513–518.

Kaldor, Nicholas, 1939: Welfare Propositions of Economics and Inter-Personal Comparisons of Utility. In: The Economic Journal 49, 549–552.

Kalecki, Michael, 1971: Political Aspects of Full Employment. In: Michael Kalecki, Selected Essays on the Dynamics of the Capitalist Economy. London: Cambridge University Press, 138–145. Erstveröffentlichung 1943.

Kapteyn, Paul, 1996: The Stateless Market: The European Dilemma of Integration and Civilization. London: Routledge.
Katzenstein, Peter J., 1987: Policy and Politics in West Germany: The Growth of a Semisovereign State. Philadelphia: Temple University Press.
Keck, Otto, 1987: The Information Dilemma: Private Information as a Cause of Transaction Failure in Markets, Regulation, Hierarchy, and Politics. In: Journal of Conflict Resolution 31, 139–163.
Keck, Otto, 1988: A Theory of White Elephants: Asymmetric Information in Government Support for Technology. In: Research Policy 17, 187–201.
Keck, Otto, 1994: Die Bedeutung der rationalen Institutionentheorie für die Politikwissenschaft. In: Gerhard Göhler, Hrsg., Die Eigenart der Institutionen: Zum Profil politischer Institutionentheorie. Baden-Baden: Nomos, 187–220.
Kelley, Harold H./John W. Thibaut, 1978: Interpersonal Relations: A Theory of Interdependence. New York: John Wiley.
Kellow, Aynsley, 1988: Promoting Elegance in Policy Theory: Simplifying Lowi's Arenas of Power. In: Policy Studies Journal 16, 713–724.
Keohane, Robert O., 1984: After Hegemony: Cooperation and Discord in the World Political Economy. Princeton: Princeton University Press.
Kiewiet, Roderick/Mathew D. McCubbins, 1991: The Logic of Delegation: Congressional Parties and the Appropriations Process. Chicago: University of Chicago Press.
Kindleberger, Charles P., 1995: The World Economy and National Finance in Historical Perspective. Ann Arbor: University of Michigan Press.
King, Gary/Robert O. Keohane/Sidney Verba, 1994: Designing Social Inquiry: Scientific Inference in Qualitative Research. Princeton: Princeton University Press.
Kingdon, John W., 1984: Agendas, Alternatives, and Public Policies. Boston: Little, Brown.
Kirchgässner, Gebhard, 1996: Ideologie und Information in der Politikberatung: Einige Bemerkungen und ein Fallbeispiel. In: Hamburger Jahrbuch für Wirtschafts- und Gesellschaftspolitik 41, 9–42.
Klatt, Hartmut, 1989: Forty Years of German Federalism: Past Trends and New Developments. In: Publius 19, 185–202.
Knoke, David, 1990: Networks of Political Action: Towards Theory Construction. In: Social Forces 68, 1041–1063.
Knoke, David/Franz Urban Pappi/Jeffrey Broadbent/Yukata Tsujinaka, 1996: Comparing Policy Networks: Labor Policies in the U.S., Germany, and Japan. Cambridge: Cambridge University Press.
Koenigs, Tom/Roland Schaeffer, Hrsg., 1993: Energiekonsens? Der Streit um die zukünftige Enegiepolitik. München: Raben.
König, Thomas, 1994: Die Bedeutung von Politik-Netzen in einem Modell politischer Entscheidung und politisch-privater Einflußnahme. In: Journal für Sozialforschung 33, 343–368.
Korpi, Walter, 1983: The Democratic Class Struggle. London: Routledge & Kegan Paul.

Krasner, Stephen D., Hrsg., 1983: International Regimes. Ithaca: Cornell University Press.

Krehbiel, Keith, 1996: Institutional and Partisan Sources of Gridlock: A Theory of Divided and Unified Government. In: Journal of Theoretical Politics 8, 7–40.

Kreps, David M., 1995: Corporate Culture and Economic Theory. In: Oliver E. Williamson/Scott E. Masten, Hrsg., Transaction Cost Economics: Theory and Concepts. Aldershot: Elgar, 497–552.

Kreps, David M./Robert Wilson, 1982: Reputation and Imperfect Information. In: Journal of Economic Theory 27, 253–279.

Lambsdorff, Johann Graf, 1995: Korruption ist überall. In: Die Zeit, 28. Juli 1995, 16.

Lasswell, Harold D., 1936: Politics: Who Gets What, When, How. New York: McGraw Hill.

Lasswell, Harold D./Abraham Kaplan, 1950: Power and Society: A Framework for Political Inquiry. New Haven: Yale University Press.

Latsis, Spiros, 1972: Situational Determinism in Economics. In: British Journal for the Philosophy of Science 23, 207–245.

Lave, Charles A./James G. March, 1975: An Introduction to Models in the Social Sciences. New York: Harper & Row.

Laver, Michael/Norman Schofield, 1990: Coalitions and Cabinet Government. Oxford: Oxford University Press.

Laver, Michael/Kenneth A. Shepsle, 1991: Divided Government: America is Not „Exceptional." In: Governance 4, 250–269.

Laver, Michael/Kenneth A. Shepsle, 1993: A Theory of Minority Government in Parliamentary Democracy. In: Fritz W. Scharpf, Hrsg., Games in Hierarchies and Networks: Analytical and Empirical Approaches to the Study of Governance Institutions. Boulder: Westview, 429–446.

Lax, David A./James K. Sebenius, 1985: The Power of Alternatives or the Limits to Negotiation. In: Negotiation Journal 1, 163–179.

Lax, David A./James K. Sebenius, 1986: The Manager as Negotiator: Bargaining for Cooperation and Competitive Gain. New York: Free Press.

Lehmbruch, Gerhard, 1967: Proporzdemokratie: Politisches System und politische Kultur in der Schweiz und in Österreich. Tübingen: Mohr.

Lehmbruch, Gerhard, 1974: A Non-Competitive Pattern of Conflict Management in Liberal Democracies. In: Kenneth D. McRae, Hrsg., Consociational Democracy: Political Accomodation in Segmented Societies. Toronto: McLelland & Stewart, 90–97.

Lehmbruch, Gerhard, 1995: Ressortautonomie und die Konstitution sektoraler Politiknetzwerke: Administrative Interessenvermittlung in Japan. In: Karlheinz Bentele/Bernd Reissert/Ronald Schettkat, Hrsg., Die Reformfähigkeit von Industriegesellschaften. Fritz W. Scharpf, Festschrift zu seinem 60. Geburtstag. Frankfurt/M.: Campus, 64–100.

Lehmbruch, Gerhard/Philippe C. Schmitter, Hrsg., 1982: Patterns of Corporatist Policy-Making. London: Sage.

Leibfried, Stephan/Paul Pierson, Hrsg., 1995: European Social Policy: Between Fragmentation and Integration. Washington, DC: Brookings.

Levi, Margaret, 1988: Of Rule and Revenue. Berkeley: University of California Press.

Liebowitz, S.J./Stephen E. Margolis, 1994: Network Externality: An Uncommon Tragedy. In: Journal of Economic Perspectives 8, 133–150.

Lijphart, Arend, 1968: The Politics of Accommodation: Pluralism and Democracy in the Netherlands. Berkeley: University of California Press.

Lijphart, Arend, 1984: Democracies: Patterns of Majoritarian and Consensus Government in Twenty-One Countries. New Haven: Yale University Press.

Lijphart, Arend, 1991: Majority Rule in Theory and Practice: The Tenacity of a Flawed Paradigm. In: International Social Science Journal 129, 483–493.

Lindblom, Charles E., 1965: The Intelligence of Democracy: Decision Making Through Mutual Adjustment. New York: Free Press.

Lindblom, Charles E., 1977: Politics and Markets. New York: Basic Books.

Lindenberg, Siegwart, 1989: Choice and Culture: The Behavioral Basis of Cultural Impact on Transactions. In: Hans Haferkamp, Hrsg., Social Structure and Culture. Berlin: de Gruyter, 175–200.

Lindenberg, Siegwart, 1991: Die Methode der abnehmenden Abstraktion: Theoriegesteuerte Analyse und empirischer Gehalt. In: Hartmut Esser/Klaus G. Troitzsch, Hrsg., Modellierung sozialer Prozesse. Bonn: Informationszentrum Sozialwissenschaften, 29–78.

Linder, Wolf, 1994: Swiss Democracy: Possible Solutions to Conflict in Multicultural Societies. New York: St. Martin's Press.

Little, Daniel, 1991: Varieties of Social Explanation: An Introduction to the Philosophy of Social Science. Boulder: Westview.

Lowi, Theodore, 1964: American Business, Public Policy, Case Studies, and Political Theory. In: World Politics 16, 676–715.

Lowi, Theodore, 1988: An Assessment of Kellow's „Promoting Elegance in Policy Theory." In: Policy Studies Journal 16, 725–728.

Lübbe, Hermann, 1975: Was heißt „Das kann man nur historisch erklären"? Zur Analyse der Struktur historischer Prozesse. In: Hermann Lübbe, Fortschritt als Orientierungsproblem: Aufklärung in der Gegenwart. Freiburg: Rombach, 154–168.

Luhmann, Niklas, 1966: Recht und Automation in der öffentlichen Verwaltung: Eine verwaltungswissenschaftliche Untersuchung. Berlin: Duncker & Humblot.

Luhmann, Niklas, 1969: Legitimation durch Verfahren. Neuwied: Luchterhand.

Luhmann, Niklas, 1984: Soziale Systeme: Grundriß einer allgemeinen Theorie. Frankfurt/M.: Suhrkamp.

Luhmann, Niklas, 1986: Ökologische Kommunikation: Kann die moderne Gesellschaft sich auf ökologische Gefährdungen einstellen? Opladen: Westdeutscher Verlag.

Luhmann, Niklas, 1988a: Warum AGIL? In: Kölner Zeitschrift für Soziologie und Sozialpsychologie 40, 127–139.
Luhmann, Niklas, 1988b: Die Wirtschaft der Gesellschaft. Frankfurt/M.: Suhrkamp.
Luhmann, Niklas, 1995: Kausalität im Süden. In: Soziale Systeme 1, 7–28.
Lustick, Ian S., 1996: History, Historiography, and Political Science: Multiple Historical Records and the Problem of Selection Bias. In: American Political Science Review 90, 605–618.
Luthardt, Wolfgang, 1992: Direct Democracy in Western Europe: The Case of Switzerland. In: Telos 90, 101–112.
Luthardt, Wolfgang, 1994: Direkte Demokratie: Ein Vergleich in Westeuropa. Baden-Baden: Nomos.
Macy, Michael W., 1989: Walking Out of Social Traps. In: Rationality and Society 1, 197–219.
Majone, Giandomenico, 1989: Evidence, Argument, and Persuasion in the Policy Process. New Haven: Yale University Press.
Majone, Giandomenico, 1994: The European Community: An „Independent Fourth Branch of Government"? In: Gert Brüggemeier, Hrsg., Verfassungen für ein ziviles Europa. Baden-Baden: Nomos, 23–43.
Majone, Giandomenico, 1995: Independence versus Accountability? Non-Majoritarian Institutions and Democratic Government in Europe. In: Joachim Jens Hesse/Theo A.J. Toonen, Hrsg., The European Yearbook of Comparative Government and Public Administration. Bd. 1. Oxford: Oxford University Press.
Manin, Bernard, 1987: On Legitimacy and Political Deliberation. In: Political Theory 15, 338–368.
March, James G./Johan P. Olsen, 1989: Rediscovering Institutions: The Organizational Basis of Politics. New York: Free Press.
March, James G./Johan P. Olsen, 1995: Democratic Governance. New York: Free Press.
March, James G./Herbert A. Simon, 1958: Organizations. New York: John Wiley.
Marin, Bernd, Hrsg., 1990: Generalized Political Exchange: Antagonistic Cooperation and Integrated Policy Circuits. Frankfurt/M.: Campus.
Marin, Bernd/Renate Mayntz, Hrsg., 1991: Policy Networks: Empirical Evidence and Theoretical Considerations. Frankfurt/M.: Campus.
Markovsky, Barry/Travis Patton/David Willer, 1988: Power Relations in Exchange Networks. In: American Sociological Review 53, 220–236.
Marsden, Peter V., 1983: Restricted Access in Networks and Models of Power. In: American Journal of Sociology 88, 686–717.
Marsden, Peter V., 1987: Elements of Interactor Dependence. In: Karen S. Cook, Hrsg., Social Exchange Theory. Newbury Park: Sage, 130–148.
Maruyama, Magoroh, 1963: The Second Cybernetics: Deviation-Amplifying Mutual Causal Processes. In: American Scientist 51, 164–179.
Mason, Alpheus Thomas, 1956: Harlan Fiske Stone: Pillar of the Law. New York: Viking Press.

Masuch, Michael, 1985: Vicious Cycles in Organizations. In: Administrative Science Quarterly 30, 14–33.

Mayer, Frederick W., 1992: Managing Domestic Differences in International Negotiations: The Strategic Use of Internal Side Payments. In: International Organization 46, 793–818.

Mayer, Jörg M., 1994: „Wann sind Paketlösungen machbar?" Eine konstruktive Kritik an F.W. Scharpfs Konzept. In: Politische Vierteljahresschrift 35, 448–471.

Maynard Smith, John, 1982: Evolution and the Theory of Games. Cambridge: Cambridge University Press.

Mayntz, Renate, 1986: Corporate Actors in Public Policy: Changing Perspectives in Political Analysis. In: Norsk Statsvitenskapelig Tidsskrift 3/1986, 7–25.

Mayntz, Renate, 1988: Funktionelle Teilsysteme in der Theorie sozialer Differenzierung. In: Renate Mayntz/Bernd Rosewitz/Uwe Schimank/Rudolf Stichweh, Differenzierung und Verselbständigung: Zur Entwicklung gesellschaftlicher Teilsysteme. Frankfurt/M.: Campus, 11–44.

Mayntz, Renate, 1993: Große technische Systeme und ihre gesellschaftstheoretische Bedeutung. In: Kölner Zeitschrift für Soziologie und Sozialpsychologie 45, 97–108.

Mayntz, Renate, 1994: Deutsche Forschung im Einigungsprozeß: Die Transformation der Akademie der Wissenschaften der DDR 1989–1992. Franfurt/M.: Campus.

Mayntz, Renate, 1995: Historische Überraschungen und das Erklärungspotential der Sozialwissenschaft. Heidelberg: C.F. Müller.

Mayntz, Renate, Hrsg., 1980: Implementation politischer Programme: Empirische Forschungsberichte. Meisenheim am Glan: Anton Hain.

Mayntz, Renate, Hrsg., 1983: Implementation politischer Programme II: Ansätze zur Theoriebildung. Opladen: Westdeutscher Verlag.

Mayntz, Renate, Hrsg., 1992: Verbände zwischen Mitgliederinteressen und Gemeinwohl. Gütersloh: Bertelsmann.

Mayntz, Renate/Birgitta Nedelmann, 1987: Eigendynamische soziale Prozesse: Anmerkungen zu einem analytischen Paradigma. In: Kölner Zeitschrift für Soziologie und Sozialpsychologie 39, 648–668.

Mayntz, Renate/Friedhelm Neidhardt, 1989: Parlamentskultur: Handlungsorientierungen von Bundestagsabgeordneten – eine empirisch-explorative Studie. In: Zeitschrift für Parlamentsfragen 20, 370–387.

Mayntz, Renate/Friedhelm Neidhardt, 1992: Social Norms in the Institutional Culture of the German Federal Parliament. In: Richard Münch/Neil Smelser, Hrsg., Theory of Culture. Berkeley: University of California Press, 219–240.

Mayntz, Renate/Fritz W. Scharpf, 1975: Policy-Making in the German Federal Bureaucracy. Amsterdam: Elsevier.

Mayntz, Renate/Fritz W. Scharpf, 1995a: Der Ansatz des akteurzentrierten Institutionalismus. In: Renate Mayntz/Fritz W. Scharpf, Hrsg., Gesellschaftliche Selbstregelung und politische Steuerung. Frankfurt/M.: Campus.

Mayntz, Renate/Fritz W. Scharpf, Hrsg., 1995b: Gesellschaftliche Selbstregelung und politische Steuerung. Frankfurt/M.: Campus.

Mayntz, Renate/Volker Schneider, 1988: The Dynamics of System Development in a Comparative Perspective: Interactive Videotex in Germany, France and Britain. In: Renate Mayntz/Thomas P. Hughes, Hrsg., The Development of Large Technical Systems. Boulder: Westview, 263–298.

McClintock, Charles G., 1972: Social Motivation – A Set of Propositions. In: Behavioral Science 17, 438–454.

McGinnis, Michael D., 1986: Issue Linkage and the Evolution of International Cooperation. In: Journal of Conflict Resolution 30, 141–170.

McKay, David, 1994: Divided and Governed? Recent Research on Divided Government in the United States. In: British Journal of Political Science 24, 517–534.

McKelvey, Richard D., 1976: Intransitivities in Multidimensional Voting Models and Some Implications for Agenda Control. In: Journal of Economic Theory 12, 472–482.

Meek, Lynn, 1988: Organizational Culture: Origins and Weaknesses. In: Organizational Studies 9, 453–473.

Messick, David M./Carol L. McClelland, 1983: Social Traps and Temporal Traps. In: Personality and Social Psychology Bulletin 9, 105–110.

Michaud, Pierre, 1988: The True Rule of the Marquis de Condorcet. In: Bertrand R. Munier/Melvin F. Shakun, Hrsg., Compromise, Negotiation, and Group Decision. Dordrecht: Reidel, 83–100.

Milgrom, Paul R./Douglass C. North/Barry R. Weingast, 1990: The Role of Institutions in the Revival of Trade: The Law Merchant, Private Judges, and the Champagne Fairs. In: Economics and Politics 2, 1–23.

Milgrom, Paul R./John Roberts, 1990: Bargaining Costs, Influence Costs, and the Organization of Economic Activity. In: James E. Alt/Kenneth A. Shepsle, Hrsg., Perspectives on Positive Political Economy. Cambridge: Cambridge University Press, 57–89.

Miller, Gary J., 1990: Managerial Dilemmas: Political Leadership in Hierarchies. In: Karen S. Cook/Margaret Levi, Hrsg., The Limits of Rationality. Chicago: University of Chicago Press, 324–348.

Miller, Hugh, 1990: Weber's Action Theory and Lowi's Policy Types in Formulation, Enactment and Implementation. In: Policy Studies Journal 18, 887–906.

Mohr, Matthias/Kjell Hausken, 1996: Conflict, Interest, and Strategy: A Risk-Limit Approach to Conflict. Discussion Paper 96/9. Köln: Max-Planck-Institut für Gesellschaftsforschung.

Molm, Linda D., 1989: Punishment Power: A Balancing Process in Power-Dependence Relations. In: American Journal of Sociology 94, 1392–1418.

Molm, Linda D., 1990: Structure, Action, and Outcomes: The Dynamics of Power in Social Exchange. In: American Sociological Review 55, 427–447.

Moravcsik, Andrew, 1992: Liberalism and International Relations Theory. Working Paper 92-6. Cambridge, MA: Center for International Affairs, Harvard University.

Moses, Jonathon W., 1995: The Social Democratic Predicament in the Emerging European Union: A Capital Dilemma. In: Journal of European Public Policy 2, 407–426.

Mueller, Dennis C., 1989a: Democracy: The Public Choice Approach. In: Geoffrey Brennan/Loren E. Lomasky, Hrsg., Politics and Process: New Essays in Democratic Thought. Cambridge: Cambridge University Press, 78–96.

Mueller, Dennis C., 1989b: Public Choice II. Cambridge: Cambridge University Press.

Nash, John F., 1950: The Bargaining Problem. In: Econometrica 18, 155–162.

Nash, John F., 1951: Non-Cooperative Games. In: Annals of Mathematics 54, 286–295.

Nash, John F., 1953: Two-Person Cooperative Games. In: Econometrica 21, 128–140.

Niskanen, William A., 1971: Bureaucracy and Representative Government. Chicago: Rand McNally.

North, Douglass C., 1990: Institutions, Institutional Change and Economic Performance. Cambridge: Cambridge University Press.

Offe, Claus, 1972: Strukturprobleme des kapitalistischen Staates. Frankfurt/M.: Suhrkamp.

Offe, Claus, 1984: Contradictions of the Welfare State. London: Hutchinson.

Olson, Mancur, 1965: The Logic of Collective Action: Public Goods and the Theory of Groups. Cambridge, MA: Harvard University Press.

Olson, Mancur, 1982: The Rise and Decline of Nations: Economic Growth, Stagflation, and Social Rigidities. New Haven: Yale University Press.

Olson, Mancur, 1993: Dictatorship, Democracy, and Development. In: American Political Science Review 87, 567–576.

Olson, Mancur/Richard Zeckhauser, 1966: An Economic Theory of Alliances. In: Review of Economics and Statistics 48, 266–279.

Osborne, Martin J./Ariel Rubinstein, 1990: Bargaining and Markets. San Diego: Academic Press.

Osborne, Martin J./Ariel Rubinstein, 1994: A Course in Game Theory. Cambridge, MA: MIT Press.

Ostrom, Elinor, 1986: A Method of Institutional Analysis. In: Franz-Xaver Kaufmann/Giandomenico Majone/Vincent Ostrom, Hrsg., Guidance and Control in the Public Sector: The Bielefeld Interdisciplinary Project. Berlin: de Gruyter, 459–475.

Ostrom, Elinor, 1990: Governing the Commons: The Evolution of Institutions for Collective Action. Cambridge: Cambridge University Press.

Ostrom, Elinor, 1996: Institutional Rational Choice: An Assessment of the IAD Framework. Paper prepared for the 1996 annual meetings of the American Political Science Association. Indiana University: Workshop in Political Theory and Policy Analysis.

Ostrom, Elinor/Roy Gardner/James Walker, 1994: Rules, Games, and Common-Pool Resources. Ann Arbor: University of Michigan Press.
Panitch, Leo, 1980: Recent Theoretizations of Corporatism: Reflections on a Growth Industry. In: British Journal of Sociology 31, 159–187.
Parks, Roger B./Elinor Ostrom, 1981: Complex Models of Urban Service Systems. In: Urban Affairs Annual Reviews 21, 171–199.
Parsons, Talcott, 1967: Voting and the Equilibrium of the American Political System. In: Talcott Parsons, Sociological Theory and Modern Society. New York: Free Press, 223–263.
Pierson, Paul, 1994: Dismantling the Welfare State? Reagan, Thatcher and the Politics of Retrenchment. Cambridge: Cambridge University Press.
Pierson, Paul, 1996a: The Path to European Integration: A Historical Institutionalist Analysis. In: Comparative Political Studies 29, 123–163.
Pierson, Paul, 1996b: The New Politics of the Welfare State. In: World Politics 48, 143–197.
Pizzorno, Alessandro, 1978: Political Exchange and Collective Identity in Industrial Conflict. In: Colin Crouch/Alessandro Pizzorno, Hrsg., The Resurgence of Class Conflict in Western Europe since 1968. Bd. 2: Comparative Analyses. London: Macmillan, 277–298.
Platt, John, 1973: Social Traps. In: American Psychologist 28, 641–651.
Plott, Charles R., 1967: A Notion of Equilibrium and its Possibility under Majority Rule. In: American Economic Review 67, 787–806.
Polanyi, Karl, 1957: The Great Transformation: The Political and Economic Origins of Our Time. Boston: Beacon Press.
Pollack, Mark A., 1997: Delegation, Agency, and Agenda Setting in the European Community. In: International Organization 51, 99-134.
Powell, Robert, 1991: Absolute and Relative Gains in International Relations Theory. In: American Political Science Review 85, 1303–1320.
Prittwitz, Volker von, Hrsg., 1996: Verhandeln und Argumentieren: Dialog, Interessen und Macht in der Umweltpolitik. Opladen: Leske + Budrich.
Pruitt, Dean G., 1981: Negotiation Behavior. New York: Academic Press.
Przeworski, Adam/Henry Teune, 1970: The Logic of Comparative Social Inquiry. New York: John Wiley.
Putnam, Robert D., 1988: Diplomacy and Domestic Politics: The Logic of Two-Level Games. In: International Organization 42, 429–460.
Putnam, Robert D., 1993: The Prosperous Community: Social Capital and Public Affairs. In: The American Prospect. Spring 1993, 1–8.
Putnam, Robert D./Nicholas Bayne, 1984: Hanging Together: The Seven-Power Summits. London: Heinemann.
Quattrone, George A./Amos Tversky, 1988: Contrasting Rational and Psychological Analyses of Political Choice. In: American Political Science Review 82, 719–735.
Quirk, Paul, 1989: The Cooperative Resolution of Policy Conflict. In: American Political Science Review 83, 905–921.

Ragin, Charles, 1987: The Comparative Method: Moving Beyond Qualitative and Quantitative Strategies. Berkeley: University of California Press.

Rapoport, Anatol/Melvin J. Guyer/David G. Gordon, 1976: The 2 x 2 Game. Ann Arbor: University of Michigan Press.

Raub, Werner/Gideon Keren, 1993: Hostages as a Commitment Device: A Game-Theoretic Model and an Empirical Test of some Scenarios. In: Journal of Economic Behavior and Organization 21, 43–67.

Rawls, John, 1971: A Theory of Justice. Cambridge, MA: Belknap Press.

Renzsch, Wolfgang, 1989: German Federalism in Historical Perspective: Federalism as a Substitute for a National State. In: Publius 19, 17–33.

Renzsch, Wolfgang, 1994: Föderative Problembewältigung: Zur Einbeziehung der neuen Länder in einen gesamtdeutschen Finanzausgleich ab 1995. In: Zeitschrift für Parlamentsfragen 25, 116–138.

Riker, William H., 1962: The Theory of Political Coalitions: New Haven: Yale University Press.

Riker, William H., 1980: Implications from the Disequilibrium of Majority Rule for the Study of Institutions. In: American Political Science Review 74, 432–446.

Riker, William H., 1982: Liberalism Against Populism: A Confrontation between the Theory of Democracy and the Theory of Social Choice. San Francisco: W.H. Freeman.

Rogers, Joel/Wolfgang Streeck, Hrsg., 1995: Works Councils: Consultation, Representation, and Cooperation in Industrial Relations. Chicago: University of Chicago Press.

Ronge, Volker, 1979: Bankpolitik im Spätkapitalismus: Politische Selbstverwaltung des Kapitals? Frankfurt/M.: Suhrkamp.

Rosenberg, Alexander, 1988: Philosophy of Social Science. Boulder: Westview.

Rosewitz, Bernd/Douglas Webber, 1990: Reformversuche und Reformblockaden im deutschen Gesundheitswesen. Frankfurt/M.: Campus.

Rothstein, Bo, 1992: Social Justice and State Capacity. In: Politics and Society 20, 101–126.

Rousseau, Jean-Jacques, 1762/1984: Of the Social Contract or Principles of Political Right and Discourse on Political Economy. Translated from the French with an Introduction and Notes by Charles M. Sherover. New York: Harper & Row.

Rubinstein, Ariel, 1982: Perfect Equilibrium in a Bargaining Model. In: Econometrica 50, 97–109.

Ruggie, John Gerard, 1982: International Regimes, Transactions, and Change: Embedded Liberalism in the Postwar Economic Order. In: International Organization 36, 379–415.

Ruggie, John Gerard, Hrsg., 1993: Multilateralism Matters: The Theory and Praxis of an Institutional Form. New York: Columbia University Press.

Runciman, Walter G./Amartya Sen, 1965: Games, Justice and the General Will. In: Mind 74, 554–562.

Ryll, Andreas, 1993: Bargaining in the German Ambulatory Health Care System. In: Fritz W. Scharpf, Hrsg., Games in Hierarchies and Networks: Analytical and Empirical Approaches to the Study of Governance Institutions. Boulder: Westview, 315–337.

Sabatier, Paul A., 1986: Top-down and Bottom-up Approaches to Implementation Research: A Critical Analysis and Suggested Synthesis. In: Journal of Public Policy 6, 21–48.

Sabatier, Paul A., 1987: Knowledge, Policy-Oriented Learning, and Policy Change: An Advocacy Coalition Framework. In: Knowledge: Creation, Diffusion, Utilization 8, 649–692.

Sabatier, Paul A/Hank C. Jenkins-Smith, Hrsg, 1993: Policy Change and Learning: An Advocacy Coalition Approach. Boulder: Westview.

Sabel, Charles F., 1989: Flexible Specialization and the Re-Emergence of Regional Economies. In: Paul Hirst/Jonathan Zeitlin, Hrsg., Reversing Industrial Decline? Industrial Structure and Policy in Britain and Her Competitors. Oxford: Berg, 17–70.

Sabel, Charles F., 1992: Studied Trust: Building New Forms of Co-Operation in a Volatile Economy. In: Frank Pyke/Werner Sengenberger, Hrsg., Industrial Districts and Local Economic Regeneration. Genf: International Institute of Labour Studies, 215–250.

Sabel, Charles F., 1993: Constitutional Ordering in Historical Context. In: Fritz W. Scharpf, Hrsg., Games in Hierarchies and Networks: Analytical and Empirical Approaches to the Study of Governance Institutions. Boulder: Westview, 65–123.

Sabel, Charles F., 1994: Learning by Monitoring: The Institutions of Economic Development. In: Neil J. Smelser/Richard Swedberg, Hrsg., The Handbook of Economic Sociology. Princeton: Princeton University Press, 137–165.

Saretzki, Thomas, 1996: Wie unterscheiden sich Argumentieren und Verhandeln? Definitionsprobleme, funktionale Bezüge und strukturelle Differenzen von zwei verschiedenen Kommunikationsmodi. In: Volker von Prittwitz, Hrsg., Verhandeln und Argumentieren: Dialog, Interessen und Macht in der Umweltpolitik. Opladen: Leske + Budrich, 19–40.

Sartori, Giovanni, 1991: Comparing and Miscomparing. In: Journal of Theoretical Politics 3, 243–257.

Sartori, Giovanni, 1994: Comparative Constitutional Engineering: An Inquiry into Structures, Incentives and Outcomes. New York: New York University Press.

Scharpf, Fritz W., 1970: Demokratietheorie zwischen Utopie und Anpassung. Konstanz: Universitätsverlag.

Scharpf, Fritz W., 1985: Die Politikverflechtungs-Falle: Europäische Integration und deutscher Föderalismus im Vergleich. Politische Vierteljahresschrift 26, 323–356.

Scharpf, Fritz W., 1986: Policy Failure and Institutional Reform: Why Should Form Follow Function? In: International Social Science Journal 108, 179–191.

Scharpf, Fritz W., 1987: Sozialdemokratische Krisenpolitik in Europa: Das Modell Deutschland im Vergleich. Frankfurt/M.: Campus.
Scharpf, Fritz W., 1989: Decision Rules, Decision Styles and Policy Choices. In: Journal of Theoretical Politics 1, 149–176.
Scharpf, Fritz W., 1990: Games Real Actors Could Play: The Problem of Mutual Predictability. In: Rationality and Society 2, 471–494.
Scharpf, Fritz W., 1991: Games Real Actors Could Play: The Challenge of Complexity. In: Journal of Theoretical Politics 3, 277–304.
Scharpf, Fritz W., 1994: Games Real Actors Could Play: Positive and Negative Coordination in Embedded Negotiations. In: Journal of Theoretical Politics 6, 27–53.
Scharpf, Fritz W., 1995: Federal Arrangements and Multi-Party Systems. In: Australian Journal of Political Science 30, 27–39.
Scharpf, Fritz W., 1996: Negative and Positive Integration in the Political Economy of European Welfare States. In: Gary Marks/Fritz W. Scharpf/Philippe C. Schmitter/Wolfgang Streeck, Governance in the European Union. London: Sage, 15–39.
Scharpf, Fritz W., 1997: Economic Integration, Democracy, and the Welfare State. In: Journal of European Public Policy 4, 18–36.
Scharpf, Fritz W., 1999: Regieren in Europa: Effektiv und demokratisch? Frankfurt/M.: Campus.
Scharpf, Fritz W./Arthur Benz, 1991: Kooperation als Alternative zur Neugliederung? Zusammenarbeit zwischen den norddeutschen Ländern. Baden-Baden: Nomos.
Scharpf, Fritz W./Bernd Reissert/Fritz Schnabel, 1976: Politikverflechtung: Theorie und Empirie des kooperativen Föderalismus in der Bundesrepublik. Kronberg: Scriptor.
Schimank, Uwe, 1995: Teilsystemevolutionen und Akteurstrategien: Die zwei Seiten struktureller Dynamiken moderner Gesellschaften. In: Soziale Systeme 1, 73–100.
Schmalz-Bruns, Rainer, 1995: Reflexive Demokratie: Die demokratische Transformation moderner Politik. Baden-Baden: Nomos.
Schmidt, Susanne K., 1998: Liberalisierung in Europa: Die Rolle der Europäischen Kommission. Frankfurt/M.: Campus.
Schmidt, Susanne K./Raymund Werle, 1993: Technical Controversy in International Standardization. Discussion Paper 93/5. Köln: Max-Planck-Institut für Gesellschaftsforschung.
Schmidt, Vivien A., 1990: Democratizing France: The Political and Administrative History of Decentralization. Cambridge: Cambridge University Press.
Schmidt, Vivien A., 1996: From State to Market? The Transformation of French Business and Government. Cambridge: Cambridge University Press.
Schmitter, Philippe C./Gerhard Lehmbruch, Hrsg., 1979: Trends Toward Corporatist Intermeditation. London: Sage.

Schneider, Volker, 1992: The Structure of Policy Networks: A Comparison of the ‚Chemical Control' and ‚Telecommunications' Policy Domains in Germany. In: European Journal of Political Research 21, 109–129.

Schneider, Volker, 1993: Networks and Games in Large Technical Systems: The Case of Videotex. In: Fritz W. Scharpf, Hrsg., Games in Hierarchies and Networks: Analytical and Empirical Approaches to the Study of Governance Institutions. Boulder: Westview, 251–286.

Schneider, Volker, 1995: Institutionelle Evolution als politischer Prozeß: Die Entwicklung der Telekommunikation im historischen und internationalen Vergleich. Ms. Köln: Max-Planck-Institut für Gesellschaftsforschung.

Schneider, Volker/Raymund Werle, 1990: International Regime or Corporate Actor? The European Community in Telecommunications Policy. In: Kenneth Dyson/Peter Humphreys, Hrsg., The Political Economy of Communications: International and European Dimensions. London: Routledge, 77–106.

Schotter, Andrew, 1981: The Economic Theory of Social Institutions: Cambridge: Cambridge University Press.

Schulz, Ulrich/Theo May, 1989: The Recording of Social Orientations with Ranking and Pair Comparison Procedures. In: European Journal of Social Psychology 19, 41–59.

Selten, Reinhard, 1965: Spieltheoretische Behandlung eines Oligopolmodells mit Nachfrageträgheit. In: Zeitschrift für die gesamte Staatswissenschaft 121, 301–324 und 667–689.

Selten, Reinhard, 1978: The Chain Store Paradox. In: Theory and Decision 9, 127–159.

Selten, Reinhard, 1985: Comment. In: Kenneth J. Arrow/Seppo Honkapohja, Hrsg., Frontiers of Economics. Oxford: Basil Blackwell, 77–87.

Selten, Reinhard, 1991: Evolution, Learning, and Economic Behavior. In: Games and Economic Behavior 3, 3–24.

Sen, Amartya, 1969: A Game-Theoretic Analysis of Theories of Collectivism in Allocation. In: Tapas Majumdar, Hrsg., Growth and Choice: Essays in Honour of U.N. Ghosal. Oxford: Oxford University Press, 1–17.

Sen, Amartya, 1970: Collective Choice and Social Welfare. San Francisco: Holden-Day.

Sen, Amartya, 1977: Rational Fools: A Critique of the Behavioral Foundations of Economic Theory. In: Philosophy and Public Affairs 6, 317–344.

Sen, Amartya, 1986: Behavior and the Concept of Preference. In: Jon Elster, Hrsg., Rational Choice. Oxford: Basil Blackwell, 60–81. Erstveröffentlichung 1973 in: Economica 40, 241–259.

Shepsle, Kenneth A., 1979: Institutional Arrangements and Equilibrium in Multidimensional Voting Models. In: American Journal of Political Science 23, 27–59.

Shepsle, Kenneth A., 1988: Representation and Governance: The Great Legislative Trade-off. In: Political Science Quarterly 103, 461–484.

Shepsle, Kenneth A./Barry R. Weingast, 1981: Structure-Induced Equilibrium and Legislative Choice. In: Quarterly Review of Economics and Business 21, 503–519.

Shepsle, Kenneth A./Barry R. Weingast, 1987: The Institutional Foundations of Committee Power. In: American Political Science Review 81, 85–104.

Simon, Herbert A., 1957: A Formal Theory of the Employment Relation. In: Herbert A. Simon, Models of Man: Social and Rational. New York: John Wiley, 183–195.

Simon, Herbert A., 1962: The Architecture of Complexity. In: Proceedings of the American Philosophical Society 106, 467–482.

Simon, Herbert A., 1991: Organizations and Markets. In: Journal of Economic Perspectives 5, 25–44.

Sinn, Stefan, 1993: The Taming of Leviathan: Competition among Governments. In: Constitutional Political Economy 3, 177–221.

Skocpol, Theda, 1987: A Society without a ‚State'? Political Organization, Social Conflict, and Welfare Provision in the United States. In: Journal of Public Policy 7, 349–371.

Snidal, Duncan, 1985a: The Game Theory of International Politics. In: World Politics 38, 25–57.

Snidal, Duncan, 1985b: The Limits of Hegemonic Stability Theory. In: International Organization 39, 579–614.

Snidal, Duncan, 1991: Relative Gains and the Pattern of International Cooperation. In: American Political Science Review 85, 701–726.

Snyder, Glenn H./Paul Diesing, 1977: Conflict among Nations: Bargaining, Decision Making, and System Structure in International Crises. Princeton: Princeton University Press.

Sorge, Arndt/Malcolm Warner, 1986: Comparative Factory Organisation: An Anglo-German Comparison of Management and Manpower in Manufacturing. Aldershot: Gower.

Spinelli-Entwurf, 1985: Entwurf eines Vertrages zur Gründung der Europäischen Union, vom Europäischen Parlament verabschiedet am 14. Februar 1984. In: Werner Weidenfeld/Wolfgang Wessels, Hrsg., Jahrbuch der Europäischen Integration 1984. Bonn: Europa-Union Verlag, 404–425.

Stein, Arthur A., 1980: The Politics of Linkage. In: World Politics 32, 62–81.

Stein, Arthur A., 1984: The Hegemon's Dilemma: Great Britain, the United States, and the International Economic Order. In: International Organization 38, 355–386.

Steinmo, Sven, 1994: The End of Redistribution? International Pressures and Domestic Policy Choices. In: Challenge, November-December 1994, 9–17.

Stinchcombe, Arthur L., 1968: Constructing Social Theories. New York: Harcourt, Brace & World.

Streeck, Wolfgang, 1982: Organizational Consequences of Neo-Corporatist Co-Operation in West German Labour Unions. In: Gerhard Lehmbruch/ Philippe C. Schmitter, Hrsg., Patterns of Corporatist Policy-Making, London: Sage, 29–81.

Streeck, Wolfgang, 1992: Inclusion and Secession: Questions on the Boundaries of Associative Democracy. In: Politics and Society 20, 513–520.
Streeck, Wolfgang, Hrsg., 1998: Internationale Wirtschaft, nationale Demokratie: Herausforderungen für die Demokratietheorie. Frankfurt/M.: Campus.
Streeck, Wolfgang/Philippe C. Schmitter, 1981: The Organization of Business Interests: A Research Design to Study the Associative Action of Business in the Advanced Industrial Societies of Western Europe. Discussion Paper IIM/LMP 81-13. Berlin: Wissenschaftszentrum für Sozialforschung.
Streeck, Wolfgang/Philippe C. Schmitter, 1985: Community, Market, State – and Associations?. In: European Sociological Review 1, 119–138.
Streit, Manfred, 1993: Cognition, Competition, and Catallaxy: In Memory of Friedrich August von Hayek. In: Constitutional Political Economy 4, 223–262.
Talmon, Jacob L., 1955: The Origins of Totalitarian Democracy. London: Secker & Warburg.
Tetlock, Philip E./Aaron Belkin, Hrsg, 1996: Counterfactual Thought Experiments in World Politics: Logical, Methodological, and Psychological Perspectives. Princeton: Princeton University Press.
Teubner, Gunther, 1989: Recht als autopoietisches System. Frankfurt/M.: Suhrkamp.
Teubner, Gunther/Alberto Febbrajo, Hrsg., 1992: State, Law, and Economy as Autopoietic Systems: Regulation and Autonomy in a New Perspective. Mailand: Giuffre.
Teubner, Gunther/Helmut Willke, 1984: Kontext und Autonomie: Gesellschaftliche Selbststeuerung durch reflexives Recht. In: Zeitschrift für Rechtssoziologie 5, 4–35.
Thompson, James D., 1967: Organizations in Action. Social-Science Bases of Administrative Theory. New York: McGraw-Hill.
Thompson, Leigh L., 1992: A Method for Examining Learning in Negotiation. In: Group Decision and Negotiation 1, 71–85.
Tollison, Robert D./Thomas D. Willet, 1979: An Economic Theory of Mutually Advantageous Issue Linkages in International Negotiations. In: International Organization 33, 425–449.
Truman, David B., 1951: The Governmental Process: Political Interests and Public Opinion. New York: Knopf.
Tsebelis, George, 1990: Nested Games: Rational Choice in Comparative Politics. Berkeley: University of California Press.
Tsebelis, George, 1994: The Power of the European Parliament as a Conditional Agenda Setter. In: American Political Science Review 88, 128–142.
Tsebelis, George/John Sprague, 1989: Coercion and Revolution: Variations on a Predator-Prey Model. In: Mathematical Computer Modelling 12, 547–559.
Ueberhorst, Reinhard, 1991: Technologiepolitische Verständigungsprozesse als Herausforderung für neue parlamentarische Arbeitsformen. In: Jörg

Schneider, Hrsg., Risiko und Sicherheit technischer Systeme: Auf der Suche nach neuen Ansätzen. Basel: Birkhäuser, 177–181.

Underdal, Arild, 1983: Causes of Negotiation Failure. In: European Journal of Political Research 11, 183–195.

Voelzkow, Helmut, 1996: Private Regierungen in der Techniksteuerung: Eine sozialwissenschaftliche Analyse der technischen Normung. Frankfurt/M.: Campus.

Vowe, Gerhard, 1993: Qualitative Inhaltsanalyse – Cognitive Mapping – Policy Arguer: Demonstration systematischer Vorgehensweise zur Analyse politischer Kognition. Ms. Köln: Max-Planck-Institut für Gesellschaftsforschung.

Walton, Richard E./Robert B. McKersie, 1965: A Behavioral Theory of Labor Negotiations: An Analysis of a Social Interaction System. New York: McGraw-Hill.

Waltz, Kenneth N., 1954: Man, State and War: A Theoretical Analysis. New York: Columbia University Press.

Waltz, Kenneth N., 1979: Theory of International Politics. New York: McGraw-Hill.

Walzer, Michael, 1983: Spheres of Justice: A Defense of Pluralism and Equality. New York: Basic Books.

Wasem, Jürgen, 1992: Niederlassung oder Poliklinik – zur Entscheidungssituation der ambulant tätigen Ärzte im Beitrittsgebiet. In: Peter Oberender, Hrsg., Steuerungsprobleme im Gesundheitswesen. Baden-Baden: Nomos, 81–134.

Weber, Max, 1947: The Theory of Social and Economic Organization. Translated by A.M. Henderson and Talcott Parsons. New York: Free Press.

Weede, Erich, 1990: Democracy, Party Government and Rent-Seeking as Determinants of Distributional Inequality in Industrial Societies. In: European Journal of Political Research 18, 515–533.

Wehling, Hans-Georg, 1989: The Bundesrat. In: Publius 19, 53–64.

Weiler, Joseph H.H., 1981: The Community System: The Dual Character of Supranationalism. In: Yearbook of European Law 1, 257–306.

Weiler, Joseph H.H., 1992: After Maastricht: Community Legitimacy in Post-1992 Europe. In: William James Adams, Hrsg., Singular Europe: Economy and Polity of the European Community after 1992. Ann Arbor: University of Michigan Press, 11–41.

Weiler, Joseph H.H., 1994: A Quiet Revolution: The European Court of Justice and its Interlocutors. In: Comparative Political Studies 26, 510–534.

Weiler, Joseph H.H., 1995: Does Europe Need a Constitution? Reflections on Demos, Telos and the German Maastricht Decision. In: European Law Journal 1, 219–258.

Wellmann, Barry/S.D. Berkowitz, Hrsg., 1988: Social Structures: A Network Approach. Cambridge: Cambridge University Press.

White, Hayden, 1973: Metahistory: The Historical Imagination In Nineteenth-Century Europe. Baltimore: John Hopkins University Press.

Wildavsky, Aaron, 1992: Indispensable Framework or Just Another Ideology? Prisoner's Dilemma as an Antihierarchical Game. In: Rationality and Society 4, 8–23.

Wiley, Mary Glenn/Mayer N. Zald, 1968: The Growth and Transformation of Educational Accrediting Agencies: An Exploratory Study in Social Control of Institutions. In: Sociology of Education 41, 36–56.

Willer, David, 1987: Theory and the Experimental Investigation of Social Structures. New York: Gordon & Breach.

Willer, David/Travis Patton, 1987: The Development of Network Exchange Theory. In: Edward J. Lawler/Barry Markovsky, Hrsg., Advances in Group Processes. Bd. 4. Greenwich, CT: JAI Press, 199–242.

Willer, David/Judith Willer, 1973: Systematic Empiricism: Critique of a Pseudoscience. Englewood Cliffs, NJ: Prentice-Hall.

Williams, Shirley, 1991: Sovereignty and Accountability in the European Community. In: Robert O. Keohane/Stanley Hoffmann, Hrsg., The New European Community: Decision Making and Institutional Change. Boulder: Westview, 155–176.

Williamson, Oliver E., 1975: Markets and Hierarchies: Analysis and Antitrust Implications. New York: Free Press.

Williamson, Oliver E., 1985: The Economic Institutions of Capitalism: Firms, Markets, Relational Contracting. New York: Free Press.

Williamson, Oliver E., 1990: The Firm as a Nexus of Treaties: an Introduction. In: Masahiko Aoki/Bo Gustavson/Oliver E. Williamson, Hrsg., The Firm as a Nexus of Treaties. London: Sage, 1–25.

Wilson, Graham, 1994: The Westminster Model in Comparative Perspective. In: Ian Budge/David McKay, Hrsg., Developing Democracy: Comparative Research in Honour of J.F.P. Blondel. London: Sage, 189–201.

Wittman, Donald, 1989: Why Democracies Produce Efficient Results. In: Journal of Political Economy 97, 1395–1424.

Yamagishi, Toshio/Mary R. Gillmore/Karen S. Cook, 1988: Network Connections and the Distribution of Power in Exchange Networks. In: American Journal of Sociology 93, 833–851.

Yarbrough, Beth V./Robert M. Yarbrough, 1985: Free Trade, Hegemony, and the Theory of Agency. In: Kyklos 38, 348–364.

Young, H. Peyton, 1991: Negotiation Analysis. In: H. Peyton Young, Hrsg., Negotiation Analysis. Ann Arbor: University of Michigan Press, 1–23.

Young, Oran R., 1982: Regime Dynamics: The Rise and Fall of International Regimes. In: International Organization 36, 277–297.

Young, Oran R., 1995: System and Society in World Affairs: Implications for International Organizations. In: International Social Science Journal 144, 197–212.

Zintl, Reinhard, 1992: Kooperation und Aufteilung des Kooperationsgewinns bei horizontaler Politikverflechtung. In: Arthur Benz/Fritz W. Scharpf/ Reinhard Zintl, Horizontale Politikverflechtung: Zur Theorie von Verhandlungssystemen. Frankfurt/M.: Campus, 97–146.

Zintl, Reinhard, 1995: Der Nutzen unvollständiger Erklärungen: Überlegungen zur sozialwissenschaftlichen Anwendung der Spieltheorie. Discussion Paper 95/2. Köln: Max-Planck-Institut für Gesellschaftsforschung.

Zolo, Danilo, 1992: Democracy and Complexity: A Realist Approach. Cambridge: Polity Press.

Zürn, Michael, 1992: Interessen und Institutionen in der internationalen Politik: Grundlegung und Anwendungen des situationsstrukturellen Ansatzes. Opladen: Leske + Budrich.

Printed by Books on Demand, Germany